U0125472

Power and Privilege: A Theory of Social Stratification

by

Gerhard E. Lenski

权力与特权：社会分层的理论

POWER AND PRIVILEGE

A Theory of Social Stratification

GERHARD E. LENSKI

[美] 格尔哈特·伦斯基/著

关信平 陈宗显 谢晋宇/译

社会科学文献出版社

1988 年版中译本序

本书是美国著名社会学家格尔哈特·E. 伦斯基（Gerhard E. Lenski）的一本代表作。本书英文版首次出版于 1966 年，此中译本译自该书的 1984 年英文新版。

社会分层是社会学研究中的一个重要领域。几千年来，学者们坚持不懈地苦苦探索着社会不平等的本质、原因和后果，得出了各种各样的结论，创造了各种各样的学说。而到了现代，工业化带来了社会结构前所未有的复杂化，使得社会分层的问题更加尖锐、更加急迫地摆在了社会科学家的面前。由于社会学的创立和包括马克思在内的许多 19 世纪的社会科学家的努力，对这一问题的研究进入了科学的层次。进入 20 世纪以来，由于社会结构和社会分层更加复杂化，社会生活的各个方面都受到了极大的影响，并引起了许多严重困扰着人类的社会问题，这就迫使社会科学家——首先是社会学家——不得不将它作为一个极为重要的课题来加以对付。因此，在现在的西方（特别是美国）和苏联的社会学中，社会分层都是最主要的研究领域之一。

我国目前正进行着一场深入的改革运动，并经历着技术、生产力和社会组织等方面的急剧变化。这必然要导致整个社会结构的明显变化，能否有一个合理的社会结构，能否随时注意将社会各阶层的利益关系调整到最佳状态，将是决定社会系统能否良性运转的一个关键问题，同时也是改革能否全面成功的一个关键问题。我国社会学界已开始注意到这个问题的重要性，并已有了一个可喜的开端。为了促进我国社会分层研究的发展，我们翻译了这本在美国社会学界（特别是其社会分层研究领域）颇有影响的著作，以求他山之石之借鉴。

本书作者毕竟是西方社会学家，其书中的立场观点和方法肯定会有错误或不适合于我国情况之处，望读者明鉴。另外，由于译者水平所限，书中漏错难免，也望大家不吝赐教。

本书各章的译者如下：

关信平（1984年英文平装版序，序言，第一、二、三、四、十、十一、十二、十三章），陈宗显（第五、六、七章），谢晋宇（第八、九章）。

在本书翻译过程中，南开大学社会学系的同事和领导给予了我们支持和鼓励，"社会学比较研究丛书"编委会和浙江人民出版社为我们提供了翻译出版条件，在此一并致谢。

关信平

1987年10月

1984 年英文平装版序

自 20 年前《权力与特权》一书写成以来，社会学和其他 社会科学领域中又发生了许多变化。人们积累并分析了大量的新资料，引入了更为复杂的定量分析技术。同时，理论的视野也发生了变化。由于这些和其他一些进展，值此新平装版出版之际，我们有必要问一下，从过去发生的变化来看，《权力与特权》一书所提出的理论遭遇如何。

作为本书的作者，我不能自称一个公正的观察者。我也不能自称熟悉过去 20 年中所有相应的工作。然而，就我所能判断的而言，在第二、三、四章和第十三章中提出的一般理论，以及从第五章到第十二章所提出的各种专门的理论迄今为止都很好地经受住了时间的检验。当然，如果我今天要重写此书的话，可能要加进一些新材料，并且可能要改变一些细节之处，但是，我还没有见到任何东西能使我认为原书的基本理论是不健全的。在我看来，第 439 页*上阐明的在各个常量和变量之间的关系模式本质上仍是正确的。并且，从这较为一般化的理论中所推出的各种特定的理论也是如此。

---

* 此为英文版页码，对应本书页边码。——编者注

虽然这看起来似乎是一种自我夸耀的行为，但我相信，它是我在提出理论时采用综合方法论的一个结果。我一方面将理论建立在他人所铺垫的基础之上，另一方面在理论建构中把演绎逻辑和归纳逻辑相结合，我以这些方式将风险缩减到了最低程度，并避免了许多易犯的错误。

每一个社会分层理论都会遇到的中心问题是：谁得到了什么，为什么会得到？就此问题而言，过去 20 年中最重要的发展是，关于东欧社会主义社会的资料更容易得到了。这些社会有着独特的重要性，因为它们是卡尔·马克思及其追随者所提出的许多重要观点的试验基地。半个多世纪以来，马克思主义的精英们在未受到任何挑战的情形下控制着苏联社会的各种制度结构，并且进行了一系列的社会实验。这些实验的目的是要摧毁历史上的不平等模式，并取而代之地建立一个更为平等的社会主义模式。在那些自第二次世界大战以来一直受苏联控制的东欧社会主义国家中，也进行了相似的实验。没有哪个以严肃的态度去研究社会分层问题的研究者会忽略这些实验，或者不去深思它们的后果。

不幸的是，多年来，马克思主义的精英们对这些事情高度保密，使得甚至是关于这些社会中日常生活的最基本信息都几乎无法获得。革命后不久，社会学的教学和研究就被取缔了。在漫长的斯大林统治时期，这种情况急剧恶化，研究人员越来越难以得到可靠的信息（Inkeles, 1950）。直到 20 世纪 50 年代，关于苏联社会中日常生活的最好的信息来源，都只是逃亡者的报告（Inkeles 和 Bauer, 1959）。

在 1953 年斯大林去世后，这一情况慢慢开始改善了。对小说家的限制逐渐放松了，到了 1956 年，波兰的一些社会学家，如一直被软禁在家的斯坦尼斯劳·奥索夫斯基（Stanislaw Ossowski），也再度获准从事教学、写作和研究。在 1962 ～ 1965 年我写作《权力与特权》期间，相关材料的流动开始加速。一些小说，如弗拉基米尔·杜丁契夫（Vladimir Dudintsev）的《不仅单靠面包》（*Not by Bread Alone*，1957），亚历山大·索尔仁尼琴（Alexander Solzhenitsyn）的《伊万·邓尼索维奇生命中的一天》（*One Day in the Life of Ivan Denisovich*，1963），以及费多·阿布拉莫夫（Fedor Abramov）的《新生活》（*The New Life*，1963）提供了比以前深入得多的苏联生活细节。波兰社会学家们 [如斯蒂芬·诺瓦克（Stephan Nowak）、米查尔·波霍斯基（Michal Pohoski）、亚当·萨拉帕塔（Adam Sarapat）和维罗兹米尔茨·维索罗夫斯基（Wlodzimierz Wesolowski）] 的书和文章率先提供了关于一个苏联模式社会分层问题的系统的和定量的资料。

自 60 年代初期以来，关于东欧社会主义社会的社会分层的信息细流转为了一股洪流。在 60 年代后期和整个 70 年代期间，波兰社会学家享有了越来越多的自由。波兰社会学家很好地利用了这个机会。通过许许多多的调查和其他研究，他们探索了（社会）流动的模式、对社会不平等的态度、对精英的态度、关于社会平等的信仰，以及许多其他主题。在这一期间，南斯拉夫和匈牙利的社会学家们加入到这种努力之中，在有一小段时间中，捷克的社会学家也有参与。

由于他们以及其他一些记者和小说家的努力，我们今天比 20 年前更多地知道了马克思主义者所进行的伟大的社会实验。更可喜的是，在马克思主义者在这些社会中建立政权 20 年以后，我们有更好的机会去判断马克思主义的各种创新在年轻一代身上所产生的效果，而这些年轻一代的早期社会化是在一种

ix

没有受到过资本主义或封建秩序影响的社会中进行的。

也许，从这些实验中能学到的最重要的一课是，人的本性似乎并不是像马克思和启蒙运动以来许多社会理论家所想象的那样容易改变，那样容易摆脱增进自我利益的内在倾向。塑造将社会需要放在个人需要和愿望之上的"社会主义新人"的努力，其结果是令人非常失望的。道德刺激已被证明比不上物质刺激。马克思主义的精英者们被迫——或者已经选择了去创建一种在许多方面都明显类似于非马克思主义工业社会中的职业分层体制。

在这一体制中，如同在其他体制中一样，权力的拥有者享有许许多多的其他人所享受不到的特权（Matthews，1978）。一个有影响的波兰社会学家指出，在这一体制中：

> 工人仍是雇佣劳动者，社会主义革命没有改变工人同机器的关系，也没有改变他们在工厂中的地位。……他与机器的关系和与工作组织系统的关系要求他服从工厂领班和工厂管理。他按完成工作的数量和质量领取工资。并且，他必须服从工作纪律的原则和规定。（Szczepanski，1970，第125页）

根据最近一份对职业声望的研究，在苏联体制和美国体制之间有0.79的相关（Treiman，1977，表4）。具有讽刺意义的是，这比苏联体制和波兰体制之间的相关还要稍大一些。

这些例子并不是孤立的。波兰社会学家的其他研究成果告诉我们，（波兰）存在一种双重市场体制。这与美国社会学家最近在美国发现的双重市场体制明显相似。一个在分层问题上有影响的波兰研究者解释道：

> 经济当中新的、生产力水平高的和重要的部门（如重工业和化学工业）的发展，通常都是与这些部门中较高的收入联系在一起的。因此，即使在资历和工作复杂性上完全一样，一名在纺织厂或食品厂工作的电工所挣的钱也会少于一名在铸造厂或精炼厂工作的电工。（Wesolowski, 1979，第 126 页）

X

最后，应该看到，最近一个关于波兰社会中收入差异原因的研究指出，这种差异用工人的性别差异来解释比用其他单个因素来解释更好一些（Pohoski, 1978，也可见于 Swafford 1978 年关于苏联社会中妇女收入的研究）。几乎可以肯定，研究东欧社会主义社会的专家日趋达成这样的结论，即认为最好是把这些社会也视为工业化社会的一种类型，而不是把它看成按其自我标榜的某种新的和独特的社会类型（Jones, 1983）。

所有这些并不是要说马克思主义精英在东欧所进行的实验一无所获。我在别处提到过（Lenski, 1978），马克思主义的精英们在将经济不平等的程度降到非马克思主义工业社会中的水平以下这一点上似乎取得了成功。但是，他们为此而付出的代价是更大程度的政治上的不平等。看起来似乎只有靠政治上的压制手段才能维持对经济不平等的严格限制。回顾从第十章到第十二章中对社会主义社会的讨论，以及第二、三、四章和第十三章中关于一般理论的论述，我发现根据自 60 年代中期以来从东欧的、革命的社会主义社会中学到的东西，我几乎没有什么需要改变的内容。

我可以做的一个具有理论重要性的修改可能是，补充讨论关于在现代工业社会中，资本主义、社会主义和共产主义共存的各种方式，以及如何用这三种成分的不同混合体去解释各个工业社会的差异性。我在别处曾指出（Lenski, 1984），在资本主义子系统中，指导原则是"按财（产）分配"；在社会主义子系统中，指导原则是"按劳分配"；在共产主义社会中是"按需分配"。这三种原则在今天的美国社会中都发挥作用。资本收益、股息、房地租、利润和资本家的红利按财产所有权而分配；工资、年薪、佣金则作为对工作表现的报酬而分配；福利支出、食品券、住宅供热支出、失业补贴、残疾人福利、医疗补助以及收入中转化为社会保障和对老人的医疗照顾的部分，还有免费的公共教育，免费进入公园、博物馆和其他公共场所，这些都是按照需要而提供的。从最近的政府资料中判断，美国国民收入中近 20% 是作为对财产所有的报酬而分配的，70% 作为工作报酬，10% 是按照需要而提供的。

在大多数东欧社会主义国家中，几乎都没有生产资料的私人所有制。但全部人口中有一小部分人对这些财产行使着有效的控制，并常常运用这种控制去谋取私利。实际上，一些西方马克思主义者批评这些社会，指责它们在实行"国家资本主义"（Cliff, 1974；Sweezy 和 Bettelheim, 1971）。总之，这是为什么东欧的社会分层系统与所谓西方"资本主义"社会中的分层系统的差别总不如他们所想要做的那么大的原因之一。我相信，直截了当地承认在所有的现代工业社会中都共同存在这些分配原则，我们就会更接近于解释工业社会的这两个子类之间的相似性为何会存在表面上矛盾的现象。

在资本主义、社会主义和共产主义成分的相对强度上，各工业社会之间的差异在许多方面都可以与各农业社会之间由统治者和执政阶级的相对力量所造成的差异相比较。在这两种情况下，这些差异都说明了在一组重要的社会里，分配制度的变量中哪些方面看上去最为重要。

如果谁想要了解关于东欧社会分层的更详细和更新颖的观点，可以阅读许多关于这一主题的精彩论著，包括梅尔温·马修斯（Mervyn Matthews）的《苏维埃俄国的阶级和社会》（*Class and Society in Soviet Russia*，1972）和《苏联国内的特权：共产主义条件下精英的生活方式研究》（*Privilege in the Soviet Union：A Study of Elite Life-style Under Communism*，1978）；沃尔特·康纳（Walter Connor）的《社会主义、政治和平等：东欧和苏联的等级及变迁》（*Socialism, Politics, and Equality：Hierarchy and Change in Eastern Europe and the USSR*，1979）；大卫·莱恩（David Lane）的《社会不平等的结束？在国家资本主义条件下的阶级、地位和权力》（*The End of Social Inequality? Class, Status and Power Under State Socialism*，1982）。更为通俗化的著作有赫德里克·史密斯（Hedrick Smith）的《俄国人》（*The Russians*，1976）。关于东欧人自己的角度和观点，可参见诸如安德烈·阿玛尔里克（Andrei Amalrik）的《向西伯利亚的不情愿的旅行》（*Involuntary Journey to Siberia*，1970）；罗伊·梅德韦杰夫（Roy Medevedev）的《让历史来审判：斯大林主义的起源及其后果》（*Let History Judge：The Origin and Consequences of Stalinism*，1972），维罗兹米尔茨·维索罗夫斯基（Wlodzimierz Wesolowski）的《阶级、阶层和权力》（*Class, Strata and Power*，1979）等。

如果我今天是在重写《权力与特权》一书，那我还将会加上关于第三世界欠发达国家的一章。这一章会有两个中心内容：一是这些社会在全球分层体系中的位置；二是这些社会自身内部的不平等体系。

在过去 20 年中，社会学理论中较为重要的发展之一，是伊曼纽尔·沃勒斯坦（Immanuel Wallerstein）的世界体系论的形成（1974，1980）。在由马克思、列宁和许多提倡依附理论的拉丁美洲学者所奠定的基础上，沃勒斯坦构建了一个关于社会发展的理论。他将第三世界的不发达和贫穷看成第一世界的发达和富裕的必然后果，将世界上各个国家都看成一个全球分层系统中的参与者。

按照沃勒斯坦的看法，早在 15 世纪末和 16 世纪初就开始形成一种以欧洲为中心的世界经济。多年来，它一直逐渐地蔓延，到现在，整个世界形成了一个由资本主义竞争原则所控制的单一经济体系。在这一体系中，欧洲、北美、日本和澳大利亚这一小部分国家控制了大多数的关键性资源，因而享有大多数的利益。在相对立的另一端，大多数的非洲、拉丁美洲国家和许多的亚洲国家却只控制了很少的资源，并受第一类国家的剥削。在这两极之间，还有第三类国家，主要是东亚，但在其他地区也有。这些国家的境况比第二类要优越些，却远不如第一类。沃勒斯坦和其他一些人把这几类社会分别称作中心、边缘和半边缘。它们在世界分层体系中的角色和地位可以与在社会分层系统中的资产阶级、无产阶级和小资产阶级或新中产阶级的角色和地位相对应。

没有哪一个现代世界的观察者能够否认现代世界经济以及它所带来的分层系统的存在。另外，沃勒斯坦本人也注意到了，过去 500 年以欧洲为中心的世界经济并不是人类历史上的第一次。然而，他认为（Wallerstein，1974，第 16 页），它是第一个没有发展到政治控制的世界经济。

虽然我并不否认现代世界体系的独特性，但我将比沃勒斯坦更加强调，各社会之间的不平等已是五千多年以来人类生活中的一个基本事实。甚至自第一批社会将其首要的维生手段从狩猎和采集转化到园耕时，就表现出各社会之间潜在的不平等了。接着，没过多长时间，这种可能性就转化为现实了。一些社会开始实施以牺牲邻国为代价而增进自身利益的军事、政治和经济行动。简言之，我认为，各个社会之间的不平等的最终根源是技术进步，而不是更晚近的资本主义生产方式。

有些人也许认为这是一个不太重要的区分，但我不这么看。我认为，即使像沃勒斯坦所期望会发生的那样，现代资本主义的世界经济被一场全球性社会主义革命推翻了，要指望这会消除各社会之间的不平等，也是想得太天真了。如我们在俄国和中国之间，中国和越南之间，越南和柬埔寨之间的斗争中，以及俄国同其东欧社会主义国家或越南与其卫星国之间的支配关系上所看到的那样，没有理由指望社会主义社会之间会比其内部社会盛行更多的平等与公正。因此，一个成功的全球社会主义革命也许会改变各社会之间现存不平等制度的特点，但我们不应当指望它会彻底消除各个社会之间的不平等。

假如要分析全球的不平等系统，就得改变我对现行制度解释中强调的重点。如果我的理解没错的话，沃勒斯坦及其追随者（如 Chase-Dunn，1975；Rubinson，1976）的观点是，在现代世界体系中，各个国家的地位完全或至少是由资本主义世界经济的运转决定的。我却认为，还有其他一些因素也在其中起作用，甚至是更加重要的作用。例如，最近的研究（Lenski 和 Nolan，1984）表明，现代社会的技术和经济传统比各个社会在世界经济中的地位更多地解释了在社会发展上和在最近的经济增长率上的差异。那些在与现代工业社会接触前实行犁耕农业的第三世界国家，比那些接触前使用锄头和掘棍的园耕技术的社会发展得更为成功。

按照《权力与特权》一书所提出的，以及后来在《人类社会》（*Human Societies*）一书的各版本（1974，1978，1982）中所扩展了的理论来看，这几乎一点儿也不会让人感到惊奇。犁耕农业比园耕技术具有更高的生产力。它使农业社会可能拥有更多的剩余产品。这就使得在与工业社会真正接触以前，有可能极大地促进劳动分工和更加依赖于货币市场和现金经济，并且有可能使文化水平有更大的发展，同时强化国家和国家官僚机构。结果，与园耕传统的第三世界社会相比，具有犁耕农业传统的现代第三世界社会在进入 20 世纪时，带来了更多的社会的和文化的资源。

这两类社会在地理上是分开的，这一点也不是偶然的巧合（Lenski 和 Nolan，1984）。在世界上的温带地区，大多数园耕社会在很早以前就被农业社会取代了。然而，在大部分热带和亚热带地区，这种变迁在发展起现代工业之前都没有可能发生。正如威廉·麦克尼尔（William McNeill）指出（1976），在热带和亚热带地区，通常由于大量成群的和多种多样的微小的侵蚀性生物（细菌和病毒）的存在，损伤了人口的生命力，并杀死了犁耕农业的生产所依赖的牛和马，并且由于土壤贫瘠和更严重的除草问题，热带和亚热带社会的发展受到了严重的阻碍（Farmer，1968；Megger，1954；Watters，1960）。像地中海和北海这样的水路在现代交通工具发明以前曾如此大地促进了国际贸易和商业的发展，而东半球的大部分地区却因缺少这种可以航行的河流和大规模的水路而发展受阻。

最近的研究（Nolan，1983）还指出，人口模式上的差异也对社会的经济增长率起到极大的作用。近几年，毛泽东之后的中国领导人也开始认识到了这一原理。简而言之，我认为伊曼纽尔·沃勒斯坦和世界体系论的支持者们以资本主义世界经济为基础试图解释的东西太多了。人们无须贬低世界经济的重要性，但应该清楚地看到还有其他一些因素也在产生影响，并且有些因素可能比现代世界经济的影响更为重要。

当我们转向第三世界社会内部所存在的不平等制度时，也有许多值得注意之点。首先，在这些社会中同时存在着前工业化和工业化的分层系统：这些社会中部分群体所拥有的权力、特权和声望是依托旧社会制度中的资源，而另外一些群体的则来自工业化制度所带来的资源。由于人口中的每一部分都想努力保护和增进自己的特殊利益，所以这种情况就常常导致这些社会内部的冲突。

由于我在其他地方已讨论过了这一主题（Lenski，1970；Lenski 和 Lenski，1982），所以无须在此重复其细节。需要说明的一点是，正处在工业化之中的园耕社会的分层系统与正处在工业化之中的农业社会的分层系统之间，存在一些重要的差别，这反映了它们的不同历史。例如，在大多数正处在工业化之中的园耕社会里，部落式的社会组织形式直到现在都还存在。在这些社会中，部落成员的资格仍是一种重要的社会资源，因而也是大多数政治斗争的基础。在这些社会中，部落群体常常是党派划分的首要基础，他们为控制政府机器以及政府所掌握的资源而斗争常常是政治生活的中心事实（例如，见尼日利亚、肯尼亚、乌干达和津巴布韦等国最近历史中的情况）。相反，在处于工业化之中的农业社会里，部落群体或是不存在，或是处于其政治生活的边缘（例如中国、伊朗、越

xiv

南或墨西哥）。

马克思主义精英领导的革命运动在大多数第三世界社会中取得了很大的成功，尽管这完全不是马克思在 19 世纪对历史趋势的分析中所预料到的。按照我们惯常的知识，这些运动是受压迫的农民大众对一小撮有特权的少数者群体剥削的反抗。虽然很明显，这一动机对于这些运动的成功是很关键的，至少在处于工业化之中的农业社会中是如此，但是这其中还有许许多多其他的问题。例如，这些社会中的剥削没有任何新鲜的东西，在那些过去是农业社会的社会中更是如此。农民的造反也完全是老一套。任何人读了本书第八章和第九章就会清楚这一点。因此我们应该重新表述问题：仅仅问到为什么在这些社会中总有动荡和革命这一点是不够的。相反，我们需要问，为什么这些革命在今天比在过去更容易获得成功？

以这种方式重新界定问题，我们就获得了关于当代形势的许多重要观点。例如，我们发现，许多这些革命的成功都被归因于它们有能力将那些正在或已经使旧的社会秩序向新秩序转化的人们动员起来。这些运动的许多领导人是大学的学生和受过大学教育的专业技术人员。他们的教育使他们对现代世界的趋势、价值，以及它所提供的机会很敏感。他们批评旧的精英，并且对旧精英不肯放弃控制权而感到不耐烦，即使这些老的精英是他们的父亲或亲属时也是如此。因此，在第一世界的观察者看来，有些斗争似乎只是一个富裕的并且压迫人的精英与被剥夺的大众之间的简单斗争，但实际上它们常常是更为复杂的。通常，许多革命的精英都是旧精英的儿女，并且他们是新的、受过教育的精英。因此，这种斗争仍是代与代之间的争夺，是那些依赖于一个旧的、传统的社会秩序及其资源的人与另一些依赖于新的、以工业化为基础的社会秩序及其资源的人之间的争夺。对年轻一代中受过高等教育的人，特别是那些通过往常的渠道似乎没有什么晋升前途的人来说，革命运动给他们提供了一条径直通向权力的撩人心切的道路。如果忽略了第三世界国家中这些分层的动力学方面的情况，就是将一个极为复杂而又有趣的过程过分简单化了。认真分析这个过程能使我们了解许多对社会不平等制度最终起作用的力量。

对于分层问题的研究者来说，在过去 20 年中，一个更令人瞩目的发展是新妇女运动的崛起，以及它从我国向其他国家的蔓延。现阶段这一运动大概是以贝蒂·弗里丹（Betty Friedan）的《女性的奥秘》（*Feminine Mystique*，1963）一书的出版而发源的。此书在近半个世纪以来第一次发动了号召不断为妇女争取更大权利的运动。弗里丹这本书出版三年后，在 1966 年，全国妇女组织（NOW）建立了。

自那以后，妇女运动在成员数和影响力上都极大地增长了，在受过较好教育的人当中更是如此。这一增长除了带来其他一些发展以外，还极大丰富了关于妇女及其社会地位的研究和著作。其中包括一系列集中讨论性别分层制度、采用类似于《权力与特权》一书所提出的比较的和理论的构架来讨论这一问题的著作。如果谁希望比本书更为深入地探索这一主题并且了解这一领域的最新发展，可以找到不少的文献，包括雷·莱塞尔·布鲁伯格（Rae Lesser Blumberg）的《分层：社会经济和性别不平等》（*Stratification*：*Socioeconomic and Sexual Inequality*，1978）和夏洛特·奥凯利（Charlotte O'Kelley）的《社会中的女人与男人》（*Women and Men in Society*，1980）。这两本书都广泛而综合地概括了现代人对从狩猎采集社会到工业社会的各种社会的研究，并且还提供了对社会主义社会中性别分层系统的有价值的讨论。

现在还有一些资料较为细致地研究了苏联社会中妇女的地位。它们包括：盖尔·拉彼达斯（Gail Lapidus）的《苏联社会中的妇女》（*Women in Soviet Society*，1978）和威廉·曼德尔（William Mandel）的《苏联妇女》（*Soviet Women*，1975）。在以比较的框架为基础而对美国社会中性别分层进行较为详细的考察方面，有琼·休伯（Joan Huber）和格伦纳·斯彼茨（Glenna Spitze）的《性别分层：孩子、家务和工作》（*Sex Stratification*：*Children*，*Housework and Jobs*，1983）。在关于前工业社会中妇女地位的较为详细的讨论上，人们现在可以读到艾斯特·博斯拉普（Ester Boserup）的《妇女在经济发展中的角色》（*Women's Role in Economic Development*，1970）；欧内斯廷·弗里德尔（Ernestine Friedl）的《女人与男人：一个人类学的观点》（*Women and Men*：*An Anthropological View*，1975）；以及马丁·K. 怀特（Martin K. White）的《妇女在前工业化社会中的地位》（*The Status of Women in preindustrial Societies*，1978）。

在写作《权力与特权》时，性别分层问题是为社会分层的研究者们所忽视的。当时流行的功能主义作者的观点称，家庭是分层系统的基本单位，而妇女的地位是从她们所依赖的家庭中的男性家长（即她们的父亲或丈夫）的地位中派生出来的。另一个不同的重要观点是马克思主义的理论。它集中于将经济上的阶级确定为社会分层系统中的基本单位。这与功能主义的理论一样，也极大地忽略了性别不平等在权力、特权与声望分配中的作用。

《权力与特权》一书主要分析报酬获得所依赖的各种资

源，从而提供了一种理论构架，将注意力吸引到了作为社会不平等的基础之一的性别差异（还有年龄差异）上。例如，在索引中包括了诸如"性别地位与报酬""以性别为基础的阶级系统""妇女，职业上的障碍""妇女，在地位上的多样性"，以及"妇女的地位"这样一些多样化的条目。这一理论实际上预料到了关于性别差异与社会分层的关系这一较新的思考方式。不仅如此，它还预料到了现在对妇女在经济中角色多样性的强调，而这种角色多样性是她们的社会地位多样性的（一种）主要决定因素（例如，Friedl；Blumberg）。但是，在预料后来妇女运动的复兴以及它的各种成就上，这一理论是不成功的。

过去 20 年中，社会分层研究上的另一个主要进展是从对社会流动的研究到对地位获得过程的研究的重大转化。这一转化是彼得·布劳（Peter Blau）和奥蒂斯·达德利·邓肯（Otis Dudley Duncan）（1967）所发动的。在 70 年代中，社会学刊物里有大量重复和扩展布劳和邓肯最初工作的研究。这种研究的目的是要测量影响个人和群体的教育、职业和收入等地位的诸变量间的相对强度。

布劳和邓肯的范式在这一研究领域中的问题的提出上引起了一种微妙的但重要的转化。以前对社会流动的研究主要集中于各社会的流动率，以及导致流动率差异和变化的各种原因，而新的地位获得研究则集中于各社会中个人和群体的成就，以及对其起作用的各种因素。由于受到威廉·西威尔（William Sewell）和威斯康星大学的另外一些人（如 Sewell，Haller 和 Portes，1969；Sewell、Haller 和 Ohlendorf，1970）的激励，许多研究还把注意力集中到在地位获得过程中的社会心理学过程上。

虽然很清楚，这条线索的研究使得我们对影响个人成就的社会心理过程的理解获得了极大的进展，并且对于各类人群（例如，美国男性、美国女性、英国男性、英国女性等）的地位获得中的许多决定性因素现在也都可以采用定量值测量了，但是依然不太清楚的是，这条线索的研究如何才能使我们更好地理解，是什么样的社会过程在塑造着个人和群体之间争夺报酬和资源的社会环境。关于地位获得的研究对宏观社会学的最大贡献大概是，它说明了现代工业社会中上一代人的地位优势能在多大程度上传给下一代人。当然，这是一个不小的贡献，因为它澄清了分层理论所必须解释的当代社会的一个重要特征。

更晚近以来，由于宏观社会层次上的地位获得范式解释价值的局限性，一些研究者在新的方向上又有突破。基于二元经济观点的经济学家们的工作（如 Averitt，1968），一些人（如 Bibb 和 Form，1977；Beck、Horan 和 Tolbert，1978）指出，不同工业部门的工人所挣的工资有很大的差别。在通常是卖方控制的重工业中，由于需要巨大的资本总额，所以工人们的工资往往要比那些竞争性较高的轻工业中同类工人们的工资更高。

有些研究这一问题的人［如贝克（Beck）、霍兰（Horan）和托尔伯特（Tolbert）］将他们的发现解释为资本主义经济的特有现象。但是，有理由对这一结论提出质疑。如前面所提到的，东欧的社会学家们（如 Wesolowski，1979）称在社会主义国家中也有明显类似的模式。这两种社会的共同因素似乎是，在工业社会具有较高生产力和关键性的经济部门中，工人们有着更大的讨价还价的力量。对"资本主义"的美国和"社会主义"的波兰加以比较，有些工业部门在两个国家都处于优越地位，而另外一些部门都处于劣势地位。如果认为这一现象仅仅是偶然巧合的话，那就是轻信到了极点。

回头看一下在《权力与特权》最后一章提出的一般分层理论的修订模型，我发现根据过去 20 年的研究和讨论情况，我需要做的修改少得惊人。我肯定要保留这一原则，即分配制度的各个特征是由常量和变量的相互作用所塑造的，我觉得令人失望的是，常量的作用在社会学中仍然普遍遭到忽视，尽管在具体的遗传学领域和一般性的生物科学领域中已经有了很大的进展。人们大概会认为，关于人性无限可塑的这种 18 世纪的老信念到现在可能已寿终正寝了。 xviii

在变量方面，我可做一些小小的修改，但第 439 页 * 图上所表明的基本关系结构似乎仍然是正确的。首要的是，一个社会可利用的技术水平和采用这一技术所带来的经济、政治和人口学上的后果似乎仍是分层系统各个特征的最有力的单个决定因素或决定因素组。

如果今天要重画此图，那我要做的一个修改可能会是加上一个箭头，指出环境条件对社会技术发展水平的影响。基于前面所指出的理由，现在我很清楚，贝蒂·梅格斯（Betty Meggers，1954）、威廉·麦克尼尔（William McNeill，1976）和其他一些人在这一点上是对的，即他们认为环境因素能够限制，有时甚至完全阻碍超出一定范围的固有的技术进步。

我还想要加上一个箭头，指出政治制度对经济制度存在着反馈。苏联类型的社会经验清楚地证明了这类反馈不仅存在，而且还是重要的。

最后，如果我要重画第 439 页的图，我会加上一个从社会类型到意识形态的箭头。正如马克思和恩格斯在一个多世纪以

---

* 此为原英文版页码，对应本书页边码。下同——编者注

前就认识到的那样，各个社会中占主导地位的意识形态并不是历史或文化运动的偶然产物。相反，它们是其所处的社会制度的产物，尤其是技术经济制度的产物。就我们今天所知道的形式来看，资本主义和共产主义都是技术上先进的社会的产物，它们从来不会成为在较简单的社会中占主导地位的意识形态。这二者都是利用在技术先进的社会中才能出现的机会而提出问题和做出反应。相反，万物有灵论和祖先崇拜这类意识形态则是由于简单社会中缺乏现代工业技术，以及缺乏以技术为基础的科学，因而其社会成员的信息来源很有限。然而，同时需要指出的一点是，意识形态对分配过程的影响往往要比 439 页的图更加间接一些。意识形态上差异的重要性主要在于它们能够对政治精英产生影响，由于存在上述反馈因素，这种影响进而会对各个社会的经济产生作用。简言之，意识形态与社会类型的关联程度要比我的模型所描绘的更加紧密一些。

过去 20 年的发展，使我比以往任何时候都更加确信，如我在《权力与特权》中所建议的那样，宏观社会学家需要发展出建立在一个较为一般化的理论基础之上的各种特殊理论。功能主义者和其他一些人多年来一直试图从一般理论直接跳到对单个社会和亚社会的系统的分析上，这是不令人满意的。同样，如果不以一般理论为基础，只以解决某些具体问题为目的而建构一连串特殊理论，也是不能令人满意的（例如，关于集权社会、伊斯兰社会、欠发达社会、城市社会的理论）。卡尔·马克思、赫伯特·斯宾塞和其他许多 19 世纪的学者们在这一方面比大多数当代理论家更好地掌握了科学的要求。我们只能希望，今后越来越多的宏观社会学家会认识到，一般理论是不能代替特殊理论的，正如特殊理论不能代替一般理论一样。

在结束《权力与特权》这一新版的序言以前，我还应该提到，从事本书的写作工作使得我对比较的和历史的宏观社会学产生了越来越大的和持久的兴趣。任何一个对这一方向感兴趣的人，可以看一下最近一版的《人类社会》一书（Lenski和 Lenski，1982），或者我后来的其他著作。目前，我正从事一个专题研究，暂时命名为"生态进化论：原理和应用"（Ecological-Evolutionary Theory：Principles and Applications）。在其中，我试图以比在《人类社会》更为详细的方式说明生态进化论的原理，并且指出这一理论如何被应用到一组高度多样化的问题上，以及如何用它来提出一些甚至对专家们来说也不总是很明白的见解。

格尔哈特·伦斯基
1983 年 11 月

参考文献

Abramov, Fedor: *The New Life: A Day on a Collective Farm*, translated by George Reavey (New York: Grove Press, 1963).

Amalrik, Andrei: *Involuntary Journey to Siberia*, translated by Mariya Harari and Max Hayward (New York: Harcourt, Brace, Jovanovich, 1970).

Averitt, Robert: *The Dual Economy: The Dynamics of American Industry Structure* (New York: Horton, 1968).

Beck, E. M., Patrick Horan, and Charles Tolbert: "Stratification in a Dual Economy: A Sectoral Model of Earnings Determination," *American Sociological Review*, 43 (1978), pp. 704–720.

Bibb, Robert, and William H. Form: "The Effects of Industrial, Occupational, and Sex Stratification on Wages in Blue-Collar Markets," *Social Forces*, 55 (1977), pp. 974–996.

Blau, Peter, and Otis Dudley Duncan: *The American Occupational Structure* (New York: Wiley, 1967).

Blumberg, Rae Lesser: *Stratification: Socioeconomic and Sexual Inequality* (Dubuque, Iowa: William C. Brown, 1978).

Boserup, Ester: *Women's Role in Economic Development* (New York: St. Martin's Press, 1970).

Chase-Dunn, Christopher: "The Effects of International Economic Dependence on Development and Inequality: A Cross-National Study," *American Sociological Review*, 40 (1975), pp. 720–738.

Cliff, Tony: *State Capitalism in Russia* (London: Pluto Press, 1974).

Connor, Walter: *Socialism, Politics, and Equality: Hierarchy and Change in Eastern Europe and the USSR* (New York: Columbia University Press, 1979).

Dudintsev, Vladimir: *Not By Bread Alone* (New York: Dutton, 1957).

Farmer, B. H.: "Agriculture: Comparative Technology," *International Encyclopedia of the Social Sciences*, vol. I, pp. 202–208.

Friedan, Betty: *The Feminine Mystique* (New York: Norton, 1963).

Friedl, Ernestine: *Women and Men: An Anthropologist's View* (New York: Holt, Rinehart, and Winston, 1975).

Huber, Joan, and Glenna Spitze: *Sex Stratification: Children, Housework, and Jobs* (New York: Academic Press, 1983).

Inkeles, Alex: "Social Stratification and Mobility in the Soviet Union: 1940–1950," *American Sociological Review*, 15 (1950), pp. 465–479.

———, and Raymond Bauer: *The Soviet Citizen* (Cambridge, Mass.: Harvard University Press, 1959).

Jones, T. Anthony: "Models of Socialist Development," *International Journal of Comparative Sociology*, 24 (1983), pp. 86–99.

Lane, David: *The End of Social Inequality?: Class, Status, and Power Under State Socialism* (London: Allen & Unwin, 1982).

Lapidus, Gail: *Women in Soviet Society: Equality, Development and Social Change* (Berkeley: University of California Press, 1978).

Lenski, Gerhard: *Human Societies* (New York: McGraw-Hill, 1970).

———: "Marxist Experiments in Destratification," *Social Forces*, 57 (1978), pp. 364–383.

———: "Income Stratification in the United States: Toward a Revised Model of the System," *Research in Social Stratification and Mobility*, 3 (1984), forthcoming.

———, and Jean Lenski: *Human Societies* (New York: McGraw-Hill, 1974, 1978, 1982).

———, and Patrick Nolan: "Trajectories of Development: A Test of Ecological-Evolutionary Theory," *Social Forces* (1984, forthcoming).

Mandel, William: *Soviet Women* (Garden City, N.Y.: Doubleday Anchor, 1975).

McNeill, William H.: *Plagues and People* (Garden City, N.Y.: Doubleday, 1976).

Matthews, Mervyn: *Class and Society in Soviet Russia* (New York: Walker, 1972).

———: *Privilege in the Soviet Union: A Study of Elite Life-Styles Under Communism* (London: Allen & Unwin, 1978).

Medvedev, Roy: *Let History Judge: The Origins and Consequences of Stalinism*, translated by Colleen Taylor (New York: Knopf, 1971).

Meggers, Betty: "Environmental Limitations on the Development of Culture," *American Anthropologist*, 56 (1954), pp. 801–824.

Nolan, Patrick D.: "Status in the World Economy and National Structure and Development: An Examination of Developmentalist and Dependency Theories," *International Journal of Comparative Sociology*, 24 (1983), pp. 109–120.

Nowak, Stefan: "Changes of Social Structure in Social Consciousness," *Polish Sociological Bulletin*, 10 (1964), pp. 34–53.

O'Kelley, Charlotte: *Women and Men in Society* (New York: Van Nostrand, 1980).

Pohoski, Michal: "Interrelations Between the Social Mobility of Individuals and Groups in the Process of Economic Growth in Poland," *Polish Sociological Bulletin*, 2 (1964), pp. 17–33.

————: personal communication, 1978.

Rubinson, Richard: "The World Economy and the Distribution of Income Within States: A Cross-National Study," *American Sociological Review*, 41 (1976), pp. 638–659.

Sarapata, Adam: "Iustum Pretium," *Polish Sociological Bulletin*, 7 (1963), pp. 41–56.

————, and Wlodzimierz Wesolowski: "The Evaluations of Occupations by Warsaw Inhabitants," *American Journal of Sociology*, 66 (1961), pp. 581–591.

Sewell, William, Archibald Haller, and Alejandro Portes: "The Educational and Early Occupational Status Attainment Process," *American Sociological Review*, 34 (1969), pp. 82–92.

Sewell, William, Archibald Haller, and George Ohlendorf: "The Educational and Early Occupational Achievement Process: Replication and Revision," *American Sociological Review*, 35 (1970), pp. 1014–1027.

Smith, Hedrick: *The Russians* (New York: Quadrangle, 1976).

Solzhenitsyn, Alexander: *One Day in the Life of Ivan Denisovich*, translated by Max Hayward and Ronald Hingley (New York: Bantam, 1963).

Swafford, Michael: "Sex Differences in Soviet Earnings," *American Sociological Review*, 43 (1978), pp. 657–673.

Sweezy, Paul, and Charles Bettelheim: *On the Transition to Socialism* (New York: Monthly Review Press, 1971).

Szczepanski, Jan: *Polish Society* (New York: Random House, 1970).

Treiman, Donald J.: *Occupational Prestige in Comparative Perspective* (New York: Academic Press, 1977).

Wallerstein, Immanuel: *The Modern World-System*, vol. I (New York: Academic Press, 1974).

————: *The Modern World System*, vol. II (New York: Academic Press, 1980).

Watters, R. F.: "The Nature of Shifting Cultivation: A Review of Recent Research," *Pacific Viewpoints*, 1 (1960), pp. 59–99.

Wesolowski, Wlodzimierz: *Classes, Strata and Power*, translated by George Kolankiewicz (London: Routledge & Kegan Paul, 1979, original edition, 1966).

————: "Strata and Strata Interest in Socialist Society," in Celia Heller (ed.), *Structured Social Inequality* (New York: Macmillan, 1969), pp. 465–477.

Whyte, Martin K.: *The Status of Women in Preindustrial Societies* (Princeton, N.J.: Princeton University Press, 1978).

序　言

在过去的 14 年间，当我从事于社会分层这门课程的教学并
组织该门课程的研讨班时，我发现自己每一年都面临这样一个任
务，即以一种有意义的方式将论述过这一主题的理论家们的多样
却常常矛盾的理论收集在一起。这不是一件简单的事情，马克思
（Marx）、斯宾塞（Spencer）、古姆普洛维茨（Gumplowicz）、萨
姆纳（Sumner）、凡勃伦（Veblen）、莫斯卡（Mosca）、帕累托
（Pareto）、米歇尔斯（Michels）、索罗金（Sorokin）、帕森斯
（Parsons）、戴维斯（Davis）、达伦多夫（Dahrendorf）和米尔斯
（Mills）这些名字本身就表明了这一点。

在最初，除了将不同作者的著作按年代顺序提出来，将其
每一个都看成独特的以外，似乎再也不能干点别的什么。然而
渐渐地，一个较为综合的和有意义的材料组合的可能性变得明
显起来了。最终我看到了，像马克思与莫斯卡或达伦多夫与帕
森斯的理论一样，各种矛盾着的理论都可以在一种单个的、统
一的架构中去理解。一旦人们仔细琢磨了黑格尔哲学中迷人的
辩证法观点后，就能理解这一点：观念会产生反观念，对它们
之间斗争的解决方案又产生出一个综合，由此将对立双方的要
素组合进一个新的和独特的框架之中。

将黑格尔的辩证法应用于过去，人们就会很容易在原本混乱的分层理论历史中发现一个有意义的模式。自古以来，基本的矛盾都是存在于两个思想学派之间的，一个是由保守主义论点的支持者组成，认为社会不平等既是不可避免的，又是公正的；而另一个则是由激进的相反论点的支持者组成，认为社会不平等既不是必然的，也不是公正的。

但辩证的分层理论观点还不只是一种概括过去工作的有用的工具。它还可以帮助我们更好地认识当前的情况，并为预料将来的趋势和发展打下基础。首要的是，它使人们对最近第三种理论立场的出现敏感起来，按照黑格尔派的术语，这种立场应该被描述为一种理论综合。

本书的主要目标之一是强化对新的理论发展的认识。我相信许多人已经察觉到了这一新的发展，但对它的专门研究还很少。为了推动社会分层理论和研究更快进步，我们必须加强对这方面的认识。

本书的第二个基本目标是描述和发展这一理论综合。尤其是，我试图将其基本的命题与尽可能宽广的人种学、历史学和社会学的资料联系起来，从而提炼出这一理论综合的命题，使之变得鲜明。我的这种做法基于这样一种信念：在理论建构中，归纳方法的重要性并不亚于演绎方法。

我并不是那么天真地认为，下面的内容就是代表了分层理论正在向此发展的综合趋势。然而我敢肯定这种理论综合正在显现出来，并且我已较为精确地勾画了它的轮廓。最近发表的一些文献使我的信念受到鼓励，尤其是奥索夫斯基和冯·登·博格（Van den Berghe）的著作。它们表明，其他一些人也正在独立地达到一个相似的观点立场。

为了发展起一个系统化的理论整体，而不仅仅是概念范畴的堆集，我以关于人与社会的特性的一些基本假设来作为叙述这一综合的开端（第二章）。这些基本假设为一系列关于分配过程的动力学及其产生出的结构的一般性命题打下了基础，接着，这些一般性命题又被用作关于五种基本类型的社会的分配 xxv 制度的一系列特殊命题的基础（第五章到第十二章）。

对材料的这种安排可能说明作者在很大程度上倾向于演绎方法，首先不加批判地接受一些基本假设和命题，接着去寻找证据来加以支持。实际上，没有比这更远离真理的了。理论是靠归纳和演绎共同发展起来的，当它不符合事实时，就要受到修正。几年前刚开始进行这些研究时，这一理论比现在更接近功能主义的立场；由于接触到越来越广泛的比较材料，就迫使其发生了转化。遗憾的是，这种转化在本书中并不明显。

目前在社会学圈子中流行着将理论建构等同于纯粹的演绎推论，所以有些人可能会对大量依赖于归纳方法提出质疑。幸好，人们越来越认识到这种做法注定是无效的，并且越来越清楚地认识到归纳方法在理论上的重要性，专注演绎逻辑的时尚也就逐渐消逝了。

从方法论的角度看，在检验这一理论时所用的资料是很不理想的。系统化的、定量的资料将会更好一些。然而，这将花费一大帮得到充裕经费资助的学者们十年或更多的时间。即使这样，也不敢肯定，在一个似乎对各社会都有代表性的样本中，是否所有变量都得到精确的测量。我需要说明，本书的资料并不指望证明预先想好的一些假说，而是要做出最大的努力去尽可能宽泛地阅读相关文献，以确定演绎假说在多大程度上能得到支持。在做出结论时，我试图在脑子里保留着定量模型，因此我努力去确定和记录下来的，不仅有集中趋势，还有其变化值域、偏差，以及有时出现的不对称趋势。无须多言，我期待着有一天能引入更为精确的技术。

还值得一提的是，本书在一些方面不同于当前这些领域中的大多数论著。首先，它是集中于分层的原因，而不是其后果。后者已受到了更多的注意，大概是因为它们更容易采用以当前通行的抽样调查方法为手段的研究。我并不否定后者的重要性，但我相信，对原因的研究是更为重要的，也更值得去调查研究。

第二，正如书名所指出的，本书集中于权力和特权，而不是声望。其理由在后面将会变得更清楚（特别见第二章到第三章）。

xxvi

最后，我冒昧地重新定义了这一领域，我将社会分层等同于人类社会中的分配过程——稀有价值的分配过程。虽然表面看来这是非正统的，但我相信，这一定义比大多数现行的定义都更为准确地反映了大多数分层问题研究者们所关心的问题，而现行的许多定义却将这一领域确定为对社会阶级或阶层的研究。这些阶级或阶层都只是有时表现为分配过程后果的一些结构单位，而这一过程本身才是基本的现象。

在结束此序之前，我必须对一些个人和组织表示感谢。首先，我要感谢许多学者，我从他们的工作中获得了激励，并且我经常地将他们的观点和研究纳入本书。我将尽己所能地将他们的贡献都记在脚注和人名索引上。但我知道，以这种方式是不能完全表达出一个人的感激之情的。

许多在过去十二年中参加了我的分层问题讨论班的学生也做出了很大的贡献。最重要的一点是，他们使得我对以一种简单的折中或历史的方法去对待分层理论感到不满意。

我对社会科学研究联合会（Social Science Research Council）及其常务理事埃尔布里奇·西布莱博士（Dr. Elbridge Sibley）有特殊的感激之情，他给我以支持，让我能在好些个月当中摆脱通常的学术负担。我还应感谢北卡罗来纳大学的社会科学研究所提供的行政帮助，并感谢这所大学和密歇根大学对我的精神鼓励和为做必要的研究而提供的机会。

多位学者都满怀善意地阅读了全部或部分手稿，并提出了建议和批评。他们包括罗伯特·巴拉、彼得·卡斯腾斯、约翰·久利克、约翰·霍尼格曼、理查德·辛普森和吉迪恩·肖伯格。我从他们的评论中受益匪浅，其中许多都引导我做出了重要的修正。

最后，我要感谢妻子的巨大帮助，本书就是带着感激奉献给她的。没有她始终如一的支持和鼓励，本书无论如何也无法写就。此外，我还特别感激她对本书手稿进行了仔细的校订，这一工作是无法以价值去衡量的。

格尔哈特·伦斯基

目　录

第一章　谁得到了什么？
为什么会得到？

爱丽丝惊叫着：“越来越奇怪了！”

——刘易斯·卡罗尔

1960 年秋天，肯尼迪当选总统后不久，美国人又看到了 他们国家生活中的一种奇特现象。当总统选择罗伯特·S. 麦克纳马拉（Robert S. McNamara）为国防部长时，出版界报道了受提名者为此而被迫做出的巨大经济牺牲。在麦克纳马拉还只是福特机器公司副总裁的时候，他所挣的工资和其他补贴每年已超过了 40 万美元。[1]而就在被任命为国防部长之前，他刚刚被提升到公司总裁的位置，他的收入肯定还会大大增加。而相比较而言，他当国防部长却只能领到区区 2.5 万美元的工资，这大约只及他当福特机器公司总裁所得收入的 5%。

在美国，很少有人会对这类事情感到吃惊，受到冲击或纷 扰的人则更少，就像刘易斯·卡罗尔（Lewis Carroll）著名的《爱丽丝梦游仙境》中的土人们一样，他们认为其周围所发生的事情没有哪一样是奇怪的或不合理的。

然而，如果谁仔细思考一下这个问题，他就不禁会对它的奇特性质产生深刻的印象。同样一个人，具有同样的技巧和能力，当他转到一个更为重要并且毫无疑问是需要付出更大努力的职位时，却发现自己的报酬一下子少了 95%。在新职位上，他要肩负起国家防务中的许多重担，但工资却不比工业中成千上万的小经理的多。

如果这只是一个孤立事件，那我们就可以把它看成一则有趣的怪闻，一个超出一般情况的例外情况，而不去过多考察它了。但事情并非如此，甚至只要对美国人的生活稍做表面考察就会发现，在许许多多的场合，人们所获得的报酬与他们所提供的服务的价值，或他们在其表现中所做的牺牲只有很少的联系，或者根本没有联系。一些人通过在股票和不动产上的投机，并且常常还靠借来的资金进行投机，在短短几年内就积聚了大量的财富。但是在公开记录中还没有发现任何例子说明，在美国的铸造车间、商店或工厂中凭技术和勤勤恳恳地劳动一生就能够积累起大量的财富。那些在其领域中顶尖的演员常常一年获得几十万美元。比较起来，公立学校的教师，无论能力大小，每年最多也就挣一万多美元。像约翰·雅各布·阿斯特三世（John Jacob Astor Ⅲ）这样的花花公子所过的生活不仅舒适，而且懒散，而大多数想要靠工作维持舒适生活的人却在为达此目的而拼搏。

这种情景就像"仙境"一样，我们越考察它，它就变得越奇特。这种情景的原因何在？在我们国家中或其他国家中是什么原则在操纵着报酬的分配？是什么东西在决定着每个人所获报酬的多少？

这些问题长期以来引起争议和辩论。在现时代中，它们成了社会学中被称为"社会分层"这一专门研究领域的灵魂和核心。不幸的是，"社会分层"的招牌鼓励了一种对现代社会结构太过简单的看法。更糟糕的是，它促使了对结构问题的过分关注，而这是以牺牲有关产生这种结构的过程的基本问题为代价的。

这一领域被认为是对"分配过程"的研究也许更好些。这一领域中几乎所有的大理论家们，不论他们有什么样的理论或意识形态偏向，都试图回答一个基本的问题：谁得到了什么？为什么会得到？[2]这个问题是所有讨论阶级和阶层，以及它们的结构性联系时的基本问题。而在最近的一些经验研究中，它差不多被忘掉了。

本书的主要目的正是回答这一基本问题，以及它所引起的一连串次级问题。本书不是第一个研究这个问题的，所以我们应当首先评论各种已发表的理论，看看它们就此问题都表述了什么高见。在文献综述部分，我们试图从过去的思想发展脉络中去发现某些基本的理论模式，并以此给我们的整个研究奠定基础。

公元前的早期观点

任何人都只能猜测，人们是在哪里和从什么时候起开始思考分配过程的特性和不平等的原因的。社会不平等的事实几乎肯定同人类一样古老。在已知社会中，没有哪一个社会曾有过完全平等的社会制度。从原始石器时代的社群到当代复杂的工业社会，不平等一直存在着，尽管其形式和程度有很大的变化。

毫无疑问，在史前社会中，社会不平等的事实与其他许多社会现象一样被视为理所当然的，在今天世界上最简单的社会中情况依然如此。只有在一些具有先进的社会制度和技术水平的国家中，人们才会认识到现存的各种状况并非是注定的。

从生活在公元前800年的希伯来预言家们的作品中，可以找到一些关于这一主题的思想的最早记录。我们发现，诸如阿摩司、弥迦和以赛亚等人在其著述中反复谴责社会中富人和有权势的人。他们所谴责的不仅是财富和权力的运用，更重要的是获得财富和权力的手段。在这一方面的很好的例子是弥迦对他那个时代处于领导地位的公民的控诉：

> 听着，你们雅各布王室的首领
> 和以色列王室的统治者，
> 你们憎恨公正
> 并毁坏一切平等，
> 你们用鲜血筑起了天堂
> 并且用谬误筑起了耶路撒冷……
> 诅咒那些制造罪恶者，
> 他们躺在床上就干尽坏事！
> 每当黎明破晓，他们就开始作恶，
> 因为这是他们手中的权力。
> 他们觊觎土地，强行夺取；
> 还要把房屋抢掠，
> 他们压迫每一个人和他们的家庭，
> 剥夺人们的继承权。
> 因而上帝说：
> 看，我正在使邪恶降临这个家族。……[3]

在其他地方，预言家把以色列的富人形容为"充满着暴力"，把王室和法官描绘为在寻求贿赂，并把商人描述为运用"一股欺诈的力量"。所有这些行为都被说成是与上帝的意志相违，是将会导致民族毁灭的堕落。

在印度也是这样，人们在公元前很久就思考了社会不平等的基础。虽然在这里也是从宗教的眼光来看待这一问题的，但是占主导地位的观点同弥迦所提出的观点大不一样。在公元前约200年由印度教徒编撰的《摩奴法典》（The Laws of Manu）的序言中，我们发现了一种创世说。与《圣经》的创世说相反，它提出了社会不平等是神为了世界的善而规定的。用《摩奴法典》的话来说，伟大的立法者：

> 为了世界的繁荣，他（上帝，神圣的自我存在者）（依次）从他的嘴里、他的臂上、他的大腿上和他的脚上造出了婆罗门、刹帝利、吠舍和首陀罗。……但是，为了保护这个宇宙，他，最光辉者，给那些出自他的嘴、臂、腿和脚的人分派了各自独立的（责任和）职业。
>
> 对婆罗门，他分派去讲授和研读（《吠陀经》），为他们自己和其他人的利益而牺牲，给出和接受（施舍），他命令刹帝利保护人民……吠舍照管畜群……上帝规定首陀罗的唯一职业是温顺地为（另外）三个种姓服务。[4]

在弥迦和《摩奴法典》编撰人严重对立的观点中，我们 5 发现了从古代到当代在人们思想中占支配地位的有关社会不平等的两种观点的基本要素。一种基本上是维持现状的，认为现存的报酬分配制度是合理的、公平的，并且常常是不可避免的。而另一种则是高度批判性的，把分配制度谴责为在根本上是不公正和不必要的。

在下面的内容中，我将把第一种立场称为"保守的论点"，把第二种立场称为"激进的反论"。我之所以要采用这样的术语，是因为历史上关于社会不平等的主要争论基本上都是这两个思想学派的拥护者们之间的对话。人们也许要问，把保守的立场称为论点，而把激进的立场称为反论是否明智，因为这意味着一个在时间上超前于另一个。实际上，逻辑和已有的证据都表明，任何一个观点都不比另一个更早。二者显然是同时发展起来的，每一个观点在表达其立场时，都促进了另一个的发展。

许多世纪以来，关于不平等的这两种观点一再地被学者们提出来，并且普通人也同样一直热衷于争论这些话题。虽然争论的形式有些改变，但其基本要素一直不变。一方面，社会不平等被谴责为不公正的、不合理的和不必要的；另一方面，它又被捍卫为公正的、合理的和必不可少的。在任何时代，这两种观点的任何一种都没有让社会中的所有人信服。在古代的以色列，与那些预言家同时代的人中显然有许多并不同意他们的观点。相当多的一部分人一直把君主制看成神所规定的制度，并且毫不费力地把这种观点扩展到带来不平等的其他制度上。在印度，正统的婆罗门教士的论点在许多世纪里也一直受到来自诸如耆那教和佛教的异教运动的攻击，后二者都具有明显的平等倾向。

古典时代的希腊哲学家们给我们提供了行动中的辩证法的最初启示。亚里士多德在他著名的政治学著作中，小心地试图反驳柏拉图和迦克敦（Chalcedon）的法里亚斯（Phaleas）等人的激进建议，后二者都鼓吹财产公有。尽管亚里士多德没有将现存社会秩序中的所有方面都设想成理想的，甚至没有认为它们都是合理的，但他强烈支持那些支撑着社会不平等的各种基本的社会制度。他不仅捍卫私有财产制度，还支持奴隶制度。在谈到后者时，亚里士多德声称：

很明显，一些人生性自由，而另一些人则应该是奴　6
隶，并且对后者，奴隶制是既恰当又公正的。[5]

虽然他并没有否认，一些本来应是自由的人由于强制性暴
力而沦为了奴隶，但他同时也认为这并不妨碍赞同这种制度本
身的公正和恰当。

相反，法里亚斯和柏拉图毫不犹豫地攻击社会的基本建制
结构。法里亚斯提倡在平等的基础上对土地进行再分配。柏拉
图的建议更激进，尤其是在《理想国》一书当中。在这里，
他提倡所有形式的财产都公有，并组成一个甚至其妻子和儿女
都公有的统治阶级。这一阶级应在伦理道德、智力、热爱知识
的基础上进行选择。《理想国》的中心论点被概括在一段短
文中：

只有等哲学家成了国王，或这个世界的国王和王室都
具有哲学的精神和力量，并且集政治才能和智慧于一身，
让那些只追求其中一方而排除另外一方的具有平民特性的
人靠边站，城邦才可避免其罪恶。……[6]

柏拉图的观点给了我们一个清醒的提示，并非所有持激进
反论的人都是平等主义者。有些激进主义者是平等主义者
（如法里亚斯），也许大多数激进主义者也都是。但其他一些
人，像柏拉图，却并不反对社会不平等本身，而是反对现存的
不平等制度的特定建制基础。在柏拉图的理想国中，平等不仅
包括物质上的所有，还可以包括晋升机会的平等（虽然在后
一点上，柏拉图的说法往往是自相矛盾的）。[7]荣誉和权力是给

作为统治阶级的武士阶级保留的。[8] 基本上，柏拉图代表了激进派阵营中的精英主义立场。激进派中的精英主义者与平等主义者一样，都批评现存的分配报酬制度。但前者又与平等主义者不同，他们认为社会不平等本身没有什么可反对的。一般说来，这一激进传统的精英主义的分支吸引了学者和知识分子；相反，平等主义者则对普通大众——工人、农场工人和下层农民——有很大的影响。

从保罗到温斯坦莱的基督教观点

在这里，我们的目的并不是要追溯从古代到现在的各种论点和反论。仅仅罗列这些表述需要一整本书，并且不能很好地理解"谁得到了什么？为什么会得到？"这样的问题。反之，我们的目的是要注意这两种立场中的一些较为重要的观点，以便为后面的分析提供必要的背景材料。

早期基督教的一个显著特点是，它是激进成分和保守成分的有趣混合物。这清楚地说明，社会不平等本身不是耶稣及其早期追随者所主要关心的问题，但他们的学说和行动也绝不是完全与此不相干的。

耶稣为人们设置的目标，以及他对他那个时代流行目标的批判，说明他明显抵制了后者。耶路撒冷早期教会的共产主义就隐含了对存在于当时社会中的不平等的批判。雅各被很多人认为是耶稣的兄弟和耶路撒冷教堂的第一个主教，他在《雅各书》（Letter of James）中批评了早期基督徒对"戴着金戒指和穿着华丽服饰的人"比对衣衫褴褛的穷人表现出了更大的恭敬。

但在圣保罗（St. Paul）的著作中却明显有着保守得多的

精神。他的思想对后来的基督教思想产生了十分深远的影响。他在写给早期教会的信件中，至少有四处特地告诫奴隶们要服从主人。其根据是，这是主人的合法期望，而且大概是经过上帝核准的。[9]圣彼得（St. Peter）在一封信中也表露出同样的思想。这类论述的频繁出现说明，原始基督教往往在许多来自罗马世界最底层阶级的皈依者中培养起了激进的观念，保罗和彼得不得不同这些观念进行斗争。这两个人同亚里士多德一样，都把奴隶制看成自然秩序的一部分，而将奴隶对其主人的服从比作孩子对父母的服从。他们两人都将服从和恩惠联系在一起，一方面要求奴隶们服从，另一方面要求那些有权威的人以一种和蔼的和父亲般的方式对待下属。

　　随着教会拥有了权力和影响，基督教中较为激进的倾向逐渐丧失了基础，至少在教会领袖中是如此。保守的立场也就随之被认为基本上是一种教条，因而得到高度的发展和精心的阐述。

　　在12世纪英国主教索尔兹伯里的约翰（John of Salisbury）的著作中，保守论点得到了一种最完美的表达。在《论政府原理》（Polycraticus）一书中，他相当详尽地发展了有机体论的类比。这种有机体论类比是在若干世纪以前由亚里士多德和《摩奴法典》的教士编撰者们最早提出的。然而约翰比先前的作者更为全面地发展了这条思想脉络，并把它作为他的整个社会哲学基础。

　　按照约翰的看法，社会和人体一样：王室是头，法官和各省长是眼睛、耳朵和舌头；元老院是心脏，那些为王室服务的人是两边的躯体；士兵和军官是手，而税收官和其他财政官员是胃和肠；普通大众是脚，教士是灵魂。

　　约翰认为，王室只面对上帝和那些在地球上代表上帝的人，即神职人员。所有其他人都必须顺从王室并为它服务。尤其是普通大众，由于他们是社会的脚，所以他们：

> 总是依附在土地上，因而更加需要头脑的照料和引路，因为当他们在大地上行走，并用其躯体（为社会）效劳时，会经常遇到绊脚石。……[10]

约翰同所有保守派知识分子一样，将社会看作一个由各部分组成的系统。虽然各部分的功能不一样，但它们由彼此依赖的纽带连成整体。同时，贵族应该看重行为高尚的原则。在他题为"论作为国家之脚的人们"一章中，他得出结论说，只有在下列情况下国家才会完好和繁荣：

> 高贵者庇护低贱者，低贱者则以同等程度忠实地和充分地响应上司的正当要求，因而通过某种互惠的交流，每个人都仿佛是对方中的一员，并且每个人都认为在从事他所认识到的对对方最有利的事情，也是满足自身利益的最好途径。[11]

简言之，社会不平等远不是一种对社会幸福感（well-being）的妨碍，而是一种必要的先决条件，这一直是自古至今的保守派论点拥护者们的中心论断。而在把这种观点广泛传播给大众的过程中，有机体论的类比一直被证明是一种最有效的工具。

但是，如果说中世纪教会的领袖和学者们相信了社会不平等的美德，那么所有平民大众却并不相信这一点。12 世纪以后，宗教运动风起云涌，层出不穷。它们批评富贵，褒扬贫穷。一些运动，如方济会运动（Franciscan movement），更集中于后一主旨上，并且较为顺理成章地被教会机构采纳。另外一些，如批评教会的财富和权力的韦尔多运动（Waldensian movement），则成为受迫害的异端教派。但是这二者都获得了支持，因为它们具有明显的平等主义倾向，并且二者都紧紧地依靠《圣经》中的激进内容。

这一系列激进的基督教运动是从中世纪开始的，到了宗教改革以后仍持续良久，直到19世纪马克思主义运动给予激进主义以新的方向和新的希望之后，方才偃旗息鼓。在许多这样的运动中，意识形态的发展相当有限，而在其他一些运动当中，天才的领导者以其平等主义的形式清楚而又鲜明地表达了激进的反论点。

后者的杰出代表是英格兰人杰拉德·温斯坦莱（Gerrard Winstanley），他是以掘地派（由于他们不经允许就耕种富人的空闲土地）而著称的平等主义者的领导者。如下面摘自他著作的引言所示，温斯坦莱关于社会不平等的观点与索尔兹伯里的约翰的观点是针锋相对的：

在时间的开端，理性这位伟大的造物主就让地球成为公共的财富，以保存走兽、飞禽、鱼类和人。而人则是管辖所有创造物的主宰，因为人被给予了支配兽类、飞禽和鱼类的统治权。但从一开始，造物主就一点儿也没有说过人类中的一部分应该统治另一部分。……[12]

在别处，他写道：

我告诉你，耶稣基督，强大的爱的精神的化身，就是头号平等主义者。[13]

10　　那么，社会不平等是怎样产生的呢？温斯坦莱坚信下述论点：

> 因而自私的想象掌握了五种感官……并且通过贪婪而发生作用，这类想象确实驱使一个人去教训和统治另一个人，因此精神遭到扼杀，人们被抛进了奴役之中。人对其同类的奴役，甚至超过了人对动物的奴役。[14]

武力也在这一过程中发挥作用。在其著作中，他反复指出，英格兰的社会不平等起源于征服者威廉对诺曼底人的征服。他剥夺了英格兰人的土地，并把它分给了自己的军官和臣民。温斯坦莱认为，他们的后代仍然控制着英格兰的财富，对这一阶层来说："军刀的威力过去是，现在仍然是其封号的标志"。

温斯坦莱特别对法律体系持批判态度，他提出了一个论点，这个论点后来被激进的反论点的其他拥护者们一再重复：

> 自征服以来，一代又一代人制定出来的所有那些束缚人和限制人的法律是为了什么呢？为什么这些法律至今仍然通过暴力而强加给人民？我说，它们完全就是奴役英格兰人的绳索、箍带、镣铐和枷锁。就像纽盖特监狱的囚犯，当他们走在街上时，这些东西都套在他们的手上和腿上；诺曼底的压迫者和他们的后代继承者们就是用这些东西来奴役穷人，杀害他们年轻的兄弟。这难道还不容许雅各布奋而起之吗？[15]

从洛克到莫斯卡的近代早期观点

自1648年英国革命以来，激进的平等主义力量在政治上和理论上都有了极大的进步。在政治战线上，两个主要的革命都是在平等主义的名义下成功进行的，并且形成了一个大众的国际政治运动，即社会主义运动，它深刻地影响了世界上的大多数国家。事实上，现今世界上几乎有一半的人生活在社会主义的或共产主义的政党掌权的国家中。

理论战线的变化没有那么激动人心。然而自1648年以来，激进派的反论点在精细程度、成熟程度和地位上都堪与早期保守派论点所达到的程度相媲美。在17世纪和18世纪洛克和卢梭跨出了这个方向上的一大步。他们普及了主权最终存在于民众之中而不在君主身上的理论。他们的著作为近代对自然权利的理解奠定了基础，并大大动摇了君权神授的旧理论。虽然早在洛克和卢梭之前就有人提出了政府权力来自被统治者的观点，但到了18世纪，这一理论才成为成功的政治行动的基础。如果说18世纪大规模平等运动的目的在于摧毁法律上的不平等，那么19世纪和20世纪的平等运动则旨在将经济上的不平等连根拔掉。在当今的时代，社会主义已不再仅仅是哲学家们对乌托邦幻想的无根据的推断，而已成为一个包括了千百万人民的政治运动。随着1848年卡尔·马克思和弗里德里希·恩格斯的《共产党宣言》的发表，激进的反论点在理论上进入了成熟期。这本书以简洁的形式透彻地分析了社会不平等的原因，并提出了一个政治行动纲领，用来促进一个新的、更加平等的社会秩序的诞生。在马克思和恩格斯后来的著作中，他们在某种程度上扩大和修正了先前在《共产党宣言》中所提出的观念，但他们的基本原则几无改变。

众所周知，他们关于分配理论的基本假设是，分配制度的特性在本质上是由生产制度决定的。在最早的和最简单的社会中必须采用共产主义的制度，因为生产资料的私人所有不适用于当时的经济条件。后来，随着农业社会的建立，生产资料落入了私人手中，导致社会划分为不同的阶级。后来生产制度发生了其他变化，分配制度也相应地发生变化。并且，由于生产制度持续地变化着，社会也经历了一系列进化阶段。当生产资料的私人所有制最终被消除以后，社会将进入一个平等和自由的新时代，并在这一时期达到其顶峰。

马克思的第二个基本假设是，社会进化和经济进步是按照一种经过修正的黑格尔派辩证法的方式运行的。其中基本的单位是阶级，阶级是历史中的推动力，阶级之间的斗争对所有进步的产生都是必要的先决条件。

马克思主义理论的第三个基本假设也是最主要的一个，是决定论的假设。马克思认为，历史的主要过程是必然的。人们所能做的只是加速或延缓其运动的过程，而无法逆转或改变其方向。将这一要素同马克思一些精确的特定预见联系起来看，就使他的理论有时候看上去不仅是正确的，而且确实是真理。[16]

正如马克思所承认的，马克思主义理论有许多特定的要素是从先前的思想库中借来的。[17]例如，报酬应该"按需分配"直接出自《使徒行传》（Acts of the Apostles），其中描述了耶路撒冷早期基督教共同体的实践。[18]同样，马克思主义关于法律只是统治阶级用来压迫群众的工具的重要论点是温斯坦莱观点的重新表述。在有些例子中，马克思甚至借用了保守主义者的思想，如关于不平等在现存条件下不可避免的观点。然而，虽然马克思理论中许多单个的成分是借用的，但作为一个总体，马克思的理论代表了激进的反论点，是这一派中具有显著特色和很强说服力的理论表述。

马克思主义理论的威力并不像有人想象的那样仅仅作为马克思主义运动中政治力量的一种功能。许多学者和知识分子虽然并不同情在马克思主义指导下进行的政治运动，但他们或多或少地借用了马克思主义的理论。这一事实充分证明了马克思主义理论本身的魅力。

虽然关于社会平等的激进派观点在近代取得了很大的进展，但保守派观点也找到了能干的支持者。在这些人中，最重要的大概是《国富论》的作者、现代经济学的创立者亚当·斯密。斯密对理论的最大贡献在于他对市场的分析并提出了支配市场运行的规律。他对保守派思想的伟大贡献是他提出的"看不见的手"的概念，靠这只"看不见的手"，"人们的私人利益和热情"被引导到了"与整个社会的利益最为一致"的方向。斯密认为，在一个自由的、不受限制的市场系统里，产品的定价与需求成正比而与供给成反比，由此便刺激人们去从事恰恰为他人所欲想的活动。虽然没有人去为公共利益打算，并且每个人都是以一种自私的方式追求自身的私利，但总体的利益也得以满足。人们生产他人所欲想得到的东西，并从中获利。因此，当市场系统能够在不受政治干扰的情况下起作用时，它就像一只看不见的手，以某种对人们及其同伴最为有益的方式，指引着人们的行动，并规定其方向。

在接下来的一个世纪中，达尔文主义理论的兴起给保守派理论家提供了一个引人注目的新论据。社会达尔文主义以此类比，认为每个人同植物和动物一样受到筛选和挑拣。在这一选择过程中，那些具有更多天赋才能的人就生活得比那些能力较弱的同类更好。前者升迁到了社会中的统治位置上，而后者成了劳动群众。

这一观点在 20 世纪早期由威廉·格雷厄姆·萨姆纳（William Graham Sumner）在其有着广泛读者的《民俗论》（*Folkways*）[19]一书中做了有力的阐述。萨姆纳把社会的阶级系统描述为在本质上是一种人的社会价值的度量，同时又是一种天赋才能的度量。他也准备承认，在任何分层系统中都有一些不平等，因为有机会和运气的存在。然而这些不平等的重要性总是很小的。

因为萨姆纳把阶级系统视为建立在遗传差异的基础上，所以他认为，阶级并不是真实的社会集团，而是社会科学为了分析的目的而创造的、带有启发作用的范畴。在经验世界中并不存在阶级之间的划分，因为在能力和报酬两方面，人们都排列出从最高到最低的连续系列，每一个人同刚好高于他和低于他的人之间的差别十分微小。

当像萨姆纳这样的社会达尔文主义者对保守观点进行重要的重新阐述时，一个意大利学者伽塔诺·莫斯卡（Gaetano Mosca）也在提出另一种表述。在他的重要著作《政治科学原理》［*Elementi discienza politica*，其英文版的书名为 *The Ruling Class*（《统治阶级》）］中，莫斯卡强烈地反对了正变得越来越流行的社会主义理论。他的论点被概括在两个基本假设中：

> 人类社会如果没有政治组织就无法发挥作用。
> 政治组织必然要包含权力上的不平等。

确定了这两个基本假设后，莫斯卡得出结论，人们总是分为两个阶级的——"一个统治阶级和一个被统治阶级"。进而，由于大多数人都是自私的，所以从经济的角度看，统治阶级也就会是一个特权阶级。

按莫斯卡的说法，统治阶级总是人口中的少数派。他们采取一些方式来维护自己。第一，它总是高度有组织的，因此在同无组织的多数者发生关系时总是具有更大的优势。第二，在一定程度上，大多数统治阶级都是采用将下层阶级中最有才能的成员吸收进统治阶级行列的办法，来排除这些下层阶级中有潜力的领袖。第三，通过采用莫斯卡所说的"政治公式"或为不平等辩解的理论，引导大众将他们的命运当作正当的并且常常是不可避免的而加以接受。最后，纯粹的习惯引导那些处在低层阶级中的绝大多数人从事着他们每天的工作，甚至不去过问他们在社会中所处的地位是否公正或不可避免。简言之，尽管统治阶级只是少数派，在社会中只是很少的一部分人，但许多因素支撑和加固着他们的优势地位。

在莫斯卡著作那些最有趣和最有见地的部分中，他攻击马克思主义理论，认为马克思主义关于无阶级社会的观点是毫无希望的乌托邦，是不现实的。莫斯卡是在俄国革命之前20年撰写此论的，他预测，共产主义者一旦获得政权，并且如果他们摧毁了生产资料的私人所有，他们的共产主义或集体主义社会将仍需要官吏，而这将会构成新的统治阶级。[20]

功能主义者和冲突派理论家

自第一次世界大战以来，社会科学经历了许多变化。最重要的是，它们变得十分注重调查式的研究，并且今天的研究技术同第一次世界大战前的时代也大不相同了。然而，很重要的是不能忽略与过去的连续成分。

这种连续性的成分在现代关于社会不平等的理论中尤为明显。这些理论大多数直接来源于或是保守派或是激进派的传统。这既是力量的源泉，因为它吸收和保存了过去许多正确见解，但又是缺陷的源泉，因为它保留了使社会分析屈从于道德判断和政治利益的倾向，还因为它常常构设一些不能通过经验去证明或反证的假说。

15　　大多数现代不平等理论都落入了两大范畴之一。那些源自保守传统的理论通常被称作"功能主义"理论，而那些根植于激进传统的理论则通常被标记为"冲突"理论。

在当今名列前茅的功能主义理论家中，至少有两个人较为详细地阐述了他们关于不平等和分层的观点，这就是塔尔科特·帕森斯（Talcatt Parsons）和他以前的学生金斯莱·戴维斯（Kingsley Davis）。他们两人都详尽地从社会的角度探索了不平等的问题，并将其看作一种对人类社会恰到好处地发挥作用的必然特性。戴维斯用简单的一句话概括了功能主义的探索，他写道：

> 社会不平等是自然而然发展起来的手段，靠着它，社会可以确保最重要的职位有意识地由最合格的人来承担。[21]

这是功能主义立场的实质：分层基本上是由社会的需要产生出来的，而不是由个人的需要或意愿决定的。

帕森斯和戴维斯都没有说任何既定的分层系统的所有特征

都是对社会需要的响应。二人都认为，在现实世界中起作用的其他一些因素在某种程度上修正着不平等的制度。然而，他们都没有去追寻问题的这一方面，由此判断，他们都不认为这些因素有很大的重要性。

戴维斯认为，社会分层系统的产生迎合了每个人类社会两个特定的需要。第一，需要给有才能的成员输入动力，促使他们去占据那些超越平均能力的、更加重要的、更加困难的位置。第二，社会必须鼓励这些人在处于这些位置后，担当起他们所负的职责。因而，社会必须给他们提供更多的报酬。

戴维斯引用了两个因素作为与职位相联系的报酬大小的决定因素：（1）对社会的功能重要性；（2）合格人员的相对稀缺。那些极其重要的和苦于缺乏合格人员的职位可以获得最高的报酬。那些不重要的和合格人员相当富足的职位则获得最低的报酬。并非所有的职位都具有同等的重要性，也并非所有人都有同等的资格去占据责任较大的职位，所以社会不平等就是不可避免的。它不仅是不可避免的，而且在本质上对每个人都有益处，因为每个人的生存和幸福都依赖于社会的生存和繁荣。

帕森斯对这一主题的探索只是在形式上有所不同，内容上则差别不大，他开始于这样一个基本假设，即认为每个人类社会中都有一些共有的价值，由于这些价值产生于社会的需要，又由于所有社会的基本需要都或多或少地类似，所以这些价值往往在全世界都差不多一样。一个社会同另一个社会所不同的是这些价值的相对排列。一个社会可能认为效率的价值比社会稳定的价值更高，而另一个社会则可能将这个次序颠倒过来，但每个社会都必须在某种程度上给效率和社会稳定赋予价值。[22]

任何社会的分层系统在本质上都是那个社会价值系统的表达。人和职位所获得的报酬是随着人们的素质、表现和财产达到社会所设置的标准的程度而变化的。由于人们在这些方面肯定是有差异的，所以不平等也就是不可避免的。

与功能主义者不同，冲突派理论家是从社会中不同的个人和子群体的立场去探索社会不平等问题的。[23]这一学派的理论出发点是个人和群体的需要和愿望，而不是整体社会的需要。从这两个学派的成员对权力现象的探讨中，可以十分清楚地看出这两派的区别。在评论 C. 赖特·米尔斯（C. Wright Mills）的《权力精英》（*The Power Elite*）一书时，帕森斯指责道：

> 对米尔斯来说，本质观点在于，权力并不是一种社会系统所需要的，或者是完成某种社会功能所需要的，而是完全被理解为社会中的某些群体（权力的持有者们）为了获取他们自己想要得到的东西，因而阻止另一群体（权力持有者群体以外的"人们"）去获取他们想要得到的东西。[24]

冲突派理论家，如他们的名字所指出的那样，将社会不平等看作因争夺供应短缺的有价值的商品和服务而进行的斗争所造成的。功能主义强调一个社会中全体成员的共同利益，而冲突派理论家则强调人与人之间利益的对立。功能主义者强调从社会关系中生长出来的共同益处，而冲突派理论家则强调统治和剥削的成分。功能主义者强调作为社会统一基础的一致性，而冲突派理论家则强调压迫。功能主义者把人类社会看作社会系统，而冲突派理论家则将它们看成演出争夺权力和特权的斗争舞台。

并不是所有的冲突派理论家都完全否认功能主义者研究方法的合理性。一个叫拉尔夫·达伦多夫（Ralf Dahrendorf）的人甚至设想，社会基本上是"一头两面"的，功能主义者和冲突派理论家只不过是研究同一现实的两个方面。然而，他同戴维斯、帕森斯、米尔斯以及这两个学派的其他理论家一样，都满足于将自己的分析限制在现实的一个方面，而忽略了怎样将两个方面结合起来这一关键问题。

正在出现的综合

然而，事情只能到此为止吗？难道不能对保守派和激进派传统、现代功能主义和冲突理论的真知灼见进行综合，发展出一个关于社会不平等的统一的整合理论吗？

本书的中心论点是，这不仅是可能的，而且已经处在发展的过程之中了。对社会不平等这一主题的第三种探索正在变得清晰可见。这种探索正在慢慢地但又确实地为用黑格尔术语所说的"综合"奠定基础。如同黑格尔派的综合一样，它通过在另外一个层次对这一问题的探索，对论点和反论点中的真知灼见加以整合。论点和反论点在本质上都是关于不平等的规范性理论，即重点关注道德评估和公正的问题。而这一综合本质上是分析性的，即关注于它们因果之间的经验关系。论点和反论点都是靠逻辑和孤立的例子来作为证实命题的方法，而这种综合则依赖于系统地应用经验资料。简言之，这一综合在很大程度上是将现代科学方法应用于研究人类不平等这一古老问题所取得的结果上。

甚至在上面提到的功能主义和冲突派理论家的著作中，也有某些朝向综合的倾向。在他们大多数人的著作中，道德论的成分明显次于分析的成分。并且，尽管他们侧重于依赖逻辑和孤立的例子，但很清楚，他们也承认系统化的证据在决定一般陈述的有效性方面具有优越性。功能主义者和冲突派理论家与老的保守派和激进派传统的关联主要在于他们对基本假设的选择。功能主义者主要基于保守派传统的基本假设，因而其平等观主要是强调不平等的必要性和对社会有利的方面。相反，冲突派理论家则是建立在激进派传统的基本假设上，因而形成一种很不相同的社会观。在认识到现代社会理论家们同旧哲学传统的这些联系的同时，同样重要的是要认识到它们之间的差别。像戴维斯、帕森斯、达伦多夫这样的学者，甚至米尔斯在其早期，都已朝综合的方向迈出了一大步。

18

然而，还有另外一些学者走得更远，他们值得特别注意，因为他们的研究表现得最接近于正在出现的综合。这一运动的开创者之一是德国的大学者马克斯·韦伯（Max Weber）。他虽然从未提出过系统的分层理论，但是他经常涉及分配过程的各个方面。在他对这一主题的论述中，分析性的方法是占主导地位的。并且，他在著作中对两大历史传统中的真知灼见都加以吸收。[25]与他同时代的著名的意大利人维尔弗里多·帕累托（Vilfredo Pareto）也是这么做的。[26]

综合运动的另一个开创者是皮提利姆·索罗金（Pitirim Sorokin）。他的早期著作《社会流动》（Social Mobility）大概是第一本广泛而系统地论述社会分层问题的著作。在这本书中，综合的角度是占主导地位的。[27]人们可以从中看到出自两个传统的各种要素精致的结合和交融。这一点通过采用多元分层的观点而被表现了出来，这恰好是综合研究的共同倾向。这种倾向在韦伯的著作中也很明显。[28]

在过去的十年间，这种综合的产生和发展到达了一个重要的新阶段。一些学者有史以来第一次清楚地和有意识地以辩证的眼光来看待这一问题。第一个做到这一点的是才华出众的波兰社会学家斯坦尼斯劳·奥索夫斯基。他在 1957 年，即波兰和匈牙利动乱后的第二年首次出版的《社会意识中的阶级结构》（*Class Structure in the Social Consciousness*）中，再次面临着马克思主义和功能主义关于阶级结构的不同观点和不同解释。[29]然而，奥索夫斯基与以前探索这一问题的人不同，他并不是问"哪一种观点是正确的"，而是试图证明两种观点从根本上讲都是正确的。他认为这是可能的，因为人类社会比这两个理论体系中的任何一个所承认的都复杂得多。而这两个理论都只提出一个片面的观点。或者说，当它们强调现实的某些方面时，却忽略了其他方面。例如，他认为，在美国和苏联，都有一些事实同它们宣称自己的社会是无阶级社会相一致，同时又存在另一些事实支持它们指责对方是一个阶级分层社会。同样，他指出，对同一个社会，既可以用马克思主义的术语把它分析为具有两个阶级的社会，也能够按功能主义的观点把它分析为具有三个或更多阶级的社会。

后来，一个年轻的美籍比利时社会学家彼尔·冯·登·博格（Pierre Von den Berghe）按类似的思路发表了一篇论文。他试图表明，马克思主义和功能主义理论是"支配着社会科学多个领域的两大探讨方式。它们都对事实提出了片面而又互补的观点"。[30]为了说明这一点，他考察了两者共同关心的四个重要领域。他指出，即使在明显的分歧点上也能达到综合。虽然他在这一问题上的论述远不如奥索夫斯基那么详细，也没有那么集中于分层的主题上，但他们是站在同一立场上的。

很有趣的是，奥索夫斯基和冯·登·博格两人似乎都不知

19

道对方的研究。本书作者也只是最近准备此书时才知道他们的工作的。每个人都是独立地对相同的、来自基本问题上的刺激做出反应，并且这种反应的特性似乎在很大程度上是由这些刺激的特性决定的。这一点说明，社会分层的综合观点往往并不是哪一个人或群体努力或洞察的产物，更多的是一种在一个复杂的社会知识过程中自动探索的产物，并且反映出分布在各个领域的许多学者们的工作的基本倾向和状况。

直到最近，迈向综合的运动依旧更多的是趋势使然而不是有计划的。本书的一个主要目的就是引起对这一领域思想发展的辩证模式的注意，并勾画出这个我们似乎正在接近的综合的基本特性，从而加速这一过程。为了做到这一点，我们既从两个老的理论传统中吸取了一些要素，也从这两种传统之外吸取了另一些要素。

综合的过程在不同的研究领域中表现为不同的形式，但有一些共同的趋势值得了解。最重要的是，综合的过程一般都包含了对问题和概念的重新阐释。由于论点和反论点双方的拥护者都提出了同样错误的问题或运用了同样错误的概念，所以导致了许多使他们身陷其中的困境。我们常常认识不到，在我们所提出的问题和我们所运用的概念中含有一些假设，而当这些假设面临着批评性的细究时，往往被证明是有缺陷的，因而它们妨碍了对所探求的问题的合理解决。与"你什么时候停止殴打你的妻子？"这样一个问题可能没有真正的答案一样，"将来是集权主义还是民主主义盛行？"这样一个问题也可能不会有真正的答案。这两个问题都包含了隐藏的假设，迫使回答者进入一个受限制的选择范围，而其中没有哪一个回答能代表对真实的合理接近。同样，如奥索夫斯基所指出的，我们所运用的传统概念经常使我们的思维方式带上偏见。[31]随着人们认识到传统概念和问题的局限性，以及随着新的和更好的概念和问题的形成，一个综合的过程就自然而然地产生了。然而，我们应该有意识地深入分析上面这个问题的特点，并且仔细地去寻找不恰当的概念和问题，从而加速这一过程。

在对问题和概念的重新表述上，有两种方法被证明具有普遍的有效性，值得专门去了解。第一种是将绝对概念转化为变量概念的方法。绝对概念本性使然，迫使人们以狭隘的"非此即彼"的方式去思考，例如种姓制度在社会中或者存在，或者不存在。当绝对概念被转化为变量概念时，人们就不必再在常常是两个（或三个或更多）有缺陷的观点之间做出选择。取而代之的是，人们去询问，某种特定的现象在多大程度上存在着，因而我们不再去问美国社会中是否存在种姓制度，而是去问在多大的程度上存在着种姓制度。

第二种方法是将复合概念分解为它们的组成成分。许多用来描述分层系统的传统概念包含了各种各样具有松散联系的变量。"垂直流动"的概念就是这方面的一个很好的例子，最近的研究使社会学家们意识到了有必要将垂直流动细分为代内流动和代际流动，以及职业的、教育的和其他形式的垂直流动。如果将可以运用于这些流动类型中某一种类的命题普遍地运用于所有垂直流动，那就可能是完全错误的。很显然，从绝对概念到可变概念的转换，再加上对复合概念的分解，就促使研究者提出更具有成效的问题，这通常又进一步使得在充满争议的领域中取得越来越多的共识。在下面的章节中，我们将努力以这种方式重新表述许多传统的问题和概念。

在每一个研究领域里，都必须回答三个基本问题。第一，所讨论现象的性质是什么？第二，它的差异性和一致性的原因是什么？第三，它的存在或作用的后果是什么？本书主要关注前两个问题。只是存在反馈因素时，即当一个特定分配模式的后果影响到这一分配模式自身时，才讨论第三个问题。之所以要这样限制我们的分析，首先是因为前两个问题的复杂性，并且我们想要较为公正地研究它们；其次是因为相信第三个问题已被较为透彻地研究过了，并且其中的困难相对较少。

本书还有另外一个"特色"应该说明。近几十年来，许多美国社会学家越来越认为理论建构中只需要运用纯粹的演绎逻辑。[32]这是一个严重的错误，因为一个成功的理论建构既需要演绎又需要归纳。在社会学领域中要把自己限制在纯粹的演绎推理中是不可能的，至少这样难以取得较为优秀的成果。那些想要这么做或者声称要这么做的人都是自欺欺人，并且也阻碍了理论的正常发展。

本书前面的部分首要强调的是演绎逻辑。往后，随着分析从最一般化的层次转向包含某个专门的社会类型的层次时，强调重点也就逐渐转向了归纳逻辑。在后一部分中，有人也许会以为，所有的概括都是按一种严格的和不可抗拒的逻辑从前面几章的基本前提中思考出来的，但其实并非如此。尽管在强调重点上有转变，但这两类概括之间有着明显的兼容性，以至于它们实际上共同构成了一个具有相当整合程度的理论。要在这一部分提出更高指望的话，那就只能是一种乌托邦的空想。

基本的争论点

在结束这一章之前，有必要对保守主义者和激进主义者的历史性争论中的基本争论点做一回顾和小结。任何真正的综合的理论都不得不涉及这些争论点。因此，这一小结将不只是对这一历史回顾的结论，还是所有后续内容的一个出发点和基础。

要对如此广泛而持久的争论做出小结，难免会有某种程度的过分简单化。保守主义者阵营当中并非总是一致的，激进主义者也是如此，所有保守主义者共有的唯一信念是他们认为现存的分配制度基本上是合理的；而激进主义者所共有的唯一信念则是它基本上是不合理的。在其他问题上，没有任何一个保守的或激进的观点会被各自的每一个追随者坚持。然而，确定了关于制度的公正或不公正的基本假设后，其他观点往往便随之而来。结果是，大多数保守主义者站在了这些关键争论点的一边，而大多数激进主义者则排列在另一边。我们在这里关注的正是这些主流倾向。

许多世纪以来，将激进主义者和保守主义者划分开来的最基本争论点之一是关于人自身本性的争论。从历史上看，保守主义者不信任人的本性，而强调具有制约作用的各种社会制度的必要性。相反，激进主义者不信任这些制约性的社会制度，而对人性抱有一种乐观的看法。这一差别可以在法国革命中相当清楚地看出来，在那里，保守主义者将他们的信任放在君主制和教会上，而激进主义者则放在从这些"腐败"制度的约束下解放出来的人自身。

第二个基本争论点是关于社会的性质。如前所述，保守主义者传统地将社会看成具有各种各样自身需要的社会系统，如果要满足社会成员的需要和愿望，就必须首先满足社会自身的需要。相反，激进主义者往往更多地将社会看作一个各种斗争发生的场所，它之所以重要，主要是因为它的特殊性质影响着斗争的结局。

第三，关于不平等制度在多大程度上是靠强制（coercion）来维持的这一问题，激进主义者和保守主义者也是有分歧的。一方面，激进主义者一般将强制说成为支撑和维持私有财产、奴隶制和其他导致不平等的权力和特权的制度的主要因素。另一方面，保守主义者则认为强制仅起到很小的作用，不平等仅仅是共同意向（即因为各种价值由整个社会广泛共享，甚至没有特权的人们也享有）以及（或者）人们先天差异的一种必然结果。

第四，两种传统的提倡者们在关于社会不平等造成冲突的程度上也有不同观点。激进主义者把社会冲突看成不平等的主要后果，而保守主义者则一般小看其作用。

第五，在关于获得权力和特权的手段上，也存在真正的分歧。激进主义大都强调武力、欺骗和继承是主要的途径。相反，保守主义者则偏重于诸如辛勤工作、他人托付等更有正当理由的方法。

第六，保守主义者总是把不平等看作不可避免的。而激进主义者，至少是具有平等传统的激进主义者，却抱有相反的看法，虽然马克思主义理论也承认在社会发展的一定阶段，不平等具有不可避免性。

第七，在关于国家和法律的性质问题上，也总是存在很大的分歧。激进主义者通常将二者看作统治阶级为其自身利益而采用的压迫工具。而保守主义者则把它们看成整体社会的器官，基本上起着增进公共利益的作用。

第八，也就是最后一点，保守主义者往往将阶级的概念看作本质上一个具有启发作用的概念，它唤起对那些具有共同特征的人的集合体的注意。然而，激进主义者更多地倾向于将阶级看成具有特殊利益的社会集团。这些特殊利益必然导致它们与其他具有相反利益的集团之间发生斗争。也许我们可以对上述加以总结说，保守主义者在"社会"概念上往往是现实主义者，而在"阶级"概念上则往往是唯名论者。激进主义者则一般站在相反的立场上。

这些就是基本的争论点。在以下章节中，我们将反复触及这些问题，因为综合的立场必须是要么对二者双方都加以考虑，要么对它们重新表述。现在，我们可以恰当地说，这两种过程将被同样频繁地采用。

注释

1. 这一数据引自 1960 年 12 月 26 日的《泰晤士报》（*Times*）、《美国新闻》（*U. S. News*）和《世界报道》（*World Report*）。

2. 若干年前，哈罗德·拉斯威尔（Harold Lasswell）建议，政治学是研究"谁在何时以何种方式获得了什么"。尽管政治学与分配问题密切关联，难以完全分开，但要将二者完全等同起来也是严重错误的。拉斯威尔在后来与 Abraham Kaplan 合著的 *Power and Society*：*A Framework for Political Inquiry*（New Haven, Conn.：Yale University Press, 1950）一书中也承认了这一点。他们在讨论阶级、种姓、地位，以及技能群体时写道："正是通过对社会结构的描述而回答了谁在何时以何种方式获得了什么的问题。"（pp. 67–68）他们接着说："从社会结构的定义中可以看出可以将它分析为阶级之间的关系。"简言之，拉斯威尔似乎并不再将政治学等同于分配过程。

3. 《弥迦书》（Micah）第二章和第三章的摘录，引自修订后的《标准版圣经》（The Revised Standard Version Bible, New York：Nelson, 1953），1946 年版和 1952 年版，经同意。

4. 《摩奴法典》(*The Laws of Manu*)，彪勒（G. Bühler）翻译，载于 *Sacred Books of the East* 系列丛书，Ed. By Max Müller（Oxford： Clarendon Press，1886），vol. 25，经同意摘自其中第 13~14 页和 第 24 页。在印度教的其他文献中也有类似的故事。

5. 亚里士多德，《政治学》(*Politics*)，Benjamin Jowett 翻译（New York：Modern Library，1943），第 60 页。

6. 柏拉图，《理想国》(*The Republic*)，Benjamin Jowett 翻译（New York：Modern Library，n. d.），第 203 页，经牛津大学出版社（Oxford University Press）同意引用。

7. 他在多处提到"武士阶级下层的后代应该降级，而下层阶级中优秀者的后代应该晋升到武士阶级"，但他描述"理想国"的教育制度时，却似乎是设想了一个专门给武士阶级子女保留的教育制度。因此不知道其"理想国"中下层阶级的子女如何才能有同等的机会进入武士阶级，除非他们在婴儿时期就表现出优异的才能。

8. 柏拉图认为武士阶级被训练得并不看重权力，除非在将权力用作为整个社会服务的工具时。

9. Eph. 6：5；Col. 3：22；I Tim. 6：1；Titus 2：9.

10. 索尔兹伯里的约翰（John of Salisbury），*The Statesman's Book*，John Dickinson，New York：Knopf，1927，第 65 页。经同意。David Malo 关于古代夏威夷人的政府理论的讨论中也得出了惊人相似的观点。由 N. B. Emerson 在 1898 年翻译自夏威夷语（大约写于 1840 年）。Bernice P. Bishop Museum，Special Publication No. 2，1951，第 187 页。

11. 同上书，第 244 页。

12. Gerrard Winstanley，*Selections from His Works*，Ed. by Leonard Hamilton，London：Cresset Press，1944，第 37 页，经同意。

13. 同上书，第 97 页。

14. 同上书，第 37 页。

15. 同上书，第 40 页。

16. 这种倾向还可以从马克思许多著作中的一些含混之处，甚至一些内部矛盾的地方得到加强。正是由于存在这些含混和内部矛盾的地方，当其理论没有实现其预测时，人们可以对其重新做出解释。这种做法的价值是很重要的。

17. 例如，见马克思致魏德曼（Joseph Weydemeyer）的信，ed. by

Lewis Feuer, *Karl Marx and Friedrich Engles：Basic Writings on Politics and Philosophy*, Garden City ，N. Y.：Doubleday Anchor, 1959，第 457 页。

18. 见 *Acts*，4：35。

19. 还可以见其小册子 *What Social Classes Owe to Each Other*，New York：Harper & Row, 1903。

20. Gaetano Mosca, *The Ruling Class*, Hannah Kahn 翻译, New York：Graw – Hill, 1939，特别是在第 281 – 286 页的内容。

21. Kingsley Davis, *Human Society*, New York：Macmillan, 1949，第 367 页。

22. 帕森斯关于社会分层的主要观点可见《对社会分层理论的修正分析研究》(*A Revised Analytical Approach to the Theory of Social Stratification*)，载于 Reinhard Bendix and S. M. Lipset：*Class, Strata and Power：A Reader in Social Stratification*，New York：Free Press, 1953，第 92 – 128 页。

23. 将一组学者都贴上相同标签的做法有时候会产生误导，这里也不例外。在这里我所讨论的冲突派理论家不包括 *The Functions of Social Conflicts* 的作者刘易斯·科塞（Lewis Coser）。虽然他的书集中研究社会冲突问题，但其基本目标是展示社会冲突如何服务于整体社会。简言之，其基本理论倾向是功能主义的。

24. Talcott Parsons, *The Distribution of Power in American Society*, World Politics, October, 1957，第 139 页。

25. 在其翻译成英文的著作中，特别应该注意到的是 Max Weber, *The Theory of Social and Economic Organization*, A. M. Henderson and Talcott Parsons 翻译, New York：Free Press, 1947。请特别关注第 3 – 5 部分。或者 *Max Weber：Essays in Sociology*, H. H. Gerth and C. Write Mills 翻译, Fair Lawn, N. J.：Oxford University Press, 1946。请特别关注第 7 部分和第 14 – 17 部分。

26. *The Mind and Society*, A. Bongiorno and Arthur Livingston 翻译, Ed. By Livingston, New York：Harcourt, Brace & World, 1935，请特别关注第 III 卷和第 IV 卷。

27. New York：Harper & Row, 1927.

28. 有关索罗金在社会分层思想方面更多的表述，可参见 *Society, Culture and Personality*, New York：Harper & Row, 1947，第 14 章和第 15 章。

29. 此书由 Sheila Patterson 翻译，New York：Free Press，1963。同时见奥索夫斯基的论文：Ossowski, "Old Notions and New Problems: Interpretations of Social Structure in Modern Society, Transactions of the Third World Congress of Sociology," London：*International Sociological Association*，1956，第 3 卷，第 18 – 25 页。

30. "Dialectic and Functionalism: Toward a Theoretical Synthesis," *American Sociological Review*，28，1963，第 695 – 705 页。

31. 见前面所引著作中的第 11 章。

32. 这在很大程度上是受帕森斯的影响。但这里有点讽刺意味的是，尽管演绎逻辑在帕森斯的著作中从来就不占主导地位，也不是很重要，但它给人的印象却是这样的。

第二章　人与社会

人是唯一一会感到羞愧或需要羞愧的动物。

——马克·吐温

人类存在中的一个基本事实就是人类事务中善与恶难解难 分。在一些场合，人们表现出自我牺牲和英雄主义的伟大壮举，而有时候又做出了骇人听闻的残忍和自私的行为。这种奇特的两重性自荷马时代以来，给诗人和剧作家们提供了数不清的素材。

哲学家和社会科学家们发现，他们必须认真研究人类社会中的这方面内容。但是，对他们来说，这一现象是一个问题，而不是一种素材。因为，应该如何解释在同一个物种中，并常常在同一个人身上，会有如此不同的行为？

在历史上，大多数努力回答这一问题的人都认为人类的行为出自两个对立的来源，一个是善，一个是恶。上帝是善的根源，恶魔是恶的根源。或者说，自然界是善的根源，而社会是 25恶的根源。又或者说，理性是善的根源，情欲是恶的根源。简言之，我们所看到的善是出自一个根源，而恶是出自另一个根源。

这一古典的答案受到激进的和保守的理论家青睐，但是他们在认定其根源时又有所区别。如上一章指出，激进主义者往往将社会认定为恶的根源。他们认为，人在根本上是善的，而我们在人们行为中看到的恶是由于腐败制度的影响。相反，保守主义者一般都坚持认为恶植根于个人的利己驱力，而社会的功能是对这些有害的倾向加以限制，并将之扭转到为公共利益服务的方向。

当然，以上这些概括在某种程度上过分简化了实际的情况。各种分界线并非总是如此分明。[1]然而，保守派与激进派关于人与社会的观点之间的这种基本差异引出了他们在分配理论上的许多分歧。澄清这一界限，就更容易确定这两个学术传统之间矛盾的一个主要来源。因此，这是持综合观点的学者所面临的主要任务之一。

本章的主要目的是提出一些关于人性与社会的基本假设，它们构成了正在形成中的综合的基础。其中一些观点出自保守传统，另一些出自激进传统，还有一些则来自这二者以外。不论对于人或社会，我们都不企图提出完整的观念。相反，我们想把注意力集中在二者与分配理论最为相关的方面。

人性

每一个关于人性的社会学讨论的起点都是一个易使人误解的简单断言，即人是一种社会性动物，其生性是要作为一个社会成员而与他人生活在一起。至少在这个命题上激进主义者和保守主义者是一致的。并且，它是我们一般理论中的第一个基本假设。

说人是一种社会性动物，并不是要否认有一些个人离开社会过着隐士般的生活。但整个人类是不能在这个基础上生存的。人类为生存而斗争的主要武器总是文化，而文化又完完全全是一种社会性产物。社会生活不仅对人类这个物种的生存是必需的，而且对于最大限度地满足人类的需要和愿望也是必不可少的。通过合作的活动，人们可以满足许多没有合作就不能满足的需要和愿望，并且也可以更有效地满足大多数其他需要，即以较小的努力或其他投资而获得更大的报偿。

说人是一种社会性动物还意味着，人们生于其中的社会以他们无法控制和常常意识不到的方式塑造着他们的特征和个性。彼得·伯杰（Peter Berger）很好地揭示了这一点，他写道：

> 社会不仅控制着我们的运动，还塑造着我们的身份、我们的思想和感情。社会的结构成为我们自我意识的结构。社会包围着我们，但并不停留在我们的皮肤表层，而是渗入我们内部。[2]

如果我们的第一个基本假设相对来说无可争议，那么对于第二个基本假设就不能这么说了。它直接将我们带进了激进主义者和保守主义者争论最激烈的一个领域，这就是关于恶的根源的争论。如前一章所述，在 17 世纪的英国革命以后，关于人与社会的激进观点急剧地发展，为越来越多的人接受。在欧洲发展和扩张的时代，这一将社会假定为恶的根源的乐观主义观点日益被人们接受，尤其是被知识分子接受。然而，自纳粹主义产生和第二次世界大战爆发以来，这一趋势停顿了，摆锤在约三世纪以来似乎第一次开始向相反的方向摆动。每个方面都有证据表明，人的行动中的恶比激进派理论家所认为的更为根深蒂固。尽管法国革命和俄国革命都有革命性的制度变迁，但它们都没有产生出期望的乌托邦。虽然人们的生活模式已被现代的社会和技术革命极大地改变了，但利己主义、自私和残忍仍继续笼罩着人们。

与近代史中的论点并驾齐驱的是当代心理学。心理学中流行的理论和研究埋葬了对人性善的信仰，其程度并不亚于政治事件。近期的研究揭示出，人类婴儿是一种极端以自我为中心的生物，其动机完全是由他自己的需要和愿望激发出来的。如果我们摆脱社会中笼罩在婴儿身上的浪漫色彩，就可以发现他们完全是在努力不断减少由他们的生物特性和环境所造成的各种各样的紧张。他们早期的行动只是反复摸索的试探，以找到减少和释放这些紧张的方法。

当然，普通小孩到了一定的时候就会考虑到他人的愿望。但这并不意味着他的动机就不那么来自最大限度地满足自身了。相反，这意味着他已经认识到，达到自己的目的是与他人的利益紧密联系在一起的。例如，一个喜欢玩垒球的小孩会发现，只有同其他有着共同热情的人合作，才能满足这一爱好。我们不应该认为一个人与他人合作并遵守游戏规则就不再是最大限度地满足他自身。恰恰相反，我们应该认为他这么做正是为了最大限度地满足自身。

通过观察儿童游戏我们可以更好地认识和理解社会中组织的性质，尤其是它们证明了这样一个过程：社会最初只是由自私地追求个人目的的人无组织地聚合在一起，而这种聚合能产生出具有合作和道德成分以及权利和公正概念的制度。为了使自身得到最大限度的满足，个体被迫共同地工作（和做游戏）。但他们发现，只有当活动是建立在一个规则系统的基础上时，人们才可能从中获得满足。这种规则系统首先保护了合作活动本身。只有当所有必要的参加者都有一定的基本权利保证，如每一个孩子都能轮到击球时，这一活动才能进行下去。

这看起来似乎是那些更强的和更有能力的参加者做出了一些牺牲，但实际上并非如此，因为不这么做的话，合作性活动和它能带来的所有好处都只能付诸东流。因此，对他们来说，如同对其他参加者一样，遵守规则都只能被看成一种明智的自我获益形式。

许多年以前，威廉·G.萨姆纳创造了"对抗性合作"的术语，以唤起人们注意人类生活中这种自相矛盾的特点。[3]他指出，人们被"引进了结盟，并受到强制而结盟"——这是自我获益的强制。他声称，假设人类的结盟是以相互友爱为基础，这就像假设在蜜蜂与三叶草，以及犀牛与啄木鸟之间存在着友爱一样，都是错误的。他认为，"在大多数的合作之中，……都有被实际好处所压倒的被抑制的对抗"。虽然他的这种说法多少有些夸张，但它特别适用于一些大型的、复杂的、包含着许多陌生成员的社会组织形式。

如果谁喜欢悖论和讽刺，他也许可以走得更远，认为合作本身是人类生活中冲突的一个基本根源。如果人是独居的物种，人像其他一些动物那样除了交配以外都同其他人分开生活，那人们之间的冲突也许要少得多。如果每一个人都只为他自己生产，没有劳动分工和商品交换，人类斗争的一个主要源泉也就消除了。相反，当人们在一个合作性事业中（不论它是一个家庭还是整个社会）将力量集合在一起时，冲突的机会和动机都会大大增加，这是被大多数保守主义理论家所忽略的社会舞台上的一个侧面。

然而，我们不能认为，简单的自我利益（无论它是否是文明的）是人类事务中唯一的动机力量。当我们更加客观地看待问题时，就可看到实际情况比这更复杂。人们做出各种各

样自我牺牲的情况并不亚于追求私利：父母为了子女做出牺
牲，士兵为弟兄们做出牺牲。

从道德的立场讲，这些行为方式是值得高度赞扬的。然
而，正如一些对人类情景更有洞察力的观察者指出的那样，这
类行动也包含了一种很强的追求私利的成分。耶稣向他的随从
指出了这一点，他说："如果你们只爱那些爱你们的人，这也
值得赞美吗？甚至收税者都能做到这一点。"许多行动只有当
更大的背景被忽略时，才表现为牺牲。看一下其来龙去脉，这
种行动则表现为一种交换利益的互惠系统的一部分。

诸如此类的其他牺牲性行动也都是这样的，它们不是没有
利益的。这类行动很少是为不认识的人而做的，我们也不指望
如此。相反，人们往往是为了对他们有很高价值的人，或者是
能给他们带来回报的人做出牺牲。因为没有更好的术语，我们
就暂将这类行为定为"党派自我牺牲"，将它所服务的利益称
为"党派集团利益"，以将它同在真正利他主义行动中非利益
性的自我牺牲类型区别开来。

这一问题还有另外一个方面值得注意。有些人愿意为群体
内部的成员而牺牲，但对其群体之外的人却有完全不同的行
为。事实上，有时似乎群体内部关系中的牺牲倾向越强，群体
之间关系中的牺牲性就越弱。这意味着在不同的社会层次上，
人类生活中牺牲行动的频率和重要性是不同的。在家庭或一些
初级群体中，我们可以看到的自我牺牲要比在一个大的和复杂
的国家中多得多，当我们以这种更为宽广的眼光来看待人类行
为时（如本书中将要做的那样）立刻就会发现，有些群体在
内部关系中产生了如此之多的牺牲行动，但当他们对付外者
时，常常能最无情地追求他们的党派集团利益，尽管这些外者

也是同一社会的成员。[4]

与此紧密相关的是"真正信仰者"的自我牺牲行动,这用的是埃里克·霍夫尔(Eric Hoffer)提出的一个恰当术语,指一个社会运动中具有狂热献身精神的成员,他们"发现了对人类病态的医治药方",并准备用一种"愚笨地"抵抗人世的方式来强制其接受。虽然真正的信仰者认为他正在为了同伴们的利益而牺牲自己,但其他人看到的却是他从参与这些社会运动所得到的精神利益。这种情况下的自我牺牲是自我欺骗,真正信仰者的行动很少以他人所希望的方式起到服务于他人的作用。

另外一种成问题的自我牺牲方式是"贵族行为理应高尚"的做法。一些社会中的富有者认可一些义务,如施舍、给予救济和公共服务,这些并不给他们自己带来明显的回报。然而,在这里自我利益的成分再次闯入。对于真正的富人来说,慈善行为相对来说花费不了多少,但通常能带来很大的好处,因为这是通向荣誉和声望的可靠途径之一。并且很多富人已经有很多财富了,因此他们很愿意用财富来换取荣誉和声望。(见本章关于边际效用的讨论)。还有,如林德夫妇(the Lynds)在对"中镇"(Middletown)① 的著名研究中证明的那样,慈善行为常常是为了可观的政治和经济回报。[5]这并不是说所有的施舍行动都是由自我利益激起的,而只是说自我利益的成分与慈善行为并不矛盾。再有,更加重要的是我们必须认清慈善在整个经济中的相对重要性。慈善捐赠通常只是所有消费中的很小一部分,就像蛋糕上的糖霜,虽然很显眼,但实际作用并没有那么大。   30

---

① Middletown,指美国印第安纳州的曼西(Muncie)镇。美国社会学家 R. S. 林德和丹·M. 林德曾于 1924 年和 1935 年在此做过著名的"中镇调查"。——译注

当然，我们也不是认为所有人类行动都只是由自我利益驱动的。应该看到，有些行动很显然是由对他人真正的关心驱动，而不是由自我利益驱动。很明显，人类经验中有一些力量可以唤起无私的或利他主义的爱的反响。[6] 然而，由于在大多数人中这种反响只有很有限的发展，所以利他主义最有可能发生在没有什么利害关系的日常生活小事中。很明显，许多人在与其他人打交道时都会产生一些慷慨和善的真实愿望，但当许多事情攸关利害时，却发现"不可能"按此方式行动。因此，利他主义行动只是集中在较小事情和较低层次的决定上，在社会决定的大层次上不常发生。事实上，人们似乎可以概括说，利他主义行动发生的频率与它所包含的价值量成反比。

这并不是说当人们处于重大的利害攸关情景时就不道德了，而是说需要在两种不同类型的道德观之间做出区分，即实用主义的道德观和理想主义的道德观。实用主义的道德观是所有现行道德律令的基础，它是基于人们相互需要对方的存在，因而要谴责许多有害的行为，尤其是那些可能会破坏社会秩序的行为。相反，理想主义的道德观不仅谴责有害行动，而且还要求人们像爱他们自己那样去爱其他人，而不考虑可能的回报。这种理想的道德观从未被当成任何现行道德律令的基础。

这并不是说利他主义或无私的爱不怎么重要或根本不重要。从心理学和道德两个立场看，它都是非常重要的，如果没有它，人类的存在将会可怜得多和严峻得多。然而，它却不是权力和特权分配中的一个主要决定因素。

因此，如果谁研究一下人类状况，他就不得不得出这样的结论：当人们要做出重大决定，被迫在他自身的或所属群体的利益与他人的利益之间抉择时，他们几乎总是选择前者，虽然他们经常试图对自己和别人掩盖这一事实。这是我们理论中的第二个基本假设。很明显，它由于对人性天生为善持怀疑的眼光而偏向保守立场。

在结束讨论这一有争议的基本假设前，有必要指出，所有 31 较为复杂的社会中的交换制度和劳动分工，都是作为一种面纱而大大地掩盖了这一丑陋的真相。在复杂的社会中，人们很少看到自己经济和政治行动的后果。相反，他们看到的是没有个人色彩的市场系统在起作用，它厚待一些人而又惩罚另一些人。成功和失败因而都似乎是这些非人格力量作用的结果，或是那些如此之复杂，以至于任何个人的影响都可以忽略不计的力量作用的结果。这种情况就有助于产生认为人天性善良忠厚的神话。

我们理论中的第三个基本假设涉及人们争夺的对象。人们所需要的有些东西是随时随地可为所有人利用的，如我们呼吸的空气，但其他大多数东西却不是这样。大多数东西是处在短缺供应之中的——这就是说，对它们的需求超过了可能的供应。

这是自然界的正常情况。虽然我们经常谈及自然的慷慨，但事实仍然是，所有生物都有一定的生殖能力，但食物和其他资源供应却是有限的。因此，千千万万者在到达生命全程的正常终点以前就不可避免地死去，并且其他大多数也不可避免地生活在勉强维持生存的边缘。

在一定程度上，人有能力使自己从这些困境中解放出来。几千年以前人类就学着增加食物供应，后来还学会了控制生殖。然而，虽然人与其他生物相比获得了一定的优越条件，但他也经受着一些不利条件的折磨。人与其他各种各样的植物和动物不一样，他对商品和服务有着贪得无厌的胃口。无论他生产和消费了多少，他总是想要更多的东西。之所以如此，主要是因为他所消费的商品和服务不仅具有一种实用的价值,而且还具有一种地位的价值。如果汽车只简单地是一种交通工具,那一个能控制其人口再生产的社会最终会满足这一需求。但是汽车同时也是地位的象征,因此就永无止境地需要对它们做出改进,并在它们的生产过程中耗费许多物力和人力。地位争夺的真实特性使需求不可避免地超过供应:那些处在较低地位的人不断地为与那些较高地位的人平起平坐而奋斗,而那些地位较高的人又总是试图保持这种差别。在这种情况下,不论人们如何增加生产或限制人口增长,都不可能达到满足。

如果我们前面三个基本假设是正确的,就是说,如果人是一种社会性动物,如果他的大多数重要行动都是受自我利益或党派集团利益驱动的,并且如果他争夺的对象中有许多(或大多数)都是短缺供应的,那么就可以合乎逻辑地推出结论:为争夺报酬的斗争在每个人类社会中都将是存在的。这一斗争并不一定总是采取暴力的形式。相反,它可以在一定规则体系的框架内进行。然而,不存在暴力并不意味着这种斗争就不那么现实,或对参加的各方来说就不那么严重。

在结束我们这一部分的讨论之前,应该再谈谈两个进一步的基本假设。这两个当中的第一个,也是我们这一系列假设里的第四个是:人们在斗争所必需的属性上有着不平等的天赋。有些人生来就有生理上的不利条件,这极大地限制了他们的机会。另一些人在一些较不明显的方面有着不利条件,诸如身体协调性较差,轻度脑损伤,精力缺乏,甚至长相丑陋。

这些自然天赋上的不平等并不是社会不平等的首要来源。但它们也确实很重要,以至于古代保守观点据此而论证人的先天性差异是社会不平等的源泉。

第五，也是最后一个，现在我们基本假定人倾向为一种有习惯的生物，并且强烈地受到习惯的社会对应物，即习俗的影响。威廉·詹姆斯（William James）曾称习惯是"社会的巨大飞轮"。这似乎是一个较好的描述，因为习惯像飞轮一样将强有力的惯性因素带进了社会生活，并在其中发生作用。习俗也是如此。从分配过程的角度看，习惯和习俗都是极为重要的，因为它们往往使人们接受那些甚至对他们不利的、非必需的分配格局，并将之看成理所当然，从而使现存分配制度固定化。因此，这样一种格局的存在比人们所预料的更为持久和稳定。

社会的性质

在关于人的这一观念的基础上，现在有可能转向关于人类社会的性质这一更为困难的问题。如前章所指出，在保守主义者和激进主义者的观念之间，以及在其知识的继承者，即现代功能主义者和冲突派理论家的观念之间，对于这一问题也存在一个基本冲突。

保守派传统的学者反反复复地将人类社会同生物有机体进行比较。与有机体一样的是：（1）它们都是由专门化的和相互依赖的部分组成的系统；（2）总体通常比各种不断更换的部分活得更长；（3）总体有着一些需要，如果它要生存和茁壮成长的话，就必须满足这些需要，而各个部分的功能正是通过其专门化的活动去满足总体的需要。简言之，社会同有机体一样，是一个系统，其中总体的生存和健康是通过各部分之间的相互合作而获得的。这种合作使总体获得了好处，而且作为结果也使所有的部分都获得好处。

现代功能主义理论的重要命题之一被冠以"社会系统"的标题，[7]这并不是偶然的巧合。功能主义理论通常是系统的理论，将人类社会的系统特征作为出发点，然后试图按照总体的需要和要求去解释各个部分的行动。

相反，冲突派理论通常具有反系统的特征。它强调那些一直威胁要破坏社会结构的冲突和斗争。它对整体社会及其需要的关注远少于对社会中的阶级、党派、小团体、利益集团这些永远为争夺优势而竞争的子单元的关注。如在第一章指出的那样，激进派理论家往往把人类社会看成展现生活冲突的场所。它们之所以重要，主要是因为它们的特征（如经济发展水平）影响着斗争的结果。他们关注的中心对象是斗争和斗争中的派别团体，而不是社会。

这两种观点都在思想开放的社会研究者之中引起了反响。很明显，二者都包含有真理的成分。合作肯定是所有人类生活的一个普遍特性，冲突也是如此。有些类型的人类行动只能被合理地解释为出自总体社会的需要，而其他一些行动则只能被合理地解释为出自个人的需要和愿望。任何理论不论是否认人类生活中社会性要素的重要性，还是否认其反社会要素的重要性，都忽略了生活中的某个重要方面，对人类社会的解释都是不可靠的。

为了对这两种传统中的真知灼见进行整合和综合，有必要较为仔细地重新考察一下"系统"这个对保守主义理论家如此重要的概念。这是社会理论所不能忽略的一个概念，但不能像通常那样毫无批判地接受它。

从根本上说，这一概念是指一个由具有单一特征的各独立部分所组成的有机体，社会学家在与很多理论流派中（尤其是在美国）极端的个体论和心理学还原论的论战中，把"系统"概念从其他学科（如天文学、物理学和生物学）那里借用过来。作为这一斗争中的一种武器，它是极为有效的，但作为社会分析的工具，它的记录就不是那么动人了。

导致问题的最大原因是，这一概念通常采用绝对的术语。某物或者是一个系统，或者不是，没有中间状况。如果一群人在某种程度上相互依赖，现代功能主义者就认为以系统术语去分析它们的生活方式是合理的。以此为基础，他们就开始进行细致分析，以便努力找出每一既定行动模式中的社会效用。

这种用法忽略了两个重要的事实。第一，各个系统在其各部分的相互依赖和整合的程度上各有不同。人类社会的组成部分拥有一些独立性和自主性，它们远超出生物有机体或机械系统的各个部分所拥有的独立性和自主性。忽略了这一点就会引起混淆。第二，人类社会系统并不是十分完善的，并不是其中各个部分的行动都完全服从总体的需要。完善的人类社会系统只是一种理论的构想，在现实生活中是找不到的，甚至稍微完善一些的人类社会系统都很少。[8]

这些事实对社会理论有着重要的意义。第一，如果没有完善的社会系统这样一种东西，我们就应该停止编造假定它们存在的理论，而应把精力用于建立一些公开假定所有人类组织都是不完善系统的理论。第二，社会理论家（和研究者）不要再指望在人们各种各样的行为模式中找到对社会的效用，他们应该认识到，许多特定的行为模式是完全反社会的，对总体的普遍利益提供不了任何贡献。第三，我们应该期望发现合作和冲突都是人类生活连续和正常的特性，不应像当代功能主义理论那样将冲突看成一种病态的或反常的情况。第四，我们应该对群体整合程度的多样性原因及后果予以更大的注意。最后，我们必须学会将分配制度看作同时反映了系统的需要和单元的需要，它们一个经常破坏着另一个。

社会利益和个人利益：它们的关系

35 　　这最后一点特别值得注意，因为保守派理论家经常否认在群体利益和个人利益之间存在根本的冲突。他们宣称，凡是对社会有好处的对个人也有好处，反之亦然。近代的经典成就是亚当·斯密的名著《国富论》。这位近代经济学之父给这一论点提供了一个颇为鲜明的例证。他认为，通过市场的神秘作用，每个社会成员对自我利益的专一追求将有助于对作为整体的社会利益的追求。一个世纪以后，社会达尔文主义者又提出了类似的论点。他们坚持认为，作为自然选择规律的结果，只有最适者生存，因此追求自我利益再一次有助于对作为整体的社会利益的追求。

　　虽然个人的命运肯定是与社会的命运联系在一起的，但在它们之间并没有一一对应的关系。这一点可以通过许多方式加以表明。当一个社会繁荣时，它的某些成员也可能经历经济上的灾难。相反，当一个社会的经济走下坡路时，它的某些成员也会大大获利，如1929年股票市场崩溃时所表明的那样。

　　从逻辑上讲，如果社会成员的利益在他们自身之间有某种程度的不一致的话，那社会利益是不可能与其所有成员的利益相一致的。正如我们所见，情况完全如此。在这种情况下，最大的可能性是，社会利益是与其部分成员的利益一致。我们后面将要看到，从古到今的许多社会中，只有少数者群体的利益与整体社会的利益存在重大的一致。

　　社会利益同个人利益之间的冲突还会以另外一种方式表现出来。从社会整体的立场看，希望关键的位置由最合格的人来占据。从由个人利益驱动的个人立场看，则通常希望他自己去占据一个这样的位置。在大多数情况下，个人利益都将对社会利益起破坏作用，反之亦然。

保守派理论家通常认为，在一个社会中，占据关键位置是优越能力的证明，因而这些占据者的行动对所有人都是有益的。然而，批评者回答道："这是哪方面的优越能力？是看他的父母？是权力？还是欺骗？"不幸的是，这些因素常常是使一些人获得关键性位子的主要因素。保守派的答辩在逻辑上的循环常使之变得毫无意义。

个人利益：它们的性质

直到现在，我们频繁地谈到了社会利益和个人利益，但并没有精确地说明这二者是什么。最重要的原因是，这两种利益的性质似乎已经很明显，不需要再讨论了。然而，当人们考虑到这些问题时，就会遇到一些困难，尤其是在有关社会利益的概念上。

这一领域最大的诱惑之一就是充当上帝，把这些利益等同于人们认为它们应该是什么样，或等同于它们"实际上"是什么样。实际上，这正是马克思主义者和其他意识形态学者们的做法，他们似乎比当事人更清楚地知道，对于一个人或一个社会来说，何者为善。这种探索在政治上也许很有成效，但在科学上并非如此。

如果拒绝这种演绎推论，我们就被迫回到归纳。这里有两种选择：（1）以个人或集团自己的说法为基础的归纳；（2）建立在对个人或集团的实际行动的推论基础上的归纳。在这两者之中，后者似乎更明智一些，其理由有二。第一，个人或集团都常常有理由来虚假地传达其真实利益：掩饰常常是有利的。第二，自弗洛伊德的著作出版以来，我们不能忽略人类行为中潜意识的作用。人们的行动常常是由他们朦胧意识到的愿望和目标所驱动的。由于这两个理由，我们在判断刺激人们行动的利益时，最好要以他们所做的，而不是他们所说的为依据。

我们熟知个人的目标或利益，因而不需要对它们做出详细的评论。然而有两个复杂之处应指出。第一，有必要认识到，并非所有人都有同样的目标，即使在具有同样目标的人中，他们对其排列也可能是不一致的。三个人可能都喜欢葡萄酒、女人和歌曲，但一个最喜欢葡萄酒，另一个更愿要女人，第三个则更欣赏歌曲。这种差别有很大的重要性，因为人们有必要在各种愿望目标之中不断地进行选择。

经济学家"边际效用"的概念指出了另一种复杂性。在涉及多个目标时，价值便与已经到手的量成反比。大多数人准备为第一双鞋付出的代价要比第二双鞋更大，为第二双鞋付出的代价又比第十双鞋更大。对大多数其他商品和服务也是如此：第一个单元所附有的价值比后来的更大。

虽然这些复杂情况使得我们难以归纳提出人们到底是在为什么目标而奋斗，但似乎也不是完全找不到一个人类行为的统一目标。首先，绝大多数人很明显是将生存放在至高无上的地位。虽然也有些例外者，如宗教的和政治的殉道者，以及英勇的斗士，但大多数人并不分享他们的价值。下面这个简单的顺口溜中表达了这种占主导地位的哲学：

在战斗中逃跑的人，可以活命以便来日再战。

死亡使集中在这个世界上的所有希望、梦想和野心都完了。即使那些将目标集中在来世的人通常也顽强地将生命附着在今世。

生存通常被给予至高无上的地位，这一事实对人的社会生活有着广泛的含义。首先，它使强权或力量成了最有效的威慑物，也是人类事务中最高的约束力。暴力是人类冲突中最后的裁决庭，这并不是偶然的巧合。后面的章节将清楚地表明，这对我们的分配理论而言，事关重大。

因为大多数人将生存看得如此之重，所以任何有利于生存的东西都被看得很重。从实践上看，这意味着，提供维持生存的食品和其他商品，以及服务都被看得很重。尤其是它们通常处于紧缺供应中，因此显得愈发重要。

继生存之后，就不太好说哪一个东西是人们最重要的目标了。大概两个主要的竞争者是健康和地位（或声望）。对健康无须多言，因为它对人们的价值在每一个社会中都是清楚的，在每个地方人们都准备为了健康而付出高价，并且公开承认这一点。

地位和声望则不同，人们常常否认自己有很大的兴趣去追逐地位和声望。例如，在我们自己的社会中，很少有人要向他人甚或向自己承认他们把地位看得很重。然而，当我们考察其行动时，他们对地位的关切就变得很明显了。从对一辆轿车的选择到对一个配偶的选择等各种决定中，都受到它的影响。害怕失去地位或荣誉，是能够使人们捐躯沙场的少数动机之一。上一辈著名人类学家罗伯特·路威（Robert Lowie）写道，原始人并不是一个吝啬鬼、圣人或猛兽，而是一个虚荣者，这一点也能说明这个问题。对文明人可能也能这么说。这一方面的经典

记载可在托斯丹·凡勃伦（Thorstein Veblen）的《有闲阶级论》
（*The Theory of the Leisure Class*）这一颇有洞察力的书中找到。

现代社会心理学帮助我们理解了人们对声望和地位的极大
重视。在每一个健康的、得体的个性中，自尊都是一个必要的
成分。在自尊被摧毁的地方，动机也就被破坏了。从查尔斯·
霍顿·库利（Charles Horton Cooley）开始，社会心理学家们表
明，自尊在很大程度上是他人所给予尊重的一个功能。换言
之，我们所形成的自我形象很大程度上反映了他人对我们的印
象。因此，我们的心理健康和感觉良好极大地依赖于我们在我
们所重视的群体中的地位。

这并不意味着情绪健康依赖于被选上高级职位或任何类似
的事情。对大多数人来说，有了家人、朋友和同事们的尊重就
够了。然而，引起人们需要这种有限程度尊重的同一种心理过
程，也导致了对更多尊重的需求。对地位的欲望产生了贪得无
厌的胃口。很少有人会因为获得的荣誉和尊重过多，而在机会
来临时不再去寻求更多的荣誉。日常生活中有许多决定，尤其
是那些较为重要的决定，恰恰反映了地位竞争的成分。

生活舒适是另外一个基本目标，然而它不能与生存、健康
和地位相提并论。常常很难在人们对地位的关注和对舒适的关
注之间做出区分，结果就是我们对后者的重要性看得过重。例
如，购买一辆汽车就共同反映了这两方面。尽管许多人都谈及
汽车的实用性质，然而，制造商们并没有为一种严格实用的汽
车找到一个广泛的市场。对汽车的需求是由地位和实用二者共
同决定的，许多数不清的其他产品也是如此。罗伯特·路威将人
比作虚荣者，这一比喻比我们通常所承认的具有更大的真理性。

另外两个为人们广泛共有的目标是，在来世灵魂拯救的愿

望和在此世被爱的愿望。在大多数场合，这些目标不会产生任何严重的社会斗争，在大多数主要的信仰中，灵魂拯救就像我们所呼吸的空气一样，所有想要它的人都能得到。爱没有那么容易为人所有，但是，由于它是某种由初级群体所产生和分配的东西，所以争夺它的斗争在社会的层面上并不重要。

　　但人们对灵魂拯救的关切，连同他们对上帝的惧怕和爱，确实以另外一种方式影响着我们的分析。当人们认识到存在一种超自然的核准（认可）体系时，他们的行动可能就会偏离（当这些成分不存在时）他们本来要遵循的路线。这种偏离有多大，要视宗教制度的性质和追随者对待它的严肃程度而定。许多宗教对现存的权力和特权提供了很强的超自然认可，它们的主要作用很可能是强化现状。但也有其他一些（较突出的是犹太教和基督教）对现存秩序的伦理批评提供了一个基础，因此有时鼓励了对现状的批评。那些具有强烈伦理成分的宗教也起到某种磨钝自我利益锋刃的作用，它们可以稍微减缓权力者在追求其私利时对他人利益的严重损害和破坏。一些宗教的人道化作用容易被夸张，但也能被忽略。在社会科学中，后一种倾向更为普遍一些。

　　迄今所提到的所有目标都是按其自身而受到评价的。而另外还有一些目标在很大程度上（或完全）是为了工具性的价值而受到人们的追求，就是说它们有助于人们达到上述那些目标。经典的例子是金钱。金钱本身无法用来满足人类正常的愿望，但它是获得舒适的衣食，改善健康、地位甚至生存本身的中介。因此在每一个有金钱的社会中，它都是激烈竞争的对象。因为它是一种交换中介，所以它对人们在各个不同的目标上所起的作用都同样重要。它对于那些将地位放在舒适之上的

39

人与那些将这一次序反过来的人同样有用。因此，为争夺金钱的斗争（并且也包括其他具有工具性价值的目标）至少和为争夺地位、生存、舒适和其他基本目标的斗争同样激烈。

其他形式的财富具有更加模棱两可的性质，因为它们可以因其自身的缘故或仅仅因其工具性价值而被人们追求。然而很清楚，财富斗争的激烈度由于其工具性价值的存在而大大增强了，并且通常也使竞争者的数目激增。

人们也广泛追求具有既定权力和特权的组织职位和其他制度化角色，这也是因其具有工具性价值。大多数负责职位都具有较高的地位和收入。重要组织中的主要官位通常有很大的荣誉和很高的收入。此外，那些处在负责职位上的人通常可以向很多人发号施令，至少在其官位权威所规定的限度内如此。因此，官位同金钱一样，因为它有助于人们实现其他许多目标，所以也为人所渴求。一个人在政治、经济、教育或宗教领域赢得了高级官位，就能满足他的（如果不是大多数的）许多愿望。就妇女而言，在大多数社会中，妻子的角色具有关键的重要性。因为它是她们许多的（如果不是大多数的）权利和特权的基础。因为妻子的权利大小经常依赖于丈夫资源的多少，所以对于那些有能力和有前途的男人，通常总有一些女人争着要成为他的妻子。

教育或训练，是另一个人们通常更多地为其工具性价值而不是为其本身的价值而去追求的目标。虽然总有一些人欣赏为求知而求知，但大多数人追求知识主要是因为他们认为知识有用。随着工作领域中科层化的不断加强，正规教育在将来大概会受到人们更热切的追求。

为了达到这些目标，每个人都被迫尽可能去利用他们各种各样的由自然和社会所赋予的资源，既包括财产，也包括精力、智力、美貌和生理协调等个人特质。每一个人在为获得他最为欣赏的事物的努力中都运用这些资源。在这一过程中，人们的最初资源是被用来获得工具性的报酬，诸如金钱、教育和职位，但接下来又将这些作为资源去获取或保住最终的目标，诸如地位、舒适、健康和生命自身。

　　这一"交换"过程构成了每一分配制度中的一项最重要内容。这应该是分配过程和分层的研究者们重点关注的问题。[9]然而，我们不能像古典经济学家那样，把我们的关注只限于这些按照商业活动的既定方针和规则所实施的交换上。我们必须既关注合法的，也关注不合法的；既关注合乎道德的，也关注不合乎道德的；既关注平和的，也关注暴力的交换。如果我们只将自己限制于那些合法的、合乎道德的与平和的交换，那我们对"谁得到了什么，为什么会得到"这个问题就只会得到一个使人误解的答案。在最关键性交换中，即那些为后来成千上万的交换奠定模式的交换中，超乎合法的、合乎道德的与平和的范围之外的太多了。下面的章节将要指明，事实上，最重要的交换（从它们对后来交换的效果的角度来看）经常是最为暴力的、不合乎道德的和不合法的。这就是为什么尽管古典经济学家连篇累牍地写了关于分配的主题，但对"谁得到了什么，为什么会得到"的问题却避而不谈的原因。不幸的是，他们研究的范围太窄了。

社会利益：它们的性质

　　定义社会利益比定义个人利益要困难得多。这是因为人类社会是一个如此不完善的系统。它们的成员常常在相互误解、矛盾的基础上工作，而整体的行动又常常伤害各个部分。

在个人场合也存在类似的情景，但没有那么严重，因为有机体是较为完善的系统。例如，吸毒上瘾的人尽管从理智上也想停止吸毒，尽管继续使用毒品对他们的神经系统和身体的其他部分是有害的，但他们还是要寻求毒品。在这个例子中，我们毫不犹豫地将毒品列为个人的首要目标之一。

如果将同样的原则运用于人类社会的话，我们就被迫把一特定社会的目标定义为整体的多少经过协调的努力所指向的目的，不论这些目的会伤害多少个体成员，甚至是大多数成员。这实际上意味着，当一个社会被支配阶级控制，并且支配阶级能够决定社会协同努力方向的情况下，社会的目标就是这一阶级的目标。

虽然这一结论对那些深信民主的人也许是一种纷扰，但它似乎是唯一能经得起批驳的结论。再者，它还能澄清一些其他方面的错综复杂的问题，例如它解释了为什么政治上占支配地位的成员总比其他成员更容易"赏识""个人利益和社会利益的聚合"。[10]这种探索还有助于澄清个人利益与社会利益之间的关系，它表明个人利益同社会利益并不必然一致，它们是否一致极大地依赖于社会的性质，以及个人在其中的位置。

人们可以冒着被指责为过分简单化的危险说，社会的协同行动主要指向下面两个基本目标之一，首要的是，它们旨在维护群体内部现存的政治秩序。由于完全的稳定或平衡是不可能的，所以将这一目标说成使内部政治变动率最小这种说法也许更好一些。这种情况以各种方式表现出来，特别是在国家机器和社会控制的其他机构和工具的发展上，在每一个社会的领导人对法律和秩序的极大关注上，在对视现状为公正的政治意识形态的培育上表现得尤为明显。在各个社会及其领导人对防御外来侵略的普遍关注上，也能看出这一点来。

每个社会的第二个基本目标是尽可能扩大生产和生产所依赖的资源，有时候，这是通过推动技术进步去实现的，更多的时候则是通过战争和征服。

这两个基本目标中，没有哪一个能在所有社会中都占据优先地位。在一些社会中，使政治变动最小的努力似乎比扩大生产的努力更受重视，而在另一些社会中却刚好相反。一般看来似乎是，在相对来说没有层化的社会中，扩大生产的目标是占优先地位的。而在权力和特权由少数人垄断的社会中，使政治变化最小的目标是占优先地位的。在那些这两种条件都不存在的社会中，这两个目标似乎被给予了几乎同等优先的地位。

其他目标也应该被提到，但它们几乎只是这两个基本目标的变种或扩展。这就提出了关于社会的一个最后结论：社会同个人一样，基本上是追求自我利益的单位。[11]事实上，社会之间的关系史告诉我们，社会中追求私利的成分与个人相比，如果有区别的话，只会是比个人追求私利表现得更为明显。

注释

1. 例如，马克思主义是一个激进的理论，它只是在马克思主义者没有掌握权力的时候批评社会体制。一旦马克思主义者掌握了权力，像在俄国和中国那样，这一理论中深层的保守因素就显现了出来。毫无疑问，1917 年革命以后对老布尔什维克者频繁清洗的原因之一是共产党人要求在意识形态上做出重大转型。

2. Peter Berger, *Invitation to Sociology*, Garden City, N. Y. : Doubleday

Anchor, 1963, 第 121 页。

3. 见 *Folkways*, Boston：Ginn, 1906, 第 32 页。后面接着的引语出自 Sumner and Albert Keller, *The Science of Society*, New Haven, Conn：Yale University Press , 1927），第一卷，第 28 - 29 页。另外一个有关这一主题的较好的讨论是 Bronislaw Malinowski, *Crime and Custom in Savage Society*, New York：Harcourt, Brace & World, 1926, 尤其是其中的第 5 章。在这同一重要主题上近期较好的讨论还可见 Dennis Wrong 的 "The Oversocialized View of Man," *American Sociological Review*, 26, 1961, 第 183 - 193 页。

4. 爱德华·班菲尔德（Edward Banfield）描述了这一现象的一个极端例子，见其 *The Moral Basis of a Backward Society*, New York：Free Press, 1958。其中详细描述了一个意大利南部村庄中极为紧密的家庭关系和对社区中其他成员相当无情的忽视并存的情况。

5. Robert Lynd and Helen Lynd, Middletown in Transition, New York：Harcourt, Brace & World, 1937, 第三章。在后面几章中可以发现，在世界各地都能找到类似的情况，重点见第六章和第七章。

6. 这种情况常常是由一些特定的宗教意识引起，并结合着一些个人经验，以及对一些额外之爱的意识。

7. Talcott Parsons, *The Social System*, New York：The Free Press, 1951。

8. 霍布斯从人与蜜蜂和蚂蚁的比较中清楚地看到了这一点。关于后者他写道："在这些生物中，共同的好处与个体的好处是相同的；按其天性是倾向于个体的好处，因此他们要努力获得共同的好处。但人却不同，他们热衷于与他人进行比较，本来都可以满足，但总想获得更多的。"Thomas Hobbes, *Leviathan*, New York：Liberal Arts, 1958, 第 17 章。

9. 在此领域最近有两个突出的贡献，见 George C. Homans, *Social Behavior*, New York：Harcourt, Brace & World, 1961），以及 Peter Blau, Exchange and Power in Society, New York：Wiley, 1964。

10. 例如，新近的通用机器公司总裁和国防部长声称，"对通用机器公司有利的就是对国家有利的，反之亦然"。与之类似，美国商务部长长期以来都说对商界有利就是对国家有利。

11. 从广泛比较的视角看，所有生物都具有这样的属性。如果我们能够不只像当前流行的那样去关注人类生命的生物学基础，并且能够在承认有差别的基础上将人与社会看成自然世界的一部分的话，那我们将获得更多的知识。

第三章　分配制度的动力学

人不能使公正的事物变得强大，却已把强大的事物树为公正。

　　　　　　　　　　　　　　　　　　——帕斯卡

在对社会分层的分析中，人们往往一开始就想去讨论更有意思的和争议很大的结构问题，诸如那些关于阶级的性质、数量和组成等问题。当然，要合理地研究这一主题，结构问题肯定是不可避免的一部分，但相对而言产生这些结构的过程更加重要。此外，有时候人们试图在没有注意这些过程之前就先对付结构问题，这实际上是本末倒置，从而造成了混乱。为此，本章将主要关注动态过程的问题，而将大多数结构的问题留到下章去讨论。

分配的两个规律

当人们试图根据上一章中关于人和社会的性质的基本假设去建立一个关于分配的理论时，就会马上发现，这些假设导致了一个既奇特又重要的二元论。如果这些基本假设是正确的，那人们可以预计，几乎所有劳动产品的分配都基于两个看起来互相矛盾的原则：需要和权力。

如果我们对人的本质的讨论中假设在需要做出重要决定的地方，大多数人的行为动机来自自我利益或党派集团的利益，就会使人们认为权力独自支配着报酬的分配。然而情况并非如此，因为我们也假设，大多数这类本质上自私的利益只能够通过与他人建立合作关系而得以满足。如要充分达到生存和大多数其他目标，合作就是绝对必要的。换言之，人们自私的利益迫使他们成为社会的成员，并参加到劳动分工中去。

如果这两个基本假设是正确的，那么就可以得出结论，人们分享劳动产品时，首先要保证让那些为社会所必需的或者对社会有贡献的人能够生存和延续生产力。我们也许应该把这一点称为分配的第一个规律，因为人类作为一个种群，要生存就必须按此行事。

然而，第一个规律并不能解释全部的分配问题，因为它不能解释如何分配剩余产品的问题。剩余产品是指人们生产出来的、超出了维系生产者的生存和其生产力所需的最低量的商品和服务。关于剩余产品的分配涉及我们所讨论的分配的第二个规律。如果我们假定在需要做出重大决定时，人们的行为动机基本上完全由自我利益或党派集团利益所激发；并且我们假定人们最想要的物品和服务中有许多都是处于供应短缺的，那么如前面所述，为控制这些剩余产品就不可避免地引起冲突和斗争。如果我们按照韦伯的观点，将权力定义为个人或集团在即使遭到他者反对时贯彻其意志的可能性，[1] 那么就可以说，权力将决定社会层面上几乎所有剩余产品的分配。之所以要加上"几乎所有"这个限定，是基于我们前面对人性的分析：人们45 有限的一些利他主义行为也可能会对剩余产品分配产生一定的影响。

第二个规律可以引导我们理解另外一个非常重要的关系，即我们研究的两个主要变量——权力和特权之间的关系。如果特权被定义为对社会生产出的一部分剩余产品的拥有和控制，那么紧接着就可以说，特权在很大程度上是权力作用的结果，而在非常有限的程度上是利他主义作用的结果。这意味着，权力的分配决定着一个社会中大多数的特权分配。

这种陈述问题的方式似乎意味着可以很简单地解释特权分配的原因。但不幸的是情况并非如此，因为权力有着不同形式和多种来源。不管怎么说，我们确定了这一关键性关系后，就解决了一个相对比较容易的部分，因为它把注意力集中到了一个关键性的变量，即权力上。如果我们能在一个特定社会中确定权力的分配模式，那么我们就能在很大程度上确定该社会的特权分配模式。并且，如果我们能发现一种特定的权力分配的原因，我们也就可以发现与之相关联的特权分配的原因。

以这种方式来处理这一问题，就会引出另外一个问题，即在每一种分配制度中，第三个基本要素声望是如何与权力相联系的。如果人们能说声望只是特权的一个简单功能，那问题可能就好办些。但不幸的是，情况似乎并非如此。在没有对这个问题进行仔细分析前，最好的说法是，经验证据有力地指出，声望虽然不是全部是，但在很大程度上是由权力和特权所带来的，至少在那些剩余产品充足的社会中是这样。[2] 如果情况确实如此，就可以说，尽管在本书中不常提到关于声望的问题，但在对权力和特权在具有较多剩余产品的社会中分配模式及原因的讨论中，很大程度上可以推导出声望的分配模式及原因。

用图解表示的话，按照前面做出的论断，这三个变量之间的关系可表示如下：

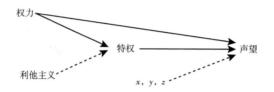

46　　实线表示影响的主要来源，虚线表示次要来源。

要想使这一图解完善的话，大概还应加上另外一条虚线，以表明从声望到权力的某种反馈，因此，对这种关系更精确的表示应如下所示：

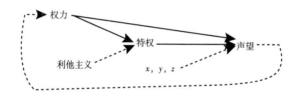

从因果的和解释的角度看，权力是这三者中的关键性变量，因此也就是我们下面分析中首要关注的因素。

分配制度中的差异情况

正如上面讨论分配的两个规律时指出，第二规律只有在第一规律中的限定条件已满足的情况下才对分配过程产生作用。只有当具有足够生产力的、相互依赖的群体成员都能获得生活必需品时，才会有剩余产品可供争夺和在权力的基础上进行分配。因此，作为第一个假设，我们设想在最为简单的社会中，或那些技术最为原始的社会中，可供使用的商品和服务将全部或大部分在需要的基础上进行分配。

随着社会生产力的提高，生产出剩余产品的可能性会持续增大。不过应该说明一下，剩余产品的存在并不是技术进步单独作用的结果。尽管我们不能说社会中剩余产品与技术水平的进步成正相关，但技术进步确实增加了出现剩余产品并且有相当多剩余产品的可能性。因此，作为第二个假设，我们设想随着技术进步，在可提供给社会的商品和服务中，以权力为基础进行分配的部分将会日趋增加。

由于分配过程具有这种双重基础，以及这必然会带来多种不同的分配模式，因此很难用一个单一的分配或分层的理论去包罗所有社会中的分配制度。相反，我们如果以经济学家们对市场行为的分析为榜样，就将获得更多的东西。他们在多年前就发现，除了描述最基本的市场特性之外，不可能建立一个关于市场行为的单一一般理论。为了有效处理市场行为中大多数较为复杂的情况，有必要考虑到各种不同类型的市场的存在。这就引出了完全竞争和不完全竞争的理论的分化。后者又进一步被划分为少数卖方控制、垄断和少数买方控制等理论。换言之，通过更细致的考察可以发现关于市场行为的理论既包含一些构成一般市场理论的一般原则，也包含一些只有在专门的条件下才可以应用的更为有限的原则。

如果我们以上的分析是正确的，那么在分层理论中也应该用同样的方法。如果那两个基本的分配规律和以它们为基础的两个假说是正确的，那么分配制度的特性将会依社会中技术进步的程度而有极大的差异。这些差异完全可能与那些完全竞争占主导的市场和不完全竞争支配的市场之间的差异一样大。

为此，本书的大部分将致力于对按照技术而界定的各种不同类型社会的分配制度进行一系列分析。而对为数不多的几个普遍适用的分配原则只在本章和下一章中加以简要的和适当的讨论。

前面所讲的内容已足够将我们的专门理论建立在以技术水平而划分的社会类型基础之上，但我们还要进一步说明这种分析方法可以带来的另一个很大的好处。过去的研究已清楚表明，在社会文化体系中，技术从不是一个孤立的变量。相反，它往往是与一系列其他变量较为紧密地联结在一起，并最终决定这些变量的变化情况。[3] 社会中的许多组织变量尤其如此。这些组织变量与分配制度相联系，并且往往会决定着分配制度之间可能差异的限度，例如劳动分工的性质和程度、社区的最大规模，等等。因此，通过在技术的基础上对社会进行分类，我们实际上也就同时全部或部分地控制了许多其他有关的变量。这样做的价值从第五章开始将会变得明显。

我们说人类社会的许多其他特征都随着技术而变化，这并不是说所有特征都如此。很明显，有些特征就并非如此，而另外一些特征只是在有限的程度上是这样。威尔伯特·莫尔（Wilbert Moore）就曾指出，超自然的信仰和美学的形式就不如大多数的社会组织形式那样紧密地与技术相关。[4] 家庭生活的一些基本方面可能也是如此。然而，虽然这些例外值得认识和认真考虑，但它们并没有破坏上述基本原则。

还应指出，根据技术的特性而对社会进行分类，并不意味着同一类别内的所有社会具有同一分配制度，正如并不是所有由卖方控制的市场都完全以同样的方式运行一样。很明显，如同在每一市场类型内部存在着差异一样，每一社会类型内部也存在着差异。我们将尽力去确认和分析它们当中较为重要的方面。然而，这些可被看作次级差异，最好是在清楚地界定了首级差异以及与之相联系的内部一致性之后再去讨论它们。

在讨论这些次级差异时，我们有时不得不依靠归纳逻辑去建立因果分析的和描述性的概括。但我们也并非总是这样，有时候也用演绎逻辑。例如，如果社会中剩余产品的规模影响着分配制度的特性，并且如果剩余产品的规模在某种程度上依赖于物理环境的特性，那么我们就应该断言，物理环境上的差异将导致分配制度上的次级差异。说得更具体些就是环境越富饶，剩余产品就越多，权力在分配过程中的重要性也就越大。

也有理由断言，环境差异的影响在原始社会中会比那些技术上较为先进的社会中更大。首先，技术进步使社会的地理扩展成为可能，一个社会所占的版图越大，整个环境极端有利或极端不利的可能性就越小，而且它包含有利和不利的土地混合的可能性就越大。因此，较大的、技术上较先进的社会之间的环境差异要比较小的、较为原始的社会之间的环境差异更小些。此外，技术进步通常会带来新的生产手段。因此，技术先进的社会应该比原始社会更少地受到环境因素的制约。所以，在技术先进的社会中，环境差异对生产力水平的影响应该比在原始社会中更小。

斯坦尼斯劳·安杰耶夫斯基（Stanislaw Andrzejewski）在其重要的但被忽略了的著作《军事组织与社会》（*Military Organization and Society*）[5]中，确认了次级差异的另一个重要来源。他指出，演绎逻辑和实证资料都表明，在具有一定技术发展水平的社会中，不平等的程度往往与被他称为"军事参与率"（即成年男子人口参加军事活动的比率）的变量成反比。在大多数成年男子都被用于军事目的的地方，其不平等的程度往往比那些只由较小的专门军事人员力量来满足军事需要的地方更小些。因此，这一因素也可被用来解释在同一技术类型的社会中所发现的一些次级差异。

49

　　能够预料到的次级差异的第三个来源是即使在被划为同一类型的社会中也存在着的技术差异。从技术角度看，没有哪两个社会是完全同一的。按技术类型去划分社会是基于某些基本技术特征的相似（或相同），而忽略了次级差别。技术上的首级差别造成了分配制度上的主要差别，而技术上的次级差别则会带来分配制度上的较小差别。因此，人们既可能看到一个没有其他食物生产方式的狩猎与采集社会，与一个有着一些初步园耕方式去补充食物的狩猎与采集社会之间存在着差别，也可以看到一个处于工业化第一阶段的社会和一个高度工业化的社会之间有着相当大的差别。

　　最后，本章后面将指出，人们可以看到，次级差异是与一个社会在"政治周期"中的具体阶段相联系的。实际上，这体现了现行分配制度被接受为合法的程度。虽然这在某种程度50 上是与社会的技术水平联系在一起的，但它不是技术水平变量的简单的因变量，因而发挥着相当独立的作用。

强力及其转化

　　就需求和权力这两个控制着分配过程的原则而言，第一个相对来说要简单些，也没有带来多少重要或困难的问题。不幸的是，对第二个就不能这么讲了。在社会学家们所用的全部概念中，几乎没有多少能比权力更多地引起混淆和误解。因此，有必要较为详细地讲明这一概念的特性，以及它是如何在分配过程中起作用的。

　　作为出发点，最好是回顾上一章介绍的一个基本假设。我们在第一章中假设，生存是绝大多数人的首要目标。如果确实如此，那么紧接着的就是，操纵人们生死的能力是权力最有效的形式。换言之，更多的人对运用强力的威胁比对其他任何事物都更容易产生反应。事实上，它成了人类事务的终审法庭。在一个给定情景中，强力不会再提出上诉，除非有更大的强力在起作用。因此，强力与其他形式权力的关系，同桥牌游戏中的将牌与其他花色牌之间的关系是一样的，那些能行使更大强力者就如同那些能控制将牌的牌一样。

这一事实已为各个时代不计其数的人类舞台观察者们所了解。如帕斯卡指出："人们不能使公正的事物变得强大，却已把强大的事物树为公正。"西塞罗指出了同样的观点，他说："法律在剑丛戟林中是不起作用的。"霍布斯说："没有刀剑（约束）的契约只是一纸空文，根本无力保护一个人。"

这一原则为各国领导人，即人类事务的实践者们所认可。每一个主权国家都限制并在可能之处禁止其臣民独立行使强力。国家可以在许多事务上是宽容的，却从来不允许在其领土内扩张独立的军事组织。其理由很明显，任何政府如不能镇压任何一次对其权威的武力挑战，就会被颠覆。强力是统治的基础。

在这一点上，保守主义者和激进主义者没有争议。他们的争辩仅在于国家运用强力所带来的结果方面。保守主义者坚持，强权只是作为正义的侍女，用来限制和制止那些想把自我利益凌驾于公共利益之上的人，而激进主义者则坚持认为国家用强权去压制正义，以捍卫自我利益。

如果强力是政治统治权的基础，那么在每一个有剩余产品可供分割的社会中，它也是分配制度的基础。在强制性权力较弱的地方，各种挑战的势力就会兴起，其分配制度最终要被摧毁，被另一个更坚定地以强力为基础的制度取代。在人们争夺社会剩余产品的斗争中，只要还存在一个更高的上诉法庭，使他们有可能胜诉或获利的话，他们就不会承认失败。

这里所涉及的原则在本质上同现代军事家们所关注的逐步升级原则是相同的。如果冲突中的某一方期望靠提高冲突的层次而转败为胜的话，那么以较少武器为基础的小规模战争就会不可避免地发展为运用更致命武器的更致命战争。同样，在社会内部的冲突中，只要有可能从中得益，冲突各方就会被激励去将问题诉诸最高上诉法庭。虽然人们不会为了微小的得失而诉诸武力革命，但当关系到对社会全部剩余产品的控制时，这种前景还是很有诱惑力的。这种吸引力的大小与现存统治的软弱程度直接相关。

然而，正如著名的英国保守主义者埃德蒙·伯克（Edmund Burke）认识到的那样，"单独运用强力只是临时性的。它可征服一时，但无法放弃再次征服的必要性：一个永远被征服的国家，不是一个受到统治的国家"。虽然强力是一个社会中夺取权力的最有效的工具，并且虽然它仍是任何不平等制度的基础，但它在保持和利用权力位置并从中获得最大利益方面，却不是最有效的工具。因此，不论一个新政权的目的是什么，有组织的反对党一旦被摧毁后，为了自身利益，它会越来越多地运用其他控制技术和控制手段，而让强力退居后台，只有在其他技术失败时才重新使用。

如果新的精英阶层有着实利主义的目标，仅仅关注于自我扩展，那么很快就会发现，强权统治是既无效又代价高昂的。只要他们是依靠强力，那么大部分的利润都会被高压统治所需的花费给消耗掉；如果人民只是出于对肉体暴力的害怕而服从，那么精英阶层不得不将大部分时间、精力和财富都耗在使人民

处于控制之下和使生产者同其劳动产品相分离的努力之中。更 52
糟糕的是，声誉这种通常在人类价值表中居于很高位置的东
西，对于那些只靠强力进行统治的人来说，是得不到的。[6]

如果说实利主义精英有着强烈的动机要从强权统治转为正
义统治，那么受意识形态激励的精英们的这种动机则会更强
烈。要将那些促使他们冒着风险和困苦进行革命的观点和理念
付诸实践，就必须求得人们的自愿合作，而这是不能通过强力
获得的，强力最多是一个达到目的的手段。建立一个新社会秩
序的目的，只有在社会大多数成员都自由地把它当作他们自己
的目的时，才有可能完全实现。革命的目的是要摧毁阻止实现
这一梦想的旧精英阶层及其机构。他们被摧毁后，一个意识形
态的精英阶层就会努力以说服的方式去统治。因此，一旦有效
的、有组织的反对派被消灭后，那些靠强力夺取了权力的人就
会发现，使其统治合法化是有益的。强力不再能起到它曾起到
过的作用。它不能再作为人口中特殊部分人群的私有资源。相
反，它必须转化为捍卫法律和秩序的公共资源。

这似乎等于说，那些冒了很大风险取代了旧精英阶层的人
们，现在必须放弃他们所有已赢得的东西。但事实上这根本不
是必需的，因为只需稍动些脑筋，强力就可以转化为权威，强
权就可以转化为正义。

有各种各样的手段可以实现这一转化。首先，靠着强制性
权力，一个新的精英阶层可以处在有利的地位上，以它认为合
适的方式去重新制定国家法律。这就给他们提供了独有的机
会，因为法律在本质上是代表着公正和正义的法则。由于法律
条文是以一般的和客观的术语陈述的，所以它们表现出来的是
支持抽象的公正原则，而不是支持特殊的人或阶级的特殊利

益。法律存在于它们所适用的事件之前，这一事实也表明一种客观的无偏见性，因而有助于公众对法律的认可。然而法律的制定总是会有益于社会某一特殊部分。阿纳托尔·佛朗斯（Anatole France）清楚地看到了这点，他写道："法律以其庄严的平等，既禁止穷人也同样禁止富人在桥下睡觉、沿街乞讨和偷面包。"埃德温·萨瑟兰（Edwin Sutherland）提供了存在这种偏向的详细文献，其他许多人也都做过。[7] 简言之，法律的制定能被用来保护精英阶层的利益，同时也以非常一般化的、普遍适用的术语来表达。

一个新的精英阶层常常发现甚至不需要改变法律就能达到其目的，旧法律是为某些关键性官位拥有者们的利益而制定的，一旦夺得了这些官位后，新的精英们就可以将它们用作积累财富或达到目的的资源。

引导公众观念的机构对新精英地位的合法化起到了第二种工具性作用。通过引诱和威胁的联合使用，通常可以把教育和宗教机构，以及大众传播媒介和其他引导公众观念的机构转化为新政权的宣传工具。一个坚定和聪明的精英阶层靠着这些机构，通常可以在几个月或几年中就给自己涂上一层合法化的光辉。

"宣传"这一概念，或叫作舆论操纵，是综合的社会分层理论的一个组成部分，认识这一现象和它在分配过程中所扮演的特殊角色，使我们能够避免那种曾使达伦多夫和其他一些人对调解保守主义和激进主义的传统感到绝望的僵局。舆论和强制之间的联系比那些鼓吹社会两面性特征的人想让我们相信的更为紧密。强制性权力常常能被用来建立一种新的舆论。

在这一问题上大概没有比苏联再好的例子了。在这里，一

小部分人在 1917 年夺取了对国家机器的控制，并运用国家的
强制性权力将国家的教育系统和大众传播媒介转化为一种巨大
的宣传工具。在一代人当中，绝大多数俄国人皈依到了对共产
党事业真挚坦诚的支持上。[8]

　　从短期看来，宣传可被用来支持一个精英阶层的种种事业
和政策。然而，从长远看来，它的基本目标是传播一种能给统
治者行使权力提供道德正义的意识形态。加塔诺·莫斯卡是这
样谈论它的：

　　　　统治阶级并不仅仅以其事实上所具有的东西去将他们
　　的权力公正化，而是试图为其寻找一个道德的和合法的基
　　础，将它描述成从人们普遍认识和接受的原则与信仰中得
　　出的合乎逻辑的必然结果。[9]

　　哲学家们所争论的政治统治理论，大都是某些大众意识形
态的学术化翻版。这一点可以从现在已不为人所信仰的关于君
权神授的信念上看出。在我们自己的时代，对大众主权的信仰
起到了同样正当的作用。当前我们美国意识形态中的一个基本
要素是一种由林肯表达的观点，即我们的政府是一个"民有、
民治、民享的政府"。另一个基本要素体现在弗朗西斯·斯科
特·基（Francis Scott Key）的"自由的国度"这一广为传颂
的歌词当中。这些信仰维护我们现行的政治制度和建立其上的
分配制度对政治稳定性的贡献，无论怎么讲都不会言过其实。

　　最后，日常生活的压力也极大地推动了从强权统治到权利
统治的转化。日常生活严重限制了绝大多数人口的政治活动。
虽然在革命时期，大多数人可能在短期内、在某一重要领域变

得在政治上很活跃。但是由于必须要维持生计，大多数人很快就离开了政治领域。无论如何，很少有人具有足够的经济资源使他们将日常经济活动长期抛在一边。结果，在所有文明社会和许多非文明社会中，国家事务都是由少数人操纵的。多数人在很大程度上不关心政治。甚至在大众民主的国家中，绝大多数人也只是间或去投一下票而已。公共政策的制定和这一制度所要求的其他各种任务都落到了一小部分人手中。这就极大促进新政权寻求从强权统治到权利统治的转化。

权利的统治

第一种考虑认为，权利的统治似乎仅仅是一种新外观下的强权统治，因而不能指望在分配过程中有真实的变化。这种观点同那种否认强权在支持既得利益上（即使是以权利统治的形式）继续起作用的观点一样没有根据。事实上，随着权力基础从强权转变为权利，细微但重要的变化就会发生，这些变化会带来深远的影响。

首先，如果政权的权力要被人们接受为公正的和合法的，那它就必须至少在某种程度上与多数人的公正和道德观念相一致——这些观念来源于他们的自我利益和党派集团利益。因此，尽管新的精英阶层所颁布的法律可能很偏重于他们自身的利益，但也要有一定的限度，如果他们希望得到权利统治的好处的话，其所作所为就不能超出这个限度。

第二，在转为法律统治以后，精英阶层当中任何成员的利益都不能再牢固地等同于作为整体的精英阶层的利益。例如，如果新精英阶层中的某个成员涉入与某一些非精英成员的契约关系当中，并且契约结果是对他不利的，为了他的利益，他就要无视法律并去破坏这个契约。然而，这并不符合其他精英成员的利益，因为大多数契约关系对他们是有利的。因此，符合他们利益的做法是，支持这些非精英成员要求维护法律尊严的呼声，以及这一呼声给这些人带来的所有利益，从而强化法律。

著名意大利学者维弗雷多·帕累托（Vilfredo Pareto）为我们理解这个问题做出了很大的贡献，他提出了与从强权统治到权利统治转变相联系的第三个变化。他看到，那些靠强力赢得权力的人，在权利统治之下将逐渐被新一类人取代，并且这些人很快又会组成新一类精英。为了描述这一变化的特性，帕累托描写了政府权力从"狮子"到"狐狸"的过程。[10]狮子在运用强力上是得心应手的，而狐狸在运用狡诈上是得心应手的。换言之，强权统治的转化意味着必须要有新的技能，因此许多精英分子可能将被取代，因为他们缺乏这些技能。作为一个阶级的精英阶层的利益不再与其单个成员的利益完全一致，这意味着就个人而言他们变得脆弱了。这一事实又极大促进了这一取代过程。即使那些能保住位置的人也被迫做出改变，以便使作为一个阶级的精英们能够及时、充分地改变特征，防止被一个新的狮子般的革命或政变摧毁。虽然这一变化意味着越来越多地依赖智力和越来越少地依赖强力，但是，正如帕累托对"狐狸"这一术语的选择和他对"狡诈"的强调表明的那样，朝向权利统治的转变并不是羊羔能安全地与狮子或者狐狸躺在一起的太平盛世的开始，也不是自我利益或党派团体利益统治人类行动时代的结束。

如帕累托的分析，狐狸的统治并不仅仅意味着个人的沉浮，它还意味着整个阶级在权力位置上的变化。具体讲就是处在军事位置上的人衰落下去，而工商阶级和职业政治家相应地得到提升，这二者传统上都工于计谋。在较低程度上，它还意味着大多数从事和平的文职事业的非体力阶级在地位上的改善。

最后，从强权统治到权利统治的转化通常还意味着更大的权力分化。在强权统治之下，所有的权力往往集中在由占统治地位的精英及其代理人组成的核心集团手中。其他独立的权力中心会被认为是一种威胁，因此要被摧毁或夺走。然而，在权利统治之下，情况却不是这样。只要他们一直遵守纪律，各个权力中心都可以发展，比翼竞争。这一发展并不是一定会发生，但是一旦精英们再也不用担心新政权的生存问题，它就可以并很可能会发生。许多观察者都看到，一个群体内部团结的程度往往对应于其成员感受到生存受到他人威胁的程度。

鉴于这些变化，下面一点就变得很清楚了，即从强权统治到权利统治的转化和相反的转化，是由技术状况所确定的社会类型具有多样性的原因之一，并且是一种较为重要的原因。换言之，即使是处于同一技术发展水平的社会，我们也必须看到在上述各方面存在着差异，它们反映了这些社会在从强权到权利的连续体中所处的位置。

制度化权力的种类

如前所述，随着从强权统治转化到权利统治，权力仍旧是特权的决定因素，但是权力的形式变了。在个人和群体之间争夺特权和权力的斗争中，制度化权力形式取代了强力而成为最有用的资源，尽管强力在这种斗争中仍是这些较为高雅形式的最终保证。

制度化权力在一些值得注意的方面不同于强力。首先，它是一种为社会接受的权力形式，这意味着那些行使制度化权力的人比那些运用强力的人更不容易受到挑战，更容易得到公众的支持。第二，制度化权力往往更加非个人化。个人从制度化权力中索取好处并不是因为他们的个人素质或成就，因为个人素质或成就是容易受到挑战的。相反，这仅仅是因为他们占据了一定的角色或官位，或者拥有一定数量的财产。毫无疑问，人们常常假定具有较高的成就或个人素质的人才有资格在制度化权力中获益，但这并不是关键性的东西，获益者并不是必须要证明他们有这些东西。他们只要占据了特定的角色或官位，或拥有一定的财产就足够了。制度化权力保证了利益自动流向这些人，而不管他们的个人素质或成就如何。当然，这也是为什么那些靠强力获得权力的人要努力将强力转化为制度化权力的主要原因。

制度化权力有多种形式。但它总包含着一定可强行实施的权利，这些权利增强了一个人甚至在遇到反对时贯彻自己意志的能力。我们无法在这里确认和讨论所有形式的制度化权力，但是有必要确认其中一些较为基本的形式并揭示它们的不同特性。[11]

在区分制度化权力方面，最基本的是权威和影响之间的区分。权威是强行命令他人的权利。相反，影响却要微妙得多。它是指一个人有能力通过其资源和权力而巧妙地操纵他人的社会情景或他们对这种社会情景的感知，由此增加他人按照自己的愿望行动的压力。[12]虽然这两种制度化权力的形式在分析层次上可以被清楚地区分，但它们在经验层次上却毫无希望地缠绕在一起。

制度化权力不仅在行动方式上有差异，它们所依赖的基础也有差别。这里，人们可以举出职位权力和财产权力之间的区别。职位权力指合法地属于任何具有权威或影响的社会角色或组织中具有官位者的权力。这可以从国家官员的情况中看出，只要他们占据着他们的位置，就享有巨大的权威和影响，但在被替换后，这种权威和影响就丧失了。官员的职位权力是所有职位权力中最突出的例子，在其他一些小角色担当者的情况中也能看到同样的现象。在这一方面不仅要包括政治组织中的职位，还应该包括经济组织、宗教组织、教育组织和军事组织中的职位。同时还有年龄和性别角色、亲属群体中的角色、种族和民族群体中的角色和每一个具有权威或影响的其他种类的角色或职位。

制度化权力一般依赖的第二个基础是财产的私人所有。虽然财产和职位常常是紧密连在一起的，但这种联结既不是必需的也不是必然的。财产的所有常常同占据某一种特殊官位或角色毫不相关。由于财产依其定义就是处在短缺供应之中的东西，并因而有着价值，所以财产所有者控制了一种能被用来影响他人行动的资源。一个人拥有的财产越多，他的影响力就越大，因而他的权力就越大。在某些场合，如拥有奴隶或购买官位时，[13]财产权力就取得权威的形式，当财产所有者达到有资格禁止他人某些行动的程度时，它也就取得了权威的形式：命令他人不准做某些事情，诸如非法侵入他的土地之类。

在结束对制度化权力的简单介绍之前，最好注意到齐美尔所做的观察，在法律或权利统治盛行的地方，影响力（有时人们可能也加上权威）在较多有权力的人和较少有权力的人之间存在一种双向的流动。[14]这一点容易被忘记，因为"权力"

这一概念本身意味着一种单向流动。说有一种双向流动，并不是意味着流动在两个方面都同样地强，而是意味着人们不应忽略次要的流动，以及导致它的因素和它所产生的结果。[15]

政治周期

正如一本历史读物所指明的那样，人类社会中，在强权统治占主导地位的时期与在或大或小程度上权利统治占主导地位的时期之间，多多少少有一些周期性交替。我把它们称为政治"周期"。它们每一个都横跨一个特定政权统治存在的期间。[16]每一个周期都以新精英强力夺取权力为开始，最初是一个暴力的阶段，在这一最初阶段中，有组织的抵抗或是被摧毁或是被压制下去。下一个阶段中，这一政权会努力减少对赤裸裸强力的依赖，并增强其合法的权威。在这一阶段，如果精英的权力在国内或国外受到强力的严重挑战的话，朝向宪政或权利统治的趋势可能会停顿，甚至逆转。然而，除非这种挑战一直持续不断，否则从长期趋势看，强力与压制的作用都会减小，说服与刺激作用会增加。直到最后，这一政权被其后继者或某个外来征服者所推翻，这一周期就告结束。

将周期的概念纳入我们的理论，并不是暗示历史是自我重复的，或者说一个周期和另外一个严格一致。很明显，各个周期在一些重要方面是有差别的。

首先，各个周期并没有相同的持续期。有些时间很短，如俄国始于1917年2月而于同年10月结束的周期。另外一些则延展几个世纪，如始于17世纪中叶而现在还存在的英国周期。

短周期与那些持续期长的周期极为不同。由于它们如此之短暂，立法的或立宪的过程难以开始，并且一个新的暴力时代

59

可能在前一个还没有真正结束时就建立起来了。

即使在持续时间较长的周期中，也不可避免地存在一些其他因素影响立宪的进展，它们或阻碍或促进它的发展。例如，导致周期开始的斗争的性质就是相当重要的。在其他条件等同的情况下，一场漫长艰苦的战争后将国家从外国暴政之下解放出来后的立宪进程要比一场同胞互斗的革命之后的立宪进程更快一些。先前的那个政体或那些政体的性质也可能有一些作用。那些从来没有产生过一个立宪政府传统的社会，在这一方向上要比那些有着这一传统的社会进行得更慢一些。还有，可以在逻辑上预测，在一场短暂而有限的宫廷革命之后，立宪主义的传统要比在一场漫长而广泛的社会革命之后发展得更快一些。

一个国家的经济情况也可能会影响立宪发展的程度。人们可以指望，高水平的生产力和生产力水平上的迅速进步都将带动立宪政府的发展。二者都无须求助于暴力就可以给人更多的机会去满足愿望。

将前述各点综合起来看，可以预料到，在如下几种情况下立宪政府将会发展得最快。（1）政治周期持续期长；（2）现政权是在一场民族独立战争中建立的；（3）在现存周期开始之前盛行过立宪政府；（4）对现存政体的威胁即使有也很少；（5）具有高水平的生产力；（6）处于经济迅速发展的时期。简言之，立宪政府的充分成长依赖于各种环境的特别组合，而这在人类社会中并不容易遇到。

推翻旧政权和统治新周期第一阶段的精英们的特点也会对政治周期产生重要影响，进而带来政治周期的差异。有时候他们只关注于掠夺和自我扩张，这些应被称为"实利主义的"

精英阶层。多米尼加共和国的特鲁西略政权和阿拉伯的沙特王朝就是最近历史中的典型例子。

然而，在有些地方，精英们是受一种较为公平的社会秩序理想和幻想所激励的。这些人可被称为"意识形态的精英阶层"。[17]最近几十年中，在俄国、南斯拉夫和中国赢得统治的共产党政权就是这类精英的例子。

这两种成分常常混合在一起，有时这种混合是高度复杂的。例如，通过对美国革命进行坦率真诚地评价，发现这两种成分都是存在的。在其创立者当中，有些人主要关注于实现《独立宣言》和宪法前言中所提出的那些崇高理想，而其他一些人则更关注于避免给英国皇家纳税。实利主义的和意识形态的成分有时相互交织在一起，这一事实说明，我们必须以变量的术语而不是类别的术语来谈论这一区分。

如果一个实利主义精英继承了另一个实利主义精英，那么在分配制度上可能只会有很小的变化，这只是由一帮恶棍替换了另一帮，占据了那些具有最好掠夺机会的公共官位。这种情况常常被称为"宫廷革命"。因为它的全部含义只是精英职位上的人员替换。有时候，如果一个精英阶层特别地精力旺盛和具有创造性，那么伴随着人员变化的还有政府形式结构上的改变。一个共和国可能让位给君主国，或者相反。这些改变可能为下面两种愿望之一所促动：或想将政府搞成更有效的掠夺工具；或想刺激社会改革，从而在一个时期内平息潜在的批评。

在一个成功的精英阶层身上，如果是意识形态成分占主导的话，那么就可期望在其政治制度和分配制度上发生较大的变化。伴随着人员的彻底变化，政府结构通常也有普遍的和富有意义的变化（并且常常在其他结构上也有变化），"社会革命"

61

这一术语就常常用来强调这一类型的革命同"宫廷革命"的区别。标签并不重要，但它们引人注意的差别在于：宫廷革命只影响很少的人，而社会革命则影响每一个人，甚至包括积极努力去忽视它们的日瓦戈医生（Dr. Zhivagos）。

虽然不应小看各个政治周期之间的差别，但也不应低估其潜在的相似性。在每个社会中，那些靠强力夺取了权力的人，在情况允许的范围内都有一种自然倾向，就是要努力去以宪政的手段来统治。而最后，每一个政权都是为暴力或暴力的威胁所摧毁。这是一个基本的主题，围绕它派生出千变万化的形式。

周期理论从来没有引起美国人的极大注意。由于其特殊的民族经历，美国人更喜欢乐观的历史理论，对那些熟悉美国历史并在某种程度上补充了英国历史知识的人来说，人类历史很容易被解释成一个整体，其中包括了政治这个组成部分，并且是一个从粗野、原始和暴力向高效率、高生产力和民主的或多或少连贯的运动。不幸的是，当我们扩展视野去考察古巴、巴拉圭、玻利维亚、阿根廷、巴西、秘鲁、匈牙利、南斯拉夫、法国、波兰、德国、叙利亚、俄国、伊朗、印度、越南、中国以及世界其他大多数国家的情况时，我们对政治历史进步特征的信念就会被严重动摇。因为谁敢声称，在这些国家中，在迈向立宪或民主政府的方向上有着长期的累进趋势呢？

只有在那些幸运地有着非常长的周期，立法过程完全成熟的社会中，政治发展的进步理论才有可能为人们广泛接受。英国和美国在这一方面有着少见的幸运。前者有着至今已达三个世纪之久的周期，后者马上将有两个世纪了。相反，仅在最近的半个世纪中，波兰和古巴就都至少有四个政权被暴力推翻，经历了四个政治周期。不幸的是，这些国家的经历比英国和美国的经历更近乎典型。这大概就是为什么美国在分层领域的理论对外国观察者来说似乎如此陌生和不相干的主要原因。它只适用于一组相当独特的条件，在大多数社会中都找不到同等的对应条件。

中间阶级和权力的制度化

历史学家和政治学研究者很早就注意到，革命只是一小部分人的事。因此，在革命结束后，新的精英阶层必须雇用他人为其服务才能达到其目标。他们只有以这种方式才能有效地将社会的剩余产品纳入控制之下，并使其转为他们所期望的各种类型的商品和服务。

对新的精英阶层来说，很幸运的是，他们的权力地位给他们提供了必要的资源，以保证得到所需要的帮助。他们已经控制的那部分经济剩余产品可以被用来雇用一大群技术人员和专家，这些人可以使更多剩余产品受到控制。这又可以用来雇用其他人，以便将原材料转化为舒适的住房、漂亮的服装、艺术作品、公共纪念物、个人服务，以及有权力和特权的人们所期望的许多东西。而意识形态的精英阶层则有可能去发展各种机构，以改变社会。

这一过程导致了一个为精英阶层提供服务的由技术人员和专家们等构成的中间阶级的形成、扩展或永存。这一阶层包括公职官员、手艺人、艺术家、公务人员、商人、士兵、教士和学者。官员们的主要任务是确定经济剩余产品，并将其同生产者分离开。正如萧伯纳笔下的恺撒在被要求解释他为何对向埃及征税怀有极大兴趣时所说的那样，"我的朋友，收税是一个世界征服者的主要事务"。手艺人和艺术家们对于将剩余产品转化为精英们所期望的商品和服务来说是必需的。商人们促使商品流向那些有能力购买它们的人们所在的地方。个人服务提供了上层人物不能再给的各种服务。教士和学者有助于维持公共秩序，并且当他们失败时，就由军人来接任。简言之，一个复杂的体制应运而生，其首要功能是保证精英阶层继续控制经济剩余产品，并将它转化为精英阶层所期望的各种类型的商品和服务。

应该指明，那些受雇于精英阶层的人的报酬是与他们为精英提供的服务的价值，以及其替代性供应的稀缺程度成正比的。与金斯莱·戴维斯和威尔伯特·莫尔这些功能主义理论家的说法相反，这些角色的报酬并不是与他们对公共利益做出的贡献成比例的。[18]是精英阶层的需要而不是整个社会的需要在决定着这些服务的需求曲线。一个社会的报酬分配制度是其权力分配的作用结果，而不是整个社会系统需求的作用结果。在人类社会这种不完善的系统中，这是不可避免的。

当政治周期存活了较长的时期后，中间阶级的性质和它们与政治精英的关系就渐渐变化了。在立宪统治时期，这些阶级有着将精英阶层的一些权力和特权据为己有的趋势。这并不困难，因为它们通常的功能就是以精英阶层的名义行事。权力的委托常常变成权力的丧失。一旦丧失了，就不易恢复。因此，一个社会的立宪化程度越高，中间阶级仅仅作为精英阶层代理人的功能似乎就越低，并且他们个人的独立、自主和保障也就越大。这是一个重要的发展，我们将在后面许多地方提到它。但是不应该让它掩盖住中间阶级与精英阶层之间更为基本的关系。这种基本关系即使在一个宪政的时代也是继续存在的。

反作用

至此，我们主要是从精英的角度去看待争夺权力和特权的斗争，以各种各样的方式去注意他们如何将社会的剩余产品纳入自己的控制之下。然而，这只是问题的一半，因为社会学与物理学一样，作用要产生反作用。因此，精英们在行使权力和特权时，不可避免地要在社会其他成员中产生反作用。这些反作用的重要性并不亚于引起它们的作用的重要性。因此，反作用将是我们在本章剩下的部分中首要关注的问题。

这些反作用差异极大，分层理论的一项主要任务就是要确定人口中的各个不同部分是如何做出反应的，并产生什么样的后果。其目的是要尽可能精确地预测对精英统治的反作用的性质、发生频率和后果。我们在考察这些反作用时，将从对台上精英威胁最小的那种反作用开始，进而讨论革命运动这种具有最大威胁的反作用。

在所有针对社会中行使权力和特权的反作用中，最受精英者们赏识的是非精英者们之间为争夺精英们雇用的职位的竞争。为了将最合格的人吸引到那些重要的中层职位上，精英们使这些职位比其他的非精英职位更加吸引人。一些关键性职位的诱惑是巨大的。为了争夺这些职位，自然要发生激烈的竞争。并且，精英界的成员们十分乐意去鼓励这种竞争，因为他们是主要的受益者。不论精英们付出的代价有多大，一旦这些职位为那些有能力的、热情的和忠诚的人们占据，精英们就会很容易得到多倍的补偿。

　　每一个权力和特权的系统还会在平民的后代中调动一场求生存的殊死斗争，只有那些能够控制生育的社会，或者经历大瘟疫、饥荒和其他灾难使人口暂时短缺的社会才属于例外。不幸的是，人类总是能够生产出超过社会能够维持的后代，经济剩余产品被有特权的精英掠走时更是如此。通常，没有足够的土地可供每个农夫的儿子耕种，也没有足够的农夫迎娶每个农夫的女儿。因此，几乎每一代的平民中都有一些人沦为乞丐、罪犯和妓女。这些人通常生命很短，因为这一层次上的生存竞争很紧张。[19]从精英的角度看，平民中的这些斗争是几乎不受关注的事，因为人类的生育力总会保证合格人力的充分供应。事实上，这些斗争将人们的注意力从精英的剥削作用上转开，从而在很大程度上保障了精英免遭公众的反抗和革命。因此，这种斗争对精英大概是有利的。

　　第三种对权力和特权的反作用则通常会惹恼精英们，但也不会对他们的安全和地位造成严重威胁，这就是那些居于从属地位的人的小偷小摸行为。在任何雇用了家庭仆人的地方，小偷小摸都被认为是很自然的事。在许多社会中，手艺人都留有一部分材料，将之用于私人用途，而对于收税者或与之有收益分成协定的地主而言，农民们则经常藏起一部分收获。这些都是普遍的行为。这些行为都会惹恼精英们，但是由于损失很小，并且都由许多小事件组成，所以通常不值得他们大动干戈。偶然发现了明目张胆的侵犯时，侵犯者将会受到重罚，杀鸡儆猴，但此种做法很少能制止这类行为。

　　在中间阶级为了控制权力、特权以及传统上属于精英阶层的其他资源而进行的努力中，可明显地看出对权力和特权的第四类反作用。大多数精英在获得权力后，都把对关键性资源的控制限制在他们自己成员的手中。例如，在许多社会中，土地所有权属于贵族精英的特权，同样，公民权最初也只限于富人。

这种情况给中间阶级带来了很大的无保障性，因为他们有限的权力和特权地位是大大依赖于其上层的持续恩宠。如果他们失宠了，就再也没有资源可求。因此，就有着一种自然的愿望，要获得对一些资源的控制，以使他们摆脱这种依赖。这不仅是希望为将来获得更大的保障，同时也保证在当前具有更大的权力和特权。

有些中间阶级的成员不仅具有这种动机，还有实施这种动机的手段。那些为急于从繁重任务中解脱出来、以培育闲暇艺术的精英阶层服务的官员们更是如此，同小偷小摸的情况一样，这类行为如此微小，以至于精英们常常并不在乎其存在，但最后想采取行动时，却为时已晚。

这一类型的对权力和特权的反作用尤为重要，因为它在立宪政体的发展中起到了相当重要的作用。按帕累托的术语来说，那些以这种方式反应的人是使用狡诈的人，而不是使用强力的人。因此，他们会发现，一个复杂的法律体系很适合于他们的目的，并且会努力按照自己的意愿提高法律的重要性和权力。

在针对精英成员及其代理人的暴力犯罪中，可看到第五类对权力和特权的反作用，这类反作用之所以更经常地针对后者，是因为他们作为精英的臂膀，更经常地与下层阶级接触，而这些下层阶级则是主要的冒犯者。这些犯罪总是会受到严肃处理。对其惩罚的严重程度毫无疑问地反映出人们对其存在的广泛程度和对掌权者潜在敌意程度的认知，并且意识到如果不

66

采取果断而严厉的惩罚措施，就会鼓励更广泛的暴力。再者，当发生这类犯罪时，精英阶级与中间阶级的利益是一致的，所有的掌权者都站到了同一边，因此形成了一个相当不平等的争斗局面。

至此，我们已涉及的反作用都只包括了没有协作存在的个人行动。然而，有时候，在社会中行使权力和特权会导致大量普通人民的集体反作用。在这里，我们只涉及非暴力的情况。

这类行动只有在两种条件下才有可能发生：要么有一个立宪化政权在行使权力，它承认普通大众有权利组织起来，捍卫自身利益；要么统治精英正遭受外国军队的强大压力，并非常需要普通大众的军事服务。后者一个很好的例子是公元前5世纪罗马平民与贵族们斗争的早期成功。这一类型的反作用在19世纪的西方世界中变得如此普遍，大概不是一种巧合。自法国革命引入征兵制和大众军队而极大地改变了战争技术以来，精英们就更多地依赖普通人民，这很可能是在19世纪公民权扩大的原因，以及精英们接受劳动工会、工人政党和其他所有用来增进和保护普通人民利益的组织的原因。

最后一种对权力和特权的反作用常常涉及教士们，在前面他们被列入作为统治阶级代理人的中间阶级。实际上，这不完全准确，因为教士们享有一种部分独立于统治精英的权力基础。与其他组成中间阶级的专家们和技术人员不同，教士提供了群众认为有价值的服务。另外，他们还代理着一个比精英阶层更高的权力。为此，即使是精英阶层，通常也对他们尊重和畏惧三分。因此，在要求经济剩余产品上，他们处于一个独特的地位。事实上，按照考古学家们的发现，在古代中东，教士们借他们所侍奉的神的名义提出要求大概是瓜分第一批经济剩余产品的基础。[20]

纵观历史，在许多国家，政界精英与宗教界精英之间都存在着不断的斗争。宗教界精英的主要武器是他们对政治意识形态的影响。他们仅靠自己就能阻断人所企望的通向合法的道路，因而常常能平起平坐地与政界精英一决雌雄。

有时候是政界精英赢得胜利，有时候又是宗教界精英占上风。然而，通常是以教会与国家形成联盟而达成妥协。政界精英以教士们在意识形态上的支持为交换，来使自身免受宗教竞争。这种做法通常对双方都有好处。

这些对政界精英行使权力和特权的反作用的净效果是增强了朝向宪政的趋势。从本质上讲，宪政更多的是以合意而不是以强力为基础的政体。为了获得这种合意，某些让步是必需的。

事实上，宪政是建立在交换的基础上的，这种交换既有利于精英，也有利于人口中的其他部分。除非遇到一些较为特殊的情况，精英阶层一般会放弃采用暴力，因而将可预测性和秩序的要素引入其他人的生活情景当中。作为交换，他们得到其他人对其统治的认同，这包括当与法律指令一致时，对其运用强力的默认支持。从某种意义看，这有一种接近社会契约的意义，但由于它是在不平等者之间发生的，所以它与早期作者们描述的理想化观念还有所不同。

因此，保守主义者和激进主义者的观念中都包含了某种真理成分。国家政体确实如保守主义者坚持的那样，是建立在共同意愿基础上的，但它也如激进主义者声称的那样，是建立在强力基础上的。简言之，两种立场都是对的，但又都没有囊括全部真理。

68

政权的垮台

尽管政界精英们尽了最大努力，但还是没有哪一个政权能永久存在下去。从研究分配制度的角度看，应该研究是哪些因素导致政权垮台，这比研究是哪些因素稳固和强化了它们更加重要。

虽然许多因素都对政治统治的倒台起作用，但只有通过两条途径，它们才会被真正地推翻，那就是战争和革命。这正是我们必须集中讨论的。

从任何关于分配的理论角度看，很简单，战争只是旨在争夺控制经济剩余产品的广泛而持续斗争的一种特殊形式。使其具有特殊性的因素是，它包括了两个既定精英集团之间的斗争，而不是同一社会中精英阶层和非精英阶层之间的斗争。每一既定的精英集团都有听命于它的武装力量，以保护和增进其利益。战争的主要制止因素是缺乏有利可图的机会。除非所得可能大于所失，否则没有哪个精英集团会去发动一场征服战争。结果，国家之间存在权力平衡比一个国家享有一定的优势更不容易发生战争。

帕累托认为，打破权力平衡因而陷入战争和革命的因素之一可能是立宪政体过分依赖狡诈。换言之，它致力于以外交技能和类似的技术取代军事强权，最终导致自身的毁灭。尽管帕累托可能夸大了这种情况，但是有理由相信立宪政体确有这一倾向。

此外，立宪政权较不容易发动侵略行动。那些以行使狡诈和计谋而获得权力的人，除了作为最后一招外，鲜有倾向于使用强力的，除非其危险性明显很小（如在殖民扩张时期，英国同非洲部落的战争那样）。

　　最后，由于战争的成果通常只落入精英集团的手中，所以 69
人们可以预测，参与决定是否发动战争的人口占比越大，发生
侵略行动的可能性就越小。因此，民主国家发动一场侵略战争
的可能性要比非民主国家小。但是，人们不应假设这一因素是
决定性的，因为即使是在一个民主国家中，一个精英集团有时
候也可以熟练地运用宣传工具，挑动平民走向军事行动。

　　当一方精英集团在战争中胜利后，有三种方式处置被征服
的精英集团。第一，它可能摧毁后者，并直接夺取它的权力。
第二，它可能将被征服的精英集团招收到它自己权力系统中的
一个次要位置上。第三，征服者可以选定一个新的精英集团去
取代老的精英集团，这个新精英集团将来会遵照征服者的要求
办事，准许自己社会中的剩余产品以纳贡、贸易等方式被掠
走。只有在第二种选择被采纳时，一个被征服的精英集团才可
能作为一个精英集团而存在下去，不然，旧政权连同其政治周
期及所包含的一切，都将走到尽头。

　　战争所造成的问题比成功的革命要少些，因为在战争情况
下，双方都拥有必要的手段。就革命而言，情况更复杂些。一
个成功的革命至少需要三个要素：（1）人；（2）组织；（3）资
源。但是，除了从精英们自身以外，还能从哪里找到这些东
西呢？

　　每一个国家里，总有一个集团拥有这些必要的资源。这只能
是被委以保卫国家和现存政权的组织：军事机构。历史上，绝大
多数的革命都是由军人发动的，这并不是巧合。其他人可能会有
敌意，另一些人也可能是贪婪的和有野心的，但他们缺乏达到目
的的手段。军人总有可供使用的手段，他们需要的只是动机，由

于手段是这二者中更难得的，所以一个国家的武装力量发动革命比其他人发动革命普遍得多。再者，它们也更容易成功。事实上，他们很少失败，除非军队被分裂开来自己打自己。

马基雅维利认识到了这一危险，并在《战争论》一书中建议道："战争……不应该是王室或公共财物掌管者以外的任何人从事的事业；他们如果是聪明人，就不会让臣民和公民中的任何人将此作为唯一的职业。"英国贵族们也认识到了这个危险，因而长期维持军官职位的捐买制度，以使军队的最高职位保留给富人，因为他们要为了既得利益而努力维护现状。如帕默斯顿勋爵（Lord Palmerston）在一个世纪以前指出的那样：

> 如果军队和社会上层阶级之间的连接断开了，那么军队就将出现危险的和违宪的表现。一旦军队与那些因具有财产而与国家利益挂钩的人分离，以及受到肆无忌惮的军事冒险家的命令时，那军队就成了对国家自由来说十分可怕的东西。[21]

从众多美国人看到第二次世界大战后亚洲和中东的各种"校官造反"的惊讶反应来看，这些原则在美国是很难被人理解的。正如前面指出的，美国的历史教育很难让人理解世界上其余大多数地方的政治生活。

在军人领导的革命中，如果不是大多数，也有许多都只是宫廷革命。[22]因此，大多数社会学家都表现出对它们甚无兴趣，认为它们没什么重要性。

这种对宫廷革命缺乏兴趣的情况在很大程度上反映了马克思和恩格斯的影响。他们的著作（不论是学术性的还是政治性的）都将现代社会科学引向了对社会革命的单方面关注。然而，如果我们对政治周期的特性的分析是正确的话，那宫廷革命也是相当重要的。一些地方一再地发生宫廷革命，严重阻碍着立宪制的发展。对于那些重视摆脱极权和专制从而获得个人解放的人来说，这并不是一桩小事。

军人通常是宫廷革命的领导者，而知识分子则容易成为社会革命的领袖，他们能单独提供社会革命所不可缺少的关键性要素——挑战现存意识形态并将它摧毁的新意识形态。意识形态是知识分子行当的本钱。在重要的哲学问题方面，他们是观念的领头人。知识分子可以从事各种类型的职业，但他们主要集中在教学、布道和艺术上。

知识分子很容易被权力和特权系统疏远，他们像一群没有职位的部长，或一群没有权力将观念转化为公共政策的专家。因此存在着天然的异化基础。然而，明智的精英阶层通常发现，聪明的做法是对他们加以关注、给予荣誉、施以奉迎，以使他们感恩戴德，予以支持。

这种策略通常很起作用，大多数知识分子都坚定地为保守主义立场辩护，因而对捍卫权力和特权做出了重大贡献。利用熟谙各种符号的技巧，他们成功向普通人民证明了现状的优越性和不可替代性。

然而，有时候精英者会变得疏忽大意，或者有些知识分子会拒绝投合精英者的奉承。造反的知识分子光靠他们自己是不能对政治精英构成威胁的。他们缺乏掀起一场革命所必需的人力和资源。然而，在与他人的共同努力中，他们可以起到催化作用，即提供敌对的意识形态。这对每个成功的社会革命来说，都是必需的。

71

对大多数社会而言，另一些常常被吸引到社会革命中的是由在人种、种族和宗教方面的少数派群体所构成的那一部分人，这些群体对占支配地位的多数派有着特殊的不满，因而更容易接受敌对的意识形态。与占支配地位群体中下层阶级的成员不同，他们与精英阶层没有共同的文化连接，因而难以形成认同基础。

这样的群体既可以给革命事业提供成员，也可以提供组织。首先，他们有时候可提供财政资源，而这正是革命运动常常难以获得的。虽然少数派群体通常被排除在较高的社会和政治层次之外，但如我们前面所看到的那样，他们有时候也做出巨大的经济成就，如犹太人在欧洲的经济成功，印度教徒在非洲、日本人在夏威夷以及耆那教徒在印度的成功。这种群体中的富人常常位于社会革命的财政支持者之列。

然而，只要军队坚定地作为现存政权的后盾，就没有哪个社会革命能够成功。列宁清楚地看到了这一点，他写道："没有军队的瓦解，任何大革命都没能发生，或不可能发生。"凯瑟琳·乔利（Katharine Chorley）在她的《军队和革命的艺术》（*Armies and the Art of Revolution*）一书中也得出了类似的结论。这大概是我们所看到的关于武装力量在革命中的作用最好的研究。[23]按照她的观点，除非军事力量被搅乱或保持中立，否则没有哪个群众革命能够成功。只要军队坚定地站在政权后面，那么这个政权不仅能够存活，还能粉碎任何针对它的造反，在这一点上，历史几乎没有展示出例外。

因此，我们再次回过头来重视专门从事强力的人所起到的关键性作用，这种作用既存在于对政治统治的保护中，也存在于对它的摧毁中。虽然一些革命没有来自武装力量的支持也成功了，但这些通常都发生在军队士气严重低落和分裂的时期，例如 1917 年的俄国革命。在假设了强力是人类冲突中的最后仲裁者之后，这些事实不应该使我们感到惊讶。

注释

1. 见 Max Weber, *The Theory of Social and Economic Organization*, A. M. Henderson 和 Talcott Parsons 翻译, *New York*: *Free Press*, 1947, 第 152 页。或者 Max Weber, *From Max Weber*: *Essays in Sociology*, H. H. Gerth 和 C. Write Mills 翻译, Fair Lawn, N. J. : Oxford University Press, 1946, 第 180 页。

2. 在本书第 430 页（英文版）有关于这一概括性论断的支持性证据。我并没有试图用演绎逻辑去建构这一论断，因为这将需要引入一些新的假设，并且会使我们的研究偏离最初的任务。基于同样的理由，除了一些偶然的情形之外，我在本书中不想去讨论声望的问题。

3. 例如, L. T. Hobhouse, G. C. Wheeler, and M. Ginsberg, *The Material Culture and Social Institutions of the Simpler Peoples*, London: Chapman & Hall, 1930。以及 Alvin W. Gouldner and Richard A. Petersen, *Notes on Technology and the Moral Order*, Indianapolis: Bobbs - Merrill, 1962。有关广泛比较研究方面的杰出个案研究见 Ralph Linton, *The Tanala*: *A Hill Tribe of Madagascar*, Chicago: Field Museum of Natural History, 1933。

4. Wilber E. Moore, *Social Change*, Englewood Cliffs, N. J. : Prentice - Hall, 1963, 第 72 - 76 页。

5. (London: Routledge, 1954), 特别见其第 2 章。

6. 关于强力统治的局限的讨论, 见 Robert Dahl and Charles Lindblom, Politics, Economics, and Welfare, New York: Harper& Row, 1953, 第 107 - 109 页。还可见 Karl A. Wittfogel, Oriental Despotism: A Comparative Study of Total Power, New Haven, Conn: Yale Universtiy Press, 1957, 第 4 章。

7. Edwin Sutherland, *White Collar Crime*, New York：Holt, 1949。Philip Stern 提供了一个不同的关于法律偏向的记录，见其 *The Great Treasury Raid*, New York：Random House, 1964 。另外还有许多书中讨论了出自既得利益和从中获得好处而进行政治游说的现象。

8. Alex Inkeles and Raymond Bauer, *The Soviet Citizen* 一书对此进行了笼统的概括（Cambridge, Mass.：Harvard University Press, 1959）。这两位作者从对几百名二战后不久从苏联流出的人进行的访谈发现，对国家社会主义、中央计划体制和苏联其他主要的国内政策目标的质疑并不很多。主要的批评直接集中在对党为达到目标而采用的手段上，尤其是集中在其采用恐怖手段上。大多数其他的苏联研究专家也得出了同样的结论。

9. Gaetano Mosca, *The Ruling Class*, Hannah Kahn 翻译, New York：McGraw-Hill, 1939，第 70 页。

10. Vilfredo Pareto, *The Mind and Society*, A. Bongiorno 和 Arthur Livingston 翻译, Ed. By Livingstone, New York：Harcourt, Brace & World, 1935，第 III 卷，重点是第 2170 - 2278 段。

11. 有许多人试图对权力的各种形式进行分类，但没有谁是完全成功的。有三个是做得比较好的：Herbert Goldhamer and Edward Shils, "Types of Power and Status," *American Journal of Sociology*, 45, 1939, 第 171 - 182 页；Harold Lasswell and Abraham Kaplan, *Power and Society：A Framework for Political Inquiry*, New Haven, Conn.：Yale University Press , 1950，第 5 章；以及 Robert Bierstedt, "An Analysis of Social Power", *American Sociological Review* , 15（1950），第 730 - 738 页。

12. 在许多社会学著作中权力与影响力之间的关系是很含混的。有些场合二者被说成是完全一样的，另外一些场合又被说成是完全不相干的。影响力应该被看作一种特殊类型的权力。从这两个英语词的用法和从一些优秀的社会理论家那里都可以得到这样的解释。例如，《韦伯斯特大学词典》（*Webster's Collegiate Dictionary*, 5th ed.）对影响力的定义是："不依赖明显的强力或权威而能够产生某种作用的行动或权力"。

13. 关于购买官位，见本书（英文版）第 224 - 225 页。

14. Georg Simmel, *The Sociology of Georg Simmel*, Kurt Wolff 翻译, New York：Free Press, 1950，第 3 部分。

15. 更近以来，达尔和林德布洛姆（Robert Dahl and Charles Lind-

blom）在 *Politics，Economics，and Welfare* 的第 4 部分中表达了相同的观点。其中，他们提出有四个社会政治系统，其中的两个系统，即价格系统和多元管理（polyarchical）系统，可以测量到一些较小权力者对较大权力者的影响力。

16. 我用"政权"（regime）一词指靠强力获取权力的一个特别的政治精英中的成员，以及他们靠合法途径获取权力的后代。因此，一个政权从一个革命成功开始统治，一直到其被一场战争打败或被一场革命所推翻。

17. 帕累托做出了类似的区分，虽然他没有用这个标签（第 2268 段）。

18. Kingsley Davis and Wilbert Moore，"Some Principles of Stratification，"*American Sociological Review*，10（1945），第 242 – 249 页。

19. 如果认为没有精英获取经济剩余产品情况就会很大的不同，可能会是一个错误。即使没有精英，也可能没有经济剩余产品，因为人类的生育总会赶上生产力的发展，至少在现代生育控制技术出现之前是这样的。似乎有点奇怪的是，在现代社会以前有一些剩余产品的主要原因是精英的野心起到了约束人口增长的作用。

从长远的眼光来看待这一问题，很明显，精英的剥削性和他们对经济剩余产品的夺取是社会进步的先决条件。如果没有剥削性的精英，就不会有经济剩余产品去供养工匠、发明家、艺术家、哲学家、预言家以及其他文化创新者，而正是这些人带来了现代文明。如果一个人重视现代文明或其中任何重要的方面，他就应该感谢古老的剥削现象。这并不能说剥削制度的所有方面都是合理的，因为许多剩余产品的使用都不是为了文化生产，但这确实可以提醒我们注意人类社会条件的复杂性。

20. 见 V. Gordon Childe，*Man Makes Himself*，London：Watts，1936，重点是其第 6 章的后半部分和整个第 7 章。

21. 引用出自 Cecil Woodham – Smith，*The Reason Why*，New York：McGraw – Hill，1953，第 2 章。此书对十九世纪英格兰买卖制度运行以及一些导致其最后终结的事件做了很好的讨论。经允许引用。

22. 但是也有一些例外，如阿塔图尔克和纳赛尔（Atatürk and Nasser）的生涯所证明。

23. London：Faber，1943.

第四章 分配制度的结构

人类中的最伟大者和最优秀者，

皆孕育于贫困这所学校中。

这是催人奋发的学校，

是唯一能产生出

伟人和天才

的学校。

——安德鲁·卡内基

正如上一章所表明的那样，从来不可能完全将社会动力学的分析与社会结构的分析截然分离。尽管我们主要关注分配制度的动力学，但结构方面的考虑仍不断地硬挤进来。在本章中，情况正相反，我们主要关注的将是结构问题，但是这种分离绝不是彻底的。事实很简单，结构和动力是对同一实体的抽象，因而相互之间就不能完全分开。因此，尽管本章首要关注的是分配制度的结构方面，但仍有必要对动力学的问题给予相当的注意。

由于对结构的研究是研究各部分间的关系，所以在刚开始考察分配制度的结构时，有必要明确其各个部分的特性。这是一个较为简单的问题，因为我们将要关注的只有三种类型的单位，即个人、阶级和阶级体系。其中每一个都代表了在分配制度内部的组织的层次。个人是基本的层次，它构成了阶级内部的单位，而后者则是阶级系统内部的单位。[1]最后，一个社会中的若干阶级系统（而且通常有若干这样的系统）又是分配制度内部的单位。

这些类型的单位中，第一种单位的本质是不证自明的，无须进一步讨论。然而，人们对其他两种单位的运用却有着许多方式，以至于它们成了许多混乱的来源。因而，我们现在就来讨论它们。

阶级

围绕着这一术语的混乱在很大程度上是它所代表的现实的复杂性，以及学者们对其过分简单化的结果。如我们上一章中指出的那样，分层是一个多元现象。人类总体是以各种各样的方式分层的，这些可供选择的分层方式，每一种都为一个不同的阶级概念提供了基础。因此，虽然人们可以按照声望的阶级去合理地分析一个特定社区中的人口，但这并不能穷尽分层的主题。同样这些人口又可以按照权力的阶级或特权的阶级去分析。虽然，如我们上面分析的那样，在经验上，这些阶级有着大量的重叠交叉，但是在分析上，它们每一个又是相当独特的。

由于这三种分层方式不是线性的，所以困难进一步增加了。上一章表明，权力有着许多形式，这些形式又并非总是能还原为一个有意义的共同的公共特性。一个人有可能拥有大量的财产，却没有一个与之相对应的重要实权官位，相反也是这样。同样，一个人可能在某个机构系统中占据一个重要的和有权力的角色，但在其他系统中却不能。

很显然，鉴于这种情况，"阶级"这一术语不应该被定义得太窄。如果宽泛地定义这个术语，然后在不同类型的阶级之

间做出仔细的区分，那我们的收获会更大些。因此，我们最好
把阶级定义为：一个社会中某些人的一种聚合体，这些人在权
力、特权或声望方面处于相似的地位。

这并不是说，在理论的和分析的目的上，所有类型的阶级
都同样重要。相反，如果我们的目标是回答"谁得到了什么？
为什么得到？"这个问题，并且如果我们前两章的分析多少是
有效的话，那么权力阶级应该是我们首要关注的对象。特权和
声望的分配似乎在很大程度上是由权力的分配所决定的，至少
在那些生产出大量剩余产品的社会中是如此。

在上一章中我们还看到，权力表现为两种基本的形式，强
力和制度化权力。接着，后者又可被分为职位的权力和财产的
权力。在此基础上，一个权力阶级可以被定义为：一个社会中
某些人的一种聚合体，这些人在强力或某些特殊形式的制度化
权力方面处于相似的地位。例如，"权力阶级"的概念可被应
用到诸如工厂的工人、富裕的土地所有者或者一个靠强力统治
的军政府的成员这样一些不同的聚合体上。虽然他们各自权力
的基础不同，但每一个都是在特定的权力形式方面处于相似地
位的人们的聚合体。

由于"权力阶级"一词很笨拙，又由于这一概念在后面
的分析中常常要用到，所以我通常省略掉限定形容词，将它简
单地说成是"阶级"。除非另加说明，"阶级"一词在后面指
按权力定义的集团。

虽然阶级的定义似乎相对简单和直截了当，但有一些暗含
其中的意思并不完全明显，在我们转向其他问题前，还需要做
些考察。首先，虽然我们关注的阶级是按照权力定义的，但这
并不意味着所有的阶级都拥有权力。相反，有些阶级实际上没

有权力，如农业社会中的被遗弃者。（见第九章）

第二，按照这个定义，一个人很可能属于好几个权力阶级。只要各种各样的权力形式相互之间并不完全相关，这种情况就不可避免。为了解释清楚这一点，试以现代美国社会为例。在美国，一个人就拥有的财产而言，可以是中产阶级的成员；按其在一个工厂中的工作来分，他又是工人阶级的一个成员；并且他还可以是黑人"种姓"的一个成员。他所扮演的每一个重要角色，连同他在财产等级中的地位，都影响着他在生活中获取所求之物的机会。因而，每一个角色都将它置于一个特定的阶级之中。由于这些角色的来源并不完全相关，所以他不能只被划归任何单独一个阶级。从这方面说，也许可以恰当地指出，随着我们从技术原始的社会转向技术先进的社会，这一趋势也就逐渐变得明显。换言之，在现代工业社会中，多元分析的必要性似乎最大。

第三，虽然定义中没有说得那么清楚，但每一个权力阶级中的成员之间都共享一些利益。这些共享的利益就构成了敌视其他阶级的潜在基础。这一事实接下去的逻辑推论就是，把一个阶级的成员团结在一起的，是他们共同占有、控制或利用某些有助于实现其期望和意愿的东西。考虑到我们先前对人的特性的基本假设，那么特定阶级中的所有成员都具有一种既得利益，即保卫和增进其共同资源的价值，并减少构成其他阶级基础的竞争资源的价值。

这并不是说阶级中的成员们总能自觉地意识到其共同利益，他们在此基础上所进行的集体性行动少得多。他们也不总是有意识地和公开地敌视其他阶级的成员。这些都只是有发生的可能性，但对于他们来说并不是不可避免的。[2]

这个定义值得指出的最后一点是那多少有些含混和使人烦恼的短语——"相似地位"。有批评眼光的读者将要问我们所需要的和所能发现的是多大的相似性。很遗憾，没有一个确定的回答。无论我们喜欢还是不喜欢，这类措辞均是我们试图去分析的现实的特性强加给我们的。在大多数场合，人类并非简单地分化为一些清楚区分、高度分立的阶层。相反，它们往往是沿着一个连续体而排成一列，这个连续体上没有可用作阶级边界的断裂点。再者，如果我们坚持认为阶级成员在有价值的东西的分配上一定是处于完全相同的立场，那么在许多社会中可能就将有成千上万的甚至数以百万计的阶级，而其中的大多数阶级只有一小撮成员，甚至有些只有一个成员。

为了避免这种情况，我们被迫采用不那么严格的标准，但这就导致我们所用的标准不那么精确。一般来说，研究分层的学者们发现，采用少数一些较大的和更具有包容性的阶级会更好。因此，诸如农民、商人、工人、专业人员等宽泛的范畴会被频繁地提及。采用这些范畴并不意味着否认这些阶级内部存在多样性。很明显，每一个阶级都可被细分为更具有相似性的亚类或亚阶级，例如，富农和贫农、富商人和穷商人。人们在多大程度上做这种细分主要取决于研究的性质。在一个具有很窄范围的高度专门化的研究中，对这些亚阶级所给予的关注，比在本文的广泛比较研究中所给予的关注可能要大得多。

种姓、等级、地位群体和精英

在关于社会分层的著作中，有许多都提到了阶级以外的一些其他类型的集合体。在这些文献中特别引人注目的有四个——"种姓""等级""地位群体""精英"。那么，这些术语与阶级有怎样的联系呢？

种姓与阶级一样有多种多样的定义，但所有或几乎所有定义的共同点在于，种姓是一个成员资格严格世袭的群体。如果将种姓和阶级这两个术语进行比较的话，种姓就是一个实际上不可能发生出入流动的群体。但事实上，很多阶级的成员资格也是世袭的，而有些种姓中也有可能出现某些流动。但对这种关系更准确的说法应该是，在阶级中个人的向上流动是合乎社会常理的，而在种姓的情况下却不是这样。[3]

但实际上没有必要把种姓和阶级看成割裂的现象。为了概念上的简练，人们有理由将种姓定义为一种特殊类型的阶级——至少按照本书这种广泛定义阶级概念的方式可以如此。我们可以说，当达到其进出的向上流动被习俗所禁止的程度时，一个阶级就是一个种姓。

分层问题的作者们经常提到的第二类集合体是等级。这一术语来自中世纪欧洲史（虽然它的用途更加广泛），是指社会中依法界定的、由法律所赋予其独特权利和义务的一部分人。[4]

在等级和阶级之间，也没有必然的矛盾。因此我们可以说，当一个阶级的存在、权利和特权达到由法律确认的程度时，这个阶级就是一个等级。

第三个概念，"地位群体"，是由马克斯·韦伯著作的翻译者引入到分层问题的讨论中的。韦伯在其许多著作中都使用了 Stände* 这一名词和 ständisch** 这一形容词。有时候，他用这个名词去指中世纪欧洲的等级，但其他时候他既用这个名词

78

＊　德语："地位""等级"。——译注

＊＊　德语："地位的""等级的"。——译注

又用这个形容词，去指可以被称为"等级似的"现象，诸如职业群体、弗吉尼亚优等门第、种族群体，甚至印度种姓。在韦伯的观念中，支撑所有这些的共同因素是群体的荣誉和声望，这是一个自动应用于所有成员的集合属性。在他的用法中，阶级是以经济权力为基础的，因此地位群体或 Stände 不同于阶级。他还补充道，地位群体通常是发展出独特亚文化的共同体，而阶级则更常常倾向于仅仅是集合体或社会类属。最后，地位群体更有可能是世袭集团。[5]

被韦伯的翻译者们称作地位群体的这些集团显然是包括在我们对阶级的定义中的，但它们怎样才能符合于我们的构架，却不那么清楚。他的地位群体中，有些似乎在本质上是声望的阶级，例如弗吉尼亚的优等门第。然而，其他一些也还是权力的阶级。就后者而言，使它们联系起来并将它们与其他阶级区分开来的一般共同因素是它们的内部通婚、世袭和公社制的特征。虽然所有的阶级都在某种程度上具有这些特征，但地位群体所具有这些特征的程度相当显著。[6] 正是在这种意义上，在本书后面的内容中，我将使用这一术语，主要将它用到种族、民族和宗教群体上。

第四个需要评论的术语是"精英"这个有点难以捉摸的术语，与其他三个不同，精英不能仅仅被看成一类特殊的阶级。相反，有时它们的范围比一个阶级小，有时却又比一个阶级大。就前者而言，人们可以将一个阶级中最有权力的（或最有特权或声望的）那部分人称作该阶级的精英。就后者而言，人们可将两个或更多的阶级称为构成了一个社会的政治精英。还有另外一种选择，人们可以说某个单一阶级构成了一个社会的政治精英。简言之，这一术语仅仅意味着任何特定的社会单位中的最高层次部分，而不论这种社会单位是一个阶级还是整个社会，也不论是按人们选择的什么样的标准排列的。[7] 除非另加说明，在本书中所使用的标准是权力。

精英的界限同阶级的界限一样，通常是不精确的，其原因也一样。它们的数据都是连续的，非常缺乏有意义的间断或鸿沟。在这种情况下，社会研究者几乎没有其他的选择，只有引入按自己的标准确定的任意界限。就像经济学家们在遇到收入分布时所做的那样。

按照前面所讲，很显然"阶级"这个概念就可用来囊括分层系统中所有类型的集合体。然而这并不意味着所有类型的阶级在所有方面都是一样的。有些是以权力为基础，另一些是以特权，还有一些是以声望为基础。在那些以权力为基础的集合体中，有些又是以职位的权力为基础，而另外一些则是以财产的权力为基础。有些是以某类职位为基础，而另一些却又以另一类职位为基础。有些是具有自我意识的公社制群体，而另一些则仅仅是社会类属。有些几乎是完全世袭的，另一些则不是。有些是法律规定的实体，大多数却不是。这些就是各个阶级所有的差异特质。分层理论和研究的一项重要的但常被忽略的任务，就是要厘清这些差异的特点，并找到导致这些差异的因素。

阶级系统

在分配制度结构中的三个组织化层级中，阶级系统这个层级最经常遭到忽视。其理由并不难找到。因为人们常常对社会分层采取一维的观点，因而在任何特定的社会中都只会有一个阶级系统，因此"阶级系统"和"分配制度"就是同义的。

然而，一旦认识到了分配制度的多元特性后，就不可能再这样了。一旦我们认识到权力是建立在各种各样的基础之上的，而这些基础并不总是能够还原为某个单一的共同因素，那我们就不得不按照一系列阶级等级或阶级系统去思考。这些就构成了介于单个的阶级和整个分配制度之间的一个组织化层级。

80 　　我们可以对阶级系统做出正式的定义：一个阶级系统是一个按某一标准排列的各阶级的等级系列。如前所述，一个社会的每一个阶级系统都在其中包括了那一社会的所有成员，因此，美国社会的每一个成员都同时属于职业的、财产的、种族－民族的、教育的、年龄的和性别的阶级系统中的某个阶级。

　　图1表示了阶级系统与其他三个组织化层级（个人、阶级和总体分配制度）的关系，它可能会有助于澄清阶级系统的性质。此图描绘了在一个虚构的拉丁美洲社会中的权力分配。在这一社会中，有四种重要的权力来源：（1）政治活动；（2）财富；（3）工作或职业活动；（4）种族出身。在纵栏标题下显示了从2到10的多种权重，表明这些资源并不具有同等的重要性。在每一个阶级系统中显现出不同数量的阶级，最少的有3个（在种族阶级系统中），最多的有7个（在职业阶级系统中）。这些阶级之间的界限清晰度各有不同，有些是严

81 格确定的（以实线标出的），而另一些只是在一个连续体上的任意划分（以虚线标出的）。圈起来的字母X和Y代表两个人。前者是一个西班牙人后代，他是富裕的土地所有者，也是政治精英；后者是一个中产阶级的混血儿，做着一点儿小生意，他在政治上是不活跃的，但倾向于支持现存统治。在强权统治盛行的地方（如在这一虚构的社会中），个人在若干不同阶级系统中的地位往往是相当一致的；但随着立宪化的发展，由于上一章所指出的原因，地位不一致现象变得普遍了。

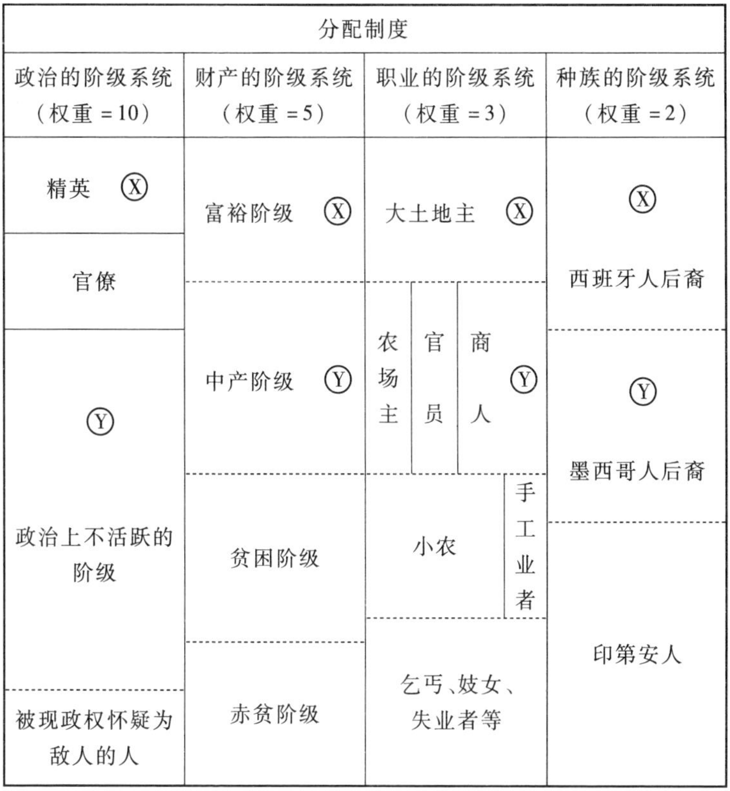

分配制度			
政治的阶级系统（权重 = 10）	财产的阶级系统（权重 = 5）	职业的阶级系统（权重 = 3）	种族的阶级系统（权重 = 2）
精英 Ⓧ	富裕阶级 Ⓧ	大土地主 Ⓧ	Ⓧ
官僚			西班牙人后裔
Ⓨ	中产阶级 Ⓨ	农场主　官员　商人 Ⓨ	Ⓨ
政治上不活跃的阶级	贫困阶级	小农　手工业者	墨西哥人后裔
			印第安人
被现政权怀疑为敌人的人	赤贫阶级	乞丐、妓女、失业者等	

图1　在一个假想社会中分配制度的权力维度结构图示

清楚地意识到阶级系统是一个独特的组织化层级有一个很大的好处，即引导我们去看到，争夺权力和特权的斗争不仅包括个人之间和阶级之间的斗争，还包括阶级系统之间的，也就是不同分配原则之间的斗争。例如，在最近几十年中，我们目睹了美国和其他地方都在努力提高教育系统的重要性，同时减少按民族－种族和性别划分的阶级系统的重要性。集权国家往往以牺牲其他类型的阶级系统，尤其是财产的阶级系统为代价，而极力增加政治的阶级系统的重要性。在这样的情况下，个人同党派的关系往往成为通向权力和特权的关键，而其他资源就成为次要的了。在一些场合，阶级系统之间相对重要性的改变并不是人为安排的，而只是社会条件和技术条件改变所带来的后果。理解这种转化，对于充分理解作为一个整体的分配过程来说，也是很重要的。

阶级系统之间在一些方面有着差别，这些方面也值得人们关注。如图1所示，它们在重要性和复杂性上是不同的，有些阶级系统能比别的阶级系统更好地帮助人们达到其目标。同样，例如通过比较图1中的职业和种族的阶级系统就可看出，有些阶级系统的结构比另外的更复杂。

阶级系统中另外两个具有多样性的特点是其广度和形态。[8]广度指在一个阶级系统中多样化的范围。形态指的是各种场合中分配的图形结构。如果用图表示，可能会产生一个金字塔的结构，绝大多数人集中在较低层次；或者可能会产生一个多少有些变形的正态曲线，绝大多数人集中在中间层次；或者还有其他的模型。索罗金指出，有些阶级系统的形态可以比另外一些阶级系统的形态更容易被人为改变。例如，他认为我们对政治阶级系统形态的控制，可以比对财产阶级系统形态的控制更容易些。[9]

第五，各阶级系统中可能发生流动的程度也是多种多样的。在一些阶级系统当中（如在性别的或种族的阶级系统中），个人的地位实质上是固定的。而在其他一些阶级系统中则可能发生很大的变化。[10]

第六，在发生阶级间敌对的程度上，各阶级系统也有区别。在少数情况下会发生马克思所指出的那类阶级斗争，至少在一段时期中是如此。而在另一个极端上，阶级之间常常没有实质性的敌意。有理由设想，阶级敌意与流动机会是成反比关系的，尽管可采用的证据表明这种关系并非绝对。

最后，各阶级系统在制度化的程度上也是有区别的。在一些系统中，各阶级的权利和责任稳固地植根于惯例当中，并且受到一种为人们普遍接受的意识形态的支撑，而这种意识形态是为合法的不平等服务的。在极端的场合，惯例被转化成了法律。而在另一个极端，一些阶级系统则几乎完全建立在优越的阶级靠赤裸裸的强力去控制其他阶级的能力之上。

在未来几十年中，分层的研究者们所面临的重要任务之一是搞清楚所有这些方面的每一种差异都是由哪些因素引起的。迄今为止，只是刚刚有了一个开端，这在很大程度上是因为注意力都转到其他方面去了。

公民权：一个具有潜在价值的资源

在我们将注意力从构成分配制度的结构单位转向系统本身之前，有必要为了我们的分析而大致考虑一下公民权的重要性。正如英国社会学家 T. H. 马歇尔（T. H. Marshall）在十多年前表明的那样，公民权可以被看作是与其他类别的地位和财产十分类似的一种资源。因为它也能保证个人拥有一定的权利，因而也是权力的一个基础。[11]然而，与其他资源不同的是，它并不是将人们分成"拥有者"和"没有者"，至少在现在世界上较先进的国家中是如此。

在早些时候，公民权这一权利是保留给极少数人的，并且与其他资源一样，公民权确实把人们分成阶级。有时候，公民权把社会成员分为公民和非公民，其他时候则分为一等阶级的公民和次等阶级的公民，这一传统模式在我国早期历史中就能看到。那时候，人们被分为有选举权的公民、没有选举权的自由人和奴隶。每一种人都与国家处在不同的关系之中，有选举权的公民处在最有利的地位，而奴隶处在最次的地位。

现在，在先进的工业社会中，奴隶制度消失了。选举权扩大到几乎包括了所有的成年人。结果，公民权似乎成了所有人共同享有的一种资源。

既然公民权为一切人所共有，人们可能就会认为，它对分层的研究者来说不再具有任何特殊的重要性了。然而，情况并非如此，公民权在分配过程中仍有着突出意义。那些缺少其他种类资源的人，同那些由于意识形态而信仰社会平等的人一起联合起来，为增进公民权的价值进行了斗争，而以牺牲那些造成不平等的资源为代价。在最近关于财产权利与人权的争论冲突上，这种斗争是很明显的。那些赞同人权优于财产权利的人尤其鼓吹减少传统的财产权利而扩大公民权，而他们的敌对者则站在相反的立场上。因此，这一斗争变成了不仅仅是一种阶级之间的斗争，而且还是一种在阶级系统之间，也就是在不同的分层原则之间的斗争。

关注历史分层的研究者将会认识到，这种斗争并非只发生在现代社会。在前工业社会中，权力较小的阶级常常以同样的方式去与更有权力的阶级斗争，而且有所成功。至少，他们常常成功地建立起某种普遍性的合法权利，包括按照既定的法律进行公开审判的权利。有时候他们甚至可以建立起能使所有人都保护自己、抵制过分的和超常的税收以及其他无理要求的权利。毫无疑问，有财产和地位的人通常要努力使上述这种权利无法确立，如果它们已被确立，就去加以破坏。他们的这些努力通常都是成功的。只有在现代较为先进的工业化社会中，公民权才是既具有较大重要性，又为一切人所共有的资源。

这一持续了几个世纪之久的、试图提高普遍公民权价值的努力，在许多方面都可被看成在分配的主导原则上，试图重新确立需求高于权力的相对优势。如上一章所提及的那样，在那些技术上最原始的社会中，关于"谁得到什么"的首要决定因素是需求而不是权力。随着技术的进步和生产剩余产品的能力日趋增强，权力才成了首要的决定因素。现在，人们正在做出一种有组织的努力去恢复需求的重要性。然而，具有讽刺意味的是，只有当主张需求优先的人能够比坚持权力优先的人调动更大的权力时，这一逆转才可能发生。[12] 因为先进的工业社会与原始的狩猎和采集社会不同：社会中有剩余产品，因而其分配模式不是由经济上的必需所决定的。因此，人们可从中得出结论，如果需求真会恢复其主导地位的话，那它所依附的基础与技术上原始的社会中所依附的基础也将是不一样的。

分配制度

考察完组成分配制度结构的各类单位之后，现在我们就要考虑作为总体的系统了。应该记得，我们集中考察和讨论了权力的层面，而极大地忽略了特权和声望。然而，如果我们先前的分析是对的，那将不会造成严重的困难和错误。因为另外这两个基本报酬的分配模式，在很大程度上是权力模式的扩展。

就其总体性而言，分配制度似乎是一个具有错综复杂结构的系统。这些系统的复杂性大为不同，并且似乎在很大程度上是由社会的技术水平所决定的。

如人们所期望的那样，分配制度同社会有机体的其他单位一样，有一些特质可作为进行比较的基础。然而不幸的是，通常不可能对这些特质进行精确的测量。再者，对大多数分配制度的性质都无法使用简单的、单维度的测量，因而造成了许多困难。

在比较各分配制度的不平等程度时，这些困难比在其他任何地方都表现得更为明显。首先，对大多数社会来说，我们都缺乏必要的、精确的和定量的资料。此外，各种类型的权力不能被还原为单一的共同因素，因而在大多数社会中没有哪一种单一的测量可以完全地表达不平等的程度。

然而，我们还是可以做出有意义的比较。幸运的是，各分配制度中不平等的差异在许多情况下都非常大，足以做出大致可靠的比较（例如，第五章中谈到的狩猎与采集社会中的不平等程度与第八章和第九章的农业社会的不平等程度做出比较）。此外，在大部分社会中，大多数主要阶级系统之间都有着充分的一致性（即表现为明显的地位不一致性的情况极少），因此可以运用概括性的测量。尤其是当我们只是注意那些与其余的阶级系统并不紧密相关的阶级系统时，这种测量就更加有意义。

在前两章所提出的基本假设的基础上，人们可以预测，分配制度中的不平等程度将直接随着社会的剩余产品的多寡而变化。然而，当条件允许那些缺少权力的个人联合和组织起来，集体抗衡那些拥有较大个人权力的人时，则可能要对这种一般模式做出某些修正。在那些具有严格平等或社会主义意识形态的国家中，这种情况是最有可能的。

分配制度的第二个重要特质是其垂直流动率。这里也产生了同样的方法论问题。但在这里可能也存在粗略的但有意义的比较。尤其是当我们将各阶级系统之间的流动和代际流动做出区分时，这种比较就更加明显。[13]不幸的是，我们的理论没有为我们预测垂直流动率的系统性变化提供任何基础。然而，在一个特定的基础上，人们也可以预测垂直流动率将可能直接随技术和社会的变迁率而变化。这样一种变化将会引起权力基础的变化，并且可以证明，与相对稳定的时期相比，在动荡时期中传统的传播手段和牵制性力量的效力会减弱。

敌对程度是分配制度的第三个差异性特点。适用于前两个变量的方法论问题和可能性在这里同样适用。这里也没有为预测系统性变化提供基础，但再次提供了一个特定的假设。如前面所述，如果缺少向上流动的机会是阶级敌对性的来源之一，那么人们可以预测，阶级敌对性的程度将可能与向上流动率呈反比。既然向上流动率被认为只是对阶级敌对起作用的诸多因素之一，那么我们就不应该认为两者之间有很强的相关性。

分配制度中还有其他一些特质也可以用作比较的基础，例如复杂性、制度化程度等。然而，上面的三个似乎是最重要的，我们在下面各章中主要关注的正是这些。

对地位不一致的反应

在结束本章之前，有必要再回到我们在考察结构问题时已集中讨论过的动力学问题上。如果谁对分配制度持一种多元化的观点，他马上就会发现自己面临着另一个有关人们对权力和特权不平等分配的反应的有趣问题（先前的讨论见第三章），即人们对地位不一致现象的反应的问题。

对这一问题的认识在很大程度上是在现代才发展起来的，这是因为直到最近关于分层的一维性观念都占据着人们的头脑，以至于这一问题的真实存在性几乎被不受注意地略了过去。即便是极少数真正看到它的人（如库利和索罗金），也没有给予它充分的注意。

　　然而最近以来，一组理论和研究发展起来了。它提出，某些类型的明显的地位不一致往往是紧张的一个来源，并且导致了各种独特的反应，这些反应是无法用各自地位系统中个人等级排列的知识简单预测的。[14]这一理论依据的基本假设是，人们会努力使他们的满足最大化，如果必要，甚至会以牺牲他人为代价。这意味着，一个有着地位和等级不一致的人，自然地倾向于按照其最高的地位或等级来看待他自己，并期望其他人也这么看待他。而其他同他接触的人却因为某种既得利益而做出刚好相反的举动，即按其最低的地位或等级去对待他。

　　人们可以想象一下，在仅靠种族或仅靠职业的地位系统都无法单独产生决定性作用的情况下，一个黑人医生与一个白人劳工的互动，从中可以看到这种情况是如何发生的，以及它的后果是什么。前者受其自我利益驱使，将努力把这种关系建立在职业的基础上（或者也许是教育或财产的基础上），而后者受到同样因素的驱使，却会努力把这种关系建立在种族的基础上。由于每一方都认为他自己的观点是正确的和适当的，又由于双方都不可能不偏不倚地和以分析的眼光去看待这一问题，所以一方或者双方，就可能在各自的经历中受到挫折。

　　这种行为模式有时被称为"占上风"，这种做法在日常生活中是如此普遍，以至于沉迷于其中的大部分人都很难再去思考它。然而，其净效果是对许多地位不一致的人都造成了很大的压力。结果是，这些人就容易发现在初级群体（在其中，其他人往往同他们一样）以外的社会互动中比一般人所得到的报偿更少。

　　如果这种经历导致个人去反抗现存的社会秩序和支撑它的政治制度的话，那么这一点对分层理论就很重要了。迄今有一些有限的证据说明了这类反应确实发生过。地位不一致的人比地位一致的人更可能支持旨在改变现状的自由运动和激进运动。这方面 88 的经典案例是成功的犹太商人和专业技术职业者在世界各地给予这类运动的支持。在其他种族的、民族的和宗教的少数派群体里的经济上成功的成员中，也可以发现类似的例子。事实上，政治社会学家已指出，这些人相较于那些处在同一职业阶级中，但属于多数派群体的人来说，更不可能去支持受公认的保守派政党。因此，对选举的研究指出，在阶级地位不变的情况下，在新教国家中，天主教徒比新教徒更可能去支持自由党和社会党；而在天主教国家中，却是新教徒更容易去支持这些党派。[15]

从定量的角度来看这种对不一致的反应并没有从定性的角度来看它显得那么重要，自由和激进运动的支持者中，绝大部分大概都会是那些各方面一致处于低级地位的人。然而，这样的运动还需要领袖和资源，那些各方面都处于低位的人不容易具有成功地领导此类运动所必需的训练或技巧，他们也不容易搞到所需的金钱。相反，地位不一致的人常常为其提供其中一种必需的要素，或两种都能提供，因而极大地提高了这种运动成功的可能性。因此，他们的重要性同他们的数量是相当不成比例的。

在这种情况下，应注意到的很有意思的一点是，马克思和恩格斯在其所有对革命运动的关注中，从来没有对它们的领导的来源真正做出恰当的解释。他们只简单地断言，资产阶级中的某些成员会超越他们的阶级眼光，看到真正的、不可避免的历史过程，并将其全部精力投入到无产阶级之中。马克思和恩格斯都没有解释这是如何成为可能的。而本理论为革命运动中这一令人困惑的方面提出了一个可能的解释。

回顾和展望

在完成了对一般理论的介绍之后，我们现在准备检验它在每一不同社会类型中的相应表现。然而，本书后面的内容将不仅是对这个一般理论的检验，还试图提出一系列更为专门化的关于分层和分配的理论，每一个都可以应用到一种专门的社会类型上。

在转向我们第二阶段的分析之前，最好是简要地回顾一下这个一般理论的中心要素和它们相互联系的性质。为了更加简明扼要地表达，我们用图2来表示。[16]

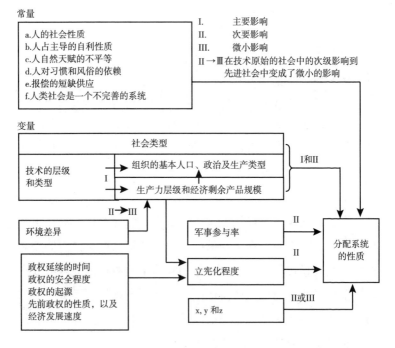

图2 分层的一般理论的图示概要

如图 2 所示，这一理论是用来解释分配制度的性质的，它试图
按照人类社会中一些恒定的和变化的特性的联合影响来解释分
配制度。那些箭头表示因果流向的假设方向，罗马数字表示假
设的它们的重要性。

此图提醒人们，这一理论预测，技术上的差异是分配制度
上的差异的最重要的单个决定因素。这部分是因为技术对生产
力水平和经济剩余产品规模的影响，部分是因为技术对社会组
织基本的人口、政治和生产的模式所造成的直接和间接的影
响。这一理论还引导我们将分配制度中的次要差异预测为技术
上次要差异的结果，或者是那些在同一社会类型的社会中所发
生的技术差异的结果。

虽然这一理论预测技术差异是分配差异的最重要的单个决定
因素，但它并非假设它们是唯一的决定因素，其他三个也被专门
指了出来：（1）环境差异；（2）军事参与率的差异；（3）立宪化
程度上的差异。此外，既然这不是一个封闭的理论，因而它设
想其他因素也会产生影响。这些由符号 x、y、z 表明。后面分
析中主要关注的内容之一就是要搞清楚这些因素，并确定其影
响的大小。有些将被证明只在某个类型的社会中具有重要性，
也许只与分配制度中的某个单个的、很小的方面有关。然而，
其他一些将被证明要重要得多，而这些正是我们将要特别关注
的因素。

确定了这一理论的性质之后，本书余下部分的材料应该如
何组织就清楚了。既然我们已经预言技术差异是分配制度间差
异的首要决定因素，那么各个社会就应该按技术去分类，并且
应该按照这一分类方案对资料进行表述。如果这一理论是对
的，那我们将看到这种表述方法是富有成果的；如果不对，那

就将看到它会导致许多混乱。

下面几章中所采用的社会分类系统反映了许多全力研究了
这个问题的人类学家和考古学家的影响。路易斯·亨利·摩尔
根（Lewis Henry Morgan）这一美国人类学的先驱在蒙昧、野
91　蛮和文明这三种社会类型之间做出了区分。[17]前两个又被进一
步细分为上、中、下层次，而区分这些层次的标准实质上是技
术性的标准。

虽然人们不再用摩尔根的方案了，但最近以技术标准为基
础提出社会类型的努力大都反映了它的影响，从英国社会学家
霍布豪斯（Hobhouse）、英国考古学家柴尔德（Childe）、美国
人类学家戈尔德施密特（Goldschmidt）和美国社会学家邓肯
等学者们的工作中就可以看出这一点。[18]本书中所采用的分类
系统直接出自戈尔德施密特的分类系统。

92

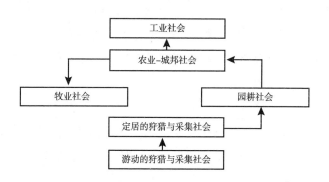

图 3　戈尔德施密特的社会分类

戈尔德施密特确定了六种社会类型。他将这些类型看成按
图 3 中所描绘的方式相互联系着的。位置越高的社会类型在技
术上也就越先进。箭头指出了戈尔德施密特认为可能的进化序
列。因此，虽然牧业社会在技术上不如农业－城邦社会先进，

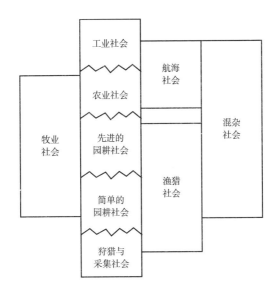

图 4 《权力与特权》一书的社会分类

但他提出假说认为，前者是从后者进化而来的。值得指出的
是，戈尔德施密特的狩猎与采集两个类型与摩尔根的蒙昧社会
是密切对应的，他的狩猎与园耕社会类型与摩尔根的野蛮社会
相对应，他的农业－城邦社会和工业社会类型与摩尔根的文明
社会相对应。

戈尔德施密特的方案和本书所采用的方案之间的差异可从
图 3 和图 4 的比较中看出。首先，戈尔德施密特的游动和定居
的狩猎和采集社会被当作一个单一的类型，理由是它们之间的
区别主要基于环境因素，而不是技术因素，即如果狩猎与采集
的人们不流动的话，那是因为他们的土地肥沃得足以维持一个
定居的总人口。其次，园耕类型被分为简单的和先进的两个类
别。这并不是预先安排好的，只要仔细地读一下人种志文献就
会发觉这样的划分是不可避免的。戈尔德施密特本人也预料到

了需要走这一步，他写道："我们的园耕类型是最广泛的和最具内部多样性的，对其进一步的考察将会提出合理的和有用的详细分类。"[19]第三，有必要对戈尔德施密特的分类加以补充。渔猎社会在很大程度上被归入了他的方案中的"定居的狩猎和采集社会"的标题下，而航海社会可以被包括进"农业－城邦社会"的类别。第五章和第八章将分别解释这种区分的必要性。最后，本书所用的这种分类系统允许多种混杂类型的存在（即那些包含有奇特的和常常是复杂的技术混杂的社会）。这种社会是作为技术从较为先进的社会向不那么先进的社会扩散的结果而产生的。因此，美国 19 世纪的许多平原印第安人不符合任何一个传统的类型，不如说他们是狩猎和采集社会或简单园耕社会但具有一些移植而来的重要的农业技术成分，如马和枪。这些成分虽然在数量上很少，但它们对这些社会的特征的改变是如此之大，以至于不可能将其当作狩猎和采集社会，或简单的园耕社会。同样，当代亚洲的印度社会也可被看作是混杂的类型，它包括了从农业社会到工业社会的技术成分的复杂混合。要想把这些社会与"纯粹"的类型混为一谈，就只能导致混乱。

现在这种分类是基于这样一个假设，即存在一个基本的连续体，所有社会都可以按照它去排列。这一连续体是测量一个社会的全面技术效率的尺度，即一个社会的总产品在国际市场上的价值除以花费在生产上的人力。不幸的是，这个概念不那么容易实现操作。出于分类的目的，我们被迫依赖于更简单的和更明显的标准。这就是为什么要按照其基本的生存技术去进行社会分类。这种资料容易为人们所使用，并且似乎与全面的技术效率高度相关。

这一分类方法的主要缺点是，它在相邻的社会类型之间引入了一定的重叠领域。例如，为了便于操作，区分农业社会与先进园耕社会的基础是后者不使用犁。但有时候，最先进的园耕社会由于其他进步，它的效率比最落后的农业社会中的普遍效率还稍大一些（这是图 4 在一些社会类型之间采用锯齿线的理由）。幸好，这种重叠的程度不是很大。

最后，应该注意，本研究只涉及图 4 中所确认的八个基本类型中的五个，并且不包括混杂类型。选择这五个类型主要是由它们在人类历史中的重要性决定的，并且因为集合起来看，它们覆盖了技术效率差异的整个范围。时间和空间的局限导致这一分析不能扩展到其他类型上，但人们可以指望，在不远的将来，这一点是可以做到的。

注释

1. 后面将会看到，我们在讨论各个阶级内部的亚阶级时，"阶级"的概念实际上可以被运用到多个毗邻的组织化层面上。但这并不能改变其基本的事实，即阶级是介于个人和阶级系统之间的一个组织化层面。
2. 换言之，这里的定义与马克思所定义的"自在阶级"在同一层面上，而不同于其"自为阶级"的定义。
3. 在种姓制度中通常会允许向下流动，作为对违反特定种姓规范的惩罚。库利对种姓与其他阶级之间的关系做了很好的研究，见其 *Social Organization*，New York：Scribner，1909。
4. 例如，见 Egon Bergel，*Social Stratification*，New York：McGraw-Hill，1962，第 68 页。
5. 见 Max Weber，*From Max Weber：Essays in Sociology*，H. H. Gerth

and C. Write Mills 翻译，Fair Lawn, N. J.：Oxford University Press，1946。他在第 186－194 页对这一概念有系统的讨论。

6. 因此，种姓依其世袭、族内通婚和公社制特点的最大化而可被看成一种极端类型的阶级或地位群体。

7. 帕累托在这一主题上有相似的观点。见其 *The Mind and Society*，A. Bongiorno 和 Arthur Livingston 翻译，Ed. by Livingston，New York：Harcourt, Brace & World，1935，第 III 卷，第 2027 段。

8. 这些术语来自 Bernard Barber, *Social Stratification：A Comparative Analysis of Structure and Process*, New York：Harcourt, Brace & World，1957，第 87－93 页。他对这些术语的使用与索罗金早年对"高度与轮廓"（height and profile）术语的使用基本上是一样的。见 Pitirim Sorokin, *Social Mobility*, New York：Harper & Row，1947，第 I 部分。

9. 同上书，第 92－93 页。

10. 各种各样的研究者们都认为不可能找到对总人口中垂直流动程度的单一测量方法，因为流动的规模与流动的距离无法还原为单一的共同决定因素。如果我们只是讨论要恰当地测量社会距离时存在的困难，那人们可能会认为这并不是不可做到的。相反，物理科学家很早就提出了长度与重量的联合测量法，从而解决了这一问题。

11. T. H. Marshall, *Citizenship and Social Class*, London：Cambridge University Press，1950.

12. 应该注意到这里有一个悖论。在现代工业化社会里，一个由权力较小的人们组成的阶级可能会比有权者组成的阶级具有更大的集体力量。这是由于个人的权力与其所在阶级的权力是不同的。一个由有权者组成的阶级未必会比一个由无权者组成的阶级有更大的权力，如果后者人数众多，并且能够有效地组织起来的话。

13. 有关用一次测量去把握流动规模和流动距的简要讨论见（本章）前面的注释 10。

14. 遗憾的是，在这一主题上还没有做很好的文献梳理，也没有清楚地界定。下列一些文献特别注意到了压力假设：George Homans，"Status among Clerical Workers," *Human Organization*，12，1953，第 5－10 页；Gerhard Lenski, "Status Crystallization：A Non-vertical Dimension of Social Status" and "Social Participation and

Status Crystallization", *American Sociological Review*, 19 and 21, 1954 and 1955，第 405 – 413 页和第 458 – 464 页；Irving Hoffman, "Status Consistency and Preference for Change in Power Distribution"，同上，22 卷，1957，第 275 – 281 页。A. Zaleznik et al, *The Motivation. Productivity, and Satisfactory of Workers*, Cambridge, Mass.：Harvard University Press, 1958；Elton Jackson, "Status Consistency, and Symptom of Stress", *American Sociological Review*, 27, 1962，第 469 – 480 页。在这一领域中方法论问题是导致困难的原因之一，但最近有两篇论文指出了解决问题的方法。它们是 Gerhard Lenski, "Comment", *Public Opinion Quarterly*, 28, 1964，第 326 – 330 页；以及 Elton Jackson and Peter Burke, "Status and Symptoms of Stress"：Additive and Interaction Effects", *American Sociological Review*, 30, 1965，第 556 – 564 页。

15. 例如见 S. M. Lipset, *Political Man*, Garden City, N. Y.：Doubleday, 1959，第 247 – 248 页。

16. 感谢最近参加我分层讲座的 Donald Ploch 建议我用图示的方式来概括这一理论。

17. Lewis Henry Morgan, *Ancient Society*, New York：Holt, 1877，第 9 – 10 页。

18. 见 L. T. Hobhouse, G. C. Wheeler, and M. Ginsberg, *The Material Culture and Social Institutions of the Simpler Peoples*, London：Chapman & Hall, 1930；V. Gordon Childe, *Man Makes Himself*, London：Watts, 1939；Walter Goldschmidt, *Man's Way*：*A Preface to the Understanding of Human Society*, New York：Holt, 1859），重点看其第 6 章；以及 O. D. Duncan, "Social Organization and the Ecosystem," 载 Ed. By Robert E. Fairs, *Handbook of Modern Sociology*, Chicago：Rand McNally, 1964，第 48 – 61 页。

19. Goldschmidt, 同上书，第 194 页。

第五章　狩猎和采集社会

在亚当掘地、夏娃纺织的时代，谁是文明人士呢？

——约翰·鲍尔

　　一般说来，在技术方面，特别是在生产方式方面，狩猎和采集社会是所有人类社会中最原始的社会。虽然如此，在人类历史的大部分岁月中，这种社会是人类已知的唯一的社会类型。直到最近一万年间，人类才发展到通过栽培植物和驯养动物来控制和增加自己的食物供给的时代。

　　对于现代社会学家来说，幸运的是，这些进步传播缓慢，而古老的生活方式则在世界上某些难以通达、贫瘠不毛的地区一直延存到现代。因此，训练有素的观察者就有可能研究其生产体系与我们的生产体系完全不同的人们的生活方式。这些群体中有澳大利亚的土著居民，塔斯马尼亚人，马来半岛的塞芒

人和萨凯人，苏门答腊的库布人，加里曼丹的普南人，锡兰的维达人，安达曼群岛人，非洲的俾格米人和布须曼人，亚马孙河流域、大查科地区和巴塔哥尼亚高原的一些南美洲印第安人部族，从大平原到太平洋沿岸的广大地区的某些北美洲印第安人部族以及一些因纽特人部族。我们正是要从这些部族中得到经验材料，以便用来检验我们关于生产体系影响分配过程的假说，还可以对这一经济发展水平上的分配制度的特征进行观察。

　　表面看来似乎应划归为狩猎和采集社会的两种社会将被

排除在外。第一种是以捕鱼作为生活主要来源的社会。虽然捕鱼的确可以仅仅被看作狩猎的一个变种，但是人们有充足的理由，宁可把这种看法当作一个可疑的假说，而不把它当作一个以此为基础的假定。可供利用的证据表明，捕鱼的收益同狩猎的收益相比，出现的变化可大可小，这样，就提高了生产力的水平，此外，也改变了社会的性质。[1]因此，这一章对于诸如夸扣特尔人、海达人、特林吉特人等群体，以及北美洲西北海岸的其他捕鱼部落，或者瓜托人、穆拉人、雅鲁拉人和南美洲河流上的其他"水上流浪者"的情况不予论述。[2]

被排除在外的第二种社会是这样的社会：它们在接触欧洲文明、引入与传统狩猎和采集社会完全不同的技术而发生根本改变以前，并没有引起西方观察者们的注意。这种社会包括美国的平原印第安人，他们的文化早在最初直接接触欧洲人以前就由于马和枪（有时还有毛皮交易）的影响而被改变。这种社会也包括南美洲东南部的平原印第安人，他们在直接接触欧洲人以前，就把马和牛列入他们的文明。一些人类学家曾一度倾向于轻视这些要素对土著文化的影响；然而，近年来较多的著作强有力地表明，这些要素产生了革命性的功效。[3]大多数现代人类学家认为，马和枪导致战争、人员、财产和不平等的极大增长，所有这些都体现了与通常的狩猎和采集社会模式明显的不同。在某些情况下，马和枪的输入甚至使得那些处于园耕发展水平上的社会"返归"到以狩猎作为它们生存的主要手段，从而使人们对问题的分析更加复杂。出于所有这些理由，以下的分析将不涉及这些在理论上"混合的"或"杂混的"社会。

96

狩猎和采集社会的共同特征

虽然各个狩猎和采集社会在某些方面存在着差异，然而它们由于其共同的生存手段而的确有着很多共同特征。如果不是由于这些共同的特征，提出一种适用于这些社会的特殊分层理论就会困难得多。[4]

首先，凡是粮食生产技术原始和效率低（指的是，每个单位能量消耗的生产价值）的地方，技术的其他要素也是原始的。这些要素包括：提供住所、制作衣服（如果穿衣服的话）、制造工具和武器，以及运输等技术。例如，这些社会中的工具和武器常常用木头、石块、骨头和其他直接取自自然界的材料制造，因为人们尚未发明金属制造技术。[5]

当然，在所有这些不同的要素中，存在着明显的循环或相互作用，这种情况被称为狩猎和采集社会的并发症。例如，由于粮食生产的原始技术使职业专门化不可能发生，从而妨碍了工具和武器的发展；而工具和武器的原始状况又使粮食生产方法很难进步。虽然我不想指出狩猎和采集社会并发症中的不同要素的所有组合和排列，但是读者应该意识到，大多数这样的要素互相补充，因此加强了作为一个整体的这个制度，并且使变革和前进难以进行。一旦认识到这些相互关系，对于为什么我们史前时代的祖先长时间地停留在这个水平上，人们就不再感到奇怪了。相反，人们开始对远祖们到底是怎样逃脱这种状态感到奇怪。

狩猎和采集社会的成员出于其技术和工具的原始特性，在一年中的大部分时间里生活在接近维持生存的水平上。当然，在这方面也有差异，正如在这里所讨论的其他方面一样，少数几个最先进的狩猎和采集社会类似于具有少量经济剩余产品的、最简单的园耕社会。然而在典型的狩猎和采集社会中，没有长期可供食用的经济剩余产品，生活常常是盛宴和饥馑的交替，或是富裕和不足的交替，而后者出现的次数往往更多。[6]因为这类社会大都缺乏长期保存和贮藏绝大多数种类食物的技术与设备，所以生活多半是以过一天算一天的方式度过的。[7]这就意味着当条件有利、食物丰富时，所有成员通常都能填饱肚子；当食物重新短缺时，他们又得饿上好几天或好几周。在南加利福尼亚的印第安人中的一位早期传教士曾称，在一次成功的狩猎之后，"每24小时中，24磅肉定量不被认为是一个人的超额定量"；不久前，身居东玻利维亚的西里奥诺人中的一位人类学家称，他看到人们一天吃肉多达30磅。[8]

狩猎和采集社会的另一个特征是它们往往是小型的。如果把社会定义为群居自治的全体居民，那么每一个地方的人群或社区就构成一个单独的社会。在社会发展的这一水平上，更大的和更加复杂的社会组织体系实际上是不可能产生的。[9]有两项研究已分别发现，狩猎、采集以及捕鱼公社的平均人口为50余人。[10]最大的狩猎和采集社会的人数似乎不超过数百人，就连这种谨慎的估计数字也只是在非常有利的环境条件下才有可能实现。[11]

狩猎和采集群体的又一主要特征是：它们通常是游牧的或半游牧的。人类关系区域档案（Human Relations Area Files）中的一个关于70余个狩猎和采集社会的样本表明，大约只有10%的狩猎和采集社会能够维持定居的村庄生活。[12]造成这种状况的原因不难找到：狩猎者和采集者通常使用的食物采集技术，会在短期内将某一地区的食用植物和动物的供给降低到维持居民生活所需要的水平以下，于是该群体就不得不迁移。[13]
一个群体往往按照某些差不多有规律的迁移模式从一处迁移到
另一处，以便一到时候就返回原出发地。

99　　　这种生活方式的游牧特征是与有限的生产力联系在一起
的，以阻止资本任何显著的积聚。由于缺乏负重的牲畜和运输
的机械工具，这些民族在它们所能够积聚的物品方面受到严格
的限制，因而它们的财产是不多的。一位观察者认为，一个部
落的所有财产用一句话便可表达清楚：

　　　　它们的全部器具（如果这个表达能够适用于全部的
　　话）包括：弓和箭，代替小刀的燧石，用于挖掘草根的
　　骨头或尖锐的木头，当作篮子和支架的海龟壳，用以取水
　　以及在远足期间运水的大肠或膀胱，用沉香纤维或野猫皮
　　制成的、类似渔网的袋子，用来保存和装运食物、皮条鞋
　　以及他们或许能偶然获得的其他零碎东西。[14]

　　　这虽然是极端的情况，但即使最富裕的狩猎和采集社会的
财产也为数不多。[15]而且，这种社会中的成员们的财产多半是
生存活动所必要的东西。

　　　因为在技术发展的这一水平上，社区和社会通常是同一个
社会组织，每个公社往往是一个自给自足的实体，而社区的专
业化则是有限的。凡是发现有公社的专业化和公社之间贸易萌
芽的地方，它们通常是环境特性作用的结果。例如在安达曼群
岛中，沿海居民与那些居住于森林中的居民之间进行着某种程
度的贸易，这反映了不同资源的可利用性。然而，即便在这种
情况下，全部产品中也只有很少一部分在社区之间进行贸易。

本地部落的成员所享用的大多数物品和服务均由该部落自己生产。

在狩猎和采集社会中，特别是关于经济活动和政治活动方面，个人水平上的专业化也受到严格限制。正如每本介绍性的教科书所记述的那样，这些方面的专业化通常只沿着年龄线和性别线发生。也许对这一情况更深入的描述会说明，成年男子极其重要的角色多半还未专业化，或者在经济活动和政治活动方面未被分化出来。

这种情况的少数例外之一是，挑选几个人来执行某些领导职务。然而，甚至这也不是普遍的模式。[16] 由于群体的生产力有限，首领或酋长难得从生产方面的日常工作中腾出手来。因此，其作用通常不过是一种半脱产的专职。例如，沙佩拉（Schapera）对布须曼人和伯格达马人的酋长描述如下："他们的正式职务……很少占据他们日常生活的全部或者大部，而且确实也无须给予那么频繁的注意；另外，当他们不从事公共事务时，他们像所有其他人一样从事同样的工作。"[17]

在这些群体的某一部分当中，有一些其他的半脱产专职，诸如伯格达马人中的"食品师傅"，其专门职责在于：对哪些野生食物能够安全食用做出判断，并且在公社之间传送正式消息。然而，这是一种不常有的专业化类型。术士或巫医的角色则普遍得多，在绝大多数狩猎和采集社会中均可以找到这种角色，尽管它所采取的形式是各式各样的。有时它与酋长的角色结合在一起，但是它作为单独的形式则更为常见。有时术士可能是妇女，但是这种角色通常是为男子保留的。在大多数情况下术士是一个全科医生，但是有时这个角色会被分成各种不同的亚专业。不过，尽管存在着上述差异，但这个角色——像酋长的角色一样——始终是一个半脱产的专业；而且，术士也把他的大部分时间花费在与其他成年男子相同的基本活动上。

妨碍个人层次上专业化发展的一些因素，同样也妨碍社会中的专业化亚群体和机构的发展。全体成员（或者至少全部成年男子）在大多数基本活动中往往是作为一个单位而起作用的。主要的例外情况存在于婚姻及生育方面，以及礼仪和社交方面。因此，家庭和社团是狩猎和采集社区人口中唯一重要的亚群体。[18] 根本就不存在具有持久特性的专门的劳动群体或专门的军事或政治群体。在狩猎及采集社会中，政府、常备军、政治党派以及具有专业化特性的商业企业等均鲜为人知。因此，家族和地方团伙就是社会组织的两个基本单位；而其成员的大多数活动则根据某些人的要求而加以组织。在这一点上，狩猎和采集社会是独特的。

在这一方面极为重要的是，除了在上述地域层次上以外，101 再也没有任何有效的政治组织。虽然一个地域群体的酋长偶尔会获得影响其他地域群体的手段，但这是非常少见的，而且他的影响往往是微弱的，他所建立起来的关系很少会比他的寿命更长。如果说在狩猎和采集民族中，每个地域社区在政治上都是自主的，这并不是夸张。

狩猎和采集社会的差异特征

狩猎和采集社会在具有许多共同特征的同时，还有某些差异特征。这一点虽然不是我们的分析最关心的事情，但是忽略不谈也是不明智的。[19] 这些差异中有许多都是自然环境差异的直接结果。因为任何一个狩猎和采集社会都不得不从自己有限的领地中获得大多数的必需品，所以必须适应这个地区的特点。其结果是，在位于热带地区的群体与温带地区或北极地区的群体之间，在内地的群体与沿海地区的群体之间，在沙漠地区的群体与雨量充沛地区的群体之间，必然存在着差异。这些差异大大超过了同样处于各种各样气候条件下的工业社会之间的差异，因为后者不那么直接依赖于环境。况且，工业社会能够使环境本身多少有些改变，而这种改变对于狩猎和采集社会来说是不可能的。

各个狩猎和采集社会在其他方面也存在种种差异，而这些差异似乎与居住地的差异没有什么关系。例如，对超自然所产生的信仰的程度，各个社会就有很大的差异。在某些社会中，这些信仰得到很大的发展；在另一些社会中，人们发现这些信仰仅仅处于初始阶段。[20]而这些信仰在形式上和内容上也都有很大的差异。同样，在家庭组织的模式方面也发现了种种差异。在某些狩猎和采集社会中，一夫一妻制是惯例；在另一些狩猎和采集社会中，则实行一夫多妻制。一夫多妻制可能是姐妹婚，也可能不是；可能是普遍的，也可能是个别的。婚姻的住所可能是从父居、从母居、两可居、从妻父居，而在有些情况下，可能是从妻家两可居，也可能是从妻新居制。[21]有理由认为，这些较原始的狩猎和采集社会在与较先进的社会接触以前，从父居类型是"通常的"类型；不过，这仍然是一个未经完全检验的假说。[22]无论如何，在各个狩猎和采集社会之间，实际的婚姻和亲属关系存在着很大的差异，这似乎是显而易见的。

最后一点是，这些社会在其技术发展的程度方面多少也存在着某些差异。其中，有些社会非常原始，以至于它们还没有掌握生火的技术；[23]而有些社会则处于另一极端，它们已经掌

102

握了初步的园耕技术并且垦殖小型园田，以便补充基本的食物供应。[24]虽然还可以引述一些其他的差异，但是这些差异恐怕已足以使人明了，尽管狩猎和采集社会有许多共同点，但是它们绝不是完全等同的。

分配制度的共同特征

在各种狩猎和采集社会共有的特征中，对于分层的研究者来说，尤为重要的一点是，缺乏任何值得重视的经济上的剩余产品。根据在第三章中加以说明的分配的第一规律和第二规律，人们只可以垄断和占用养活生产者以外的那一部分群体的产品。如果这是千真万确的话，如果狩猎和采集社会无法生产出相当可观的经济剩余产品，那么我们的理论就会使我们预言，在这样的社会中将出现相对的平等，至少在财产和服务方面将出现相对的平等。

事实证实了这个预言。如果狩猎和采集社会的生活的任何单独特征会给观察者留下印象的话，这就是全体成员的相对平等。实际上，许多未经训练的观察者已经记录了这些社会的某些完全平等的情况。训练有素的观察者更加仔细的观察迫使我们不接受这些过激的论点；但事实仍然是，狩猎和采集社会中的分配过程完全不同于诸如我们这样的一些工业社会中的分配过程，或不同于新近产生了工业社会的那些农业社会中的分配过程。

安达曼群岛人提供了比较纯粹的和未沾染其他社会特点的狩猎和采集社会的一个良好例证，他们甚至还没有产生出较为初步的园耕形式。在描写他们的经济生活时，拉德克利夫－布朗（Radcliffe－Brown）写道，"它近似于一种共产主义"。[25]土地作为群体的基本资源为公社所有，因此保证人们有获得生活必需品的同等机会。当土地的产物和所有的动产为私人所有时，安达曼群岛人的习惯可以抵消私人所有制通常所具有的影响。例如，虽然所有食物均为私有财产，但是"可以期望，拥有食物的每个人都将把食物给予没有食物的人"。其结果是，"实际上，人们所得到的全部食物都平均地分配给了整个部落；唯一不平等的情况就是年轻人不像年长的人那样过得好"。至于其他形式的私有财产，按照安达曼群岛人交换礼物的习惯，保证可以得到平均主义的分配。这种习惯与尊敬那些对其财产很慷慨的人的传统联系在一起时，就保证了对财产的分配几乎是平等的。在这样的社会中，人们通过分配总是比通过储藏获得更多的财产。[26]

没有哪个狩猎和采集社会是完全典型的，熟悉安达曼群岛人社会财产分配状况的人不会为他在大多数其他社会中所发现的情况而感到异常惊奇。在这些社会中，人们同样发现财产分配近乎平等。而这一点的实现，是由于土地的公社所有制和某些类型的制度化的再分配过程。[27]人们同时也发现，在这些社会中，还存在着一些有限的不平等，全民中的某一部分的生活比其他部分的生活稍微好些。至于安达曼群岛人，老年人与青年人相比，享有某些特权。在西里奥诺人中间，一夫多妻制家庭中年长的妻子及其子女，据说比年幼的妻子及其子女生活得稍微好一些。在某些社会中，男人比妇女生活得好一些。然而，这些差异基本上只是表示了本质上平等这一基本主题下的次级差异。

一个重要的例外出现在那些实行清除群体中的非生产性成员的社会中。在许多这样的社会中，由于年老、受伤或疾病而

104

陷于无依无靠境地的人们，其生活必需品得不到满足；并且在某些情况下，被他们同一部族的同胞杀死。例如，托马斯·布里奇斯牧师（Rev. Thomas Briges）写道，雅甘人偶尔通过勒死的方法来加速他们亲属的死亡。但是，他小心谨慎地指出，"这种做法出于好意，并且有充分的理由"。[28] 只有当一个人完全无用，并且只有得到除被害者本人以外的所有人的同意时，才会这样做，被害者通常在这个时候无力反抗。更加普遍的做法是，在解散露营时，将这样的人遗弃。在许多狩猎和采集社会中，人们还实行杀婴，这样就淘汰了发育不完全的儿童或者似乎会威胁群体安全的儿童。这些做法好像总是以一种简单的逻辑为根据，即群体的有限资源不能长期赡养部落中的非生产性成员。因此，那些没有相当的希望成为独立谋生的群体成员的人，就没有正当的理由来要求得到别人生产的东西。对于平等地或近似平等地获得生活必需品的普遍原则来说，这一点只是一个非常特殊的例外，而且不适用于所有的狩猎和采集社会。

声望的分配完全不同于财产的分配。在这方面不存在供应不足的问题，而且不平等也不威胁群体的生存。其结果正如我们的理论所期望的那样，荣誉分配的不平等与其说是狩猎和采集社会的例外情况，不如说是这种社会的规律。[29] 然而，声望不平等的程度远不如某些较为先进的社会的成员所熟悉的情况。其原因，很快就会从下面的论述中弄清楚。

我们可以再一次转向安达曼群岛人的社会，至少在事情的基本方面可以将它作为一个相当典型的社会。拉德克利夫－布朗（研究这些民族的主要权威者）写道，在这个社会中荣誉和尊敬被给予三种人：（1）老人；（2）有超自然能力的人；

105

（3）某些有价值的人才，特别是"在狩猎和战争中具有技能的、慷慨的和仁慈的，以及脾气温和的人"。虽然这一点并不完全能从拉德克利夫－布朗的报告中看清楚，但有一些迹象表明，男人比妇女更有可能受到尊敬。

这样的不平等完全可以被称作"功能性不平等"。[30]换句话说，少数人享有的利益和荣誉体现了在不受任何形式的社会强制或人为制造的短缺的情况下，为多数人服务所得的报答。从由于本人的狩猎技能以及慷慨而受到尊敬的个人身上，可以极其明显地看出这一点。群体中才能较差的成员用声望和权势酬谢这样的人，用来交换此人所捕杀的猎物中的一份。由于这种自发的和非强制性的交换，那些天生有极大才干和精力的人受到激励而更多地生产，而那些没有才干和精力的人也更有保证获得生活必需品。如果不是这样的话，那么能力差的人则会遭受剥夺、苦难，甚至可能死亡；而能力强的人则会饮食过度，丧失声望和其他人的尊敬。因此，生存中潜藏着的灾难性的不平等转变成声望和权势方面的不平等，这是极为可靠的和更加令人满意的安排。

人们可能要问，安达曼群岛人和类似社会中的荣誉和权势方面的种种不平等是否使不太幸运的人得到了真正的利益？例如，极原始的巫医的服务对其他人是否具有真正的价值？这个问题就将人们引入了可能存在争论的领域。一个观察者可能会认为，一个巧妙的术士给病人创造了平静的心境，因此他得到相应的声望是合乎公正的；而另一个观察者可能不这样认为。在此情况下，依靠当地人对事情的意见，以及在相关者的相对自由的基础上区分功能性不平等和非功能性不平等，这种做法也许是比较明智的。如果交换不带有人为的强制因素，那么把这样的不平等视为功能性的则是合乎情理的。如果人们采用这种方法，在原始的狩猎和采集群体中大多数明显的不平等恰好属于这种类型，这是确实无疑的。

在狩猎和采集社会中，声望通常与政治势力联系在一起。这种现象产生的原因不难找到。在这类社会中，强权政治是不可能的事情。群体的首领并不靠一支受其恩宠而乐意听从其命令、专施暴力的队伍的支持。所有男人均受到训练，并做好准备去战斗。所有人可以使用相同的武器、接受同样的训练。他们中间的唯一区别就是个人的身体素质和个性方面的那些先天条件。而天分非常高的某个人可能等于两个天分差的人，或者甚至成为他们的主人，但也不大可能实施强制或者保卫自己以抵抗三个同心协力反对自己的人。而且，不满的部下总是会抛弃他们的首领而归附另一团伙。[31]因此，其结论是统治必须依靠说服。这就意味着，在任何没有明显正确的行动方针的情况下，只有大多数人倾向于听从某些个人的指挥，并拒绝服从其他人的指挥，才有可能进行有效的领导。简而言之，这些社会有限的、政治上的发展造成了这样一种情况：荣誉和尊敬是获得政治势力的必要的先决条件。[32]

使荣誉和尊敬成为获得政治势力的必要资格的那些条件，同样也有助于限制可能产生的政治上不平等的程度。在一个人们必须依靠说服来统治的社会中，极端的政治统治和服从是不可能的。这一点在各种场合下均表现出来，最主要的情况之一是通过评议会进行统治的做法。这种做法是如此广泛，以至于吸引了芬兰社会学家冈纳·兰特曼（Gunnar Landtmann）的注意力，从他对原始社会的分层研究中可以断定，"在最原始的种族中间，部落的权威几乎普遍地以总评议会的民主形式来行使，而体现君主制原则的统治，在最不开化群体的民众中间几乎是完全不存在的"。[33]虽然兰德曼多少夸大了这种统治形式的普遍性，但是事实依然是大多数关于狩猎和采集社会的人种学文献都涉及这些群体，并且常常表明它们非常重要。

甚至在由一个首领统治的那些群体中，首领的权力通常也是非常有限的。这首先是因为他们很少扩张自己部落的疆界；当他们要扩张时，也是极其微小的。更加重要的限制是事实上首领并未拥有任期或权威。我们反复读到这方面的资料，正如关于加利福尼亚的北迈杜印第安人那样，首领"只有使人满意，才能保持自己的地位"。[34]假如人民不满意，他就会迅速地被替换。例如，一项对澳大利亚的阿龙塔人酋长的研究说："……如果他是一个具有个人才能的人，当然就具有一个职位；然而只有在这种情况下，他才能行使巨大的权力……"[35]在关于安达曼群岛人酋长的著作中，拉德克利夫－布朗提出同样的论点。关于安达曼群岛人首领的情况，他断言，"首领很少有或没有权威，但是他们有很大的影响力"，至少在他们受到他们的人民欢迎时是如此。[36]

对狩猎和采集社会中"典型的"首领地位的最卓越描述，来自一位美国人类学者阿兰·霍姆伯格（Allan Holmberg）。他曾在东玻利维亚的西里奥诺人中间生活过，他写道：

> 有一个首领统辖西里奥诺人的每一个部落，他至少在名义上是群体的最高首长。虽然他的权威在理论上遍及整个部落，但是实际上权威的运用几乎完全依靠他作为一个首领的个人能力。无论如何，人们没有服从首领命令的义务，同时也没有对未尽义务者进行惩罚的义务。事实上，

人们对一个首领所说的话并不怎么在意，除非他是自己家族中的一个成员。为了维持自己的声望，一个首领必须以优异的方式完成其他每个人都需要履行的义务。

首领的特权是不多的……首领的主要特权——如果可以称为特权的话——只不过是有权利同自己的直系亲属一起，占据［社区］评议会的中心。他必须像其他任何人一样制造自己使用的弓、箭和工具；他必须打猎、捕鱼、采集食物和垦殖，他还提出诸如迁移、游动狩猎等建议，然而这些建议并不总是被他的部落成员所采纳。但是，作为其身份的象征，首领总是有两个以上的妻子。

首领们总是抱怨：部落的其他成员不履行他们对首领的义务，人们很少注意首领们的要求。例如，无论是印第安人，还是与印第安人交往的白人都告诉我，首领有权分配通过赌博所得到的任何东西。当我在蒂拜拉居住时，我得到一次极好的机会来实际核对这种事情。我发现，情况往往不是像人们所说的那样，但是偶尔也会这样。更普遍的规律是，如果可能的话，避免给首领送任何东西……

108
然而，一般说来，首领比部落的其他成员生活得更好。他们的要求比其他成员的要求更经常奏效。因为首领是最优秀的猎手，所以他们比大多数人处于更有利的地位来交换他们所要求得到的任何东西。[37]

如前所述，在西里奥诺人社会中，人的能力是极为重要的。在其他所有的狩猎和采集社会中，情况也是如此。如果一个酋长的能力超过群体中所有其他人，他就会想比他们生活得好一些，否则则不然。正如霍姆伯格所述，一般说来，酋长比其他人生活得好一些，完全因为他们"是最优秀的猎手"。

　　然而在某些狩猎和采集社会中，酋长的地位给人提供了某些特殊的优惠，虽然这只是给予一个能干的人的。斯宾塞（Spencer）和吉伦（Gillen）写道，在阿龙塔人中，酋长的地位可以成为相当程度的权势的基础。然而他们还是强调，只有对能干的人而言才是这样。据称，在西南非洲的伯格达马人中，首领"受到普遍的尊敬，他被成年人称作'伟人'，被儿童称作'祖父'；他所娶的妻子通常最多（有时有三个或更多）；他挑选各种最上等的兽皮为自己及家属做衣服，只有他的妻子可以佩戴用鸵鸟蛋壳串起来的项圈和腰带；在所有猎获物中他占有特殊的份额，并且收取采集蜂蜜者和种植烟草者的纳贡"。[38]伯格达马人的首领比大多数人更幸运，也许典型的模式存在于西里奥诺人模式与伯格达马人模式之间。然而在伯格达马人那里，人们可以看到，因职位所得的额外财产并不十分多；但是考虑到这些群体有限的生产力，如果能拥有这些财产，那的确会令人吃惊。

　　从术士的情况中可以看到相同的一般模式，这也是一个与声望、影响和特殊的财产所有制有关的角色。实际上，这个角色有时能比首领这个角色带来更大的报酬。例如，在北迈杜人中，据说术士"这个角色通常比首领得到更多人的服从"。而且，"人们大部分通过术士的帮助来选定首领，术士应该向老年人透露神灵的选择"。[39]在北迈杜人中间，这个职务并不是继承的，尽管在其他社会中，这个职务有时是继承的。然而，不管继承或不继承，这个角色的收益都仅仅属于那些能够证明有权利得到它们的人们。术士们持续不断地处于试用期，那些不能显示出能力的人不大可能得到很大的利益。除了在生病和其他危机下对他们的能力进行普通检验外，某些社会还准备了制

109

度化的检验。检验的方式是让术士与术士竞争，以便看出谁的能力最大。例如北迈杜人举行一年一度的跳舞会，邀请所有的术士参加，在这个跳舞会上，每个人都试图以魔法征服其他人。跳舞会一直持续到只剩一人仍能站立为止，此人即被宣布为首席术士。毫无疑问，在一开始就被淘汰了的那些人蒙受了地位上的重大损失，以及因其地位变化而带来的大多数利益的损失。[40]

在许多社会中，术士的额外收入是很多的。拉德克利夫－布朗写道，一个安达曼群岛的术士曾经树立了自己的声誉，"他不仅得到其他人的尊敬，而且获得了巨大的个人利益"。[41]贝格特神父（Father Baegert）指出，在南加利福尼亚的印第安人中，成功的术士"不必艰难地在地里采集食物就能得到自己的食物，因为天真的人们把他们能够找到的最好食物提供给术士们，以便取悦他们而沾受他们的恩泽"。[42]然而，这样的好处总是取决于行为表现。人种学的报告使人明白，成功取决于大多数人所缺乏的独特的个性特征。

上面所谈到的许多情况，可以概括为在原始的狩猎和采集社会中，权力、特权和声望多半是个人技艺和能力的一个功能。继承只不过是提供机会罢了，要（使继承权）对个人有价值，那么就要求那个人用行动来证实他的能力。凡是在缺乏这些行动的地方，占有一个职务并没有多少好处。在这方面，狩猎和采集社会与更加先进的社会之间有很大的差别。

产生这种状况的原因在于，这些社会缺乏一些有助于将优势世代相传的东西。首先，这些社会没有什么财富，而财富是将优势由父亲传给儿子的最佳手段之一。有了充足的财富以后，能力有限的孩子才可以雇用有才能的人来料理他们的事务，并因此继续享有权力和特权。很简单，在一个个人财富如此不充足的社会中，这是不可能的。其次，这些社会不存在不论这些任职者能力多大都可以自然地增加其既定特权的世袭角色。狩猎和采集社会的有限资源排除了这种奢侈；每一个官员都必须连续不断地证明他自己有权占有这个职位和相关特权。最后，这些社会的规模太小，以至于不能发展诸如在更加先进的社会中所见到的、建立在阶级基础上的不同的亚文化。在更加先进的社会中，存在着一个阶级与另一个阶级之间在生活方式上的明显差异。生于上流社会的，因此在享有某种特殊文化的家庭中社会化的儿童，享受着一种超过出生于下层社会的儿童的特殊优势。在狩猎和采集社会中，形成不同的社会化的机会是非常有限的，首领和术士的孩子通常是在同其他孩子的厮混中长大成人。

所有这一切表明，狩猎和采集社会中的代际流动率是很高的。没有多少办法来防止一个无能的父亲所生的有才能的儿子去获得领导职位。尽管他在这些职位世袭的社会中可能不能得到首领或术士的职务，但是如果他的能力使他成功的话，他通常就能够成为比正式首领更有权力的人物。人种志资料提供了若干关于傀儡酋长的文章，他们听从其他更有才能的人。[43]

在这些社会中，同代人之间的流动率也很高。年龄在个人所享有的优势中是相当重要的，虽然其体现的方式在各个社会之间是不同的。在许多群体中，也许是大部分群体中，老人受到高度的尊敬，并且拥有巨大的势力。这种情况在澳洲土著人中得到很好的证明，澳洲土著人的社会往往被描绘成老人政治。在这些社会中，个人地位随着年龄的增长而不断提高。在其他社会中，例如，因纽特人、西里奥诺人和南加利福尼亚的

110

印第安人，年纪增长却是与优势下降联系在一起的，中青年时期才是他们一生中最好的年华。

这种差别似乎是环境和技术方面差异的作用。在不太艰难的环境中和技术稍微进步的社会中，老人能够得到赡养，并且事实上，他们在一生的经历中所积累的知识和智慧可能使他们成为群体的财富。澳洲北部的蒂维人为此提供了一个良好的例证。在这个岛屿部落中，老年妇女比青年妇女受到更多的尊敬，这仅仅是因为她们采集食物的本领更大。[44]关于阿龙塔人的情况，斯宾塞和吉伦指出，老人是有势力的，因为他们通常"精通古代知识或更擅长巫术"。然而，如果年长者缺乏这些技能，年轻人就会受到更多的尊敬。[45]简言之，不是年纪大本身，而是具有特殊技能才使老年人享有特殊的权力和势力。

性别如同年龄一样，虽然其重要性是易变的，但是在这些社会中也是分配过程中的一个因素。尽管在某些社会中这种差别不大，但妇女的地位却常常比男子差一些。妇女几乎总是被剥夺了充当酋长角色的权利，并且通常没有资格成为术士或参加评议会会议。很难说明，人们能在多大程度上将这种不平等称为功能性不平等。然而，如果假定男人们的优越地位仅仅是他们更加强壮的体力的反映，这将是一个错误。由于妇女在子女的出生和养育方面的无法替代的角色，她们似乎不能成为熟练的猎手或武士。[46]在群体的繁荣取决于猎手和武士的技能的社会中，不具有狩猎和战斗功能的人绝不会享有与具有这些功能的人相同的荣誉和势力。另一方面，就食物分配而言，妇女与男子的差别并不很大；事实上，由于缺乏任何可观的剩余产品，妇女在这方面可能与男人"平等"。

作为一个群体，妇女比男子享有更少的特权和势力，而在其内部，妇女们也不是平等的，已婚妇女的地位通常反映出她丈夫的地位。例如，霍姆伯格写道，"嫁给一个优秀猎手和成为几个孩子的母亲，是一个妇女最重要的地位特征。"[47]拉德克利夫－布朗说，在安达曼群岛人中，"一个酋长的妻子通常在妇女中间享有她的丈夫在男人中间所享有的同样程度的势力"。[48]豪伊特（Howitt）指出了澳洲库林人中的一个类似模式。[49]还有一些实例展现了某些妇女享有比一些男人更大的势力。在关于另一个澳洲部落库尔奈人的著作中，豪伊特指出，一些妇女由于她们在年龄和能力方面的优势而拥有很大的势力。他还提到，"男人们向这样的妇女请教，她们在部落中享有极大的势力和权威"。[50]

112

在狩猎和采集社会中，影响个人发迹机会的最后一个因素是他们的家庭关系。正如我们已经叙述过的那样，首领和术士的角色往往是世袭的，因此出身的偶然性就给某些人提供了获得特殊利益的机会。此外，偶尔也有这样的观点认为，重要人物的弟兄或其他近亲多少也能分享到一些好处。然而，这在整体中似乎是非常次要的因素。因为所有这些证据表明，在这些社会中，任何东西都不能补偿个人的无能，也没有什么能够妨碍一个人或在狩猎和战斗中或在巫术中显示出才能。霍姆伯格对西里奥诺人情况的描述颇具典型性。他写道：

在部落里，与酋长关系最近的那些人享受最多的特权。然而，我不能把这一情况确认为西里奥诺人社会中的一个突出特征。诚然，酋长的弟兄比关系远的堂兄弟享有更多特权也许是真的。然而，在像西里奥诺人那样食物供应既不充足也不可靠的社会中，一个人的地位与其说取决于其他任何单个的因素，不如说必定更加取决于作为食物提供者的个人的能力。当我在蒂拜拉时，这个情况显然一再使我确信不疑。[51]

于是，我们回到开始的论点：在所有狩猎和采集社会的生活中，主要的事实是缺乏任何可观的经济剩余产品。任何这种社会的分配制度均受到这个事实的影响。如有可能产生一些差异，这些差异正如我们已经见到的那样，非常有限，以至于处于这一水平上的每个社会的分配制度都存在着显著的相似性。尽管抹掉这些差异恐怕是一个错误，但是夸大这些差异也许是一个更严重的错误。

分配制度的差异特征及其产生原因

在转向狩猎和采集社会的分配制度差异特征的问题时，重要的是要认识到，这些差异仅仅涉及人类社会中全部可能范围中的一小部分。在农业社会和工业社会中，显著的不平等形式是屡见不鲜的，而在狩猎和采集社会中却根本不存在。

狩猎和采集社会中分配制度的最重大差异有如下几点：

1. 领导或政体模式的差异，其范围从不具备除了家长以外的任何公职（罕见），到对多个当地部落都具有有限势力的酋长或首领（非常罕见）；常见模式是对他自己的部落具有有限势力的酋长。

2. 术士或巫医势力的差异，其范围从没有这种人（罕见或不普遍），到这样的个人是群体中最有势力的成员（常见）；最普遍的模式显然是，这些个人处于拥有等于或近乎部落酋长的势力和威望的地位。

3. 土地所有制模式的差异，其范围从土地的家庭私有制（非常罕见），到不存在任何土地所有制的概念（不常见）；通常的模式为地方部落的社区所有制。

4. 再分配技术重要性的差异，其范围从它们处于不太重要的地位（罕见或稀有），到它们是经济的主要特征（极常见）。

在理论方面，对产生这样的差异可能有许多解释。其中包括：

自然环境的差异

社会情况或社会环境的差异

技术水平的差异

文化传播

伟大人物的不同影响力

传统方面的差异

机遇

朱利安·斯图尔德（Julian Steward）关于内华达州和附近地区的西肖肖尼族印第安人及其邻居犹他人和派尤特人的生态学研究，是对这一问题最杰出的讨论之一。[52]通过对享有共同的文化传统却生活在不同自然环境中的一些地方部落的社会组织进行比较，斯图尔德可以对在多大程度上社会组织差异是源于自然环境差异的作用进行某些估计，并且估计在多大程度上应该另找原因。

他的分析有力地表明，包含在分配过程中的某些差异，是源于环境差异的作用。例如，欧文斯山谷的派尤特族印第安人实行公社土地所有制，而其他部落则不实行这种土地所有制。斯图尔德主张，这是因为他们的土地更肥沃，并且提供了充足的动植物来养活固定的人口。相比之下，西肖肖尼人、犹他人

114

和其他派尤特人所占有的领地则非常贫瘠。更为重要的是，众所周知，领地的收成是极不稳定的。第一年获得丰收的一个地区，第二年可能会颗粒无收。这种易变的情况迫使这些群体到可以寻找食物的任何地方，并且使任何形式的土地所有制都不可能形成。[53]

斯图尔德的分析也表明，酋长的角色存在与否，是与环境差异相关的。他发现，在稍微小些的部落中不存在这个角色。因为部落的大小，受其所在地区土地肥沃程度的影响极大，所以这种差别也似乎会与环境的差异有关。

斯图尔德还把酋长权力的某些差别认为是群体的社会背景的缘故。他特别强调，19 世纪部落间领导权的短暂发展是与白人移民进行斗争的结果。在这种生死存亡之际，这一地区的印第安人将一些权威委托给一些首领，这是以前从未有过的。[54] 塞拉诺（Serrano）记录了南美洲的查鲁亚人中一个类似的模式，而冈纳·兰特曼在他对原始民族进行广泛比较研究的基础上得出的结论是：战争或部落之间的冲突已经成为加强首领权威和促进社会不平等的主要因素之一。[55]

最后，斯图尔德指出，盆地－高原部落生活方面的某些差异是由于文化传播的缘故。例如，他把某些部落中存在"酋长发言人"这一特殊职务解释为一种从外部引进的成分。他认为，在眼界开阔的人任酋长的一些部落中，同样的职务也确实需要。[56]

斯图尔德没有讨论他所研究的那些部落中技术水平差异的影响，大概是因为这种影响极其微小的缘故。然而，正如我们的理论指导我们期待的那样，在更广泛的范围内进行的比较调查表明，这样的差异与因环境条件不同而产生的那些差异一样，具有类似的效力。因此，在从事初步园耕业的社会中，人口往往更多，定居点往往更持久，领导角色往往有更严格的规定。[57]可以猜测，这些角色占有者的报酬可能也在增长。

在过去的三十年间，大人物能够影响文化和社会组织的假设，已为大多数社会学家和人类学家所抛弃。[58]他们对这个假设的否认，在主要方面是正确的。因为在早期，大人物的影响明显地被过高估计了。而且，这个假设也往往导致社会分析的心理学化。

然而，鼓吹大人物的理论家现在已被赶下舞台，并且人们多少能够更加冷静地重新考察这个问题了。哲学家西德尼·胡克（Sidney Hook）在他具有挑衅性的《历史上的英雄》（*The Hero in History*）一书中提供了一个良好的开端。[59]胡克认为，前一个世纪的社会决定论者在渴望摆脱被夸张了的英雄崇拜时，有不分良莠的情况。他以对一些特殊的历史事件（其中包括苏联十月革命在内）的分析作为所得结论的依据。

狩猎和采集社会的人种学证据支持了胡克的论点。例如，豪伊特描述了澳洲迪埃里人部落的一位著名的酋长，他仅仅由于他无以匹敌的个人权力就能够影响100英里以内的众多部落。这是一个了不起的成就。[60]此外，他还对自己的人民行使各种各样的并非由习俗认定的权力。例如，当已婚的夫妻不能情投意合时，他就将他们分开，并将与原来丈夫无亲属关系的年轻妇女嫁出去。另一个极端是，有许多酋长缺乏必要的个人才能以保证享有其职务的传统特权。人们只有考虑领导者的个人特征，才能对分配制度方面的这些差别加以解释。

许多社会决定论者和环境论者已不情愿公平地看待传统或群体的文化继承。既定的行动模式并非被迅速地消除，并且尽管有诸如马林诺夫斯基（Malinowski）等功能论者的论证，但是在人们的群体生活中，存在着并不能轻易或迅速克服的惯性成分。[61]变成习惯的并且不造成明显困难的行动模式，往往被保留下来，这仅仅是因为掌握新的行动模式是一件麻烦事，因此遭到大多数人的反对，尤其是遭到老年人的反对，老年人学起来比较慢，但是他们往往占据有权的地位。

说人们履行他们群体的传统，不过是指没有哪一代人是从空白开始罢了。在一生当中非常易受影响的早年，每个人都易受其群体文化的影响，并且将许多其中东西内化，以至于变得难于消除。不仅文化，而且个性，均以人们多半不在意的方式（例如，以各种形式的语言）保存了许多过去的成分。因此，有理由假定，在经济发展水平相同、处于可比较的环境（既指自然的，又指社会的）背景中，以及具有可比较的技术和领导的社会之间在分配制度上的某些差别，可能是它们过去的差别的反映。这似乎要格外考虑原始人极其保守的特性，而这一点已经被人类学家注意到了。

最后，机遇大概也是促使分配制度产生差异的一个因素。甚至现代社会决定论者弗里德里希·恩格斯也不否认机遇的影响。他给机遇或历史偶然性下了定义，把它描述为这样的"事物和事件，其内部联系是如此细微或如此不可能证明，以至于我们可以把它们视为不存在或者可以忽略不计"。[62]只有仍然相信完整知识的可能性，像某些19世纪科学家幻想的那样，那些人才能够如此明确地将机遇因素从他们的理论中略去不计。

注释

1. 关于捕鱼差别的讨论请参见 Goldon Hewes，"The Rubric 'Fishing and Fisheries'"，American Anthropologist，50（1948），第 238 – 246 页；Julian Steward，*Theory of Culture Change*（Urbana，Ill.：University of Illinois Press，1955，第 10 章；或者 John Honigmann，*The World of Man*，New York：Harper & Row，1959，第 308 – 311 页。

2. 为了很好地介绍印第安西北海岸，请参见 Phlip Druker，*Indians of the Northwest Coast*，New York：McGraw – Hill，1955；关于南美洲的捕鱼部落，请参见 Julian Steward and Louis Faron，*Native Peoples of South American*（New York：McGraw – Hill，1959），第 437 – 444 页。

3. 要了解以前的观点请参见 Clark Wissler，"The Influence of the Horse in the Development of Plains Culture," American Anthropologist，16（1914），pp. 1 – 25。要了解更近代的观点请参见 A. L. Kroeber， "Native Culture of the Southwest," University of California Publications，*American Archaeology and Ethnology*，23（1928），pp. 375 – 398；Bernard Mishkin，*Rank and Warfare among the plains Indians*，Monographs of the American Ethnological Society，3（1940），尤其是第 2 – 6 章；Oscar Lewis，The Effects of White Contact upon Blackfoot Culture，*Monographs of the American Ethnological Society*，6（1942）；John C. Ewers，"The Horse in Blackfoot Indian Culture，with Comparative Material from Other Western Tribes，"（Washington，D. C.：Smithsonian Institution，Bureau of American Ethnology），Bulletin 159（1955）。关于南部美国印第安人的情况请参见 Steward 和 Faron，在引用的著作中，第 384 页和 408 页 – 413 页。

4. 为了很好地讨论原始工艺的许多影响，请参见 C. Daryll Forde 的随笔，"Primitive Economics"，载 ed. by Harry Shapiro，*Man，Culture，and Society*（Fair Lawn，N. J.：Oxford Galaxy，1960）。不幸的是，Forde 未能区分原始工艺的各种类型和水平，因此产生一些不必要的混乱。他的讨论总括了狩猎和采集社会与许多捕鱼、田园和园艺社会。为了很好地、简略地叙述南美洲的狩猎和采集部落的共同特征，也请参见 Steward and Faron，第 13 章；为了更概括地讨论，还可参见 Honigmann，第 303－308 页。

5. 当然，通过贸易，狩猎和采集社会的成员常常能够从他们更先进的邻居们那里得到金属工具和武器。然而，这仅仅在过去五六千年是可能的（或者自金属工具的技术最初被发明以来）。在大多数人类历史中，狩猎和采集社会完全依靠木制和石制工具。

6. 阿兰·霍姆伯格称，最频繁的表现中的两种表现在一个西里奥诺人（Siriono）露营地中听到的，"我的胃非常空"和"请给我一些食物。"请参见《长弓上的流浪者》："东玻利维亚的西里奥诺人"，美国国立博物馆学会，社会人类学协会出版社出版，出版物第 10 号（1950 年版），第 30 页。也请参见霍尼格曼（Honigmann）的陈述："这种民族（狩猎者和采集者）经常是饥饿的，然而不同于一些农业民族，他们的饥饿与其说是缺乏某种营养物质，不如说是缺乏食物本身。"第 306 页。

7. 霍姆伯格称，肉在西里奥诺人中维持不了三天（同上书中第 34 页）。派尤特人（Paiutes）可以将某些产品贮藏几周，但这不那么典型。关于派尤特人的情况可见 C. Daryll Forde, Habitat, *Economy and Society* (London：Methuen, 1934), p. 36；关于非洲布须曼人（Kung Bushmen）的情况可见 Lorna Marshall, "The Kung Bushmen of the Kalahari Desert," in James L. Gibbs (ed.), peoples of Africa (New York：Holt, 1965), p. 255。

8. Jacob Baegert, S. J., "Account of the Aboriginal Inhabitants of the California Peninsula", Charles Rau 翻译，载 Smithsonian Institution：*Annual Reports for* 1863 *and* 1864，重印在 Carlcton S. Coon 主编的 *A Reader in General Anthropology* (New York：Holt, 1948), p. 72；Holmberg, p. 36。

9. 请参见第 126－127 页以下，一边继续讨论这个问题。

10. George Peter Murdock, *Social Structure* (New York：Macmillan, 1949), p. 81; and Julian Steward, "The Economic and Social Basis of Primitive Bands," in *Essays in Anthropology Presented to A. L. Kroeber* (Berkeley, Calif.：University of California Press, 1936), p. 333. 还可见斯图尔德的更近的陈述：原始人一伙平均 50 人，并难得超过 100 人（*Theory of Culture Change*, Urbana, Ill.：University of Illinois Press, 1955, p. 125）。

11. 关于约库特（Yokuts）和库培诺印第安人（Cupeno Indians），请参见 A. L. Kroeber, *Handbook of American Indians of California*, Smithsonian Institution, Bureau of American Ethnology, Bulletin 78 (1925), pp. 491 and 689 – 690。

12. 计算的根据出自 George Peter Murdock, "World Ethnographic Sample," *American Anthropologist*, 59 (1957), pp. 664 – 687。

13. 例如，请参见库林·图尔恩布尔（Colin Turnbull），载 Gibbs, "The Mbuti Pygmies of the Congo", pp. 286 – 287。他写道："在大约一个月以后，作为规律，森林的果实在露营地的附近各处被采集，而猎物被吓跑到远比每天狩猎更远的距离。因为经济依靠天天的寻找，供露营地的最简单的东西可能移动……"虽然一个月的数字比来自大多数其他群体的数据低，但基本的形式是同样的。

14. Baegert, p. 67.

15. 为了可比较地、简略地叙述巴塔哥尼亚的雅甘（一个贝壳鱼类采集群体）的财产，请参见托马斯·布里奇斯（Thomas Bridges）牧师的文章，载 Coon, p. 108。关于非洲布须曼人也请参见马歇尔（Marshall），pp. 256 – 257。

16. 朱利安·斯图尔德写了没有领袖的某些一小群人的一些情况：*Basin – Plateau. Aboriginal Socio – political Groups*, Smithsonian Institution, Bureau of American Ethnology, Bulletin 120 (1938), p. 274. 也请参见 Colin Turnbull, "The Lesson of the Pygmies," *Scientific American*, 208 (January, 1963), pp. 31 and 35, or "The Mbuti," PP. 302 – 305, 在这里他称，一些矮小黑人的团伙没有自己的首领，只有一些被外面人任命的头领，而这些头领没有讲话的权力。

17. 请参见 Schapera, *Government and Politics in Tribal Societies* (London: Watts, 1956)。也请参见霍姆伯格对西里奥诺人的首领的叙述，引用第 107 页以下。

18. 关于社团的简单讨论，可参见 Elman Service, *Primitive Social Organization: An Evolutionary perspective* (New York: Random House, 1962), pp. 73 – 76. 还可参见 Steward, *Theory*, pp. 138 – 139。

19. 为了很好地、简略地讨论这样的差别，可参见 Forde, *Habitat*, chap. 18, 或者 Steward, *Theory*, pp. 137 – 142, 并比较第 6 – 8 章。

20. Steward and Faron，第 389 – 391 页和第 14 章对南美洲狩猎者和采集者中间的宗教的变化做出了很好的简略评论。

21. 关于这些论点的证明，请参见 Murdock，"World Ethnographic Sample," *American Anthropologist*, 59（1957），pp. 664 – 687。例如，他的符号表示，有限的一夫多妻制是六十四个狩猎和采集社会中最普遍的婚姻形式，因为这种时期是有用的，然而只实行全部的百分之三十一。同样，关于居住，父袭的模式是最普遍的，然而只实行百分之三十七。

22. 请特别参见塞维斯（Service），chap. 3。Steward 在 *Theory* 第 7 章和第 8 章中采取了一个较为类似的见解，然而他的见解与塞维斯的见解之间的差别或许比它们的类似更重要。

23. 关于刚果的矮小黑人的情况，可参见 Colin Turnbull, *The Forest People*（New York：Simon and Schuster, 1961），p. 58。

24. 这方面的例子请参见 Steward and Faron, p. 392，或者参见 Murdock，"World Ethnographic Sample"。

25. A. R. Radcliffe – Brown, *The Andaman Islanders*（New York：Free Press, 1948, originally published 1922），pp. 43ff.

26. 正如 Forde 指出的那样，他不仅得到名誉，而且由于他的慷慨得到保护，因为如果他要求的话，那些从他那里得到的人就承认一种道德上的、以后回应的义务。请参见"Primitive Economics," p. 337。

27. 在某些狩猎和采集社会中，甚至社区所有的土地概念也是缺乏的，任何人可以在任何地方寻找食物，而地方的群体不拒绝与外部人会面。可参见 Steward, *Socio – political Groups*, pp. 254 ff。另一方面，它们是一些这样的社会，在这些社会中重新分配的过程好像不是坚固建立的，因此常常存在着储蓄物。西里奥诺人在这一点上是值得注意的（请参见 Holmberg, pp. 36 和 61 – 62），虽然储蓄物的做法和这个民族被记录下来的态度有力地表明，分配原则甚至在这个非常不合作的群体中也是不缺的。因此即使存在着某些变化，也是有限的。

28. Bridges, in Coon, p. 97.

29. 这种期望的根据是这样一个假设，即争取在其他人面前增强自己的地位是人的天性，以及人们在为获得社会所给予的报酬的竞争中具有不平等的天赋。

30. R. H. Tawney在他的著作 *The Acquisitive Society*（New York：Har-

court, Brace & World, 1920) 中提出 "功能社会" 的标签，以区别于 "贪婪的社会" (*Acquisitive Society*)。

31. 可参见 Schapera, p. 193。

32. 关于北派尤特人。朱利安·斯图尔德提供了一个良好例证。关于这种人，他写道："如果首领的儿子聪明、善良、善于说服别人的话，那就由他继承。否则，他的弟兄或者他的家族中某个其他成员，甚至与他没有亲属关系而确实得到人民支持的人都可以继承。"关于肖肖尼人，他写道："一个首领的权威，因此具有不确定的范围和期间，并且多半取决于他的说服本领。"参阅 *Socio - political Groups*, pp. 56 和 251。

33. Gunnar Landtman, *The Origin of the Inequality of the Social Classes* (London: Routledge, 1938), pp. 309 - 310.

34. Roland Dixon, "The Northern Maidu," in Coon, p. 272.

35. Baldwin Spencer and F. J. Gillen, The Arunta: *A Study of a Stone Age People* (London: Macmillan, 1927), vol. I, p. 10.

36. Radcliffe - Brown, p. 47.

37. Holmberg, pp. 59 - 60. 因允许而引述。

38. Schapera, p. 117.

39. Dixon, 分别在第 282 页和 272 页。

40. 为了很好地叙述这个争论，请参见同一处，第 283 - 284 页。

41. Radcliffe - Brown, p. 177.

42. Baegert, p. 79.

43. 例如，斯宾塞和吉伦称，一个阿龙塔群体的酋长不总是委员会的最重要成员（第I卷，第 9 - 10 页）。

44. C. W. M. Hart and Aronld R. Pilling, *The Tiwi of northern Australia* (New York: Holt, 1960), p. 35, etc.

45. Spencer and Gillen, vol. I, p. 12.

46. 埃德温·汤普森·德尼格（Edwin Thompson Denig）讲述了一个乌鸦印第安妇女的传奇故事，她成长为杰出的武士和酋长，但值得注意的是，她从未与男人结婚，而且除早年外从未承担过女性的职责。在后来的岁月中她 "娶了" 四个 "妻子"，他们在她的王室里完成了妻子的必要的任务。这种情况有力地暗示，没有一个人，无论他多有才华，能够成功地承担既是妻子、母亲，又是猎人、武士的角色。请参见 *Five Indian Tribes of the Upper Missouri* (Norman, Okla.: University of Oklahoma Press,

1961），pp. 195 – 200。

47. Holmberg, p. 58.

48. Radcliffe – Brown, p. 47.

49. A. W. Howitt, *The Native Tribes of South – East Australia*（London：Macmillan, 1904），p. 308.

50. *Ibid.*, p. 316

51. Holmberg, p. 58. 经允许引述。

52. Steward, *Socio – political Groups*. 也请参见他的早期论文 "The Economic and Social Basis of Primitive Bands," pp. 331 – 350, and Forde, *Habitat*, chap. 18。

53. Steward, *Socio – political Groups*, especially pp. 255 – 256.

54. *Ibid.*, pp. 246 – 251.

55. 请参见 Antonio Serrano, "The Charrua," in Julian Steward（ed.），*Handbook of south American Indians*（Washington, D. C. ：Smithsonian Institution, Bureau of American Ethnology, 1946），vol. I, p. 194, 以及 Landtman, 特别是其第 320 页, 同时也可一般性地参见第 7 章和第 16 章。

56. Steward, *Social – political Groups*, p. 252.

57. 请参见, 例如, Steward and Faron 关于对东巴西高地各种说 Ge 语言民族的讨论（第 362 – 372 页）。

58. 对伟人假设进行最有力的抨击之一, 请参见莱斯利·怀特（Leslie White），《文化的科学》, 第 9 章。

59. Sidney Hook, The Hero in History：A Study in Limitation and Possibility（Boston：Beacon Press, 1955, original edition 1943）.

60. Howitt, pp. 297 – 299.

61. 马林诺夫斯基对 "幸存者" 的概念给予了强力抨击, 参见 Bronislaw Malinowski, *A Scientific Theory of Culture*（Chapel Hill, N. C. ：University of North Carolina Press, 1944）, chap. 3, 不幸的是, 和早先引述的拒绝伟人理论的情形一样, 在这里也存在着理性和荒谬的混合。请参见, Gerhard Lenski, *The Religious Factor*（Garden City, N. Y. ：Doubleday, 1961）, pp. 304 – 308。

62. Lewis Feuer（ed.）, *Karl Marx and Friedrich Engels：Basic Writings on Politics and Philosophy*（Garden City, N. Y. ：Doubleday Anchor, 1959）, p. 398.

第六章　简单园耕社会

生活琐事夺取了有才干者本应献身于崇高事业的
精力……

我们不是为自己而要求。

这是为了社会的幸福。

——迈克尔·杨

一万年以前，原始人第一次知道了如何栽培，或者说，为他们自己种植某些植物，并以这些植物作为他们的食物。这一重要发现，为几世纪或数千年以后最早的园耕社会的最终出现奠定了基础。这种形式的社会组织，尽管后来在许多地区被更加先进的社会组织形式所取代，然而它还是通过扩散和独立形成的方式，曾广布在世界的广大地区。

顾名思义，园耕社会是建立在园耕经济基础上的社会，在这方面，它们既不同于作物种植要么不存在要么不大重要的更加原始的狩猎和采集社会，也不同于采用更有效的种植技术、以更大规模进行耕作的、更加先进的农业社会。[1]园耕和农业差别的唯一标准大概是，后者使用犁作为基本的种植工具；而前者则依靠比较原始的锄或更加原始的掘棍进行耕作。

在园耕社会被农业社会所取代，或者说，进化成农业社会以前，它们曾经盛行于欧洲的大部分地区、中东地区和东南亚地区。在距今更近的时代，园耕社会曾经盛行于北美洲和南美洲的大部分地区、非洲南撒哈拉地区和太平洋的某些岛屿。

正如第四章所提到的那样，从事园耕的社会之间的差异是非常大的。因此，有必要区分出比较先进的园耕社会和比较落后的园耕社会。可以根据下列标准进行区分：

1. 耕作的基本工具是掘棍还是锄？
2. 有没有修建梯田和灌溉工程（而不是自然漫灌）？
3. 是否运用施肥技术（不同于刀耕火种或自然灌溉）？
4. 是否运用冶金术，是否用金属材料制作种植工具？

简单园耕社会是依靠掘棍，并且不采用任何上述先进技术的社会。先进园耕社会则依靠锄，并且采用一项或几项先进技术。[2]

在现代，人们主要在北美洲和南美洲以及太平洋上某些较大的岛屿，特别是新几内亚，发现了简单园耕社会。[3]因此，在这一章里我们要讨论的正是这些群体。尽管简单园耕社会曾经盛行于其他许多地区，然而我们对这些社会的认识只限于分散的材料，而这些材料只能使人们对这些社会的分配制度进行有限的考察。

简单园耕社会的共同特征

119　　简单园耕社会与狩猎和采集社会非常相似，当后者处于非常有利的环境时更是如此。在诸如社区规模、人均生产率、社会不平等等方面，这两种社会似乎存在相当程度的重叠。正如戈尔德施密特指出的那样，这些多半是环境变化的作用：处于肥沃环境中的狩措和采集社会在社区规模、生产力水平和不平等程度上，往往要稍微超过处于不利环境中的简单园耕社会。[4]然而，在可比条件下，简单园耕社会通常具有更大的社区规模、更高的生产力水平以及更大程度的不平等。我们也发现，平均说来，简单园耕社会在所有这些方面的发展水平更高，而这种社会等级的发展水平上限还要高得多。

这一点可以通过这两种社会类型的人口数字对比予以说明。提到狩猎和采集社会，人们就会想起，社会与社区完全相同，社区平均不超过 50 人。相比之下，在简单园耕社会中，社会经常包括两个以上的社区，而且社区的平均规模更大。

现在仍旧不能说明，在简单园耕社会中，更为普遍的是多社区社会，还是单社区社会。两者出现的次数均非常多。得克萨斯州的哈西奈人部落为多社区社会提供了很好的实例，该部落是由 9 个村庄组成的一个非常持久和稳定的联盟。[5]早期的西班牙作者写道，玻利维亚东部的卡尤瓦瓦人部落是由一个统治着 7 个村庄的酋长管辖的，有些村庄的居民足有 2000 人。[6]其他诸如新几内亚的卡保库人和加利亚人，南美洲的希瓦罗人、帕雷西人和萨赖人，美国西南部的尤马人、东北部的易洛魁人，以及东南部各种不同部落的分散群体中也具有类似的结构。[7]这些社会通常只包括少数村庄，其中很少有超过 10 个村庄的社会。有时候，社区间联系也是不稳定的、非永久性的，或者是松散的、并不重要的。尽管如此，与狩猎和采集社会的组织模式相比，它们仍然是一个真正的进步。

虽然不可能精准说出简单园耕社会中社区的平均规模，但这一数字为 100～200 人，或者为狩猎和采集社会平均数的 2～4 倍。[8]其上限更易确定，大约为 3000 人，或者至少为狩猎和采集社区人数的 5 倍。[9]

考虑到园耕社区的较大规模和许多简单园耕社会的社区特点，简单园耕社会的平均规模大于狩猎和采集社会的平均规模，这一点是毫无疑问的。根据保守的估计，其比率大约为5:1，尽管这不可能说是准确的比率。至于上限，两者的差别更为显著。例如，就易洛魁人部落来说，其人口数字可能曾经一度将近16000人，或者至少相当于在任何一个狩猎和采集社会中所发现的最多人数的25倍。[10]虽然这也许是非常例外的情况，然而它表明了这些社会的组织潜力和人口潜力。

简单园耕社会的较大规模显然反映了它们具有较高的生产力。虽然由于人口的增长消费了由生产力增长而带来的大部分产品，然而，产品中的一部分已经变成了剩余产品。这种情况非常明显地表现在这些社会的成员所享有的新"闲暇时间"上。不同于狩猎和采集社会的成员，他们用不着迫不得已地将大部分劳动时间用于寻找食物和其他生活必需品，而是能将他们更多的时间用于其他方面。

对这种新"闲暇时间"的使用方式之一就是，生产各种各样的非必需的东西。这在建造房屋和其他类型的建筑物方面，可以找到恰当的实例。大多数简单园耕社会中人们的房屋结构远远胜过狩猎和采集社会中的房屋结构。例如，据称，像南美洲的博罗人那样原始的一个园耕社会的部落群体，竟然建造了长度和宽度均为60～70英尺、高度为30或30多英尺的社区房屋。[11]易洛魁人建造了长度为50～150英尺的房屋，有一幢房屋竟长达300英尺。[12]基瓦伊－巴布亚人也许保持着最高纪录，他们建造了一个现已查明长度为519英尺的建筑物。[13]在狩猎和采集民族中间，根本不可能找到与这些建筑相媲美的任何建筑物。[14]

　　在许多情况下，园耕经济所带来的新"闲暇时间"，已经被专门用于礼仪活动。人们如果不注意到许多这样的社会中频繁的礼仪活动，以及为此而花费的大量时间，就不能评价关于简单园耕社会的民族志资料。这种情况的典型实例出现在新墨西哥州的祖尼族印第安人中。鲁思·本尼迪克特（Ruth Benedict）已在《文化模式》（*Patterns of Culture*）中十分生动地描述了他们的生活方式。祖尼人将大量的时间和精力用于这些活动，而这些活动构成了这个群体生活的焦点。虽然祖尼人（和其他普埃布洛族印第安人）在这方面是极其特殊的，但是礼仪活动在大多数简单园耕社会生活中确实起着重要作用。正如易洛魁人那样，这些活动往往围绕着若干神秘的团体或俱乐部，以及一系列节日庆典而加以组织。人们常常为了这样的目的而建造特殊的建筑物，而这种事情是难以在狩猎和采集社会中发生的。[15]在资源较少的群体中，例如在新几内亚的山地阿拉佩什人中，尽管礼仪活动的次数较少，精细程度较低，但它仍旧是该群体生活中的一个重要和显著的特点。

　　战争是人们利用新"闲暇时间"的另一种方法。这并不是说战争在狩猎和采集社会中是不存在的，而是说它往往是非常偶然的活动。然而，在一些简单的园耕社会中，战争被提高到这样的高度，即它至少成为人类的一种生活方式，并且使粮食生产和其他生产退居次要地位。亚马孙河上游的希瓦罗族印第安人，就是这种情况的一个典型实例。早在17世纪，一位西班牙耶稣会会员就写道，他们"占统治地位的感情，他们的欢乐、希望和最大幸福的目标，就是战争"。近来，一位美国民族学家描述了希瓦罗人"反复不断的流血复仇的争执。其进行方式可以是各式各样的，从一个人通过伏击而进行的个

122

人谋杀，到可能有数以百计的人卷入的灭绝种族的拼死争斗"。[16] 所有这些活动的焦点似乎就是干缩人头（tsantsa）仪式。在这种仪式上，将被俘虏的敌人首领干缩并保存起来。尽管希瓦罗人是一个极端的例子，但是反映了简单园耕社会部落之间的普遍倾向。显然，与狩猎者和采集者相比，战争在这些民众之间发生得更频繁，也具有更重要的意义。[17]

就此而论，有必要指出，相比在对狩猎和采集社会的群体的研究，活捉俘虏的事情更频繁地出现在关于简单园耕社会的研究中。人们在南美洲、北美洲和新几内亚，均发现了这种做法。[18] 男性俘虏通常遭虐待、被杀死并且往往在此之后被吃掉（食人肉的恶习在这类社会中似乎比在其他任何社会中更加常见）。[19] 然而，他们偶尔也被该部落收养，并且通常到了一定时候，便可享有该群体正式成员所享有的一切权利和特权。相比之下，女性俘虏更有可能沦为"奴隶"、被迫结婚，并且为捕获她们的人干活。[20]

采用园耕制度的最主要成果之一就是，社区被迫到处迁移的次数减少了。尽管在简单园耕社会中，社区很少具有固定的或持久的性质；但是，与狩猎和采集社会中的某些部落相比，平均而言，它们的游牧性要差得多。后者通常不得不至少一年迁移一次，简单园耕社会中的社区往往在同一地方停留若干年。例如，南美洲的博罗人每隔几年才迁移一次。据称，易洛魁人在同一村庄中居留了 10～12 年之久。[21] 在少数情况下，特别是在美国的西南部，真正永久性的住地是可能存在的，其原因在于自然灌溉或洪水泛滥不断地给土地带来新的、肥沃的表土，以代替那些肥力耗尽的土壤。[22]

这一发展是十分重要的。只要人们被迫不断迁移，特别是当任何东西都必须背在他们的背上时，人们就难以积蓄大量的有形财产。当这种迁移的次数大大减少时，积蓄各种各样的财产就容易得多。这些财产不仅包括诸如工具、武器、衣服、陶器、篮子等具有实用价值的东西，还包括在举行仪式的集会上所使用的假面具和其他器具，诸如头盖骨和其他战利品等表示地位的象征物，以及像乐器之类的艺术品等一系列东西。简言之，简单园耕社会的成员所拥有的财产在数量上和种类上都比狩猎和采集社会成员拥有的更多。

与狩猎和采集社会相比，简单园耕社会一般说来，在个人层次和社区层次上的专业化水平都要高得多。在个人层次上，这一情况表现为大多数这种社会中的经济、政治和宗教角色专业化显著增强。精心安排的宗教仪式有时需要许多专业祭司。他们通常只是兼职专家，但是在某些情况下，如在祖尼人中，主要的祭司职务是专职的。具有这种地位的人被免去为他们自己提供生活必需品的任务。[23]

简单园耕社会中的政治职务，也多于狩猎和采集社会，并且更有可能成为专职职位。在这方面最重大的发展之一，是在许多这样的社会中设置了一种由部下组成的幕僚机构，其主要职责是，协助首领或酋长，并且遵照其命令行事。这就增强了首领的权威，并且多多少少减少了他对说服的依赖。人们发现，这种措施的精细程度在各个简单园耕社会中是不一样的；甚至在最极端情况下，首领的幕僚在数量上也仍旧保持在相当适中的程度上，至少在与更先进的社会比较时是如此。

南美洲特鲁迈族部落的印第安人，为这方面最低限度的发展提供了一个良好的范例。在这个小小的群体中，有两个人被指定为副首领。他们的唯一职责似乎是，当酋长或村庄首领离开村庄时，代行其职务。[24]新几内亚的罗罗族部落几乎更加典型。在他们中间，酋长的第一助理显然被视为战争的首领，以及酋长命令的执行官。[25]他的第二助理，通常是一个有财有势的男人，其职责"是在酋长的身旁，准备在聚会厅里的所有仪式上帮助酋长，并且通常免除酋长的麻烦，设法使事情顺利进行"。[26]

　　甚至在经济活动范围内，专业化也是显而易见的。就易洛魁人的情况而论，存在着初级形式的专业化。老人和其他不能打猎和战斗的人，就专门从事制造武器和工具的工作。[27]在基瓦伊－巴布亚人中间，明显存在着一种发展程度更高的模式，他们的专业化不只限于老人或弱者。他们发现，人们并非在生产所有东西方面同等熟练，所以就将要求较高技巧的某些项目的生产任务交给"专家"。这种情况表现在独木舟、鼓、鱼叉杆、工艺品的制造和放血疗法上。在这些方面具有特殊技巧的那些人，往往成为兼职专家。[28]据称，在其他一些简单园耕社会中，也有类似的发展。[29]

　　在社区层次上，简单园耕社会与狩猎和采集社会相比，也存在着更高的专业化倾向。这一点通常表现在村庄之间，甚至社会之间的贸易增长上。兰特曼为专业化和贸易在这一层次上发展的程度，提供了一个良好的实例。他写道，基瓦伊族岛民交换独木舟、西米、田园产品、弓、箭、席子、妇女用的草制裙和羽毛；而他们的邻居马瓦塔人，则交换椰子、某些贝壳、鱼、海牛和海龟肉，以及食火鸡和海牛骨的制成品；托雷斯海峡的岛民交换石斧、石棒、鱼叉杆、各种贝壳，以及海牛和海龟制成品；而内地的布须曼人则交换各种各样的鸟类羽毛、食火鸡骨、弓、箭和田园产品。[30]

维尔·戈登·柴尔德（V. Gordon Childe）提供了新石器时代欧洲的简单园耕社区之间类似的（尽管也许不够广泛）贸易的证据。例如，他提到，在整个多瑙河流域的新石器时代的村庄和墓穴里，甚至在奥得河、易北河和莱茵河的峡谷中，均发现了地中海的贝壳。另外，似乎也出现过精选石块和石头制品的活跃贸易。然而，柴尔德断言："无论是矿工、磨斧工，还是小贩，都不大可能是'专职专家'。"尽管在简单园耕社会中，经济专业化程度和贸易程度存在着种种明显差异，然而，许多（假如不是大多数）社会似乎在一定程度上专门生产某些日用品，因为在他们自己的领地上，这些日用品的所需原料是丰富的，而在其他地方，则供应不足。

最后，专业化也表现在（除了家庭和亲族群体以外的）许多组织的形成方面。这些组织通常是由男人参加的神秘团体和交往集会，就其主要功能来看，通常不是宗教性的，就是社交性的。它们也常常有助于展现，或许促进男性的支配地位。如前所述，这些组织产生了数目可观的专业化角色和职位，其中一些角色和职位具有重大的政治意义，因而对分配过程产生了深远的影响。[31]

分配制度的共同特征

假如第一分配规律和第二分配规律是有效的，假如前面对简单园耕社会性质的分析是准确的，那么在这些社会中比在狩猎和采集社会中，权力和特权的不平等会更加明显。事实上，情况的确如此。不论对这两类社会进行何种比较，所产生的一个显著差别就是，在简单园耕社会中，社会不平等更加明显。这并不是否认二者之间存在着重叠部分，这一点将在这一章的下一部分中加以讨论。然而，这两种社会在不平等的平均程度上存在着一定的差别，而且许多简单园耕社会呈现出来的不平等程度，是任何狩猎和采集社会都难以匹敌的。

得克萨斯州的哈西奈族印第安人的情况表明简单园耕社会中政治不平等偶尔所能达到的极端情况。[32]弗赖·卡萨那斯（Fray Casanas）是在这些印第安人中工作过的第一个传教士。对他们生活的这一侧面，他为我们描绘如下：

> 在每个部落（比如村庄）中，都有一个卡迪（caddi），他像是统治和指挥村民的一个地方长官。卡迪的职务也是通过直系血统关系相传的。每个卡迪都统治着他的部落所占据的地区（不管这个部落的大小如何）。如果这个部落大，就有一些被称作卡纳哈斯（canahas）的官员。有7~8个这种官员协助卡迪进行统治。如果这个部落不大，就只有3~4个卡纳哈斯。他们的职责是减轻卡迪的工作负担，并且传达卡迪的命令，说卡迪要我们干这干那。他们恐吓民众，宣称如果人们不服从命令就要受到鞭打和其他方式的惩罚。这些卡纳哈斯依次又有自己的部下，人们称作查亚（chaya）。这些人执行卡纳哈斯令其完成的任何任务。他们的下面还有其他官员，被称作塔梅斯（tammas）。塔梅斯是直接执行命令的官员，他们用棍棒抽打所有的懒人，打这些人的腿和肚子……上述这些官员之间极其融洽，我们生活在他们中间的一年零三个月期间，从未见过任何争吵（无论是大的争吵还是小的争吵）。然而，傲慢者和懒惰者都受到惩罚。[33]

在当地的卡迪之上，还有另外一种官员，通称齐内西（xinesi）。卡萨那斯把这种官员描述为"类似统治他们的小国王"。其他叙述表明，他也是部落的祭司长。这种官员与卡迪不同，被免除为自己提供生计的义务。

南美洲的印第安人提供出许多例子来说明首领的权力和特权。例如，马纳西人的酋长们有一个由部下组成的幕僚机构来执行他们的命令，并且住在由臣民建造的宏大住宅中。他们还拥有两大片田地，由臣民耕作，供他们享用。他们还得到村民收获的最上等产品，并且分享每次渔猎所得。[34]在同一地区中的另一个群体鲍雷族部落中，酋长们也享有巨大的权力，并且甚至能够做出死刑判决。像马纳西人的酋长们一样，他们被免除普通的劳动，而由臣民提供所有物质方面的需要。[35]这些群体特别令人感兴趣，因为这两个群体均为上一章中所描述的西里奥诺人的邻居，这样就能够用控制环境条件的一些手段来进行比较。

在新几内亚和其他地方，常常遇到另外一种不平等，这种不平等以财产为基础。库马人，内陆高地的一个部落，为此提供了一个良好的实例。澳大利亚人类学家雷伊（Reay）说，"在库马人中间发现了'大人物'，就是通常在新几内亚遇见的那种'大人物'。他们是富有的，并且一夫多妻"。[36]地位和名誉是人们追求的主要目标，它们主要取决于一个人以妻子、猪、羽毛和贝壳装饰品的数量加以计算的财产。[37]妻子是财产当中至关重要的形式，因为她们是唯一能够从事生产的财产，而且妻子的供应是短缺的。每个库马族男子的理想就是有 10 个妻子。但是，雷伊称，在研究期间，她没有发现任何人有 6 个以上的妻子。然而，这一点也意味着，在这个部落内部存在着财产和地位方面的明显差别。一个氏族中有 87 名男子，他们都达到了结婚的年龄。其中，有 1 人占有 4 个妻子，5 人各有 3 个妻子，12 人各有 2 个妻子，50 人各有 1 个妻子，19 人未婚。这是一个非常真实的分层体系基础。[38] 在这里甚至还有一个耻辱的专门名词，用于表示那些由于本人无吸引力而没有希望成婚的男人。他们被通称为"流浪人"（在雷伊研究的氏族中有 5 个"流浪人"），并且被当作无赖对待，不准参加库马人生活中的主要事件——仪式舞会。[39]

在大多数简单园耕社会中发现的不平等的第三种形式，是以宗教和巫术为基础的。正如在狩猎和采集社会中一样，某些个人被承认是具有特殊权力的人。其主要差别在于，这些权力在简单园耕社会中比在狩猎和采集社会中好像能够产生更坚实的物质利益。在狩猎和采集社会中，声望往往是主要的奖赏。南美洲的希瓦罗人为术士能够在简单园耕社会中所得到的物质利益提供了一个良好的实例。在这个群体中，术士似乎能够成为他所在村庄中最富裕的人，他的财产是其通过为他人提供服务所获得的报酬。[40] 在马纳西人中，祭司们显然直接位居酋长之下，并且像酋长一样，能得到生活中的全部或大部分物质必需品。[41] 类似的情况也出现在其他许多群体中。

在许多简单园耕社会中，巫术技能或宗教势力是所有资源当中最宝贵的资源。例如，据称在巴拉圭的瓜拉尼人中，虽然每个公社都有一个酋长，"但是，实际权力往往握在一个术士手中"。[42] 再往西北行，在多山的蒙大拿州一些落后和极为闭塞的部落中，据说除了战斗时期以外，没有高于家长的政治权威，术士们却往往掌握领导权。[43] 而在基霍人的部落，术士定期成为酋长。这种由术士统治的模式，正如祖尼人实例所说明的那样，不限于南美洲。[44]

另一种相当普遍的模式是，酋长执行宗教的功能。这种模式可以在诸如帕雷西人、莫霍人、奇里瓜诺人和瓜拉尼人等各种不同的群体中找到。然而，这里只能引用少数几个。[45]正如罗伯特·路威已经说明的那样，"当酋长将宗教的功能和世俗的功能结合在一起时，他的势力明显增大了"。[46]简言之，无论细节上存在着何种差异，宗教的或巫术的权力总是许多（也许是大多数）简单园耕社会中不平等的主要来源。

在许多简单园耕社会中发现的第四种不平等形式是以军事上的勇敢为基础的。这种社会与狩猎和采集社会相比，再一次表明存在着相似之处和不同之处。在这两种社会中，凡是勇敢和善于使用武器的人均受到尊敬。而当人们对表现勇敢的方式和使用武器的技巧进行考察时，就可看出不同之处。在比较原始的狩猎和采集社会中，打猎是成年男子的主要任务，而且比战斗重要得多。随着园耕的发展，打猎的重要性大大降低。而且在许多情况下，军事工作由于能给男人提供显示勇敢的新机会，从而填补了这个空白。如前所述，战争往往是人们利用他们的新"闲暇时间"的一种方式。因此，军事成分在简单园耕社会中比在狩猎和采集社会中显著得多。两种社会之间的另一个差别也与新"闲暇时间"有联系。因为在许多这样的社会中，对人们时间的要求减少了，所以颂扬武士角色的制度化就成为可能。这种情况体现在专业化的武士团体和武士典礼的发展过程中，所有的武士团体和武士典礼往往加强和确认了对以军事勇敢为基础的声望的要求，并且保证给予武士英雄们满意的承认和报酬。

在一些简单园耕社会中，正如在南美洲的奇基托族印第安人部落中那样，军事上的勇敢是升迁到酋长地位的先决条件。[47]然而，具有军事才能的人似乎往往被任命担任战争首领的职务，这个职务有时隶属于文职酋长的职务，而有时又与其相当。在新几内亚和美国西南部等与世隔绝的地区发现了这种模式。[48]顾名思义，战争首领在军事行动中起着群体首领的作用。此外，他常常有着重要的非军事功能，而其民事指挥权往往是处于第二位的。

130

发挥军事上的勇敢有时候导致了奴隶制的出现，这是不平等的第五种形式。如前所述，男性俘虏通常被杀死或被收养，但是妇女常常成为战争的赏品被接受并被送去为捕获她们的人的家族干活。实际上她们变成了捕获她们的人的财产。虽然如此，但是把她们称为奴隶确实多少使人感到迷惑。首先，她们的地位与家族中其他妇女的地位没有很大的区别。其次，她们的孩子们通常是自由的，是部落中具有充分资格的成员。可见，她们实际上介于自由人和更先进社会中真正的奴隶之间。人们可以把这种模式叫作原始奴隶制或初期奴隶制，以唤起人们注意其中的重大差别，这些差别把这种奴隶制同我们更为熟悉的模式区分开了，后者包括一个由两性人员组成的世袭阶级，而且其典型特征是（在世袭过程中）地位不断降格。[49]

简单园耕社会中的第六种不平等，也是最后一种不平等的形式是以雄辩技巧为基础的。例如，据说"雄辩和武力是在易洛魁人部落中获得名声和荣誉的两条捷径"。[50]尽管在处于这种水平的所有社会中这种情况并不典型，但仍有许多人在某种情况下尊重"雄辩巨人"，这是新几内亚的库马人部落所提出的恰当称谓。在多数情况下，正如在库马人部落中那样，被选出来的酋长助理是由于他在雄辩方面和作为酋长代言人功能上的技能。在南美洲的瓜拉尼印第安人部落中，"在战争中脱颖而出的雄辩家可能变成酋长"。[51]

因为雄辩家在简单园耕社会中所得到的报酬是被自愿给予他们的，而不是以拥有强制性权力为基础，所以有必要询问他们付出了什么样的服务而获得其他人的尊敬和奖赏。显然，他们的服务是多种多样的，尽管这些服务形式通常并不都存在于同一个社会之中。有些雄辩家是娱乐师，有些是通神意的首领，有些是思想家，有些是历史学家，而有些人则惯于把重要的场合弄得很庄严，或制造"气氛"。人们重视所有这些功能，并因此酬谢最善于完成这些任务的人。

如前所述，简单园耕社会的成员毫不迟疑地抓住由社会中经济剩余所提供的掌握权力和特权的机会。对简单园耕社会与狩猎和采集社会的任何对比都清楚地表明，前者在权力和特权方面的不平等几乎总是更加明显。

不平等不仅更大，而且更加制度化。"闲暇时间"的增加和专业化机会的增多有可能使不平等进一步发展。在狩猎和采集社会中，没有什么社会地位达到了值得以"官职"来称呼的正规化程度。它们通常只不过是或多或少具有某些特殊功能的非正式角色。相比之下，在园耕社会中，许多地位的正规化程度达到了具有头衔和一定职责与特权的高度。

这一发展是极其重要的，因为它使一个人的个人特质及其地位之间的关系复杂化。后者不再是简单地因前者的不同而变化；现在，地位成为其个人特质和官职的复杂的应变量。于是一个人就有可能享受不仅仅是由于其个人的特质而得到的报酬。

得克萨斯州的哈西奈部落人为这一新发展提供了良好的例

证。当他们的一个酋长在他的儿子或继承人成年以前就死亡时，其子仍被承认为酋长。在他的儿子或继承人未成年时，其他官员组成参议会并且代替他们进行统治，而当他们达到成人年龄时就让位给他们。[52] 在此情况下，个人的才能无足轻重，而出身决定一切。这种人不必证明他具有作为臣民首领的卓越才能——他们早在这种才能可能得到任何表现以前就得到承认了。这是一种新的可能性，社会的重要功能只要一与制度化的官职联系在一起，这种可能性就在人类社会中得以产生。

正如哈西奈人部落酋长的例证所表明的那样，才能与地位之间的矛盾大多数可能发生在职务作为"财产"从一代传给下一代的时候。在这种情况下，才能与地位之间，以及工作与报酬之间的相关性，有可能比在那种所有人都希望通过自由和公开竞争而担任某一职位的情况下要差得多。然而，甚至在后一种情况下，当个人在职务方面获得延期的或无限的任期时，某种矛盾也有可能发展。简言之，社会中官职的发展代表了早期向稳定、坚固和制度化的社会不平等体制的方向迈出的重大一步。

作为这一发展的结果，社会作为一个整体而获得某些利益。在任何一个复杂的社会中，其替代的办法似乎是无政府状态。如前所述，主要的不利就是制度化带来了表现与报酬之间鸿沟不断增大。如果能够在一个坐标图上画出社会的净收益，人们也许会发现它是一条曲线，其高点出现在制度化的中等范围内。

在理论上，简单园耕社会中大量的关键职务就像哈西奈部落的酋长职务一样都作为"财产"从一代传给下一代。然而，实际上，仔细观察后可以看出，社会实行着一定程度的控制以防止滥用职权。例如，虽然希瓦罗部落印第安人照例将酋长的职务从父亲传给儿子，但是在现时代有一个最有势力酋长的继承人曾被强迫放弃这个职务，因为他常患病。[53]至于库马部落的情况，据称小氏族的领导职务（群体中的最高政治职务）应该由父亲传给儿子，然而一进行仔细核对就发现，在所调查的个案中有36%是由别人占有这个地位的。[54]

这样的例外似乎反映了所讨论的社会结构和组织结构具有一种微妙的性质。重要的是，具有非常发达的政治制度（有许多官员协助酋长们）的哈西奈部落人能够允许一个无能的人担任这个职务，而缺乏这种政治制度的希瓦罗人、博罗人和库马人等部落却认为当这种做法有可能使一个不称职的人担当这个职务时，有必要否认继承权的规定。大多数简单园耕社会，就其政治发展而论，更与后者类似，而不像哈西奈部落。因此，它们倾向于或者不时地无视有关继承权的规定，或者像在有些情况中那样，在定义接班权时排除自动继承权。[55]而且，许多简单园耕社会的部落将酋长的职务任期限制在他们精力旺盛和有能力的年龄，并且准备在他们年纪大得不能履行其职务要求时请他们让位。[56]其他一些部落将酋长的任期与良好的品行挂钩。[57]

基于这类证据，看起来简单园耕社会的位置介于狩猎和采集社会（为一方）与先进园耕社会和农业社会（为另一方）之间。在先进园耕社会和农业社会中，领导的功能已制度化并落脚在正式官位上，而且权威和强制的要素是明显的；在狩猎和采集社会中，权力和特权通常并不被当作可以不顾其占有者的资格而无限期地保有或在家族内代代相传的"财产"。

几乎所有简单园耕社会的分配过程中都具有的另一个重要

特征是个人技能的相对重要性。个人技能虽然不像在狩猎和采集社会中那么关键，但仍比在大多数更先进的社会中重要得多。大多数简单园耕社会为非常有资质的人的进步提供了许多机会。例如，任何哈西奈部落的男子都有机会赢得"阿梅索亚"（amayxoya，"伟人"）的尊称，并把这个尊称冠在其名字前。获得这个尊称的必要条件就是在战斗中有卓著功勋。[58]因此，这个荣誉并非供应短缺。取得成就的唯一限制来自个人的特性和素质。

新几内亚库马部落的印第安人为这一原则提供了更加引人入胜的实例。在权力和特权只限于少数的一夫多妻富裕者的这个群体中，一份详细的调查表明，成功部分是因为年龄。因此，虽然在任何时刻都只有三分之一的成年男子有可能被视为有影响的人，但有五分之三的男子最终可能获得领导地位。[59]

根据现有的证据，似乎在大多数简单园耕社会中，高比例的代际流动和代内流动是普遍的。虽然与狩猎和采集社会相比，这方面的变化是明显的，但是成功仍不只限于出身于幸运家庭的少数幸运者。正如我们已经看到的那样，存在着职务的某些继承。在其他情况下，正如在库马人中间那样，出身于富有宗族是重要的，因为出身于贫穷宗族的那些人很难有手段去获得妻子。此外，正如在南美洲的阿劳纳人中间那样，如果人们一心要成为酋长，那么作为大家庭的成员并有许多亲戚则是至关重要的条件。其结果是，为获得这一职务的竞争多多少少受到限制。[60]然而，尽管存在这些机会的限制，在简单园耕社会中比在技术更先进社会中成功条件要灵活得多，成功的机会也多得多。

正如在狩猎和采集社会中那样，在简单园耕社会中，物质财产方面也没有显著的不平等。产生这种情况的原因有两个方面。第一，大多数物质方面的必需品可以为所有人利用。在大多数这样的社会中，大量的土地是可利用的。第二，任何乐意工作的人都可以满足自己的需要（这种土地充足的现象，大概是由于这些社会之间非常普遍的长期战争状态，以及由此产生的高死亡率所带来的副产品）。

有助于物质财产方面平等的另一个因素似乎是可用于投资的物品相对短缺。其结果是，对各种物品的需求比在更先进社会中所受的限制要多得多，因为消费性物品的边际效用比投资性物品的边际效用下降得更迅速。在简单园耕社会中始终供应不足的一种东西就是声望。[61] 在这种情况下，积蓄了可观物质物品剩余的那些人，非常有可能放弃这份剩余产品，因为这样做可以使他们获得他们还不够充足的唯一东西——声望。因此，在民族志的报告中常常引证的有着丰富积蓄的酋长、术士和其他人的慷慨行为是不足为奇的。[62]

对于生长在技术先进的社会中的某些人，特别是具有资本主义传统的那些人来说，在许多这些社会中自愿放弃个人财产，似乎是特别不合乎逻辑的做法，似乎是关心他人或明显缺乏常识的表现。实际情况根本不是这样。相反，这是为了使他们从投入的时间、精力和其他资源中取得的报酬最大化，从而精心设计的一种狡黠地追求自我利益的方式。

有几个论点必须加以明确，以便理解这个体系的逻辑。第一，妇女是这类社会可投资物品中一个至关重要的形式。[63] 第二，在这种社会中，存在着一种对等的规范，即以等价的其他礼物偿还所有收到的礼物是一个人的义务。第三，如同在其他社会中那样，在这种社会中，边际效用的原则是可以适用的。

135

第四，在这些人中间，正如在我们中间一样，地位是非常宝贵的东西，追求地位的愿望是不知足的。

在这种情况下，"赠礼节"（Potlatch）模式[64]几乎是不可避免的。[65]人们在消费羽毛、贝壳饰品甚至猪的能力上是有限的，在超出某个限度以外，一个人会发现，他放弃这些东西比保留这些东西可以获益更多，因为这种做法使他既提高了自己的声誉，又使那些不能偿还的人对他负有道义上的义务。[66]然而，妻子则是另一回事。由于她们是一种非常难得和非常宝贵的资本形式，正如资本在我们自己的社会中一样，她们被积蓄起来。所以，成功的人或"大人物"是能够积蓄资本的人，由此保证他自己可以可靠地获得源源不断的消费品，这些消费品可以用来换取声望和势力。高明的企业家用这种方法不仅为自己赢得生活上的有形必需品，而且赢得更加无形的报酬，这样的报酬在那些物质需要已经得到满足的人眼中显得非常重要。

因此，显而易见，这样的行动，虽然在术语上是"放弃"，但是实际上是交换。那些财产富裕的人用他们物质上的剩余产品换取尊敬或声望，后者的供应是没有限制的。这样行动的净效果是在大大增强声望和势力方面不平等的同时，大大减少了物质财产方面的不平等。

在结束这一部分之前，有必要对年龄和性别在分配过程中的作用做一简要考察。总而言之，简单园耕社会的情况似乎与狩猎和采集社会的情况没有很大的差别。男人一般享有略高于妇女的地位，虽然在这方面存在一些差异，其范围从（在某些情况下）几乎平等的社会到（其他情况下）明显的由男人统治的社会。男子的优越性在生活的某些方面比在其他方面更为明显。例如，这种优越地位在政治活动和军事活动方面比在物质财产方面更加显著。然而，甚至在政治活动和军事活动方面，也有许多证据表明，妇女在原始生活中的附属程度被夸大了。例如，也有关于妇女酋长的零星记录。在易洛魁人的例子中，选举酋长的权力几乎全部落入妇女手中。[67]正如在狩猎和采集社会中一样，妇女的地位通常与她所依靠的男子的地位紧密地联系在一起。[68]

关于年龄，在简单园耕社会中，不断增长的年龄通常是一份财富，至少在高龄开始以前是如此。之所以出现这种情况，存在各种原因。然而，其中一个原因是早期童年经验的心理影响。在童年这一易受影响的年龄期间，孩子们在印象上将权威和声望同老一代联系在一起。只要一个年龄较大的人在身体方面和智力方面仍然是强健的，这些童年的印象就有可能还残存着。其结果是，在年长者已经失去了获得尊敬的能力之后，年轻人继续长时间地尊敬他们的长辈。而且，年长一代往往具有组织的优势：对其权威的挑战通常来自某些单独的个人，却往往遇到年长者的联合阵线。因为组织是权力的主要基础之一，他们通常能够非常有效地进行抵抗。最后，年长一代的成员通常是遵守传统的人，因而在传统具有很高价值的社会中，这也是权力的一个主要来源。

分配制度的差异特征

各个简单园耕社会在同一性方面并没有超过狩猎和采集社会或任何其他主要类型的社会。人们只要将新墨西哥州爱好和平的祖尼人与南美洲好战的希瓦罗人加以对比，就可以知道它们之间存在多么大的差别。然而，正如狩猎和采集社会那样，

137　这种社会在分配模式方面的差异程度仅仅涉及人类社会中所有值得注意的变化中有限的一部分。

这些差别作为上述分析的结果恐怕早已是显而易见的了。它们可以总括在以下四个基本标题之下：（1）不平等程度的差别；（2）不平等种类的差别；（3）不平等来源的差别；（4）垂直流动程度的差别。

首先，在不平等的程度上，简单园耕社会之间的差异范围并不大。虽然它似乎比在狩猎和采集社会中的差异范围大些，但这主要是因为简单园耕社会之间差异范围的上限向不平等的方向延伸得更多些。这两种社会的下限并没有非常不同。在简单园耕社会中，在这个不平等程度的下端，例如亚马孙河地区的博罗人或特鲁迈人，不平等几乎完全是由于个人或生物学特征方面的差别。社会很少以任何方式增加这些差别的程度，因此其不平等是最小的。[69] 在另一端也有一些社会，例如得克萨斯州的哈西奈人、新几内亚的库马人或南美洲的鲍雷人，他们不平等的水平是任何真正的狩猎和采集社会难以相比的。

在不平等的程度上，狩猎和采集社会与简单园耕社会之间还存在另一个主要差别。如果我们根据两种社会的不平等的频率分布曲线加以考虑，民族志文献表明，两条曲线均是斜的，但是方向相反。狩猎和采集社会的曲线似乎大大地斜向最低程度的不平等方向，而简单园耕社会的曲线似乎轻微地斜向相反的方向。因此，两者重叠的部分不像它们的差异范围或边界对比上所表现出的那么大。

其次，因为不平等变得更明显，所以它往往在类型方面变得更加不同。正如这一章最初的讨论所表明的那样，在哈西奈人与库马人社会分层系统之间存在着很大差别。前者的政治不平等或政治权威的差别比财产方面的差别要明显得多；而后者，这种关系完全相反。在宗教和巫术的权力、军事勇敢和雄辩技能的价值方面也存在着差别。例如，普埃布洛部落印第安人对宗教荣誉的尊敬大大超过对军事荣誉的尊敬。希瓦罗部落印第安人对两者均给予奖赏。这样的差别是普遍的。

再次，在不平等的来源方面存在着差别。在一些社会中，138 不平等几乎完全来源于生物学方面的差别。尤其对于那些具有最低程度不平等的简单园耕社会来说，这是千真万确的。在其他社会中，社会因素所起的作用则要大得多。有时候这些社会因素仅仅有助于扩大生物学因素的效果。然而，在另外一些时候，它们往往取代生物学因素。这种情况特别有可能发生在社会因素可以继承的时候，正如个人财产或个人职务由父亲传给儿子的情况。

最后，如上所述，在垂直流动的程度方面也存在着差别。一切可以利用的证据均表明，在诸如财产和职务等主要资源的继承处于最低程度的那些社会中，垂直流动的程度是最大的。这些因素的出现有助于稳定不平等的模式并使那些享有权力、特权和声望的人保留住这些东西，将其传给他们的孩子。[70]

正如上文所表明的那样，所有四个可变的特点彼此都是密切相关的。在简单园耕社会中，程度低的不平等往往与不平等种类的最小差异、生物学因素作为最重要的不平等来源，以及最大流动联系在一起。相比之下，程度高的不平等则与不平等种类的最大差异、生物学因素作为最不重要的不平等来源，以及最小流动联系在一起。显而易见，这些关系不是偶然的。

同一社会类型的民族间的这些差别引起了许多关于其产

生原因的有趣问题，而这些问题还几乎未被考察过。似乎我们
暂且能够做到的最好办法就是假定，在对狩猎和采集社会差异
的分析中所提到的那些因素（见第 141 页）在简单园耕社会
中也是同样有效的。显然这是将来值得仔细研究的一个领域。

关键性发展

与园耕社会的出现联系在一起的最主要发展之一是政治首
领地位的加强。正如上一章所述，在狩猎和采集社会中，首领
139　的特权不多，这些人不得不通过说服进行统治。几乎完全不存
在权威，因此专制统治实际上是不可能的。

在大多数简单园耕社会中，首领的特权就大多了。他们常
常穿戴专供他们使用的特殊标志或服装。[71]此外，他们像马纳
西人的酋长那样，常常受到特别的尊敬，他们的臣民只能以非
常合乎礼仪的方式来称谓他们。年轻人在他们面前不准坐下。
或者像阿查瓦卡人酋长那样，臣民在他面前只能低声说话。[72]
在许多方面，简单园耕社会的酋长们都享有专门的特权。例
如，希瓦罗人的酋长们有优先挑选女俘的权利，奇基托人的酋
长们被准予有多个妻子，博罗人酋长们可分到更大、更便于耕
作的田园基地。[73]这些酋长们一般都被免除体力劳动，并且得
到由其臣民供应的物质必需品。[74]在很多情况下，他们得到相
当于税收的收益，分享别人的一份劳动产品。[75]最后，在多数
情况下，他们可以宣战并使其他人承担军事义务，在少数情况
下他们甚至可以终止正在进行的战争。[76]

显而易见，没有一个酋长享有所有这些特权，然而某些酋
长享受其中若干特权。这些权利中的若干权利在一些狩猎和采
集社会中可以找到，而大部分权利则找不到。大部分权利代表

了酋长权威的新要素。作为结果，人们在这些社会中发现了真正的专制政治的最初痕迹。人们记录下来的这种情况并不多，然而它们足以表明，注定要在更先进的社会中产生深远影响的发展已经开始。

这种初期专制政治的最明显证据之一，可见于一位澳大利亚人类学者关于新几内亚东北海岸部落政治情况的讨论中。这位名叫 H. 伊恩·霍格宾（H. Ian Hogbin）的作者说：

> ……大多数首领似乎以公正和审慎的方式行使他们的权力。然而，有一两个首领据说变得趾高气扬，活像其民众的主子似的。例如，多次与人私通的约姆萨（Yomsa）总是向人强索猪，并对所有反对他的人施行妖术。[77]

140

然后他继续说，这样的首领通常迟早会被赶下台。例如，约姆萨就被他的一些亲属诱至海滩一僻静处割了喉咙。这被证明是对这种问题的理想解决办法。在这里，流血复仇的必要性已经消除，因为是约姆萨自己的一位男性亲属动的刀。霍格宾称，在另一个发生类似问题的社区里，整个村落的人都参加了暗杀行动。

这些实例是有趣的，因为它们表明，在简单园耕社会中，程度非常有限的专制政治是可能的，然而情况也表明，如果这个专制首领过分地进行剥削压迫的话，就必然引起反抗，而他对付反抗的手段还不是很有效。首先，他缺乏一个可以依赖的专职幕僚机构，其利益与他的利益联系在一起。其次，武器的全民化和人们普遍具有使用武器的经验加在一起使他在对付崛起的反抗中处于不利的地位（尽管有时候酋长具有特别的巫术权力，可用于维护个人利益）。[78]最后，他所剥削的那些人相互之间不断接触和交往，以至于他不具有更复杂社会中专制首领在对付其反对者时所享有的某些组织优势。所有这些因素加在一起，就限制了专制统治在简单园耕社会中的发展机会。然而，正是在处于这一发展阶段的社会中，最初的步子已经蹒跚迈出。[79]

导致专制统治发端的另一个因素是某些社会用以处理再分配问题的方法。在一些社会中，这个问题是以分散的、非政治的方法解决的，而在另外一些社会中则采用了集中的、政治的解决方法。在前一种情况下，那些能够生产出剩余消费品的人只是简单地举行一个庆典，然后把剩余产品直接分给他们的客人。然而，在其他社会中，酋长起着中间人的作用，财物被拿到他那里进行再分配。[80]如果存在可观的剩余产品，这一中间人的作用就为某个人提供了对他统治下的社会生活进行过分控制的极好机会。如果存在可观的剩余产品，酋长就能够领回其中一些为自己使用，尽管他或许不得不设法使人相信这种做法在某种程度上是为了整个群体的利益，以此来证明他的行动是正确的。如果剩余产品非常少，如同实际上所有简单园耕社会的情况那样，他最多只能免去自己及近亲属参加粮食生产和做其他粗活的负担，除此之外再无别的油水可捞。然而，当剩余产品增多时，酋长就有可能免除其他人维持生计的活动并使他们从事由他指定的工作。假定我们前面关于人性的假设成立，我们就应当预言，通常这种人得到的任务首先有利于酋长，（就是有的话也是很有限地）附带地有利于部落的其他成员。由于剩余产品增多的发展过程仅仅在先进园耕社会中才达到鼎盛时期，对这个预言的验证必须留给下一章节。

注释

1. "horticuiture" 这个字来源于拉丁文 Horti 和 cultura，意思是园田的耕种；而 "agriculture" 来源于拉丁文 agri 和 cultura，意思是大田的耕种。

2. 为了戏剧性地说明恰好这些因素之一的采用能够对一个社会产生的影响，请参见 Ralph Linton 的描述作品 *The Tanala：A Hill Tribe of Madagascar*（Chicago：Field Museum of Natural History，1933）中作为采用灌溉的一个结果的塔那拉人的变化。

3. 非洲园艺家被忽略了，因为他们使用马并且实施冶金术。从墨西哥到秘鲁的大多数园艺家被忽略掉，是因为他们使用马并且实施灌溉，而且常常实施构筑台地和土地肥沃法。这些群体将在下一章中予以考察。

4. Walter Goldschmidt，*Man's Way：A preface to the Understanding of Human Society*（New York：Holt，1959），p. 149

5. John Swanton，*Source Material on the History and Ethnology of the Caddo Indians*，Smithsonian Institution，Bureau of American Ethnology，Bulletin 132（1942），especially pp. 107 – 173.

6. Julian Steward and Louis Faron，*Native people of South America*（New York：McGraw-Hill，1959），p. 350；or Julian Steward（ed.），*Handbook of South American Indians*，Smithsonian Institution，Bureau of American Ethnology，Bulletin 143（1946），vol. III，p. 427.

7. Leopold Pospisil，"*Kapauku Paupuan Political Structure*," in F. Ray（ed.），*Systems of Political Control and Bureaucracy in Human Society*，p. 9；关于加利亚人（The Garia），请参见 C. G. Seligmann，The Melanesians of British New Guinea（London：Cambridge University Press，1910），pp. 58 – 59；关于基瓦罗人（The Jivaro），请参见 M. W. Stirling，Historical and Ethnographical Material on the Jivaro Indians，Smithsonian Institution，Bureau of American Ethnology，Bulletin117（1938），pp. 38 – 41；关于易洛魁人（the Iroquois），请参见 Steward and Faron，p. 350 on the Xaray and p. 258 on the

Paressí; C. Daryll Forde, *Habitat*, *Economy and Society* (London: Methuen, 1934), pp. 251 and 257 on the Yuma and tribes of the American Southeast; and George Peter Murdock, *Our Primitive Contemporaries* (New York: Macmillan, 1934), pp. 304ff.

8. 这是我自己根据阅读人种学和考古学材料做出的估计。可参见，V. 戈登·柴尔德，他称欧洲的新石器时代村庄由 8 ~ 50 个家庭组成，人口为 30 ~ 300 [在 "The New Stone Age," in Harry Shapiro (ed.), Man, *Culture and Society* (Fair Lawn, N. J.: Oxford Galaxy, 1960), p. 105]，或者请参见 H. 伊恩·霍格宾，他称新几内亚的村庄的平均人口数为 200 [*Transformation Scene: The Changing Culture of a New Guinea Village* (London: Routledge, 1951), p. 30]。也请参见 Steward 和 Faron，他们指出，在南美洲的简单园耕社会的人口密度为狩猎和采集社会的 5 倍（请比较他们的陈述，在第 298 页以及第 383 页上）。

9. 默多克（Murdock）给出了这个数字，他参考了易洛魁人的情况，Steward 和 Faron 也参考南美洲热带雨林中的各种民族的情况给出了这个数字（请参见 Murdock, *Contemporaries*, p. 297; Steward and Faron, p. 299）。人口为 1000 ~ 2000 的简单园耕社会的其他实例是十分普遍的。关于美国西南部的印第安人，可参见 Leo Simmons, *Sun Chief* (New Haven, Conn.,: Yale University Press, 1942), p. 10, 或者 Fred Eggan, *Social Organization of the Western Pueblos* (Chicago: University of Chicago Press, 1950), p. 176.

10. Murdock, *Contemporaries*, p. 319.

11. Forde, *Habitat*, pp. 133 – 134.

12. Murdock, p. 297

13. Gunnar Landtman, *The Kiwai Papuans of British New Guinea* (London: Macmillan, 1927), p. 5.

14. 注意考古学家 V. 戈登·柴尔德称以前的新石器时代园艺人与他们的狩猎和采集祖先之间类似的差别是很有意义的。实际上，多瑙河人，中欧的一个简单园耕民族，建造了社区的长房子；与这些房子十分类似，在几千年以后由易洛魁人建造。请参见 Childe, "The New Stone Age," in Shapiro, p. 104。

15. 例如这些建筑物能够如何精心建成和多么令人难忘，请参见塞利格曼（Saligmann）著作中的巴布亚人俱乐部房子的照片，在前引著作中。

16. 两个引证出自 Stirling, pp. 43 和 42。

17. 又一个考古证据指示同一方向。请参见 Childe, "The New Stone Age," p. 107。

18. 关于南美洲, 请参见 Steward and Faron, pp. 304 - 305; 关于北美洲, 请参见 Murdock on the Iroquois in *Contemporaries*, pp. 309 - 311;, 关于新几内亚请参见 Seligmann, pp. 318 - 319 on the Mekeo 关于梅克奥人的描述。

19. 埃尔曼·塞维斯 (Elman Service) 在 *Primitive Social Organization: An Evolutionary Perspective* (New York: Random House, 1962) 中断言,"恐怖政治或心理战, 在部落社会中似乎处于其最高发展阶段"(第 115 页)。他以为, 这是由于部落战争具有必然无结果的性质。这种性质防止决战, 或一个群体被另一个群体有效地征服。

20. 简单园耕社会中"奴隶制"的实行将在以后的章节中详细考察。

21. 关于博罗人, 请参见 Forde, *Habitat*, p. 135; 而关于易洛魁人, 请参见 Murdock, *Contemporaries*, p. 295。

22. Forde, *Habitat*, p. 230. 许多新几内亚村庄也好像长期存在于一个地区。如可参见 Seligmann, p. 228, 他曾指出有些传统可证明有一个村庄曾经在同一地区存在 5 代人之久。

23. 请参见 Irving Goldman, "The Zuni Indians of New Mexico," in Margaret Mead (ed.), *Cooperation and Competition among Primtive Peoples*, rev. ed. (Boston: Beacon Press, 1961), p. 332。

24. Robert Murphy and Buell Quain, *The Trumaf Indians of Central Brazil*, Monographs of the American Ethnological Society, 24 (1955), p. 54.

25. Seligmann, p. 218.

26. Seligmann, p. 218.

27. Murdock, *Contemporaries*, p. 301.

28. Landtman, *The Kiwai*, p. 168.

29. 关于美国西南部的霍皮印第安人, 可参见 Murdock, *Contemporaries*, p. 335。

30. Landtman, *The Kiwai*, pp. 213 - 214.

31. Robert Lowie 很好地描述了南美洲园耕者中间的这些群体, 参见 Robert Lowie, "Social and Political Organization of the Tropical Forest and Marginal Tribes," in Steward, *Handbook*, vol. V, pp. 335 - 339。

32. 尽管哈西奈人有马，但是他们的文化受马的影响的复杂程度，远远比不上真正的大平原印第安人的程度。约翰·斯万顿（John Swanton）曾经写过关于包括哈西奈人在内的卡多族印第安人的专题论文。他写道："哈西奈人由于从事农业以及对更北面的部落进行压迫，从而没有成为地地道道的大平原印第安人。……所有的卡多人原来都从事过林地的耕作，因此我们可以说，实际上他们绝不会成为不同于林地民族的另一种民族，尽管其中一部分人曾一时采用过大平原人的衣饰。"（同上书，第 198 页。）因此，上文所述的政治模式可能多多少少地反映了马对某些区域的影响。但是，这种影响大概是有限的。南美洲的某些部落，例如马纳西人或保利人的证据加强了这个结论。这些部落的情况可以参阅下文。

33. 出自 "Descriptions of the Tejas or Asinai Indians: 1691 – 1722," 由 Mattie Austin Hatcher 翻译，载 *Southwestern Historical Quarterly*, 30 (1927), pp. 216 – 217. 经允许引述。

34. Alfred Métraux, *Native Tribes of Eastern Bolivia and Western Matto Grosso*, Smithsonian Institution, Bureau of American Ethnology, Bulletin 134 (1942), pp. 128 – 131. Steward and Faron 将马纳西人、保利人、莫尤人、帕雷西人和扎莱人诸部落归入酋长国，并且将它们与加勒比海沿岸地区的、较先进的酋长国联系在一起。然而，从技术角度看，它们不够先进，因为它们的耕作既不进行灌溉，又不修筑梯田。实际上，斯图尔德和法龙断言，"在园耕社会，住宅、村落的构成以及某些社会政治的和宗教的特征方面，这些印第安人与亚马孙河流域的民族相似"。简言之，尽管它们处于简单园耕社会与先进园耕社会之间的分界线上，但是它们似乎更应归入前者。

35. Métraux, *Native Tribes*, p. 69.

36. Marie Reay, *the Kuma* (Melbourne: Melbourne University Press, 1959), p. 114. 也可参见 Landtman 关于吉崴人十分类似的情景的讨论：*The Kitcai*, p. 168, 或者 Pospisil 关于考泡库人（Kaupauku）的讨论，p. 11.

37. Reay, pp. 97 – 98.

38. 同上书，第 84 ~ 85 页。另一份来自新几内亚的研究称没有一个男人的妻子有 5 个之多，半数以上的结婚的男人只有 1 个妻子。请参见 F. E. Williams, *Papuans of the Trans-Fly* (Oxford: Claren-

don Press, 1936)，p. 149。

39. 同上书，第 47~48 页和第 161 页。

40. Stirling, pp. 115 – 121.

41. Métraux, p. 130.

42. Alfred Métraux, "The Guaraní," in Steward, *Handbook*, vol. III, p. 85.

43. Julian Steward, "The Tribes of the Montaña and Bolivian East Andes," *ibid.*, p. 528.

44. 可参见 Goldman, p. 313。

45. 请参见 Steward, *Handbook*, vol. III, pp. 85, 355, 419, and 478。

46. "Social and Political Organization," in Steward, *Handbook*, vol. V, p. 345.

47. Métraux, *Native Tribes*, p. 125.

48. 可参见 Seligmann, 第 19 章和第 29 章，以及 Eggan, p. 108 或者 Swanton, pp. 174 and 191。

49. Steward 和 Faron 讨论了这个习俗，它好像在南美洲部落中间是特别普遍的。请特别参见第 253 页、第 256 页和第 302~303 页。正如他们记下的一样，在西班牙人到达之后，为了得到能够卖给西班牙人的俘虏，显然存在着一种某些部落侵略邻近部落的倾向。由于他们在奴隶贸易中的巨大的困难，这些入侵者认为留下他们自己的男性奴隶完成他们自己以前完成的各种各样的经济功能，就得以创造类似于真正的奴隶阶级的东西。关于这个问题的证据绝不能令人满意，这不是一种天然产生的和本土的发展，纯粹是对西班牙人的殖民地化所创造的独特状况的回应。

50. Murdock, *Contemporaries*, p. 305.

51. Métraux, "Guarani," p. 85.

52. Swanton, p. 171.

53. Stirling, pp. 40 – 41.

54. 请参见雷伊，第 114 页。类似的模式能够在许多其他群体中找到。例如，路威说，"在许多部落中（在南美洲），如果惯例上的继任者被认为是不适当的，那么代理人就服务。"请参见 "Social and Political Organization," in Steward, *Handbook*, vol. V, p. 346。

55. 在易洛魁人中间，只有具有一定的扩张的家庭的成员才能变成酋长，然而特殊个人的挑选则被交给家庭。请参见 Murdock, *Contemporaries*, p. 306. 类似的情况在新几内亚的梅克奥人中间也很普遍（Seligmann, p. 346）。

56. 例如，当自己的儿子成年时，马纳西人将酋长之位让与他的儿子。然而儿子首先必须使自己领导战斗部队的权力有效。请参见 Métraux, *Native Tribes*, pp. 128 – 129。

57. 可参见 The Iroquois, Murdock, *Contemporaries*, p. 307。

58. Stirling, p. 116.

59. Reay, p. 116.

60. Métraux, *Native Tribes*, p. 39，也请参见波斯皮西尔（Pospisil）关于新几内亚的考泡库人（Kapauku）的描述，p. 18。

61. 在一些此类社会中，同样短缺的大概还有妻子。

62. 在库马人社会中，例如，名誉和地位通过慷慨地分配财产而得到——除了妇女以外。雷伊说，"正如一个繁荣的民族通过将粮食赠予他人来抬高自己的名誉一样，一个运气好的人通过处理他的贵重物品来抬高自己的名誉"。

63. 这个术语请参见西北海岸的印第安人的有名的典礼，典礼上的高潮是慷慨的礼物分配。

64. 说"赠礼节"模式是"最不可避免的"并不意味着，这种模式需要在任何地方发展成如在西北海岸的程度。

65. 猪也是基本财产的一个主要类型，然而当它们被妇女照料时，它们才是有生产力的；否则它们会在野外生长而对任何单独个人毫无价值，尽管它们大量繁殖。它们也远非处于如此不足的供应中。

66. 在关于新几内亚的考泡库人的著作中，波斯皮西尔证明了下列论点：一个男人的债务人在他的最可信赖的随从中间，而赠予这些不能偿还债务的人东西是获得影响和尊重的最稳定的方法之一（第 21 页）。

67. 关于妇女酋长的例子，请参见 Seligmann, pp. 346 – 347, Swanton, pp. 172 – 173, or Métrauxon the Chiriguano in Steward, *Handbook*, vol. III, p. 479；关于易洛魁人妇女的任务，请参见 Murdock, *Contemporaries*, pp. 306 – 307。

68. 关于妇女在原始社会中的任务的两个重要讨论，请参见 Forde, *Habitat*, pp. 408 – 410 和 Lowie, *Social Organization* (New York：

Holt，1948），pp. 263 - 266。两人指出，妇女的相对地位很复杂，任何试图概括她们的地位之举都会遇到很大的困难，即使是在单个社会中也是如此。正如两人所指出的那样，妇女得到的待遇、她们劳动的特性和程度、她们的合法地位以及社会声望必须全部加以考虑，而她们在一个方面获得被尊重的地位不一定会使她们在其他方面也获得被尊重的地位。

69. 在一些这样的社会中，例如，酋长们被迫像平民一样劳动。可参见 Setward，*Handbook*，在第 I 卷，第 489 页关于卡乃拉人的描述，或者在第 V 卷第 342 页和第 III 卷第 478 页关于赤利瓜诺人的描述。

70. 请参见，例如，雷伊关于库马人的讨论。这个部落中的私有财产和一夫多妻体系让贫穷人家的男孩保持贫穷，富裕人家的男孩继续富裕。显而易见，一个类似的模式存在于权力机构是世袭的任何地方，在马纳西人和莫尤人中也是真实存在的。

71. 请参见，例如，正如塞利格曼所记录的博罗人，第 220～221 页；正如雷伊所记录的库马人，第 114 页；或者梅特劳（Metraux）所记录的赤利瓜诺人，载 Steward，*Handbook*，vol. III，p. 479。

72. 请参见 Métraux，*Native Tribes*，pp. 129 and 53，respectively。

73. 关于依瓦罗人，请参见 Stirling，p. 56；关于赤基突人，请参见 Métraux，*Native tribes*，p. 12；关于博罗人，请参见 Forde，*Habitat*，p. 135。

74. 可参见关于霍皮人（Murdock，*Contemporaries*，p. 336）；关于马纳西人、保利人和帕雷西人（Métraux，*Native*，pp. 129，69，and 165，respectively）。

75. 关于马纳西人和帕雷西人，可参见 Métraux，*ibid*。

76. 请参见，例如，对哈西奈人酋长的战时权力的叙述是依照一位初期罗马天主教传教士的记载（Stirling，p. 191）。关于媾和的权力的例子，请参见 Seligmann，p. 58。

77. Hogbin，pp. 144 - 145. 经允许引用。

78. 在这方面重要的是，了解巫术实际上在原始社会中是非常有用的，由于人们几乎普遍地信仰巫术的功效。人类学的记录非常清楚地证明许多原始人被巫术杀死。

79. 在人种学报告中有若干这种倾向的其他迹象。例如，斯万顿（Swanton）写道，卡多族人的酋长经常在采取行动以前遵循将村庄的老人召集到一起进行商议的习惯，然后着手去做他们要求做的事情，尽管酋长们是最优秀的（第 172 页）。南美洲塔卡南人的情况则是，普通百姓被迫为他们的酋长艰苦地劳动（Métraux, *Native Tribes*, p. 40）。保利人显然认为延续某些老人提醒酋长的职责的做法是必要的，他们似乎倾向于滥用权威（同上书，第 69 页）。

80. 例如，关于新几内亚的寇伊塔人，可参见 Seligmann, p. 54。

第七章　先进园耕社会

国王不应该和他的兄弟一起进餐，以免被他们毒死。

——祖鲁谚语

最初的先进园耕社会出现于何时、何地，至今仍然是一个未得到回答的问题。根据手头现有的证据，它们似乎最早于6000年前出现在中东地区。[1]然而，对于我们的研究目的来说，这一点的重要性远远不如这种类型的社会后来通过传播或独立出现在五大洲这个事实的重要性大。

尽管早在很久以前，先进园耕社会在世界上许多地方就被农业社会所代替。然而，它们在若干地区仍旧存活到现代。因此，这就提供了机会，使一些人能够通过直接观察这种社会的日常生活而记下其见闻。在某些情况下，这些观察者甚至是训练有素的人类学家或民族志专家。这种情况主要存在于对撒哈拉以南非洲地区的先进园耕社会所进行的观察中。而在新世界，从秘鲁到墨西哥的那些先进园耕社会中，则缺乏由训练有素的观察者所写的报告。因为早在四个世纪以前，当西班牙征服者征服拉丁美洲时，这些社会就被成功地消灭了。虽然如此，还是有许多早期西班牙探险家、传教士和官员们留下了文献证据，这些东西至少能使人们清楚地了解大多数这种社会的基本特征。

因此，我们关于先进园耕社会的分层分析必须主要以在撒哈拉以南非洲地区发现的那些非穆斯林的先进园耕社会为基础，以避免因过于广泛的传播而造成的这种社会的复杂化。[2]在较低的程度上，我们也可以根据来自南美洲、中美洲以及考古记录的证据，尽管这种来源主要是用于检验由非洲证据所得出的通则。

这些限制并不像它们最初可能显示的那么严重。首先，在非洲存在着数量很多的先进园耕社会，它们分散在各种各样的自然环境中。因此，我们的调查并没有被限制在处于非常同质的环境中的少数社会。其次，在过去几十年间，对这些社会的研究在数量上大为增加，在质量上也提高了。因此，尽管可以采用的资料不像人们希望的那么广泛，但是它们似乎足以为我们的目的服务。

先进园耕社会的共同特点

当人们将撒哈拉以南非洲地区的先进园耕社会与北美洲、南美洲或新几内亚的简单园耕社会加以比较时，很快就发现许多显著的和重要的差别。这些差别开始于技术领域并几乎扩展到生活的其他各个方面。

144

正如我们已经提到的那样，简单园耕社会中基本的耕作工具是掘棍。例如，在博罗部落中，"同样的工具被用作铲、锄和耙"。[3]相比之下，非洲园耕社会的成员几乎无一例外地使用各式各样的金属锄。正如英国人类学家福德所叙述的那样，这样的锄"远胜过（简单园耕社会成员们的）掘棍，人们使用这种工具时，地被翻得更深"。[4]这在不使用肥料而很快耗尽表土中养分的社会中具有重大意义。

金属也可以用来制作其他各种工具，以便提高它们的效率，对于斧子和刀等工具来说更是如此。如果这些工具是用石头来制造的话，它的锋刃会很快变钝。金属也提高了武器的效率和杀伤力。

非洲的先进园耕社会还拥有超过简单园耕社会的其他优势。因为它们靠近强盛的文明中心，非洲园耕社会的成员能够得到起源于遥远地方的食用植物。例如，当第一批葡萄牙探险家到达时，香蕉、芋头和马铃薯已成为大部分西非海岸地区的主要作物，它们显然是从东南亚输入的，并早在一千多年以前就已传到东非。[5]根据一位权威人士的说法，"非洲人种植了人类已知种植植物种类的大约 9/10"。[6]当然，这其中有些是由于近代欧洲的影响，而且任何一个社会都只拥有其中的一部分。虽然如此，非洲的先进园耕社会拥有的种植植物种类通常比北美、南美或新几内亚的简单园耕社会拥有的种植植物种类要多得多。

多样性在任何社会中都是一大财富，这有两个原因。首先，由于不同的农作物需要不同的条件，所以不同种类的土壤或土地区域都可以被利用起来。其次，由于这有助于农作物的轮作（不管是有意识还是无意识进行的），所以能够保证一块土地的持续使用。在这两种情况下，粮食产量都增长了。

在新世界，尤其是在印加人的社会中，先进园耕社会在技术方面的优越性再一次明显地得到证实。印加人在粮食生产方面的最大成就也许就在于灌溉和修筑梯田方面。为了能够最好地利用水利资源，他们修建了由运河和沟渠组成的庞大系统。这个系统不仅服务于整个峡谷，而且在某种情况下将水引向一些邻近的峡谷。有一条运河长达 75 英里，与之连接的一条输水管道，其土方工程有 4/5 英里长、50 英尺高。此外，这些人在数千英尺高的山坡上修筑梯田，并且长途跋涉到海岸取鸟粪来给田地施肥。[7]

先进园耕社会在技术方面的优势也可以从他们使用的工具上看出来。例如，印加人既使用塔克拉（taclla），又使用兰帕（Lampa）。前者是一种原始犁，长度大约 6 英尺，既有一个脚架，又有能起更大的杠杆作用的肩架；它的尖端常常用青铜制造。[8]兰帕比起现代的锄更像一种老式的弯斧；它用于弄碎土块、清除杂草和一般耕作，它也有一个青铜制的刃。

在加勒比海沿岸地区和墨西哥，粮食生产技术的发展程度不像在秘鲁那样高，然而就是在这些地方，人们也发现了灌溉（系统）、梯田和施肥现象。[9]这一地区的最大成就大概是奇纳姆帕（chinampa）或浮动菜园*，这是阿兹特克人开发的一种园耕制度。

现代工业社会的成员非常容易低估此类发展的重要性。详细的研究表明，由狩猎和采集变成园耕，以及园耕技术方面的进步，使人类社会中的革命性变化成为可能。这种情况的最好说明来自对尤卡坦（玛雅人的故乡）的农业调查。这是在若干年前卡内基研究所（Carnegie Institution）着手进行的调查。这项研究表明，普通的玛雅族谷物种植者采用传统技术，能够以 48 天的劳动生产出足够供应一家人全年食用的粮食。[10]即使再花上另外的 48 天劳动来供应他一家人的其他基本需要，也清楚地表明，玛雅农民有相当多的闲暇时间来从事其他活动。正如一位玛雅学研究者已经指出的那样，正是这样的剩余时间使得他们能够建造著名的玛雅金字塔、庙宇、宫殿、柱廊、球场、舞蹈舞台、庭院、街心广场和人行道。[11]他本来还可以补

146

---

* 在湖泊中的筏上铺土建成。——译注

充指出，这样的剩余时间还使在全世界的先进园耕社会中频繁看到的国家扩张和战争成为可能。

可以指望，这些技术进步对人口统计方面也产生了影响。地域扩张和密度增大使社会的扩大成为可能。正如在上一章中所看到的那样，简单园耕社会的人口很少扩大到 1.5 万人以上，一般远远不足这个数目。在先进园耕社会中，其上限至少增长 200 倍。例如，印加王国的人口在西班牙人到达时，估计为 400 多万；19 世纪玛雅人的数目，据人们估计，为 300 万。[12]甚至一个较落后的群体奇布查人（在今天的哥伦比亚）在被西班牙人征服时，其人数估计也有 30 万。[13]在非洲，似乎没有一个园耕社会达到过前殖民时代印加社会和玛雅社会的规模。但是，其中许多园耕社会的人口，显然达到了 10 万或 10 万以上，少数园耕社会的人口甚至迈过了百万大关。[14]

这种增长潜力在某种程度上直接反映了农业技术的进步使人口密度的显著增大成为可能。我们发现，在许多先进园耕社会中，其人口密度都为每平方英里 100 人或 100 人以上。1931 年人口调查数据表明，尼日利亚伊博地区的人口密度为每平方英里 260 人，某些地区的数目甚至更高。[15]

然而，从主流上看，先进园耕社会的规模大体上反映了人类事务的新的重大发展，从人类在经济发展方面第一次达到建立起帝国的水平这一点上，可以明显地看到这种发展。在简单园耕社会及狩猎和采集社会中，要建立帝国似乎是不可能的。首先，这些社会的资源不足以建立必要的军事机构和政治机构。另外，由潜在的弱势群体所生产的剩余产品太少，以致不能支持这种努力。因此，这些社会之间的冲突只限于入侵和抢掠。

随着先进园耕社会的出现，野心勃勃和好战的民族建立对

147

其他群体比较持久的统治，变得既可能又有利。经济上的剩余产品数量已足够大，以至于可以支持必要的军事机构和政治机构，支持实现这种努力所需要的费用。作为帝国建立这一过程的结果，具有不同文化传统的民族，往往被带入单一政治制度的系统当中。

有许多迹象表明，今天撒哈拉以南非洲地区的大多数大社会都是以这种方式发展起来的。例如，福德在关于尼日利亚的约鲁巴人（该地区人口最稠密的群体之一）的著作中指出，"几乎毫无疑问，约鲁巴国是通过军事扩张建立起来的。今天约鲁巴语系民族是采用了其征服者的语言和风俗的臣民群体的后裔"。[16]在新世界，普遍存在着类似的情况。在西班牙征服者到来之前的一个世纪，印加人似乎曾经是一个非常小的和无足轻重的群体。然而在那个世纪期间，他们征服了许多其他民族，这些民族在文化上和政治上迅速地被同化。[17]因此，在两大洲，征服和帝国的建立都是社会发展和扩张的重要因素。

正如这些实例所表明的那样，早在同欧洲人进行接触之前，在非洲和美洲园耕社会的许多地区中，政治组织就已经达到相当高的发展水平。面积为数千平方英里的国家由强大的中央集权权威进行统治。在某些地区建立了一些朝代，它们延续了几个世纪。[18]一位杰出的人类学家在论述这些国家的著作中断言，"在其政治机构的严密性方面和在运用社会机构使政治结构得以稳定的技能方面，它们远远超过了16世纪以前的任何欧洲国家"。[19]尽管这种说法显然是夸大其词了，但至少说明，它们能与中世纪早期相应的欧洲国家相媲美。

绝非所有的非洲园耕社会都用各种手段建立帝国。然而，没有建立帝国的那些园耕社会往往成为那些建立帝国的园耕社会的牺牲品。因此，在与欧洲人接触并受其统治以前，撒哈拉大沙漠以南的非洲园耕社会的大多数人口，似乎要么是扩张主义国家的成员，要么是扩张主义国家的臣民。虽然如此，但也有一些人避免了这种命运。所以，如果设想所有先进园耕社会都是这一种类型，也是不对的。这是先进园耕社会之间主要的差异特征之一。

当异族被先进园耕社会征服和吞并后，这些民族并非一定会丧失自身的特性，也并非一定会被消灭。相反，它们往往作为独特的子单位而存在于主体社会中。这种过渡往往非常容易、非常自然，尤其是在那些保持以门第为基础的差别的社会中。在这样的社会中，一个新近被征服的群体，或一个被要求归附（一种并非罕见的做法）的群体，有可能仅仅变成另一个氏族或次级群体，并常常保留它自己的内部组织。这一情况显然已经发生在中非东部的阿赞德族部落和南罗得西亚*的恩德贝勒族部落中。[20]在其他许多非洲社会中，据称氏族或其他次级群体集中在某些地区。这一情况有力地说明，在帝国建立的时代以前，它们就是自治的地方群体。[21]

在新世界，证据不这么明显，这主要是因为先进园耕社会很早就瓦解了。虽然如此，还是有足够的理由认为，在印加人和阿兹特克人中大多数身份较低下的"氏族"都是曾经独立的民族的后裔。[22]

许多比较富于侵略性和扩张性的国家都包括一些少数民族，它们甚至到今天仍然仅仅是部分同化的，例如贝专纳**北

---

　　*　现名为津巴布韦。——译注
　**　现名为博茨瓦纳。——译注

部的恩瓜托部落的人口为 10.1 万，其中包括 1 万名布须曼人，2.3 万名卡拉卡人，1000 名赫雷罗人，1000 名罗策人和 700 名耶伊人。其中没有一个是像恩瓜托人的南班图人，所有这些少数民族在语言和风俗方面都彼此不同，同时也不同于恩瓜托人。[23]非洲和新世界的其他许多地区也有类似的实例。

社会和种族群体的疆界也在发生分化，因为征服国自身有时候也会经历分裂或破碎，所以就导致群体分裂成一系列较小的公国或王国。在社会发展的这一水平上，中央集权权威常常觉得，防止较边远省份的分离运动是不可能的。

有时候，这两种趋势，即征服和分裂，在单独一个部落群体中都是明显的。例如，根据资料，"在赞德国（Zande）的周围有许多群体只是部分地'赞德化'，其他群体则保留了自己的文化和语言"。[24]与此同时，阿赞德民族本身分裂成相当多的小王国，颇像许多欧洲民族在中世纪时所分裂成的小王国。

国家的发展似乎对先进园耕社会中的社区产生若干重要的影响。首先，它有助于扩大作为国王首府的社区的规模。这些社区中的许多居民依靠整个土地的经济剩余产品过活。因此，这些社区的发展不受它所拥有的地区资源的限制。奥德丽·理查兹（Audrey Richards）称，在 20 世纪 30 年代本巴族部落的酋长们居住的村庄一般有 300~400 个茅舍，在此以前"显然还要多得多"，而其他村庄则只有 30~50 个茅舍。[25]在非洲其他地方，特别是在尼日利亚，作为建立帝国的结果，出现了更大的社区。例如，早在 15 世纪，一位葡萄牙探险家就称，曾经是贝宁城的港城的瓜托有 2000 人，他认为贝宁城本身会大得多。[26]一个多世纪以后，一个荷兰旅游者以如下的语句描写贝宁城，这更加减少了人们对其规模的怀疑：

当你进入该城时，仿佛觉得该城很大。当你进入一条宽阔的未铺路面的街道时，它似乎比阿姆斯特丹的瓦默斯街（Warmoes street）还要宽 7～8 倍；街道笔直，毫无弯曲，我和马特厄新·科尼利森（Matlheus Cornellson）住在这里，从城门到这里至少要走一刻钟，在这里我们还不能看到这条街的尽头；然而在我目光所及的尽头看到了一棵又高又大的树，人们告诉我，这条街还长得多。然后，我同一位荷兰人交谈，他告诉我，他曾远远地走到那棵树的跟前，但是还看不到这条街的尽头……以至于认为除了郊区以外的部分，这条街的长度有 1 荷兰里（1 荷兰里大约等于 4 英里）。[27]

甚至在 18 世纪，在贝宁进入衰退期之后，一位英国观光者还称，"贝宁城区又大，人口又稠密，居民大概有 1.5 万人。"[28]

然而，贝宁是在过去一千年间在尼日利亚南部作为小王国首都而繁荣一时的若干城市之一。那时，它们所具有的规模仍然不是我们能想象出来的，然而，许多文献表明，在欧洲人到来以前，这些城市的人数为 2 万或 2 万以上。在现代西方技术带来转变之前，这些社区大概是撒哈拉大沙漠以南的非穆斯林非洲地区中发展起来的最大的社区，而其他王国则广泛地分布在从几内亚沿岸到南非的地区，这些王国的首都似乎往往有几千人，或许更多。[29]

在新世界的先进园耕社会中，都市化趋势也不逊色。甚至在最不发达的地区，例如加勒比海沿岸地区的酋长国，据称，也有人口达到 3000 人的城镇。[30]马雅潘（Mayapan），玛雅王国的首都，被认为有 2 万人以上，柯特斯（Cortes）估计，特斯科科（Texcoco）——哥伦布发现新大陆以前的墨西哥的主要城市之一——有 3 万人。[31] 阿兹特克王国的首都特诺克蒂特兰和印加王国的首都库兹科似乎更大。西班牙官员称，前者有 7 万～10 万户，后者有 10 万户。然而，这两个说法几乎都夸大其词了。虽然人们也许永远无法知道它们的确切规模，但这两个城市肯定会给 16 世纪的欧洲人留下深刻的印象。

先进园耕社会中的社区往往比简单园耕社会中的社区更持久。这多少是由于农业技术的进步使人们有可能在较长时期里使用同一块土地。例如，金属锄可以把土地翻得更深，抵达用简单的掘棍所无法触及的养分层，从而有助于更换耗尽肥力的土壤。同样重要的是，农作物轮作方法的发现，减缓了土壤肥力消耗的速度。这就使人们可以更长时期地连续使用土地。例如，赫斯科维茨称，在达荷美[*]，人们精心耕作田地，连续不断地耕作 15～20 年屡见不鲜。[32] 在干达，据记载，那里保持有相当高的耕作水平，一些地区的土地在农作物轮作制度下可以被持久地使用。[33] 新世界的某些先进园耕社会部落在土地灌溉、修筑梯田和施肥方面似乎也已达到这种程度。

使某些社区能够更加持久的另一个因素，是王国和帝国的发展。正如我们已知的那样，这些国家首都的居民，至少部分免除了由本地区供应他们物质必需品的需要。在某种程度上是这样的，对本地资源的消耗降低了，久居的可能性就增大了。

在职业专门化方面，简单园耕社会和先进园耕社会之间的差别甚至更加明显。在后者中，可以见到数量和种类多得多的

---

[*] 现名为贝宁。——译注

专门人才。正如许多其他比较那样，虽然存在着某种程度的重
叠，但这两类社会的上限是泾渭分明的。

显然，在职业专门化的发展方面，一个最重要的因素是国
家权力的发展。所有较大的和较强的王国都需要一个拥有许多
官吏和士兵的复杂的统治系统。例如，17 世纪末的一位可靠
的英国观察者称，达荷美的国王光是收税官就有 1000 名。[34]其
他类别的官吏甚至更多。

在最大的和中央集权程度最高的国家中，通常可以发现由
3 ~ 5 个层次的官吏所构成的等级体系，从最高层的国王直到
最底层的地方村庄首领。[35]这些官吏中的每一个人，尤其是处
于较高层次的官吏，在其周围都有部属，包括多种多样的专门
人员——术士、祭司、收税官、顾问、军官、普通士兵、数以
百计的妻妾、护卫太监、各种优伶和技能超群的工匠。在一些
社会中，专职工匠仅能在国王的宫廷中找到。而各种各样的工
具、武器和普通人所需要的其他物品，要么靠自己制造，要么
由兼职专家制造。[36]这再一次表明了政治发展在促进职业专门
化发展中的影响。

与诸如印加、阿兹特克、达荷美和干达等政治进步的群体
形成对照的是像北罗得西亚*高原的汤加部落等其他群体。这
些群体就职业专门化的水平看来，非常类似于比较先进的简单
园耕社会。在这些民族中间，直到最近，专业化只限于少数几
个方面的临时工作。[37]同样地，据称在非洲东南部的斯瓦齐部
落人，"对个人才能的某种认识导致了在预期每个人都必须具
备的一般技能范围内有限的专业化。因此，少数男人专门从事

152

---

*　现名为赞比亚。——译注

鞣制皮革、雕刻盾牌和雕刻工作，少数妇女专门制造篮子和陶器"。[38]这一切都是兼职。唯一不带有宗教或政治特征的专职职业是金属锻造。在斯瓦齐部落中，就像在非洲的大多数民族中一样，这是非常受人尊重的专门职业。

正如所期望的那样，先进园耕社会中商业贸易的规模与职业专门化的程度紧密联系在一起。在那些专业化高度发展的社会中，也存在着大量的贸易。事实上，在这样的社会中，人们发现了定期进行交易的、有组织的市场的发展，这些市场由官员们进行监督和管理。甚至出现了货币流通体系和买卖货物专业化体系的开端。[39]另一个极端情况是，在专业化程度很低的社会中，贸易是有限的。正式的市场、统一的流通和经纪人则完全不存在。

限制非洲和新世界的先进园耕社会中商业贸易发展的一个因素，是运输的原始性质。例如，轮子在这两个地区都鲜为人知，也缺乏拉车的牲畜。人们缺乏驮兽，只是在印加人中不是这样，他们使用了美洲驼。虽然许多非洲部落都有牛，但是这些部落从没有把它们用作驮兽。同样，虽然早在与欧洲人接触以前，马就从北非输入到苏丹和尼日利亚，但是对马的使用似乎完全限于军事行动。

由此得出结论：除了在印加社会以外，所有必须由陆路运输的货物均依靠搬运工人的背和头来进行运输。[40]虽然货物搬运工人能够长距离地运送 50 ~ 100 磅货物，但是他们的大部分劳动都用在运送自己的粮食上，由此可知，这就减少了运送货物的净重。[41]

在大多数先进园耕社会中发现的最有力的运输工具是独木舟。不幸的是，往往缺乏可以航行的河流。

人货运送技术的落后也具有重要的政治意义。第一，因为贡品和租税通常采用物品的形式，而运输物品的费用直接因路程的远近而不同，所以通过征服遥远地区而获得的纯利可能会受到限制。[42]第二，因为运送人和物品非常困难，所以国王觉得，对其边远省份保持有效的控制是极其困难的。因此，运输的原始性是造成不断发生反抗中央集权权威的暴动和帝国屡次崩溃的一个主要因素。[43]

分配制度简介

不论对简单园耕社会和先进园耕社会做什么对比，都会看到一个显著的特点，即在那么多的先进园耕社会中，社会不平等都得到了显著的发展。在非洲的许多先进园耕社会中，不平等所达到的水平远远超过曾在技术较不发达的社会中所看到的任何情况。这种对比是如此鲜明，以至于看起来仿佛是跨过了某个门槛，而展现出了一种全新的可能性。

在某些这样的社会中，人们发现，某些个人实际上被当作神，并因此受到相应的对待。例如，在达荷美，就连国家最高级的大臣们，当国王劈头盖脸地臭骂他们时，也不得不摇尾乞怜。[44]在国王的面前，没有一个人能够盖着肩膀，穿着凉鞋或戴着帽子。在他面前没有一个人能够坐在凳子上；如果他们坐着，就一定是坐在地上。国王拥有成千个收税官，这个事实表明，他的财产是巨大的。在理论上（虽然不是在现实的实践中）他被视为国内所有财产的拥有者。[45]在他的国土上的任何妇女，只要他喜欢，不管结婚与否，他都能够带走，送入他的王宫。谁也说不清国王后妃的确切数目，主要是因为这个数目非常大。但是，数百个是至少的，也许有两千人之多。[46]国王

154

甚至可以与血亲通婚，而这种行为对于除了王室以外的所有人都是绝对禁止的。[47]在战争中被捕获的所有俘虏均成为他的奴隶。[48]以他的部下作为中间媒介，国王"对他的领土内所发生的各种事情保持着严密的控制"。[49]例如，他控制着对所有公共事务官员的任命权，只有经他批准，氏族首领甚至较大家族群体的首领才能够承担他们的职务。他对各种各样的宗教群体也施加很大的影响，所有财产的继承也要由他认可。最后，他手中还握有对其臣民的生杀大权，而那些惹他恼怒的人，甚至包括王室成员在内，都会被卖为奴隶或处死。[50]

虽然国王享有最大限度的权力和特权，然而他的主要大臣和部下也分享某些权力和特权。例如，统治着各个省份的首领，虽然在国王面前是低声下气的，但在他们自己的管辖区域内行使着专制权力。正如一位作者所说明的那样，"在宫殿外面时，这些高贵的统治者期望平民百姓跪下、磕头、在他们的面前拍手喝彩，好像他们是国王一样"。[51]每个人都维持着自己的朝廷和后宫，他们的朝廷和后宫在本质上是按比例缩小的国王王宫复制品。

在远离这些高贵人物的另一端，有成员数量多得多的奴隶阶级。[52]这些奴隶没有合法权利。大多数奴隶被赶到国王的殖民地。在那里，他们必须在监工的监督下长时间地辛苦劳动。监工的任务就是从田地里得到最大限度的收成。另一种奴隶就更加不幸了，他们的功能是被用作各种宗教仪式的活祭。例如，每天早晨，国王派遣两个这样的不幸者作为使者，到他的祖先那里去表达他对在地球上被唤醒、开始新的一天的感谢。[53]

在撒哈拉沙漠以南地区的所有先进园耕社会中，达荷美虽然不是典型的，但是它在许多存在着中央集权统治制度的社会中是相当有代表性的。在大多数这样的社会中，统治者被视为神仙或半神半人，他们是人们极为尊敬的对象，拥有庞大的财产，掌握着巨大的权力。[54]他们坚持要索取臣民的时间、精力和财富，并强行这么做。臣民们通常必须交出他们生产的全部财产中的一大部分，此外，他们通常还有从事劳动和承担军事任务的义务，而劳动和军事任务的成果主要由国王得到。[55]有时候更有势力的非洲王国的统治者要求索取他们人民几乎全部的经济剩余产品。

　　非洲先进园耕社会的一个显著特点就是，无论在什么地方，只要政府机构的发展超过地方村庄自治的发展水平，它们就往往倾向于共同的模式。迈耶·福特斯（Meyer Fortes）几乎在一代人以前就在他对非洲政治制度的独创性分析中要人们注意这一情况。他认为，撒哈拉以南地区的政治制度可以分为两种基本类型。第一种，他称之为 A 组，包括"拥有中央集权的权威、行政机关和司法机构（简言之，拥有一个政府）的那些社会。在这些社会中，财产、特权和地位的划分与权力和权威的分配相对应"。[56]第二种，B 组，包括仍然残存着地方村庄自治的所有部落。福特斯指出，这包括"那些缺乏中央集权权威、行政机关和被任命的司法机构（简言之，缺乏政府）的部落，在这些部落中没有等级、地位或财产的明显划分"。在第二组中，亲属体系完成大多数必要的政治功能。[57]

　　最近乔治·彼得·默多克（George Peter Murdock）壮志满怀地对非洲的所有民族进行了一次民族志的调查。这次调查让他得出与福特斯极其相似的结论。正如他指出的那样：

埋头研究非洲资料的专家们通常看出，在不同地区的复杂的政治制度之间存在着很大差别。对于调查过另一个大陆的情况之后再来研究这个题目的现代作者来说，基本特点乃至外部形式极为相似，相比而言，这样的差别似乎只是表面性的。……几乎可以说，专制政治结构的观念模式已经渗透在撒哈拉大沙漠以南的非洲所有地区，它作为传统的口头文化的一部分而代代相传。一旦出现了某个具有想象力、进取心和力量的人，并且由他掌握权力后，这种观念模式就会变为现实。这个人借助其亲属的帮助，可以建立一个不受当地社区限制而凌驾于人民之上的王国。[58]

默多克于是列出了 18 个特点，他所提到的大多数特点可以在（除了一些受到加拉人和与之相邻的埃塞俄比亚南部一些东库希特人的影响的东非国家）非洲所有高度发达的国家中找到。这些特点构成了被默多克称为非洲专制主义的政治制度的基础：

1. 君主专制。每个国王或独立的最高首领享有绝对的权力，至少在理论上是如此。

2. 土地征用权。国家的一切土地、牲畜和飞禽走兽在理论上均属君主所有，这就为他有权享有这些方面的收益提供了基础。

3. 王权神授。或者统治者自己是神圣的，或者他个人享有唯一获得统治机会的神圣权力。

4. 礼仪上的与世隔绝。除了一些随从和亲密的人以外，国王与所有的人不做身体的接触。他常常秘密进食或必须由别人喂食，或者他的脚不能触地，或者用帘子将他遮住，因为他的目光被认为是危险的。

5. 职务的标志。帝王地位的标志是掌有独特的王权之宝，其中通常包括王座、鼓和动物尾巴。

6. 首都。统治者与他的随从和大臣住在首都。一般每个新的君主都要找一个新的首都，或至少要确定一个新的王宫。

7. 帝王的宫廷。君主拥有一个齐全的宫廷，包括侍童、卫兵、娱乐优伶、私人随从、宠爱之人、各种执行专门功能的内侍。

8. 礼仪。宫廷中的行为遵循着礼仪的详细规则。其中，在君主面前匍匐跪拜是一种几乎到处都通用的礼仪。

9. 后宫。统治者的周围常常有许许多多的妻妾。　　158

10. 王后。在大多数帝王宫廷中，一位太后、一位王后和王后的一位姐妹，或者这三个人中至少二人享有特权，甚至有时候表面上超过国王本人。她们通常享有独立的地位，并且常常行使某种政治权威。

11. 地方官僚机构。为了进行行政管理，每个国家都划分成省、区和地方社区等地方行政系统，每一级都设有行政官员，他们负责维持秩序、收集并传送租税，以及征集军队和劳役。甚至在官僚职位是世袭而不是任命的地方，它们的当权者也坚定地服从中央的权威。

12. 大臣。国家的许多大臣总是住在首都，作为行使中央权威的统治者的助手，其中最主要的大臣组成最高顾问委员会。他们各自有着不同的职能，例如，一位首相或内阁总理、一位军事统帅、一位王室事务大臣、一位皇家陵墓管理大臣、一位王子和公主的监护人。

13. 大臣任务的二重性。大臣们几乎普遍地将其在首都的专门职能与在地方组织中作为省一级地方长官的职务结合在一起。

14. 官衔。非洲国家的特点是大量授予官衔。尽管一些（或多数）官衔是世袭的，然而总有大量的官衔可以由君主授予，以作为对王室服务的报酬，为了获得这些官衔，竞争常常是激烈的。

15. 安全防范。为了防止宫廷革命的发生，国王的弟兄——最可能的篡权者——可能被处死、被弄瞎眼睛、被监禁或被赶出首都。为了防止各省发生叛乱，地方长官通常不由具有王室血统的人来担任，而是由无法获得王位的人来担任，例如，由平民、升级的奴隶、太监，或者在继承权为父权制的地方由姐妹的儿子担任。

16. 选举继承制。虽然统治者常常指定一个假定继承人，甚至授予他行政上的权威，然而王权的继承几乎从来不是自动进行的。决定权通常掌握在具有宪定选择权的大臣委员会手中，他们有服从或拒绝先王意愿的自由。继承权常常定期从王室血统的一个分支转换到另一个分支。

17. 无政府的空位期。因为始终存在着不止一个具有强大支持者的候选人，所以在选举人一致同意一位继承人以前，可能不可避免地会出现大量的政治花招，时间为几天甚至几周，通常介于一个国王的逝世与下一个国王的择定之间。在此空位期之间，法律放宽，社会动荡，并且往往由于竞争对手的党羽使用武力而更加严重。

18. 用活人作祭品。在许多黑人国家中，国王的葬礼伴有
159 活人祭品，有时候竟大规模地进行。[59]

人们不可能确切地说出在非洲园耕社会的民族中百分之多

少属于 A 组社会，百分之多少属于 B 组社会。然而，在默多克调查的基础上，似乎65％左右的人口属于前者。[60]

非洲先进园耕社会的民族和新世界先进园耕社会的民族之间没有进行过文化接触，尽管如此，在政治组织的类型方面存在着明显的相似情况。默多克对非洲主要国家的特性描述多半适用于新世界的主要国家，诸如由玛雅人、阿兹特克人和印加人建立的国家。主要的差别似乎涉及次要的特点，诸如君主在礼仪方面的隔离，太后、王后或王后姐妹地位的提高，来自王室男性亲戚的威胁，首都的迁移，无政府的空位期；所有这些特点，尽管在非洲很显著，在新世界却很少。[61]但是这些差别远远不能抵消在更基本方面的明显相似性。例如，在新世界，先进国家的统治者被视为半神半人，并受到如此的对待。[62]他们享有巨大的权力和特权，他们的臣民不得不表现出极大的尊敬。[63]他们拥有一个由大臣、廷臣和官吏组成的复杂而庞大的随员队伍，这些人努力使统治者的一切命令得到执行，他们形成了与平民大众分离的一个特权阶级。[64]相似的情况甚至包括了活人作祭品的广泛实行（虽然印加人似乎已放弃了这种做法，可能是因为当帝国变得辽阔之后难以得到异族牺牲者的缘故）、皇家后宫的存在和选择制的继承权的实行。

在新世界，正如在非洲那样，存在着政治发展程度方面的种种差异。不是所有的社会都达到了印加人和阿兹特克人，甚至玛雅人和奇布查人的水平。在大多数加勒比海沿岸地区的酋长国中尤其如此。[65]正如在非洲那样，政治发展方面的差异与社会不平等在性质和程度上的种种差异紧密相关。实际上，在处于先进园耕社会发展水平上的社会中，政治制度和亲属体系的分离及由此所导致的国家发展，是使社会不平等明显化的必

160

要前提，这似乎是一项基本原则。作为这一情况的必然结果，我们可以补充说明：在处于这一经济发展水平上的 A 组社会中，个人和家庭的权力、特权和声望首先是他们与国家关系的一个结果。简言之，政府机关是解决在此水平上的社会中分配和分层方面主要问题的关键。

造成在政治发展和不平等方面差异的原因

在我们着手进行分析以前，最好先停下来问一问，为什么一些先进园耕社会出现了福特斯和默多克所描述的那种中央集权的政府，而其他先进园耕社会却没有。不幸的是，这个问题还没有广泛地得到应有的注意。当然，在社会学和人类学的著作中有许多都提到国家的征服理论，并且存在着大量证据用以说明，事实上撒哈拉以南非洲地区更加高度发展的政治制度是以这种方式发展起来的。但这也没有回答，为什么一些群体从事征服的事业，而其他群体不这么做的问题。

在上面引用的第一段引文中，默多克提出，决定性的因素可能在于是否存在一个具有必要的想象力、进取心、力量、运气和家庭关系的个人。尽管人们不能怀疑这的确是一个因素，但这似乎不可能是主要因素。因为这些非洲国家得以发展的技术基础几个世纪以来已经存在于大陆的大部分地区。人们难以相信，在那些不够发达的制度始终未被取代的地区，从未出现过一个具有必要特性的个人。

我们的一般理论认为，环境大概是一个更富有成效的变量，而且有可以采用的证据支持我们的看法。如果人们在一张非洲地图上画出比较复杂国家所处的位置，那么就能迅速发现，没有一个国家位于雨林的中心。如果利用默多克的民族志

161

调查，就能够系统地检验这个关系。其结果，以稍微简易的方式
出现在表1中。这两个变量之间的相关系数，使用肯德尔（Kendall）相关系数，为.19。[66]假如能够得到关于雨林之外大多数社会
环境变化的精确信息，那么其相关系数毫无疑问会更高。[67]

表1　非洲园耕社会中由环境条件决定的政治发展水平

单位：%

环境条件	政治发展水平					总计	社会数
	大国和次大国	中等的或不确定的国家	有最高酋长的国家	介乎左右两类或不确定的国家	只有地方首领的国家		
雨林地区	3	0	34	22	41	100	96 个
其他地区	35	6	22	2	36	101	416 个

非洲雨林中实际上不存在复杂的政治制度，反映出这些社
会在运输上所遇到的困难。一个复杂的国家首先要有容易且廉
价地运送人和货物的能力。战士必须能够迅速地行动，以便控
制可能造反的臣民并保卫国家的边界。必须把货物从许多分散
的生产货物的村庄运到政治权威所在的国家首都。在非洲雨林
中，园耕社会通常不可能满足这些条件。在雨林中发展起来的
三个先进国家全都位于雨林边缘，这不是巧合，而且没有一个
国家位于交通阻碍更为严重的内部地区。[68]

在非洲园耕社会政治发展的差异中，更重要的一个似乎是
技术水平。虽然非洲所有的园耕社会均属于先进园耕社会的范
畴，然而也存在内部的差异。在对从撒哈拉大沙漠以南非洲地
区的 9 个主要地区选出的 23 个社区进行的一个试验调查中，
发现技术发展水平与政治发展水平之间的相关系数为 .63（肯
德尔相关系数）。[69]

163 　　然而，技术水平与环境不同，它大概处于与政治发展水平的交互关系中，因此我们不能假定，技术因素真像这个系数所表示的那么强有力。换句话说，虽然技术进步毫无疑问地促进了政治进步，然而对一些领域来说，逆命题也是正确的。这一点可以在职业专门化的事例中看到，一旦政治精英们获得对经济剩余产品的控制并开始将它用于自己的目的，职业专门化就会增强。

　　调查中还发现，与这些社会的政治发展水平有关的第三个因素是它们的社会环境性质。受到邻近社会极大威胁的那些社会，往往具有比其他社会更高的政治发展水平。这样的威胁显然迫使一些社会做出政治上的反应，不这样做的话就有被富于侵略性的邻居征服和吞并的危险。外部威胁程度与政治发展水平之间的相关系数，用肯德尔相关系数表示，为 .36。[70]

　　正如期待的那样，这三个变量多少会存在相互关系。因此，当测定它们的联合影响力时，它们的合力不等于它们单独的影响之和。虽然如此，仍然得出 .71 的相关系数。这说明，在政治发展水平的差异上，至少有 1/2 可以依据这三个变量加以说明。[71]这个事实在说明政治发展水平与分配制度性质的相互关系强度上是特别重要的。正如福特斯指出的那样，政治上先进的 A 组社会中的不平等，比在不够发达的 B 组中显著得多。这一点，在我们试验研究样本的社会和部落中是非常明显的。在 A 组的 14 个社会中，有 12 个或 13 个社会达到非洲园耕社会中社会不平等的高级水平和中等水平的标准，在 B 组的 8 个部落中，只有 2 个部落达到可比的分层程度。[72]这种情况强有力地表明，政治发展水平的差异是先进园耕社会中社会不平等程度出现差异的主要近因。来自新世界的资料似乎也证实了这个结论。

政体与不平等

从理论观点出发，福特斯的 A 组社会比他的 B 组部落重 164
要得多。人们在 A 组社会中第一次发现了真正的社会不平等
的明显实例，以及政治体制上的专制和暴虐的明显证据。从理
论观点出发，探索这些"新的"社会的内部运转情况是至关
重要的，这些社会与先前考察过的狩猎和采集社会以及简单园
耕社会根本不同。因此，在这一章的余下部分，我们将主要研
究这些最先进的园耕社会，它们占非洲园耕社会人口的 65%，
并且在南美洲和中美洲差不多占有同样的百分比。[73]

在对非洲专制政治的任何分析中必然产生的一个问题，用
默多克的术语说，即这种政权体系与简单园耕社会政权体系的
关系如何。这些专制的政权是重新由先进园耕社会的成员来创
建的？还是从通常盛行于简单园耕社会的、较旧的、较为共和
的形式中演化而来的？虽然这个问题没有明确的答案，但是它
值得人们注意，因为答案具有重要的理论意义。我们缺乏与此
问题有关的直接证据，但是存在着许多指向一致方向的间接
证据。

在所有原始的社会中，某些再分配或互惠的制度是必要
的。生产上的不确定性使得有工作的人与无工作的人共享成果
成为基本的情况。在最简单的狩猎和采集社会中，这种做法是
不可避免的，因为每一个家庭都经历过不能得到生活必需品，
于是不得不转而求助于其他家庭的时期。在这种情况下，慷慨
地答应别人要求的那些人得到别人给予的特殊尊敬，而技术熟
练的和慷慨的猎手常常成为他所在的公社的首领。

在许多简单园耕社会中，再分配的过程变得更加制度化、

更加集中，村庄的首领或部落的酋长起着保管和分配群体剩余产品的作用。尽管他控制着剩余产品的收集和分配，但是他本质上是以受托人的资格行事的。他不是他所分配的物品的所有者，这些物品是群体的财产。然而，在一些这样的社会中，也165有证据表明，在这一点上开始发生了一些变化，这是由这些群体把酋长看成整个部落主要的或唯一的象征这样一种倾向造成的。[74]因为他是群体的象征，而群体是剩余产品的所有者，所以他就是剩余产品的所有者，或者说这个"逻辑"似乎是适用的。为了防止这种"逻辑"内在固有的危险性，简单园耕社会的民族通常坚决主张，他们的首领是由于豁达大度而受到瞩目的人。实际上，在这种水平上，豁达大度实质上是作为领导者的先决条件。因为酋长的权力是如此有限，人民既通过挑选完成这个任务的人，又通过控制在职者职务的延续，而对其进行有效的监督。[75]

非洲专制政治的一个显著特点是，国王、最高酋长和其他高级官员被期望是豁达大度的。换句话说，"再分配的伦理"仍然存在。这种情况在各个方面得到证实。例如，沙佩拉在描述南班图酋长的任务和责任的著作中写道，"人们始终期望他具备的一种品质就是豁达大度，他如果失去这一点，很快就变成不受欢迎的人"。[76]虽然他是部落中最富裕的人，然而他完全不能使用他的财富来满足个人的需要和愿望。他不得不为他的大臣和官吏提供生活必需品。他必须接待所有前来拜访他的人。在重大的公共场合，人们期望他屠宰自己的许多牲畜，并向所有聚集在村庄里的人提供啤酒和麦片粥。他借出牲畜，赡养贫穷的寡妇和孤儿，给病人和刚分娩的母亲送去食物，在发生饥荒时分发他自己谷仓中的粮食，如果这样还不能解决问题，就设法购买邻近群体的供应品。由于这些活动，所以茨瓦纳部落人说，"酋长是部落的妻子"，而祖鲁部落则把酋长称为"国家的乳房"。[77]

非洲的许多其他地方有类似的记载。理查兹称，本巴部落的酋长们被指望为他们的官吏和廷臣提供食品，并且在发生饥荒时赡养他们的村民。[78]她补充说，他们最主要的政治任务之一，就是保持他们豁达大度的名誉。[79]奥伯格（Oberg）称，安科勒部落的国王们把送给他们作为贡品的牲畜用作"救济基金、遭难的牧人能够依靠的剩余产品"。[80]关于阿赞德部落的情况，据记载，人们期望一位酋长"是豁达大度的，慷慨地款待别人，用生活必需品帮助他贫穷的居民并使其得到妻子，也就是帮助获得娶新娘的费用，举行庆祝活动和舞会，而任何访问宫廷的赞德人均渴望得到真正免费的一顿饭"。[81]该文章继续写道，一位吝啬的酋长知道，他的臣民通过减少他们给他的礼物来表示他们对其尊敬程度的降低，而酋长的贮藏是"一种救济仓库"。

在新世界盛行着类似的情况。例如，印加人的统治者在全国各地保有仓库，在发生饥馑或灾荒时，人们可以从这些仓库中得到粮食。另外，每逢认为粮食充足时，统治者命令进行总分配，将一个省的产品送到由于气候差异而不能生产这些产品的另一个省。政府也保有大群的美洲驼和南美羊驼，将它们的毛分配给全体人民来制作衣服。[82]至于阿兹特克人，统治者在收到从被征服的民族那里得到的大量贡品后，立刻将许多贡品按人头进行分配。[83]

这些例子表明，再分配伦理就像在狩猎和采集社会以及简单园耕社会中一样，盛行于先进园耕社会。然而在政治上实行

166

中央集权的国家中，国王或酋长通常牢牢地控制着再分配过程——至少在他能满足人民的基本需要并保持他豁达大度的名誉时。与简单园耕社会的部落酋长相比，由于生产力的提高，他要做的事情多得多。当与其他某些方面的情况联系起来观察时，这一点就变得非常重要。首先，在几乎所有这些社会中，都没有对国王或酋长的个人财富和人民交给他托管的剩余产品加以明确的区分。[84]公共财富和国王的财产通常毫无差别地混在一起。[85]混淆进一步地复杂化，因为这些社会（如果任何时候有过的话）很少区分国王作为"人民的妻子"的角色和作为自私自利的个人的角色。这一情况在国王被视为国家的可见象征，甚至是有形化身的社会中可能是不可避免的，但它仍具有深远的影响。

在这种情况下，人们会预言，统治者作为自私自利的个人，必定会抓住机会将一部分公共财产用于实现个人目的。这在经济发展的情况下（正如在从简单园耕社会向先进园耕社会转变期间那样）会格外容易，因为在不减少再分配给人民的财物的绝对数量的情况下，这是可以做到的。事实上，虽然进行再分配的财物的绝对数量增加了，但其相对数量减少了，一个酋长在他为了他个人的利益既相对又绝对地保留更多财物的同时，也可以提高他豁达大度的名誉。

最后，如果一部分被侵吞的剩余产品用来为全体从属官吏和随从提供舒适的生活（他们在表面上为公共利益行事，但实际上是照他的命令去做），对这种侵吞的最终重大威胁就被消除了。[86]通过建立一个在新制度中享有既得利益的人的组织，针对可能出现的批判的压制手段就准备到位了。如果酋长或国王自己能够随意任命并免除这些人的职务，就更是如此（见默多克关于非洲专制政治的特点第 11 条）。王室权力剩下的唯一威胁来自这些官吏本身，因为普通人民缺乏必要的组织，而无法推翻国王和他的随从。[87]

在多数情况下，为这个制度提供进一步稳定的另一个因素，是征服和领土扩张主义政策。如果一个如上述方式组织起来的社会成功地将相邻的一些群体置于它的控制之下，这个群体的剩余产品就会大大增加，国王就能够扩充他个人的部下。于是他不仅能将其部落同胞中更多的人拉入他的随从队伍，而且能与其他许多人分享更丰富的惠赐，这也就强化了他们的忠顺。[88]在这个时期，来自他自己人民反抗的危险实际上就被消除了，尽管没有消除他自己统治集团内部存在忌妒或野心勃勃的个人的危险。

虽然不能证明，非洲专制政治是按照这样的方式，从普通部落政权自然进化发展起来，但无论是理论的还是民族志研究的证据都使我们注意到这种方式。考虑到处于这两种经济发展水平的政治制度之间存在许多重要的类似之处，政治的专制通过一些天才的行动被重新创建的情况，似乎是不可能的。相反，在更老的、更原始的社会中，更容易拥有导致这种转化的手段。[89]因此，如果这个分析是正确的，那么，在许多先进园耕社会中，最初主要作为群体生活功能必需的制度就成为主要用于自我扩张和进行剥削的工具。因此，无论在保守派还是在激进派的理论中，似乎都存在某些真理！

统治者的权力

由于统治者手中集中了巨大权力，所以，毫不奇怪，影响个人和家庭地位的最主要单个因素是他们与国王及其部下的关

168

系。国王凭借他的大量财产和广泛的任命权，可以把一些人从最低微的地位提升到具有巨大权力和特权的地位；相反，他也可以消灭拥有巨大财富的权力者。例如，据称，"在（尼日利亚西南部）的约鲁巴兰，奥巴（Oba）的奴隶获得了巨大的权力，他的部下非常害怕这些奴隶"。[90]另外，一些国王常常将他们的兄弟和其他近亲砍断手足、流放或杀死，因为他们害怕这些人会伺机发动宫廷政变。[91]

一位19世纪去达荷美的观光者提供了一个关于王室恩惠的极其重要的生动实例。这位作者描述了国王突然召见他的一个官吏比纳松（Benazon，会计之意）的情况。

在这类情况中，通常的做法是，国王叫出一个官吏的名字，这个官吏就会立刻应声"喂"（Wae），并马上朝国王跑去。这次与以往不同，比纳松当时不在场，传令官大声呼唤他的名字，最后派了一个使者到他家去盘问。然后国王进行演说。他说，当一位君主叫到一个人，却发现此人不在面前时，这是对君主大不恭的行为。任何人都应当等着，看看国王是否要见他们。大约10分钟以后，有罪的会计来了，他的双手被绑在胸前，由两个阿杰卡亚霍（Ajkayaho）的卫兵催促着向前。当他接近讲坛时，就跪下并开始往自己头上扔垃圾。然后国王问他，当时在何处。他说，他当时在家为公主准备新房，国王已经允许他与公主结婚。国王立刻命令将他关进监狱，于是这个高官显贵，好像是一个贱民似的，立刻被押走，并且被屈辱地投入阿杰卡亚霍的监狱。达荷美的法律显然不知道人等差别。[92]

另一位 19 世纪去达荷美的观光者称，如果一个平民"耕种更多的土地，或者以任何方式使他的家庭发财，而没有得到国王许可的话，这不仅会危及他的财产，还会危及他自己的生命和他家里人的生命；他将不会成为一个有钱人和一家之长，而会被判罚当奴隶"。[93]

显而易见，国王们不可能对全体人民实行直接的监督。然而，由于将王国进一步分成有若干等级的制度组织，大体上就可以实现这种监督。作为较大单位的一部分的每个单位的首领，应对较大单位的首领负责；而所有单位的首领，最后应对国王负责。因此，普通人的地位是由他与他的地方村庄首领的关系决定的。地方的村庄首领从属于某个地区或省的首领，而地区或省的首领，依次又是国王的大臣之一。[94]每个人都以这样的方式保持着同国王直接或间接的联系。[95]对于大多数人来说，他们生活中的决定性因素，是他们同其直接上级（无论是村庄首领，还是地区首领）的关系。这样的人对他们的部下所行使的权力，几乎与国王对他们所行使的权力一样大。例如，另一位 19 世纪去达荷美的观光者写道，达荷美的一个省长或总督"同时是参议会、陪审团和法官……（拥有）监禁和笞挞的无限权力"。[96]人们既能够从非洲大多数其他政治上先进的园耕社会中，又能从新世界中引用与此相当的实例。[97]

虽然他们享有巨大的权力，但是无论是国王还是他的官吏，在他们与其臣民的关系方面均不能总是喜怒无常。这样做会引起混乱或叛乱。正如赫斯科维茨就达荷美国王的情况所指出的那样，"尽管他是反复无常的……但是国王并非没有意识到，获得被他提升到显贵地位的那些人的支持是十分重要的"。[98]毫无疑问，这种认识有助于稳定达荷美及其他任何地方的形势。因为，没有任何君主或大臣会在没有充分理由的情况下消灭重要的官吏，并长期保持权力。[99]

非洲专制政治中另一个享有很大特权的群体，就是国王的亲属和先王们的亲戚。这样的人构成贵族阶层，并且往往形成一个闲暇阶级。等级往往直接随着一个人同王室血缘的亲近程度而变化，而现任君主的直系亲戚享有最高的地位。

由于实行一夫多妻制，所以贵族阶级往往十分庞大。事实上，赫斯科维茨写道，在达荷美城，好像每个人不是男性家系的王族后裔，就是女性家系的王族后裔（两个家系的后裔都使一个人有资格作为王族的成员）。[100]在关于国王王室的著作中（国王的王室仅仅包括对国王的恩惠享有某些特殊要求权的那些王族成员），他写道，他们"扮演了完全寄生的角色。他们过着享乐生活，常常通过过度性交来刺激他们疲倦不堪的感觉"。[101]他断定，对这个国家的社会和经济资源来说，他们是一个沉重的负担，并且这个负担会随着他们的数量增加而变得越来越严重。

国王的男性近亲，尤其是他的儿子们和兄弟们，在一些传统的非洲社会中往往处于祸福难分的地位。一方面，全靠与国王的亲缘关系，他们有资格享有很高的荣誉和许多特权。另一方面，他们一般被每个人，包括国王在内，视为对国王地位，甚至对国王生命的主要威胁。当在这些社会中发生革命时（正如它们经常发生的那样），国王的近亲多半有可能被卷进去。这就出现了祖鲁谚语，"国王不应当同他的兄弟一起进餐，以免被他们毒死"；以及新瓦齐格言，"贵族是主要的杀人犯"。[102]由于这个缘故，非洲的一些国王常常依靠贵族阶级以外的人，甚至奴隶，来担任许多高级公职。例如，在达荷美，

"所有国王都始终保持这个传统：不派任何一个亲王到任何拥有权力的职位上去"。因为"如果国王的一个兄弟被委以重要的职位，他对权力的欲望就会因此而加强，于是就可能诱使他将忌妒的眼睛盯住王位，而他的职务会给他以机会，为了实现阴谋而使国王的臣民依附于他"。[103]在乌干达的安科勒部落中，解决这个问题的途径是在国王死后，所有王子进行一场生死决斗。最后活着的那个人便成为国王，他不用继续担心兄弟的对抗。[104]凡是没有这种传统的地方，非洲的一些国王有时自己动手解决此事。著名的祖鲁国王丁甘恩（Dingane）除了保留他的异母兄弟姆潘德（Mpande）——"一个温和的、无恶意的青年"——以外，将他的所有家属、亲戚、朋友和以前的伙伴统统消灭。[105]他的豁达大度铸成了一个严重错误，姆潘德最后领导了推翻丁甘恩的革命，并且终于将他杀害。

然而，王室兄弟间的残杀不是政治先进的园耕社会生活的一个必然特征。虽然西班牙对印加帝国的征服发生在先，并且可能通过已故皇帝的两个儿子之间的王位斗争而坐收渔人之利，[106]但是在新世界中，这种情况的证据没有多少。在这里，王位继承过程通常是和平进行的，皇帝们任命关系最近的亲属来担任国家的最高级职务。[107]甚至在非洲，也有一些国王将他们的男性亲戚和其他贵族用作顾问，并且委托他们担任有职权的职务。就算默多克的观点是正确的（见其特征的第 15 条），这也是一种不太普遍的模式。[108]因此，这一点似乎是这样的社会中差异的一个方面，而不是因经济上或者政治上的必然性而被肯定的模式。

作为代表亲戚或官吏的利益而行使王室权力的结果，每一种非洲专制政治都产生了三个主要阶级。在这种政治制度的顶端，有极少数享有权力和特权的人，他们凭着王室的恩惠，完全靠别人生产的剩余产品过日子。在他们下面，有一个由数量稍多的官吏和各种专家组成的阶级，他们或者迎合统治阶级的兴趣和爱好，或者完成较少的但往往重要的执政任务。最后，处于底层的是绝大多数的平民百姓，他们负责生产那两个有特权的阶级赖以生存的剩余产品。

通常这些阶级中的每一个都进一步分成各种不同的亚阶级。例如，正如我们已经看到的那样，无论是贵族还是官吏，均被划分成各种不同的品位和等级。同样，由技术人员和专家所组成的阶级和生产者阶级常常再被分成两个或两个以上的等级。例如，通常在自由人与奴隶之间也存在着差别，后者被剥夺了前者所享受的许多主要权利。有时候，还存在着进一步的差别。比如达荷美下层社会中在奴隶和自由人之间有一个阶层，他们的父母均为奴隶，或其中一方为奴隶。这些人只被允许依靠他们的父亲（或母亲）或者父母主人的土地来生存，而且他们生产的大部分都要送给主人。然而，他们不像奴隶那样，他们不能被出卖与父母分离。甚至由奴隶组成的阶级，在内部也被分成三个基本类型，按照财产性质的递减顺序，分别是主人家庭中的奴隶、农业奴隶和用作活人祭品的奴隶。[109]

新世界的先进园耕社会的结构是极其相似的。[110]在每一个社会中，都存在着一个贵族阶级，虽然他们扮演部下的角色，但是与国王或酋长共享统治的责任。这个阶级往往是世袭的，尤其是在那些较先进的国家中。[111]然而，即使在这种国家中，在帝国迅速扩张期间，当统治阶级的扩大成为必要时，世袭的规则显然也被放宽。[112]

另一个主要阶级是由普遍的人民群众构成的，他们的劳动养活了享有特权的贵族阶级。尽管许多人不是生来就是奴隶，但是通常也有一个奴隶阶级。[113]正如非洲的情况那样，他们常常是战俘，其中许多人被指定作为活人祭品而被杀死。在新世界及非洲发现的一个从属阶级是由工匠和少数官吏组成的，他们被贵族释放，免除生产食物的责任，以便他们可以从事更加专门的服务。[114]这个阶级只出现在最先进的社会中。

非洲与新世界之间最重大的结构差别大概是在宗教方面。在非洲大部分地区，宗教领导权和政治领导权往往结合在一起，其结果就是，没有特殊的教士阶级。在曾经存在过教士阶级的个别情况下，正如在达荷美那样，它的权力和特权是不能与贵族阶级的权力和特权相比的。相反，在新世界的许多地方，教士构成了社会中的一个特殊的且有权力的阶级，并且实际上和贵族阶级等同。正如一位玛雅文明的研究者所指出的那样，"在古帝国和新帝国的礼仪中心建造巨大的庙宇……几乎是像在那个时代指挥政府一样大的事情"。[115]教士的身份像贵族的身份一样，通常是世袭的。

在许多（如果不是大多数）这种专制型先进园耕社会中，一个人的地位不仅是他与政治权威的个人关系的结果，而且是他的集体关系的结果。因为这些社会是帝国主义和扩张主义的，它们包括具有不同种族背景的人民。虽然被征服的民族可能很快就在文化上被同化，然而，这些种族的差别，往往以氏族差别的形式继续保持。因此在许多（如果不是大多数）这样的社会中，差别是在一个人所属的种族群体或血统群体的基础上产生的。[116]

南罗得西亚的恩德贝勒酋长国为这样的组织模式提供了一个良好的例证。[117]早在欧洲人到达以前，这个群体即已被分成

174

三个主要的地位群体。土著人把这些群体称为"部落"；但是，英国人则把它们称为"种姓"。按照地位下降的顺序，它们是赞西、恩拉和洛兹维，分别约占全部人口的 15%、25% 和 60%。

这些群体的相对地位是它们与恩德贝勒国家和君主的历史关系的一个结果。赞西人是这个国家的创立者——斯瓦齐人的一个群体的后裔。他们被伟大的祖鲁国王谢卡（Shaka）所征服。当他们在祖鲁国中成为享有权力的人之后，他们就造了反，并且带着谢卡的许多牲畜逃跑。这些反叛者暂时住在德兰士瓦。在这里，他们征服了原来住在这里的索托族和茨瓦纳族土人，这些土人被迫为他们干活。在 19 世纪 30 年代中期，这个新国家的创立者既受到布尔人，又受到祖鲁人的侵袭，他们不得不再一次逃跑，这一次就跑到他们现在位于南罗得西亚的居住地区。他们近来所征服的索托人和茨瓦纳人中的许多人也跟随着他们。当到达南罗得西亚时，他们又不得不征服土著洛兹维人；而且在征服洛兹维人时，得到了他们的索托族和茨瓦纳族臣民的帮助，他们也就是现在的恩拉的祖先。因此，恩德贝勒国中三种地位的群体是这两次征服的结果。他们的相对地位，是每个群体与姆齐利卡齐（Mzilikazi）——这个国家的创立者和第一个国王——的历史关系的结果。[118]

在英国人的统治建立起来以前，属于哪一个地位群体是恩德贝勒人中间极为重要的一件事情。虽然英国人拒绝加强这一系统规则而让它逐渐衰退，但是甚至在今天，据说它还是极为重要的。在从前，某些主要的特权只有一两个地位较高的群体才能享有。例如，只有赞西人才能够戴着武士的鸵鸟羽毛头饰，只有赞西人和恩拉人可以穿着用猿猴和山猫的皮和尾巴编结成的短裙。不同群体的成员之间禁止通婚，高级的政治官职和军事官职通常留给赞西人。然而，关于任命官职的问题，显然也有一些例外，这些例外产生了地位上的不一致。只要一采用两个以上的分配原则，就会产生这种现象。

并非所有的社会都以这种模式来处理同化外族人的问题。175在非洲和新世界中，都产生了一些不同的模式。[119]在通过征服将异族并入一个国家的大多数实例中，作为一个群体，被征服者及其后裔的地位低于征服者及其后裔。尽管作为个人来说，前者中的一些人比后者中的一些人享有更大的权力和特权，但是这些群体间的差别还继续保持着。事实上，这些外来血统群体其独特的劣等地位，常常使得他们成为补充国家高级官吏的一个有吸引力的来源。这一点听起来似乎令人费解。支持在非洲实行这种做法的理论，与土耳其统治者长达几个世纪的在军队和其他极其重要的岗位上（正如大名鼎鼎的土耳其近卫步兵）任用基督教徒的理论是相同的。由于其地位群体关系的缘故，他们绝不能得到王位，又因为他们突然从奴隶或其他下等地位高升，从而不能小看他们对王室恩惠的完全和绝对的依赖。因此，如果发生革命或叛乱，他们可能会更为可靠。[120]

有时，征服者把被征服群体中的一些经过挑选的成员纳入他们自己的行列。这是印加人的做法，这可能是为了解决他们帝国极其迅速的扩张而产生的特殊问题。[121]由于最初的印加人口非常少，几乎不能产生足够的行政长官和官吏。因此，他们把会说他们语言的那些人，以及来自其他被征服群体的、与他们合作的酋长和统治者都纳入他们的行列。这些在血统上就是印加人的人和因其特权而成为印加人的人共同构成统治帝国的、占统治地位的群体。

就此而论，在这些具有中央集权政治制度的先进园耕社会与前两章所讨论的、比较原始的狩猎和采集社会及简单园耕社会之间，存在着有趣的且非常重要的对比。在后两种社会中，有人们努力避免被任命充当政治职务的许多实例。因为，所得到的报酬显然不能补偿被赋予的责任（同今天我们社会中的志愿组织几乎一样）。而在我们关注的那类先进园耕社会中，176 不存在这样的问题：人们热切盼望，甚至冒着生命的危险去追求政治职务。这清楚地表明，在责任与职位（尤其是国王的职位）的特权之间，出现了明显的不平衡。[122]

权力的其他基础

虽然决定地位的主要因素，是个人或群体同国王和他的政治机构的关系；然而，如果假定它是唯一的决定因素，或者假定它以简单的方式起作用，那么就会是一个错误。一个人或一个家庭的地位也受到国王所不关心的或反对的力量的影响。忽略这些其他力量，会对分配过程产生不准确的理解。

首先，虽然国王和他的大臣及代理人有着许多共同的利益，但是他们的利益并不完全相同。因此，尽管这些官吏不会公开地反对国王，然而他们时常有充分的动机背地里反对国王。而且，虽然国王的权力是无限的，然而他既不是无所不能的，也不是无所不知的。其结果是他往往成为大臣欺诈手段的牺牲品。

一位在 18 世纪去达荷美的观光者，记录了这一情况的一个经典实例。在关于王国财政策略的著作中，他指出，"在整个王国没有比这更糟糕的事情了：国王没有征收到通行税。如果所有的人都老老实实地把税交给他，这种税确实会使他成为非常富有的人；但是收税官先生们如此大规模地诈取税款，以至于国王只能勉强地得到总数的 1/4"。[123] 奥伯格记录了乌干达境内安科勒王国里相同的情形；贡品征收人常常勒索超过国王授权征收的财物，并将剩余部分窃为己有。[124] 这样的做法大概在大多数王国中也是普遍的。

从国王的立场来看，一个更严重的问题是边远省份的地方长官具有篡夺各种王权的普遍倾向。例如，另一位去达荷美的观光者对一个由惠达人组成的重要省份的地方长官做了如下记载："他保持大量的佣人和随员，他通过他的慷慨大方使他们隶属于他个人；并且，为了他自己的利益而庇护他们所干的坏事，还无视国王的要求而使他们免受审判。"[125] 这位观光者补充说，国王自然极想除掉这个大臣，然而由于不敢公开攻击他，所以正在等待机会，用一些策略来使他陷入自己的控制下。沙佩拉谈到，一些南班图国王通常不情愿任命他们的男性亲戚为封疆大吏，害怕这样会助长他们通过分裂来寻求独立，以建立他们自己的部落。[126] 因为大多数先进园耕社会中的运输都很原始，对远方领土的控制肯定比对邻近首都的地区控制的效果更差。

如果一些人通过欺诈，并且无视王室的愿望而获得特殊的权力和特权，那么其他一些人就是在以较可以接受的方式来获取他们的好处。虽然国王们和酋长们常常对他们民族的剩余产品提出一网打尽的要求，一份民族志报告表明，他们并不是把所有的东西都拿走。经济剩余产品的若干部分留给了生产者，大概作为对生产者继续勤奋和努力的一种刺激。

有各种不同的证据表明，情况就是这样。首先，如果一个国王将所有的剩余产品都据为己有，人们就会发现仅仅有最低

177

限度的生活必需品掌握在平民百姓手中，而所有的剩余产品都掌握在国王、他的大臣们和亲戚们的手中。然而，情况往往并非如此。举例证明，阿赞德的地方酋长们通常任命一些当地富人（他们是平民）充当相当于村庄首领的官吏。[127]这就表明，王室的租税和贡品没有榨净所有的剩余产品，或者没有使所有的平民百姓都降到同样的生活水平。甚至在以王室家庭成员和国家官吏贪得无厌而闻名的达荷美，平民百姓也显然能够通过他们自己的努力来增加财富，并分享剩余产品。[128]事实上，赫斯科维茨称，"为了增加世袭的财产和获得自己的财产而进行斗争，是达荷美人生活态度的一个突出写照"。显而易见，如果社会的精英垄断了全部剩余产品，就不可能有这样一个普遍的模式。人们几乎可以在这方面引用无穷无尽的实例，但是这些已足以表明，尽管大多数先进园耕社会中的统治者享有巨大的权力，但经济剩余产品中相当多的部分仍保留在生产者手中。

最后应当指出，在非洲的某些地区，特别是西非，以及在新世界的大部分地区，经济剩余产品的一部分往往维持了庙宇、祠堂和其他宗教中心，以及控制这些地方的教士阶级。教士的地位以及他们所得到的特权，不能被看作是与为这个社会制度服务的政府官吏和其他专家相同的权力和特权。教士通常享有很大程度的独立，因为他们所行使的权力并不是由国家及其领导人授予的。相反，他们行使直接赋予他们的、起源于超自然的权力。

在非洲的许多地区，这些超自然的权力落入了政治领导人的手中。我们不知道这种情况是怎样发生的。我们有理由认为，有时候这些神一般的和半神半人的国王，不是由政治官吏演变而来的，而是由宗教官吏发展起来的；有时候教士和统治者的联合，体现了由宗教权威替换原来的政治权威，而不是相反（这可能使以世俗眼光进行判断的现代人觉得惊奇，但当从跨文化的角度加以观察时，这并不是一种荒唐的假想）。[129]然而，不管这个权力联盟是如何实现的，其结果都是发展了具有无比权力的角色和消除了对抗力量的潜在来源。

在非洲的一些地区，特别是西非，以及在新世界，这个联盟没有完全得到实现。在达荷美，虽然国王是属于教士方面的一个非常重要的人物，但是他并不对超自然的权力进行垄断性控制，因此他在教士方面有许多竞争者。[130]显然这些人具有中等阶级的出身，但是他们凭着他们所占据的地位，能够被看作特权阶级或闲暇阶级的一部分。[131]他们被免除所有的体力劳动，并且通过信徒所提供的礼品和服务而得到生活必需品。虽然他们也相当富裕，但是不能同国王及其主要大臣相比。当然，他们与平民百姓中较富裕的人相似。在新世界，教士的地位比较有利。如前所述，他们在当时构成一个特殊的阶级，并且显然可以同贵族相匹敌。[132]在一些社会中，教士的职务是世袭的；凡是没有教士的地方，贵族的儿子们常常担任这种主要职务。在大多数情况下，国王或皇帝除作为国家首脑以外，还被视为大主教，或教士的首领。 179

在西非，教士与国王之间的关系往往亲疏参半，同国王与他自己的兄弟之间的关系几乎一样。统治者常常以怀疑的眼光看待教士，因为后者随时有可能加入准备叛乱、持不同政见的王室成员势力。[133]另外，他们有时同国王合谋剥削信徒，利用他们当教士的影响来得到关于人民瞒过收税人而留下来的财产信息。[134]因此，根据这些情况，西非的教士，或者可能成为国王的同盟者，或者可能成为国王的反对者。相比之下，在新世界，教士阶级通常一直是国王可靠的同盟者。[135]

武力、意识形态与效用

如前所述，非洲和新世界中政治先进的园耕社会，其经济剩余产品是按两套非常特殊的原则加以分配的。一方面，国王和他的大臣们，同教士阶级一起，以武力、意识形态和效用的紧密结合作为他们分享剩余产品的基础；换句话说，他们向群体贡献了基本的服务，他们的价值通过意识形态而被大加夸张，并通过武力强加于人。另一方面，那些不属于精英或其同盟者的人，不得不主要以效用作为他们对报酬提出要求的基础。

传统分配理论的重大失败之一产生于：它们没有考虑到国家高度发展的一些社会中分配的这种双重性。保守派的理论家一般把这些社会分析为，效用是在所有权力、特权和荣誉的分配中唯一的或占统治地位的因素。激进的理论家通常则着眼于其他两个因素：武力和意识形态。我们对非洲一些专制政治及其在新世界相对应的制度的分析表明，两种探索都是对整个过程进行片面观察的片面真理。民族志记录显然表明，理论上的综合是必要的。

考虑到精英们在争夺剩余产品的斗争中可供利用的资源优势，人们也许会问，这个群体为什么不完全垄断剩余产品呢？180 若干因素对此起着作用。首先，没有任何一种制度是无所不能的，或无所不知的。同样，平民百姓也不会对官方意识形态更加极端、系统的说教完全信以为真。这就意味着，一个政权的资源从来没有大得足以探求出剩余产品最近全部的增长量，并强迫其生产者将其全部交出。有时候，深入调查的费用超过所得的报酬。

然而，如果强夺是支配一些国家领导人行动的唯一原则，那么他们就会得到更多的经济剩余产品。其他因素也必定在起作用，限制了他们贪得无厌的倾向。来自非洲和其他地方的证据表明：这里包含动机问题；明智的自我利益要求社会精英们不侵犯它。如果有些统治者侵吞所有的剩余产品，他们就会破坏刺激原则，而这是他们借以控制他们的臣民行动的两种基本约束力之一。剩下的就只有恐惧，而且正如在前面一章提到的那样，恐惧单独起作用已经被证明不如当它与刺激结合在一起时那样有效。至少，仅仅通过恐惧进行统治的那些人无法获得荣誉和尊敬，几乎没有人仅仅为了稍微增加已经很多的物质利益而完全牺牲荣誉和尊敬。国王及其大臣通过允许生产者保留一些剩余产品（其数额与其能力成比例）来刺激生产者增加生产。即使一个生产者不能获得凭他的更大努力而产生的全部收益，但是从记录判断，他所得到的东西会足以使他产生统治者所希望的反应。

社会精英乐意允许更有能力的生产者保持一部分剩余产品的另一个原因是，这将可能在群众中产生分化的效果。平民百姓中间存在着财产方面的差别时，不如他们全都降到同样的生活水平时更有可能联合起来反对统治者。当然，我不知道有无任何证据表明，园耕社会的统治者曾经有意识地这么考虑过，但这样一种情况也许会通过自发的选择过程发展起来。不顾这个原则的一些统治者可能被打倒，而遵循这个原则的那些统治者——无论是为了什么理由——就能生存，因此就形成了这个模式。[136]

最后，有理由认为，在这些社会中，如同在其他社会中一样，意识形态起着双刃剑的作用。一方面，它使平民百姓容易听从王室的要求；另一方面，它使统治者容易受臣民的愿望和要求的影响。所有官方的意识形态都包含这样的命题：现存的制度是为公众利益服务的。假如不给这一声明以任何实际支持，就没有哪一种意识形态能够长久存活。所以，一个统治者必须在某种程度上兑现其中所隐含的承诺。实际上，在一些先进园耕社会中，正如在其他地方一样，意识形态绝不仅仅是剥削的工具，它们同时还是保护平民百姓的工具。[137] 在那些政治稳定、经济繁荣的社会中，它们在巩固立宪政体和促进权力、特权、荣誉的更平均分配方面起着主要作用。[138] 在先进园耕社会中，正如在其他任何地方一样，意识形态常常受到统治者的严肃对待，并因而增进了其臣民的利益。统治者以自己被称为人民的恩人、国家的心脏、部落的父亲或妻子而深感自豪。为了努力保住这个名声，往往会高高兴兴地让出一部分剩余产品给他的臣民。

权力和特权的世袭传递

与先进园耕社会的兴起联系在一起的主要发展之一，是能够（世代）传递的财产或物资在数量上和价值上的显著增长。这个发展对地位的流动有重大的影响，因为它促进权力和特权从一代向下一代传递。只要一个社会中的主要资源是个人的能力，诸如力量、勇敢、讲话能力等（正如在狩猎和采集社会中一样，甚至在相当程度上正如在简单园耕社会中一样），那么父亲们将他们所得到的利益传给儿子们是非常困难的事情。事实上，有时候对于年纪大的人来说，为自己保持这些利益也是困难的。这样的问题可能非常严重，在狩猎和采集社会中更是如此。

然而，在达到先进园耕水平时，克服这个问题则由于以下三个重要发展而有了更方便的手段：（1）"财产权"概念的发展和形式化；（2）"官职"概念的发展和形式化；（3）"有形财产的可传递形式"的发展。由于它们都很重要，所以每个发展都应受到重视。 182

第一，关于财产，人们会想起在原始的狩猎和采集社会中，个人或家庭的权利通常只涉及个人的物品和制成品，例如衣服、工具、武器等。土地及其资源几乎始终是地方公社的公共财产，只有当一种物资被侵占和使用时，即一只动物被杀来食用、一株胡桃树被定期采摘时，它才变成私有财产。甚至在这时，物资的使用者通常也有义务使产品的一部分能为其他人所利用，尤其是在食物供应短缺的情况下。

随着简单园耕社会的出现，私有财产的概念更加扩展、更加精细，但是其模式并非完全不同。土地和其他主要资源有时变成氏族的财产，或者在少数情况下变成个别家庭的财产。而且，在这些社会中有一个被广泛接受的原则，这就是一个人在他总是用来耕作的那块土地上享有特殊的权利。然而，这不是一个很重要的理由，因为总是存在着许多土地的。在这一水平上的最重要发展，也许是将妇女当作财产而让其创造收入的情况正在增多，特别是在新几内亚的某些地区。这种情况以及饲养猪等小牲畜，提供了一个人终身能够使用的某些资源。这些财产中的若干部分甚至可以由人们传给他们的继承人。

随着先进园耕社会的出现，我们发现了财产权利方面的另一个重要发展，这一发展为解决权力和特权由一代传给下一代的问题提供了一个有效得多的办法。这就是奴隶制度的发展。人把其他人视为一种财产形式并且强行索取其他人的劳动成果，这在人类历史上第一次成为社会生活的一个共同特点。

奴隶制度作为世代相传的制度化基础，要比一夫多妻制优越得多。主人与奴隶之间的联系并没有由于亲属规范的要求而被弄得错综复杂。一个儿子同他所继承的奴隶们的关系，可以像他的父亲同他们的关系那样简单。当涉及父亲的妻子们时，情况就很难是这样的了。虽然其部落的风俗可能不阻止他继承其父的奴隶们的子孙，但是一个人不能继承他自己的兄弟和姐妹。最后，一夫多妻制之所以有可能引起内部的不安定，是因为人们通常从部落内部的有限供应中得到妻子，但通常从其他群体中得到奴隶。无论如何，奴隶制为权力和特权的世代相传提供了更为有效的基础，因此，权力和特权的继承在先进园耕社会中比在简单园耕社会中要容易得多。

同奴隶制的发展密切相关的是国王和酋长向被征服民族强行索要贡品的权利的发展，虽然这些人与奴隶不同，从严格意义上讲是自由的，但是其他人对于他们所生产的产品中相当大的部分拥有强行要求权的事实表明，他们的地位在功能上并非与奴隶的地位十分不同。就在先进园耕社会中已经被列为从属地位的人的巨大数量来看，这个发展也许比奴隶制的发展和普及远为重要。它所带来的报酬有利得多，并且正如奴隶制的情况那样，索贡权就是财产权，而且易于由国王们传给他们的儿子们。

第二，促进权力和特权由一代传给下一代的另一种发展，是正式官职的扩大化和精细化。这种情况出现在政治上先进的园耕社会中。凡是设立固定官职的地方，个人资格的重要性就大大降低了，而且由一个具有普通能力的儿子来继承一位杰出父亲所赢得的利益变得容易多了。甚至在对转让官职方面实行某些控制的地方，例如通常看来已具有继承资格的儿子，结果由于缺乏个人某种素质而被排除在外的那些地方，官职也几乎总是保留在同一家庭中，只不过由另一个儿子继承罢了。[139]

第三，也是最后一点，权力和特权的传递通过便于转让的、新型的有形财产的发展而得到促进。有两种财产特别应当注意，即货币和牲畜。在非洲大多数地区，在与第一批欧洲人接触以前很久，这些财产形式中的一种或两种就已经存在，并且在经济中起着主要作用。货币（用玛瑙、贝壳制成）在西非更加重要，牲畜则在东非更加重要。二者均提供了一种交换的媒介，在交换中集中了巨大的价值，并且以便于转让的方式被集中。它们不同于狩猎产品或园耕产品，不存在贮藏问题。无论是牲畜还是贝壳，都可以便易地一直保存到需要时为止。这种可以贮藏和可以传递的性质，连同它们的巨大价值，大大有助于财产的积累以及由父亲传给儿子。

如果我们假定，人们将他们的孩子，特别是儿子，视为自身的延续，如果先进园耕社会为权力和特权的转让提供了更有效的手段，那么无论是代际流动率的降低，还是代内流动率的降低，都是可能发生的。民族志的记录与我们发现的是一样的。事实上，在这些社会中人们第一次发现，某些符合定义的世袭阶级产生了。

当然，只有在非洲和新世界那些政治上先进的园耕社会中才会如此，福特斯在分类中将这些社会分为 A 组。在政治组织没有扩展到村庄以外的那些群体中，这是不适用的。这再一次表明，政治制度在整个分配过程中具有决定性的意义，并且正如这一章分析已表明的那样，政治制度的特征不是生产制度

184

及其技术发展水平的简单结果。当我们考虑这一章最后一节中立宪制度的差异时，这一点就会变得更加明白。

然而，在转向那个题目之前，我们必须考虑稳定与流动的两面性的另一面，并且简短地考察一下这些政治上先进的园耕社会中垂直流动的性质和程度。首先，尽管终身维持地位的机会和传给继承人的机会增加了，但流动绝不会从舞台上消失。在这一章中，我们已经看到地位变化的许多例子，有时甚至非常富有戏剧性。毫无疑问，促进先进园耕社会中垂直流动的一个因素是政治体系的不稳定。大多数酋长国、王国和帝国迟早会动摇。当发生这一情况时，一大批新的位置就向胜利者敞开大门。在 15 世纪印加帝国的迅速扩大期可以看到这一情况的典型实例。[140]

先进园耕社会中导致某些个人和家庭兴衰的因素，在很大程度上与支配简单园耕社会中人们的兴衰的那些因素具有同样的性质。然而，正如魏特夫（Wittfogel）在他对东方专制的研究中所写下的那样，在所有专制政府掌大权的地方，上述因素中都要加入一个附加因素，也就是"完全而巧妙的奴性"的素质。[141]一个新王朝一旦建立起来，对一个人来说，仅靠才能和能力并不足以使他在宫廷中发迹。他还必须乐意，并且能够在上级面前顺从、奉承和谄媚，善于应对和使用阴谋诡计。掌握这样的手腕的人，有时能够上升为高官显贵。可以估计，在这方面，这些社会不同于简单园耕社会，在简单园耕社会中，精通这样的手腕的人很少得到报酬。

立宪制度及其约束

在我们对狩猎和采集社会以及对简单园耕社会的分析中，立宪制度的变量起着非常小的作用。专制政权在这样的社会中极难建立并继续保持；经济的性质使立宪政权几乎不可避免。所有的差异都发生在非常有限的范围内，因此并不十分重要。

由于先进园耕社会的出现，至少在那些政权机构变得精致、国王们和酋长们拥有大量随从的社会中，情况发生了变化。此时，首领们就能够不顾他们人民的传统和权利，并且更加凭借武力来进行统治。实际上，首领可以变成统治者。

根据民族志学家和人类学家的报告推断，对于非洲撒哈拉大沙漠以南地区政治上先进的社会中立宪制度的范围，可以进行两种基本的概括（不幸，新世界的可以与此相比的记录实在太少，以至于不能证明包含在这些概括中）。首先，在这样的社会中，存在着立宪制度在程度方面的巨大差异。其次，专制政权比立宪制度更加普遍。

关于第一个概括，一些简单的对比就足以表明差异范围的某些情况。一方面，存在着一些社会，诸如巴罗兹兰的洛齐人或贝专纳的茨瓦纳人，在这些群体中存在着对国王或酋长权力的制度化限制，以便保护平民百姓的权利。例如，关于洛齐人的情况，据报告称平民百姓"一点儿也不觉得由于国王的权利而受到剥削；他们将国王看作慷慨地给予他们获得财产的手段的父亲"。[142]这个报告还提到，国王并没有严格地行使他的权利，并且当农作物收获少或渔业捕获量小的时候常常放弃这些权利。有一个说法甚至更有意思，一个国王如果将土地给予群体的一个成员，新主人的权利将得到保护，不受所有外来者，"包括国王自己在内"的侵犯。这些权利通过"一个完善和明确的法律体系加以保护，通过一个有固定编制的司法官和行政官加以执行，他们细心地保护这种保障及其前提"。洛齐人的政权体系的一个决定性特点是在恩甘贝拉制（Ngambelaship）

186

中被发现的。[143]每个官员（包括国王在内）与另一个官员（通称为他的恩甘贝拉），一起分享其权威。后者在某种程度上是前者的代表，然而更主要的是一个平衡力或牵制力。国王的恩甘贝拉的主要功能之一，是代表平民百姓；虽然他是国家中第二号最有权力的人，然而他不能出身于王室。

各种不同的茨瓦纳人部落则是往往已经达到高水平的立宪政权的另一个群体。[144]在这些部落中设立国民会议，长期以来已成为惯例。在国民会议上，人民可以对他们的酋长进行批评。[145]虽然有人称，在这样的会议上批评酋长是危险的（因为很可能存在随之而来的报复），但是当情况严重时，人们还是敢于这样做的。有一些酋长屡次受到了严厉的批评，这种公开的弹劾，已经成为他们垮台的催化剂。例如，在 19 世纪初期，有一个茨瓦纳人的酋长引起了人民的强烈不满，因为他抢夺了人民的牲畜，奸污了他们的妻子。当召开一次国民会议来讨论他是否应当被驱逐时，酋长逃离到了国外。这类会议的结果是一些人被杀害。沙佩拉在关于茨瓦纳人的著作中写道："国民会议相对频繁地举行，所有的部落成员都可以参加，并且有时不得不参加的事实有助于说明，茨瓦纳人酋长们很少是专制的；他们经常直接与大部分人民接触，因此他们很难对公众表现出来的反对征兆无动于衷。"

另一个极端上则存在着许多无情专制和横暴的独裁例子，典型事例之一就是有名的祖鲁国王和帝国创造者——谢卡（Shaka）。关于他的情况有人称："他差不多把他自己成千上万的臣民处死，除了出于纯粹的个人任性之外，根本没有任何明显的理由。"[146]另一个有名的暴君，就是恩瓜托人的基督教大酋长——卡马（Kgama）三世。他的动机，与其说是实利主义

的和利己主义的，不如说是意识形态的和理想主义的。然而，
虽然如此，他仍然是独裁者。另一位酋长曾经在一封信中这样
谴责他："大酋长，有一句谚语说：'狮子说，我独自一身便
是强大的；人说，我之所以强大是由于其他人的帮助。'如果
你通过绝对的君权进行统治，这是上帝给予你的运气，但是我
拒绝向你保证塞科马（Sekoma）（卡马的继承人）将来能够保
持像你一样的政权，除非他依赖于向他的人民请教，并且依靠
立宪制的统治。"[147]这一谴责或许反映了这样的事实：卡马统治
了茨瓦纳人群体的一部分，这个群体，正如前面所提到的那
样，具有立宪制政权的强有力的传统。对比之下，专制统治在
其他许多群体中被认为是理所当然的。

　　关于第二个概括，专制政体在数量上超过立宪政体的情况
是不足为奇的，至少在人们发现大多数先进园耕社会政权的不
稳定之后是这样的。如果像第三章中所假设的那样，导致政治
周期开始和立宪政权发展的首要因素是缺乏对现有政权安全的
内部或外部威胁，那么，不可思议的是一些立宪制政权为什么
曾经被建立，而不是相应地稀少。正如我们所指出的那样，由
王室男性亲戚发动叛乱，是非洲大多数社会生活的一个共同特
点。此外，整个社会的频繁迁移，连同其他条件一起，导致部
落之间和国家之间长期的战争状态。这一情况几乎必定促进独
裁倾向和专制倾向，并且妨碍了立宪制政权的发展。[148]新世界
的情况也没有很大的不同。[149]

　　然而很明显，与此同时，其他因素也在牵制着专制的程
度。[150]首先，尽管在许多这些先进园耕社会中，政府机构已健
全和扩大，但这种制度仍然远远不是政治控制的完美工具。其
次，这个体系不能给统治者提供对付暗杀的非常有效的保护；

甚至大帝国的创建者谢卡也最终丧命于刺客之手。此外，这个体系往往不能防止不满的个人和群体的逃亡，因为统治者的权力和武力取决于部众的数量，逃亡的威胁对他的行动是一个重要的牵制。最后，酋长对其顾问的必然依赖，也是对专制倾向的附加牵制。

任何想要解释立宪化程度上差异的人，都会遇到这些因素。因此，叛乱或外族袭击的危险愈小，暗杀或逃亡的机会就愈大，而国王对顾问们的依赖愈大，立宪制政权的概率也就愈大。沙佩拉认为，最后一个因素是最主要的因素之一。而且，他认为国王对其顾问们的依赖往往随国王年龄大小和他的统治年限长短而变化。当一个新国王非常年轻就即位时，他通常继续留用他父亲的顾问们，并且非常依赖他们。然而，随着时间的推移，他渐渐获得较多的知识，并且用自己选定的人来替换这些较老的大臣，他对这些人的依赖就较小了。因此沙佩拉认为，卡马，有名的恩瓜托人的独裁君主，活到 93 岁的高龄，并且一年一年地愈来愈独裁，这绝不是偶然的。[151]

从导致立宪制度水平差异的原因转向它们的后果，就分配过程来说，最重要的问题是它们对社会不平等程度的影响。不平等的扩大似乎大体上与专制统治的程度成正比，至少当一位实利主义的统治者控制，而不是一位理想主义的统治者控制时，情况更是如此。洛齐人（以前被引用作为具有强大的立宪制政权的群体实例）提供了一个例子。据称，整个群体中的生活标准都非常相似，甚至国王的物质财产也并没有明显不同于其臣民。[152]关于茨瓦纳人的情况（在这个群体中立宪制政权也是盛行的），其不平等比洛齐人中的不平等更加明显，但在这里也不存在发现于非洲大多数社会中的极端情况。这些非洲社会由专制的和实利主义的统治者和社会精英进行统治。[153]
在立宪制政权相当完善的社会中，国王及其大臣们所得到的高
于其他人的收入，似乎已经用于公众的福利，而不是用于个人
的目的。因此，全部剩余产品中的较大比例又回到生产者手
中，从而避免了极端的不平等。[154]

注释

1. 考古研究明显表明在美索不达米亚的阿尔乌比亚德时期实行了灌溉，它在公元前 5 世纪末就有了。可参见 V. Gordon Childe, *New Light on the Most Ancient East*, rev. ed. (London: Routledge, 1952); 或者参见 *Social Evolution* (London: Watts, 1951); Robert Braidwood, "The Agricultural Revolution," *Scientific American*, 203 (1960)。还可参见 William F. Albright, *The Archaeology of Palestine* (London: Penguin, 1956), chap. 4, 或者关于铜器时代 (它可能开始于公元前第五个千年的中期) 可参见 *From the Stone Age to Christianity*, 2d ed. (Garden City: Doubleday Anchor, 1957), pp. 137 – 146。

2. 我通常会忽略西苏丹北部部分的地区，它受到真正的伊斯兰教的影响大约为期 1000 年，和在东苏丹的海角地区一样，在那里，中东民族和畜牧部落的影响是非常强大的。因此我希望将来更先进社会的直接和扩大的扩散影响减到最小，虽然我了解，这一影响不能在园耕社会的非洲的任何部分被完全消除。

3. C. Dayll Forde, *Habitat, Economy and Society* (London: Methuen, 1934), p. 136.

4. *Ibid.*, p. 154.

5. 参见 George Murduck, Africa: *Its peoples and Their Cultural History* (New York McGraw-Hill, 1959), pp. 222ff.

6. *Ibid.*, p. 21.

7. 请参见 Julian Steward and Louis Faron, *Native People of South America* (New York: McGraw-Hill, 1959), pp. 87 – 88. 关于更详细的

叙述，请参见 John H. Rowe， "Inca Culture at the Time of Spanish Conquest." in Julian Steward （ed.）, *Handbook of South America Indians*, Smithsonian Institution, Bureau of America Ethnology, Bulletin 143 （1946）, vol. II, 特别是 pp. 210 – 233。

8. 关于这种工具的图片，参见 Steward, *Handbook*, vol. II, p. 213.

9. 可参见 Steward and Faron, pp. 180 – 184 or Victor von Hagen, *The Ancient Sun Kingdoms of the Americas* （Cleveland: World Publishing, 1961）, pp. 61, 68 – 69, 81 – 86, 128 – 129, and 246 – 252.

10. Sylvanus G. Morley, *The Ancient Maya* （Stanford, Calif.: Stanford University Press, 1946）, pp. 154 – 155.

11. Sylvanus G. Morley, *The Ancient Maya* （Stanford, Calif.: Stanford University Press, 1946）, pp. 155 – 156.

12. 关于玛雅人，请参见 Steward and Faron, p. 121 on the Inca, and von Hagen, p. 221 on the Maya。

13. Steward and Faron, p. 212.

14. 请参见 Murdock, "World Ethnographic Sample," *American Anthropologist*, 59 （1957）, pp. 675 – 677, 它以 "在平均数至少 10 万人口的大的独立单位中具有政治一体化的实例记录了许多民族" （请参见第 15 段）。最大的社会之一是干达人的一个社会，它在 19 世纪据资料称其人数为 50 万至 100 万人。请参见 Margaret Chave Fallers, *The Eastern Lacustrine Bantu* （London: International African Institute, 1960）, p. 52。

15. 关于伊博人的图片，请参见 K. M. Buchanan and J. C. Pugh, *Land and People in Nigeria* （London: University of London Press, 1955）, p. 60。数年以后，伦敦大学的 L. 杜德莱 （L. Dudley） 计算，南尼日利亚可能保持每平方英里 144 人的规模 （不明确的） 没有损害土壤，刀耕火种，用锄耕地。请参见 "Land Utilization and Soil Erosion in Nigeria," *Geographical Review*, 28 （1938）, pp. 32 – 45。

16. Forde, *Habitat*, p. 164.

17. 关于这些发展的总结，请参见 Rowe, in Steward, *Handbook*, vol. 11, pp 203 – 209; Steward and Faron, pp. 112 – 188 and 133; Von Hagen, pp. 404 – 429 and 576 – 579; 以及 Joseph Bram, *An Analysis of Inca Militarism*, Monographs of the American Ethnological Society, 4 （1941）。

18. 可参见 John Roscoe, *The Baganda* (London：Macmillan, 1911), p. 214。

19. Ralph Linton, *The Tree of Culture* (New York：Vintage Books, 1959), p. 170.

20. 关于阿赞德人，请参见 P. T. W. Baxter and Audrey Butt, *The Azande and Related Peoples* (London：International African Institute, 1953), p. 11；关于巴德贝勒人，请参见 A. J. B. Hughes and J. van Velsen, *The Ndebele* (London：International African Institute, 1954), pp. 71 – 72。在后者中间，这些血统群体被认为是"部落"，发展得如此之大，以致它们的功能被转变成在它们内部形成的次单位，虽然较大的群体仍然可以通过它们共同的名字被识别出来，并且仍然能够强烈地影响个人的地位。

21. 可参见 Hilda Kuper, *The Swazi* (London：International African Institute, 1952), p. 20, 或者参见 Melville Herskovits' 对达荷美氏族的评论，载 Dahomey：*An Ancient West African Kingdom* (Locust Valley, N. Y.：Augustin, 1938), chap. 10。然而这些是许多这样的例子中的两个。也请参见林顿（Linton）对布干达的氏族和国家的关系的评论，他认为这些氏族的起源比较接近（Tree, p. 175）。

22. 可参见 Rowe, in Steward, *Handbook*, vol. II, pp. 253 – 256, 或者 Bram, pp. 22 – 29 关于印加爱鲁人（Inca ayllu）的描述，以及 von Hagen, pp. 68 – 70 关于阿兹特克人卡尔普利（Aztec Caipulli）人的描述。

23. I. Schapera, *Government and Politics in Tribal Societies* (London：Watts, 1956), p. 19. Schapera 对这个问题进行了很好的讨论，请参见 Schapera, *The Tswana* (London：International African Institute, 1953), pp. 34 – 35。关于印加人的讨论还可参见 Bram, chap. 2。

24. Baxter and Butt, p. 11.

25. 请参见 Audrey I. Richards, "The Bemba of Northeastern Rhodesia," in Elizabeth Colson and Max Gluckman (eds.), *Seven Tribes of British Central Africa* (Manchester：Manchester University Press, 1951), p. 171, 也请参见 Richards, "The Political System if the Bemba Tribe of North-Eastern Rhodesia," in M. Fortes and E. E. Evans-Pritchard (eds.), *African Political Systems* (London：Oxford University Press, 1940), p. 91。

26. 出自 Duarte Pacheco Pereira, *Esmeraldo de Situ Orbis*, edited by R. Mauny and translated by G. H. T. Kimble and reprinted in Thomas Hodgkin, *Nigerian Perspectives: An Historical Anthology* (London: Oxford University Press, 1960), p. 93。

27. 出自 *A* Description *and Historical Declaration of the Golden Kingdom of Guinea*, reprinted in Hodgkin, pp. 119 – 120. Quoted by permission。

28. *Ibid.*, p. 175.

29. 可参见 Schapera's comments on the capitals of the Southern Bantu groups, *Government and Politics*, p. 15。

30. Stewardand Faron, pp. 184 – 185, etc.

31. vonHagen, pp. 134 and 308.

32. Fallers, p. 38.

33. Herskovits, pp. 33 – 34.

34. Herskovits, vol. I, p. 109.

35. 多数的统治集团只包含 3 个级别, 正如在达荷美 (Herskovits, vol. 11, pp. 23ff.) 或者布干达 (Fallers, pp. 61ff.) 的情况一样。而在对刚果帝国的叙述中, 它于 1569 年被消灭, 默多克称, 它被划分成 6 个省, 它们依次再被划分成一些行政区, 每个行政区包括许多村庄, 包括一个含 4 个等级的统治集团 ((Murdock, *Africa*, p. 298)。印加人更为极端, 有 5 个等级的官员, 从 "领班" 向上到皇帝 (Rowe, in Steward, *Handbook*, vol. II, p. 263)。

36. Fallers, p. 43.

37. E. Colson, "The Pateau Tonga of Northern Rhodesia," in Colson and Gluckman, p. 104.

38. Kuper, p. 31.

39. 沿着几内亚海岸向东直到布干达, 贝壳长期被用作货币的一种形式。可参见 Michael Crowder, *The Story of Nigeria* (London: Faber, 1962), pp. 66, 186, etc., 或者 Fallers 对干达人的描述, p. 49。在非洲, 经纪人或者商人几乎完全靠近几内亚海岸发展。在来自这个地区的报告中有一些分散的关于妇女在一个市场购买货物、在另一个市场销售的证明 (请参见 George Peter Murdock, *Our Primitive Contemporaries*, New York: Macmillan, 1940, p. 577)。在布干达, 在中部非洲东部, 人们称 "互相容易步行抵达的集市通常在不同的日子开市，形成一种循环，以至于巡游的商人们在一个集市关闭时，能够包装好他们的货物并运输到下一个集市"。（Linton，*Tree*，p.173）商业专门化的最大发展很可能出现在新世界，在那里专职的商人们被称在阿兹特克人和玛雅人中间（von Hagen，pp.174 – 175 and 268 – 273）。阿兹特克人的记录表明，这是一个非常迟的发展，日期从1504年开始，或者晚于西班牙人征服以前的一代。令人感兴趣的是，阿兹特克人的商人们，与那些被非洲的达荷美国王们派出的人一样，被指责为伪装的武士，被派遣去侦察敌对的国家。在这些指责中可能有一些是真实的。

40. 甚至在印加人社会中，男人们同伊拉马人分担运输货物并且实际上更有效。（请参见 von Hagen，p.554）这是伊拉马人效率低的一个例证。

41. 数字出自 Forde，*Habitat*，p.167。

42. 见 Baxter and Butt，p.62。

43. 干达人似乎是非洲的园耕民族中在发展道路方面独一无二的，而这可能为他们的政治制度做出贡献（请参见 Linton，*Tree*，p.173 或者 Murdock，*Africa*，p.355）。情况在新世界要好得多。甚至环加勒比海地区较少的酋长国也建设了道路，印加人和玛雅人建设了极好的道路。可参见 Morley，pp.339 – 341；Rowe，in Steward，*Handbook*，vol. II，pp.229 – 233；Bram，pp.36 – 37；Steward and Faron，pp.198 – 199。这些道路也可以是这些群体当中的一些群体处于相对的政治稳定中的一个因素。

44. Herskovits，vol. II，p.33。露西·迈尔（Lucy Mair）称，在干达一位国王要求他的国民们跪在铁钉上。请参见 *Primitive Government*（Baltimore：Penguin，1962），p.181；还可见 pp.197 – 205。

45. *Ibid.*，vol. I，p.78.

46. *Ibid.*，vol. II，p.45，or Murdock，*Contemporaries*，p.582.

47. *Ibid.*，vol . I，p.339.

48. *Ibid.*，vol. II，pp.95ff.

49. *Ibid.*，vol. II，pp.36ff.

50. *Ibid.*，various sections of chap. 23 and elsewhere.

51. *Ibid.*，vol. II，pp.29 – 30.

52. *Ibid.*，vol. I，pp.99ff.

53. *Ibid.*，vol. I，p.53 和 vol. 11，p.100. 应该特别提到的是，园耕

非洲的奴隶情况比达荷美的奴隶情况稍微好一些，虽然他们的境况不应该被理想化。

54. 出于对财富的尊重，马克斯·格鲁克曼（Max Gluckman）称，一个近代的祖鲁人酋长拥有他的部落中所有牛的百分之三十。请参见 "The Kingdom of the Zulu in South Africa," in M. Fortes and E. E. Evans-Pritchard（eds.），*African Political Systems*（London：Oxford University Press，1940），p. 45n。沙佩拉称，在 20 世纪 30 年代科加特拉人的一个酋长在少数其他男人拥有几百头牛时，自己拥有 4000 头牛（*Government and Politics*，pp. 101 - 102）。

55. 请参见 Schapera，*Government and Politics*，chap. 4，"The Privileges and Powers of Office,"作者对南班图的酋长们和国王们的权力做了一个极好的概要。奥伯格提供了关于安科勒国王们的权力与特权的一个非常好的概要（Fortes and Evans-Pritchard，pp. 128 - 150）。也请参见迈尔关于东部非洲的记述。对其他非洲的王国、酋长国的可靠描述能够在不同的人种史中找到。

56. Fortes and Evans-Pritchard，p. 5.

57. 更近代几位其他的人类学者提出，福特斯（Fortes）的分类使事情过于简单化。可参见 Aidan Southall，*Alur Society：A Study of Processes and Types of Domination*（Cambridge：Heffer，1956），especially chap. 9，尤其是 pp. 248 - 249；或者 John Middleton and David Tait（eds.），*Tribes without Rulers：Studies in African Segmentary Systems*（London：Routledge，1958），特别是 pp. 2 - 3。然而，应该特别指出的是，这些批评表明需要发展福特斯的分类，而不是取代它。因此，对于现在分析的目的，福特斯的基本区别仍旧是有用的。

58. *Africa*，p. 37。经允许引用。关于一个类似的结论，请参见 Linton，*Tree*，p. 181。然而索撒尔（Southall）对阿鲁尔人的研究和迈尔关于非洲的著作提出，猜想征服是更复杂的政治体制借以发展的唯一手段可能是一个错误。

59. *Ibid.*，pp. 37 - 39。经允许引用，请比较 Linton，*Tree*，特别是 p. 181。

60. 这表是根据我自己对默多克关于撒哈拉大沙漠以南超过 500 人的部落群体的概括所总结出来的。百分之六十以上的部落群体属于 A 组，而 A 组中的部落群体按平均数计算稍微大于 B 组中的部落群体。

61. 可参见 von Hagen, pp. 119 – 124, 297 – 304, 和 493 – 506, 或者 Rowe, in Steward, *Handbook*, vol. II, pp. 257 – 260。

62. 可参见 von Hagen, pp. 119 – 124 和 493 – 506。

63. 请参见, 例如, A. L. 克罗伯（A. L. Kroeber）称, 奇布查人"任何一个封建领主都得到足够的尊重, 任何天生的想象力都能够设想到。甚至酋长们也从未看他们的脸, 而是转过'肩膀'或者在距离领主很远的地方鞠躬。西班牙的士兵被认为是无耻的, 因为他们眼对眼地对他们自己的指挥官说话。"请参见"The Chibcha," in Steward, *Handbook*, vol. II, pp. 902 – 903; 也可参见 Rowe, p. 259。

64. 关于印加人可参见 Rowe, pp. 263 – 264; 关于玛雅人可参见 Morley, pp. 168 – 170。

65. 参见 Steward and Faron, chaps. 6 – 8。

66. 表 1 中显示的关系值仅有 .15, 然而如果采用表中没有显示的详情, 该值则会上升到 .19。虽然此表的建构有些方法方面的问题, 但它们还不至于严重到能够推翻这一结论。在这些问题中, 下面一些值得注意。第一, 默多克的资料是按照不同的部落组织起来的, 比如按文化和语言单位, 而不是社会, 即在社会和政治方面自治的单位。然而, 我们并没有发现这种做法会导致在表 1 中出现系统性的偏差。第二, 这些资料是按照部落而不是按照民族而编制的。如果采用民族的指标的话, 这种关系则会稍微大于表中显示出来的关系, 因为 A 组的一些部落稍微大于 B 组（正如我通过一些特殊的制表方法所显示的那样, 但这些制表方法在这里没有写出来）。第三, 默多克关于政治组织的水平的叙述没有达到列表所要求的标准化水平。这导致在某些情况下在分类中出现不确定性, 但这仅出现在相邻的层次上。因此, 有时难以从默多克的数据中确定某个特定的部落是否有一些最高的酋长或者只有一些地方首领, 但很清楚的是, 他们没有一个高度发展的国家制度。最后, 默多克的叙述中包含了一些错误, 但似乎没有人能够做到一连调查几百个社会竟然不会发生一点儿错误。因此, 综合起来看, 未必能说这个表格存在着严重的错误。

67. 例如, 默多克称, 尼日利亚高原地区的 61 个部落中只有一个部落发展了"一个名副其实的复杂国家"（*Africa*, chap. 13）。从其他一些资料来源看, 这似乎是一个非常好的环境（参见

Buchanan and Pugh, especially chaps. 1 – 3）。塔伦西人是另一个非洲雨林民族，它保留着十分原始的政治。福特斯说，在他们的周围"农业的机会是巨大的"，而粮食"长期不足"。（请参见"The Political System of the Tallensi of the Northern Territories of the Cold Coast," in Fortes and Evans-Pritchard, p. 249。）他发现，即使在丰收年景中也很少有人能够为未来的荒年储备足够的食品。在这种情况下，将其政治制度归入福特斯的 B 组并非出人意料。

68. 例外是埃多人、伊药人和伊策基里人，在南尼日利亚的雨林北部边缘的所有部落。请参见 Murdock, *Africa*, chap. 31。

69. 九个被挑选的地区是在 Murdock's "World Ethnographic Survey," pp. 675 – 677。尽可能在每个地区挑选三个社会，分别代表高度的、中等的和最低的政治发展水平，如默多克的表的第 15 列中所表示的。有四个地区找不到政治上的两个极端。在有可能做出选择的情况下，对这些社会的挑选是依据可得到的最多的和最好的人种学资料进行的。这些地区和社会如下：

西苏丹：摩西人、苏苏人和塔伦西人

几内亚海岸：尤鲁巴人、门德人、伊博人

尼日利亚高原：庸坤人和蒂夫人

东苏丹：席鲁克人、阿赞德人和鲁格巴拉人

上尼曼河：阿鲁尔人和鲁奥人

赤道班图：干达人、鲁巴人和房人

东北班图：察嘎人和基库尤人

中央班图：鲁济人、姚人和伊拉人

南班图：祖鲁人和姆布恩杜人

文献的评论和制表由一名研究生托马斯·布劳恩李（Thomas Brownlee）完成。

技术水平依据下列标准：

高的：有许多专职的手工艺师，先进的冶金术、贸易、半货币经济；

中等的：有少数专职的手工艺师，一些冶金术；

低的：最多有一个或两个专职的手工艺师；

政治发展的水平标准如下：

高的：有许多专门的官员，相当大的科层化；

中等的：有一些专门的官员，一定的科层化；

低的：有少数专门的官员，没有可见的科层化。

70. 这里使用的标准是：（1）经常受邻近社会威胁的社会；（2）有时受邻近社会威胁的社会；（3）难得或从未受邻近社会威胁的社会。

71. 这个"多重相关"是根据每一个自变量都具有相同的权数。在每一种情况下都采用高、中、低三个层级的标准。高的评价为2，中等的评价为1，低的评价为0。再有，采用了肯德尔的 τ 系数。也应该特别提到的是，将含有一些不确定性的个案去掉后，τ 系数的值上升到了 .78。

72. 采用肯德尔的 τ 系数，这个 2×2 分类的相关系数为 .60，而稍微复杂的情况 3×3 分类的相关系数为 .67。

73. 关于新世界，参见 Steward and Faron, table 2, p. 53, 忽略狩猎者和采集者。

74. 关于先进园耕社会中酋长的象征功能的一个很好的讨论，请参见 Schapera, *Government and Politics*, p. 106。

75. *Ibid.*, p. 140.

76. *Ibid.*, p. 75.

77. 关于南班图的资料都出自沙佩拉，出处同上。也请参见 V. G. J. Sheddick, *The Southern Sotho* (London：International African Institute, 1953), pp. 47 - 48。

78. Richards, "The Bemba of North-Eastern Rhodesia," p. 170.

79. Richards, "The Political System of the Bemba Tribe," p. 105.

80. Oberg, "The Kingdom of Ankole in Uganda," p. 148.

81. Baxter and Butt, p. 59.

82. Rowe, p. 267.

83. von Hagen, pp. 172 - 173.

84. 沙佩拉指出，在南班图的某些部落中开始做出了这种区分，但他们显然只是普遍规则中的一个例外（*Government and politics*, p. 102）。

85. 当西方的殖民政府取代这些非洲的君主制度并且试图使公共财政制度合理化时，这变得特别明显。请参见 Schapera, "The political Organization of the Ngwato of Bechuanaland Protectorate," in Fortes and Evans-Pritchard, p. 78；Richards, "The Political System of the Bemba Tribe," also in Fortes and Evans-Pritchard, p. 116；Schapera, *Government and Politics*, p. 109；or Sheddick, p. 48。

86. 关于专制暴君政府的兴起的一个类似观点，请参见 Richard

Thurnwald, *Economics in primitive Communities* (Oxford: International Institute of African Languages and Cultures, 1932), pp. 12 and 106 – 108, or Mair, 特别是 pp. 108 – 109 and 160 – 165。

87. 请参见 Schapera, *Government and Politics*, pp. 108 – 112; Baxter and Butt, pp. 62 – 63; Oberg, p. 144; 或者 Herskovits, vol. II, chap. 25。

88. 这会导致以牺牲新的占领者利益为代价，来为其人民重新恢复旧的再分配伦理。这事实上确实发生在印加人和阿兹特克人的情况中。

89. 有一个在写这些内容时我没有注意到但很类似的分析，请参见在前面被引用的迈尔著作。应该补充的是，在一些或许多社会中，新的制度是通过扩散而建立的。显然这种情况发生过许多次。但最初的转型是如何做出的这一批判性问题仍然不是很清楚。这也是我在这里关心的问题。在新世界中这个模式的再次发生意味着不只是扩散因素在发挥作用。

90. Crowder, p. 65.

91. 请参见 Murdock's list of characteristics of African despotisms, item 15，也请参见 Schapera, *Government and Politics*, pp. 157ff。

92. A. J. *Skertchly*, *DahomeyAs It Is: Being a Narrative of Eight Months' Residence in That Country* (London: 1874), p. 375, 引自 Herskovits vol. II, p. 43. 经允许引用。也可见 Mair, p. 181，他说"在强权者身边显然是危险的"。

93. F. E. Forbes, Dahomey and the Dahomans: *Being the Journals of Two Missions to the King of Dahomey, and Residence at His Capital, in the Years* 1849 *and* 1850 (London: 1851), pp. 36 – 37, quoted by Herskovits, vol. I, p. 99n.

94. 正如以前特别提到的那样，在某些情况下仍然存在另一个中间阶层。请参见 Mair, pp. 148 – 151, 173ff. 其中有关于对东部非洲社会中官员的等级制度的描述。

95. 关于印加人可参见 Rowe, pp. 263 – 264。他们建立了或许是先进园耕民族中最复杂的等级制度。

96. Capt. Sir Richard F. Burton, *A Mission to Gelele*, *King of Dahamey* ... (London: 1893), vol. I, p. 63, quoted by Herskovits, vol. II, p. 28.

97. 可参见 Schapera, *Government and Politics*, p. 113。

98. Herskovits, vol. II, p. 43.

99. 沙佩拉和其他一些人使人们清楚地认识到，非洲的统治者们经常被对手们推翻。请参见 Schapera, *Government and Politics*, especially pp. 157ff., 尤其是 p. 165, 包括脚注。

100. Herskovits, vol. II, p. 38. 布拉姆（Bram）发现，一夫多妻导致印加贵族阶层出现类似的增长（第73页）。

101. 皇家公主在性自由方面显然不存在限制。她们能够任意跟她们的丈夫离婚、结婚或者不结婚，并随心所欲地拥有一些情夫，甚至乱伦禁忌也不适用于她们。

102. 关于对这个题目极好的讨论，请参见 Schapera, *Government and Politics*, pp. 157ff.。

103. Herskovits, vol. II, p. 39.

104. Oberg, pp. 157 – 159.

105. Schapera, *Government and Politics*, pp. 158 – 159.

106. 可参见 von Hagen, pp. 581 – 582。

107. 参见 Rowe, p. 263。

108. 关于使用王室的亲戚们和贵族们的例子，请参见 Schapera, *The Tswana*, pp. 52 – 53, 或者 *Government and Politics*, especially pp. 58 – 59 和 112 – 113。

109. Herskovits, vol. I, pp. 99 – 101.

110. 关于对这些结构的描述，请参见 Morley. Chap. 9 中对玛雅人的讨论；Steward and Faron, pp. 132 – 138 对印加人的讨论，以及第186~188页对环加勒比海的各部落的讨论；以及 von Hagen, pp. 119 – 134, 或 Eric Wolf, *Sons of the Shaking Earth*（Chicago：University of Chicago Press, 1959）, chap. 7 关于阿兹特克人的讨论。

111. 可参见 Steward and Faron, p. 187。

112. 请参见 Rowe, p. 260, 或者 Bram, pp. 33 – 34 and 71 – 75。

113. 关于玛雅人可参见 Morley, pp. 176 – 179。

114. 关于印加人可参见 Steward and Faron, p. 138。

115. Morley, p. 72.

116. 关于来自东部非洲的若干例子，请参见 Mair, pp. 134 – 137。

117. 请参见 Hughes and van Velsen, especially pp. 44 – 45 和 pp. 71 – 75, Schapera, *Government and Politics*, p. 130。

118. 沙佩拉，同上书，第132页，只有当这两个群体在文化上截然不同时，征服者与被征服者之间的地位群体差别才在南美洲发展了。

119. 关于一个灵活得多的制度，请参见 Max Gluckman, "The Lozi of Barotseland in Northwestern Rhodesia," in Colson and Gluckman, p. 6。

120. 请参见 Karl A. *Wittfogel*, *Oriental Despotism*: *A Comparative Study of Total Power* (New Haven, Conn.: Yale University Press, 1957), pp. 360 – 362。

121. 请参见 Rowe, pp. 260 – 261, or Bram, pp. 33 – 34 and 71 – 75。

122. 可参见 Schapera, *Government and Politics*, pp. 157 and 220。

123. William Bosman, *A New and Accurate Description of the Coast of Guinea*, 2d ed. (London: 1721), pp. 336 – 337, quoted by Herskovits, vol. I, p. 109.

124. Oberg, pp. 147 and 150.

125. Robert Norris, *Memoirs of the Reign of BossaAhadee*, *King of Dahomey* ... (London: 1789), pp. 40 – 41, quoted by Herskovits, vol. II, p. 27.

126. *Governmentand Politics*, p. 172. 在印加人中发生了一场兄弟残杀的战争。一个异母兄弟在边远省份中积蓄了力量后反抗其在国家中心的兄弟。这件事情的发生也许并非偶然。

127. Baxterand Butt, p. 50.

128. Herskovits, vol. I, chap. 5, especially pp. 86ff.

129. 可参见前面第六章对简单园耕社会中的教士们权力的讨论。也请参见 Bertrand de Jouvenal, *On Power*: *Its Nature and the History of Its Growth*, translated by J. F. Huntington (New York: Viking, 1949), pp. 83 – 84。

130. 非洲其他许多地方的神授国王们有以术士和巫医形式的"竞争者"，但这些人很少被组织起来并且没有足够的力量来成为国王的重要的竞争者。因此他们在这个讨论中被忽视了。

131. Herskovits, vol. I, p. 102.

132. 至少在教士群体的上层是如此。可参见 Morley, pp. 170 – 174 on the Mayas; Rowe, pp. 298 – 299, or Steward and Faron, pp. 128 – 130 on the Incas; Steward and Faron, pp. 191 – 194 on the Circum-Caribbean tribes; and von Hagen, pp. 159 – 162 on the Aztecs。

133. Herskovits, vol. I, pp. 175 – 177.

134. *Ibid.*, p. 175.

135. 甚至在这里也存在着教士阶层与贵族阶层之间的斗争的一些细微迹象，至少在印加人中是如此。请参 Steward and Faron, p. 128。

136. 在先进园耕社会中不存在民众的革命。民众的动乱一般表现为支持国王的男性亲属反对国王的行动，至少在非洲是如此。因此，当一个国王侵占属于普通百姓的剩余产品份额时，他或许会引起这种模式的反应。

137. 格伊德翁·舍贝里（Gideon Sjoberg）在讨论农业社会时说出了同样的论点。请参见 *The preindustrial City*（New York：Free Press，1960），p. 226。

138. 较老的理论传统在这一问题上再一次犯了单向思维的谬误，激进的传统强调神话的剥削性方面，而保守主义者强调其保护性方面。

139. 关于在新世界的印加人，可参见 Schapera, *Government and Politics*, pp. 51 – 52，或者 Rowe, pp. 257 – 258。

140. 请参见 Rowe, pp. 260 – 261。

141. Wittfogel, p. 364.

142. MaxGluckman, "The Lozi," p. 36.

143. *Ibid.*, pp. 43 – 49.

144. Schapera, *Government and Politics*, pp. 150 – 152.

145. 西部非洲的阿散蒂人继续走了一步，而平民百姓有了他们自己单独的组织来代表他们的利益。这可以对酋长的专制倾向形成强有力的控制。请参见 Madeline Manoukian, *Akan and Ga-adangme Peoples of the Gold Coast*（London：International African Institute，1950），pp. 39 – 40。

146. 关于干达的统治者，请参见 Schapera, *Government and Politics*, p. 149；也可见，pp. 197 – 205。

147. *Ibid.*, pp. 146 – 147.

148. *Ibid.*, p. 146.

149. 可参见阿兹特克人的历史，他们被描述为"漫游者，一个没有国家的、'贫瘠的'部落，它产生于墨西哥北部"，经常卷入战斗（von Hagen, p. 59）。

150. 关于对这个题目的讨论，请参见 Schapera, *Government and Politics*, pp. 149ff。

151. *Ibid.*, pp. 145 – 146 and 148.

152. Gluchman, "The Lozi," p. 14.

153. Schapera, *The* Tswana.

154. 前文提及的 14 个 A 组社会中的 13 个社会，在立宪政体地位与不平等地位之间存在着 - . 53 的相关，它支持通过一个人种学文献的非定量考察而单独得出的结论。关于第 14 个社会样本的立宪程度缺乏必要的数据。

第八章 农业社会（一）

你能从狼嘴里平安无事地收回头来，难道还不满足，怎么还要讲报酬？

——伊索

V. 戈登·柴尔德在回顾人类早期历史时，将注意力放在两次重大的社会革命之上，这两次革命都深刻地改变了人类的生活特征。[1]第一次革命的结果是形成了第一批园耕社会，第二次则产生出农业社会。

第二次革命五六千年前首先发生在中东肥沃的河谷地带，以后向东方和西方扩展，到 15 世纪末，农业社会在欧洲、北非、中东、东亚和南亚都有了坚实的基础。随着新世界的发现，这种社会组织形式被传到北美和南美，尽管由于居住环境不同，那里的农业社会有一些变异。[2]

第二次大的社会革命之所以成为可能，有许多因素在起作用，最重要的是一系列发明和发现使生产、交通、通信取得了巨大进步。而其中最有意义的要数犁的发明以及与犁的使用相关的两种进步，即畜力的使用和铸造原理的发现。后者使得制造铁犁成为可能（这比起先前的木犁是一大进步）。正如柴尔德所说：

> 犁预示着一场农业革命，犁耕搅起了土壤中的肥料养分，这些养分在半干旱地区很容易沉降到植物根部所不及

的地方。一个男人用两头耕牛和一把犁比一个女人用锄头耕种的土地面积要大得多。小块小块的土地被大片田地所取代，这样，农业（agriculture，来自拉丁文 aget，意思是"大田"）真正开始了。这意味着更大的庄稼、更多的食物和膨胀的人口。[3]

与这些同步的是车轮和船的发明，这对人和物品的流动都有极大的好处。所有这些事物结合在一起促成了一个新型社会的出现，尽管可以用许多别的名字去称呼它，但我把它叫作农业社会，以此来识别这一制度的特征。

农业社会：一个普遍类型？

尽管不同社会都有一种共同的农业经济，但许多学者认为它们并不构成一个独特的社会类型。这些学者强调其中存在的无数差别，而且常常指出，从最终结果看，每一个农业社会就其存在而言都是一个独特的实体。他们提出了这样的疑问，中国的科举制、土耳其的近卫步兵制度或中世纪天主教会之间真正存在着什么相似之处吗？有才华的历史学家和区域分析专家们经常巧妙地强调这一点，以至于我们无法忽视它。[4]

191　　任何人都得承认各个具有农业经济的社会是存在着实在而重要的差别的，甚至还必须承认，当它们被作为整体来研究时，每一个社会都是一个单独的实体。不过，当我们用带有普遍意义的术语来谈论任何事物时，都会出现以上的情况。像"星座""民族""原子""星系""细胞""十四行诗"甚至"历史学家"这样的术语都是差异很大的个体的组合。尽管如此，经验证明无论是从知识上还是从重要性上讲，使用类似上述的概念是有价值的。讨论是否使用普遍概念的关键是一个衡量问题：个体的相似性是否比差异性更大？起码要衡量在涉及要讨论的问题时它们的相似是否比差异更大。如果是的话，那么运用带有普遍性的术语就是合理的。[5]

为了目前分析的需要，我们有充足的理由将农业社会作为一种普遍类型。展望所有的人类社会，相似性明显地超过差异性。当然，有必要重申，这并不否认存在内部差异或者甚至存在重要的亚形态的可能。[5a]

然而，我们必须在农业社会和其他形态之间进行区分。由于地理接近和长久历史联盟的关系，混乱常常会出现。这里指的是航海社会（maritime societies），包括腓尼基、迦太基、威尼斯和十五世纪中期的荷兰。人们可以将雅典社会看成从公元前 6 世纪到罗马统治时期的例子，将英国看成从 16 世纪到 19 世纪初叶的混合社会的例子，它们部分是航海社会，部分是农业社会。

192

航海社会在许多方面和农业社会都是不同的。从生产上看，贸易而非农业是经济积累的主要来源，这一特征无疑与一个更深远的事实相关，即从政治和分配上看，商人更适应航海社会而不是农业社会。同时，航海社会的政府是更典型的共和制和财阀统治，而在农业社会常常是君主制。[6]从军事上看，航海社会是独特的，因为它们依赖海军力量，这一特征对政治和分配有重大影响。其他的差异也可以引证，但上述差异已足以用来区分这两种形态了。[7]

农业社会的共同特征

建立在农业经济上的社会在许多重要方面都是相似的。现在我们就转而讨论这些相似之处。首先，我们发现，在技术和生产上，农业社会比我们提到的另外三种类型的社会有明显的优势。从技术上讲有很多使这些社会相区别的实质性因素，也就是说农业社会的生产潜力在总体上比其他社会更大。[8]这种差异可以从成熟的、高度发达的农业社会中很多高度发达的工程成就上反映出来，这是任何园耕社会没法比拟的。这包括中世纪欧洲的大教堂，埃及的大金字塔，中东、印度及中国的灌溉系统，罗马的输水道和道路，南亚和东亚的无数寺院，中国的长城，甚至包括几乎普及于农业社会的航船和带轮的运输工具。[9]

这众多不同的进步是建立在科学和技术的无数细小进步之上的，这种进步太细微了，以至于每一时代的历史学家们都不屑提及。这包括新工具的发明和旧工具的改进[10]、新技能和工艺的发明、耕种新作物品种、驯化新动物、利用新能源，以及无数的技术和知识进步。这些革新产生的净效益大大扩充了经济剩余产品。在农业生产条件下，人类劳动总产品的一小部分就能使人生存并具有生产力，余下的大多数可以用于其他的目的。

军事技术进步可以与生产技术的进步相匹敌。发动战争的手段在农业社会比在园耕社会更有效。比如，驯化的马和车轮的发明使战车战和骑兵战成为可能，这是显著的进步。其他进步包括城堡和其他防御工事、防御盔甲的发明和武器的改进。

对于研究分层和分配问题的学者来说，了解这些军事和生产技术的进步至关重要。原因有二。首先，军事技术进步产生了一个重要的社会分裂。自己为自己制造武器已不如一个人为所有人制造武器。新的技术使那些控制了足够人力（如奴隶和农奴）的人可以建造防御工事，也使那些拥有足够财富的人能雇用专人为之生产新的武器设备，如战车和盔甲。这样，在历史上，军事技术上的差别第一次成了人类社会的一个基本现实，剥削的机会也随之扩大了。

技术在生产和军事领域的进步同样使国家权力有可能获得实质性的增长。这种可能性并非总是能够变成现实，例如在欧洲中世纪早期就是如此，但一旦这种可能变为现实，其结果就会十分醒目。与园耕社会的政权相比，农业社会的政权更加有力，组织得更有效、更持久、更能获得让人印象深刻的成就，管理的事务范围也更大。

对任何国家的权力都可以用其所控制疆域的大小来衡量。历史上一些例子有助于我们认识农业社会和园耕社会的区别。从疆域上看，俄罗斯帝国超过了所有的对手。早在彼得大帝时期（1689～1725 年），俄罗斯帝国统治了将近 600 万平方英里的土地；在 19 世纪中叶亚历山大二世时，统治疆域将近 800 万平方英里。[11] 其最强大的对手可能是 18 世纪的西班牙帝国，它的领土面积为 500 万平方英里。[12]8 世纪中叶阿拉伯的倭马亚王朝在其全盛时期统治了 300 多万平方英里的疆域。[13] 罗马帝国在全盛时期以及中国从汉代以来的统治面积都在 200 万平方英里左右。[14] 最后，旧土耳其帝国在大苏莱曼苏丹（1520～1566 年）统治的鼎盛期、波斯帝国在其鼎盛期，以及短命的亚历山大大帝国都超过了 100 万平方英里。[15] 这些都是极端的例子，它们显示出农业国家固有的潜力。此外，无数其他农业社会的疆域在 10 万平方英里到 100 万平方英里之间，相比之下，很少有园耕国家达到了这个范围的下限。[16]

人口规模和经济系统的能力是衡量国家权力的另一个指

195

标。即便是先进园耕国家的人口，其上限也只有 400 万，而若干农业国家的人口却超出了 1 亿，人口上百万对农业社会来说不是特例而是常态。在中国，1578 年的普查记录有 6000 万人，到 1778 年就增至 2 亿 4300 万人。[17]俄国第一次人口普查是在 1724 年，当时只有 1400 万人，到 1858 年进行第十次普查时，这个数字已上升到 7400 万。[18]罗马帝国的人口在三世纪开始的时候也达到了 7000 万。[19]自然，这又是一些极端的例子，但显示了农业社会和园耕社会潜力的对比。

这些例子显示，农耕社会的大帝国都是征服性国家，或者是通过一个群体对另一个群体的征服而形成的社会。[20]所有的农耕社会国家几乎都是这样的，对于大帝国的弱一些的竞争者来说也是如此。很少有帝国仅仅依靠和平的政治进化和一个单一民族的扩张或者通过不同民族自愿的联合而形成。[21]

因此，农业国常常是由不同的民族团体组成的。那些在政治上保持了几代联合关系的民族最终趋于文化上的同化，就像不同民族最终组成了英国人口和中国人口一样。有时差异会完全消失，但这不是必然的，在希腊人和罗马人之间就存在持久的文化分裂，这种分裂在罗马帝国灭亡后仍然存在。在印度，种族的区别许多世纪以来一直以种姓的形式长期存在。[22]

战争在几乎所有的农业国家中都是一种长期状态。一个世纪以前，P. 索罗金对 11 个欧洲国家历史上的战争及其重要性做了广泛的分析。在其研究所涉及的时期中，德意志国家战争发生率最低，1651～1925 年 28% 的时间里有战争记载；西班牙战争发生率最高，1476～1925 年 67% 的时间里有战争记载。[23]这 11 个国家的中位值是 901～1925 年的俄国，为 46%。尽管这一研究中有的案例包括了现代工业时代的一些年份，但没有理由认为这种做法提高了总数。相反，这倒有可能降低这些数字。此外，有理由相信索罗金的数字是错误的，这些数字趋于保守，因为他所使用的资料没有包括那些较小的冲突。[24]

若不存在与外敌的斗争，内部斗争就常常有所增加。这在那些没有制度化的王位继承模式的民族中尤为常见，罗马帝国和莫卧儿帝国就是如此。79 位罗马皇帝中——从奥古斯都到罗慕路·奥古斯都路斯——至少有 31 位死于谋杀，另外有 6 位被迫自杀，4 位被暴力废黜，若干其他皇帝也在内部敌人手中遭到不测。[25] 在罗马帝国，这些斗争不过是宫廷政变，而在莫卧儿帝国，帝王的死亡常常意味着一场组织良好的派系之间的大规模内战，双方都觊觎着王位。[26]

战争的高发生率似乎和农业社会的另一个特征有关，即显著地倾向于君主制政府。许多学者指出，战争的紧迫性常常需要把最高权力交给一个人。委员会的统治往往缺乏效率，尤其是在一个大且广的组织中。战争的频繁和农业国的规模几乎使君主制政权不可避免。[27]

这个一般模式还存在着几种例外情况，如罗马共和国和瑞士各州的共和政府以及早期的印度和俄国。值得注意的是，在所有这些例外中都必须具备下列一个或多个条件：要么国家不大，要么农业制度在那个区域还相对不成熟，要么处在一个多山地区。如上所述，由于军事目的而实行的君主制统治与一个社会的人口数量和地理规模有关，所以共和制政府对于一个小农业国来说就不是不可克服的障碍，尤其是当其他条件较有利时。在农业社会的早期阶段，当其他国家还没有着手建立帝国时，共和制似乎更易生存。这不过是用另一种方式表明，社会选择废除软弱组织的过程是要花时间的。最后，多山地区对于共和制的生存比河流区和大平原区更有利。这里有几个原因。
首先，经济剩余产品在这类地区通常都不多，并且交通很不方
便，不容易在一个区域内聚积足够多的财富以供养一大群王公
贵族。此外，在谷地和平原被证明有效的军事行动在山区常常
是不实用的。因此，在这些地区，小数目的和相对不集中的居
民对于保卫他们的疆域反而更有效些。[28]

罗马社会的历史提供了对这一分析特别有趣的例证，这个
例子既有大量文献证明，也为大家所熟悉。从共和制到元首政
治的转变好像和国家规模的扩大、地中海世界农业社会秩序的
成熟以及罗马帝国的扩张（把广袤的非山地地区纳入版图）
有关系，这绝非仅是一种巧合。简言之，元首政治的出现明显
是由于那些适合共和政权存在的条件消失了。不过，我们必须
承认，如果仅仅考虑这三个因素，罗马的共和制早在奥古斯都
甚至苏拉（共和宪法的第一位违反者和君主制原则的第一位
实践者）之前就应该销声匿迹了。共和制在罗马国家得以延
长生存似乎与独特的执政官制度有关。执政官是一个选举官
僚，其任期有限却有君主式的权力。[29]这一官职似乎为罗马国
家提供了君主统治的军事好处，同时又保留了共和统治的大多
数重要特征。

农业社会的另一个重要特征是广泛而有规律地出现了城市
社区。就像上一章指出的，城市和半城市社会在一些最发达的
园耕社会都有例子，但总的来说是很少的，而且规模小，相对
来说不会长时间存在的，并缺乏最基本的城市性。

在农业社会，相比之下，这种社区无论在数量、规模、持
久性，还是在城市特征上都有所提高，不具有真正城市中心特
征的例外情况是很少见的。[30]农业社会城市的名册上有这些著

名的例子：巴比伦、耶路撒冷、亚历山大港、罗马、君士坦丁堡、巴黎、伦敦、巴格达、德里、贝拿勒斯、北京、江户（或称东京）。而这还只是其中的一部分。根据最可靠的材料，这些城市中有相当一部分拥有几十万人口。其中最大的城市可能在短时期内曾达到或超过 100 万人口大关。尽管最近的研究使这一点比以前更值得怀疑，[31] 但即使 50 万人口为农业社会城市规模的上限（这个数字没有多少专家会怀疑），这也仍然表明了城市在农业社会比在园耕社会有惊人的发展。

尽管少数帝国的首都有时达到了这个规模，但大多数城市中心要小得多。比如，14 世纪后期，伦敦只有 3 万～4 万人口，而第二、第三大城市约克和布里斯托的人口不到 1 万。[32] 在 15 世纪中期法兰克福只有 8700 名居民，纽伦堡有 2 万人，斯特拉斯堡有 2.6 万人，布鲁塞尔有 4 万人。[33] 在这期间，2 万人口的一个城市就算大城市了，大部分主要的城市中心都不到 1 万人。到了 16 世纪中期，英国的第二大城市布里斯托也只有 1.05 万人，17 世纪瑞典的第二大城市只有 5000 人。[34] 甚至到了 19 世纪初工业革命已经开始时，全世界人口超过 10 万的城市还不到 50 个。[35]

这些数字表明，农业社会城市化的人口只占极小的部分。俄国的记录表明，从 17 世纪后期到 18 世纪后期，城市人口只占总人口的 3%，到 1851 年仍不到 8%。[36] 英国到 14 世纪后期，超过 3200 人的城市其人口不到总人口的 5.5%。[37] 亨利·皮雷纳（Henri Pirenne）指出，在整个欧洲，包括东欧和西欧，从 12 世纪到 15 世纪，城市人口可能从来没有超过总人口的 10%。[38] 最近吉迪恩·舍贝里认为世界上所有农业社会的城市人口从未超过总人口的 10%，有时还不到 5%。[39] 不管精确的数字是多少，所有的权威都承认农业社会人口的绝大多数是耕地农民，城市和城镇的居民一直都是很小的一部分。

尽管如此，城市中心的居民通常从政治上、经济上、宗教上和文化上统治着农村社会。这是由于财富和权力都集中在城市，或者更精确地讲，人口聚集的地方就是掌握财富和权力的人居住的地方。[40] 因此，尽管农业社会的城市人口在数量上是少数，但他们通常对生活中易受人为控制的那些方面产生决定性的影响。

农业社会的城市人口不仅比发达园耕社会的城市人口多，而且这些城市是真正的城市。非洲园耕社会中最大的社区在很多方面只是一个膨胀的村落而不是城市，园耕事务仍然是主要的经济活动。相比之下，在农业社会的先进城市中，农业事务虽然不是没有，但明显只是第二位的活动。因此，这些中心的居民常常能自由从事其他活动。[41]

农业社会的城市和较大的城镇早就以居民从事多种职业而著称。在主要的职业分类中，下列职业值得一提，它们构成了城市人口的大部分：官僚、牧师、学者、书记员、商人、仆人、军人、工匠、工人、乞丐。此外通常还有很少的有闲阶级，其生活来源为租赁、津贴、利润或政治服务。

这些主要职业中，大部分都包括许多亚种，所以在大城市中，专门职业的种类可能是成百上千的。19 世纪早期在北京一个小社区的调查显示了大城市可能发现的职业的多样性。这个小社区有 5200 人，职业不少于 163 种。[42] 除了其中一些是西方工业影响带来的以外，大多数职业是在每一个农业社会都可以发现的传统职业。如果调查的范围更大的话，还可能发现更多的职业，因为这一类城市的工人有一种成群受雇于同一行业或职业的倾向。[43]

1313 年巴黎的税务档案显示了一种相似的模式。这份档案列举了 157 种不同的工匠，这还不包括其他职业。[44]纺织业为我们提供了一个关于专业化所达到程度的例子。"有织毛机机械师、亚麻机机械师和纤维机机械师，有梳毛工、纺工（两种）、织工（七种）、染工、漂洗工、轧光工、剪毛工（若干种），还有纺织品销售者、零售商、头饰制造者、腰带制造者、绸缎呢绒商和旧衣商人。"这种专业化分工的程度只有在伦敦、布鲁日和佛罗伦萨这样的大城市才有，小一些的城市只有 40~50 种工匠，更小一些的城市只有 10~20 种工匠。[45]

城市中心的工作单位用现代标准来衡量一般都很小。在西塞罗时代一个雇用 50 人的作坊已被视为很大了。[46]在中世纪的伦敦有记录的最大的白蜡工场雇了 18 个人，而且这个规模是中国到 15 世纪中期才达到的。[47]

在大多数农业社会中，在同一经济活动领域劳动的人组成的地方性团体，现代学者称之为行会。[48]实际上这些组织相差很大，以致可以说用同一个术语去表示它们是不妥的。有的主要是宗教和友爱组织，其他主要是政治和经济组织。有的是政府为解决社会控制问题和与之相关的税收问题而设置的，其余则是工人和商人为促进自身的特殊利益而创办的。[49]一般说来，行会既为国家利益服务，也为其成员的利益服务。比如日本历史学家竹越与三郎（Takekoshi）就指出，早期的行会就是由"特许垄断某一行业的商人组成，是为了交付税金的责任而成立的"。[50]

尽管和现代工会有极相似之处，但行会基本上是商人和产业主的联合，尤其是那些具有政治影响的商人和产业主的联合。会员资格对雇主和工人都是开放的，但雇主通常统治着组织。这是由他们的财富、权力和声望决定的。即使在雇主间也存在区别，对一个组织的控制权通常归于最富有的人。[51] 在中世纪欧洲，也许还包括其他地方，这些组织在其早期比在后期更民主。[52]

203

大多数行会关心的一个要点是保护其成员不受外在权力的影响，这样就使行会官员获得了解决其成员间纠纷的权力，以此控制他们的行为。有时（主要在中世纪欧洲）行会成员合力使城市社会从拥有土地的贵族或国王手中解放出来，因此在君主制的大框架中可能出现共和制的小绿洲。中世纪欧洲城市商人的政治优势培育了和海洋社会相似的共和模式，而在海洋社会也是商人占统治地位，这大概不只是一种巧合吧。[53]

越来越高的专业化程度和更精细的劳动分工趋势在农业社会的城市和城镇之中十分明显，在农业社会的其他层次上也有所表现。不同社会和不同区域或多或少地趋于经济活动上的专业化分工。比如在罗马帝国，北非和西班牙是无花果干和橄榄油的供应地，高卢、达尔马提亚、小亚细亚、叙利亚是酒的供应地，西班牙和埃及供应咸肉，北非、西西里和黑海地区供应粮食，黑海地区还供应咸鱼。[54] 社区水平上也有大量劳动分工，老加图在公元前二世纪在写给农人的手册里就指出：

> 短袍、长袍、毯子、罩衫、鞋子在罗马采购，帽子、铁器、长柄大镰、锹、锄头、斧头、马具、马饰品和锁链在卡莱斯和明图尔内采购，铲子在维纳弗鲁采购，马车和雪橇在苏埃萨和卢卡尼亚采购，缸子和罐子在阿巴和罗马采购，瓷砖在明图尔内采购，榨油机在庞贝采购，钉子和

护栏在罗马采购，桶、油缸、水罐、酒瓮和铜器在卡帕和诺拉采购，坎帕尼亚篮子、滑轮绳子和各种绳索在卡帕采购，罗马篮子在苏埃萨和卡苏姆采购。[55]

并非只有罗马帝国在这方面是这样的。相似的专业化在农业世界广泛分布的社会中都有记载，[56]甚至在村落中专业化也存在，因为农闲时农民常常做一些手工劳动以维持生计，有时一些村落会由于有技术生产一些特殊商品而变得十分出名。

专业化的发展必然带来贸易和商业的发展，因为专业化生产者必须将他们的劳动产品和别的专业化生产者的劳动产品交换。先进的园耕社会和农业社会相比较，除了个别情形之外，贸易和商业的价值在后一种社会要大得多。[57]贸易的发展最明显的一个例证就是商人阶级作为一个独立阶级在几乎所有的农业社会都出现了。[58]这个阶级最初出现在园耕社会时还处于初级状态，那时在生产者和消费者之间有极少数的中间人，或者是收税人，或者是政府官员，或者是业余商人。在达荷美，妇女就扮演这一角色。

尽管贸易的比重在农业社会大大超过了园耕社会，却不能和工业社会相比。其中一个基本原因是运输商品的成本很高，特别是陆上运输。第二次世界大战后，中国有一个报告，显示了传统运输工具和现代运输工具的相对成本。用不同方法运输1吨货物每1英里的成本如下（单位美分）：[59]

铁路　　　　2.7

畜力大车　　13

骡子驮　　　17

手推车　　　20

驴子驮　　24

马驮　　　30

担挑　　　48

对水路交通来说，现代蒸汽船在中国可以以每英里 2.4 美
205　分/吨的成本运输货物，传统帆船则为 12 美分。这些数字表
明，现代交通工具使运输费用下降了 80% ~ 95%，这就使得
在现代工业社会中人和物资都可以大规模流动。如果认为中国
的数字不具代表性，我们可以指出欧洲的数字与其十分相似。
例如，据记载，1900 年马车拉运货物的成本是火车的大概 10
倍。[60]在大多数农业社会，这些成本由于传统的国内税收，即
一些省份的边界关税而变得更高。[61]

由于这种高成本，通常只有奢侈品才做长距离运输。[62]丝
绸和香料货小价高，即使做长距离运输也有利可图。价格太低
的物品只做短距离运输，在当地市场上就销售了。在 14 世纪
的英格兰，将沉重的商品如粮食运输 50 英里所需要的成本要
占到总成本的 15%，而毛纺品同样距离的运费只占总成本的
1.5%。[63]在有的情况下，运输食品的成本高得惊人，以至于统
治者和他的朝臣旅行到各个领地去消费比将产品从各处运来还
便宜。[64]英国历史学家科尔顿（Coalton）提到，在整个中世纪，
我们可以看到君主们和大贵族们及其仆人和马车从一个领地旅
行到另一个领地，将一年的收成在一周或几天内吃光，然后再
到一个新的领地去吃。

中世纪欧洲在这方面并不典型。一般说来，在农业社会，
经济剩余产品总是归于统治阶级和他们的侍从。因此，所有发
达的农业社会都类似一棵树或一株植物，这种树或植物有一个
供给养分的根系伸展到一个广大的区域，从这棵树上汲取树汁，

然后再一级又一级地将积累的剩余物传到最终的消费者——城市居民那里。在这个系统的最外面是成千上万的农村小村庄，206
每一个这样的小村庄又包括几百个居民。[65]他们的劳动剩余被传送到邻近的城市市场。在这些城市，一部分剩余被用来满足当地居民的需要，另一部分被送到省级首府，然后再将省级首府剩余的部分送到国家首都，那些处在省级和国家首府周围的村落就直接为这些中心服务。不过不管这种关系是直接的还是间接的，基本模式都是一样的：一方面有源源不断的商品从农村村落流向城市中心，作为回报，村落接受城市中心的政治、文化、宗教、教育或贸易性质的服务，也包括一些小的日用商品，例如盐、工具和那些村落不能自己生产的工业品。这种在村落和城市中心建立起来的关系，其特征基本上是共生性的，但同时也具有显著的寄生色彩。[66]

因为这些共生关系的复杂性和重要性，依靠这些关系的城市居民和统治阶级必须寻找控制和管理这些关系的捷径。两种具有深远意义的发明就是这种努力的结果——货币和文字书写。[67]

货币的发明无疑是由商业和贸易的刺激而出现的，以小 207
型、便于携带、高价值和为所有人需求为条件。[68]现在生产者不用再去寻找生产特殊商品的人了，也没有必要把那些他没有用处或暂时没有用处的商品作为支付手段了。货币制度的发展，使商人和中介人的专业化角色随之出现。

货币除了方便商品流通和使商业及贸易繁荣之外，还在分配和社会控制方面起着很大的作用。在未采用货币的地方，资本积累受到严重限制，从而也就限制了社会的不平等。就像一个研究者指出的那样，"当财富用不会磨损的银来衡量时，这些限制就被取消了。富人这时愿意将银子贮藏多久就贮藏多久"。[69]而且，随着货币制度的发展，债务也得到了进一步发展，借贷成为控制农民，使他们与他们生产的剩余品分离的又一种手段。[70]尽管最初采用货币制度的人并没有这种企图，但这一制度已成了对特权阶级很有好处的一个副产品。

如果认为货币就像在现代工业社会那样在一般农业社会进入了日常生活，那就错了。相反，在农业地区，货币的使用并不频繁，尤其对于农民而言。[71]

文字书写和货币一样，最初是早期农业社会的城市阶层在面临越来越复杂的经济问题时所采取的一种措施。[72]如果当代的考古学家没有错的话，文字书写在苏美尔人的牧师试图对他们的寺庙涉及的无数交易活动做精确记录时就存在了。然而，像货币一样，文字书写既是商业的一种手段，又是社会控制的一种工具，尤其重要的是这一制度提供了提高政治管理系统效率的手段。[73]实际上，它已成为每一个真正的官僚制度的基础。

208　　　文字书写也扩大了统治阶级和大众之间的鸿沟。因为文字书写使有文化的少数和没文化的多数产生了一个重要的文化差别。[74]在农业社会，有文化的人占少数是一个通例，这使农业社会既区别于前文字时期的园耕社会，又区别于有文字时期的工业社会。因此，农业社会文化的统一性大为削弱，文化传统呈分化状态。一方面正如一个历史学家所说"存在一个高等的智力传统"，这包括关于统治思想的神圣著作、伟大的哲学和文学著作、荣誉和礼仪标准，以及对其他所有属于有文化的少数人的东西的信仰。[75]另一方面却是"平民的低等的智力传统"，它以农业技术的实际问题和原始迷信为内容，以对世界的狭隘眼光为特征。高等的智力传统是将全国各地的特权阶层

联合起来的一种工具。而低等的智力传统却是一种起分裂作用
的力量，它反复强调一种狭隘的地区主义，对一切不熟悉的东
西都抱怀疑态度。[76]

与有文化的少数和无文化的多数之间的文化分化相并行
的，是将城市少数和乡村多数分开的第二种分化。[77]这两种类
型社会的生活方式如此不同，以致在一种典型社会成长起来的
人在突然遇到另一种社会中哪怕是极普通的问题时也会显得十
分愚蠢。这使得关于不能适应城市生活的"乡巴佬"和在乡
村显得迟钝的"城市傻瓜"的笑话越来越多。

在结束对农业社会总特征的描述之前，我们必须讲一讲农
业社会的宗教。这是一个困难的题目，因为在不同社会里宗教
的差异远远大于其相似性。有时甚至可以说要找出农业社会中
宗教的一般特征是不可能的。比如，要比较中国历史上宽容的
宗教多元化主义和古代以色列君主对异教的态度，或者要比较
基督教和伊斯兰教的社会，或者要比较中国和罗马僧侣阶级的
软弱和印度以及中世纪欧洲僧侣阶级的强大，都可以发现这
一点。

不过，尽管存在这些差异之处，绝大多数农业社会还是存
在着一种确定的模式。首先，在几乎所有的农业社会中，宗教
基本上都是为国家的权力阶层所关心的。这种关心的性质相差
很大，有的统治者利用臣民的宗教信仰，有的统治者则真诚地
努力以民众的信仰为依据行事，无论是哪种情况，这种关心都
努力使宗教力量为国家服务。

这种努力通常得到宗教领袖的积极响应，或者至少得到那
些具有政治热情的宗教领袖的响应。在他们看来，教会或政府
力量的联合与合并对他们是有利的。这种联合与合并可以保证

僧侣集团在经济积累中分享一部分利益，也可以使他们的利益得到国家强制力量的保护。

这些发展的一个必然结果就是家庭和地方崇拜被逐渐削弱，同时民族信仰得到加强。天主教和东正教的圣徒崇拜以及印度教的家庭和地方崇拜的残存，说明家庭和地方崇拜是不易消失的，但它们通常只是作为附带的因素被结合到政治上占支配地位的全国性信仰之中。[78]

宗教状况的另一个值得注意的特征，是宗教集团之间的斗争越来越有组织性，有时大部分斗争都是有组织的，在简单的社会就不会这样。这种斗争的有组织性在农业社会得到发展的原因是多样的、复杂的。在有的场合这种斗争反映了文化多元主义的加强，也反映出不同种族集团之间、不同阶级之间、农民和市民之间以及不得志的教会人员和他们的神赐万能对手之间的分裂，这些因素常常混合在一起，造成了宗教斗争。

由于农业社会宗教和政权的密切关系，这种斗争常常与政府有关。在有的情况下甚至可能导致宗教战争，在伊斯兰教早期历史上和宗教改革后的欧洲就有这种情况。当这种局面占优势时，一个人的信仰对他得到社会报酬的机会，以至于对他的一生都有深远的影响。

国家、统治者和社会不平等

几乎所有研究农业社会的人，尤其是那些从广泛比较角度进行研究的人都对一个事实有深刻的印象。这个事实就是显著的社会不平等。人们可以毫无例外地在成熟的农业经济中看到权力、特权和荣誉上的显著差别。这种差别超过了在分层最复杂的非洲和新世界园耕社会中所能找到的差别，更超过了简单的园耕社会或狩猎与采集社会。

只要研究这些社会的历史我们很快就会发现权力、特权和荣誉极不平等的分配是从其政治系统的作用中产生的。更准确地讲，在这些社会中，政府制度是社会不平等的首要来源。

按照一般的分层理论和我们关于农业社会特征的分析，我们自然就会看到这一点。根据前面所确定的人和社会的本质，我们可以从逻辑上得出这样的结论，随着经济剩余产品的增多，随着军事技术的进步使一般人不再像其他一些人那样武装自己，随着国家权力的增强，社会不平等也会增大。此外，我们可以看到，以国家名义行使权力之人的行动是社会不平等增强的主要原因。

要了解农业社会分配过程的本质，必须用这些社会中最具影响力的人物的眼光来看待国家的本质。对他们来说，国家不仅是一个在权力与特权的斗争中制定和强化规则的组织，它自身就是这场斗争的一个目的。事实上，由于国家的权力巨大，因而国家权力对于那些觊觎权力、特权和声望的人来说是最高的奖品了。赢得了对国家的控制也就是控制了农业社会所能提供的最有效的自我膨胀的工具。通过熟练地运用国家权力，一个人或集团能控制经济积累的大部分，使之归其支配，进而也就能获得荣誉和名声了。因此，一个控制国家的人常常要努力维持自己的这种权力。而另一些人则拍他的马屁以分享他的好处，或者寻求机会替代他。

对那些习惯用功能主义的术语来研究政治机构的人来说，农业国家的这种情况是奇怪的和扭曲的。不过，这是对几乎所有农业国家的政治历史的基本特征所能做出的唯一结论。[79]这些历史几乎全是为了争夺权力和特权而在国内和国际进行的一系列阴谋和斗争的记录，而且，这些斗争都是个人和集团之间为了自己党派的利益进行的斗争，而不是考虑公众利益和公正的分配原则，只有在公众利益和私人利益碰巧一致时才是例外。[80]尽管在这个一般模式之外有一些有名的例外情况，但它们毕竟是例外，而且这种例外是罕见的。[81]

也许最好的例证能在农业社会国家统治者发动的成千上万的军事行动中找到。在历史记录上很难找到那些发动战争的人是真正考虑公众利益的例子，甚至在自己国家胜利的情况下，也很难找到民众从战争中得到很大好处的例子。农业国家之间发生的大多数战争都是其统治者或统治阶级为了个人掠夺或荣誉或保护其既得利益不受邻国的掠夺而发动的。

同样，大多数农业国家也受国内权力斗争的困扰，这种斗争无论是暴力的还是非暴力的，都很少是原则之争。相反，多数内讧是特权阶级对立派系之间的斗争。各派都寻求自己的特殊利益，或者常常是大众中的一小部分人寻求自己的政治利益和好处。那些卷入纠纷的人甚至直接就声称自己是为了个人和派系的利益。[82]

212　　　研究这些斗争的结果可以发现，经常发生战争的原因是明显的，无论是从内部还是从外部获取对政权机器的控制，都能给胜利者带来惊人的财富和巨大的权力。

要精确估算过去农业国家的统治者的真实财富很困难，但分散的资料清楚地显示他们控制了巨大的资源。在 12 世纪的最后 10 年和 13 世纪的最初 10 年，英王理查一世和约翰一世平均每年收入 24000 英镑（除了打仗的两年以外）。[83]这是当时最富裕的贵族收入的 30 倍，实际上相当于所有 160 位贵族收入总和的 3/4。[84] 国王的收入还相当于 24000 个土地劳动者年收入的总和，这些人当时通常每天只收入 1 便士。[85] 在 14 世纪末理查二世统治时期，英王岁入为 135000 英镑（不包括 1380 年，当年有大量的军费开支），[86] 这是最富有的贵族收入的 40 倍，相当于 1436 年所得税报告中 2200 位贵族和乡绅收入总和的 85%。[87]

这些早期英王的收入尽管如此之多，但比起更大国家的统治者又是小巫见大巫了。公元前的大波斯帝国皇帝薛西斯的岁入黄金按现在的标准约折合 3500 万美元，土耳其的大苏莱曼苏丹有 4.21 亿美元，大印度帝国的阿克巴有 1.2 亿美元，他的继位者奥朗则布有 2.7 亿美元。[88] 当然这些人收入的大部分用于维持政权，也就是说这些数字用现代商人的术语讲是"毛收入"而不是"净收入"。另外，所有这些数字都是以现在的金银价格计算的，专家指出，这对于衡量真实的购买力是太低了。实际上，重要的是要将这些数字和同一社会其他人的收入相比较，而不是和我们现代社会相比较。按这种标准，上述的每一个数字都是巨大的。

另外一些例子可以帮助我们了解那些控制农业社会国家机器的人的巨额财富。在 16 世纪的中国，宦官刘瑾控制年幼无知的皇帝，左右国家大权为自己谋利好几年。在那段短时期内，他竟积累了 24 万根金条，5.78 万块金锭，2500 万盎司银子，3 蒲式耳宝石，3000 枚金戒指以及其他各种珠宝。[89] 这笔财富的价值超过了政府全年财政收入的总和。另据史载，11 世纪中国皇帝个人收入是京城所有文武官员收入总和的两倍。[90] 15 世纪末和 16 世纪初的西班牙，国王占有全部土地税收入的 1/3，尽管先前的说法是他实际上只占用了经济剩余产品的 1/3。[91]在 18 世纪的普鲁士，皇家的土地财产"不少于可耕地的 1/3"，其邻近的瑞典皇家的地产甚至超过了这个数字。[92]但这些数字又被 19 世纪中叶的俄国超过，俄国皇帝几乎拥有半个欧洲的疆域。[93]在农奴解放以前，拥有 2740 万名男/女农奴，这些人被沙皇看作自己的私有财富而任意处置。这就是为什么叶卡捷琳娜大帝和她的儿子保罗能在 1762 年到 1801 年的短时期内向宫廷宠臣们赠送 140 万名农奴而不至于使整个罗曼诺夫家族财富受很大影响。[94]现代的泰国，虽然只是一个国民人均收入不到 100 美元的农业国家，但已故的总理沙立元帅在 10 年内就积聚了 1.4 亿美元的财产。[95]

214　　在所有的农业国家中，没有几个国家的统治者能具有 2 世纪安东尼皇帝统治下的罗马帝国那样大的经济利益了。一个历史学家对这些人的经济状况做了如下总结：

> 皇帝的财富不仅包括他的家族或祖先积累的财富，在非洲和亚洲各地继承的广阔的大地主领地，还包括许多被法官判为罚没品的土地、财产。除此之外，没有人能够阻止他从帝国金库中为自己谋取私财，而国库中有源源不断的、为维持他的军队而征的税，没有人敢建议审计他的账目。他可以按意志处置埃及的税收（埃及是皇帝的个人领地），而不必向任何人提交账目，他可以插手战利品。……罗马财阀和他的财富差距就像罗马的"中产阶级"和财阀的财富差距一样。[96]

　　为了使最后这一点得到证明，他指出，富裕的财阀有几千名奴隶，皇帝则有达到两万人的"奴隶家族"。

要充分了解这么大的财富积累是怎样产生的，就必须对国家的所有权理论有所了解，这一理论支配了几乎所有农业社会的掌权人物的思想。按照这一理论，国家是统治者可以用来为自己谋利的一份财产。[97]同样，像其他财产一样，国家可以被移交给他的继承人。马克斯·韦伯在他对传统权威的经典分析中对这种国家概念做了精彩的描述。[98]

以这种国家所有权理论为依据，农业社会的统治者对把我们叫作"公共财产"的东西变成私人所得这点既不觉得不妥，也不觉得不道德。这只是他们对于"世袭财产"的一种合法使用方式。比如，一个历史学家论及埃及的托勒密王时，讲到他向罗马的第一个皇帝说明怎样以一种有利可图的方式去统治一个国家。[99]绝非只有托勒密王才是如此。在所有君主制占统治地位的农业社会中（如上所述，它们是普遍的），国家所有权理论总是起着支配作用。对于中世纪欧洲，我们可以引用下面一段论述：

> 统治者关于财产的概念中出现了公共和私人的混淆。政权是一种私有形式。"君王的土地"和"国王的财产"是同义词。国王的公共和私人的财产是没有差异的。王国，就像其他以政府权力赋予的财产一样，均被看成私人所拥有的。由于"国家"和"家产"是同一的，所以"王国"和依靠世袭或者继承获得的私人"继承物"是没有区别的。[100]

英国立宪史学家威廉·斯塔布斯（William Stubbs）曾对征服者威廉总结如下："英格兰王威廉是最大的地主，国家的

215

所有土地（以前是民间的土地）都成国王所有，所有的私人
土地直接或间接地都由他控制。"[101] 在历史上，在世界各地这种
模式都可以找到：古代法老的埃及、基辅罗斯的小公国、推翻
鞑靼的奴役后俄罗斯恐怖沙皇伊凡和他的继承者、奥斯曼帝
国、从亚历山大大帝到莫卧儿帝国的印度，等等。而这里提到
的只是一小部分。[102]

根据记录，在有的农业社会中，国王并不正式声称拥有全
部土地。有的学者认为这一点具有重大意义，并致力于论证这
些社会和那些国王做了正式声明的社会是根本不同的。当然，
这个区别很重要，但更重要的是要看到，所有农业社会的统治
者对他们统治范围内的土地都拥有实质上的所有权。现代关于
私有财产的争辩和宣传经常模糊了这个事实，财产主要是由权
利构成，而不是由实物构成，尤其是对那些供给不足的东西的
权利。[103] 如果这没有问题的话，农业社会的统治者不仅是他们
皇家财产的所有者和他们租借、分配或授予作为采邑的土地的
所有者，还是他们有权对之征税收赋的土地的所有者，当他们
可以任意地把这些赋税用于个人目的时更是如此。同理，他们
也是他们征税的所有产业的所有者。

我们现代人很难衡量这种税收制度的真正本质，因为我们
已习惯认为所有权是不可分的。不是农民拥有土地就是国王拥
有土地，他们不可能同时拥有它。这种死板的分析在英国早期
对亚洲和非洲的殖民统治中产生了许多麻烦。好意的官员试图
用这种"不是－就是"的模式对当地土地所有权制度进行系
统化编纂，但常常造成许多错判。[104] 这种观念无论在现代工业
社会还是在传统农业社会中，在处理土地所有权制度的复杂问
题时都失败过。在两种社会中我们都发现好几方同时对同一财

产拥有所有权。

农业国的统治者对领土范围内的所有土地和产业都有实质上的所有权，不过这些权利的大小有区别。首先，一个统治者对某些财产有比对别的财产更大的权利。比如，他通常对皇家土地和王族财产有全部所有权，而对别的"属于"他的土地则分享所有权。[105]其次，有的君主对于领域范围内经济剩余产品的所有权大于别的君主。我们将简短地考察这些差异和造成这些差异的原因，但这些差异不应该混同于由国家所有权理论产生的更为基本的相似性。

通过税收、进贡货币、税金和服务行使所有权无疑是大多数农业国统治者收入的主要来源。不过这常常得到别的来源的补充。首先，最重要的是由征服外国得来的战利品。不是所有的农业国统治者都是好战分子，即使好战者也不是常胜的。不过，对那些在战争中冒险取胜的人，好处是巨大的。

罗马共和国的大独裁者苏拉提供了一个从战争中捞取好处的范例。尽管从名义上讲苏拉不是国王或统治者，但他实际上行使着国王或统治者的所有权力，包括分享胜利果实。他最大的胜利是在希腊和小亚细亚取得的，在那里他打败了本都王国（Pontus）的国王米特里达梯（Mithridates）。正如一个历史学家描述的，当苏拉返回罗马时，"他的行李车上满载来自希腊庙宇中的掠夺物，以及卖掉俘虏和以赔偿的名义掠夺来的4.8亿塞斯特斯。这是对近东倒霉的老百姓的处罚。"[106]为了了解这个数目的意义，我们只需提到一个事实就足够了，罗马军团普通士兵一年的军俸只有480塞斯特斯，一个世纪以前老加图曾计算过，一个农耕奴隶一年只需312塞斯特斯就能维持其生存，一个自由劳动力一年只需要1000塞新特斯就能基本维持温饱。[107]不过，老加图在算钱方面是以小心翼翼而闻名的，所以他的计算可能偏低，尽管不会低得太多。富有的政治家和演说家西塞罗曾认为，在苏拉胜利后的几十年内，一个人一年需要 60 万塞斯特斯才能生活得像个真正的绅士。两个世纪之后，影响稍小的诗人和讽刺家尤维纳利斯（Juvenal）提到，一年 2 万塞斯特斯是生活得既舒服又体面的"最低必需"。[108]如果将同时期罗马国家的岁入和苏拉的战利品相比则更能说明问题。一个学者估计苏拉胜利 20 年后，罗马政府的岁入总计为 2.02 亿塞斯特斯，这连苏拉战利品的一半都不到。[109]

当然，这些战利品是不是全归苏拉还不清楚。因为他在占

218 有这些财富的过程中用了许多去施恩惠。由于他坚决拒绝提供这笔财富的账目，所以他究竟有多少财富，人们不得而知，没有人敢向他发难。不过，他同时代的人十分肯定，他借助战争的胜利成了罗马世界最富有的人，苏拉只不过是干了历史上几百个农业社会统治者都干过的事情，有另一个人做得比他还过分。

在苏拉返回罗马之后，他还采用了农业社会统治者经常采用的第三种方法来增加自己的财富，那就是罚没。这等于将对外征服的那一套搬到了国内。就像征服一样，罚没对增加财富的作用也十分大。这也是强权统治者的一种有利可图的事业，苏拉就是一个明证。对他在罗马的敌手，他采用了与对付米特里达梯一样的气势，他将不少于 2300 名富有的骑士阶层成员和 90 名更富有的贵族院成员置于死地，[110]他们的土地和物品完全归于他的控制之下，他用这些东西去对支持他的军队施恩惠。如果我们假定每一个骑士阶层的人有 40 万塞斯特斯的话（这是奥古斯都 50 年后定下的最低要求），那么罚没所得比对

外征服所得更多。

罚没行为在农业社会的历史上有许多例子。许多其他的罗马统治者就经常使用，包括对外征服胜利之后的马克·安东尼和屋大维，还有提比略、卡利古拉、尼禄、图密善和康茂德，而这也仅仅是其中的少数。他们都像一位历史学家所说的，"擅长此术"。[111]罚没同样是俄罗斯沙皇使用的手段。恐怖沙皇伊凡从贵族和牧师阶层那儿罚没的土地占其疆域的一半。[112]两个世纪之后，叶卡捷琳娜大帝没收了俄国全部的教会土地。英王亨利八世和16世纪瑞典国王古斯塔夫斯也没收了全部的教会土地。[113]17世纪统治日本的最早的三个德川幕府将军则创造了不常见的纪录。在统治期间，他们每一个人都从封建贵族那儿没收了这个国家将近1/3的可耕地。[114]各个时期的英王，尤其是威廉二世和亨利一世也经常使用这一手段，尽管不像德川幕府将军那么频繁和大胆。[115]

罚没的动机常常是政治性的而不是经济性的。在幕府将军的例子中，他们的主要目的似乎是要摧毁旧封建贵族的权力。他们靠没收贵族的土地并转赠给他们的亲戚和随从来达到自己的目的。在他们没收的土地中，只留不到10%作为自己的财产。一般说来，罚没数额越大，政治目的占首位而经济目的占次位的可能性就越大。

执政阶级

国王和皇帝从来都不是孤立进行统治的，总有一小撮人和他们共享统治的权力。尽管不容易找到执政阶级的精确界限，但可以说执政阶级很少达到全部人口的2%，有时比例更小。例如，最近的研究表明，在19世纪的中国，执政阶级成员的数目在前半个世纪是 1.3%，后半个世纪为 1.9%。[116]19 世纪中期，俄国贵族占总人口的 1.25%。在法国大革命前夕，各种等级和阶层的贵族只占总人口的 0.6%，[117]尽管这当中有许多是刚刚加入的富有商人家族。[118]在罗马共和国末期，执政阶级据估计占罗马人口的 1%。如果加入外省人口，这个比例肯定会小得多。[119]最后，在 17 世纪的英国，贵族、男爵、骑士和乡绅加在一起仅占总人口的 1% 左右。[120]

220　　　在不同社会和同一社会的不同时期，执政阶级在构成上都有很大的差别。它包括国家的最高层官员，如统治者的私人顾问，也包括那些政治影响只局限于一个小省区的人，它还包括文官和武官。这一阶层的许多成员是依靠现任统治者的提拔，有的则是依靠世袭继承家族遗留下的土地和官位。前者中的一些人甚至是奴隶，如在奥斯曼土耳其帝国的近卫军（也叫新军），有的则是刚刚获得解放的自由人，如在罗马帝国。最后，执政阶级包括土生土长的本国人，也包括外国人。

　　尽管在特定场合这些差别十分重要，这一点我们后面将谈到，但相似之处更加重要。首先，执政阶级成员的身份使每一个人都得到了扩大个人权力的极大机会。作为执政阶级的一员就有权力享受农民和城市小手工业者创造的经济积累。这是对他们维护现存社会制度和当权者权威的一种报酬。

　　这种服务的报酬有多种形式，但大都是物质性的，对于统治者的重臣而言，这种报酬常常是很大的。统治者常封赐执政阶级以大片土地或大量收入，这种现象在那些政治集权化的国家尤其常见，统治者在这些国家成功地阻止了土地世袭制的建立，在财产所有者死后，财产通常归还王室。当执政者通过对外征服或者对内罚没获得了新的疆域后，也常常对下级进行封赐。当然除非对外征服获得了新的土地，这些封赐并不增加整个执政阶级的净收入，而只是在成员之间进行不同的分配而已。但对于得到了宠幸的个人而言，净收入是增加的。

在农业社会的几个世纪中有许多这样的慷慨封赐。讲英语的民族中最有名的是征服者威廉，他把几乎整个英国瓜分给他的官员们，[121]在大多数重要的征服之后都有类似的封赐发生。[122]在日本，最早的几位德川幕府将军在大量罚没之后总是对成百名的宠臣和家族进行大量的封赐。[123]在奥斯曼土耳其和莫卧儿印度，大的赏赐十分普遍，因为统治者成功阻止了统治阶级确立对大部分国土的世袭权力的企图，所以，每一个执政阶级成员死后，其土地便收归王室所有，于是，就产生了新的可供赏赐的土地。[124]

在农业社会，土地赏赐常常是附带着政治义务的。比如，在 17 世纪的日本，德川幕府将军对所有封建财产的持有者都规定了不可推卸的军事责任，那些得到赏赐 1000 石（koku）的，一旦需要就必须带 23 个人、3 支备用矛、1 张弓（带箭）和 1 把枪（带子弹）上前线；这一规定要求受赐 1200 石的要带 27 个人、3 支备用矛、1 张弓、1 把枪；受赐 1300 石的要带 29 个人、3 支备用矛、1 张弓、1 把枪；受赐 10 万石的要武装 170 人，带 350 把枪、60 张弓、150 支备用矛和 20 面旗帜。[125]在中世纪的欧洲、奥斯曼土耳其、莫卧儿印度以及其他一些地方也有类似的军事义务制度。[126]另外，那些被赐予土地财产的人通常还要为国家提供另外一些基本的服务，这主要是维持法律和秩序以及对他们财产的征税。[127]总之，土地赏赐常常是一种重要的政府官员的任命形式。

但任命政府官员并不总是采取这一形式。由于各种各样的

221

原因这种任命常常和封建形式的土地赏赐并没有关系，尤其是在那些技术发达、货币充足的农业社会。政治任命一直是有利的报酬，虽然薪俸通常很低。农业社会的官员们常常十分善于寻找别的利用他们的职位牟利的办法。

222　　　在农业社会的各种收入方式中最有用的一种就是出卖公正。那时这种行为大量发生。[128] 在罗马帝国，这种风气大为盛行，以致康斯坦丁大帝不得不颁诏："官员们到处乱伸的手要加以控制，我说要他们有所抑制，如果在我警告之后他们不抑制，他们就要在利剑下身首异处。要让法官的良心不被出卖，官位不被买卖，官职不被竞拍而玷污，执政官（由他们做出裁判）的真实判断不被收买……从事件的一开始就要使官府首脑（政府部门负责人）不被劫持。要让首脑的助手（下级官员）不被诉讼当事人敲诈。让百人团队长和其他官员为了大大小小的利益而发起的激烈攻击被击退。让那些将案子记录反馈给诉讼当事人的贪得无厌者受到约束。"[129] 显而易见，司法过程涉及的每个官员都想从这个过程中获得好处，难怪面对类似境遇，中国老百姓会讲："衙门如虎口。"[130]

不光是公正可以买卖，政府授予的其他权力在官员手中也都可以出卖。政府官员常常拒绝尽职，除非当事人愿意给他们个人提供好处。从西塞罗的经历中我们可以看到这种行为是多么普遍。他曾在大省西里西亚当过地方长官，他不像前任们那样大量收取贿赂，用西塞罗自己的话来说，他的这种行为让当地人"惊讶得说不出话来"。[131] 他所能做的只是阻止那些充满了感激的居民为他塑像造庙。由于他的诚实，他在西里西亚做地方长官时一年"只"收入了 220 万塞斯特斯。[132]

223　　　西塞罗在他的早期生涯中就已经看到了当官是一个有利的

职业。公元前70年，他担任西西里城邦的辩护者。他们控告
前罗马领主维内斯在职期间犯了许多罪。[133]在审判过程中发现
维内斯在三年任期中依靠可以想到的所有不正当和正当的政治
权力，一共掠夺了该省4000万塞斯特斯。一位历史学家将他
的掠夺方法描述如下：

> 制造假罪名，做不公正的判决或者恐吓别的法官做这
> 种判决；将获取的罚没中饱私囊；把公正出卖给出价最高
> 的人；将价值很高的东西运出西西里，欺骗关税征收者以
> 节省自己的开支，出卖市政官职和教职以获利；与征税官
> 合谋分吞10%的生产税，命令农民缴纳征税官所任意要
> 求的税额，如不照办，就在法庭上要求赔偿；用公款放高
> 利贷，同时在为罗马政府从西西里农村购买粮食时不付钱
> 或只付一部分钱，然后向政府索要市价；坚持要城邦将维
> 持地方长官行政机构的粮食用远远高于正常的价格折换成
> 货币来支付；对耕农的勒索常常超过他们全年的粮食收
> 成，他们在绝望之际只好逃跑。除了用这些方法获得货币
> 之外，维内斯还有靠抢劫、罚没和威胁获得价值连城的艺
> 术品，他甚至连神殿中的宗教装饰品也不放过。[134]

那些反对他的人据载被处以坐牢、严刑和流放等刑罚。据
西塞罗记载，维内斯将他的监狱装得那么满，他的放逐官那么
忙，以致随从们从牢犯的亲戚和朋友那儿获取贿赂而发了不小
的财。[135]作为回报，随从们也给因犯一些微小的"好处"，如
实施无痛苦的处决。尽管维内斯的行为触犯了由罗马元老院授
予西西里的宪章，但是元老院对此漠不关心。罗马执政阶级和

他的行为相比也相差无几，描写这一案件的同一位历史学家说："可悲的是维内斯并不比一般的各地执政者更无耻和更不道德。元老院更同情的是他，而不是那些地方的居民——他的牺牲者"[136]

西塞罗和维内斯都不是罗马政府或其他农业国政府的典型官员：维内斯比别的人更贪婪，西塞罗比别的人更奉公。其余的官员大多数不像维内斯那样公开地敲诈，却像美国政治家有时讲的那样"正当地贪污"。官员的不合法所得如果没有达到他们自己和别人（或起码别的官员）要对之进行道德谴责时，就可以说是"正当地贪污"。比如弗朗西斯·培根爵士就将自己作为一个"正当的贪污者"。当被控告收受贿赂时，他坚持说他接受礼品不过是做了他在任何场合都会做的事。[137]

尽管敲诈并不常见，"正当地贪污"却是极为普遍的。比如，在普鲁士专制主义还没有出现时，日耳曼公国传统的政府模式就被人描述成"一个理所当然的公共事务和私人事务混为一体的模式"。[138]张仲礼在研究19世纪中国官僚收入的基础上认为，"正当贪污"和敲诈构成的不正当收入要比由俸禄和政府提供的消费开支构成的正当收入高19倍。[139]当然这只是一个估算，它只涉及一个社会的一个世纪。但这是一个常常得到佐证的估算，来自其他社会和其他时期的证据都发现不正当收入通常大大超过正当收入。[140]

由于公共官职这种能赚大钱的特征，这些职位都被看作非常丰厚的收入来源，由此必然产生把这种职位当作商品要价的观念。卖官鬻爵在农业社会极为普遍。实际上，没有几个农业社会能完全避免这个问题，尽管有不少农业社会在其历史上的部分时间里的确不存在这个问题。在英国、法国、普鲁士、西班牙、罗马、拜占庭帝国、奥斯曼帝国、中国、日本以及其他许多农业国家，公开的卖官鬻爵在不同时期都存在过。[141]

卖官有多种形式，其差异十分显著。[142]在有的场合，统治者自己就是卖方，这不过是增加收入的又一种方式。在另一些场合，卖方是王室宠臣或政府首脑、有关部门或次级部门的领导、现任官员或前任官员的继承人或执行官，有时又是退位者在位时所做的承诺。这种行为的泛滥常常意味着管理无效率和王室权力的削弱，但也并不总是这样。比如西塞尔·伍德姆－史密斯（Cecil Woodham-Smith）提供了一个绝好的例子，说明复辟后的英国军队里的卖官行为是一种故意用来防止军队官职落入有野心的冒险家手中的手段，因为这些人总在伺机推翻现存政权。[143]

执政阶级中只有极小部分是直接从中央政府的重要职位中获得好处的。比如，19世纪的中国，无论何时总是只有1.6%的豪绅在中央政府供职，[144]还有1.1%的豪绅是这些官员的秘书和助理。[145]如果再考虑到由于就任延误和人员调整等情况所造成的误差，似乎可能有5%～10%的豪绅一生中在中央政府任官员或秘书助理。[146]英国19世纪记载的数据也很相似。据一位集中研究这一问题的学者估计，在17年中，绅士阶层以上的英国人有3%～6%在中央政府供职。[147]

那些不能在中央政府供职的豪绅常常在地方一级的管理机构中正式或非正式地供职。张仲礼估计，19世纪中国大约在任何时候都有2/3的豪绅从这类活动中得到他们收入的一部分。而且，这种收入和中央政府职位的收入在总数上差不多。不过由于参与分享这笔总收入的官员要多得多，收入的平均水平就变得很低。中央政府的官员一年平均5000两银子，而地方官员平均一年只有 100 两银子。尽管后者和前者相比显得十分少，但应该指出的是，那些非执政阶级家庭年平均收入只有 20 ~ 25 两银子。[148]

中国豪绅的另一个重要收入来源是土地。张仲礼估计，19 世纪末和 20 世纪初整个可耕地的 1/4 集中在豪绅手中。他们一般把这些土地收成的 40% ~ 50% 作为地租（以此来付税以及用于其他开支）。土地投资的收益从来就不是特别高的。18 世纪末税前有 10% 的收益，到 19 世纪末就只有 4% 的收益了。但考虑到拥有土地的规模和相关者的数目，即使在 19 世纪晚期，从土地上得到的收入和从在中央政府或地方政府任职所得的收入总数也差不多。如果土地总收入在豪绅家庭共 144.3 万人中平分，每人每年可得 150 两税前银子，税后还有 120 两。由于有的豪绅不拥有土地财产，因此拥有地产的人的平均收益在税前可能接近 200 两银子，税后仍有 150 两。[149]

执政阶级常常享有别的土地所有者没有的特权。比如，19 世纪中国执政阶级逃税或被免税的行为是如此之严重，以致他们的税率比普通人要低得多。[150]普通人的经济压力如此之大，以致有时他们被迫将土地登记在豪绅的名下，这样常常使他们永久丧失土地。[151]贵族所享有的另一项特权是，他们通常可以通过政府去强化其收租的诉求，而其他地主则做不到这一点。[152]总之，执政阶级成员的土地所有权要比非执政阶级的土地所有权有利得多。

最后但也很重要的一点是，有的中国豪绅还从商业活动中获得收入。有时人们认为农业社会的执政阶级成员轻视商业活动。仔细考察，我们会发现这种观点只有一半是正确的。确实，小本商业被看得很低微，但就像一个研究法国贵族的人所说的那样，"大的金融交易是值得尊敬的"。[153]19 世纪中国也是如此，执政阶级的少数人垄断了大多数高利润的私人企业，其中包括盐的贸易和对外贸易（都是政府管理的垄断性事业）、钱庄和银行。[154]豪绅阶层的不到 1% 涉足了商业活动，但其利润率很高，以致这一来源的收入总和基本上和他们在中央政府供职的收入差不多，这一收入要占到土地收入的一半，每年的净收入似乎超过 1.1 万两银子。[155]

将这些不同来源的收入加总，张仲礼估计 19 世纪中国执政阶级每年收入约为 6.45 亿两银子，相当于全国国民生产总值的 24%。[156]按人口平均计算则每人 450 两。这个数字可以和前面提到的社会其他部分家庭的年均收入 20 ~ 25 两银子相比较。当然，在执政阶级内部，收入也存在巨大差距。有的人，比如国家首脑，一年收入要超过 20 万两银子，而执政阶级的低层人员（如完全依靠小块土地的没落家族的成员）也许只比全国平均水平稍高一点。[157]

由于缺乏资料，很难判断 19 世纪中国的这些数字是否具有典型性。在同一社会内部和不同社会之间，执政阶级占有全部国民收入的比重和获得这些收入的方式都会有很大的差别。我们可以用来比较的资料是 G. E. 艾尔默（G. E. Aylmer）对 1726 ~ 1750 年英王查理一世统治下的官僚阶级的研究。[158]在这一时期不同证据的基础上，艾尔默指出当时占英国人口 1% 的执政阶级（乡绅和乡绅以上等级的人）的收入占国民总收入的 24%；另外还有至少 6% 的国民收入以其他形式变成他们的收入。[159]这可以和张仲礼对中国执政阶级的估计相比较，中国执政阶级占总人口的 1.9%，其收入占国民收入的 24%。

张仲礼对中国 19 世纪执政阶级的收入在国民收入中所占

份额的估计可能偏低，对 18 世纪的估计也许更低。首先，张仲礼的数据没有包括满族执政阶级，反而包括了一些不重要的民族。如果将前者加入，将后者剔除，人们可能会发现最上层 1.5% 人口的收入占国民收入的 30%。其次，张仲礼自己讲从 18 世纪后期到 19 世纪后期土地投资的收益有很大下降，[160] 在早期土地所创造的收益为 10%，而在后期只有 4%。这样，18 世纪的数字就比 19 世纪的数字更接近艾尔默报告中的英国模式。可利用的基本资料表明，各个农业社会的执政阶级的收入至少占到国民收入的 1/4，而执政阶级和统治者一起常常要占到总收入的至少一半。在有些场合，他们加总的收入可能接近总收入的 2/3。这些结论不仅建立在对政治精英收入分析的基础上，而且更多依赖于对社会的大多数成员——普通老百姓——所交的税款及其他义务的分析上。

229   如前所述，土地所有权和公共官职是执政阶级收入的两个主要来源。有人可能会认为这只是为了达到同一目的的两种不同手段。不过，实际上不是这么回事。一般说来，当土地所有权和公共官职分离后，土地所有权的主要价值在于获得声誉和经济保障，而公共官职是用来达到政治和经济（地位）的升迁。

如果这种区别对现代研究者不太明显的话，对那些生活在农业社会的人则是十分清楚的，他们的文献中有许多说明这种区别的证据。一个 17 世纪的英国人这样写道：

> 一个纯粹的乡村绅士要想变成富人和使家族兴旺起来是不可能的。他必须继承一些职业，如朝臣、法官、商人或其他职业。如果他没有别的职业，他应该有一艘船，他

应该费心地管理这艘船，或买审计员的职位，或成为县里的商船队长。只靠耕地他或许可以遵守他的诺言做一个正直的人，但他永远别想增加自己的财富。[161]

中国学者也表述了同样的观点。[162]

到这里我们应该将在前面一直讲得很含糊的一点讲清楚了。在农业社会，财富可以经常转换成政治权力，政治权力也可以转换成财富，但是，不像在现代资本主义社会那样更容易用财富去获取权力；在农业社会，用政治权力获取财富比用财富去获取权力来得更容易。经济学家和经济史学家罗伯特·哈布罗纳（Robert Heilbroner）一语道破，"在前市场社会（其中包括了农业社会）财富是尾随权力的，不像在市场社会中权力是尾随财富的"。[163]

在结束对农业社会执政阶级的考察之前，有必要指出一个重要的但易变的特征。在有的农业社会，比如在中世纪前期的欧洲，这一阶级的成员全部或几乎都是封建贵族，在权力和特权上都依赖于一个合法的世袭阶级成员的资格。在有的农业社会，如在罗马、拜占庭、奥斯曼和中国的鼎盛时期，执政阶级由一个大的官僚政治的行政阶层组成，其权力依赖于占据非世袭官职，他们并不形成一个法定含义十分明显的阶级。而在另外一些农业社会，以上两种情况都存在并且都很重要。因此可以说官僚 – 贵族连续体是考察这两种情况在统治阶级中相对重要性的一种工具。

决定一个社会在这个连续体的最重要决定因素是技术进步的程度，特别是交通和通信领域里的进步。在大多数社会里世袭贵族制在早期一般都较强大，这似乎并非纯属巧合。因此，

230

在中国的周朝和罗马共和国，以及在中世纪早期欧洲都比较强大。不过，官僚政治在这些社会后期变得更强大，例如中国的清朝、罗马帝国和欧洲专政时期。官僚政治作为一种集权的政府形式，是以一定程度上有效率的交通和通信为前提的，当一个社会缺乏这种前提时，更加分权化的、封建的政府模式就会得到发展。

第二个相关因素是各种能够制造政治动乱和无政府状态的力量。任何削弱有秩序的政府过程的力量都倾向于牺牲官僚政治而利于封建因素的发展。最典型的例子为西欧的罗马政府在外来野蛮人侵扰以及内部的危机与分裂中而衰败。

第三个相关因素似乎是执政者的权力与统治阶级权力的关系。当执政者更强大时，他们常常会牺牲贵族政治而发展官僚政治，他们一般都赞成这种做法，因为官僚任期都是有限的，因而更易受王室控制。在执政阶级中官僚政治因素的强大与社会上独裁政治与寡头政治的延续又有相关关系，这将在下面讨论。

官僚政治和贵族政治的比重无疑对社会生活的许多方面都有影响。对于统治者和执政阶级以及接近执政阶级的人来说这具有明显的意义，但对于普通老百姓、农民、手工业者、贱民、被遗弃者们的生活是不是有大的影响不得而知。然而，这是一个重要问题，值得更加细致和更加系统地研究。

统治者对抗执政阶级：多种模式及其原因

231 　　在每一个农业社会的历史上都贯穿着统治者和执政阶级之间的权力斗争。[164]尽管表面上这些斗争的形式各不相同，其基本特征都是一样的：各派都坚决地为使自己的权力和特权达到最大而斗争。

在这些斗争中，统治者的最终目的就是要使执政阶级的成员对权力和特权的享受直接依赖于他们为王室服务的表现。事实上这就意味着他要取消这个阶级一部分成员世袭的和不可剥夺的特权，而建立高度专制的政府。

执政阶级这一边却不断设法侵犯统治者的权力，其最终目的是要把他降低为同等人物中的头号人物。为了实现这个目的，他们不断寻求不会因为供职期满而作废的权力，寻求不会由于统治者的好恶而被轻易取消的权力，以此作为对其服务的回报。

由于土地（包括在土地上劳作的农民）和官职是农业社会的主要经济来源，因此统治者和执政阶级间最重要的斗争就是围绕控制土地和官职的斗争。这些斗争的结果显然与双方之间权力分配的情况有关。

即使对农业社会草草加以考察也会发现这种权力分配是农业社会的复杂特征之一。在一个极端上，很少有农业社会的统治者能成功地把执政阶级在官职和土地上的权力削减到最低的程度。在奥斯曼土耳其和莫卧儿印度，当统治者较有魄力和智慧（如苏莱曼和阿克巴[165]）时曾发生过这种情况。在这些统治者统治下，大多数的土地和官职由统治者分配，如果不称职就会立即被没收一切。在印度，执政阶级的成员不能住在分给他们的土地上，而鼓励他们住在朝廷里，由统治者挑选的管家管理他们的财产，将收入转交给他们，结果是，个人与财产和土地的联系被限制在最小的范围内。简言之，执政阶级的权利只不过是对一份可以随时被终止的俸禄的权利而已。当一个官员死后，他的大多数财产都被没收。[166]

一个荷兰旅游者记载了 19 世纪印度的情形。他写道：

> 　　一个享受国王俸禄的地主死后，有时在呼吸还没有停止时，不管他是大官还是小官，无一例外地马上就有国家官员赶到现场对所有的财产进行查封，将所有的东西都记录下来，连有价值的小件物品，甚至包括女人的服装和珠宝都不放过，以防藏匿财产。国家将全部财产收归国有，除非死者生前很好地为国王服务过，妇孺才会给予足以维持生活的钱财，但从不多给……所以你可以看到一个曾经戴着耸在一边的头巾，像主人一样不可一世的仆人，现在却衣衫褴褛，一脸苦相；这些人很少在别的主人那儿找到差事，他们就像活着的死鬼一样到处游荡，我知道他们中很多人是这样的。[167]

在土耳其，这一方面的情况更糟糕，执政阶级的大部分，包括那些国家的最高长官在法律上都是苏丹的奴隶，因此他的一切都建立在讨好苏丹之上。[168]

不用说，执政阶级的大多数都不满于这种一边倒的局面，力图要改变它。首先要争取的权利是对财产的终生占有，或更进一步地要求将权利转化成家族的世袭财产。即使在奥斯曼土耳其和莫卧儿印度这样的高度集权和专制的国家，统治者也常常发现对执政阶级保持长久的压力十分困难。比如在土耳其，世袭原则开始逐步发展，到最后出现了和欧洲相差不大的贵族阶级。[169]

与奥斯曼土耳其和莫卧儿印度相对的另一个极端是许多连一个君主也没有的共和制国家。如前所述，共和制政权只有在极少数条件下才有发展，在农业国家很少见。在早期俄罗斯和印度，在遥远的山区（如瑞士）以及在农业国向工业国转化过程中（如在当代拉丁美洲）才存在共和制政府。在工业革命前，这种政府在一个农业国家繁荣发展的唯一例子是罗马，在那里，这种制度一直延续到前基督教时代的最后一个世纪。

不考虑这些极端，在中世纪欧洲我们可以发现执政阶级占优势地位的最好例子，统治者的权力常常很小，就像一个历史学家说的那样，"中世纪国家是一个松散的疆域联合，财产权和统治权在各处都出现相互重合的状态"。[170]执政阶级的地产通常是通过为皇家服务交换而来的，但这种抵押逐渐变得不能强制实施。由皇家赏赐的土地常常会变成实质上的主权区域，变成一些贵族的世袭财产。统治者的权力在这种情况下被削弱为偶然行使一下军事责任和对封臣们收税，甚至只有在统治者足够强大时才能迫使他们这样做。[171]就连国王的官员有时也是选举产生的。

不管是统治者势力超过执政阶级，还是执政阶级势力超过统治者，两种极端的例子都可以找到。但实际表明，总的权力分配有点儿类似一条较为平缓的正态曲线。中间情形的例子大大多于两极端情形。换句话说，大多数情况下权力在统治者和执政阶级之间的分配能做到平衡，谁也超不过谁。在中国、古罗马和日本的大部分时期以及中世纪后的欧洲社会，这一模式都是适用的，这里不过是举了几个大家熟悉的例子。不过，值得指出的是，所有这些社会都经历过很大的变化，统治者在一定时期占优势，而执政阶级在其他时期占优势，不过，这种变化很少达到可以称为"独裁－寡头统治连续体"的地步。[172]

在早期希腊政治家之后，政治理论家们试图了解为什么农

234

业社会在这些方面产生了这些变异。今天人们研究的结果是没有一个单独的因素能解释任何一种变异，也不能解释为什么中间情形具有聚集趋势。

但是，有一位现代学者反对这种多元化研究，仍然坚持用单一因素解释。卡尔·魏特夫是具有挑战性的著作《东方专制主义》（*Oriental Despotism*）的作者，他试图复活由马克思和列宁以及其他人所提出过的命题，认为独裁政治在政府强制发展大规模灌溉系统的地方占优势，而封建制度作为一种寡头政治，盛行于大型灌溉系统不必要的地方。[173] 为了使这一理论也能适应一些不一致的事实，魏特夫又引入了第二个变量，叫作分散，他以此来解释为什么在没有大型水利工程的俄罗斯、希腊、罗马和西班牙也出现了独裁政府，[174] 不过分散的重要性是第二位的，因为这些国家的政府正在向封建模式退化。

正如批判者所指出的，不幸的是，用分散原理来做这种说明是不够的，这是用过分简单的理论去套事实。[175] "水利区"亚洲的统治者并不总是独裁者，在欧洲和日本也不像魏特夫讲的那样没有独裁政治。[176] 比如法国的路易十四大概从来没有讲过"朕即国家"，但如果他真的说过这句话，也肯定讲得比明代中国的最后几位皇帝更真实（这几位皇帝是有名的弱君）。[177] 同样，普鲁士的早期统治者，从大选侯腓特烈·威廉到腓特烈大帝，比许多被强制退位的奥斯曼皇帝更有资格被称作独裁者。实际上，奥斯曼王朝的 35 位苏丹中不少于 15 位是被废黜的，[178] 而相比之下，在法国从雨果·卡佩（Hugh Capet）到路易十六的 33 位皇帝中只有 6 位是被废黜的。[179]

魏特夫的主要依据是灌溉系统要依赖中央政府，但实际上亚洲的灌溉系统不是这样的。沃尔弗兰姆·埃伯哈德（Wolf-ram Eberhard）是有名的中国社会研究者，他收集了大量的证据证明那些灌溉工程的建设和维修主要是依靠地方官员的积极性和行动。[180]最近其他学者的著作也指出了相同的事实。[181]总之，我们新掌握的资料表明，对大规模灌溉系统的要求也许是刺激独裁统治的一个因素，但不是决定因素，甚至不是一个主要因素。

另外两个影响国家位置和独裁－寡头政治朝代规模的因素是相关政治组织的规模和交通通信工具的质量。国家规模越大，交通通信工具越差，执政阶级成员就越有机会来侵犯皇帝的特权。

在地域辽阔的中国和印度，统治者要对边远省区的地方长官保持有效的控制十分不易，其中最大的一个原因就是国家的规模。这些官员常常篡夺皇帝的许多特权，有时甚至要对君王权力提出挑战。[182]

在中国和欧洲历史上，交通和通信工具的影响十分明显。[183]这两处都存在着从寡头政治到独裁政治的长时期更换（尽管不是不存在短期的逆转）。在宋朝早期，封建制度在中国十分繁荣，就像在中世纪早期的欧洲一样。后来由于交通和通信技术的进步，中国和印度都有向更加独裁的政府转换的倾向。

起码在一定程度上交通的质量和效率是环境条件作用的结果。崎岖和多山的地域对军队行进而言是严重的障碍，尤其是在工业化之前。所以，独裁政府在这些地区就不如在宽广的平原地区更能发展和繁荣。在平原地区军队能快速推进。如前所述，农业社会早期存在下来的共和制政府几乎都是在多山地区，这并不是偶然现象。

战争的结果似乎是另一个影响统治者和执政阶级之间斗争结果的因素。统治者在战争中取胜，兼并了外国疆土，就能将执政阶级置于更有效的控制之下，分配战利品是有力的控制工具。对罚没来的土地进行再分配也具有同等效力，在那些被罚没了土地的人和新兴贵族没有深厚的血缘或朋友关系时更是如此。因此，在新王朝的建立时期，当旧的执政阶级全部或部分被新的成员所替代时，罚没极有可能会加强专制统治（例如日本的德川时代早期）。而在其他情况下，罚没则会使执政阶级联合起来反对统治者。

当然，在战争中失败会损害统治者和执政阶级的关系。许多研究者都指出，统治者的权力一部分建立在他们战无不胜的神话上，一旦统治者被打败了，他的权力就会遭到削弱，也更可能会受到挑战，从某种十分现实的意义上说，他丧失了某些超凡魅力。

再一个影响统治者和执政阶级斗争结果的因素是后者在军事事务中的地位。在执政阶级是军事人才且其深谙战法的地方，执政阶级的权力会大大超过那些允许其他社会成员（如外国雇佣兵）介入军事事务的地方。中世纪后期欧洲皇帝权力的增长不是偶然的，因为执政阶级放弃了他们以前的好战性。[184]当罗马执政阶级放弃了自己传统的军事角色时，相同的事情也发生了。

这种发展至少一部分是另一个因素——货币经济发展——带来的结果。在货币很少的地方，统治者不得不依靠提供服务的封臣建立军队。这种军队一般不易控制，尤其是当军队起来反抗的时候，因为封臣不愿意支持他们的君主反对他们的同伙。同样，由于服役期常常是有限的，如每年 40 天，一个造反的封臣不需要长久地保护自己。在一个坚实的堡垒里，他可以很容易地在必要时期内保护自己，或者当统治者的军队解散返家时，他就可以建立类似君主的权力。随着货币经济的发展，国王开始雇用外国士兵，这样许多问题就迎刃而解了。[185]

统治者和执政阶级相对权力的大小似乎也取决于双方继承权的性质。如果在执政阶级中实行的是长子继承权制的话，就可以防止将大宗财产分散，因此能保证这个重要的权力基础不受破坏。[186]对王位继承的规定也起着非常重大的作用，因为这些规定影响统治者本人的特征。在采取自动继承原则的地方（比如在大多数欧洲国家），儿童和其他弱者可以上升到王位上，由此为执政阶级提供了一个增加自己势力的极好机会。[187]但是，如果在君主死后允许对王位进行公开的竞争（就像在莫卧儿帝国那样），就不可能产生弱君。[188]一个男人要成为莫卧儿帝国的君主必须经过血战，包括和他的亲兄弟，这就保证了这个国家一直是处于强大君主的统治之下，进而将执政阶级的权力剥夺到最小值。在莫卧儿王朝，大多数执政阶级的成员只是在纸面上拥有土地，这就是说，只有当皇帝对他们的服务感到满意时，他们才被允许享用那块土地上的收入。[189]

另一个影响独裁－寡头统治连续体的因素是执政阶级内部分歧的程度以及统治者为私利而利用这种分歧的技巧。引起执政阶级分裂的一个最重要的原因是财富。有几个例子表明了财富差异的重要性。在 19 世纪中期的俄罗斯，谢列梅捷夫（Sher-emetev）伯爵是最大的地主，拥有 30 万个农奴和 200 万英亩土地，而同时 40% 以上的贵族只拥有 20 个或更少的农奴。尽管低层贵族人数众多，但他们缺乏权力，只拥有全部贵族所拥

238

有农奴总数的 3% ，而上层贵族拥有 29%。[190]法国的卢瓦尔河区在 13 世纪后半期，贵族的收入从一年 5 英镑到多达一年 2400 英镑不等。[191]前一类贵族维持生活的方式和他们周围的农民很难区别，一个历史学家这样形容："他们现挣现吃"。在 17 世纪的英国，执政阶级的上层人物和王国贵族的收入是一般绅士的土地收入的 40 倍，是乡绅的 12 倍，后两者构成执政阶级的下层。[192]在 15 世纪的英国，51 个最富有贵族的收入是执政阶级低层乡绅的总收入的 30 倍。[193]在这个阶级内部的两个极端，其差距达 100 多倍（从 20 镑到 3230 镑），[194]而在此 4 个世纪前征服者威廉统治的时期，两个极端的差距还超过了这一比例。[195]张仲礼对 19 世纪中国的研究表明，豪绅的上层占整个豪绅阶层的 14% ，收入是这个阶层其他人员的 10～12 倍，两个极端的差异超过了 1000 倍。[196]

除了财富差别外，执政阶级还存在等级、职责、种族、法律地位、家族声誉、与皇族的关系、居住地（例如在宫廷或外省）、军事技能等差别，这里只提到了其中最重要的一些。这些差别对于每一个想成为独裁者的人来说都具有巨大的价值，因为如果执政阶级作为一个整体来反对他，作为一个孤立个体的统治者是不能保持无上权力的。因此，他希望当他遇到来自这个阶级的挑战时，可以利用他们之间的分裂，让最富有的反对不那么富有的，旧贵族反对新贵族，土生土长的反对外来的，宫廷的反对地方的，等等。因此，他的权力在一定程度上就取决于这些分裂的严重性和他利用这些分裂的手腕。[197]

最后，统治者和执政阶级之间的斗争取决于个人的性格特征。一个软弱的、缺乏决策力的或对国家事务漠不关心的统治者，会很快浪费掉他强硬的前任积累起来的政治资本。然而，一个强大的、无情的、智慧的统治者可以增加皇室的权力和特权。个性差异在执政阶级方面的作用要小些，因为相关个人的性格差异会相互抵消。然而，执政阶级有没有一个有力的领袖对于其与统治者斗争的结果会有较大影响。

社会学家普遍怀疑个性变量在社会过程中的作用。当涉及一个大规模的人口时，性格差异会相互抵消，因此这种怀疑似乎是很有道理的。不过，从理论上讲，当人口下降和当可处置的人口资源的集中性增强时，性格差异的重要性就会增加。如果对这一点没有异议的话，性格差异在一个人可以支配一大批人时所起的作用最大，正如国家统治者的作用。在任何一个国家的任何一段历史时期都不存在统治者的个人特质"相互抵消"的问题。实质上差异是存在的，而且由于统治者总是控制着大量的资源，这种差异就变得很重要了。[198]

强调个性变量的重要性并不是要忽视其他变量的影响，也不是要否定统治者的个性特征部分是社会力量的产物。但是，遗传对于一个人性格的形成也有一定的作用，从社会分析家的观点看来，有时这个不可预测的因素可能会破坏建立在对社会因素分析基础上的最有把握的预测。[199]

考虑到影响统治者和执政阶级斗争结果的许多力量，对哪一方都很少取得绝对胜利这一事实就不感到惊讶了。因为所有这些产生作用的因素不可能都对一方有利而对另一方不利，就像抛十次硬币，不可能都是正面朝上一样。

与此相联系，还有一点值得指出，当条件有利于王室权力的扩大，统治者保持优势时，他很快就会发现报酬递减的规律会马上起作用。当达到一个特定点之后（在统治者还没有完全剥夺执政阶级权力时，这一点早就达到了），统治者的所得就会超过执政阶级的所失，这时对执政阶级再施加压力就会使统治者和执政阶级双方都受到损害。

有充分理由相信在莫卧儿帝国最鼎盛时期这一点是达到了的。皇帝变得如此有势力，以至于执政阶级对其所拥有的 7/8 的土地只是拥有短期和不确定期限的分配权。欧洲的访问者常常指责印度农业生产率低和没有效益。一个访问者对执政阶级的典型态度做了如下描述，这可以作为对这种情形的解释：

> 为什么土地产出不佳要在我们心中引起不满呢？为什么我们要把我们的资金和时间投在土地上指望获得好收成呢？我们的土地可能在一瞬间就被剥夺掉，我们的努力于我们和我们的后代鲜有好处。所以我们从土地上节约每一分钱，尽管农民会受饿或逃跑，我们只好听之任之。这样当我们被迫离开时，也就只能留下一个没有生产力的荒野。[200]

如果这种态度是真实的话，那么，皇帝就把权力垄断得连执政阶级也不得不发扬现代地主所讲的佃户精神了。

在结束考察统治者和执政阶级的斗争之前，我们来看看这种斗争对社会上其他人的影响。这是一个很重要的课题，但这是一个除了得到一些个人意见和印象以及分散的证据之外无法得到更多资料的课题。在有的时候，统治者在同武装得很好、联合在一起的贵族斗争时，会转向依靠人民；[201] 有时人民会投向统治者以反对执政阶级中的恶势力。[202] 执政阶级和大众的联合则少得多，因为执政阶级一旦组成统一战线，一般就会有充足的力量控制统治者。相比之下，统治者很需要同盟力量。

尽管统治者在个别场合会在老百姓中寻求支持，但后者很少从这种联合中得到好处，而且最糟糕的是获得的好处为时很短。可以不夸张地说，统治者和执政阶级无数斗争的结果对百姓的生活条件几无影响，反而时常会引起暴力、破坏他们的生活。

有个别学者认为皇帝权力的增加和大众利益形成对立，因为这常常引起专制主义，从而破坏自由。卡尔·魏特夫和法国政治新闻工作者伯特兰·德·儒弗内尔（Bertrand de Jouvenal）是这一论点的两位最有名的支持者。[203] 不过，他们对于独裁政治有损大众利益的批评，看起来与今天工业社会的大众关系更大，而和已经成为过去的农业社会不大相关。这些学者担心现代极权主义的威胁，声称在农业独裁政治中找到了它的根源。农业社会的执政阶级为了确立自己不会因统治者一时冲动而被剥夺的权利和特权，而和统治者进行斗争，这些学者认为他们对于现代文明自由的建立有所贡献，这也许是有道理的。不过，我们必须保持历史眼光，必须注意到这些努力完全是以自身利益为目标的，在当时，这些努力除了对他们自己有好处，对其他人并没有带来多大好处。

242

注释

1. 见 V. Gordon Childe, *Man Makes Himself* （London，Watts，1936），重点参考第五章和第七章。

2. 见 James G. Leyburn, *Frontier Folkways*，（New Haven Conn.：Yale University Press，1935），重点参考第 11 章中关于将先进社会植入原始荒野的后果的精彩讨论。

3. Childe, *Man*, p. 100. 经同意引用。

4. 值得指出的是，不是所有的历史学家都同意这种极端观点。上一辈的历史学家中也有许多人认为，在很大程度上存在普遍模式和基本的历史意义。

5. 这不意味着所有对于一般性概念的批评都是基于忽视或者偏见。完全相反，批评经常是由于错误地使用术语而引起的。社会学家和其他使用这些术语的人有时会忘记在某种程度上，相似性并不代表所有方面都相似。在某个方面具有很大相似性的社会在其他方面却差异很大。由于不了解这点和不能在他们的著作中清楚地表达，他们常常会传达一种关于人类生活的天真、单面和过分简单化的印象。

   这些作者在辩解时会认为就算对于这个问题的认识是清楚的，我们也很难呈现一个真实而精确的、既不夸大相似性也不夸大差异性的图画。在我们缺乏数量资料的时候，更难做到这一点。

5a. 在对本书第八章和第九章初稿的意见中，Robert Bellah 强烈建议对于农业社会应该进行区分。他认为如果可以将农业社会区分为"简单的"和"发达的"，将是很有价值的，这是以公元前第一个 1000 年为分水岭的。他认为简单的农业社会更接近发达的园耕社会，而与发达的农业社会差异更大一些。他认为关键的发展是在公元前第一个千年出现的社会和文化发明，如普遍的宗教、字母化的写作、官僚制度、金属货币等。他还特别指出，尽管这个时期也是铁器广泛使用的时期，但是他并不认为铁器是一个关键的发明（我不同意这个观点）。我认为这一区分在将来会被证明是有意义的。读者也许发现了本章所引用的资料大都是"发达"农业社会的资料，而上一章引用的资料大都来自"发达的"园耕社会。Bellah 建议可以将农业社会划分为三种子类型：城市联邦、官僚帝国和封建王国。

6. 关于这一问题更多的讨论，包括对一些例外情况的考虑，可参见本章第 255 ~ 258 页。

7. 在我刚刚开始写这一卷的时候，我还没有感觉到有必要区分航海社会和农业社会，是我的研究驱动我做出这种区分的。我最近才发现，当我重读 Franz Oppenheimer 时，他在半个世纪前也被迫进行了同样的区分。请参见《国家》(*The State*)，由 John Gitterman 翻译，第 4 章。

   在阅读这个部分时，Robert Bellah 指出农耕社会和航海社会的区别更多是经济的，而不是技术的，而且，这种区别是其他区别的基础。经过深入思考，我倾向于同意这样的观点，但是仍然认为一个社会经济上的差异通常既与技术差异联系，也依赖技术差异。在本书讨论的五种主要社会类型中，这一点都十分明显。当环境条件逼迫一个社会更加重视技术的某些方面而忽视其他方面时，在特殊情况下，经济和技术就会出现显著差异。由此，一些拥有某些农耕技术的社会发现如果它们的经济聚焦于某些海外贸易上，就会获得更多的利益，变成航海社会。

8. 我并不否认最早期的农耕社会与某些发达的园耕社会在生产率方面有共同之处。正如上一章所说，在生产率方面，非洲最发达的王国和新世界早期王国、中世纪早期的西欧社会，以及中东和中国的农耕社会都是可比的，甚至超越它们。但是，需要明确的是，这里比较的是一个类型里的最不发达部分和另一个类型里的最发达部分。而我们讨论的是每个类别中的这些实例的总体情况和分布，因而差异是很明显的。

9. 新世界中一些最发达的园耕社会在某些方面和农耕社会是接近的。印加、阿兹特克、玛雅、托尔特克，还有其他一些社会的最大成就，尤其是在大规模建筑和工程方面都和早期农耕社会相当。不过，在涉及工程的复杂和精细方面时，差异就是十分巨大的了。即使是最发达的园耕社会，也没有可以与伟大的中世纪教堂或者泰姬陵相比较的工程。

10. 这里可以参考 Martin C. Yang 在 *A Chinese Village：Taitou, Shantung Province*（New York：Columbia University Press，1945）中对许多典型农具的描述。这可以和园耕社会做相应比较。

11. Jerome Blum, *Lord and Peasant in Russia from the Ninth to the Nineteenth century*（Princeton, N. J., Princeton University Press, 1961），p. 278.

12. 这可以从当时西班牙帝国的标准地图和国家疆域表中计算出来。

13. 这一数据基于 Philip K. Hitti 的 *History of the Arabs*（London：Macmillan，1960）第 216 页的地图计算。

14. 参见 Ralph Turner, *The Great Cultural Traditions*（New York：McGraw-Hill，1941）vol. II，书中相关地图显示了这两个帝国的大致边界。

15. 关于旧土耳其帝国请参考第 12 条脚注 Hitti 著作第 712 页的地图；波斯帝国参考 A. . T. Olmstead, *History of the Persian Empire*

（Chicago：University of Chicago Press，1948），第 xx ~ xxi 页，或者 Tuner，p. 362；亚历山大帝国参考 W. H. McNeil，*The Rise of the West*（New York：Mentor，1965），第 363 页地图。

16. 印加帝国尽管是园耕社会最大的帝国，其疆域也不过 35 万平方英里。参见 Victor van Hagen，*The Ancient Sun Kingdoms of the A-mericas*（Cleveland：World Publishing，1961），第 576 ~ 577 页。

17. Wolfram Eberhard，*A History of China*，2d ed. （Berkeley：University of California Press，1960），第 274 页，早在公元前 140 年，中国的居民人数就已高达 5000 万了，第 108 页。

18. Blum，*op. cit.*

19. *The Cambridge Ancient History*（London：Cambridge University Press，1939）vol，ⅩⅡ，pp. 267 – 268.

20. 关于罗马帝国，一个学者曾评论道："战争可以和农业一道被列为帝国的一个主要产业"。而这一评论适用于其他农耕帝国。参见 F. R. Cowell，*Cicero and the Rome Republic*（London，Penguin，1956）p. 287。

21. 我们不太可能分析每个农耕帝国的征服记录。一些帝国只是在它们实现了平稳或者在衰落的时候才会第一次被记录进历史，因此，造成了一个非征服性帝国的假象。当一个帝国包括了许多城镇时，而这几乎是所有农耕社会的通例，我们会强烈怀疑，征服可能在史前阶段或者前农耕社会阶段就已经发生了。

22. 尽管不是所有的种姓都有种族根源，但是，现代研究显示大多数种姓有这样的根源。关于一个部落或者一个族群如何形成一个种姓，有一个很好的研究可以参考：F. G. Bailey，*Tribe*，*Caste*，*and Nation*（Manchester：Manchester University Press，1960）。

23. Pitirim Sorokin，*Social and Cultural Dynamics*（New York：Bedmin-ster Press，1962 ）vol. Ⅲ，chap. 10，especially p. 352.

24. 可将索罗金关于鞑靼时期的数据与 Alexandre Eck 的研究进行比较。参见 *Le moyen âge russe*（Paris：Maison du Livre Etranger，1933 ），cited by Blum，p. 59。也可参考 Marc Bloch 的评论。他认为在加洛林王朝灭亡后，欧洲一直生活在 "一种无休止的战争状态"。Marc Bloch，*Feudal Society*，由 L. A. Manyon 翻译（Chicago：University of Chicago Press，1962），p. 160。

25. 这些数据是根据 E. R. Boak，*A History of Rome to 565 A. D.*，（New York，Macmillan，1943 3d ed. ），以及 Harold Mattingly，*Roman*

Imperial Civilization，New York：Doubleday Anchor，1959），并参考 Mattingly 书上第 351～355 页上的皇帝名单计算得出的。

26. 对于莫卧儿历史的概况，请参考 *The Cambridge History of India*（London，Cambridge University Press，1937），vol. Ⅳ。

27. 参见 Herbert Spencer，*The Principles of Sociology*（New York：Appleton，1897），vol. Ⅱ，part 5，chap. 17；Pitirim Sorokin，vol. Ⅲ，pp. 196 – 198；或 Stanislaw Andrzejewski，*Military Organization and Society*（London：Routledge，1954），pp. 92 – 95。

28. 系统的研究表明位于山地的农耕社会和位于河谷及平原的农耕社会是具有相当大的差异的，因此，有足够的理由将它们作为一个完全不同的类别与农耕社会进行区分，例如，可以区分出"山地农耕社会"和"河谷农耕社会"。在本章中，我只是将它们作为农耕社会的一个亚类看待。它们与其他农耕社会的不同只是山地条件影响的结果。不过，随着我对这个题目的研究越深入，我越感觉到山地环境影响下这类社会的差异。

29. 请参考 Cowell 对于这一特殊官位的讨论，Cowell，pp. 166 – 171。

30. 在农耕社会，少有不存在城市社区的情形。只有在中世纪欧洲早期，当政治体系瓦解后可能形成都市生活的消失。同样，在由园耕社会向农耕社会转化的最早期，可能没有城市聚居体的存在，或者即使存在也只是小规模和少数。不过，这种情形绝对不是典型。通常的情形是，成熟的农耕社会存在规模相当大的而且存在相当持久的都市中心。

31. 有关这方面的研究，请参考 Kingsley Davis，"The Origin and Growth of Urbanization in the world," *American Journal of Sociology*，60（1995），pp. 429 – 437；J. C. Russell，"Late Ancient and Medieval Population," *Transactions of the American Philosophical Society*，48（1958），pp. 37 – 101；以及 Gideon Sjoberg，*The Preindustrial City*（New York：Free Press，1960），pp. 80 – 85。

32. J. C. Russell，*British Medieval Population*（Albuquerque，N. Mex.：University of New Mexico Press，1948），p. 285.

33. Henri Pirenne，*Economic and Social History of Medieval Europe*（New York：Harvest Books，n. d.，originally published 1933），pp. 170 – 171.

34. Russell，*British*，*ibid.*，and Eli F. Heckscher，*An Economic History of Sweden*，translated by Coram Goram Ohlin（Cambridge，Mass.：

Harvard University Press, 1954), p. 111.

35. Davis, "Urbanization," p. 434.

36. Blum, pp. 268 and 281.

37. Russell, *British*, p. 305.

38. 同上书, p. 58。

39. 同上书, p. 83。

40. 舍贝里呼吁人们注意这样一个事实, 实际上, 社会精英人士还是居住在乡村地区的。尽管我认为他有点言过其实, 但是起码在欧洲, 他的这个结论还是站得住脚的。

41. 当然, 如果认为乡村和城市已经全然分离了, 则是十分错误的。即使是到了 16 世纪诺里奇 (Norwich) 的纺织工也不得不在农忙时丢下活计, 即使在伦敦, 最繁忙的法庭在农忙时也得关门。莱斯特这样的市镇仍然需要依靠周边的农地供给大多数人所需的食物。参见: S. B. Clough and C. W. Cole, *Economic History of Europe* (Boston: Health, 1941), p. 48; W. G. Hoskins, The Midland Peasant: *The Economic and Social History of a Leicestershire Village* (London: Macmillan, 1957), p. 175; 以及 G. C. Coulton, *Medieval Panorama* (New York: Meridian Books, 1955, first published 1938), pp. 282ff。

42. Sidney D. Gamble, *Peking*: *A Social Survey* (Garden City, N. Y.: Doubleday, 1921), pp. 326 – 327.

43. Eberhardp. 197. Eberhard 认为北京在 19 世纪有 420 个行会。不过, 这中间可能包括了在这个城市的不同地方从事相同职业的行会。

44. Cloughand Cole, p. 25.

45. 同上。还可参见 Blum, 他引用了一个俄国学者的研究, 该研究发现在 12 世纪和 13 世纪的俄国城镇有 60 种工匠 (第 16 页), 而到了 16 世纪就有 200 种了 (第 126 页)。

46. Cowell, p. 80.

47. Sylvia Thrupp, *The Merchant Class of Medieval London* (Ann Arbor, Mich.: Ann Arbor Paperbacks, 1962), p. 9.

48. 这一模式有许多例外。例如, 在俄国尽管彼得大帝和他的继任者十分努力, 在 18 世纪行会系统依然没有真正建立起来过。参见 Blum, 第 302 页。在中国 16 世纪和在日本 15 世纪之前, 行会制度也是空白的。参见 Eberhard, *History*, 第 197 页; 以及

Yosoburo Takekoshi, *The Economic Aspects of the History of the Civilization of Japan* (New York: Macmillan, 1930), vol. I, chap. 18。在印度种姓制度似乎扮演了行会的角色，不过，种姓制度完全没有阻止行会。参见 R. C. Majumdar (ed.), *The History and Culture of the Indian People* (Bombay: Bharatiya Vidya Bhavan, 1951, 1953), vol. II, pp. 601 – 602, and vol. III, pp. 592 – 593。

49. 前者的例子请参见 Blum, *Russia in the eighteenth century*, p. 302, 或 Valentine Bill, The Forgotten Class: *The Russian Bourgeoisie from the Earliest Beginnings to* 1900 (New York: Frederick A. Praeger, 1959), pp. 72 – 73; 或者罗马在公元前 3 世纪的例子（Boak, pp. 369 – 370）。后者的最好例子是欧洲中世纪的行会。这是更加普遍的模式，尽管这里的行会经常被公共权力机构用作社会控制工具。参见 "The Guilds," in *The Cambridge Economic History of Europe* (London: Cambridge University Press, 1963), vol. III, p. 232。

50. 同上书, pp. 242 – 243。

51. 可参见 Thrupp, London, pp. 23 and 29 – 31.

52. 参见 James Westfall Thompson, *Economic and Social History of the Middle Ages* (New York: Appleton-Century-Crofts, 1928), pp. 790 – 791, or L. Halphen, "Industry and Commerce," in Arthur Tilley (ed.), *Medieval France* (London: Cambridge University Press, 1922), pp. 189ff。

53. 可参见 Thompson, pp. 779ff; Joan Evans, *Life in Medieval France* (London: Oxford University Press, 1925), pp. 64ff; Coulton, chap. 24; or Thrupp, London, chap. 1。

54. Turner, p. 911.

55. Cowell, p. 79. 经同意引述。

56. 参考 Blum, 第 126 页, 第 394 ~ 395 页与俄国相关的例子; 以及 Ralph Linton, *The Tree of Culture* (New York: Vintage Books, 1959), p. 231 与中国相关的例子。

57. 中世纪早期的欧洲再次成为例外。关于原因的讨论请参考本章的注释 8。

58. 关于西欧商人阶级的发展的精彩讨论请参考 "The Trade of Medieval Europe: The North," in *The Cambridge Economic History of Europe* (London: Cambridge University Press, 1952), vol. II

（1952），pp. 168ff。

59. John Lossing Buck，*Secretariat Paper No. 1*：*Tenth Conference of the Institute of Pacific Relations*，Stratford on Avon，1947，reprinted in Irwin T. Sanders et al，Societies around the World（New York：Dryden Press，1953），p. 65.

60. Cloughand Cole，p. 445.

61. 参见 Michael Postan，pp. 133 – 140 页关于北欧的例子；Blum，p. 127 页关于俄国的例子；Harold Mattingly，p. 221 页关于罗马的例子；以及 Majumdar，第二卷第 605 页关于印度的例子。

62. 参见 Clough and Cole，p. 64；或 Pirenne，chap. 5。

63. Postan，p. 152.

64. 参见 Sidney Painter，*The Rise of the Feudal Monarchies*（Ithaca，N. Y.：Cornell University Press，1951），pp. 130 – 131；或 Coulton，p. 47，他称即使是查理曼大帝也是这样消费的。D. D. Kosambi，*An Introduction to the History of India*（Bombay：Popular Book Depot，1956），p. 283 也讲述了印度笈多皇帝的相同经历。

65. Coulton 认为十四世纪欧洲村庄的平均人口在 200 ~ 450（第 68 页）。Bennett 在他的著作 *Life on the English Manor*：*A Studies of Peasant Conditions*，*1150 – 1400*（London：Cambridge University Press，1960）中认为这个时期欧洲村庄的平均人口规模是 300 人。Russell 引用英国 1377 年人头税报告（*English Poll Tax Return*）认为那一年英国村庄平均只有 100 人左右。但是，这是在黑死病肆虐后的数据，Russell 估计瘟疫前的数据应该是 166 人（第 309 页）。Blum 认为俄国 19 世纪中叶的乡村人口平均为 150 人（第 506 页）。在今天的印度大致有 50 万个村庄，尽管有工业化的影响，人口规模在 500 以下的村庄仍然占绝大多数。参见 Ashish Bose，"The First Census of Free India," *Modern Review*，95（1954），第 114 页。最后，最近一项来自泰国北部乡村生活的研究显示那个地区乡村的平均人口规模是 450 ~ 500 人。参见 John E. de Young，*Village Life in Modern Thailand*（Berkeley，Calif.：University of California Press，1958），p. 12。

66. 居于城市的精英依靠军事上的优势强迫村民交出更多的粮食，或者索取更少的回报。如果谈判时双方政治地位平等，村民获得的会更多。当然，考虑到村民的参与并非完全被胁迫，所以双方的关系也不能完全被看成寄生性的。

67. 在墨西哥，文字书写的发明比犁的发明更早。在近东也是如此。不过，这两个社会都是发达的园耕社会，这表明文字书写的发明需要技术发展达到比较高的总体水平。而且，还应该强调的是，虽然文字书写在一些园耕社会出现，但它却是在所有农耕社会都出现的。

68. 关于货币系统的起源和早期发展，参见 Turner, pp. 263－265；或 A. T. Olmstead, pp. 186－191。

69. A. Andrewes, *The Greek Tyrants*（New York：Harper Torchbooks, 1963），p. 82.

70. 同上。

71. 参见 Cowell, pp. 95ff。对于公元前 3 世纪罗马社会的讨论；Pirenne Pirenne, pp. 102－106 对中世纪欧洲的讨论，或者 Takekoshi, vol. I，第 74 页和第 95 页对 8 世纪日本的讨论。

72. 关于文字起源的讨论，参见 Childe, *Man*, pp. 143ff。同时见前面脚注 67 的说明。

73. 参见 Turner, p. 315。

74. 在偶尔发生的统治者是文盲的情形中，他们总是雇用那些识文的人为他们服务。

75. 参见 Turner, pp. 317－323，以及 Marc Bloch, chap. 5，特别参见第 77 页的讨论。

76. 关于这两种文化传统的关系的讨论，参见 McKim Marriott, "Little Communities in an Indigenous Civilization," in *Village India：Studies in the Little Community*（Chicago：University of Chicago Press, 1955），pp. 171－222。Marriott 更多强调高等文化传统的作用。

77. 这两种平行并不完美。因为在城市和城镇也有相当多的文盲工人，而在乡村也有少数说文解字的教师、文员、牧师、土地主和成功的农民。

78. Marriott，同上书。

79. 参见 Albert H. Lybyer, *The Government of the Ottoman Empire in the Time of Suleiman the Magnificent*（Cambridge, Mass. ：Harvard University Press, 1913），p. 147 对于一个农耕社会的各种目标的总结。或者参见 Turner, pp. 306ff 的讨论。

80. 参见 Painter's（*Monarchies*）对于君主制在英国、法国和德国的崛起的讨论。

81. 这里所说的例外是农耕社会极少数的政治领袖，他们将分配公正或公共利益放在个人利益之上。当然，许多人发现他们在微小的事情上也慷慨得起，实际上他们对于自己的基础性利益是看守得很紧的。他们也就不能算作例外了。

82. 经典的例子是莫卧儿帝国发生的争斗，通常导致皇帝的死亡。而罗马帝国的争斗导致几乎一半在位皇帝被暗杀。

83. 根据 Sir James H. Ramsay, *A History of the Revenues of the Kings of England*: *1066 – 1399* (Oxford: Clarendon Press, 1925), vol. Ⅰ, pp. 227 and 261 相关资料计算。

84. Sidney Painter, *Studies in the History of the English Feudal Barony* (Baltimore: Johns Hopkins, 1943), pp. 170 – 171.

85. Bennett, p. 121.

86. Ramsay, vol. Ⅱ, p. 430.

87. H. L. Gray, "Incomes from Land in England in 1436," *English Historical Review*, 49 (1934), pp. 614 and 630.

88. 参见 Olmstead, p. 298 对薛西斯的讨论；Lybyer, p. 181 和 p. 295 对苏莱曼、阿克巴和奥朗列布的讨论。我按照这些作者所处时代之前一个时代的数据做了调整，将通货膨胀考虑在内。

89. Eberhard, p. 261.

90. 同上书，P. 210. 尽管中国政府支付的工资常常是比较少的，但是这个比较也让人印象深刻。

91. Jean Hippolyte Mariéjol, *The Spain of Ferdinand and Isabella*, translated and edited by Benjamin Keen (New Brunswick, N. J.: Rutgers University Press, 1961), p. 275.

92. 参见 A. Goodwin, "Prussia," in A. Goodwin (ed.), *The European Nobility in the Eighteenth Century* (London: Black, 1953), p. 86, and Heckscher, p. 126。

93. Blum, pp. 476 – 477 and 492.

94. 同上书，pp. 356 – 357。

95. *New York Times*, July 10, 1964, p. 2.

96. Jerome Carcopino, *Daily Life in Ancient Rome*: *The People and the City at the Height of Empire*, translated by E. O. Lorimer (London: Routledge, 1941), p. 68. 经同意引述。

97. Robert Bellah 认为我过分强调了国家所有权理论，他认为该理论的适用范围并没有这么大。我认为我们的差异产生于我们所依据的证据不同。显然，许多学者认为统治者对于被统治者也拥有义务和责任，一些统治者起码为此下了许多口头功夫。我所熟悉的证据却显示，这些统治者在他们进行实际决策时依据的都是国家所有权理论，因此我认为："这支配了几乎所有农业社会的掌权人物的思想。"

98. 参见 Max Weber, *The Theory of Social and Economic Organization*, translated by A. M. Henderson and Talcott Parsons（New York：Free Press，1947），pp. 341 – 348，以及 Max Weber, *Wirtschaft und Gesellschaft*, 2d ed.（Tübingen Mohr，1925），vol. Ⅱ, pp. 679 – 723。

99. Mattingly，p. 137；也可参见 Turner，vol. Ⅱ，p. 620；或者 Michael Rostovtzeff. *The Social and Economic History of the Roman Empire*, rev. ed.（Oxford：Clarendon Press，1957），p. 54，他在书中谈到托勒密和同时代的托勒密们（如叙利亚的塞琉西王）时评论道："他们将国家作为自己的财产看待，声称他们对于国家领土内的所有土地和资源拥有财产权。"

100. 参见 Hans Rosenberg, *Bureaucracy, Aristocracy and Autocracy：The Prussian Experience* 1660 – 1815（Cambridge, Mass. ：Harvard University Press，1958），p. 506。经同意引述。

101. William Stubbs, *The Constitutional History of England*, 5th ed.（Oxford：Clarendon Press，1891），vol. Ⅰ，pp. 282 – 283. 还可参见 J. E. A. Jolliffe. *The Constitutional History of Medieval England*（London：Black，1937），pp. 139ff。

102. 参见 Adolf Erman, *Life in Ancient Egypt*, translated by H. M. Tirard（London：Macmillan，1894），chap. 4；Blum，pp. 74 and 169 和其他一些对俄国的讨论；Lybyer，pp. 28，120，and 147 对土耳其的讨论和第 292 页对莫卧儿印度的讨论；对印度的讨论还可看参见 Kosambi，pp. 200，215，327；或 Francois Bernier, *Travels in the Mughal Empire*, （A. K. N. Karin 转引），*Changing Society in India and Pakistan*（Dacca：Oxford University Press，1956），p. 37。

103. 参见 Robin Williams, *American Society*（New York：Knopf，1951），p. 272 对此问题的精彩陈述。

104. 可参见 W. H. Moreland, *The Agrarian System of Moslem India*（Allahabad：Central Book Depot, n. d. ），chap. 6。

105. 相似的情形在商业企业领域也存在。有时，统治者以皇家垄断的方式经营有利可图的企业，就像 16 世纪和 17 世纪的俄国沙皇那样，他们在不同的时期拥有销售酒、貂皮、出口谷物、粗丝、鱼子酱、氢氧化钾、大黄（作为泻药而十分珍贵）和海象牙（用做刀子和鞭子手柄）的垄断权。参见 Blum，p. 129。在 B. B. Misra, *The Indian Middle Classes*（London：Oxford University Press，1961），pp. 33 – 34 中对这样的做法也有讨论。但他们通常满足于分享商业企业的利润。

106. Cowell, p. 290.

107. *Ibid.*, pp. 288, 258, and 104 – 106.

108. *Ibid.*, p. 110 on Cicero, and Carcopino, p. 66 on Juvenal.

109. Cowell, p. 386.

110. Boak, pp. 200 – 201.

111. 参见下列著作里的例子：Léon Homo, *Roman Political Institutions*（London：Routledge, 1929），p. 258；Cowell, p. 268；或者 Boak, pp. 244 – 246, 293, 299, 308, 328, 334, 347. etc。

112. Blum, p. 145.

113. *Ibid.*, p. 365；and Heckscher, p. 67.

114. Takekoshi, vol. II, pp. 26, 227, and 305.

115. See, for example, Painter, Barony, pp. 192 – 193.

116. See Chung-li Chang's excellent study, *The Chinese Gentry：Studies in Their Role in Nineteenth-Century Chinese Society*（Seattle, Wash.：University of Washington Press, 1955），p. 164.

117. Blum, p. 349.

118. Louis Gottschalk, *The Era of the French Revolution*（Boston：Houghton Mifflin, 1929），p. 47.

119. Cowell, p. 283.

120. 根据 G. E. Aylmer, *The Kings' Servants：The Civil Service of Charles* I（London：Routledge, 1961），pp. 323 and 331 的相关数据计算。

121. SeePainter, *Monarchies*, pp. 44 – 50.

122. 可参见 Mariéjol, p. 262，关于西班牙从摩尔人处跟随基督徒重夺土地。

123. Takekoshi, vol. II, pp. 26, 227, 305.

124. 关于土耳其，参见 Lybyer, chap. 2, pp. 82 – 89, 100 – 103, and 114 – 120；或 Mercia Macdermott, *A History of Bulgaria*

（London：G. Allen，1962），pp. 26 – 27。关于印度莫卧儿王朝，参见 Lyber，pp. 285 – 286 and 297；或 Moreland，pp. 9 – 12，尤其是 pp. 92 – 100 and 205 – 206。

125. Takekoshivol. Ⅱ，pp. 20 – 21.

126. 关于欧洲，请参见 Bloch，pp. 220 – 221；或 Pierre Caron，"The Army," in Arthur Tilley（ed.），*Medieval France*（London：Cambridge University Press），pp. 154ff；关于土耳其，请参见 Lyber，pp. 100 – 103，or Macdermott，p. 27；关于印度，请参见 Lyber，pp. 285 – 287，or Moreland，pp. 92 – 100。

127. 参见 Blum，pp. 428ff 关于俄罗斯的研究；Rosenberg，p. 30 关于普鲁士的研究；Bennett，chap. 8 关于英国的研究；Mariéjol，p. 273 关于西班牙的研究；Edith M. Link，*The Emancipation of the Austrian Peasant*，1740 – 1798（New York：Columbia University Press，1949），pp. 14 and 18 对奥地利的研究；Lyber，p. 100 对土耳其的研究。

128. 可参见 Micah 3：7 and 7：3，Isaiah，Amos，and Psalms 中关于古代以色列的讨论；古代埃及的情形可参考 Turner，p. 311；罗马帝国的情形可参见 A. H. M. Jones，*Studies in Roman Government and Law*（Oxford：Blackwell，1960），p. 170 – 171；英国的情形参见 Philip Lindsay and Reg Groves，*The Peasants' Revolt*，*1381*（London：Hutchinson，n. d.），p. 21；西班牙的情形参见 Mariéjol，pp. 171ff；对古代波斯的讨论参见 Olmstead，p. 129；对印度的讨论参见 W. H. Moreland，"The Revenue System of Mughal India," in *The Cambridge History of India*，vol. 4，p. 453；对中国的讨论参见 Robert K. Douglas，Society in China（London：Innes，1894），chap. 2；或 Morton Fried，*The Fabric of Chinese Society：A Study of the Social Life of a Chinese County Seat*（New York：Frederick A. Praeger，1953），pp. 65 – 66。这里只是列举了很少的几个参考资料而已。

129. Jones，*ibid.* 经同意引用。

130. Douglas，p. 104.

131. Cowell，pp. 292 – 293.

132. *Ibid.*，p. 294.

133. 关于这次审判的简短总结，参见 Boak，pp. 210 – 212。

134. *Ibid*，p. 212. 经允许引用。

135. Jones, p. 154.

136. Boak, p. 212.

137. Aylmer, p. 179.

138. Rosenberg, p. 54.

139. Chung-li Chang, *The Income of the Chinese Gentry* (Seattle, Wash: University of Washington Press, 1962), p. 42. Italics added.

140. 只有目光短浅的罗马历史专家才声称只有罗马人才具有"非法索取"的天赋。

141. 英国的例子参见 Aylmer, pp. 225 – 239 or Cecil Woodham-Smith, *The Reason Why* (New York: McGraw-Hill, 1953), especially pp. 25 – 29；法国的例子参见 Elinor Barbet, *The Bourgeoisie in 18th Century France* (Princeton, N. J.: Princeton University Press, 1995), pp. 106 – 116, or R. Mousnier, *La Vénalité des offices sous Henri Ⅳ et Louis Ⅷ* (Rouen: Editions Maugard, 1945)；普鲁士的例子参见 Rosenberg, pp. 77 – 80；西班牙的例子参见 Roger B. Merriman, *The Rise of the Spanish Empire* (New York: Macmillan, 1934), vol. Ⅲ, p. 193, and vol. Ⅳ, pp. 204, 217, 324, 438 – 439, and 463；关于罗马的讨论参见 Homo, p. 358, or Jones, p. 156，关于拜占庭帝国的讨论参见 Jones, pp. 169 – 170, or Glanville Downey, *Constantinople: In the Age of Justinian* (Norman, Okla: University of Oklahoma Press, 1960), p. 66；关于土耳其的讨论参见 Lybyer, pp. 115 – 116 and 179；关于中国的例子参见 Douglas, pp. 33 – 35, or Chang, *The Chinese Gentry*, pp. 5, 29 – 30, and 115；关于日本的讨论参见 Takekoshi, vol. Ⅰ, p. 141 and vol. Ⅱ, pp. 454 – 456。

142. 关于这一点可参见 Alymer, p. 227 的详细讨论。

143. Woodham-Smith, pp. 25 – 29.

144. Chang, *Income*, p. 42.

145. *Ibid.*, p. 86.

146. Robert Marsh 关于中国清朝官员的研究显示这些官员的平均官场生涯为 25 年。不过，他的样本均是取得了一定声誉、可以被标准的传记所记载的官员，参见 *The Mandarins: The Circulation of Elites in China, 1600 – 1900* (New York: Free Press, 1961), p. 165，他的观点也获得了 Hsiao-Tung Fei 的支持，他认为："这些官员们不希望长期在衙门工作。他们进入官场的目的是获得税收的豁免权和财富"。简短地说，他们就是想成为乡绅，参见 *China's Gentry*（Chicago：University of Chicago Press，1953），p. 32。

147. 根据 Aylmer，p. 324 的资料计算。

148. 上面的大多数信息来自 Chang，*Income*，chap. 2。这是一本关于农业社会财富积累的详细而系统的著作，正因如此，我在本书中大量引用了他在这个领域的研究。

149. *Ibid.*，especially chap. 5.

150. *Ibid.*，pp. 328 – 329. See also pp. 133 – 136.

151. *Ibid.*，p. 134.

152. *Ibid.*，pp. 130 – 131.

153. J. McManners，"France," in A. Coodwin（ed.），*The European Nobility in the Eighteenth Century*（London：Black，1953），p. 37.

154. 具有批判性的读者在读 Chang 的著作时会好奇，他是否充分考虑了借贷可能带来的利益。关于这方面的信息，可参见 Morton Fried，pp. 125 – 126。

155. Chang，*Income*，chap. 6.

156. 他的计算剔除了满族。

157. *Ibid.*，Summary Remarks，supplement 2，and chap. 1.

158. Aylmer，*op. cit.*，especially pp. 322 – 336.

159. *Ibid.*，pp. 323 and 331. Aylmer 所提供的证据显示他们从中央政府的官位上获得的收入在 50 万至 70 万英镑之间，而同时可以可靠地估计他们从其他来源获得的收入也大致有这么多。我假设这个时期统治阶级的家庭大致有 5 个成员，而当时英国的总人口规模为 450 万。

160. Chang，*Income*，pp. 138 – 139.

161. Sir John Oglander，quoted by H. R. Trevor-Roper，*The Gentry 1540 – 1640*，in *The Economic History Review Supplements*，No. 1（n. d.），p. 26. See also，pp. 11 – 12 and 25 – 34. 经同意引述。

162. 可参见 Chang，*Income*，p. 127。

163. *The Making of Economic Society*（Englewood Cliffs，N. J.：Prentice-Hall，1962），p. 27. 也可参见 Trevor-Roper，p. 50，或者 Bloch（p. 192），他写道："这是一个财富隐于为宦的时代。"

164. 对于欧洲中世纪这种斗争的描述，请参见 Painter，*Monarchies*，而在 *Barony* 中有更加详细的描述。

165. 关于奥斯曼土耳其的讨论请参见 Lybyer 前书，而对于莫卧儿印度的讨论请参见 *The Cambridge Hostory of India* 及 Moreland 的书。

166. 参见 Moreland，pp. 92 - 100 对这个系统的精彩描述。

167. F. Pelsaert, *Jahangir's India*, W. H. Moreland 和 P. Geyl 翻译，Misra 转述，p. 47。经同意引述。

168. Lybyer, pp. 47 - 58 and 115 - 117.

169. *Ibid.*, p. 120.

170. Thompson, p. 669.

171. 在这个阶段和时期有许多皇权丧失的例子，Bloch 提供了一个很好的描述。参见第 14 章和第 24 章，也可参见 Painter 和 Blum 第 2 章。

172. 对于这个连续体的两端，很难寻找到恰当的标签，这样的标签很可能充满了不相关和误导。"独裁"和"寡头"是现在可以寻找到的最合适的了。这个连续体只是简单地用以描述统治者和执政者权力关系的变化。连续体的想法似乎暗合了 Weber 对于"苏丹制"（sultanism）和"分权制"（ständische Herrschaft）的区分（见 *Theory*, pp. 347ff.）；这也十分契合魏特夫对于"暴君"（despotic）和"封建的"（feudal）的区分，参见 *Oriental Despotism: A Comparative Study of Total Power* (New Haven, Conn. : Yale University Press, 1957)。他似乎不愿意强化连续体的思想，而更愿意将他的这种区分和"官僚 - 贵族"的区分混合起来使用。

173. 特别参考 *Oriental Despotism* 的第 1 章和第 2 章。

174. *Ibid.*, chap. 6.

175. 可参见 Wolfram Eberhard, *Conquerors and Rulers: Social Forces in Medieval China* (Leiden: Brill, 1952), chap. 2；以及 Eberhard 在 *American Sociological Review* (1958 年第 23 期) 上发表的对 *Oriental Despotism* 的评论。

176. 例如英格兰国王就有向继承领地索取钱财的权力，他们索取的费用高得和专制的土耳其苏丹或者莫卧儿皇帝差不多。参见 Painter, *Monarchies*, pp. 50 - 57 and 67 - 69, or Barony, pp. 56 - 64。

177. 例如，英宗皇帝曾经被蒙古人俘获，并扣押为人质。而朝廷中各派对其命运漠不关心，蒙古人因而只能大幅度降低赎金以求将其出手。等他回去以后也被软禁，而另一人顶替了他的统治者位置。在顶替他的那位死后，由于宫廷中的各派系无法就其后继者达成一致，因此又让他重回皇位了。参见 Eberhard, *History*，pp. 259–269 对明朝后期的讨论。

178. 关于普鲁士参见 Rosenberg 的讨论，关于土耳其参见 A. D. Alderson, *The Structure of the Ottoman Dynasty*（Oxford：Clarendon Press，1956），especially chap. 10。

179. 这些是我自己计算得出的。人们也许认为法国国王之所以存活是因为他们是弱君，这样他们就可以满足于与他们的强大对手妥协，获得他们的谅解。不过，作为一般原则，当君王很软弱时，很容易发生废君事件。

180. Eberhard, *Rulers*，pp. 32–45.

181. 可参见 Chang's work on the functions of the Chinese gentry in *The Chinese Gentry*，pp. 58–61 and in *Income*，pp. 48–50。

182. 参见 Franz Michael, *The Origin of Manchu Rule in China：Frontier and Bureaucracy as Interacting Forces in the Chinese Empire*（Baltimore：Johns Hopkins，1942）。这部著作提供了一个很好的描述，说明满族人是如何从一个陪臣变成了中国的皇帝。

183. Andrzejewski，pp. 79–80.

184. 可参见 Mariéjol，pp. 270–271。

185. 关于货币在这个领域的作用，Painter, *Monarchies*，pp. 16–17 提供了很好的讨论。

186. 许多研究者都提到了长子继承权的重要性，参见 Wittfogel，pp. 79ff；Alan Simpson, *The Wealth of the Gentry*，*1540–1660*（London：Cambridge University Press，1961），pp. 107–108；Blum，pp. 82 and 378；Misra，pp. 44 and 50；or Mariéjol，pp. 276–277。

187. 可参见 Painter, *Monarchies*，pp. 127–129。

188. 参见 *The Cambridge History of India*，vol. 4。

189. 参见 Moreland，pp. 92–100。

190. Blum，pp. 369–370.

191. 参见 Edouard Perroys 的杰出研究，"Social Mobility among the French Noblesse in the Later Middle Ages," *Past and Present*，21（1962），pp. 27–28。

192. Aylmer，p. 331.

193. Gray，p. 630.

194. *Ibid.* ，pp. 614 and 630.

195. Painter，*Barony*，pp. 17 – 18.

196. 贵族上层阶层和下层收入比例的计算参考了 Chang 书中第 330 页的资料，而两个极端的比较来源于 Chang 前书提供的证据，顶层官僚阶级的年收入是 18 万两银子，而底层官员的年收入只有 180 两银子。

197. 关于这方面策略的运用，请参见 Mariéjol，pp. 264ff 中对西班牙 15 世纪后期和 16 世纪的研究，对普鲁士的研究参见 Rosenberg，pp. 152ff。

198. 对于这个原则在更低层次组织中的情形，可参见 Gitel P. Steed, "Notes on an Approach to a Study of Personality Formation in a Hindu Village in Gujarat," in Marriott，pp. 124 – 143。

199. 当社会学家从预测过去的事件转移到解释过去的事件时，在不依赖性格变量的基础上，他们总是可以找到一些可以解释一切现象的说法，但是这并不是很有说服力的。

200. Francois Bernier，*Travels in the Mogul Empire*，由 Moreland 转述，p. 205，经同意引述。还可见 Moreland，pp. 92 – 100。

201. 参见 Aristotle，Politics，Benjamin Jowett 翻译（New York：Modern Library，1943），p. 238（1310b），以及 Plato，*The Republic*，Benjamin Jowett 翻译（New York：Modern Library，n. d. ），p. 323（565）。两位都评论了统治者联合民众来反对执政阶级的倾向。同样，罗马统治者也经常联合城市的民众来反对元老阶层。

202. 参见 Lindsay and Croves，pp. 19 – 22 and chaps. 9 and 10 的讨论，这些例子证明民众的努力没有获得什么好处。

203. 关于 de Jouvenal 的研究请参见 *On Power：Its Nature and the History of Its Growth*，J. F. Huntington 翻译（New York：Viking，1949）。

第九章 农业社会（二）

> 征税的艺术就像拔鹅毛，既要拔得多，又要鹅不叫。
>
> ——科尔伯特

侍从阶级

在每一个农业社会，统治者和执政阶级都豢养着一小批军 243
队官员、职业士兵、家庭奴仆和私人随从，所有这些人为统治
者和执政阶级提供各种各样的服务，这些人和他们的家庭构成
了"侍从阶级"。尽管这一名称我们不熟悉，但这个名词比别
的名词更能代表这一阶级的重要特征，即他们对政治精英阶级
的依赖。

首先，把这些职业相差很大、职能也各不相同的群体归属
为一个阶级似乎很奇怪，但是，尽管有这些不同，他们的基本
作用是相同的——为政治精英阶级服务。由此将他们和普通老
百姓分开，他们高于一般的人，在一定意义上享受着经济积
累。同样值得指出的是，在许多农业社会中，构成侍从阶级的 244
几个部分之间的特征界限并不像现代工业社会的人想象的那么
分明。在一个"公共事务和私人事务浑然一体的社会"中，
在公职中使用私人侍从或家庭奴仆不管是出于民用目的还是军
事目的都不奇怪。同样，在一个战争是生活常事的社会里，执
政阶级将民用目的和军事目的混淆在一起也不奇怪。[1]

如果说侍从阶级不同部分的界限不好划分，那么侍从阶级

和执政阶级的界限也不好划分。有权势的执政阶级和统治者的奴仆常常比执政阶级的低层成员拥有更大的权力。这一点可以从罗马皇帝的家庭仆人或奴隶的例子中看出，这些人具有很大的政治影响力，享有许多特权。比如，史载提比略的一个名叫马斯卡斯的奴隶，是个单身汉，当了一个不重要省份的分配官，却从皇帝那儿得到了 16 个侍从，包括 1 个谈判官处理他的事务，1 个管家帮他节省家庭开支，2 个厨师，2 个男仆，1个随从，2 个内侍，2 个伙食管理员，3 个秘书，1 个医生，以及 1 个 "作用被谨慎地掩饰了" 的女士。[2] 在中国可以发现同样的事情，特别是皇宫的太监，他们虽然是奴仆，有时却行使巨大权力。在中世纪欧洲，有势力王族的男仆常常分享其主人的权力。在许多时候，执政阶级的较低层成员情愿为自己阶级里

245 更有权势的人当奴仆，以改善自己的命运。[3] 由于人总是在两个方向上不断运动，所以很难讲清阶级之间截然分离的界限是什么。

在另一个极端上，侍从阶级和农民阶级接近，在这里同样不易划清界限。例如，在中世纪，英格兰城镇长官和篱笆管理员既非鹰也非犬，而更像现代的工头。一方面，他们为庄园主服务，有时从中获得可观收入；另一方而，他们来自农民阶级，在一个相对短的任期后又回到农民阶级，而且即使在为那些官员服务时，他们也发现有必要同时进行自己的农业活动。简言之，他们处在两个阶级的边缘。[4] 同样，在一个地主的家中，许多奴仆的杂务也由那些其余时间纯粹干农活的人来干。最后，从农民中征募的普通士兵，如果他们有幸从战争中生存下来并回到原来的生活中，那么他们仍然是农民，他们一点儿也不担忧自己会丧失生活来源。

人们可以想到，侍从阶级的特征随执政阶级特征的变化而变化。在官僚职权很大的社会，侍从阶级具有某种官僚的特征。相比而言，在世袭贵族占统治地位的地方，侍从阶级就会带上这个群体的一些特征。

要从历史记载中找到可靠的关于侍从阶级规模的数字几乎是不可能的，但在理论和实证的基础上，似乎侍从阶级要比执政阶级大好几倍。如果执政阶级占总人口的1%，那么侍从阶级就会占5%左右。考虑到这个阶级要干那么多的事，比这个数少很多是不太可能的，但由于侍从阶级会造成经济上的压力，所以大于这个数目很多也是不太可能的。[5]

总之，侍从阶级的成员是非常重要的，尤其是从维持分配系统的观点来看。首先，他们为统治者和执政阶级提供了十分必要的支持，以维持他们在社会中的剥削地位。在这些社会，军事技术都没有达到可以使1%～2%的人口有效地统治其余98%～99%的程度（1∶50或1∶100），不管这1%的人是被多么有效地组织起来的。但是如果有6%～7%的少数人组织起来，在技术上就足够使执政阶级和侍从阶级统治其余的人口了（1∶15），尤其是当其他人口没有组织起来时。

如果把侍从阶级当成一个整体来看，那么它也是很重要的，因为它在执政阶级和普通人民之间起中介联系的关键作用。实际上是侍从阶级将生产者的剩余产品掠夺到政治统治者手中的。怎样做到这一点取决于侍从阶级的技巧和智慧。而且，由于他们是中间人，侍从阶级转移了普通民众的许多敌意和不满，要不然这种不满就会直接指向政治精英。农民和其他低阶层的成员从来弄不清他们的艰难是由他们直接接触的征税官、小官吏和侍从阶级的其他成员带来的，还是由更高层的官

246

吏带来的。由于他们同执政阶级缺乏接触，农民常常愿意假定他们是无辜的。因此，侍从阶级以这种方式转移和分散农民的敌意，这对于稳定和维持高剥削率的农业分配制度起了很大的作用。

尽管这个阶级作为一个总体对他们的主子有十分重大的作用，但就其单个成员而论，大部分都是容易被替补的。除非是秘书或其他需要知书识字才能的职位，侍从们的技巧常常是别人不费力就能学来的，这就大大地削弱了他们同执政阶级进行讨价还价的地位。因此，一般说来，侍从阶级的俸禄是很少的，尽管他们就像他们的主子一样利用每一个机会搞"正当的贪污"。[6]在中世纪英国，富裕贵族的仆从中的管家，每年工资为 15 镑，[7]外加他的大多数生活费用和其他津贴。这笔钱再加上一定数量的"正当的贪污"，[8]就使他的收入相当于一个世纪后一般乡绅的收入。一个只管理一项事务的管家年收入为 4~6 镑，外加他的大多数生活费用。一个采邑管理者——最低级的庄园官员一年收入 1 镑或更少（当然，有从他自己的土地上得到的收入作补充）。[9]用现代标准看，尽管这些收入十分低微，但管家收入和最穷的绅士收入相当，多于一个学者舒适生活所需要的收入，一个低级管家的收入"至少是耕农或马车夫收入的 2 倍"，是牧人收入的 4 倍。[10]当然低级管家（的人数）比专门管家要多得多，而专门管家人数又比高级管家要多得多。

在侍从阶级内部，职位被替补的可能越大，报酬越低；反之亦然。因此那些要求技能最低和训练最少的职位报酬最少；而要求过人的能力和智慧以及要求多种训练的职业报酬最多。从表面上看，这似乎证实了功能主义的报酬理论，但实际上并不是那么回事，因为报酬取决于对执政阶级的服务，而不取决于对社会的一般贡献。

这个阶级的成员就像居于他们之上的那个阶级一样，一直在寻求自己的权力和特权最大化。他们也使用各种手段，但使用哪一种取决于是哪一个亚阶级类别。在所有的类别中，对政治精英阶级威胁最大的是军队。当执政阶级放弃其军事责任、允许军队中的官职由来自各个阶层的职业士兵担任时，他们将面临由自己制造的危险局面。除非给这些职务以高报酬，甚至允许他们进入执政阶级，否则他们会使用他们所支配的权力谋求控制国家。[11]在罗马帝国后期就有过这种情况。职业士兵，他们不是执政阶级的一部分，却经常介入国内政治，同时试图谋求王位或为他们选定的人谋求王位。在马穆鲁克*（Mamluk）夺取了权力时的埃及、在近卫军统治下的土耳其和位于萨马拉的阿巴斯帝国晚期也都出现过类似情况。[12]

侍从阶级的文职人员作为一个整体，从未对政治精英阶级形成过这么严重的威胁，尽管有时家庭仆人或其他侍从会暗杀统治者或执政阶级的成员。这种事件对被涉及的个人十分重要，但对分配系统很少产生显著影响。

侍从阶级文职人员显著的和长期的利益在特定时期可能遭到损害。通过一个逐渐的摩擦过程，小官员和奴仆慢慢地将特殊的宠信或机会变成惯例，将暂时的好处变成持久的好处，将持久的好处又变成世袭的好处。这些所得反映出一小部分执政

248

---

*　马穆鲁克，原意为奴隶是中世纪服务于阿拉伯哈里发的奴隶兵，主要效命于埃及的阿尤布王朝。后来，随着哈里发衰落和阿尤布王朝解体，他们逐渐成为强大的军事统治集团，并建立了自己的布尔吉王朝，统治埃及达三百年之久（1250年～1517年）。——译注

阶级在竭力保护自己广泛利益时所遇到的困难。侍从阶级的这种所得在执政阶级由一个享乐至上的人控制时会达到最大限度，而在一个有责任心的人控制时则会降至最小限度。帕累托和其他人指出，在一个王朝的前几代，严厉是其首要的特征，而后这一特征会被一种不具责任心的态度所取代。如果这种论断正确的话，侍从阶级的利益在大多数王朝的后期都会大于前期。实际上，人们可以想到，一个新王朝出现后，可以使原有情形急转直下，侍从阶级通过一个世纪甚至更多时间获得的利益会在一代人之内丧失掉。

商人阶级

尽管农业社会的统治者和执政阶级试图完全控制经济积累，但他们很少成功。常常是别的阶级起来和他们竞争，而且往往能取得一定胜利。没有哪个阶级在这方面所获得的胜利可与商人阶级相比较，政治精英阶级发现这是全部人口中最难引导和控制的一个部分。

学术性辩论中有许多笔墨花在讨论这个阶级的起源之上，但这个问题仍然悬而未决。其最早成员的大多数似乎都出身卑微。比如，亨利·皮雷纳认为在欧洲他们最初是无地的人、命定无法继承父亲土地的小儿子。[13]这些人面临着抉择：要么在艰难的环境中过单身汉的日子和依靠长兄过半奴仆的生活，要么在别的地方寻求自己的机会。[14]在面临这种抉择时他们的年龄普遍在 14 ~ 25 岁，因此他们大多数都选择后者就不足为怪了。尽管大多数可能沦为乞丐或更糟，但仍有一小部分可以发现没有继承权带来的灵活性有它的好处，起码聪明的人会这么想。比如，就像皮雷纳指出的那样，"在当地发生饥荒的年代，一个人只要在那些粮食充足的地方买下便宜的粮食，赚了一大笔钱后，这笔钱又可以用同样的方法再去增值"。[15]或者，一个人可以从当流浪者开始，就像圣古特列（St. Godric of Fin-chale）那样，碰运气靠出售从并不罕见的沉船中打捞上来的值钱货币而起家。[16]

在一定程度上，商人阶级似乎是由农民中间那些以从事商业活动来勉强维持生计的人慢慢进化而来的。[17]在发达的园耕社会，这种活动模式并非不常见。而在农业社会可能提供的更大的经济机会面前，一些农民逐步部分地或者全职地参与商业活动。

在整个早期农业社会，那些只从事商业而不参加执政阶级活动的"纯商人"所获得的坏声誉是商人阶级起源于低微阶层的一个证据。在中国和日本，在传统的社会地位系统中，商人不是靠近最底层就是在最底层，明显低于农民和手工业者。[18]尽管有理由怀疑商人阶级是否真的被大多数人看得这么贱，[19]但如果不是出身低微的话也不会被人这么看待。[20]在中世纪的欧洲，官方对商人并没有如此轻视，但即使这样，商人阶级也被看成是绝对低于执政阶级的。商人阶级自己也这么看，这从他们效仿执政阶级的生活方式和寻求与贵族家庭攀亲的热切劲头中就可以看出。

不管商人阶级出身如何，商人阶级渴望较好的生活，并常常能达到目的。在几乎每一个成熟的农业社会里，商人都能获得较大的财富，有一部分还获得了政治权力。

他们获得成功的原因是复杂的，很显然和他们扮演的角色的特征有关。首先，每个商人在其早期都力图摆脱统治者和执政阶级的直接权威，这就意味着在经济生活方面，商人阶级同

250

执政阶级保持一种市场关系，而不是权威关系。[21] 这使商人阶级可以和执政阶级斗智，至少在部分场合他们获得了对自己更有利的结果。

在权威关系中，政治精英具有独特的优势。他们几乎掌握所有的王牌，因此可以支配整个局面，就像他们在和侍从阶级的关系中那样；相比之下，在市场关系中，他们就没有这么好的武器了。实际上，他们控制权威关系的努力削弱了他们在市场关系中的地位。

人们早就了解到，这两种关系所要求的技巧和资源是极不相同的。控制武装的侍从对于维持权威关系是一种巨大的帮助，但在市场关系中却没有多大用处。相反，在商品质量上善251 于应付微妙的差异，有一套操纵度量衡的本领，熟悉其他市场中的价格知识，了解把货物从一个市场转运到另一个市场的成本，这是商人在市场关系中的法宝，然而这些技巧在权威关系中没有多大用处。商人阶级的成功大多依赖于这些差异。[22]

考虑一下为什么商人阶级能摆脱被雇佣者的地位而其他许多人则不能，是十分有趣的事情。对此我们只能推测，因为缺乏详细的历史证据。也许这和商人独立的创业者身份和他们职业的流动特征关系最大，考虑到交通和通信的特征，政治精英阶级也许觉得要像控制他们的侍从那样对商人进行严密控制是不适当的。进一步讲，商人不像侍从阶级的大多数成员那样是在政治领域活动，因此就不存在明显的威胁。有时候，商人必须经常穿越国境，这时他们就远在自己国家政治精英阶级的控制之外了。所有这些因素都帮助商人阶级确立起与侍从阶级不同的与政治精英的关系。

可能还有别的因素在起作用，这一角色的非传统性连同它所涉及的重大财政危险，也许使政治精英愿意把其他阶级没有的自由给予商人。

　　不管原因是什么，这种局面对商人阶级和执政者双方都有好处，通过商业活动可以获得的财富是众所周知的。大农业社会的文献和其他记录有着大量的关于商人的财富超过政治精英阶级成员的财富的记载。比如，日本历史学家竹越与三郎对德川时代幕府将军没收一个商人家族的财产做了详细的记录。所列项目如下：储藏室中有 73 万两黄金和带着 10 只金小鸡的 21 只实心金母鸡（价值 7300 两黄金），还有 277 艘大帆船（价值 26.35 万两黄金）、150 扇金叶屏风（值 15000 两黄金）、10 幅中国康熙皇帝的绘画（值 20000 两黄金），15 万磅水银（值 2.5 万两黄金），价值 350 万两黄金的金币，价值 1416.6 万两黄金的银子，外加无数的房屋、农场、森林和其他数不尽的物品，这个家族还有 1 亿两黄金的外放贷款，贷给了执政阶级的成员，尽管这个数字有所夸大。[23]

252

　　这个商人家族显然是一个突出的例外，但是在大多农业社会里，商人阶级和执政阶级的财富有很大部分是重合的，很难说这一部分有多大，但有一点是明确的，商人阶级的最主要成员常常比执政阶级的次要成员要富有得多。[24]

　　当然，并非所有的商人都能发财，许多商人仍然很穷。尤其是那些为较穷阶级提供商业服务的商人，比如在农村的巡回货郎和在城市自产自销的手工业者。[25]因此不能将商人阶级看成在交叉重叠的阶级结构分层中醒目的单独一层。就像图 1（本书第 354 页）所显示的，商人阶级占社会等级很大的一部分。不过，按第四章的阐述，他们构成一个单独的阶级，因为他们都最终依靠同样的基本生活技能生活，即他们在买卖商品中特殊的知识和技能，而且正是依靠这种技能他们在市场中保持优势地位，并以此获得名声和财富。

如果商人是从他们独特的创业者身份中获利的话，政治精英阶级也是一样。他们不仅享受现存的商品（在其他情况下是不可能的），而且依靠对商人的商品征税而分享商人的利益，税收除了形成岁入的重要来源之外，还另有一个好处，就是把榨取普通老百姓血汗的罪名推给商人。这样，普通老百姓就更难将他们不幸福的责任加给政治精英阶级了，因而也就增加了整个社会政治系统的安全和稳定。

政治精英并非总是满足于通过征税从商人那儿获得的利益，因此，常常转而采用别的手段。比如有时干脆罚没商人的财产，[26]另一个做法是借用大笔款项后拒绝偿还。[27]还有一种做法就是让贵族儿子娶一个商人的女儿，并借此殊荣大敲商人一笔。[28]富有的商人也常常愿意拿出大笔的财富来取得贵族的头衔。[29]

所有这些方法都能成功地盘剥商人阶级的一部分收入，但仅仅是一部分。最后政治精英阶级常常必须在垂涎商人的财富和利用商人的服务之间权衡。统治者和执政阶级如果没有商人给他们提供稀有的和不寻常的商品，那么他们就不能真正享受其政治权力的果实，因为正是这种服务使特权阶级的生活优于普通人，并使他们感到妒忌和羡慕。所以政治精英阶级占用商人阶级的财富总有一个限度。商人阶级就像能下金蛋的鹅，他们利用自己固有的武器——效用——来保护自己并对付所有目光短浅和愚蠢的政治精英。

我们可以想象，在政治精英阶级分享商人阶级的利益时，商人的态度并非不在乎。他们使用不同的方法加以抵制。在统治者和执政阶级十分强大而又十分贪婪时，商人被迫依靠智谋和算计，也就是他们赖以得到好处的一种计谋。在莫卧儿印度，富有的商人常常装穷，埋藏自己的财富以防被没收。[30]与之形成对比，在中世纪欧洲，政治精英阶级不是那么强大，商人阶级有时以武装暴动来寻求自己的政治权力。[31]在很多情况下，商人阶级甚至从窘迫的统治者那儿买得政治特权。比如在13世纪早期，伦敦商人以支付给约翰国王2000英镑的代价换来了一份给予他们基本政治权利的特许证。[32]

总之，就像统治者和执政阶级经常斗争以扩大各自的权利和特权一样，商人阶级和政治精英阶级也以斗争来扩大自己的权利。商人阶级的最终目的是扩大市场关系占统治地位的范围，缩小权威关系的范围，而政治精英阶级的目标正好相反。

很少有人研究为什么这些斗争的结果如此不一致。如上所述，在莫卧儿，印度商人由于害怕被罚没而不敢显露其财富，而中世纪欧洲在新出现的城市中心，商人阶级成为执政阶级，这中间差异很大。一般模式处于这两种极端情况的中间，在这种模式中商人被罚没财富的威胁相对小些，他们可以积累自己的财富（当然得以向政治精英阶级送大量的"礼"、交大量的税为前提），但没有多大的政治权力。

在理论上有几种关于这种差异的假说，但都是以个别的、不系统的历史调查为依据的。如果智谋和算计是商人的基本技能，那么政治精英的基本技能就是控制暴力工具，据此推之，任何发展如果增加了运用智谋和算计的机会和需要，而减少了使用暴力的机会和需要，就会增强商人的地位。[33]比如，如果其他条件不变，王位继承顺序的存在（这在大多数欧洲国家都是存在的，而在莫卧儿印度却不存在）就能改善商人的地位。同样，集权化的政治权威的增强和封建性的削弱也会改善商人的地位，因为这就削弱了实施有利可图的暴力的机会。

用同样的逻辑，我们可以推测，如果别的条件不变，任何推动贸易和商业增长的倾向都会提高商人阶级在与政治精英关系中的地位，这是从发财致富是商人阶级的一个基本技能推出的。因为财富和利润成正比，利润和生意大小成正比，任何扩大生意规模的倾向都会扩大商人阶级的权力。故而我们可以想象，欧洲在中世纪早期后，商人地位的改善是由于新法律和新秩序的确立以及贸易和商业规模的扩大。在农业社会向工业社会过渡的过程中，商人阶级的一般状况比在刚刚从园耕社会发展过来的农业社会要好得多。总之，农业社会的技术进步刺激了商业的发展，因而对商人阶级有利。

在前述基本要点中，我们可能是在想象商人是政治精英的敌人。实际上，政治精英和商人阶级之间的斗争更像兄弟之间的斗争，而不像陌生人之间的斗争。除了分裂他们和使他们相互敌视的因素外，还有使他们联合和弥补不和的因素。首先，商人阶级就像政治精英一样，在社会上是一个特权阶层，因此它要依靠政治精英的权力来制止更低阶层的敌意。另外，政治精英也是最好的消费者。就像前章所述，在农业社会中大多数的奢侈品只有富豪才能享用。最后，商人阶级的成员由于羡慕政治精英的生活方式而靠近他们。尽管有一些例外，农业社会绝大多数的商人阶级极端渴望像执政阶级那样，渴望被执政阶级当作同类看待，如果可能则会设法成为其中一员。[34]

256　　对政治精英的成员来说，商人阶级是必不可少的。首先，没有他们的话，政治权力就不会这么有吸引力了。而且，他们指望商人阶级维持社会不平等这个基本原则，维护那些不平等的机制。在农业社会，由于掌握政治权力的人只是极少数，所以利用商人十分重要。最后，就像我们已经讲过的，商人在压榨普通老百姓经济剩余产品的过程中有很大的价值。由于上面这些原因，政治精英并不急于摧毁商人阶级，他们之间的斗争是一种有节制的斗争，无论何时都能通过相互依赖的重要纽带联系起双方。

在结束讨论商人阶级之前，有重要的一点需要多做说明。在大多数农业社会，商人阶级包括许多来自地位低微的群体的成员，如欧洲的犹太人和印度的帕尔西人*。由于他们的出身，不管他们在经济上获得了多大的成功，这些人都不能通过买官和婚姻这样的途径进入执政阶级。而且，由于将他们与普通人分隔的障碍和污名，在面临没收和其他苦难时，他们比这个阶级的其他成员要脆弱得多。

僧侣阶级

农业社会最后但也很重要的一个特权阶层是僧侣阶级，它由有组织的宗教领袖组成。严格地讲，这个术语仅指通过履行圣职而在上帝和人类之间起中介作用的人。我将广义地使用这个术语，包括修道士、牧师、法师、祭师，以及所有在社会中其生活和身份主要依赖在宗教系统中的领导地位的人。

僧侣阶级的本质在不同的农业社会中有很大差别，尤其是宗教传统不一致的社会。在有的社会中宗教是上帝和人的中

---

* 帕尔西人（Parsis）原为生活在古伊朗高原东部（今阿富汗北部）的波斯人，信奉琐罗亚斯德教（即波斯教，又称祆教、拜火教）。公元 7 世纪阿拉伯人征服波斯后，一部分仍坚持祆教信仰的波斯人迁移至印度吉拉特地区。其后裔即为帕尔西人。——译注

介，而在有的社会中宗教只不过具有一种教育功能；在有的社会中宗教控制着拯救灵魂的宗教手段，而在有的社会里宗教则没有这种权力；在有的社会中僧侣是一种禁欲的、非世袭的阶级，而有的社会却允许一部分或全部神职人员结婚，在那些允许婚娶的地方，常常发展出一种世袭的僧侣阶级；在有的社会中僧侣阶级是一个组织良好的国家层次上的等级，而在其他社会则不存在这种集团，僧侣阶级成员的地位要么一样，要么只是在地方层次上等级存在差别。最后，除这些差别之外，在宗教教义以及在僧侣阶级与其他人口的关系上都存在重大差别，比如社会上是多数人还是少数人信教，政治精英支持不支持，等等。由于存在这些差异，要对僧侣阶级的作用做一般估计难上加难，甚至可以这样说，在从分配过程来看这个问题时，这个阶级的本质在农业社会中是最多变的。

257

如果僧侣阶级得到政治精英的支持（其一部分常常就得到了这种支持），他们积累财富的机会就十分大。拉美西斯三世（Ramses Ⅲ，古埃及的第二十个王朝的建立者）是僧侣阶级最慷慨的赞助人，他赠送的礼品反映了这种潜力。[35] 据他死时的记载，他献给上帝和上帝的奴仆僧侣的礼品包括 169 座城池、113433 个奴隶、493386 头牛、1071780 块土地、2756 尊金像（含 1400 磅金和 2200 磅银）和其他一大批物品。

虽然拉美西斯的慷慨异乎常人，但其他所有阶层的人也都献礼品给僧侣阶级，因此，僧侣阶级常常是农业社会的最富有者。比如，在拉美西斯三世之后的那个世纪，公元前 12 世纪，僧侣阶级拥有 15% 的土地。[36] 18 世纪法国的僧侣阶级也占有 15% 的土地。[37] 早期伊斯兰国家要求将 20% 的战利品用来供养僧侣阶级。[38] 在奥斯曼土耳其，1/3 的土地作为宗教捐赠品被划

为教会用地。[39]在查理·马特（Charles Martel，688－741）时 258
代，据估计法国教会拥有 1/3 的土地，14 世纪英国也有同样
的数字记载。[40]在革命前的瑞典有 21% 的土地，在 16 世纪俄罗
斯的一些地区有 40% 或更多的土地由僧侣阶级占有（尽管在
全国范围内数据没有这么高）。[41]16 世纪早期西班牙的托莱多
（Toledo）大主教的权力在财富、影响和疆域方面仅次于国
王。[42]在锡兰，佛教庙宇据载占据 1/3 的土地。[43]人们很难找到
印度、中国和日本关于僧侣阶级可靠的资料，但有研究证明他
们拥有的土地是很多的，起码在某些时期是这样。[44]他们除了
有巨额财富外，还享有免税权，这更提高了他们财产的经济
价值。

尽管僧侣阶级作为一个整体，其财富巨大，但这些财富并
不是被所有成员平均分享的。比如，在中世纪欧洲高级牧师和
低级牧师之间存在很大差距，就像执政者和农民之间的差距一
样。高级牧师常常来自执政阶级，生活方式和他们的背景一
致。而低级牧师，比如为普通老百姓服务的教区牧师，常常出
身于平民百姓，只比他们的亲属生活得稍好一些。[45]即使是在
人们也许认为没有阶级差别的修道院，这种差别也是十分明显
的。比如 1503 年在莫斯科一个教会委员会会议上，辩论的问
题就是修道与财富是否互不相容。这个委员会是由尼尔·索尔
斯基（Nil Sorskii）（他是一个修道士，一个农民的儿子）和约
瑟夫·萨宁（Joseph Sanin）（他也是一个修道士，但出身高 259
贵）领导。尼尔认为修道士应该"拒绝和避免极有害的占据
巨额财富的欲念"。约瑟夫回答说："如果一个修道士没有自
己的村庄，一个值得尊敬的、出身高贵的人怎么去做修道士
呢？如果修道士中没有他们这样的人，又从哪里去寻找值得被

选为大主教、主持教区的人呢？又怎么为其他高级教职找到候选人呢？"[46]西方教会也遇到了同样的问题，有不少修道士出身于贵族阶层。[47]在像印度这样的世袭僧侣阶级占统治地位的地方，也存在同样的差别，这种差别常常反映在个人或庙宇与政治精英的关系上。

上层僧侣阶级的财富尽管是巨大的，却没有多大保障。农业社会的历史上，到处可以看到政治精英的罚没行为。亨利八世是欧洲掌握巨额教会财产的统治者，早在 8 世纪早期，查理·马特和巴伐利亚的公爵们（the dukes of Bavaria）就没收过大量的教会财产。[48]在中世纪所谓的宗教时代，教会的财产和收入常常被执政阶级的成员拿走，甚至被修道士雇佣的随从靠欺骗或靠强力拿走。[49]16 世纪的新教改革在新教占统治地位的地区引起了对修道士财富的没收。[50]在俄罗斯不同时期不同统治者的统治下，教会的财产都不一样。但在 18 世纪，彼得大帝和叶卡捷琳娜大帝这些统治者却进行了广泛的没收，他们几乎没收了东正教的所有土地。[51]在中国也有几次全部没收的记载。在 20 世纪以前，最广泛的一次没收可能是在 9 世纪发生的，那一次将 25 万名佛教和尚从庙中赶出，并且将上百万英亩免税的寺庙土地归还民间。[52]

260　　　　僧侣阶级财产上的这种差异反映了僧侣参与政治的程度。因为只有政治精英才有能力如此慷慨地赠送土地和其他形式的财富，也只有政治精英才能进行大量罚没。僧侣阶级卷入政治暗示了这两个阶级相互利用的本质，每一方的需求都只有对方才能满足。在政治精英方面，他们十分需要僧侣阶级的祝福，而只有僧侣阶级才能把一个经常利用自己的权力掠夺平民百姓大部分劳动产品的政府说成是合法的。这种授予合法性权力的重要性不论怎么夸张也不会为过。你只需回忆前面讲过的进行统治没有一定的名义是十分困难的，就可以了解政治精英的统治能被僧侣阶级加以神圣化的好处了。[53]

僧侣阶级的存在对政治精英还有其他好处，有时对整个社会也有好处。在只有少数有文化的人作为统治者的社会，牧师常常被指派去执行管理工作，这种管理工作常常要求能够书写，一个现代词汇"clerk"（同时有书记员和牧师的含义）反映的就是两种活动间的历史联系。牧师还被指派行使外交官、文官、教育家，甚至军事领袖的职责。[54]在有的场合，他们在平定、开化和征服农业国边界的原始人方面起着重要作用，因此对他们的政治精英同盟者扩大政治影响有所贡献。[55]

对僧侣阶级来说，政治精英可对他们予以多方支持。最重要的是，他们可以运用其暴力手段来传播或禁止宗教信仰。尽管有的宗教信仰，如早期的基督教和佛教，在没有政治支持的情况下也有一定程度的传播；而有的，如后期的犹太教，没有这种支持也生存了相当长的时间。但通常农业社会宗教得到的政治支持和它们在数量上、地域上的传播是高度一致的。没有几个宗教领导人能拒绝这样的诱惑，即在刀剑的支持下传播"真正的宗教"，而不是依靠慢得多且不具备确定性的说教技巧。政治精英的支持在国家信仰遭到异教或新宗教挑战时也是非常宝贵的，因为用强有力的武力对付异己通常是足以消除威胁的。

政治精英的支持在另一种意义上也十分有用。僧侣阶级的成员都要求用大量的庙宇、艺术品以及所有价值极高的东西来奉献给上帝，这时，政治精英又一次满足了这一要求。总之，这两个阶级之间有一种天然的共生关系。

如果在这种关系中只有这些因素，就不会有前面提到的大规模的罚没了，也不会有教会和国家间在历史上连篇累牍的斗争记载了。这些斗争有许多原因，但一个突出的原因是权力的分化。除非统治者是宗教组织的世俗的或半神化的首领，否则僧侣的权力并不来自统治者，这就意味着每当僧侣阶级的利益和统治阶级的利益发生分歧（而这是迟早发生的、不可避免的）时，谁是更高权威这个问题就会产生。在大多数情况下，这只能通过持久的权力斗争来解决。常常是世俗权力获胜，[56]当然也常常要对僧侣阶级做出极大让步；但有时是宗教权力获胜，就像在古埃及那样，拉美西斯三世的继位者犹如阿蒙祭司*（the priests of Amon）的傀儡，在第二十一王朝，王位实际上被祭司们占据着。[57]在欧洲，随着格里高利教皇的改革，好几位教皇（著名的有英诺森三世）都可以控制国王和王子，一直到19世纪，教皇在罗马天主教国家都起着统治者的作用。

今天要判断是什么因素造成了这些斗争的不同结果是困难的。很明显，这在很大程度上取决于统治者本人的宗教信仰。

262 他们接受僧侣阶级要求的程度和他们受僧侣阶级压力的程度成正比。如果他们相信他们这一生和来世会取决于自己如何对待宗教组织及其领袖，他们就会毫不迟疑地按僧侣阶级的意思办事。当然，这里又有一个问题，为什么有的统治者会如此虔诚，受僧侣阶级摆布，而有的则不然呢？这中间无疑有许多因素，但有几个十分突出。首先，和其他人一样，统治者的虔诚

---

　　* 祭司是古代埃及重要的一个社会群体，尤其是新王国时期（第十八至二十王朝），阿蒙祭司势力迅速发展壮大，对埃及社会产生了深刻影响。——译注

与儿童时代的训练有关，因此，国王和王子在儿童时代受牧师影响的程度，尤其是受有政治头脑的牧师影响的程度和以后他们接受僧侣阶级压力的程度成正比。其次，统治者的虔诚也像其他人一样取决于他们所接受的宗教影响的同质性，那些在同一宗教社会成长起来的统治者比在多种宗教环境中长大的统治者更有可能支持僧侣阶级。[58] 最后，统治者和其他人一样，受他们宠信的人的影响极大，这些人的态度和信仰极有可能转移到统治者身上。同样，妻子、母亲、大臣和亲友无疑也会影响他们在宗教领域的行为。

除了统治者的宗教信仰外，还有许多因素会影响牧师的地位。不管是为了与执政阶级斗争还是为了和外国敌人斗争，统治者对僧侣阶级所能提供的支持的需求程度，牧师得到普遍支持的程度，都对牧师的地位带来不同影响。后一种情形的典型例子是，从康斯坦丁开始的皇帝在帝国统治越来越不稳定的情况下，依靠基督教的力量来维持其统治。

僧侣阶级在权力斗争中的动机是很复杂的。有时，其成员只是为了光耀和侍奉上帝。他们也常常是为了个人的权力和特权。最好的证据就是许多虔诚信徒（常常是僧侣阶级成员自己）反对宗教领袖的实利主义、争权夺利、追求个人享受。[59] 而买卖圣职、出卖僧侣教职的现象也广泛流行，这种罪恶行为从中世纪一直到新教改革都十分普遍。[60]

263

十分明显的是，牧师极其缺乏他们公开声称的那些思想，而且他们用政治精英给予的合法权力来维持不平等制度的稳定和持久，但这远远不是全部事实。在许多时候，尤其是在犹太教－基督教的传统中（当然并不仅仅是在这个传统中），僧侣阶级反对暴君和不公正，支持社会上弱势阶级的需求和利益。[61] 比如，基督教传统就为社会地位的平等提供了一个理论基础，英国 14 世纪农民起义的革命运动、17 世纪掘地派运动 * （Leveller's Movement）的思想基础就是由基督教提供的。早期运动的重要领袖——著名的牧师约翰·鲍尔（John Ball），在许多布道中使用了十分流行的谐韵：

> 在亚当掘地、夏娃织布时，
> 谁是绅士呢？

根据写成《英格兰编年史》（*Chronicon Angliae*）的僧侣的观点，鲍尔的道理十分简单：

> 开始造物主是平等造就我们的，是邪恶的暴君不顾上帝的戒律，使奴役发生；如果上帝希望存在奴隶，他一开始就会指定谁做奴隶，谁做主人。[62]

这和杰拉德·温斯坦莱（Getrard Winstanley）** 以及掘地派几个世纪以后讲的道理差不多。

不那么极端因而可能更有效的是体现在西方宗教中的传统，这种传统认为上帝首先是正义之神，其威严的力量是用来264 惩罚不公正的。汉谟拉比法典中有这样的话；

---

* Leveller 是十七世纪英格兰使用的一个词，原意是用来辱骂农民起义者的，后来沿用这个词将东西铲平的意义，被用来指称一群具有平等诉求的人和他们的运动。——译注
** 英格兰新教改革家和政治活动家。1649 年他带领二十几个贫穷的农民，在被圈占的公共土地上挖土开荒，种植庄稼，并自己动手盖起了房屋。——译注

　　阿奴（Anu）和恩里尔（EnIiI）*　指定我，汉谟拉比，高贵之王和神祇的崇拜者来主持正义，统治这片土地，打击邪恶，制止以强凌弱，像太阳一样照耀黔首，给大地以光明，给人民带来福祉。[63]

　　摩西法典同样表达了神对正义和公正的关心，早期以色列的先知以上帝的名义对他们社会的政治精英和商人阶级提出了尖锐的指责。[64]他们将出卖正义、敲诈、贿赂、滥用权力以及压迫穷人的罪责归于这些特权阶级。十分明显，他们得到了响应，甚至国王的宫廷中也有人听取他们的意见，因为他们以上帝的名义在讲话，要保持沉默是不可能的。虽然名义上大多数先知并不是僧侣，而且实际上，他们对僧侣阶级的批判并不亚于对其他阶级的批判，但正是僧侣阶级传播了摩西传统，及其关于上帝对正义与公正之关切的理念。

　　在基督教的传统中也有相似因素，甚至在那些最不可能出现这些因素的地方都出现了。比如俄罗斯教会很早就要求人道地对待农奴，支持在农奴的主人死后给他们自由，这些努力是有成效的。[65]在同一时期，罗马教会走得更远，1179 年的第三届罗马天主教会议宣告基督徒不能用基督教兄弟做奴隶。[66]一个世纪后英国教会反对污蔑奴隶"除了一副食囊外什么也没有"。教会斗争了近一个世纪将自己的自由主义观点变成法律，尽管遭到了国会的反对，国会在给国王的一份请求书中认

---

　　*　Anu，阿奴，即天神安，众神之父；恩利尔（Enlil），苏美尔神话中的神祇，至高神。天神安的儿子。他是天地孕育之子，当他出生的时候，用风的暴烈力量，将自己的母亲和父亲分开，从此他就成了众神之主。——译注

为这些行为是"违反理智的"。[67]

甚至王权神授的立论也被僧侣阶级用来限制统治者，至少
265 在上帝被认为是关心正义而政治精英具有一定程度的虔诚和信
仰的地方是这样的。[68]比如 11 世纪时，教士们在争取上帝的和
平（运动）中发挥了重大（虽然不是单一）的作用，这结束
了统治阶级长期的劫掠。一位历史学家指出，"教会是一个起
特殊保护作用的阶级，它保证了无助的农民不管怎样软弱，在
贵族面前也有自己的权利；贵族不管怎样暴戾，他们都被迫要
尊重农民的权利"，[69]否则就把他们逐出教会。下面是牧师给执
政阶级立的一则代表性誓言：

> 我不给公牛和母牛以及任何牲畜加重负；我不抓农人
> 和商人，我不抢夺他们一分钱，也不胁迫他们缴纳赎金；
> 我不希望他们在封建领主发动的战争中失去他们的所得，
> 我不会因为他们获得有价值的东西而鞭笞他们；我不从牧
> 场上抓公马、牝马和小马；我不破坏和烧毁房屋；我不毁
> 坏他们的葡萄树，也不以战争为借口掠夺他们的葡萄，我
> 不破坏磨坊，也不拿走那儿的面粉，除非那是在我的土地
> 上，除非我在服兵役。[70]

中世纪伦敦的牧师经常警告商人，缺斤少两、以假乱真和
高利贷都是上帝能明察的罪行。这些说教并不是没有作用的，
有许多遗嘱和圣约规定要归还不正当得来的物品。[71]有时这些
物品归还个人，有时送给穷人，归还的数目通常十分巨大。例
如，曾有人贡献 1800 镑给慈善机构，大部分按每件近 7 先令
的礼品被送给了 5000 个贫穷的城市居民。尽管这种规模的遗

产并不常见，但长久以来即使是吝啬的人也习惯将 1/3 至 1/2
的可动产用来满足灵魂的需要。除了这些在教会的感召下的个
体善行外，还有许多由修道院做的慈善工作。[72]伊斯兰教无论
个人还是组织都有一种行善的传统，穆斯林为了支持组织性的
行善必须将他们收入的 1/40 贡献出来，不管是以钱还是以别
的什么形式。[73]

266

　　前面所述的只是事情的一面。僧侣阶级的许多成员吝啬、
唯利是图、自私、残暴专横和善于剥削。詹姆斯·韦斯特福
尔·汤普逊（James Westfall Thompson）在他描写中世纪天主
教会时对僧侣阶级的矛盾性做了最好的总结："民主而又贵族
化，慈善而又善于剥削，慷慨而又吝啬，人道而又残暴，宽容
而又对一些事情压抑，进步而又反动，激进而又保守——所有
这些都是中世纪教会的特征。"[74]

　　即使这么说，教会和它的领袖在农业社会的特权阶级中
还是起着一种独特的作用。在一个掌权人任凭商品和服务从
大多数人手中流到少数人手中的社会，僧侣阶级的个别成员
试图要使这种流动减慢，甚至试图使一小部分朝相反方向流
动。在这方面，僧侣阶级倾向于保卫原始社会所具有的分配
道德。在原始社会，个人手中物品的积累只是公共保障的形
式而不是个人财产。不同的宗教以及同一宗教在不同国家和
不同时期完成这一重要使命的程度是不一样的。造成这种差
异的原因，最重要的似乎是一种信仰的实际满足程度和人们
相信上帝关心社会公平的程度；第二个重要的决定因素似乎
是精神武器拯救人类灵魂的力量。比如在中世纪天主教教会，
他们掌握了一个独特的有力武器，没有一个信教的统治者能
够忽视它。

农民阶级

最后，支撑国家和供养特权阶级的重负就落到了普通百姓的肩上，尤其是落在占人口绝大多数的农民肩上。向其他更富有的人口所征的税又通过各种途径转移到农民和手工业者头上，这更加重了他们的负担。[75]

只要看一看强加给他们的税收和义务的数量就可以知道强加在他们身上的负担的程度了。在日本，在德川时代或更早，在不同地方和不同时期，政治精英要求征收 30% ~70% 的粮食，[76]这反映了多种因素的作用。但有证据表明，在税率较低的地方，统治阶级总是运用别的方法来掠夺经济剩余，在税率高的地方则只征单一税。比如，在 15 世纪，当时的日本封建统治者丰臣秀吉废除了除土地税之外的所有税收，而且将土地税定为整个收成的 2/3。[77]这也许一目了然地表明了政治精英（包括统治者和执政阶级）在土地税很低但同时又有许多别的税收时实际的总所得。

在中国，农民一般将他们土地收成的 40% ~50% 作为地租交给土地所有者。[78]在印度，穆斯林和印度教的执政者在英国殖民时期以前通常索要 1/3 至 1/2 的收成。[79]在泰国新雅（Sukodhya）时期，农民必须缴纳他们土地收成的四分之一。[80]在巴比伦的汉谟拉比时期，税收从作物的 1/3 到 1/2 不等。据希伯来的传说，在埃及征服时期税收是 1/5。[81]在阿契美尼亚的波斯时代，税收在 20% ~30%。[82]许多世纪后，在奥斯曼土耳其税收从 10% ~50% 不等。[83]在 16 和 17 世纪，俄罗斯的佃农需支付 1/5 到 1/2 的收成作为税收。[84]

在农业社会里，我所能发现的对农民征收的最低的税是罗马最初确立统治时，对西西里和亚洲所征的税，据载，他们只要全部产出的1/10，这个数字甚至低于那些农民在被征服以前所付的税。[85]有的历史学家认为罗马是故意定低税以获得这些被征服民族的支持，以此来巩固其权力基础，低税也是土地无法复种的反映，这在农业的亚洲十分普遍。

大多数农业国加在农民身上的另一种重负是徭役，或强迫劳动，这常常要占去他们相当多的时间和精力。在中世纪的欧洲，农民被迫在地主的土地上耕作，全年每周占用一天到七天，一般是三天。[86]通常，农民全家只需要一人进行这样的徭役，所以看起来负担好像不是太大。最近的研究表明，起码在英国，一天的活半天就能干完，[87]而且，这种义务由于租种土地的规模不同而不同。租地多的农民，常常要尽五天、六天或七天的义务，租地少的则尽较少的义务。[88]这种义务最糟的一点在于，在许多情况下，地主有权为自己的方便而改变工作时间，尤其在收获季节，当时间十分宝贵时他就要人干更多的工作。[89]

农民除了对自己的地主负有义务外，还对国王和别的高级权威承担义务。比如，18世纪法国的农民除了对当地地主每周有几天义务劳作之外，对国王每年还有12天的义务劳作。[90]

269

在有的情况下，强迫劳动是十分沉重的负担。比如，在封建的泰国，成年男性农民一年必须有1/3的时间为国王服务。[91]中国在修筑长城时，有的农民将其成年期的大部分时间用在这个工程上。[92]在极端的例子中农民有变成奴隶的情形，如在南美和罗马，这使他们的一生都将为政治精英或整个国家服务。[93]

只要税收、地租和劳动服务没有完全剥夺整个经济剩余，农民还有自己的时间和精力，就会有新的税收和义务被发明出来。在奥斯曼统治的保加利亚，土耳其人强加在农民头上的税收和义务将近 80 种，[94]这其中包括人们所熟悉的"牙齿税"。这是土耳其人对一个村庄征收的税，表面上是因在他们吃饭时牙齿所遭受的磨损和伤害。[95]所有这些税收和义务中最残酷的一种是，每隔 5 年，就要有一些最优秀的基督徒孩子被征去当奴隶或给死去的近卫军陪葬。[96]

在基督教的欧洲，农民在中世纪也受许多不同税收和义务的压迫。一个人死后，庄园主可以首先要走他最好的牲畜和最珍贵的可动产，僧侣是第二个可以加入进来的掠夺者。地主除了拿走他看中的牲畜外，还索要别的东西，所以一个农民在他死后将失去其财产的 1/3 或更多。[97]如果他的女儿没有嫁给庄园主，或没有得到庄园主允许就出嫁了，那他就一定要被罚款。如果农民的子女试图离开庄园，即使是加入僧侣阶层，父亲也要挨罚。在 18 世纪的法国，如果一个农民想出卖他的土地，他必须向拥有土地世袭权的贵族支付相当于卖价 25% 的税。在一年的不同时期，农民还必须向庄园主进贡各种"礼品"，如在复活节献蛋，在产蜜季节献蜜，等等。地主常常有磨坊、烘炉、酒坊，农民不得不利用这些东西，当然必须支付十分昂贵的费用。当地主有东西要运到市场时，他的农民还必须去干这份费时的活，而且别想从这种劳务中得到好处。同时教会也对他们的所有产出征收什一税（这中间很大一部分又转到土地贵族手中）。[98]最后，在有些国家的特定时期，一个地主有从农民财产中拿走任何东西而不付费的权利，这是以"农民除了一副食囊之外什么也没有"[99]的理论为基础的。总之，大多数的政治统治层都力图充分利用农民的精力，将其除生活必需品之外的所有东西都掠夺走。[100]在这个问题上只是对如何更好地做到这一点有不同意见。

统治层的这种努力似乎是非常成功的。在历史上，绝大多数的农民除了必需的生活用品之外什么也没有。只是在某些特殊的社会中除外，即马克·布洛赫（Marc Bloch）所描述的"每个自由人都是一名战士，随时可以应征入伍，他们的杰出在于没有必需装备的情况下也会做出勇士的选择"。[101]

对大多数农民来说，生活是极端原始的。比如，一个研究中世纪英国的学者推断，农民的食物基本就是下面这些东西：早晨一块厚面包，一杯淡啤酒；中午一块奶酪、面包以及一两个洋葱助味，还有比早上稍多的啤酒；晚上一盘浓汤或粥，以面包和奶酪为主食。[102]很少有猪肉，啤酒也非常淡。家中只有很少几件家具：几条凳子、一张桌子、一个装最好的衣服和别的贵重物品的箱子。[103]床是很少见的，大多数的农民睡在铺草的地板上。其他的家具只限于炊具。

在有的时候，农民恐怕连这些东西都没有。境况如此之窘迫以致常常不能维持生活，这使农民不得不离开土地。[104]在中国，条件如此之糟，以致出现大规模溺死女婴的现象。一位19世纪的学者称，有些地区有1/4的女婴刚生下来就被杀死。[105]在这些地区常常有指示牌标明"此地不准溺死女婴"。尽管这是极端的行为，但产生这种行为的条件绝不是只有中国才有。与之相对照，在不同的农业社会，大多数农民的生活仅仅处于维持生命的水平上。

农民经济状况本来就使他们生活悲惨，而他们还遭受上层阶级非人道的对待，这进一步加深了他们的悲惨。在俄罗斯，就像在美国南部一样，家庭成员常常为了侍奉主子而分离，[106]美丽的农家女子常常为了不道德的目的而被出卖，农民发现难以保护妻子不受好色主人的欺凌。[107]最后，农民必须时时忍受主子的脾气和各种怪念头。这里只引用两个十分突出的例子：伊万·屠格涅夫（Ivan Turgenev）的母亲仅仅因为两个农奴在她走过他们身边时没有向她鞠躬而将他们送到西伯利亚；在中世纪英国农民因为偷了几个蛋而上绞架。[108]

272 在政治精英看来，所有这些是十分自然的。在多数时候，他们将农民至多看作从他们中间分出来的非常不同的人——是基本不具备或完全不具备政治精英所珍视和敬重的性格特征的人。比如，古埃及作家形容奴隶"没有心"，没有理解力，他们必须像牛一样用棍子来驱赶。[109]亚里士多德认为，"十分明显……有的人生来就自由，有的人生来就是奴隶，对后者奴役是有用的和正确的"。[110]亚里士多德还将奴隶形容为动物，这一比喻在特权阶级成员的著作中多次出现。在中世纪英国的法律文件中，一个农民的孩子被叫作 sequela，意为是"小鸡雏"或"小仔"。[111]在欧洲和亚洲都有过这样的文件，农民在财产档案中被列为牲畜。[112]在美国内战前后的南方，黑人"农民"也被这样看待。知道了对农民的这种看法，我们就不会奇怪，像老加图这样的文明人也会认为农民像牲畜一样，在无法劳动的时候就该被处置掉。[113]

尽管这些观点对于现代工业社会的成员来说是令人吃惊的，但如果考虑到那种社会制度的本质，它们也并非完全没有道理。首先，在农民和政治精英之间存在巨大的社会和文化障碍。即使在中世纪的欧洲，当庄园制占统治地位而执政阶级以土地为生时，地主和农民之间也很少有个人的接触，尽管现在浪漫的神话中讲的正好相反。几乎时时都至少有侍从阶级中的一些人介入其间作为联系的中间人，而把他们直接接触的机会降到最低程度。据布洛赫讲，这种人员"即使在最小的庄园里也能找到"。[114]而且，在农民和政治精英之间，习惯和生活方式存在巨大的差别。这些差别常常是由于这样的事实产生的，即农民是外来的血统，在战争中失败后，受他们的对手诋毁，按早期的传统沦为奴隶（就像一个贵族打败了另一个贵族时，后者沦为奴隶一样，这就破坏了留在人们头脑中的对独立和自由的记忆）。这些差别由于生活方式的不同而扩大了。高贵者有财富和闲暇来培养战争技能或过体面生活，而农民则完全缺乏机会获得好的礼仪、教育、军事技能，甚至识字本领。在这种情况下，令人吃惊的事情是特权阶级的一部分成员竟承认他们具有共同的人性这一事实，而大多数成员则做不到这一点。

农民对他们在社会上的地位似乎很矛盾。一方面，他们意识到是巨大的文化差别将他们和"高贵者"隔离开来。有许多人无疑完全接受了占统治地位的思想。另一方面，生理本能又使他们产生强烈的求生欲望，当生存有了保证，就有盼望过更好生活的强烈欲望。换句话说，就像比他们优越的人那样，他们也追求最大化的报酬，当然是在条件允许的范围之内。所以农民和他们的主人之间不可避免地要发生斗争。

这些斗争常常不具备暴力特征，起码在农民这一边是这样的。在大多数情况下，他们的努力无非是要避免税收、地租和劳役，以及其他义务，手段通常是隐瞒收成的一部分、消极怠工，以及与之相似的一些斗争方式。[115]比如，英国法庭文件中就有由于农民逃避收割或去得太晚，或者去了却不卖力干活，或者是在自己家里舂米而没有去地主的磨坊，以及其他一些敌视庄园主、反抗他们掠夺所有剩余产品的小冒犯行为而被罚款的记录。[116]

273

不过，有时政治精英将农民推得更远，使他们从小小的手段发展到暴力行为。就像霍布斯鲍姆（E. J. Hobsbawn）在其十分精彩的著作《原始的叛乱》（*Primitive Rebels*）中写的，青年农民在和权威发生摩擦之后，常常被迫沦为歹徒和强盗。[117]如果这时他们仅限于对特权阶级成员发动攻击，如在罗宾汉的传说中一样，他们对他们的农民兄弟就会有所帮助。实际上，他们和当局的斗争变成了一种阶级冲突的形式。这种冲突在山区和森林茂密的地区十分容易发展，因为这些地方为进行这些活动提供了必要的掩护，而在缺少这类保护条件的地方，反抗活动就很少见。

农民方面一种更极端的反应形式就是公开反抗。尽管这些造反的人常常被历史忘却和忽略，但仔细研究农业社会的历史就会发现这种斗争绝不在少数。[118]一位中国问题专家称："在中国几乎每一年都有农民起义。"而一位俄罗斯问题专家讲在1801～1861年这个短时期内，俄罗斯帝国各地方的农民暴动不少于 1467 次。[119]

尽管暴动在次数上让人印象深刻，但参加暴动的农民的数量却要少得多。大多数时候，这些暴动都是在当地的范围内，参加者至多几百人或几千人。因此认为农民经常处于造反状态是错误的。根据事实真相，我们不能推论得更远。

大多数起义从一开始就是无望的事情。有时在孤立的地方斗争可以得到一些小的胜利，就像英国普雷斯顿的农民烧了管家的房子，并威胁他的生命"直到他发誓不再强行苛求（提出超出惯例的要求）他们为止"。[120]分散的暴动更少有成功的可能。因为他们很快就会遇到政治精英有组织的武装力量镇压。有很少的一部分，如著名的 1381 年英国暴动和 1524～

1525 年德国农民战争，散布的范围极广且一度构成了对当局的威胁，但最后也被镇压下去了。成功推翻了当局统治的反抗少之又少，在中国历史上，20 世纪以前只有三个真正成功的例子，即使是这个数字，在大多数国家也算很了不起的了。[121]

但是这少数成功推翻了现存统治的农民暴动并未能建立新的更平等的社会秩序，相反，他们不过是改换了上层的全体人员，而传统的制度结构分毫未动。因此，虽然有个别农民靠造反成了富人，并掌握了权力，但大多数农民所获无几，或者根本就和发生暴动时差不多，所以新的精英总是更加担心他们也造起反来。[122]

看起来十分矛盾，农民暴动很少为大众谋得利益，但温和一点儿的加压形式有时却反而做到了，尤其是当这种压力和其他显著的社会进步共同发生时。[123]在这些进步中，军事和技术上的进步比其他任何进步都能改善普通农民的政治和经济状况。在理论上可以有这样一个一般命题：农民的军事地位越高，他们的经济和政治处境就会越好；相反，在军事上地位越低，经济和政治状况就会越坏。用武器武装起来的农民比起没有军事技能和武装的农民，就会是一个在政治上不那么容易被忽略、经济上不那么容易被压榨的阶级。

历史上有许多例子可以被用来说明军事组织和战术的变化与来自农民的压力相结合是怎样影响了农民的政治和经济处境。在古罗马，平民暴动与作战方法的变化是相联系的。[124]在西欧，中世纪武装力量地位的提高和权力的增大与自由民的衰落和被压迫的农民阶级地位的提升是相联系的。[125]在古代中国的战国时期，出现了相反的情形，那时贵族间的小集团战争更少了，更多转变为由武装农民支持的大规模战争，在发生这种

275

276

变化时，贵族的土地数量明显下降，而自由民拥有的小块土地数量明显增加。[126]

还有另外几个因素影响了农民的经济和政治地位。其中最重要的似乎是人口统计学上的死亡率因素。具有讽刺意义的是，革命并没给普通老百姓的生活带来多少改变，相反，倒是灾难做到了这一点。瘟疫、大饥荒、灾难性战争有时能使劳动力奇缺，因而提高了劳动力的价格。通常，人类的生育力总能使农业劳动力供过于求，这让政治精英有可能把他们的收入限定在生活必需的限度内。

而灾难却时常改变这种情形。关于灾难能带来有益结果的最佳例子也许是14世纪中期袭击西欧的大鼠疫。史载，农业劳动力的供不应求造成了工资上涨，[127]以致议会不得不用立法来限制其上涨幅度，但不见成效。因为地主宁愿支付高工资，也不愿让土地闲置。在法国，百年战争对于幸存下来的农民也有同样的好处。[128]

个别时候没有大的灾难也会造成劳动力短缺。比如，中世纪德国向边界东部的殖民使农民有了个人自由，实现了经济独立，并且能积累一小笔财富。[129]在俄罗斯，当向东部新的疆域扩张的时候，也发生了类似的情况。[130]

另外还有四个因素对农民的状况有所影响。首先，占统治地位的宗教系统对农民的状况有一定的影响。如前所述，东方宗教，尤其是印度教和儒教与极端的剥削同流合污，而犹太教和基督教则不是这样，前者使农民更加无助而后者则相反。[131]其次，奴隶制度的存在似乎对农民阶级的社会地位有很大影响。再次，通货膨胀有时对农民也有好处，起码在农民的义务是依据绝对值而不是依据相对值的时候是这样。如果农民欠地主一笔固定数额的钱而不是一定比例的收获物，那么通货膨胀对他们就有好处，这会慢慢地减少地主收入的价值，尤其是在这种通货膨胀是逐渐的且不可察的时候。许多历史学家认为在中世纪后期的欧洲就发生过这样的事情，尽管有人持反对意见。[132]最后，如前所述，有人认为当统治者控制执政阶级时，农民的状况会有所改善，而当执政阶级控制统治者时，农民的状况则会恶化。[133]

如果不研究阶级内部的差别，对农民阶级的讨论就是不完全的。尽管农民阶级有沉重的负担，但不是其所有成员都会沦落到同一水平上。在有的农业社会，阶级内部在权力、特权和荣誉上存在很大的差异。在 13 世纪英国，农民阶级有三个完全不同的类别：中小地主或富农（franklins）、住家农（husbonds）和茅屋农（cotters）。[134]富农是最富的一层，数量也最少，顾名思义，富农是自由人，只需为皇室服务，不用对地主庄园尽义务，并免除了佃农所应服的徭役。他们的服务通常带有更荣耀的特征，如监视普通农民在地主土地上劳动。另外，他们对地主的土地只付小量地租，而在他们下面的住家农则要多支付 2 倍到 4 倍。住家农是指有住房的农户，而茅屋农是指那些住茅棚或更简陋场所的人。住家农通常有 10 ~ 40 英亩土地，作为回报，他需要在地主庄园上从事每周数日的劳动，外加其他服务。相比较而言，茅屋农通常只有 5 英亩或更少的土地，而且他们不像住家农那样有耕牛。尽管他们的劳动义务比住家农的要少，但他们的土地少得不能供养一家人，这些人常常被迫为别人，比如庄园主、富农，甚至住家农的寡妇干活，以挣得一定数量的钱，有时他们则成为牧人、木匠、铁匠或者磨坊工。

278

在大多数农业社会，农民阶级内部都有这些差别，而且模式都差不多：富裕农民比那些生活贫困或接近贫困的人要少得多。[135]不管对这些差别有什么看法，这些差别总是起到一种分裂农民的作用，便于政治精英利用他们来维持少数人对多数人的统治。

手工业者阶级

在中国和日本的传统社会等级体系中，农民阶级之后通常就是手工业者阶级。[136]尽管两个阶级有很大一部分重叠，但这种排列模式不仅仅反映了统治阶级的偏见，也在一定程度上反映了经济现实。在大多数农业社会，手工业者阶级一般起源于被剥夺土地的农民或没有继承权的农民子弟，并不断从中得到补充。进一步讲，虽然在财富和收入上农民和手工业者有很相似的地方，但手工业者的一般收入显然没有农民的收入高。比如，一个研究 19 世纪中国的学者对手工业者的生活做了这样的描述："他们的贫穷状况比农民的更深重，他们长久生活在贫困的边缘。"[137]许多人穷得不能结婚，以致农业社会城市的性别比例极不平衡。比如直到相当晚近的时期，在北京，男女比例才接近 2∶1。[138]即使在手工业者状况要好得多的欧洲，13 世纪中期，布鲁日的城市神父们通过了一项法律，将手工业者同小偷和伪币制造者列为一类，这反映了他们的社会地位很低。[139]

手工业者阶级从来就不大。如果上一章提到的估计是正确的话，那么，在只占总人口 5% ~10% 的城市人口中，手工业者所占比例不会超过 3% ~7% 。

一多半手工业者是商人阶级的雇员，尽管有的手工业者是到处流浪寻找工作的。这个阶级成员的工资主要是由他们的技能和劳动力的供应状况决定的。在那些技能简单的行业，劳动力供给充分，工资就低；而需要高技能的行业，工资就高。例如，第一次世界大战时的北京，手工业者的工资范围从香料工和化妆品制造工每月 2.5 美元到捶金箔工人每月 36 美元不等。[140]这种差别倒不是因为大多数的中国工人不能学会金匠的技能，而是由于他们不能很快学会这种技能。香料工比金匠更容易被人替换，因此在讨价还价中处于更不利的地位。

有时组织起来的手工工人团体试图控制学徒的数量，以减少熟练工人的数量，由此来改善自己的经济地位。[141]这种行为在 15 世纪的英国就发生过，但并不常见。

手工业者和农民一样，有时也反抗压榨他们的人。有时这种反抗以罢工的形式，有时以暴动的形式进行。[142]在手工业者中这种斗争不像在农民中那么经常出现，中世纪欧洲可能是一个例外。这也许是由于两个阶级规模上的巨大差别而造成的错觉，也许不是。如果存在什么差别的话，在理论上和经验上都很难做出明白的解释。

手工业者的斗争和农民的斗争还不尽相同，至少在中世纪欧洲是如此。他们的斗争为低层阶级争得了一定利益。比如，13 世纪低地国家的商人阶级和手工业者阶级之间进行了一系列的斗争。这些斗争于 1302 年发生在库特赖的一次战斗中达到顶峰，最后以佛兰芒手工业者击败支持商人阶级的法国军队而告终，手工业者阶级在这场世纪战争中取得了胜利。[143]在以后的二十年内，手工业者阶级在佛兰芒的城镇中一直有着重大影响。尽管在 1320 年有过反复，但他们还是在市政机构中扮演重要角色长达一个世纪之久。在欧洲其他地方也有类似情况

280

发生。

手工业者的这些胜利似乎要归功于这样几个因素。首先，在佛兰芒的城镇中，行会是保卫城邦的军事组织的基础。[144] 因此他们能武装起来捍卫自己的权利。其次，手工业者有农村人口的支持。最后，行会给组织带来利益，而大多数的农民群体缺乏这种优点。也许这些因素中的任何一个对于取得胜利都是不足道的，但加在一起却能够发挥作用。

贱民和堕落者阶级

在有的农业社会，尤其是在东方，存在一个或多个贱民阶级，最著名的例子是印度社会的贱民，在其他社会也有类似的群体。在日本有"非人"。在许多社会，比如中东和欧洲，一些不可缺少但又令人厌恶的职业群体，比如制革工，被迫在生活和劳动上或多或少与农民和手工业者隔离。

有时，这些职业是被法定为必须世袭的，就像不可接触者是世袭的一样。在有的时候，世袭采取一种非正式的和自动的形式，这反映出"体面"的人都竭力避免与低贱和堕落阶级接触。有时低贱身份反映下等民族的出身，这又和不可接触者的情形一样，而有时这一身份反映一种职业群体被其他群体讨厌的特征。因此，这个阶级具有可变性。不过无论怎样，这个阶级在社会上所从事的职业都明显低于普通人的职业。

另一个必须提及的群体是由那些靠出卖身体和体力而从事对身体有摧毁性作用的职业的人，他们在权力、特权和荣誉的等级体系中大致处于同一水平。典型的例子是东方的人力车夫，其工作生命期很短。[145] 其他的还有和驮货的牲口竞争的码头工，在危险的条件下工作的矿工，以及为下层阶级穷得没法结婚的男人提供服务的妓女。有时这些工作要由走投无路的奴隶来干，但大多数时候是那些找不到职业的"自由"劳动者。对这些人来说，干这种工作是通向被遗弃者阶级的过渡步骤。

被遗弃者阶级

除了大灾难之后的短暂时期外，在每一个农业社会的最底层，总有一个很大的被遗弃阶级，对于他们，别的社会成员没有任何需要。这包括各种类型的人，从罪犯和强盗到乞丐和因失业而到处游荡的工人，再加上那些完全靠救济和自己的小计谋过日子的人。在那些人口增长的机会受到严格限制以及各种限制人口增长的措施都不能使出生人数低于劳动力需求的社会，被遗弃者阶级总是存在的。

在分析农业社会时，常常忽略了这个阶级，在提到他们时通常并不认为他们具有一个阶级的明显特征，比如没有一种必要的谋生手段，而且其成员都被看作离轨的个人——是缺乏成为社会有用分子所必需的智力和道德特征的个人。这种观点听起来有点道理，但和事实是矛盾的。历史证明尽管婴儿死亡率很高，不时还有杀婴行为以及更为普遍的禁欲行为，加上由战争、饥荒和疾病造成的成人高死亡率，农业社会生育的人口还是比执政阶级需雇用的人口要多。[146]问题不在于农业经济能不能支持更多的人口，而在于要支持这么多的人口就要减少和最终破坏上层阶级的特权。最后，即使总人口被减少到了能维持生存的水平，过剩人口问题还会再次出现。

霍布斯关于生活在自然状态的人的生活条件的著名论断，很好形容了那些不幸沦为被遗弃者阶级的人，对他们来说，生活常常是"贫穷、肮脏、粗鲁和短暂的"，有时还是"孤独

282

的"。例外的情况是在执政阶级权力薄弱的地方，这些人组织起来做强盗，在一段时期内会享受富足，但常常十分短暂，因为当局很快就会收拾他们。[147]不过，似乎可以说对落入这个阶级的人而言最好的希望就是进行非法活动。对最穷的农民来说也一样。[148]

这个阶级的成员很少维持正常的婚姻，并且由于杀婴、营养不良、疾病和被剥夺，很少生育。[149]不过，由于不断地有地位稍高于这个阶级的其他阶级的新成员加入，从而抵消了高死亡率的影响，这些新成员大部分是农民和手工业者的儿女，他们除了继承贴身的衣服和父母的祝福之外什么也没有得到。[150]他们最大的希望就是在播种和收获季节做临时工，在其余时候等待施舍。通常被遗弃阶级的各个等级都充满了因和特权阶级发生矛盾而沦为强盗的农民。[151]有时这个阶级中也有被剥夺了贵族称号的贵族和没有继承权的贵族子弟，他们宁愿犯法也不愿意降低身份去从事任何形式的劳动。[152]

今天我们很难发现在农业社会被遗弃者阶级有多大规模。不过有一些线索和一些推测。比如，伦敦1517年的数字表明有1000人被列为"活该的乞丐"。[153]半个世纪后，有一份报告讲那一年逮捕了13000名流氓和没有主人的人，尽管有人可能被抓了不止一次。10年之后，1577年，有人说这个城市有10000名乞丐，在1594年，这个数字变为12000名。而在1545年英国伦敦自治城市的总人口是8万。[154]从这个数字看伦敦人口中有10%～15%属于被遗弃者阶级。这些数字作为全社会的估计数显然太高，因为被遗弃者阶级总是聚集在城市。不过，不管这些数字有多高，我们应注意到一位十分谨慎的观察家对17世纪后期法国状况的描述："我敢肯定，最近有将近

10%的人口沦为乞丐了。"[155]

也许在农业社会一般有 5%～10% 的人口属于这一个被压迫阶级，这是我们可以做的最好的估计，当然有时这个比例会高达 15%，有时又会下降为零。这些估计和历史资料中关于乞丐、罪犯和其他无职业者的频繁记载是一致的。如果不是因为这个阶级极高的死亡率，这些数字无疑还会更高。

图解总结

由于农业社会中不同阶级相互关系的复杂性，对一个"典型的"农业社会做一个图解也许是有益的。[156] 图 1 尽管有很多局限性，但有助于实现几个有用的目的。首先，它有助于澄清这一点，即不能把农业社会的阶级想象成那种一层高于一层的层次系列。相反，每一个阶级都跨越一个分配领域，并且每一个阶级又都和别的阶级有一定程度的重叠。其次，这张图可以提醒我们注意到人们所熟悉的、将社会结构看成一个金字塔的观点是不精确的，这种观点忽略了在社会秩序最底层的阶级，最大限度地缩小了不平等的程度（这个图仍然缩小了这种不平等；要准确地表达上层阶级和普通民众的关系，就需要一张更长、更窄的纸，本书的纸张满足不了这个要求）。最后，这个图有助于我们澄清权力和特权是一个连续体，而不是像地质学中"分层"意义上的那种相互分离、截然断开的层次。

地位群体

由于农业国家大多数是被征服国，它们的人口常常依据种族和宗教系统来划分。从分配立场来看，这十分重要，因为民

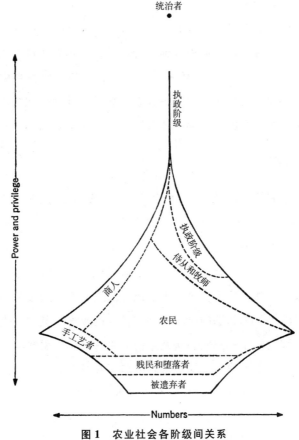

图 1 农业社会各阶级间关系

族和宗教群体常常成为特征群体。一个人的民族和宗教身份往往要么成为在社会上获得利益的工具，要么成为其获得利益的障碍。

和统治者属于同一民族或宗教群体的人通常是受到青睐的，而外来者或被征服者群体则处于劣势。中国清朝是一个极好的例子，有一个学者这样形容："一个满族人总能丰衣足食，被征服的民族起码要为征服者提供一部分衣食费用。"[157]当然，对那些有能力和有特殊关系的人而言，好得多的机会仍然存在。马什（Marsh）对中国执政阶级的流动所进行的研究表明，在清朝早期 40% 的官员是满族，尽管这个数字在此后逐步下降了，但在这个朝代的最后 60 年中仍有 20% 的人是满族人。[158]正如马什所说，"即使是这个最低数也远远超过了满族在总人口中的比重"。马什的研究还表明，满族在最高阶层的官员中占更大优势，比如，他做过一个抽样调查，84% 的满族官员到达了最高层，而汉族官员只有 44%，而且满族官员在这些职位上的平均任期为 21 年，而汉族官员不到 9 年。[159]此外，中过进士的满族官员只有 14%（这是对那些通过了最难的"资格"考试的人的奖励），而汉族官员却有 64%。[160]但满族官员的"政绩"远在汉族官员之上。马什还发现，只有 24% 的满族官员按"正规"的途径通过了考试，而从"正规"途径步入仕途的汉族官员却有 76%。[161]大多数满族官员的官职是买来的，或者通过别的"不正当"方法得来的。在汉人之下，还有许多少数民族在分配领域更受歧视。[162]

在其他许多农业社会中也有同样情况发生。比如，在阿克巴统治的莫卧儿印度（他是所有莫卧儿皇帝中最宽容的一个），王国的 415 名高级官员中只有 12% 是印度教徒，得到皇帝赞助的学者中只有 23% 是印度教徒，尽管印度教徒占了人口的绝大多数。[163]在许多时候，中东穆斯林禁止基督教徒任公职。[164]此外，有时还要求基督徒和犹太人穿特制的服装（就像满族要求汉族男人留长辫一样），将木制的恶魔形象钉在他们房上，强迫他们骑没有鞍的马，以及忍受其他许多耻辱，而且，基督徒的证言在法庭上不被接受。在欧洲，所有同样的残害又被强加到犹太人身上。在拉丁美洲，印第安人和欧洲人之

286

间长时间存在一种区别，欧洲人在许多方面占便宜。[165]总之，

287　在许多农业社会不同的民族和宗教群体有不同的利益，他们与占统治地位的政治力量的关系也不一样。

印度的种姓制度在许多方面都可以看成这一基本分层模式的一种极端形式。[166]不同的是，在种姓制度中，个人所属的那个群体对于他获得报酬和改善自己处境的机会绝对重要，而在别的分层系统中则不那么重要（尽管有时其重要性也差不多）。实际上，越仔细研究传统印度的分配体系，而不是印度的宗教理论，我们就越会看到它和其他农业社会的相似之处，而不是不同点。

在极少数时候，农业社会中处于被统治地位的群体成员的身份证明也是一种资产。近卫军时代的奥斯曼土耳其就是经典例证。当近卫军制度正常运行时，所有的国家高级官员都是从基督教家庭的年轻人中选出的，这些人被迫成为苏丹的奴隶，经过培训选择军事或者文职生涯，然后成为穆斯林。[167]高级公共官职最后对于穆斯林的子女是关闭的，即使土耳其是一个伊斯兰国家。

这个特殊模式似乎与苏丹同执政阶级中的土耳其成员的斗争有关，为了将他们从高级公职上剔除，让这些职位由被瞧不起的人和被统治的少数民族来替代，这样苏丹就扩大了自己的权势。这些官员比土生土长的、拥有土耳其血统的官员要软弱，因此十分容易控制。此外，任何穆斯林出身的人（包括近卫军的儿子）在近卫军死后还不被允许去继承他们的位置，这样苏丹又像往常一样阻止了一个世袭贵族的建立。不幸的是，要长久地维持这样一个反常系统是不可能的，最后近卫军和其他杰出的穆斯林家庭胜利了，他们的儿子又进

入了精英组织。这标志着这个有效的系统在停止后又开始运行了。

　　近卫军的原则在其他农业国家也有不同程度的应用，但从来没有这么大的成功。[168]也许最好的例子是马穆鲁克统治以前的埃及和德里的穆斯林王国。当然，在这些例子中，占统治地位的信仰和占统治地位的民族群体的文化正好是一致的。

288

　　在农业社会，另一个影响个人获得报酬的因素是他们的法律身份。值得特别指出来的三个法律身份是：贵族、农奴和奴隶。前一个身份给那些人带来好处，而后两个身份给那些人带来伤害。

　　奴隶这个词被用来形容园耕社会和农业社会一些人相当独特的被奴役地位，比如奥斯曼土耳其的首相和其他最高官员在法律上是苏丹的奴隶，他们有巨大的权力。但这同一个词也适用于加图所说的田地里的劳力，以及那些实际上除了生存之外被剥夺了一切人类满足感的人。[169]

　　在另一个极端上，贵族也是一个可变的概念。正如一个学者在讨论贵族这个概念在法国的意义时所指出的那样，"从来就没有一个关于贵族的一般性理论，即使有一个一般意义的贵族概念，各个省对于如何免除封建税*也有完全不同的习惯，对于拥有贵族封号所应有的特权也有完全不同的做法"。[170]如果这在法国各个省是真实的，实际上在整个农业社会也是真实的。贵族概念，就像奴隶和农奴这些概念一样，在不同社会、在不同地区都有十分不同的含义。一个共同的特征是贵族总是

---

　　* 指 Taille，是法国国王或领主征收的封建税（指人头税或代役税）。——译注

意味着某种法定的特权，而农奴和奴隶总是意味着其自由受到法律的强制限制。这些不同的有利条件和不利条件都被写进国家的法律，并由法庭和别的社会权力机构执行。

由于这些特殊身份是世袭的（宗教和民族身份也是），就会产生身份不一致的情形。我们从历史记载中看到，实际上这种不一致经常发生。一方面，我们可以看到许多在贫穷之中的贵族比普通人还穷；另一方面，奴隶和农奴中也有不少人比大多数普通人富裕，甚至比许多不太富有的贵族还富。在 18 世纪和 19 世纪的俄罗斯，许多农奴进入各个实业部门变得非常富有。[171]有一个农奴用 13.5 万卢布，外加工厂和土地以及他所拥有的农奴换取自己的自由，之后还十分富有。而与此同时，一个省的 1700 个贵族家庭中却有 1/4 穷得"和他们的农民一起组成家庭，在一张桌子上吃饭，在一个茅屋中生活"。[172]这种例子在其他农业社会几乎都能找到，在这些社会里，贵族、农奴和奴隶这些身份已经世袭了许多代。[173]

不同的民族和宗教身份很重要，但这种身份和经济身份也会产生不一致。所以，处于附属地位的宗教和民族群体的个别成员，如欧洲的犹太人或中东的基督教徒和犹太人拥有巨额财富，而许多占统治地位群体的成员都生活在贫穷之中。值得进一步研究的一个重要课题是，在这些社会中产生这种与身份不一致的结果的原因是什么。

垂直流动

农业社会常常被描绘成一个很少有垂直流动的社会。事情并不那么简单，对历史的仔细研究发现存在着大量的流动，尽管这种流动易为现代工业社会的成员，尤其是美国人所忽视，这可以解释为什么农业社会在社会学著作中经常被歪曲。

要了解这些社会垂直流动的程度，我们必须像往常一样先仔细分析向下流动。向下流动率不一定与向上流动率是等同的；因此，向上流动率对于衡量整个社会流动是不充分的。在讨论农业社会的流动时有一种做类型假定的倾向，这引起了许多混乱。事实上，从长时期看，在所有农业社会，向下流动远远超过向上流动，不了解这一点就会错误地认为农业社会的流动率很低。

对这一令人吃惊的特征的解释可以从人类生育力这个简单事实中找到。人类生育的子女远远多于农业社会所能提供的供养物。尽管婴儿死亡率很高，常有杀婴行为，而且还有普遍的禁欲主义和卖淫（后者从人口学的观点看大致和一妻多夫相似）、独身，以及战争、疾病和饥荒的影响，生育率仍高于社会承载力。尽管这些因素在某些情况下可能导致简单劳动力的短缺，但在长期的过程中还不足以抵消生育所带来的持续性劳动力供应。所以，如果国家没有新的疆界，无论是在人口上还是在经济上，过剩的人口通常在阶级体系中被降低地位，沦入被遗弃者阶级之中，这对于调节人口平衡具有必不可少的作用。

在农业社会的每一阶级层次都可以看到过剩人口的影响。就像我们已经讲过的，普通百姓，特别是农民，常常面临这个问题。在某些社会，比如中国，农民试图将家庭财产平均地分配给所有的儿子，但这很快就使这笔财产减少到其拥有者不能获得生活必需品的程度。这时，土地就会被少数官员、商人和那些正在创业立家的农民夺走。不过，在他们的后代，同一循环又会重复，这对于有大笔家业但儿子众多的家庭也是一样，

290

当然对于那些对成家立业十分在行的人而言是个例外。[174]

291   这个问题有时靠实行长子继承权和其他能避免将家产分散的继承制度来应对。这在西欧是很普遍的。这种制度的主要作用是使一个儿子维持父亲的身份，而加速不享有继承权的儿子的衰落。简单的事实是，当所有最低层阶级所生育出的后代多于地位的空缺时，在这样的社会里向下的流动是无法避免的。

尽管在农业社会中向下流动是一种更普遍的形式，向上流动也并非不常见。虽然由于人口力量而产生出一种持续的向下的压力，但还是有一部分人是向上流动的。有时他们去填补新的位置，比如在贸易和商业扩张的年代进入商人阶级，有时去填补没有继承人的空位，有时去填补由于别人没有技能或没有充分运气而空缺的位置。在这种情况下，后两种更普遍，与工业社会相比，新职务的产生并不是常有的。

向上流动，不论是代内或跨代的向上流动通常在一生中都只限于一步，尽管就像我们将要指出的那样，有时也有一些"从乞丐到富翁"的例子。一次一步的进步一般是在一个阶级内部的运动。如前所述，没有一个主要阶级的内部是同质的，每一个都可以分为几个小类，比如13世纪英国的农民就分为富农、住家农和茅屋农。大多数的上升就相当于从茅屋农上升到住家农，从住家农上升到富农，或者从富农上升到执政阶级的最底层，尽管这些进步对现代工业社会的成员来说十分微小，在农业社会可不是小的成就，因为农业社会经常采取各种措施来阻止这种上升。在这种社会，如果一个人留给子女的财产和他接受财产时一样大，他们就觉得十分幸运了。[175]

我们现在很难确定为什么有极少数的人可以向上流动，而绝大多数不能。天生的才能和活力上的差异无疑是很重要的。

当然，机会也一定扮演了重要的角色。例如，那些能够逃脱严重疾病和事故影响的人比那些不能这样做的人有更多机会。死亡率也是一个重要因素，因此对于那些有大家庭的父母更加有利，不过，这又会对他们的后代形成不利。大家庭意味着对于父母来说可以获得更多的免费劳动力，但是对于子女来说，意味着可以继承的财产更少了，尤其是对于那些在子女中平均分配财产的社会。最后，有足够的证据证明那些强调艰苦劳动和禁欲主义的宗派主义宗教运动对于其信徒的成功具有一定作用。俄罗斯的旧礼仪派教徒（Old Believers）* 的经济成功就是这方面的一个例子。[176]

在大多数代际中，也有小部分完成了戏剧性的上升，弗朗西斯·培根爵士的父亲是一个牧羊官的儿子，却成为国家最高官员之一并且是当时最富有的人之一。[177]圣古特列是11世纪末一个贫困农民的无继承权的儿子，被迫依靠自己的智慧生存，后来成为在英格兰、苏格兰、佛兰德斯和丹麦的港口做沿海贸易的富商。[178]罗伯特·格罗斯泰斯特（Robert Grosseteste）是英格兰林肯的有名主教，据说曾是一个农奴。[179]萨瓦·莫洛佐夫（Sawa Morozov），沙皇俄国著名的莫洛佐夫工业王国的创造者，是一个农奴的儿子，早年靠捕鱼和看牛为生，后来受雇为织工，一年有5个卢布的工钱。[180]18世纪西班牙天主教会的一个大主教曾是直布罗陀的烧炭工。[181]在近卫军制度的全盛时期，几乎所有的主要官员都是穷苦的基督教徒农民的儿子。[182]在中国，最后三个朝代的创建者都是农民出身。罗马后期的皇帝中

---

* 旧礼仪派教徒指17世纪抵制莫斯科牧首、脱离俄罗斯正教会的教徒俄罗斯正教会中的一个反国教派别，亦称老信派。该派反对尼康和彼得一世的改革，成员多为下层贫民和低级教士。——译注

有许多是来自下层阶级的。[183]还有许多人戏剧性地提高了地位。

正如这些例子所显示的，那些双手紧贴在犁把上和钻子上的人是不可能有这种升迁的，种地和手工艺至多只能有有限的上升。地位获得戏剧性提高的人都转到了与权力和特权有很大联系的职业——商业、军队、教会、政府。在这些领域，有一小撮人，也只有一小撮人能上升到高于他们出身的地位。在这些领域绝大多数人的地位如果不是一点儿也没有变化的话，也不会有多大的提高，因为上层的位置都被占有者通过其魄力、技巧和资源维护着。

一个值得进一步系统地加以注意的重要问题是上层阶级构成的稳定或不稳定问题，从逻辑和常识上讲，它们是非常稳定的，除非在大危机时期。不过有史料证明，事实并非如此。比如，尽管罗马国家一直延续到基督教时代，但其旧的元老阶级却没有存在这么久。61 个在共和制早期生存的罗马贵族氏族一直是根深蒂固的。但到公元前 367 年却只有 24 个生存下来。[184]到基督教时代的二世纪早期，只有一个留存下来。最近对法国中南部福雷（Forez）的贵族进行的研究表明，13 世纪存在的 215 个贵族世家，在 13 世纪末有 30% 消失了，在 14 世纪只有不到三分之一留存下来。在 18 世纪后期法国革命之前，只有 5 个还存在。[185]在英国，很少有大家族逃过了中世纪的玫瑰战争和都铎王朝的放逐。[186]即使是在中世纪，英国贵族家庭的地位也是不牢固的。[187]在俄罗斯，许多高贵的家庭由于罚没和在男性后代中平分遗产而遭到破坏。[188]这些例子表明在许多农业社会，执政阶级的地位是不牢固的。那些没有自然消亡的家族也会由于继承人在战争中死亡、罚没、家产分割、继承人的无能和挥霍而被破坏。

在结束这一讨论前需要对垂直流动率的变化做一些说明。这个题目在农业社会这样复杂的社会是很难完成的。首先，缺乏系统的、足够的和质量可靠的资料。另外，在这样的社会，没有一个单一的流动率，实际上有许多不同的流动率，如从农民阶级到商人阶级的流动率，到被遗弃者阶级的流动率，到侍从阶级的流动率，等等。即使只考虑这一章和前一章讨论的 9 个主要阶级，[189]而不考虑阶级内的小类，那么在各阶级之间也有 72 种不同的流动率，而且在特殊时期还有一些可能被忽略了。最后，完全不能说一种流动率就能代表其他流动率。因此，对于这种社会流动率的阐述通常都是引人入歧途的，不存在一个单一的流动率，也没有任何单一的流动率可以用来表示其他流动率。

因此，在我们简短的篇幅中至多能讲一下对重要的流动率有重要影响的那些因素。首先，独裁者或统治者对执政阶级的控制可能提高进入和退出执政阶级的流动率。[190]相反，寡头统治会提高进入和退出统治者地位的流动率。原因很简单，权力容易随使用期延长而增大，那些害怕他人权力扩大并有手段制止这种扩大的人，总不放过这么做的机会。这一原则的应用只有一个例外：在权力斗争中双方的生存和利益受到第三者威胁时，敌对双方会抑制相互的敌对行为。

其次，战争、饥荒和其他灾难可以提高向上流动率，至少在死亡多得使特权阶级不能在阶级内部弥补空缺时是这样，同时，这些灾难会降低向下流动率。

再次，杀婴、流产、禁欲和卖淫行为的蔓延会减少向下流动。由于这些行为不可能阻止特权阶级生育足够多的子女来占满全部的较高职位，因此对向上流动不会造成什么影响。

最后，新的经济机会的开放，尤其是贸易和商业在短期内会提高流向商人阶级的向上流动率，在一个长时期内提高流向执政阶级的流动率，因为商人经常用财富去换取社会地位。同样，新的政治机会的开放，尤其是征服了新的疆域，会提高胜利国流入执政阶级和侍从阶级的流动率，同时也会提高被征服群体的向下流动率。

这只是对农业社会各种流动率产生重要作用的几个因素。由于这还远远不够，因此值得就这个问题的复杂性做进一步说明。

关于分配公正性的一个注脚

在结束对农业社会社会分层讨论之前，有必要对分配的公平性问题做几点说明。从总体上看，农业社会在分配方面是不公平的。正如我们看到的，个别人享受一天的消费奢侈品和服务就够普通人享用一年了。而同时，人口的绝大多数却缺乏生活的必需品。因此，人们很容易想到需要构建一个更公平的分配方法。

不过，只要在分析中加入人口学因素，我们就会发现问题并不像生活在舒适的现代工业社会的人所想象的那么简单。尽管有战争、饥荒、瘟疫和其他灾难的破坏，尽管有杀婴、流产、禁欲和卖淫的影响，然而接近或高于生存水平的那部分人口都生育了超过供养水平的子女。由于任何一个农业社会都没有找到一个能有效控制生育率的手段，所以被遗弃者阶级的存在是必然的，尽管现代人听起这个结论来会觉得刺耳。如果精英允许，最有可能实现的是短期内对这一阶级的暂时削减，用人口增长来减少经济剩余产品。

这种推理方法也显示了经济剩余的一个常被忽视的有趣特征，任何社会的剩余都不仅仅由生产方式决定，也同样取决于分配制度的性质。在相同的生产制度和环境中，由于执政阶级技能的不同和残忍程度的不同，经济剩余会有很大差别。这取决于精英阶级在多大程度上保留农民们的非必需品，取决于他们允许农民低效率地耕种小块土地的程度，以及取决于他们削减经济剩余规模的程度。这些都是决定其经济剩余规律的因素，这是在我们这样的社会很容易被忽略的，因为在我们的社会，生产技术被看得头等重要，而分配技术是次要的。

有必要为农业社会的统治者和执政阶级做一点辩护。他们尽管剥削平民百姓（因为他们用强力掠夺了普通百姓在自由交换中不会给他们的东西），但的确是有一个重要作用的：维持了一个较好的秩序和法律。这在农业社会是至关重要的，因为农业经济的本性是不容许无政府状态的。无论什么原因（如因政治冲突耽误了播种）引起的歉收都意味着要饿死上千人，连续两次歉收就意味着灾难。正如罗伯特·贝拉（Robert Bella）所说："伊斯兰学者讲，一百年的专制也比一天的无政府状态好，他们不是执政阶级的辩护士，他们常常深刻地反对统治者，和他们完全隔离，但他们知道在这种社会里无政府状态意味着什么。"[191]这使人想起路德在谈论他那个时代的德国王侯们时所表露出的矛盾观点。简言之，尽管农业社会的统治者和执政阶级为他们提供的服务而索取的报酬，远远超过了平民百姓（在不受强制的情况下）愿意偿付的程度，但他们的确提供了某些有价值的服务（也许还可以补充说，对他人和对他们本身都是有价值的）。因而，虽然他们与平民的关系是高度剥削和寄生的关系，但他们也不完全只是剥削和寄生。这也

许是能够用来解释农业国家作为一种社会制度具有持久性的主
要理由。除此之外，确实没有其他解释了。

注释

1. 参见 A. E. R. Boak, *A History of Rome to 565 A. D.*, 3d ed. （New
   York：Macmillan，1943），pp. 344f. or Harold Mattingly, *Roman Im-
   perial Civilization* （Gar-den City，N. Y.：Doubleday Anchor,
   1959），pp. 152f. 对罗马的讨论；Adolf Erman, *Life in Ancient E-
   gypt*, translated by H. M. Tirard （London：Macmillan, 1894），
   pp. 105f.，对古代埃及的讨论；A. H. M. Jones, *Studies in Roman
   Government and law* （Oxford：Blackwell, 1960），pp. 161f. 关于文
   官和武官混合功能的讨论。这些例子主要来自罗马帝国，按照农
   业社会的标准看，那里的专业化水平是相当高的。而在专业化水
   平较低的中世纪欧洲，这种区分也不那么清晰。
2. Jones, p. 160.
3. Marc Bloc 的著作 *Feudal Society*［L. A. Manyon 英译本 （Chicago：
   University of Chicago Press, 1962）］提供了关于这个现象在欧洲
   社会的有价值的观察，特别是第四部分的讨论。
4. 相关研究参见 H. S. Bennett, *Life on the English Manor：A Study of
   Peasant Conditions, 1150 – 1400* （London：Cambridge University
   Press, 1960），p. 166；George C. Homans, *English Villagers of the
   thirteenth Century* （Cambridge, Mass.：Harvard University Press,
   1942），p. 292。
5. Karl A. Wittfogel 在其 *Oriental Despotism：A Comparative Study of To-
   tal Power* （New Haven, Conn.：Yale University Press, 1957）中认
   为中国清朝末期底层文职官员的数量为 170 万（第 307 页）。这
   意味着这些人加上他们的家属可能占总人口的 2%，如果再加上
   仆人和军人，总数应该不会超过 5%。而 19 世纪俄国富裕人家的
   家仆占人口总数的 2% 到 3%，参见 Jerome Blum, *Lord and Peasant
   in Russia from the Ninth to the Nineteenth Century* （Princeton, N. J.：
   Princeton University Press, 1961），p. 480。

6. 关于欧洲的情形，参见 Bennett, pp. 174 – 175, F. R. Cowell, *Cicero and the Roman Republic* (London：Penguin, 1956), p. 64。有的时候，远远不止"正当的贪污"，参见 Francois Ganshof, "Medieval Agrarian Society in Its Prime：France, the Low Countries, and Western Germany," in *The Cambridge Economic History*, vol. I, pp. 293 – 294, 关于埃及的情形参见 Erman, p. 127。

7. 参见 Bennett, p. 158。

8. H. L. Gray, "Incomes from Land in England in 1436," *English Historical Review*, 49 (1934), p. 630.

9. Bennett, pp. 163 and 175, or May McKisack, *The Fourteenth Century* (Oxford：Clarendon Press, 1959), p. 317.

10. Gray, p. 630, Sidney Painter, *Studies in the History of the English Feudal Barony* (Baltimore：Johns Hopkings, 1934), p. 172, and Bennett, p. 163.

11. 关于这一点，可以参考 Gaetano Mosca, *The Ruling Class*, translated by Hannah Kahn (New York：McGraw-Hill, 1939), pp. 235 – 237, and Cecil Woodham-Smith, *The Reason Why* (New York：McGraw-Hill, 1953), pp. 25 – 29。

12. 关于阿巴斯王朝，见 Philip K. Hitti, *History of the Arabs* (London：Macmillan, 1960), pp. 466 – 467；关于马穆鲁克的情况，见 chap. 47；关于土耳其的情况，见 A. D. Alderson, *The Structure of the Ottoman Dynasty* (Oxford：Clarendon Press, 1956), chap. 10.

13. Henri Pirenne, *Economic and Social History of Medieval Europe* (New York：Harvest Books, n. d., originally published in 1933), p. 45.

14. See, for example, Homans, pp. 137f.

15. Pirenne, p. 46.

16. *Ibid.*

17. 参见 James Westfall Thompson, *Economic and Social History of the Middle Ages* (New York：Appleton-Century-Grofts, 1928), p. 772, or Blum, pp. 288f。

18. 参见 Robert Bellah, *Tokugawa Religion：The Values of Pre-industrial Japan* (New York：Free Press, 1957), pp, 24 – 25；Morton Fried, *The Fabric of Chinese Society：A Study of the Social Life of a Chinese Country Seat* (New York：Frederick A. Praeger, 1953),

p. 211；Robert K. Douglas, Society in China (London：Innes, 1894), pp. 139 - 140；or Wolfram Eberhard, *Social Mobility in Traditional China* (Leiden, Netherlands：Brill, 1962), p. 6。

19. 在对农业社会的基本描述的基础上，我们很难不相信这些传统的声望系统不是统治阶级在学者的支持下开发的工具，通过这些工具可以使麻烦的商人阶级明白自己的地位。换句话说，这显然是阶级之间斗争的工具，而不是一些现代学者认为的是一个客观的评价。

20. Robert Ballah 认为商人阶级的地位低主要和他们专注于钱有关系，这与上层阶级的伦理和宗教的伦理是相悖的。这也许是一个附加的影响因素，但是我发现很难发现上层贵族阶级对于财富不感兴趣的证据，尽管他们很显然不会为了金钱而工作。也可参考 Gideon Sjoberg, *The Pre-industrial City* (New York：Free Press, 1960), p. 136, 并且作者在其他地方也表达了和 Ballah 很类似的观点。

21. 我不认为商人阶级已完全摆脱了权威关系，政治上，他们仍然臣服于统治阶级，但是，经济上却没有。

22. 可参见 Fried, pp. 126 and 161 - 162。

23. Yosoboro Takekoshi, *The Economic Aspects of the History of the Civilization of Japan* (New York：Macmillan, 1930), vol. II, pp. 252 - 254.

24. Hitti 讲了一个实例，一个巴格达的珠宝商人即使在被罚没了 1600 万第纳尔以后，仍然十分富裕 (p. 344)。还可参见 Blum, p. 473；Douglas, p. 140；A. Andrewes, *The Greek Tyrants* (New York：Harper Torch-book, 1963), p. 80；Sylvia Thrupp, *The Merchant Class of Medieval London* (Ann Arbor, Mich., Ann Arbor Paperbacks, 1962), p. 11 and p. 110；*Alan Simpson, The Wealth of the Gentry 1540 - 1660* (London：Cambridge University Press, 1961), chap. 3。可以将这些著作提到的这些数据与贵族阶级中比较贫穷的人进行比较（参见上一章）。

25. 可参见 Sjoberg, pp. 201 - 202。

26. 这种做法在莫卧儿印度十分普遍，任何显眼的财富积累都可能招来罚没。参见 B. B. Misra, *The Indian Middle Classes* (London：Oxford University Press, 1961), pp. 25 - 27。也可见 Takekoshi, vol. II, pp. 251f 对于日本的讨论；或者 Painter, *Barony*, p. 186, 或 Sir James H. Ramsay, *A History of the Revenues of the Kings of*

England 1066 – 1399（Oxford：Clarendon Press，1925），vol. I，p. 58 对于英国的讨论。在英国，罚没进行借贷和商业活动的犹太人的财产是经常的。

27. 参见 Takekoshi，vol. II，pp. 258f.，or Bellah，pp. 28 – 29 对日本的讨论；Blum，pp. 384 – 385 对俄罗斯的讨论，以及 Thrupp，p. 53 and p. 259 对于英国的讨论。

28. 尽管这种做法在许多地方都被采用，但是在欧洲尤其常见。参见 Elinor Barber，*The Bourgeoisie in 18th Century France*（Princeton，N. J.：Princeton University Press，1955），pp. 100f.；Thrupp，*Merchant Class*，pp. 265 – 269；H. R. Trevor-Roper，"The Gentry 1540 – 1640," *The Economic History Review Supplements*，No. 1（n. d.），p. 26；or Jean Hippolyte Mariejol，*The Spain of Ferdinand and Isabella*，由 Benjamin Keen 翻译并编辑（New Brunswick，N. J.：Rutgers University Press，1961），p. 42。该书讲到了西班牙贵族和富裕犹太人女儿的联姻。对于早期罗马的研究参见 Cowell，p. 340。

29. 这种做法在法国和中国比较普遍，但是在世界其他地方也都见得到。关于法国参见 E. Barber，pp. 1061f.，Louis Gottschalk，*The Era of the French Revolution*（Boston：Houghton，Mifflin，1929），pp. 52 – 53，or J. McManners，"France," in A. Goodwin（ed.），*The European Nobility in the Eighteenth Century*（London：Black，1953），pp. 22f. 关于中国参见 Chung-li Chang，*The Chinese Gentry*（Seattle，Wash.：University of Washington Press，1955），pp. 102f.，etc.，or Robert Marsh，*The Mandarins：The Circulation of Elites in China，1600 – 1900*（New York：Free Press，1961），pp. 5，13，64，etc. 还可参见 Takekoshi，vol. II，pp. 454 – 456 对于日本的讨论，以及 Cowell，p. 237 对于罗马的讨论。

30. Misra，pp. 25 – 26.

31. 参见 Thompson，p. 780；Pirenne，p. 54；or Max Weber，*The City*，translated by Dan Martindale and Gertrude Neuwirth（New York：Free Press，1958），pp. 157f。

32. 参见 G. G. Coulton，*Medieval Panorama*（New York：Meridian Books，1955），p. 285，也可参见 Thrupp，Merchant Class，p. 87。

33. 我迟疑是否将国家间战争的减少也推论为有利于商人地位的提升，因为商人阶级常在战争中因为提供军需品而获利。

34. 参见 E. Barber, p. 89。当然，商人阶级如果是少数民族，例如犹太人，是很难成为统治阶级的一员的。

35. 见 Erman, pp. 299 – 305。

36. Ralph Turner, *The Great Cultural Traditions* (New York：McGraw-Hill, 1941), p. 288.

37. Shepard B. Clough, *The Econimic Development of Western Civilization* (New York：McGraw-Hill, 1959), p. 298.

38. Albert H. Lybyer, *The Government of the Ottoman Empire in the Time of Suleiman the Magnificent* (Cambridge, Mass. ：Harvard University Press), p. 276.

39. *Ibid.* , pp. 200 – 201.

40. 关于法国，请参见 Coulton, p. 53；关于英格兰，参见 Philip Lindsay and Reg Groves, *The Peasants' Revolt, 1381* (London：Hutchinson, n. d.), p. 76；也可参见 Thrupp, Merchant Class, p. 182，他在书中认为，在十四和十五世纪，英格兰的教堂拥有四分之一的土地。

41. 关于瑞典的研究，请参见 Eli F. Hechscher, *An Economic History of Sweden*, Goram Ohlin 翻译 (Cambridge, Mass. ：Harvard University Press, 1954), 第 67 页；关于俄国的研究参见 Blum, pp. 177 – 178 and p. 188。

42. Mariejol, p. 251.

43. Max Weber, *The Religion of India*, Hans Gerth and Don Martindale 翻译 (New York：Free Press, 1958), p. 257。

44. 可参见 D. D. Kosambi, *An introduction to the History of India* (Bombay：Popular Book Depot, 1956), pp. 291 – 308；McKim Marriott (ed.), *Village India：Studies in the Little Community* (Chicago：Chicago University Press, 1955), p. 5, pp. 11 – 12, p. 38, p. 41 and p. 212 对于印度的讨论；Wolfram Eberhard, *A History of China*, 2d ed. (Berkley, Calif. ：University of California Press, 1960), p. 134 and 188 对于中国的讨论；Takekoshi, vol. I, chap. 8 对于日本的研究。

45. 上层神职职务向低出身者开放的程度在不同时期和不同国家是不同的，但似乎从来没有真正的平等机会。对于这个题目的讨论请参见 S. E. Gleason, *An Ecclesiastical Barony in the Middle Ages：The Bishopric of Bayeux, 1066 – 1204* (Cambridge, Mass. ：

Harvard University Press，1936），pp. 36f.；E. Barber，pp. 126f.；Marriejol，pp. 162 and 254；Thompson，pp. 642，658，and 678；McKisack，p. 262；Humans，p. 135；or George Vernadsky，*History of Russia*（New Haven，Conn.：Yale University Press，1958），vol. Ⅳ，pp. 270 – 271。

46. See Blum，pp. 194 – 196.

47. Thompson，p. 680.

48. *Ibid.*，p. 649。

49. *Ibid.*，pp. 604 and 651ff.；Ganshof，pp. 293 – 294；Hans Nabholz，"Medieval Agrarian Society in Transitions，" *in The Cambridge Economic History*，vol. Ⅰ，pp. 527 and 537；or Philip Hughes，*A Popular History of the Catholic Church*（New York：Macmillan，1950），p. 136.

50. 例如丹麦克里斯丁三世的罚没和瑞典古斯塔夫·瓦萨的罚没。

51. Blum，pp. 362 – 366.

52. Eberhard，*History*，p. 188，另一个大规模罚没的例子见 p. 246。

53. 参见 Kosambi，p. 291，他认为婆罗门在降低暴力方面发挥了很大作用，他们宣讲的驯服对于降低管理成本意义很大。波利比奥斯（Polybius，前 200 年 ~ 前 118 年），一个公元前二世纪具有罗马眼光的希腊观察者，他认为罗马的宗教可以被看作"一种统治工具"（Cowell 引述，p. 184）。对于意识形态的社会显著意义的讨论，请参见 Homans，pp. 340f。

54. 可参见 Thompson，p. 649；Marc Bloch，p. 350；或 David M. Lang，*The Last Years of the Georgian Monarchy，1658 – 1832*（New York：Columbia University Press，1957），pp. 77 – 79。

55. 这在印度和欧洲都发生过。在印度，婆罗门在许多场合都扮演了这种重要角色，参见 Kosambi，p. 291。俄国的例子参见 Blum，p. 76。中欧的例子参见 Kenneth S. Latourette，*A History of Christianity*（New York：Harper & Row，1953），p. 397。

56. Robert Bellah 认为："这只是在短期才正确。宗教组织常常比政治组织更有适应能力，它们会比许多政治统治的寿命更长，实际上他们常常是明里暗里地对于这些统治的倒台有贡献。"（与 Bellah 的私人沟通）

57. Erman，pp. 50 and 305.

58. 莫卧儿大皇帝阿克巴（Akbar，1542 – 1605）是一个典型例子。

他不信任他自己宗教的牧师，因为受到了其他宗教的影响。

59. 这个主题在基督教－犹太教的传统中一次又一次地出现。从最早希伯来先知，如阿摩司（Amos）、弥伽（Micah），再到彼得·韦尔多（Peter Waldo）、圣弗朗西斯（St. Francis）、威克利夫（Wyclif）、胡斯（Hus）、伊拉斯谟（Erasmus）、路德（Luther）等，实际上一直到农业社会结束。

60. 可参见 Hughes, p. 85，他是一位有名的研究天主教的历史学家。在写中世纪早期时，他提到"许多主教从教区购买任命"，然后将他们任期变成"一个长期盘剥的过程，而那些教长则在努力使他们的初始开销获得补偿"。还可参见 Mercia Macdermott, *A History of Bulgaria*（London：G. Allen, 1962），p. 51 和 p. 52，这里他描述了奥斯曼苏丹如何在东正教教堂将主教权出售给出价最高的人。还可参见 W. E. D. Allen, *The History of the Georgian People*（London：Routledge, 1933），p. 272，他在这里描述了格鲁吉亚教堂发生的买卖圣职罪的情形。

61. 可参见 S. N. Eisenstadt, "Religious Organizations and Political Process in Centralized Empires," *The Journal of Asian Studies*, 21（1962），p. 286。

62. Lindsay and Groves, p. 72. 经同意引述。

63. *History of the Persian Empire*（Chicago：University of Chicago Press, 1948），p. 122. 经同意引述。

64. 参见《阿摩司书》、《弥伽书》和《以赛亚书》，还可参考撒母耳书谴责大卫王谋杀了乌利亚，然后又娶乌利亚的寡妇的故事。

65. Blum, pp. 52 – 54, and 113.

66. Latourette, p. 558.

67. Bennett, pp. 249 – 250.

68. 即使在印度这样的伦理因素没有重要到和基督教－犹太教传统相比较的地方，国王的神圣权利也是由牧师通过教义联系起来的，教义规定了国王对于其人民的神圣的义务和责任。参见 R. C. Majumdar（ed.），*The History and Culture of the Indian People*, Bombay：Bharatiya Vidya Bhavan, 1951, 1953, vol. II, pp. 304f.

69. Thompson, p. 668.

70. *Ibid.* Quoted by permission.

71. Thrupp, *Merchant Class*, pp. 174 – 180.

72. 可参见 Thompson, p. 632；Coulton, pp. 266 – 267；or Lautourette,

pp. 538 and 558。

73. 参见 H. A. R. Gibb, *Mohammedanism*：*An Historical Survey* （New York：Mentor Books, 1955）, p. 56。

74. Thompson, p. 684.

75. 参见 Michael Rostovtzeff, *The Social and Economic History of the Raman Empire*, rev, ed. （Oxford：Clarendon Press, 1957）, p. 385, 他指出无论是在罗马的弗拉维安和安东尼统治下，还是在俄罗斯旧王朝统治下，特权阶级都通晓如何将这些负担转嫁到农民肩上。还可参见 Eileen Power, *Medieval People* （Garden City, N. Y.：Doubleday Anchor, 1954）, p. 19 and p. 23；W. H. Moreland, "The Revenue of System of the Mughul Empire," *The Cambridge History of India*, vol. 4, pp. 470 – 471；or William Stubbs, *The Constitutional History of England*, 5th ed. （Oxford：Clarendon Press, 1891）, vol. I, p. 303。不过，这常常又是行不通的，例如在罗马帝国的晚期。参见 Mattingly, p. 152。

76. Takekoshi, vol. I, p. 415, and vol. II, pp. 228, 305, and 311.

77. Takekoshi, vol. I, p. 415, and vol. III, p. 386.

78. 见 Eberhard, History, pp. 72 and 213 or Chung-li Chang, *The Income of the Chinese Gentry* （Seattle, Wash.：University of Washington Press, 1962）, pp. 132 – 133。

79. 见 W. H. Moreland, "Revenue System," p. 453；Moreland, *The Agrarian System of Moslem India* （Allahabad：Central Book Depot, n. d.）, chap. 8；or Marriott, p. 109。

80. John E. de Young *Village Life in Modern Thailand* （Berkeley, Calif.：University of California Press, 1958）, pp. 156 – 157.

81. Turner, p. 309.

82. Olmstead, p. 76.

83. Lybyer, p. 31.

84. Blum, pp. 102 and 221.

85. Boak, p. 125, or Mattingly, p. 220.

86. See, for example, Coulton, p. 73；Homans, p. 257；Power, p. 18；Clough and Cole, p. 14；Gottschalk, p. 31；or Blum, pp. 225 – 227 and 444 – 445.

87. Bennett, pp. 103 – 104.

88. *Ibid.*

89. *Ibid.*, pp. 106 and 110。

90. Gottschalk, p. 24.

91. de Young, p. 156.

92. 参见 Max Weber, *The Religion of China*, 由 Hans Gerth 翻译 (New York：Free Press, 1951), p. 52；对于长城修建的讨论，参见 Eberhard, *History*, pp. 235 - 237 对于蒙古人强加的徭役的讨论。

93. 可参见 Boak, p. 127。

94. Macdermott, p. 28.

95. *Ibid.*, p. 48.

96. *Ibid.*, pp. 28 - 29.

97. Bennett, pp. 144 - 147.

98. Bloch, p. 252.

99. 关于不同社会对农民摊派的五花八门的徭役和义务的讨论，参见下列文献：Bloch, pp. 248 - 254；Clough and Cole, pp. 14 - 17；Bennett, chaps. 5 and 6；Blum, pp. 103, 434, 444ff., and 453 - 455；Gottschalk, pp. 34 - 37；Lindsay and Groves, chap. 1；Allen, pp. 262ff.；and Takekoshi, vol. III, pp. 386 and 402ff.；对于"农民除了一副食囊外什么也没有"的说法，参见下列文献：Coulton, p. 76；Homans, p. 228；Bennett, p. 249；or Blum, p. 289，他认为在俄国的一个时期中法律就是这种情形。

    另外一个经常被提到的事实是在农业社会，很少有法律文献提到农民的权利，而更多谈的是他们的统治者的权利。这表明，在农业社会，农民在大多数时间只具有极少的可使用的权利。参见 Moreland, "Revenue System," pp. 452 - 453 对于印度的讨论。

100. 参见 Blum, p. 232，他认为俄罗斯精英阶级的"目的就是向农民征收他们能力范围可以支付的最大限度的税收"；Moreland, Agrarian System, p. 207 认为莫卧儿印度对于农民是取尽他们所能取得的。当然，也有例外，例如林肯的圣休米就拒绝从一个农妇那里将她唯一的一头牛拿走，这头牛是农妇由于她丈夫去世而获得的（参见 Bennett, p. 147）。不幸的是，圣人无论在过去还是在现在都太少了。

101. Bloch, p. 248. See p. 275 之后有对这一主题进一步的讨论。

102. Bennett, p. 236.

103. Bennett, pp. 232 - 233.

104. 参见 Moreland, *Agrarian System* 一书第 147 页引述的 Bernier 对于莫卧儿印度的讨论；也可参见 Blum, p. 163 页、第 266 ~ 268 页、第 309 ~ 310 页和第 552 页对于俄罗斯的讨论。

105. 参见 Douglas, p. 354.

106. Blum, p. 424, 428；也可参见 Lang, p. 69 页对于格鲁吉亚的讨论。

107. Blum, p. 426 – 427 和 p. 437；G. M. Carstairs, "A Village in Rajasthan," in M. N. Srinivas（ed.）, *India's Villages*（Calcutta：West Bengal Government Press, 1955）, pp. 37 – 38.

108. 参见 Blum, p. 438 和 Bennett, p. 198。

109. Erman p. 128.

110. Aristotle, *Politics*, Benjamin Jowett 翻译（New York：Modern Library, 1943）, p. 60。

111. Coulton, p. 77；Thompson, p. 708；在一项关于印度乡村的研究中，作者称一个拉杰普特（Rajput，拉杰普特人，印度北部专操军职的一群人）地主驱逐一个低种姓的男孩子时用的竟是驱赶牲畜时的姿势，并认为"其文化鼓励了一种将这些人视为比人类低级的一类的概念"。参见 Henry Orenstein：Gaon：*Conflict and Cohesion in an India Village*（Princeton, N. J.：Princeton University Press, 1965）, p. 155 – 156。

112. 参见 Stubbs, vol. I, p. 454；Eberhard, History, p. 32；Takekoshi, vol. I, pp. 60 – 63。

113. 参见 Boak, p. 127；Cowell, p. 64；关于加图原则在中世纪的运用，参见 Bennett, p. 283。

114. 参见 Bloch, p. 337；Homans, p. 229。

115. 这样的行为似乎是普遍的。参见 Fried, p. 104 – 105 对于中国的讨论；Moreland, *Agrarian System* 第 168 页和第 207 页对于印度的讨论；Bennett, p. 100 – 101, 112 – 113 和 131 对于英国的讨论。

116. 参见 Bennett, p. 112 – 113 和 131。

117. *Primitive Rebels*, 2d ed（New York：Frederick A Praeger, 1963）, 特别参见第二章。

118. 参见 Robert K. Reischauer, *Japan：Government-Politics*（New York：Nelson, 1939）, p. 51 讨论的日本的情况；Wolfram Eberhard, *Conquerors and Rulers：Social Forces in Medieval China*

（Leiden，Netherlands：Brill，1952），p. 52 对于中国的讨论；Cowell，p. 43 – 44，p. 66 对罗马的研究；Blum，p. 164，267，265，368，555 和 587 对于俄罗斯的讨论；Edith M. Link，*The Emancipation of the Austrian Peasant*，*1740 – 1798*（New York：Columbia University Press，1949），p. 12 对于奥匈帝国的讨论；Mariejol，p. 273 对于西班牙的讨论；Lindsay 和 Groves，p. 19，p. 168；实际上也包括全书对于英格兰的讨论；最后参见 Thompson，p. 681 对于西欧情形的讨论。

119. Eberhard，*Conquerors*，p. 52 对中国的讨论；Blum，p. 558 对俄罗斯的讨论。

120. 参见 Bennett，p. 170，放火毁屋是农民经常采用的反抗方式。在革命前的乌克兰，人们称这种行为是"放出红色公鸡"。

121. Eberhard，*Conquerors*，p. 52.

122. 成功常常仅是在统治阶级对于反抗采取了支持行动时获得的。因此，结果是这些参与反抗的精英阶层成员进入了新的统治阶级，而只有很少的农民获得了加入统治者行列的权利。可参见 Eberhard，*Conquerors*，chap 3。

123. 对于这种矛盾现象，似乎可以这样解释。农民的反抗常常都是在极度无望的情形下发生的，这些反抗常常是一种最后的斗争了，是在其他种种温和的反抗都已失败的情形下发生的。也就是在最不利的条件下发生的，因此很少能获得成果。

124. Stanislaw Andrzejewski，*Military Organization and Society*（London：Routledge，1954），pp. 53 – 55.

125. 可参见 Bloch。

126. Eberhard，*History*，pp. 52 – 54.

127. 参见 McKisack，p. 331 – 340 和 Lindsay and Groves，p. 30，34 and 64。

128. Charles V. Langlois，"History," in Arthur Tilley（ed.），*Medieval France*（London：Cambridge University Press，1922），pp. 150 – 151.

129. Hans Rosenberg，Bureaucracy，Aristocracy and Autocracy：*The Prussian Experience 1660 – 1815*（Cambridge，Mass.：Harvard University Press，1958），pp. 28 – 29.

130. Blum，p. 61 and p. 88.

131. 同上书，第 263 ~ 266 页。

132. 参见 W. G. Hoskins，The Midland Peasants：*The Economic and So-*

cial History of a Leicestershire Village（London：Macmillan，1957），p. 90，p. 196；Langlois，p. 150；Trevor-Roper，p. 13；Simpson，chap. 5. 在奥斯曼土耳其也发生过这样的事情，参见 Lybyer，p. 177。

133. 对于希腊的情形的讨论，请参见 Andrewes 关于这个论点的最新研究，请参见 Bertrand de Juvenal，*On Power：Its Nature and the History of Its Growth*，J. F. Huntington 翻译（New York：Vikings，1949），特别参见第九章的讨论；支持这个观点的例子可参见 Lang，p. 62。

134. 对于这三个阶层的讨论，请参见 Homans，p. 242 和 Bennett，chap. 3。

135. 参见 Blum，chap. 3 和 p. 99，p. 471 对于俄罗斯的讨论。

136. 参见 Fried，p. 211 对中国的讨论，Bellah，p. 24 – 25 对于日本的讨论。

137. Douglas，p. 137.

138. Sidney D. Gamble，Peking：*A Social Survey*（Garden City，N. Y.：Doubleday，1921），p. 30 and p. 101。这个极端的性别比大概是因为穷苦的男性有更大的迁移到城市去的倾向造成的。

139. Thompson，p. 792.

140. Gamble，p. 183.

141. Thrupp，*Merchant Class*，p. 113.

142. 参见 H. van Werveke，"The Rise of Towns," in *the Cambridge Economic History of Europe*，pp. 34 – 37；L. Halphen，"Industry and Commerce," in Arthur Tilley（ed.），*Medieval France*（London：Cambridge University Press，1922），pp. 190 – 192；Thompson，p. 792 和 Pirenne，pp. 187 – 206.

143. Van Werveke，p. 35.

144. *Ibid.*

145. 根据一项官方资料的数据，在 20 世纪早期北京人力车夫的平均工作年数仅为 5 年，参见 Gamble，p. 283。

146. 参见 J. J. Jusserand，*English Wayfaring Life in the Middle Ages*，3d ed.，translated by L. T. Smith，（London：Benn，1925），especially part 2，chap. 3；Homans，chap. 10；Charles J. Ribton-Turner，*A History of Vagrants and Vagrancy and Beggars and Begging*（London：Chapman & Hall，1887）；Frank Aydelotte，*Elizabe-*

than Rogues and Vagabonds (Oxford: Clarendon Press, 1913); Maurice Keen, *The Outlaws of Medieval Legend* (London: Routledge, 1961) chaps. 13 and 14; Hobs-bawn, especially chap. 2; Pirenne, p. 45; Cowell, pp. 69 and 119 and chap. 17; Thompson, pp. 571, 649, and 715f. ; McKisack, p. 204; Lindsay and Groves, p. 64; Gamble, pp. 274 – 275; Olmstead, p. 78; Mohinder Singh, *The Depressed Classes: Their Economic and Social Condition* (Bombay: Hind Kitabs, 1947), pp. 96 – 99 and 105 – 106; Sjoberg, pp. 246 – 249; Coulton, p. 375; Takekoshi, vol. III, p. 397; and Hsiao-Tung Fei, "Peasantry and Gentry," in Bendix and Lipset, p. 642。

一些最近的研究认为过去人口学家低估了独身和禁欲作为人口控制手段的作用。参见 William Petersen, "The Demographic Transition in the Netherlands," *American Sociological Review*, 25 (1960), 特别是 pp. 341 – 345; 我们可以同意 Petersen 关于禁欲比现代人口学家所认为的控制人口的作用更大; 但是, 被遗弃阶级的普遍存在显示, 这并不是他所假设的那么完全有效。

147. Hobsbawn, p. 19.

148. *Ibid.* , chap. 2, especially pp. 22 – 23.

149. 参见 Hobsbawn 关于盗贼和罪犯生涯的短暂性的讨论。这些人构成了被遗弃者阶级的优秀分子。

150. 可参见 Homans, chap. 10; Hoskins, pp. 75f; Fei, "Peasantry and Gentry," p. 642; 或者 Takekoshi, vol. III, p. 397。

151. Hobsbawn, chap. 2.

152. 参见 Fulk Fitz Warin 的故事, 他在约翰王年代被剥夺了贵族权利。

153. 这个数据和下面的数据均来自 Aydelotte, p. 4 页。

154. J. C. Russell, *British Medieval Population* (Albuquerque, N. Mex. : University of New Mexico Press, 1948), p. 285.

155. 转引自 Jean Fourastie, *The Causes of Wealth*, Theodore Caplow 翻译 (New York: Free Press, 1960), p. 27。

156. 由于农业社会巨大的变异性, 任何图解都会削弱现实。我试图做的只是反映大的趋势。

157. Franz Michael, *The Origin of Manchu Rule in China: Frontier and Bureaucracy as Interacting Forces in the Chinese Empire* (Baltimore:

Johns Hopkins，1942），p. 119.

158. March，p. 48. 在更早的蒙古王朝（元朝）时期，存在更加不平等的分配方面的歧视。参见 Tsui Chi，*A Short History of Chinese Civilization*（New York：Putnam，1943），p. 184。

159. *Ibid.*，pp. 133 and 138. To simplify my presentation I have combined his figures for the sons of Chinese officials and the sons of Chinese commoners.

160. *Ibid.*，p. 125.

161. *Ibid.*，p. 132.

162. Chung-li Chang，*The Chinese Gentry：Studies in Their Role in Nineteenth-Century Chinese Society*（Seattle，Wash.：University of Washington Press，1955），p. 80.

163. Misra，pp. 45 and 62.

164. Hitti，pp. 234 and 353f.

165. 可参见 Melvin Tumin，*Caste in a Peasant Society*（Princeton，N. J.：Princeton University Press，1952）。

166. 最早的这类观点，请参见 Max Weber，*From Max Weber：Essays in Sociology*，H. H. Gerth 和 C. Wright Mills 翻译（Fair Lawn，N. J.：Oxford University Press，1946），pp. 188 – 189。

167. 关于这个系统的详细研究，请参见 Lybyer，chaps. 2 – 4。

168. 参见 Rosenberg，p. 65；Sidney Painter，*The Rise of the Feudal Monarchies*（Ithaca，N. Y.：Cornell University Press，1951），p. 52 对于这个系统在欧洲的运用的研究。

169. 另外一个形容这个身份的词是"Serfdom"，这个词同样意义复杂。参见 D. Kumar，"Caste and Landlessness in South India," *Comparative Studies in Society and History*，4（1962），pp. 341f。

170. 参见 C. A. J. Armstrong，"France if the Hundred Years War and the Renaissance," in J. M. Wallance-Hadrill 和 John McManners（eds.），*France：Government and Society*（London：Methuen，1957），p. 94；Blum，p. 349 对于十八世纪俄罗斯各种贵族类型的讨论。

171. Blum，pp. 472 – 474.

172. *Ibid.*，p. 376.

173. 参见 Mariejol，p. 266 对于西班牙的讨论；Mcmanners，"France"第 36 页对于法国的讨论；Rosenberg，p. 144 对于普

鲁士的讨论；Thrupp, *Merchant Class*, p. 236 对于英国的讨论；Douglas, pp. 30 – 31 对于中国的讨论。

174. 参见 Chang, *Income*, pp. 128f. 对于中国的讨论；Misra, p. 50 对于印度的讨论；Blum, p. 66, p. 68, p. 82, p. 172 and p. 376 对于俄罗斯的讨论。值得指出的是，一个家业的创造者创造的财富只能惠及他的直接后代，而不能惠及他兄弟或者堂（表）兄弟的后代。中国的情形有特殊性，在这里大家族间也维持着密切的联系，因此，一旦家庭成员中的人获得了财富，他的血亲里的任何成员都有可能获得利益。但是，即使是在中国，获得财产的人的直接家庭成员才能获得最大的实惠。

175. 参见 Chang, *Income*, pp. 128f。

176. 可参见 Valentine Bill, The Forgotten Class: *The Russian Bourgeoisie from the Earliest Beginnings to 1900* (New York: Frederick A. Praeger, 1959), chap. 4；Blum, p. 301 and p. 310。

177. 对培根的崛起的精彩讨论请见 Simpson, chap. 2。

178. Pirenne, p. 46.

179. Homans, p. 135.

180. Bill, p. 18.

181. Raymond Carr, "Spain," in A. Goodwin (ed.), *The European Nobility in the Eighteenth Century* (London: Black, 1953), p. 47.

182. Lybyer, chaps. 2 – 5.

183. Eberhard, *History*, pp. 71, 203, and 239 and Homo, p. 354.

184. Homo, p. 35, and Turner, p. 921.

185. See Edouard Perroy's fascinating study, "Social Mobility among the French *Noblesse* in the Later Middle Ages," *Past and Present*, 21 (1962), p. 31.

186. H. J. Habakkuk, "England," in Goodwin, p. 18.

187. Painter, *Barony*, pp. 175 – 176.

188. Blum, pp. 66, 68, 82f, 172, 376f. , etc.

189. 我将统治阶级看成一个独立的阶级，这与现代集合论的观点是一致的。

190. 参见 Misra, p. 51；Lybyer, chap. 5 and 6。

191. 与 Belleh 就本书原来的书稿进行的个人交流，这一段是在他的建议下增加的。

第十章 工业社会（一）

> 问：资本主义和共产主义的区别是什么？
>
> 答：在资本主义条件下人剥削人，而在共产主义条件下，情况倒个个儿。
>
> ——苏联俗语

在过去两个世纪中，许多社会的生产体系发生了深刻变化。在这相对较短的时间中，存在了几千年的生产技术和经济组织已被新的、完全不同的类型所代替。这些发展为一种新的和具有深刻差别的社会类型——现代工业社会——奠定了基础。 297

直到现在，我们仍不能观察到一个完全成熟的工业社会，这对我们目前的分析来说是不幸的。过去20年中所发生的事件清楚表明，现时代的技术革命尚未完成，而几年前提出相反论点的人则大错特错了。虽然，人们常试图推测比已存在的任何社会都更为先进的工业社会的特点，但这类努力很可能蜕变为社会科学幻想小说，就像赫胥黎和奥威尔所做的那样。所 298以，本章和下两章只打算分析现时代中最发达工业社会里的分配体系。只是在第432~433页（页边码）中，对那些迷人但又不可靠的关于未来的问题做了简单的考察。

工业社会的共同特征

从技术角度看，现代较发达的工业社会与农业社会是有很大差别的，所使用的原料更加多样化，能源极为不同，工具也比以前的更复杂、更有效。事实上，这种变化如此之大，以至于我们在现在的分析中只能谈及一些最重要的特点。

从社会学角度讲，最重要的区别之一是在"做功"活动中使用的能源不一样。"做功"活动指的是诸如推、拉、提升、切割、挖掘等由人的肌肉力量来完成的，或从理论上讲能由人的肌肉力量完成的活动，而不是诸如冶炼金属、煮食物或提供热、光、冷气等活动。[1]在农业社会中，人和动物是这种能量的两个主要来源。据最近研究估计，在 1850 年，美国尽管已经开始了工业化进程，但在其做功活动中仍有 65% 的能量是由动物或人提供的。[2]另外 28% 是由古老的三大能源：风力、水力和木柴所提供的，这些能源很久以来就起着补充人力和畜力的作用。当时只有 7% 来自某种新的能源，而这又完全是以煤的形式提供的。

一个世纪以后，情况从根本上改观了。所有传统的能源形式：人力、畜力、风力、水力和木柴加在一起只能提供做功 1.6% 的能量。所有余下的都是由更新的形式，即化石燃料和水力发电提供的。事实上，有 65% 的能量来自一个世纪以前人们完全不知道的一些能源，如石油、天然气和水力。在现代，另一种新能源正变得重要起来，这就是原子能。

不仅是能源的形式改变了，而且能量的消耗量也成倍增长。在 1850 年，美国全国输出功仅为每人每年 435 马力时。这个数字大概比先进农业社会的平均水平超出不了多少。[3]到 1950 年，这个数字增加了 10 倍以上，达到每人每年 4470 马力时。如果将所有的能量消耗形式都包括在内（不只限于工作），那么在这 100 年间增长了 20 倍。

工业社会的产生，不仅带来了能源消费的急剧增加，而且其他资源的消费也不亚于能源，例如。在 1800 年，世界各地铁的总产量据估计只有 40 万吨，或大约每 2000 人一吨。[4]而到了 1950 年，铁的总产量达到了 1.32 亿吨，或每 20 人一吨。换言之，从 1800 年到 1950 年，在世界范围内，铁的人均消耗量增长了 100 倍。如果仅限于用一些较发达的工业社会进行比较的话，那数字就更加引人注目，例如在美国，1950 年每两人就有一吨铁，是 1800 年世界范围的数字的 1000 倍。[5]

其他原材料的消费同样急剧增加。这里只需引证一些熟悉的材料。早在 1949 年，美国人每人每年就消耗 7300 磅石块、沙和石子，520 磅水泥，210 磅食盐，130 磅磷酸盐，89 磅石膏，71 磅硫黄，23 磅铜，16 磅锌，13 磅铝和 13 磅铬。[6]这些材料的消耗大部分还在增长，并且看不到其增长的尽头。

原材料消费的增长带来了生产的极大增长。例如，从 1849 年到 1961 年，美国人均年收入从近 320 美元提高到 1950 美元。[7]由于这些数字是以 1949 年的美元值为标准计算的，所以它代表了真实的增长，而不仅是字面上的增长。其增长的趋势尤为重要：在整个增长中，有一半是在近 20 年中单独达到的，这表明了一个很大的加速率。

尽管上面这些数字（所反映的）变化很大，但它们仍不能完全展现出从农业经济转到先进的工业经济所发生的变化程度。首先，美国在 1849 年绝不是一个典型的先进农业社会，当时的工业化已经进行了几十年，尤其是在新英格兰。再者，当时人口稀疏，农场规模也比农业社会的常见规模大得多，这就使人均收入高于人口密集情况下所能达到的水平。

我们考察一下那些在 20 世纪中叶仍在本质上具有农业社会特征的国家，就可以对传统的农业类型具有更深刻的认识。例如，在 1948 年，以美元计算，墨西哥的人均年收入只有 106 美元、巴西 112 美元、秘鲁 82 美元、埃及 112 美元、印度 75 美元、泰国 79 美元。中国在 1938 年的人均收入数字，即使考虑到下一个 10 年中美元的通货膨胀而做一些向上调整的话，每人每年也只有约 35 美元。[8]我们如考虑到，这些社会都在某种程度上受到工业化的影响，那么很清楚，在过去纯粹的农业社会中，人均收入如果按 1949 年的美元计算，几乎肯定不会超过每年 100 美元，很可能还会更少些。换言之，美国社会的人均收入已经至少是典型农业社会的 20 倍，并且还在增长。

技术进步不仅让生产力如此惊人地提高，而且也影响着人类生存的几乎每一个其他方面，尤其是对社会经济制度有直接的影响。首先，过去两个世纪的技术革命摧毁了自给自足的经济，除了边远和落后地区以外，即使是农场的农民，他们的生活必需品也大多数不再是自己生产的。对于这些社会的每一个成员来说，交换关系正在迅速变得必不可少。这意味着，除了其他一些因素以外，货币在工业社会经济生活中所起的作用要比在农业社会中大得多。在农业社会，货币没有进入农民大众的日常生活，而在较先进的工业社会中，货币则成为即使在最穷的公民日常生活中也都必不可少的东西。

301 　　随着交通和通信领域不断取得进步，地方市场体系被摧毁，并入了更大的、包罗万象的市场体系。结果，经济上自给自足的社区在先进工业社会中实际上已不复存在。市场呈不断扩大的趋势，现在已达到最主要商品形成了国际市场的程度，而且假如不是政治方面的限制的话，整个世界都可能成为一个交换许多商品的单一市场。

由于市场的成长和技术变得更加复杂，生产单位也必然扩大。在今天的美国，有许多公司雇用着 10 万名或更多的工人，并集聚了成千上万名投资者的资本。美国电话电报公司是当前最大的公司，雇用了 75 万人。

在经济领域，组织规模的扩大导致了另一个发展，即精细的专业化。按照美国劳动部的统计，美国当前有 2 万多不同种类的工作，其中大多数具有非常专业化的性质。[9]不仅在装配线之类的体力劳动中如此，而且在非体力劳动中也是这样，一般性的个体职业者不仅在医疗界，而且在其他职业中也都处于被迅速淘汰的境地。

精细的专业化也是地区的特征，有些地区专门从事汽车生产，其他的从事纺织、娱乐、教育或政府管理；甚至在国家层面也有专业化的情况。在一个由先进工业化国家占统治地位的世界中，有些国家专门从事机械工具的生产，另一些从事石油生产，再一些从事其他原材料的生产。要不是世界被分成各个独立自主的民族国家的话，这种专业化的倾向将会更加深入，因为越专业化也就越经济。

这些技术上和经济上的变化不可避免地带来了人口方面的变化。首先，像更早的技术经济进步一样，这些进步使社会水平上人口数量和密度的大幅增长成为可能。表 1 显示了一些从先进的、人口众多的农业社会转为工业社会时的人口增长，从表中可看出，除法国以外的所有国家在这段时间里人口都至少翻了一番，而且大多数增长了 3 倍。

302

表 1 部分国家从 1800 年（或最早有记录的年份）

到 1960 年的人口增长

单位：百万

国家	人　口	
	1800 年(或有记录的第一年)	1960 年
比利时	4.3(1850 年)	9.2
法　国	27.3	45.5
德　国	24.6	70.7
意大利	18.1	49.4
日　本	37.0(1880 年)	93.2
荷　兰	3.1(1850 年)	11.5
西班牙	10.5	30.1
瑞　典	2.3	7.5
苏　联	37.0	214.5
英　国	16.1	52.5

资料来源：早年资料出自 W. S. Woylinsky 和 E. S. Weytillsky《世界人口与生产：趋势与展望》（*World Population and Production*，New York：Twentieth Century Fund，1953），第 44 页；后来年代的资料出自《美国统计摘要》（*Statistic Abstract of the United States*，Washington GPO，1962），第 911～912 页，以及《世界年鉴》（*World Almanac*，New York，World-Telegram，1961），第 358 页。

　　工业化也使社区扩大。正如前面所论及的那样，在农业社会中，最大的社区也就是百万人出头。而且在农业社会 5000 年的历史中，只有少数几次达到了这个数字，并且都只是在一些大帝国的首都。相比之下，今天过百万人口的城市已接近 100 个，并且已有近 20 个城市达到了三百万人口。[10]大纽约已突破了千万大关，大伦敦和大东京的都市社区也都接近了这一数字。

　　工业化不仅意味着更大的城市，也意味着更大比例的人口居住在城市社区中，第八章谈到典型的农业社会中有 90% 的人口居住在农村社区当中，只有 10% 居住在城市里。在最发达的工业社会中，这两个数字差不多刚好相反。例如在英国，1955 年农民只占总人口的 4.5%（虽然这个国家在农业上并不能自给自足）。[11] 美国 1962 年的男性劳动力中只有 9% 从事耕种，这一小部分人持续地生产出剩余产品来。[12] 从事农业活动只需要不超过 5% 的男性劳动力（假设排除效率最低的农民）。假设再有 5% 的男性劳动力从事一些对农村居民而言必需的职业，即农具经销商、教师、教士等，那么也只有 10% 的男性劳动力似乎需要住在以生产食物和纤维为主要经济活动的真正的农村社区里。

工业化还以另一种方式影响人类人口。它带来了出生率和死亡率的急剧下降，并相应地提高了预期寿命。在大多数较发达的工业社会中，自然死亡每年只是总人口的 10‰ 或更少，而两个世纪以前 "40‰ 的死亡率并非不常见……（并且）25‰ 被认为是异常低的死亡率"。[13] 出生率下降得虽然没有这么厉害，但也是很大的。在过去传统的农业社会中，出生率平均每年大约为 30‰ 强，在许多情况下甚至超过 40‰ 或更多。[14] 相比之下，在先进的工业社会中，年出生率在 15‰ ~ 25‰，以 17‰ 或 18‰ 为主。[15]

这些数字表明了现代人口学方面或许是最具革命性的发展，即安全有效地限制生育的技术的发展。在每个农业社会阶级体系的最底层，不幸的被遗弃者的存在证明了长期的人口危机。今天，由于各个领域技术的进步，在较先进的工业社会中出生率基本上广泛反映了社会成员的期望和意愿。这一点可从出生率的多样性和它随经济周期波动而波动的倾向中看出。

工业化在政治领域中也引起一些重大发展。首先，专制的政府形式基本上被消除了，特别是消除了统治者的所有权和世

303

袭权的古老观念，各种各样的共和政府取而代之，掌握了政权，尽管在一些国家仍然保存有君主的标志（如在英国、斯堪的纳维亚和低地国家）。在另一些国家，一些个人在一段时间中获取了独裁的权力，但这都从未导致真正固定的、制度化的个人统治。工业化国家一般都是共和体制，虽然也有可能出现个人统治的模式，却是不太容易的。

304

虽然很明显，在不同的工业社会中社会成员参与政治过程的程度有很大的差别，但平均说来，工业社会中政治权力的分散程度比农业社会大得多。下面将要讲到，这种发展对分配过程具有重要的意义。我们可以暂且只提到这一发展的产物之一是大众政党的出现，这些政党只存在于工业社会和受工业社会影响的社会中，或处在工业化过程中的社会中。[16]

与国家的相对民主化相联系的第二个重要发展是国家职能大大增多了。这一倾向在社会主义国家中最为突出，特别是在那些由信奉集权主义哲学的政党所统治的国家中。然而，在一些拒绝社会主义和集权主义的国家中，如美国，也能看到这种倾向。只要考察一下我国各种各样的部门和机构，及其主要的分支机构，就可以发现联邦政府现在承担着多少不同的职能。[17]我们只能将这一系列的部门和机构同18世纪末和19世纪初的情况进行比较，才能评价其中的变化有多大。

第三个重要的政治发展是政府军事力量的增长，这一倾向在第一次和第二次世界大战中就初露端倪。并且随着原子武器的发展而进一步明显化了。然而，从分配过程的角度看，这还不如另一种相应的发展重要，即全面战争的倾向，或所有人都卷入战争的倾向。在农业社会中，战争通常只是职业军人的事情，大多数人是不会被深深卷入的。但是，自第一次世界大战以来，战士和市民的界限已变得相当模糊了。

19 世纪和 20 世纪工业社会中军事力量的增长还导致了若干欧洲殖民帝国的产生，它们（的领地）一度几乎遍布全球。 305 这一发展连同通信领域的进步，使欧洲文化特质在世界大多数地区迅速蔓延。现在来看，这是人类历史上第一次达到了似乎所有民族可能共享一种单一基本文化的程度（当然，这并不是要排除地区、阶级、年龄、性别和其他种类的亚文化）。虽然这一可能性是否会实现仍有争论。但是，达到这一目标的技术基础正在迅速地形成。实现统一的全球政府也是有可能的。从技术的角度讲，阻碍其实现的障碍正在被迅速地清除。

工业社会人口的一般知识水平要比农业社会的高得多，尤其是在识字方面。在农业社会中只有少数人能够读书写字，而在较先进的工业社会中，这种能力基本上普及了。在越来越多的工业社会中，大多数青年人在十五六岁以前都接受正规教育。少数人在二十几岁后仍接受正规教育，并且这部分人数正在增长。例如，在 1961 年美国男青年中，在校学生在 14～17 岁人口中占 92%，在 18～19 岁中占 49%，在 20～24 岁中占 20%。[18]事实上，25～29 岁男性中的 7% 及 30～35 岁男性中的 3% 仍在某种类型的学校或大学里就读。

教育机构的发展部分归因于更广泛训练的必要性，但它也反映了童工需求量的下降。因此，在较发达的工业社会中，教育机构除了具有教育功能外，还具有监护的功能，使不需要出卖劳力的年轻人在学校里生活。然而，在这一过程中，学校使青年人同成年人隔离，结果产生了重大的文化断裂。这些社会中的年轻成员很快产生了他们自己特有的亚文化。工业社会中青年人与成年人亚文化的差别常常和农业社会中城市居民与乡下人的差别同样重要，并且其差别也同样大。后面将要看到，有足够的理由相信，年轻人同成年人之间的文化断裂是同分配系统中一种非常重要的新发展相联系的。

在结束讨论教育机构前，有必要注意其变化的特征。在农业社会中，教育机构典型是宗教机构的附属物。在工业社会中，这种情况大大减少了，即使有些地方的宗教机构仍努力在形式上保留它们对教育机构的控制，其正式的宗教教导也很少成为教育机构的主要活动。教育机构已越来越多地受到由教师和学者组成的共同体的控制。这些共同体的产生和它们在权力和影响上的长足进展是在工业社会成长过程中一些更重要发展的影响下发生的。

与之联系的另一个倾向是，人类活动的所有领域都越来越强调计划。在农业社会中，计划充其量是一种偶然的行动。人们一般都假设他们活动的后果是无法把握的，从而相信命运或天命。随着科学技术知识的迅速增加，随着各种专门信息的储存、组织和再获得方面的新技术的发展（例如，通过现代计算方法或通过使用电子计算机），连续的和全面的规划在人类历史上第一次成为实用的和有益的活动。每一个较大的组织都越来越多地进行规划。

正如很多作者已谈到，从农业社会到工业社会的转变也影响到家庭。[19]首先，这意味着将家庭的很多功能转到了其他机构。许多曾是家庭承担的义务和责任被家庭放弃了。从分配过程的角度看，重要的转化之一是对老年人的照顾，以前它是由家庭专门负责的，现在则越来越多地由国家负责。随着家庭功能的转化，人们对大家庭的需要也就相应地越来越少。与农业社会不同，在工业社会中，孩子是一种经济上的负担，父母们都有一种积极的动机去限制子女数量。

工业社会的出现也给妇女带来了更大的自由。由于孩子数量减少和受教育机会增大，妇女在职业选择上不再受到严格的限制。而且，工业化一般意味着包括公民选举权在内的合法权利的增加，也意味着一夫多妻制的消除。简言之，将妇女作为财产的古老观念的最后痕迹正在迅速消失。

最后，就宗教机构而言，工业社会的出现是与宗教思想内容的重大转变联系在一起的。在农业社会中，操纵着人间命运的力量通常被以人格化的术语思考，并且大多数宗教都具有有神论的特征。[20] 相比之下，在先进的工业社会中，以非人格化的术语想象这些力量的新宗教增加了许多。这种增加有时是通过信仰，有时是通过强制实现的。人道主义是前者的经典例子，共产主义是后者的经典例子。这两种信仰在很大程度上都是以牺牲旧信仰而获益的。而这些被牺牲的旧信仰，诸如基督教、犹太教、伊斯兰教、佛教、印度教和儒教都是在农业时代中产生的。这些旧信仰是否将被消除，现在还很难说，但它们已在某种程度上被改变了。它们正在以各种微妙的方式经历着不完全的非人格化过程。[21]

从人格的到非人格的神学转化是与工业社会的产生联系在一起的，它可能部分地反映了社会自身的变化特征，尤其是社会中各主要制度的变化。在农业社会中，主要的政治和经济制度是在高度个人世袭的基础上运转的，而在工业社会中，它们都是在非人格的科层制基础上运行。这些最强大的人类制度特性的变化肯定对人们关于终极权力（Ultimate Power）观念的转变起了作用。[21a]

工业社会的兴起似乎也以另一种方式影响到了宗教领域。

在工业社会中，国家和教会的同盟比在农业社会中要少见得多。即使在有些地方还残存着这种联系，它通常也是脆弱的。但是，在一些国家中，共产主义作为国家宗教而出现，这说明了上述倾向并不具有普遍性。

教会与国家联盟衰落的原因，通常是由于世袭的且将国家作为其财产的君主政体的衰亡、共和政府的兴起、政治权力的广泛分散等因素。在民主的或共和的国家中，政府并不那么依赖宗教团体以使权力合法化，因为它们现在是给总人口中的绝大多数带来真正的和明显的利益，因而能在世俗功利的基础上得以合法化。[22] 因此，许多政府不再需要它们旧时宗教伙伴的服务了。同时，由于很大一部分人对传统宗教的信仰减弱，又由于诸如人道主义、弗洛伊德主义等新的具有竞争性的信仰的传播，这一倾向得到了进一步发展。面对着宗教信仰异质性的增强，政治权威比其他任何时候都更迅速地努力废除教会与国家的联盟。

基本趋势的逆转

在我们考察过的所有社会类型中，工业社会最好地表明了探索纯粹推论式的和高度一般化的分层理论的困难和限制。在确定了这种社会中生产力的大大增长和工业化国家权力的急剧扩大后，最符合逻辑的预测是其权力和特权的不平等比农业社会中的不平等还要大。然而，稍微对当代社会进行一些调查就会发现情况并非如此，更加深入细致的考察会进一步证实这种观点。如果说在成熟的工业社会中权力和特权上的不平等与农业社会中有差别的话，那前者甚至可能在某种程度上还不及后者那么显著。简言之，成熟工业社会的出现标志着在自古以来不断增强的不平等趋势中第一次出现了重大逆转。

各种类型的证据支持着这一断言。首先，通过对农业社会和工业社会中政治体制的比较，我们能清楚地看到，前者中政治权力要集中得多。在农业社会中，政府的权力几乎总是掌握在极少数人手中，绝大多数人完全被排除在政治过程以外。而在工业社会中这种情况不多，只出现于那些处在工业化早期阶段、由集权政党控制的社会中。在大多数工业社会中，所有的成年公民不仅具有选举权，而且更重要的是他们具有在政治上组织起来以增进其自身特殊利益和信仰的权利。甚至在这些活动与当权者的利益和信仰相矛盾时，也是如此。[23] 当然，这并不意味着政治权力上所有的不平等都消除了，或者民主的太平盛世到来了，但它意味着政治不平等大大减少了，政治权力也大大分散了。只要将之与农业社会做比较，这两个特点就会马上变得显而易见。这种情况在斯堪的纳维亚民主国家中表现得最为清楚。在那里，社会主义政党最近几十年来一直是占主导地位的政治力量。同时这种模式在美国和法国等国家中也很明显，而在这些国家中，下层阶级的政治影响还没有那么大。应该注意到，即使在那些不允许民主化的工业社会中——如斯大林后的俄国或庇隆的阿根廷——政治精英们也大力地运用权力推进那些有益于下层阶级的方案。这种事情在农业社会中基本上没有听说过。

不平等程度降低的第二个标志可在收入分配的资料中看出。先前我们看到的证据表明，在农业社会中，占总人口1%或2%的人处于最高层，通常获得不低于国民总收入一半的财富。[24] 在工业社会中，相应的数字要低得多。按照正式的政府报告，民主国家人口中2%的人处于最高层，他们得到了税后个人现金总收入的 10% 左右。例如，英国 1954 年的数字表明，2% 最高层的人获得税后总收入的 8.5%，瑞典 1950 年的数字是 1.8% 最高层者获税前总收入的 9.9%；丹麦 1949 年的数字是 1.1% 最高层者获税前总收入的 10.3%；美国 1958 年的数字是 1.3% 最高层者获税前总收入的 8.1%，2.3% 的最高层者获税前总收入的 11.6%。[25]

当然，不能从这些数字的表面值来分析问题。正如近来一些作者指出，这些数字漏掉了许多亿美元的收入，有时是因为纳税人的欺骗和逃税，更多的是因为税法没有将许多形式的收入界定为收入。[26] 例如，加布里埃尔·科尔克（Gabriel Kolko）指出，在美国，这些因素导致每年少申报的收入超过 300 亿美元。此外，公司的花费开支据估计在 50 亿 ~ 100 亿美元。[27] 科尔克指出，保守地估计，这些公司的花费开支中，有 1/3 是以实物的形式成为 10% 最高层人士的收入的。并且在这一部分人中，有 1/3 ~ 1/2 的人存在税收错误和逃税。如果我们认可这个估计的话（即使科尔克有明显的政治倾向，这些数字也不会更低），那就是说这 10% 高收入者的实际年收入要比他们的纳税申报单上写的年收入多出 120 亿 ~ 180 亿美元。如果我们为了避免任何保守偏见的危险而设想几乎所有这些财富都流入了占总人口 2% 的高层人士的腰包里，那就可以肯定对这部分人收入估计的误差达 100 亿 ~ 150 亿美元。然而，我们也估计在余下 98% 的人当中也有近 200 亿美元的收入误差，这可以部分抵消对 2% 高收入者收入估计的误差。如果我们较高地估计高收入集团少报的数额，即 150 亿美元的话，我们就可得出结论，在税前，美国国民个人收入的 15.5% 流入了占人口 2.3% 的最高层人士的腰包中。

然而，即使这个数字也大大低于农业社会中精英们占有50%的国民生产总值的估计。这个差别的产生部分是因为农业社会的数字包括了政府的岁入，而工业社会则不包括政府的岁入。乍看起来这一比较似乎既专断又不公正，但实际不是这样。正如我们见到的那样，农业社会的政府几乎完全属于极少数人，由极少数人掌握并为这极少数人服务。在现代工业国家中，情况不再是这样了。虽然，在每一工业社会中，上层阶级事实上仍不成比例地从政府行动中获益，但普通公民在某种程度上也同时获得了在过去农业社会中梦想不到的，甚至在现在仍存在的农业社会中也无法获得的利益。

在任何精确程度上都很难确定，在工业社会中，政府究竟给了2%的最上层者和余下的人各多少百分比的利益。然而，即使人们假设这些利益全给了精英们，其总数也仍低于农业社会50%这一比例。在最发达的工业化社会中，从地方到中央的各级政府的开支只占国民生产总值的20%～30%，平均只有25%左右。[28] 即使这一平均数加上先前我们估计的高达15%的个人收入（这意味着占国民生产总值的12%）都属于2%的高层阶级，那工业社会中处在与农业社会精英地位相同的那部分人，即2%的最高层，所获得的收入也不到国民生产总值的40%。如果我们更现实一点，假定政府的利益有一半给了受优待的2%的人，那么这些精英在国民生产总值中所占的份额就降到25%了。[29] 因此，虽然我们可能无法精确地断定成熟的工业社会中2%的最高层人士在国民生产总值中所得到的百分比有多大，但我们有把握认为，这一百分比远小于农业社会中的百分比。事实上大概要比它低一半，甚至可能更低。[30]

由于上述估计均以民主国家的资料为基础，也许有人会问，集权国家的情形是否会有所不同？由于缺乏可信的量化资料，所以很难回答这一问题。然而，从我们已有的资料来看，至少苏联在收入上的不平等大大低于美国。最近一个研究表明，苏联的最低工资是每月 300 卢布，平均月工资是 800～900 卢布。相比之下，苏联工业中的高层官员每月收入 4500～7500 卢布，这相当于最低工资的 15～25 倍，是平均工资的5～10 倍。[31]这些数字同以前研究过此类问题的人报告的数字是很相近的。[32]但是，最近另一个报告又说，苏联的最高收入"达到了每年 100 万卢布"，或约每月 8 万卢布。[33]这几乎为最低收入的 300 倍，为平均收入的 100 倍左右。同非共产党国家一样，这些数字省掉了许多对穷人和富人都有利的实质性利益。然而，这些利益基本上同现金收入成正比，所以对收入比率没多大影响。

312

再看美国的情况，我们发现，一个从事州际贸易的人，如果他完全就业的话，现在的最低工资可能是每年 2500 美元。1958 年税收统计书中所报告的中等收入是大约每年 4000 美元。[34]而近年来在主要行业中重要负责人所挣的年收入是 5 万到 50 万美元，并且几乎总能得到来自拥有股票、债券的可观的非劳动收入。[35]官方资料表明，1960 年收入阶梯的最上端超过了 2800 万美元。并且据称（如果真实的话），J. 保罗·盖提（J. Paul Getty）拥有 20 亿美元的财产，如果他从其投资中获得不高于 4% 的保守收益的话，那他每年的收入则约为 8000万美元（尽管很明显，其中大部分未被政府划归"收入"项中）。[36]将这些数字加起来，我们就可发现，美国工业领袖所获收入为法定最低工资的 20～200 倍，是收入中位数的 12～125倍。即使不考虑对盖提收入的估计，而以更保守一点的 2800

万美元为最高收入，我们也会发现，这是最低收入的 1.1 万
倍，是平均收入的 7000 倍。所有这些比率都远远大于苏联相
应的比率。这说明苏联的收入不平等远不如美国明显。这个结
论同大多数受过训练的人到苏联访问时所得出的结论是一致
的。因此，在民主国家的资料基础上得出的收入不平等趋于历
史性下降的结论对苏联似乎也同样适用。

逆转的原因

从理论角度看，工业社会的出现而带来的政治和经济不平
等程度的降低具有特别重要的意义。这在大历史趋势中造成了
一个逆转，而产生这种逆转的原因绝不是一目了然的。相反，
在工业社会生产力增强和国家权力增大的情况下，人们一般会
预计不平等程度会比农业社会的不平等程度更高。这种发生相
反情况的事实说明，要么我们作为出发点的一个或多个基本假
设是错的，要么在我们原来高度一般化的理论中没有考虑到的
（或至少没有充分考虑到的）其他一些因素在起着作用。我将
要阐明，史料有利于后一种解释。它再次表明，仅借助纯粹的
演绎方法而提出一个一般化理论的做法会带来严重的问题。

技术和文化的复杂性与行政的有效性这两方面之间的关
系，是我们先前关于人和社会的特性的假设中所没有考虑到的
因素之一。在现代工业社会中，一般意义上的文化和特殊意义
上的技术比在最先进的农业社会中都要复杂得多。[37]事实上，
其较高的复杂程度已导致那些身居高位、发号施令的人不再可
能理解他们所有下属的工作。因而，那些处于发号施令位置的
人越来越"无知"。这并不是说工业社会的权威者比农业社会
的权威者更缺乏智力和知识，而是说他们所掌握的知识远不足

313

以使其维持对下属的有效控制。因此，由于其知识的欠缺，他们常被迫或以不充分信息为根据而发布指令，或把问题留给下属自由处理，这就使其特权容易受到侵占。以前是以牺牲效率和生产力为代价来保护权威，后来则是以牺牲权威的限度来增进效率和生产力。简言之，在工业社会中，生产力同权威的关系似乎是呈曲线形的，至少到现在是如此。[38]因此，除非政治权威愿意并能够牺牲生产力，否则他们就不可能完全像农业社会的权威那样依靠发号施令的手法。一般来说，工业社会的权威在某种程度上是凭借授予别人权威或依赖市场机制来维持其统治的，这样就产生了权力和特权的分散。

　　导致在不平等不断增大的历史趋势中出现这一逆转的第二个因素似乎是生产力迅速而大幅度的提高。在那些国民生产总值和人均国民收入急剧增加和能够持续增加的社会中，精英们发现他们自己处在一种矛盾的情形中。他们可以通过答应下层的一些要求和做出一些让步来取得最大的净报偿值。比如，同意分一部分剩余产品给下层阶级，他们就可以减弱工人们在罢工、怠工中表现出的敌意和由之而来的损失。在一个持续扩张的经济中，精英们可在相对意义上做出让步，而不必受到绝对意义上的损失。事实上，如果让步不是太大，并且经济增长率足够高的话，那相对的损失会带来充分的绝对收益。例如，一个统治者在1000亿美元的经济中占取国民生产总值的40%，要比他在500亿美元的经济水平上极力维持50%的占比获得更大的收入。如果我们假设大多数人都愿为了获得充分的绝对收益而做出适当的相对让步的话，并且我们再设想如果精英的领袖们意识到了他们能从让步中获得利益的话，那么我们就只能预言他们将做出这种让步。

边际效用原理也有助于产生让步的愿望。这一原理提醒人们，开头的 100 万美元对一个人来说，一般要比后来他可能获得的任何百万美元具有更大的价值。在经济十分富足的社会中，许多精英成员可能倾向于做出一些经济上的让步，以便尽可能增大其他方面的报偿，如安全、尊敬和闲暇等。换言之，在获得了一定水平的财富以后，精英们就宁愿牺牲一部分经济剩余产品，以减少敌意和革命的危险，并且为他们自己赢得更大的尊敬和好感。或者，他们会发现，不可能既维持对政治和经济组织的严格控制，又享有闲暇的好处，所以就同意将一部分经济剩余产品转到其他人手中。简言之，因为精英们具有多重目标，并非只关注增加物质报酬，所以在一个高度富足且不断扩大的经济体系中，他们可能愿意做出一定的经济让步。

在减少不平等中起作用的另一个因素是新的、高效率的生育控制方法的发展。过去，人类加速增长的自然趋势对技术进步本来可以带来的任何经济收益都起到了抵消的效果。人口的增加往往超过了经济承受力的限度。只有在专制政治体制较强的情况下才可能限制人口的增长，因为专制体制将"经济剩余产品"转给了精英，从而可能阻止人口的进一步增长。当然，结果之一就是产生出庞大的、悲惨的被遗弃者阶级，他们的真实存在阻碍了广大农民和手工业者在生活水平上获得实质性和长期性的提高，因为他们不断与其争夺就业的机会。

今天，这种情况正急剧变化着，并且在将来变化得更快。人类在历史上第一次找到了安全、简单和有效地控制人口增长的手段。在这种手段得到最广泛运用的社会中，人口增长率已大大下降，使得人均收入在较短时期内就获得了真实的和巨大的增益，因此也就降低了竞争的强度。几个世纪以来，下层阶

316 级第一次能在市场上为工资而讨价还价了，因为这种市场中不再长年充斥着劳动力了。这一发展是有助于不平等程度的降低的。

有助于缩小不平等的另一因素是人类知识的巨大扩展。过去，统治阶级主要需要无技能的劳动力。由于人口充足，这种劳动力总是大量存在。这就使绝大多数人在讨价还价中处于不利的地位，并由此使劳动力价格降低。今天，在更发达的工业社会中，这种情况极大地改变了。由于如此之多的新知识产生了巨大的功能效用，产生了一大批专业技术人员，这些专业技术人员不可能被大规模地替代，这就给劳动力市场引入了一定的有利于劳动力出卖方的刚性，在对技术性能力的要求急剧增长的时期中更是如此。进一步讲，即使统治阶级能以维持生存的最低工资得到必要的劳力，这样做是否明智仍是值得怀疑的。从事精神劳动的人如果生理上不健康的话，其效率是会大大降低的。与只需要体力的工作不同，对于技术型工作来说，以 50% 效率工作的两个人并不等于以其最高效率工作的一个人。更有甚者，在某种程度上漫不经心的工作人员所犯的错误还容易损坏昂贵的机器和破坏严格的生产秩序，而这种情况在农业社会中是不具有典型性的。这些因素都阻止统治阶级将这些在人口中占越来越大比重的人的工资降到只能维持生存的水平线上，并因此避免了分配制度达到在过去和现在的农业社会中那种不平等程度。

现代工业社会中，政治领域平等趋势的明显程度并不亚于经济领域。在许多方面，更大的政治平等趋势比相应的经济平等趋势更令人吃惊。这是因为争夺政治权力的斗争在本质上是一种"零和游戏"，即一派的所得会引起对手相应的所失。但另一方面，由于生产力水平的持续上升，争夺特权的斗争却是一种各方都可有所得的"游戏"。因此，在政治领域，具有特权的阶级不能在相对意义上受到损失的同时，又实现绝对的收益。

人们并没有完全理解民主政府扩展的所有原因。很明显，经济发展并不必然带来民主的发展，许多非民主的极权主义国家也具有经济活力。另外，在工业国家中民主政府相对较多，而在农业社会中实质上不存在民主政府，二者相比强烈地表明了工业化与民主有某种联系。说得更明确一些就是，它表明工业化创造了有利于民主生长的条件，但并没有使民主成为必然的结果。

一个有利的条件是文字的普及和教育的扩大，较少接触大众信息传播的、不识字的农民阶级在政治参与过程中是处于不利地位的，而有文化的中间阶级和工人阶级在掌握了许多有用的信息传播工具后，就会处于更有利的地位。生活水平的提高也具有相似的效果。生活在最低水平线或接近最低水平线的农民和手工业者无法支付持久的政治活动所需的巨大费用，而在一个工业社会中，工人们则有更多的闲暇、精力和金钱投入政治活动。有利于民主发展的另一个条件是现代类型的战争以农业社会从未有过的程度让所有人都卷入进去。[39] 许多观察者称，军人和市民之间的传统界限几乎已经消失了。军人开始把城市的生产中心作为主要军事目标。如果安杰耶夫斯基和其他一些作家没说错的话，这一趋势就应具有一种产生平等的效应。因为在军事活动只限于少数人的情况下，不平等往往是最显著的。

然而，比这些都重要的因素是新的民主意识形态的产生和

317

扩散。这种意识形态宣称，国家属于人民。[40]这种意识形态并非简单地反映经济条件反映的变化，尽管如我们所见，它是受到经济条件的影响的。相反，史料表明，它发源于 17 世纪宗教和哲学的发展，并于 18 世纪在美国和法国这些在特征上仍完全是农业社会的国家中得到了相当广泛的传播。事实上，认为新的意识形态导致工业社会出现的观点与相反的观点似乎具有同样多的合理性。

总之，这种新的意识形态在工业社会的政治生活中成了一种重要的力量。它捕获了所有类型的人的想象，甚至包括一些政治精英。因此，它使得传统的对政治权力的垄断越来越站不住脚。随着民主意识形态的扩散，那些控制政权的人不得不做出一些实质性的让步，以避免大众对其权力的挑战——要对抗这种挑战是要付出很大代价的。并且，这种挑战甚至可能导致其倒台。在现时代中，国家应是人民公仆的观念仍旧是一种主要的力量，以一种理想化的方式调动起低等阶级的利己主义冲动，由此也将道德和利己主义统一了起来。这使人联想起在"君权神授"旗帜下道德和利己主义联姻的方式，但是这里它的效果却是相反的。

在所有民主理论已被制度化的地方，一个新的可能性戏剧性地产生了：现在，多数人可联合起来反对少数人。并且，尽管作为个人，这些多数人都是弱者，但联合起来后，他们就可以同样强大或更强大。因此，分配领域中大量革命性发展的大门就打开了。

政府的角色

从分配过程的角度看，在工业社会同在农业社会中一样，对政府机器的控制是至关重要的。那些控制着政府的人能够决定社会中竞争报酬的规则，并且依靠权力的作用对这种竞争的后果产生深远的影响。[40a]

然而，如果认为在工业社会中政府扮演着与在农业社会中相同的角色，那就错了。在近代民主革命发生后，这种情况已成为不可能了。认为国家是一项可由老子传给儿子的私有财产的古老观念，在所有较先进的工业社会中已完全被摧毁了。这一点产生了深远的影响。这意味着政府的权力不再能被用来以牺牲多数人的利益为代价为少数人谋利。它还意味着，在大多数较先进的工业社会里，人口中的所有部分或几乎所有部分，都可以在政治上组织起来和采取行动，即便他们是以反对现任当权者的政策和方案为目的。因此，政府机器成了形形色色的有组织群体间不断斗争的对象，而这些群体合计起来就代表了人口中大多数人的特殊利益。

这一类型当前在以下一些国家中是很明显的，如所有斯堪的纳维亚国家，英国和英联邦的海外英语国家、低地国家，瑞典、民主德国、奥地利、法国，意大利、美国和日本。[41] 在这些国家中，普遍存在以下三个基本条件：

1. 有着普遍的或实质上普遍的成年人选举权。

2. 有组织的政治反对派的权利受法律和习俗的保护。

3. 人口中的下层部分被允许组织和从事代表其自身利益的集体行动。

在上面所列举的国家中，有一部分不允许反民主党派参与政治过程，但这样做并不是像极权党人常宣称的那样，这些国家企图破坏政治反对派的原则和下层阶级组织起来的权利。在这些国家中，遵守政治民主原则的社会党和劳动党就被允许参与政治过程，甚至在他们鼓吹改变分配政策时也是如此。这种自由最好地证明了极权党人说法的错误。

到目前为止，在较先进的工业社会中，争夺权力的斗争所造成的结果是多种多样的。只要将瑞典的类型同美国的类型加以比较，就可看出这种多样性的范围。在瑞典，代表着城市工人阶级特殊利益的社会党，自 1932 年以来就一直是处于领导地位的政治势力。[42] 除了在 1936 年有短短的三个月时间例外，其他时间里社会党人或者单独控制政府，或者在联合政府中占主导地位。虽然这一政党的一些领导人是来自中层或上层阶级，但是所有观察者都同意，它是作为一个属于工人阶级的、由工人阶级组成的、为了工人阶级利益的政党而发挥作用的，至少在那些与阶级利益休戚相关的事务上是如此。[43] 这一点可从 19 世纪末工会在政党的组成上扮演了主要角色，并仍然继续扮演主导角色这一事实看出。近年来该党交党费的党员中有 2/3 是由其工会"集体"入党的工会成员。在瑞典国会的该党代表中，2/3 ~ 3/4 的人是或曾经是工会成员。[44] 进一步讲，近年来，近 70% 的工人阶级的选票投给了社会党，它占了该党所有选票的 3/4 左右。[45] 所有情况中最重要的是，该党的政策一直是朝着增进工人阶级利益这一目标的，并且带来了福利国家的建立。在福利国家中，几乎每一类不平等都大大降低了。[46] 然而，必须加上一点，反对党持续的力量和社会党无力在选举投票中或在瑞典议会中取得决定性多数，对该党领袖施加了限制性影响。但另一方面，福利国家的基本原则现在已被所有的反对党接受了，甚至保守党也接受了。[47]

在美国，情况大不相同。首先，共和党人标榜自己保卫传统的财产权，而它却取得了比瑞典保守党大得多的选举胜利

（事实上，比保守党和自由联盟加在一起都大）。虽然 1932 年以来它只在八年里控制了联邦政府的行政部门，控制国会的时间更短，但其力量一直是很大的。这是因为国会中缺乏党派纪律，他们频繁地得到南部民主党人的支持。[48] 还有，州立法机关任意改划地方选区，使得共和党的力量至今与其在州的层次上获得的选举支持不相称，只有一党存在的南部是例外。[49]

　　然而，比共和党的权力更重要的是民主党的性质。这是唯一可替代共和党的重要政党。虽然这一政党常被认为是工会的工具和工人阶级的代表，但这种关系绝不能同瑞典社会党与工会或工人阶级的关系相提并论。虽然民主党领袖们在花言巧语和正式政纲中经常宣称倾向于工人阶级，但该政党制定的法规从未长久一致地反映出这一点。例如，虽然自 1932 年以来，民主党在多数时候控制着白宫和国会，但直到 1959 年，15 位年收入从 100 万到 2800 万美元的人仍可以不承担缴纳联邦所得税等义务。而那些每年收入不到 1000 美元的人却被要求承担平均 13 美元的税收。[50]

　　这种情况反映了民主党的特质以及它与瑞典社会党显著的差别。如法国著名的政党研究者莫里斯·迪韦尔热（Maurice Duverger）观察到的那样，民主党是一个具有 19 世纪风格的政党，缺乏集中的权威、党的纪律和意识形态信仰这些 20 世纪政党的标志。[51] 相反，它只是一个以地方政客和政治组织为基础的松散（虽然是持久的）联盟。这些地方政客和政治组织只是为了在某种程度上互利的目的而联合在一起。每一个人或组织都可以随便在任何可能之处寻求选票和金钱支持，甚至那些被选入国会的该党成员也是如此。这种情况迫使很多人与有着良好财政支持的院外活动集团发生交易关系，而这些集团在特定意义上代表了商界的利益，在一般意义上则代表了特权。[52]

与瑞典社会党比较，美国民主党的领导位置更经常地被"拍卖"给任何有金钱或财政背景以及具有较大感召力的人。结果，中上阶级和上等阶级的人就往往占据统治地位，例如，唐纳德·马修斯（Donald Mattews）在他关于美国参议院的研究中指出，1947～1957 年参议院的民主党人中，有 58% 的人是实业家和专业技术人员的儿子。而只有 5% 是工厂拿工资者的儿子。[53]另外还有 33% 是农民的儿子。但是因为在这些农民的儿子中有 87% 是上过大学的（当时美国总人口中只有 15% 的人可以上大学），所以可以肯定，他们的父亲大多居于中上阶级的地位或者更高。[54]因此，在这些具有影响力的民主党领袖中，大概只有 10% 的人生于工人阶级或贫穷农民家中。同时，马修斯的资料还指出，被选为参议员时仍处于这些阶级的人就更少了。如果有人认为这些材料不具有代表性的话，那他可以再看看前密歇根州州长 G. 门嫩·威廉姆斯（G. Mennen Williams）所讲的情况。在发表于《哈佛商业评论》的一篇文章中，威廉姆斯称，在密歇根 1956 年民主党全国代表大会正式代表和候补代表的名册中，与实业界有联系的人在数量上超过了与劳动者有联系的人。并且州县长的位置，大多由实业家和专业技术人员占据。[55]如果密歇根确是如此，那么人们可以猜想，在大多数其他州中，这种类型甚至会更为显著，特别是在南部只有一个党的州里。

鉴于所有这些情况，很明显，民主党并没有像瑞典社会党那样站在与工人阶级相联系的立场上。如果再加上民主党不得不与别人分享权力，而瑞典社会党人不必这样做，那么这两党之间的差别就更大了。事实上人们基本上可以得出结论，在美国，有产阶级及其同盟者仍是占统治地位的政治势力。这一点与瑞典的情况是不同的。

在较为先进的工业社会中，美国和瑞典似乎代表了政治控制的两种极端类型。大多数其他的工业化民主国家则介乎其间。其他斯堪的纳维亚国家都接近瑞典模式。其主要的差别在于，这些国家的社会党没有获得那么多公众的支持。相反，那些代表了有产阶级的政党倒获得了更多的选票支持和更大的政治权力。[56]

英国在许多方面看起来都大致介于瑞典模式和美国模式之间。[57]一个标志是工人阶级在议会机构中的代表席。1949 年，瑞典国会中有 37% 的议员是或曾经是工会成员，1959 年英国下议院中有 19% 的议员是工人阶级成员，而 1949 年美国众议院中只有 3% 的议员来自工人阶级。[58]英国的社会党同瑞典社会党一样，相对来说遭受较少有产阶级为自身利益而导致的金融颠覆。然而，同瑞典社会党人不同的是，英国社会党不能较长期地赢得选举和对政府的控制。不过，他们对其主要对手保守党来说，又是一个严重的威胁，迫使其接受他们的福利方案中的许多内容（甚至包括铁路和矿山的国有化）。然而，我们还应注意到，社会党人发现，放弃在工业国有化上的极端立场是有利的。同时，如果按照社会党的标准来评判，英国的公共教育体系也还远远落后于美国。[59]

在澳大利亚也出现了某种类似的模式，虽然澳大利亚工党好像既不与工会有相当密切的联系，又不像英国工党那样猛烈地追求社会主义目标。[60]在比利时，社会党（以前是工党）自1914 年以来多次参与执政联盟。但是，该党甚至还未赢得

40％选民的支持。还有，该党之中追求实用主义目标的温和派占据主导地位。[61]法国和意大利的情况同美国的类型更接近，因为在这两个国家中，社会党和共产党这两个主要的工人政党都没有真正有效地控制过政府。而英国工党在 1945～1950 年，以及后来从 1964 年起却做到了这一点。进一步讲，这些已处于控制地位的党很容易受到有产者在财政上的哄诱。这一事实即使不通过他们的花言巧语，也可以通过立法情况的记录反映出来。[62]在其他先进的工业国家中，虽然在细节上有大量的不同，但其中的大多数都更接近于美国的政府控制类型，而与瑞典甚至英国模式相差更远些。联邦德国、瑞士、荷兰、加拿大、日本和新西兰看上去都是如此。[63]

在上述情况的基础上，人们可能认为只要按英国方向对美国类型做轻微的修改，就代表了先进的工业化民主国家的一般类型。然而，这种结论忽略了一个十分重要的因素，即政治领域中向左转的倾向。在几乎所有上述国家中，从长期趋势看，最能反映普通人民愿望和要求的政党和党内相应派别的力量在政府体系中呈加强的趋势。这种趋势有时表现为对保守党支持的下降和对自由党与社会党支持的上升，[64]有时又表现为主要政党的立场逐渐向左偏转。但经常是两种倾向都很明显，美国就是这样。这一趋势表明，先进工业化国家的典型类型最终将实质性地处于现在美国模式左侧的某一点。虽然，到底离它多远现在还不清楚。鉴于瑞典和英国的社会党人在执行经典的社会主义方案时所遇到的经济上和选举上的困难，至少在下一代人中，这一趋势还不大可能使典型类型超出目前英国的现状太远。[65]其实，它有可能在近得多的地方就停下来。

统治阶级：事实还是神话

随着政治民主化的兴起和发展，研究权力的学者在工业社会的执政阶级（governing class）或统治阶级（ruling class）概念的适用性上发生了分歧。一些人认为，同过去相比看不出多大的变化，仍可有理由采用权力精英和权力集团的概念；另一些人则否定其存在，不无道理地谈论政治多元主义、反对派力量和战略精英。[66]

既然在这一问题上如此经常地发生争论，那应该两方面都具有真理性的成分。例如，如果将传统的农业社会同现代工业社会做比较，很清楚，在后者中政治权力变得更加分散和广泛，至少在工业社会中占绝大多数的民主国家是如此。与任何一个农业社会相比，人们不能简单妄说任何一个工业社会的政府机构均属于具有特权的少数人，由这少数特权者操纵并为他们服务。但另一方面，如果拿这些社会中的任何一个跟平等的理想比较，显然也没有哪个能接近这一标准。在所有工业社会中都存在政治权力上的巨大不平等。大多数政治决定是由一小部分人做出的，而平民百姓一点儿作用也起不了。事实上，平民百姓们对于正在做出的决定经常是一无所知的。

如在上一章中所指出的那样，如果我们用变量的术语而不是类别的术语来看待这个问题，就会有许多收获。我们应该更多地去问，先进工业社会中的政治领袖在多大程度上符合关于统治阶级垄断权力和特权的概念，而不是问是否存在这样一个统治阶级。

如果这样考虑问题，我们马上就会很清楚，在不同的工业社会中精英统治的程度是多种多样的。斯堪的纳维亚民主国家

326

明显远离这一概念，以至于如果继续采用诸如统治阶级之类的传统概念，就只能引起混乱。在这些社会中，在权力和特权上的不平等似乎已接近最低点，只要不严重危及社会党人完成其党和民族目标的机会，这一点是可能达到的。[67]再者，在这些社会中，权力和特权在很大程度上被分开了。那些获得最大政治权力的人不再获得相应的经济特权，而那些拥有最大经济特权的人往往在政治上又很虚弱。相比之下，在那些以美国模式为主流的国家中，权力和特权上的不平等不仅要大得多，并且两者的联系程度相当高。因此，在这样的国家中采用统治阶级的概念多少要更恰当一些，尽管如已指出的那样，它依然并不是像在传统农业社会中那样恰当。在法西斯主义的集权社会中（这是一个相对不太普遍的种类），通常更接近精英统治的概念。在其中，权力和特权的不平等比美国类型的民主国家更大，并且更高度关联。简言之，在这一方面，各工业社会中具有大量的差异性，但是其典型的类型与在传统农业社会中所见的类型是具有相当大的差别的。这种情况表明，在涉及工业社会情况时采用诸如"统治阶级""执政阶级""政治精英"等概念时，需要十分谨慎。

如果从讨论过去和现在的类型转到讨论当前的趋势和将来可能（出现）的类型时，就更需要谨慎。在几乎所有工业社会中，其长期趋势中包含了并继续包含着政治和经济不平等程度的降低。这一概括的主要例外似乎有：（1）苏联，其经济不平等自1931年来有一定的上升。（2）斯堪的纳维亚民主国家似乎在一定程度上减慢甚至停止了推动经济平等的速度。[68]在这两个例外所包括的社会中，其经济不平等都是已经大量减少了的。有理由认为，这种一般趋势的停顿或逆转反映了其领导者们追求多元化目标，以及他们不愿为了只追求平等而危害其他的目标。[69]因此，展望未来，人们可以做出两种预测。第一，在较先进的工业社会中，绝大部分将更加远离以前那种一小部分人垄断权力和特权的纯粹精英统治。第二，这一趋势实质上将达不到权力和特权为所有社会成员平等分享的平等主义理想。

政治的阶级系统

尽管正朝着民主化理想方向运动，但在所有先进的工业国家中，政治上的不平等仍是生活中的一个基本事实。并且，政治资源是一种较重要的却为人所忽视的阶级体系的基础。一个人在这种资源中所处的地位将对他获得其最向往的东西的机会产生决定性的影响。政治地位在集权国家和民主国家中的影响都很大，尽管在前者比在后者中更加重要。

由于集权国家中政治阶级系统的特点更加清楚，所以我们最好先从集权国家开始分析。在这些国家中，可较容易地区分出至少四个阶级，每个阶级与政治控制的工具——政党——都有着不同的关系。

在这一等级序列的顶端，总是由党的官员组成的小群体。他们全部的工作时间都是为党服务。对他们来说，党的活动是其全部生计。这一阶级又可进一步区分为少数精英和一大群次级官员，前者控制着党内的决策过程，后者的任务是贯彻执行精英们的决定。在官员以下，是由党员组成的阶级，这些人是党的成员，但并不以全部时间从事党的工作，这一阶级也能被再分为积极分子和其他人，前者在自愿的基础上担当了党的下级领导，而后者除了完成维持一个党员资格所必须完成的事以

328

外，很少再干其他事。

在集权国家的阶级等级中再往下是普通非党人士，这些人虽然身居党外，但党并不认为他们是敌对的。这一非党阶级总是人数规模最大的阶级。实际上，他们至少可被分为三种类型：（1）有入党的愿望但缺少相应资格的人；（2）暗中对党怀有敌意，并在本意上不追求入党的人；（3）对此漠不关心的人。最后，在普通非党阶级以下，通常是由那些被正式认定为党的敌人的人所组成的阶级。这一阶级的规模和社会地位有相当大的多样性。其成员有可能被投入监狱，甚至被处死。但在顺境中，他们也会被允许免受那些额外的惩罚和限制。

在任何一个由政党独揽国家大权的工业社会中，这种类型的阶级体系都是自然而然地发展起来的。由于一个现代工业社会具有异质性和人们具有追求个人目标的倾向，所以，不可能使所有人都自愿地赞同任何一个单独的政治纲领或政策。对集权政党纲领的不同反应是不可避免的。以此为基础，人们就分化为党员、非党人士和党的敌人。进一步讲，党的需要也相当自然地导致了党员们分化为上述各部分。

甚至在共产党阵营中，人们也逐渐认识到这种阶级体系类型的存在。第一个公开说出这一点的是曾担任铁托元帅副手的米洛凡·吉拉斯（Milovan Djilas）。他在 20 世纪 50 年代初发表的一系列论文中，强烈谴责了被他称为"新阶级"的阶级的产生。[70] 他声称，新阶级是"由那些掌握了行政垄断权而享有专门的特权和经济优惠的人组成的"。他更具体地将它确定为"党官僚"或被我们称为党的官员的那些人。斯大林死后，甚至在苏联也出现了对新阶级的批评，尽管那里大多数的批评者在将其攻击对象贴上"阶级"这个令人可憎的标签时仍是小心翼翼的。[71]

由于这些批评者和外国学者的工作，现在才有可能对这一　329
阶级系统的特性和它如何在苏联起作用，做出一个比较清楚的
描述。首先，党的官方报告表明，当前有近 1000 万人口是共
产党员。[72]这约占成年人口的 8%。关于普通党员目前以什么方
式和在何种程度上能从其党员资格中得到好处，还不完全清
楚。然而，在过去是有着明显的物质利益的。

现在，随着食物和其他消费品越来越充足，党员的资格和
活动的重要性就主要表现在它们成为职场晋升的资格证。很明
显，非党人士在其工作的大多数领域中都无法企望升到最高位
置。[73]但也必须注意到，近年来，对有能力和雄心勃勃的人来
说，入党变得相对容易了。这似乎已成了为党吸收这些人的一
种精心设计的政策。[74]

党的领导人想要吸收人群中更有能力的成员入党的愿望已
让党员构成方面出现了有意义且重要的变化。党的官方统计表
明，从事专业技术职业和管理工作的党内成员占据异乎寻常的
高比例，而工人和农民却未能充分得到代表。例如一个报告指
出，在 1959 年党的二十一大的代表中有 73%、全部党员中有
52% 至少是以中学学历毕业，而总人口中只有 16% 达到了这
一水平。[75]由于教育程度与职业地位是高度相关的，因此党员　330
和其他人在职业阶级系统中的地位也有着相似的差异。例如，
尽管专业技术职业人员和半专业技术人员在总人口中只占
1.8%，或在劳动力中约占 4%，但在党员中他们却占了四分
之一还要多。[76]正如一位专家指出，"虽然专业技术人员同共产
党的整合远未完成，但这两个集团之间实质性的联结是有效
的。……党的高层人士与行政领导精英之间的联结就更为宽

泛"。[77]最近来自南斯拉夫的报告揭示了那里的一个类似情景，这份报告和来自其他共产党国家的不大系统化的证据说明这一模式确实具有普遍性。[78]

共产党内部的情况并非一直是这样的。在俄国革命的年代里，列在党的记录中的党员有 60% 是工人出身，另外 8% 是农民出身。[79]到了 1956 年前者的百分比几乎减了一半（减到了 32%），虽然农民出身者的百分比上升了（升到了 17%），但二者加起来还不到全体党员的一半。[80]

尽管有无产阶级的意识形态，这类发展几乎还是不可避免。梅尔·芬索德（Merle Fainsod）在探讨造成这一趋势的基本因素时写道："作为苏维埃社会的统治力量，党只有吸收年轻几代人中受过最高训练和教育的代表，才能有效地担当起其管理的责任。要稳固其作为执政精英的地位，党就需要在苏维埃社会中联合起上升的阶层——工程师和技术人员，工厂经理，官员和其他新的技术、行政和文化的知识分子代表。"[81]简言之，在集权社会中，政治的阶级系统和职业的、教育的阶级系统间至少要形成部分的协作，别无他径。

331　　虽然所有的党员都多多少少可以从其党员资格中有所获利，但主要获利者是那些党的官员们。他们组成了吉拉斯所攻击的"新阶级"。这一阶级到底有多少人是不知道的，但最近有人估计在 15 万 ~ 75 万。[82]这一阶级巨大的权力最终是从其对国家的控制中产生的。这意味着，整个警察系统和所有的武装力量都受其控制，被用来在任何时候贯彻其决定。

由于党是按权威和等级路线组织的，职位、任期和升迁在很大程度上依赖于个人在多大程度上能够使其上司满意，因此个人在组织中的地位常常是不牢靠的。在斯大林时代这种情况达到了极端。赫鲁晓夫在党的二十大上称，"在党的十七大上当选的 139 名中央委员和候补中央委员中，有 98 人被捕和被枪毙（大多数是在 1937~1938 年）"。并且，"在 1966 名具有选举权或顾问权的该次党代会的代表中，有 1108 人因反革命罪而被逮捕"。[83]当然，在斯大林死后，党的官员的安全状况有了很大的改善，但危险仍没有完全消除。正如一个权威者最近指出：

> 党的官员的生活仍是危险的，虽然自 30 年代中期以来，再也没有像大清洗那种规模的流血了，但在党组织中，动荡还是频频发生。对严重失误的处罚是很重的。即使是最有权力者也可能在眨眼之间从高位跌到最底层。[84]

因为包含了很大的危险，所以就需要有补偿。其中有两种补偿特别突出。第一个是迅速升迁的机会，这是动荡、免职和清洗的不可避免的副产品。官员们越往高层升，就给低层的年轻人提供越多的可图的空位。并且在这方面还有一种倍增的趋势，因为罢免一个高层官员，通常需要在多层组织中进行一系列的提升。

党在传统上所提供的第二个补偿是很大规模的特权。在斯大林时期，由于官员的危险很大，特权的补偿就更加明显。[85]但直到今天，政治精英成员相应的特权在许多方面也都能同资本主义国家中拥有财富的人和管理界的精英们相媲美。[86]这些特权不仅包括物质利益，如很好的住房、很好的衣物、上等食品和服务人员，同时还包括有机会给孩子提供通向精英地位的特殊途径。[87]这一点是很重要的，因为它给权力和特权的世代传递提供了基础。

尽管政治精英们获得了这些丰厚的报偿，但他们并非人人都感到满足。来自苏联的资料表明，党的官员们经常利用权力谋取私利，有时发展到相当大的规模。[88]这种情况支持了吉拉斯的观点，即党的平等主义意识形态对党的各级官员的影响在下降，而直接谋取私利的影响在上升。

虽然在像苏联这样一党制、集权化的国家中，政治阶级系统的存在是最显而易见的，但在任何多党制的国家中也都能发现这种情况。在这些国家中，个人政治活动的特点和范围都会影响其获得报酬的途径。但是，各国政治分层系统的结构和功能也存在一定差异。首先，一个民主的党不能像一个集权的党那样统治国家。所以，它也就不能随便利用国家资源来支持党内人员。这意味着在民主国家中，政治阶级的规模即党的官员或职业政治家的数量往往更少。第二，因为无法自由地利用国家资源，党的领导人被迫转求他径。在很多情况下，这使有钱人能"买"到进入民主政党核心圈的途径。[89]这最容易发生在那些无意识形态的、经纪人类型的党中，如美国的政党。而在社会党和劳动党中最不易发生，因为它们具有很强的平等主义意识形态。第三，在大多数多党制国家中，党员和非党员之间的区分是极其模糊的。结果，许多人自称是党员或党的追随者，但他们不交党费，也从不参加党的活动。最后，在多党制国家中，出现政治上被剥夺权利的阶级的可能性要小得多。当确实存在这种情况时（如美国共产党人的案例），其数量都偏少。并且个人如果愿意放弃其异端的观点，那他通常可自由离开这一阶级。[90]对照之下，在集权国家中，摆脱这一阶级则完全依赖于当权政党官员们的决定。仅仅靠宣称放弃自己过去的信仰是不能保证摆脱其阶级属性的。

在多党制国家中，统治阶级成员可得到的好处同在一党制国家中是一样的。虽然人们早就知道多党制国家中的政治活动能为自我扩展提供不寻常的机会，但这些机会的大小并不总是能被那些政治圈外的人领会。在大约一代人以前，有一个针对20位美国市长的著名研究，其中至少有9人所积蓄的财产价值为100万美元以上，其中1人超过1100万美元。[91]此外，另2人在其生涯的某个时候曾是百万富翁，另5人所积蓄的财产达20万到80万美元。只有3人未积蓄大量的财富，有1人无法获得相关材料以确定其财富情况。他们所有这些成就都是在美元的价值为现在的两倍时获得的。而且他们没有一个人是出身于富贵人家（6人在赤贫家庭长大，8人出身于穷人家庭）。[92]并不只有这些人是这种情况，这些名单还可以大大扩展。[93]近年来，通过党派政治活动聚敛财富的机会似乎大为减少。但最近一项对约翰逊总统财务历史的研究表明，似乎没有充足的理由证明官员聚集财富的机会已完全不存在了。约翰逊总统、他的妻子和女儿在1964年共有近900万美元的财产。这些财富几乎完全是在约翰逊先生担任公职时积聚起来的，主要是在他1948年进入参议院到开始向国家权力位置攀登的时段内。[94]

人们常常认为，像在美国这样的国家中，如一个政党领导人要获得大量财富，只有通过非法的手段。有时候确实是这样，但这种看法忽略了一种因素，即那些在党的组织中占据高位的人有着很多机会能获得财富而又不违反法律。孟菲斯市市长博斯·克伦普（Boss Crump）通过一个公司而整合了该市大多数保险生意，他在该公司资本中占有很大比重，从中获得了财富。堪萨斯市的市长博斯·彭德格斯特（Boss Pendergast）通过高价出售该市的混凝土，而获得了成千上万的美元。其他人将城市规划的内部信息用作在房地产中进行"投机"的股本，或者投资那些市场容易受他们掌握的政府机构控制的实业。简言之，在美国，政治精英要扩展其个人财富并不缺乏完全合法的机会。

尽管在美国和苏联，政治精英都从其对关键政治官位的控制中获得了大量的利益，但不应该认为这是工业社会的普遍模式。在有些例子中，政治精英有意避免经济上的自我扩张，在斯堪的纳维亚和英国的社会党领袖就是这样的。相似的是，在英国保守党中，这种情况近年来似乎也极少出现。解释这些差异，在很大程度上要从政党组织的性质上着手。在具有很强的平等主义意识形态、严格的纪律，没有恐怖的社会党中，过多的报酬不是必需的。个人通常既没有愿望也没有机会利用其政治职位来扩大财富。在英国保守党之类的政党中情况也是如此。这些党的纪律很严格，其中的下级领导（如议会中的后座议员）的独立性很小。而其最高领导都是由相当富有的人组成，他们对将党的职位用作私人敛财手段的兴趣低于将其用作保护阶级和民族利益的手段。

虽然，在一个非集权国家中，成为政治阶级中的一员常常带来很高的报酬，但仅有党员资格还做不到这一点。精神报偿和成为党内专职人员的机会似乎是一个党所能为一般成员提供的主要利益。[95]毫无疑问这是这一阶级在总人口一般只占很小比例的原因之一。例如在美国，研究表明，只有不到10%的成年人口声称他们曾以某种方式积极地加入过政党组织。[96]这种情况在欧洲也不见得有多大不同。迪韦尔热指出，在选举投票中，支持有高度组织性的社会党的人中，只有一小部分是该党交党费的党员，例如在法国、德国和荷兰都不到 10%。[97]他还指出，在这少数交党费的人中，真正的积极分子又只是其中一小部分。他说："任何一个党中的积极分子似乎都没超出其（交党费的）党员人数的一半，如果他们能达到 1/3 或 1/4，这个党就可以被看作是有活力的了。"[98]

如果一个人以比较的和历史的眼光去考察政治的阶级系统，将会发现两个重要的趋势。首先，政治阶级系统相对于其他阶级系统，特别是相对于职业阶级系统来说，其重要性在下降。这似乎是一种广泛的趋势。在发达的工业国家当中，以个人在政治系统中的地位为基础而分配的报酬份额在下降，这一趋势在美国是很明显的。在那里，政治的阶级在近一个世纪以来受到了大部分有产阶级、企业家阶级和管理者阶级的攻击。为了在提高政府效率的同时减少其费用开支，这些群体提出了许多主要用以减弱职业政治家权力的改革。[99]早期改革之一是试图取消传统上直接任命官职的权力授予体制（在这种体制下党的领导人掌握了任免权），而代之以量才提拔的文职制度或行政文官制度。虽然党的领导人总是想方设法在某种程度上绕开这些法律，但他们的任命权还是被大大削减了。这里只引证一个例子。在 20 世纪上半叶，在纽约市的分类机构中，采用例外任免制的比例，即不采用行政文官制度规则的比例下降了 80% 多。[100]虽然这个数字要高于平均水平，但它反映了一般趋势。

一项较为重要的改革是地方政府中由地方议会推举行政首脑的形式以及相应的发展，这将越来越多的权力交给专业行政管理人员。现在，在美国 5000 人以上的城市中，有 36% 以上有着这样的管理者。[101]正如一个作者所指出的，"在实践中，虽

336

然管理者扮演的'专家'公共角色只能被用来回答各种问题，以及仅当作行政人员来用，但实际上，他和他的下属在现今（议会推举管理者）的城市中是革新政策的主要制定者"。[102]甚至在那些还没有接受议会推举市长制度的城市里，这种倾向也是同样明显的。因为随着行政官员和管理者所掌控的部门的规模和复杂性不断增大，这些人员的权力也在急剧扩大。[103]

在苏联也有类似倾向。在共产党统治的前20年，党员身份和忠诚常常是被任命到工业企业和政府中担当重任的重要资格条件。[104]结果，到1934年50%的苏联工厂领导人只有小学教育水平。现在，仅有对党的忠诚是不够的，较高的教育水平是主要的标准，党员条件成了第二位的要求。虽然，党员身份对于高层管理职位的任命来说仍是必需的，但对专业上合格的人来说，入党几乎只是一种形式。党和政治阶级系统弱化的另一个表现是，苏联和其他东欧国家最近决定缩小其经济中计划的范围，而扩大市场力量作用的范围。[105]不管在这些决定的背后有何原因，其结果几乎肯定会增大管理者和专业技术职业者阶级的权力，进而减少党的官员的权力。最后，在那些社会党占主导地位的西欧国家中，政治地位已减少到相对来说微不足道的程度。在另一些像英国那样已经牢固建立强大的行政文官制度的国家中，政治地位大概并不比其他方面更重要。简言之，政治的阶级系统在大多数先进的工业国家中似乎都处于下降阶段。

导致这一现象的原因是多种多样的，但其大都与经济和政府组织在规模和复杂性上的巨大发展有关系。对这些组织的管理者来说，更大的自主性成了必须。进而，管理必须在技术上进行训练，否则就只有牺牲效率和生产力，然而几乎没有哪个政治精英愿意且能够付出这样的代价。[106]

　　第二种趋势更有争议，因为支持它的证据只限于美国和苏联。它可能不适用于全部甚至大多数先进的工业社会。然而，这两个国家中，在政治阶级系统中的地位与在其他一些重要的阶级系统中的地位，其相关性表现出一定的曲线倾向。在工业化的早期阶段，政治阶级系统中的地位与职业的、教育的和财产的系统中的地位高度相关，这反映了农业社会类型的特点。随着大众政党的出现和工人阶级力量的不断增强，在所有工业社会中，这种关系都弱化了，特别是在那些由社会党和共产党控制的国家中。然而，近年来，这一趋势出现了一定的逆转情况。[107]在美国和苏联，政治地位与职业和教育地位之间的相关度都越来越高，在美国，政治地位还与财产地位相关。在西欧民主国家中是否也存在同样的趋势，目前还不清楚。

　　虽然这一趋势的原因在这两个国家多少有些不同，但在二者中，这一逆转都是与政治分层系统的不断弱化联系在一起的。在美国，这一逆转明显反映了一些低层的直接任命职位的减少，这种直接任命的职位以前给那些背景卑微的人一个踏入政界的机会。随着文官制度的扩展，党内向上流动的传统渠道减少了，而党内的高位越来越多地被具有能力、能够"担当责任"的人所占据。在苏联，政治的、经济的和职业的地位之间不断增强的相关性，看起来也是由党的弱化导致的。而党的弱化一方面是由于意识形态偏好的丧失，另一方面也是因为党希望能够吸收优秀分子从而强化自身。结果，在政治地位与职业和教育地位的相关性上，苏联大概至少同其他任何非共产党的民主国家一样高。

财产的阶级系统

　　在大多数先进的工业社会中，一个较为重要的资源是私　338

人财产所有制，在那些与美国模式相一致的社会里尤其如此。在这些国家中，财富可以成为获得政治和经济权力的手段。而在那些与瑞典模式相一致的社会里以及法西斯主义国家中，财富没有多少政治效用，但仍保有经济价值。在共产党国家中，其经济价值只限于购买消费品和服务，以及获取少量的利润。[108]

只要私人财产作为一种资源而发挥作用，就必然存在着财产阶级系统。然而，与马克思的期望相反，在这一条线上并没有人口的两极分化。相反，描述先进工业社会中财富分配情况的表格总是展示出一个从只拥有极少财产到占有极大财产比例这样一个缓慢增加的、不间断的向上倾斜序列。在任何一点都没有明显的分界线。表 2 和表 3 显示了最近对美国和英国财富分配的估计，从中可以看出这一情况的证据。

表 2　美国财富分布估计，1953 年

财　产（美元）	在成年人口中的百分比	占财富的百分比
低于 3500	50.0	8.3
3500～1 万	18.4	10.2
1 万～2 万	21.2	29.3
2 万～3 万	5.8	13.4
3 万～5 万	2.7	9.5
5 万～1 万	1.0	6.2
10 万～100 万	0.9	16.6
100 万～1000 万	0.04	5.2
1000 万以上	0.0006	1.3
总　　计	100.0	100.0

来源：据 Robert J. Lampman《上层财富拥有者在全国财富中所占份额，1922～1956 年》（普林斯顿，N. J：普林斯顿大学出版社，1962）表 34 和表 99 计算得出。

表3 英国财富分布估计, 1946~1947 年

财产 (英镑)	在人口中所占百分比	占财富的百分比
低于 100	60. 6	4. 2
100 ~ 999	27. 8	11. 6
1000 ~ 4999	8. 9	21. 0
5000 ~ 9999	1. 4	11. 4
10000 ~ 24999	0. 9	16. 4
25000 ~ 99999	0. 4	19. 2
100000 及以上	0. 06	16. 3
总 计	100. 0	100. 0

来源: Kathleen M. Langley《1936 ~ 1938 年和 1946 ~ 1947 年私人手中资本的分布》(第二部分), 出自 *Bulletin of the Oxford Universities Institute of Statistics* (1951, 2 月) 表 XVB, 第 46 页, 并作为表 100 而被收入 Lampman 的书中。

不过, 尽管有这种倾斜, 尽管事实上在这些社会中每人都拥有一定的财产, 但是有一种观点认为, 一个有产阶级的提法不仅是可能的, 而且是有用的。表 2 和表 3 清楚地说明, 英国和美国社会中的某些成员以其他人无法达到的方式从私人财产中获得利益。一些人所拥有的财产比他们按比例 (平均份额) 所得到的更多, 因而由财产带给他们的报酬也就超出了其按比例应有的份额。因此, 这些人在这一历史性制度中有着特殊利益。我要称作有产阶级的正是人群中的这一部分人。

以拉普曼 (Lampman) 最近对美国财富分布的研究为基础, 美国人口中有近 25% 的人属于这样定义的有产阶级。这一阶级的成员占有 80% 的个人财富。[109] 英格兰和威尔士长期以来有着更大程度的私人财产不平等。在 40 年代后期, 有产阶级在总人口中只占约 12%, 却占有 85% 的个人财富。[110]

对于一般要求来说, 根据以上材料足以简单区分出属于和

339

不属于有产阶级的人了。但为了另外一些目的，还需要做进一
340 步区分。例如，如果要理解有产阶级的政治活动，就有必要把
数以千计的财产较少的成员（例如，1953 年在美国仅有 11000
美元，1946 ~ 1947 年在英国仅有 1000 英镑）与一部分拥有大
量财产、能构成一种重要的政治和经济资源的人区分开来。后
者可被称为"财产精英"。

这里仍然不存在明显的和必需的分界线，但一个有意义的
划分可以将光靠其财产所获得的收入就足以维持舒适生活的那
一部分人与有产阶级的其他部分区别开来。为了便于国际范围
内的比较，我将财产精英定义为：人口中的一部分人，他们仅
从其财产获得的收入就至少是来自所有途径的全国收入中间值
的两倍。

在 1953 年，也就是拉普曼研究的那一年，美国人口中似
乎只有 0.6% 多一点是这种精英成员，但这一小部分人却拥有
私有财富总量的 20%。[111]到 20 世纪 40 年代后期，英格兰的财
产精英占总人口的 1% 左右，他们占私有财富的份额约有
45%。[112]这些数字和那些关于有产阶级总体的数字清楚地表明，
在这两个国家中，相对来说很少的一部分人从私有财产制度中
得到了很大份额的直接利益。[113]

这种分配模式部分说来是市场经济运行的自然结果。在这
种市场经济中，总有一定的力量在起作用，产生收入和财富上
的不平等。例如，像前面指出的那样，人们并非生来就有同等
的天赋，有些人生来就聪明些，另一些人则有着追逐经济利益
341 的天性。进而，短缺的因素，即对大多数商品和服务的需求超
过供给这一事实，必然使得在私人所有权的条件下，一些人将
会拥有另外一些人所无法拥有的东西。还有，各种商品短缺程

度的不同也必然使一些人所拥有的东西比其他人所拥有的东西的价值更高。

虽然大家都认识到了这些因素在起着作用，但很多人忽略了这样一个事实，即在一个自由的市场体系中，也就是人们不受政治规则约束的市场体系中，小的不平等会产生大的不平等，大的不平等又产生更大的不平等。简言之，一个自由的市场体系自身倾向于产生极少数人对财富的独占。这主要是由于"固定成本"的影响。从某种程度上看，在一个行业里，较大的生产者有稳定的竞争优势，他们可以将其产品价格定得比较小的竞争对手更低些。依靠较低的价格，他们往往在市场上赢得更大的份额。这又使他们可以进一步降低价格，同时迫使其竞争对手抬高价格，造成恶性循环，最终通常以消除较小的竞争者而告终。[114]换言之，在一个完全自由的和政治上不受控制的市场经济中，存在着一种富的越来越富、穷的越来越穷的自然倾向。在过去，由于交通和通信系统的不发达，加上合理化的经济组织和行政机构的发展也有限，这一倾向的发展受到一定的限制。但是随着当代社会中技术和社会组织的进步，这些限制在很快地消失。

这一情况可能使人认为在非共产党国家中，财富会越来越集中，但这种情况却没有发生，这主要是由于政治力量在起作用。工业社会中的这些力量并不比农业社会中的少。它看起来是财富分配中最重要的决定性因素。事实上，可以毫不夸张地说，现代工业社会中经济力量的运行越来越多地发生在由法律界定的框架之中。政府组织越来越多地决定着经济资源所要投入的地方，从而最终决定着它们的价值。

在民主国家中，由于有产阶级特别是精英分子的人数较

少，所以在这种情况下肯定是对他们不利的。由于有产阶级是
市场体制的产物，所以它总是人口中的少数。因此，其成员因
有既得利益而竭力阻止本等级以外的人对政治决策施加影响
342（不论认识到与否）。在工业化的早期阶段，这是通过设立对
公民权的财产要求，以便只让拥有财产的人才拥有选举权而达
到的。然而，这种做法被证明在政治上无法持久，最终被消除
了。在美国这种做法事实上在19世纪40年代就被消除了，但
在欧洲它却一直延续到19世纪后期，有些地方一直延续到20
世纪。[115]例如在瑞典，对公民权的财产限制直到第一次世界大
战后才被最终消除。[116]

　　虽然取消选举权财产限制看起来似乎是宣告了有产阶级和
私有财产制度的灭亡，但实际情况还不是如此。其部分是因为
现代民主的一个特点使得财富成为一种重要的政治资源，由于
现代工业国家规模的限制，不可能采用纯粹的民主，而必须采
用代议制政体。这意味着选民很多，选举花费很大。那些被选
到高层公共职位的人（在选民最多的地方）必须符合以下条
件中的一个：（1）自己很富有；（2）有富人给予资金支持；
（3）得到由许多财产不多的人组成的大群众组织的资金支持，
社会党和劳动党就是这种情况。除了第3个条件以外，广义上
的有产阶级和狭义上的财产精英都能很容易地将其财力资源转
化为政治资源。[117]现代政府行动高度的复杂性又进一步加强了
这种可能性。这种复杂性常常使得除专家以外的任何人都无法
理解。立法过程包含了多得令人眼花缭乱的步骤，其中有许多
都或多或少是为一般公民所无法察觉和了解的。并且，立法通
常都是用律师的专门语言写出的。

　　因此，如果有产阶级及其精英能够表现出足够的克制来转

移大规模群众的注意力的话，那他们常常可以阻止对其不利的立法而保证对其有利的立法。现代民主社会的许多政治活动都具有一个共同点，即政治家们的花言巧语都具有平等主义的特点，而立法却更具有贵族统治的特点。[118]因此，我们发现了一个奇怪的现象，在美国，1960 年针对年收入超过 20 万美元的人"官方的"税率高达 91%，几乎达到要没收的程度，而那些申报 500 万或更多收入的人实际上所付的平均税率却只有24.6%。[119]同样，在 1958 年，虽然"官方"将 2000 万以上财产的遗产税率定为 69%，但实际上针对如此规模财产的税收只相当于其价值的 15.7%。[120]

343

然而，从长期来看，有产阶级及其精英的相对成功除了他们的财产起作用以外，还由于他们在政治阴谋和政治操纵上的技巧。财富具有几乎无限可分的特点，这意味着社会中的每一个成员都可以拥有一定的财产，因此可以使其个人利益同有产阶级的利益相一致，虽然许多人拥有的财产太微不足道，以至于不能产生这类认同，但在大多工业社会中，有产阶级以外的很多人所拥有的财产足以使他们对私有财产制度产生要么既恨又爱的矛盾心理，要么完全支持的态度。因此，在许多有关财产权利的矛盾中，有产阶级从其阶级以外的人们那里获得了大量的支持。这就有助于确保在普遍的成人投票权盛行的社会中这一制度能够存活。然而很重要的一点是要看到，这种支持并不是没有条件的。如果有产阶级的诉求使其非有产阶级成员支持者的经济状况受到了破坏，许多这样的支持就会取消。对这种趋势的认识起到了克制有产阶级成员追求自我利益的作用。

最后，另一个有利于有产阶级的因素是它从正在上升的管理阶级那里所获得的支持。这一阶级虽然成员较少，但他们支配了极其重要的资源，并且因下章所要谈到的一些理由，他们在有产阶级同其对立面的斗争中，往往是支持有产阶级的。这种支持是十分重要的。

尽管有所有这些因素的作用，力量平衡还是不利于有产阶级及其精英。因此，长期以来，在他们的权力和权利方面一直有着缓慢而明确的下降。在许多工业社会中，它首先明显地表现在公民权的扩大上。再晚一些，它又表现在越来越多的限制财产使用方式的立法文本的制定上。当"人权"和财产权，公共利益和私人利益发生冲突时，"人权"被越来越多地置于财产权之上，公共利益被越来越多地置于私人利益之上。这一点已由反托拉斯法、食品和药品法、最低工资法、社会保障法案、失业补偿和许多其他法律的通过而得以完成。虽然这些立法中有一些不实的成分，就像某些"官方"税率的情况那样，但还是有大量的实质性内容，在那些美国模式占主导的国家中也是如此。即使是一种适度的累进税制度（对富人征收更高税率的税），也代表了在传统的农业社会或具有正态递减税收制度的早期工业社会基础上的一个重大进步。最后，导向更多平等的趋势还表现在公共财产、公共所有权和公共企业的增加上（例如在1954年，英国所有劳动力中有1/4～1/3是被政府的民用事务部门雇用的）。[121]

很难预测这种趋势将会发展多远，有人论证说它将不屈不挠地达到消灭整个私有财产的概念。但这种观点与可得到的证据不相符合，甚至在苏联，共产党也发现不能指望完全消除财产的私人所有，并且现在还允许个人拥有一间房子，多至几英亩大的田园、储蓄账户和各种各样的个人财物。[122]甚至更具有重要意义的是，重功利、轻教条的欧洲社会党也正在放弃他们原先要求工业完全国有化的主张，正在接受甚至鼓吹混合经济的原则。[123]

这种倾向之所以产生，部分是由于社会中明显产生了与过去已发生的变迁成比例增加的政治抵抗，而社会主义者的这一倾向正是他们对这些抵抗的反应。它意味着自我限制原则在起着作用。人们可以假设，在某种程度上，代表工人阶级的政党通过成功制定旨在更公平分配私有财产的法律，就减少了赞成经济进一步社会化的人数，并增加了站在其对立面的人数。如果这一假设是正确的，它就可能有助于解释为什么比较成功的社会党人近年来遇到的抵抗不断增加。

然而，事情并没有就此了结，社会党人在掌权后对其方案进行的修正，似乎反映了他们传统政策功利价值的不确定性越来越大。首先，越来越多的人认识到，完全掌握财产所有权会给政府机构带来几乎不可承受的行政负担。此外，它伴随着过度的集中化而导致低效率。最后，有一种不断增强的信念认为，高水平的公共所有权会损害人们扩大其个人资源的动机，而这种动机是人的本能倾向，并且是为社会所必需的。因此很明显，虽然长期趋势大概会导向进一步减少财产权利，但要消除私有财产制度，甚至是使生产资料私人所有制消失都是不大可能的。

注释

1. 这个关于做功的定义是基于 J. Frederic Dewhurst and Associates，America's Needs and Resources（New York：Twentieth Century Fund，1955），pp. 905 - 906。

2. *Ibid*，p. 1116.

3. 这一段所有的数字都是根据 20 世纪基金会（Twentieth Century Fund）对美国资源的研究，见：Dewhurst, pp. 1114 and 1116，以及人口普查的资料，而人均数是我自己根据这些资料计算的。

4. 钢铁产量数字来源于 W. S. Woytinsky and E. S. Woytinsky, *World Population and Production：Trends and Outlook*（New York：Twentieth Century Fund, 1953）, pp. 1101 and 1117。人口数量的数字来源于 A. M. Carr-Saunders, *World Population*（Oxford：Clarendon Press, 1936）, p. 30, and the Demographic Yearbook, 1953（New York：United Nations, 1953）, p. 14。人均铁产量的数据是我自己计算的。

5. Harrison Brown, *The Challenge of Man's Future*（New York：Viking Compass Books, 1956）, p. 189.

6. *Ibid*, pp. 189 – 190.

7. 前面的数字来源于 Woytinsky and Woytinsky, p. 381，后面的数字根据国民收入数据，物价指数和刊登在 *Statistical Abstract of the United States*, 1962（Washington, D. C.：GPO, 1962）, pp. 5, 312, and 343 上的人口数计算出来的。

8. Woytinsky and Woytinsky, pp. 389 – 393.

9. 见 *Dictionary of Occupational Titles*, 2d ed.（Washington：GPO, 1949）, vol. I, p. xi。

10. *World Almanac*, 1961（New York：World-Telegram, 1961）, pp. 103 and 397 – 398.

11. J. Frederic Dewhurst and Associates, *Europe's Needs and Resources*（New York：Twentieth Century Fund, 1961）, appendix 3 – 2, table A.

12. *Statistical Abstract*, 1962, p. 215.

13. Woytinsky and Woytinsky, pp. 166 and 163, and *Statistical Abstract of the United States*, 1962, pp. 913 – 914.

14. Woytinsky and Woytinsky, pp. 14lf.

15. *Statistical Abstract*, 1962, pp. 913 – 914.

16. 例如，Maurice Duverger, *Political Parties：Their Organization and Acticity in the Modern State*, translated by Barbara North and Robert North（London：Methuen, 1959）, p. xxiii。

17. 例如，在 *The World Almanac*, 1961，第 121 ~ 123 页中列出了政府的十个主要部门，并且在第 755 ~ 756 页中列出了许多机构。

18. *Statistical Abstract*, 1962, p. 114.

19. 见 William J. Goode, *World Revolution and Family Patterns*（New York：Free Press, 1963）。

20. 小乘佛教大概是这方面的一个例外，但即使在这里，对生命控制力量的非人格化观念也在很大程度上转化成了人格化的观念。

21. 例如，参见 Tillich and Bultmann 的著作，或者英国圣公会鲁宾逊主教（Bishop Robinson of the Anglican Church）最近出版的 *Honest to God* 等基督教神学著作。当然，人们可以说这些作者并没有介绍新的观念，而是在以现代的方式重申古代关于上帝超凡存在的教条。

21a. 在此我并不是要排除现代科学更加明显的影响，在物理世界里科学也展现出对各种力量的非人格化观念。

22. 参见 Gerhard Lenski, "Religious Pluralism in Theoretical Perspective," *Internationales Jahrbuch für Religionssoziologie*（Köln：Westdeutscher Verlag, 1965）, vol. I, pp. 25–42。

23. 在一些国家中，只有那些支持民主程序的人才有权获得反对的权利，因此共产主义和法西斯主义政党依法被排除在外。但在大多数民主国家中即使这种限制也是没有的。

24. *Supra*, p. 228. 这一数字既包括统治者也包括执政者阶级的收入。

25. 英国数据根据 G．. D. H. Cole, *The Post-War Condition of Britain*（London：Routledge, 1956）, p. 223 计算；瑞典数据来源于 George R. Nelson（ed.）, *Freedom and Welfare：Social Affairs of Denmark, Finland, Iceland, Norway, and Sweden*, 1953）, p. 54；丹麦数据来源于 K．Lemberg and N. Ussing, "Redistribution of Income in Denmark," in Alan Peacock（ed.）, *Income Redistribution and Social Policy*（London：Cape, 1954）, p. 72；美国数据来源于 *The World Almanac*, 1961, p. 744。所有的数据都来源于官方的政府资料。

26. 例如，关于美国的情况，见 Gabriel Kolko, *Wealth and Power in America：An Analysis of Social Class and Income Distribution*（New York：Frederick A. Praeger, 1962）, 特别是其第一章，或者见 Philip Stern, *The Great Treasury Raid*（New York：Random House, 1964）。关于英国的情况，见 Richard M. Titmuss, *Income Distribution and Social Change*（Toronto, Canada：University of Toronto

Press, 1962）。

27. Kolko, pp. 16 – 23.

28. 参见 Dewhurst, *Europe's Needs*, p. 407；还可参见 Dewhurst, *America's Needs*, p. 579。

29. 具有批评精神的读者也许会质疑，为什么不对精英们在政府资源分配中所占份额做更低一些的估计。这一部分是因为没有必要去论证基本点，但另一部分原因也在于特权阶级从政府行为中所获得的好处远非我们通常能够想象的。例如，富裕的私有财产拥有者是国防和警察开支的最大受益者。正是这些富人，而不是穷人可能会因为国家被占领，或者因为国外的利益无法保全，或者因为国内出现无政府状况而成为主要的受害者。政府投资高速公路和其他服务项目而促进商贸发展，也是他们获利最大。甚至在国家投入发展科技教育也是他们受益最大，因为这给他们的公司提供了所需的技术员、工程师和科学家。相比之下，国家对社会福利的投入虽然会使下层阶级受益，但与其他方面的支出相比，这方面的支出在政府总支出中的比例简直就不值一提，即使如此还经常会引发激烈的争论。因此，将所有因素都考虑在内的话，完全有理由说政府提供的服务中有三分之一到三分之二是流到了最具有特权的、占人口比例 2% 的人身上。

30. 关于法国最近几个世纪中不平等程度降低的证据，可见 Jean Fouras-tié, *The Causes of Wealth*, *translated by Theodore Caplow* (New York: Free Press, 1960, first published 1951), chap. 1。

31. David Granick, *The Red Executive* (Garden City, N. Y.: Double-day Anchor, 1961), p. 92.

32. 例如，Nicholas DeWitt, *Education and Professional Employment in the USSR* (Washington, D. C.: National Science Foundation, 1961), 特别是 pp. 537 – 545 and appendix table 6 – W. DeWitt 说，苏联政府报告中提到，1955 年平均收入是 710 卢布，并且估计这一数据在 1960 年已上升到 800 卢布了。他同时还说到，苏联官方的统计资料显示，不包括奖金的工资差异幅度有时会是平均工资的 13 倍，但加上奖金后工资差距会再增加 20% 到 50%，而奖金主要是高收入群体才有的。还可见 Emily Clark Brown, "The Soviet Labor Market," in Morris Bornstein and Daniel Fusfeld (eds.), *The Soviet Economy* (Homewood, Ⅲ: Irwin,

1962），fn. 19，pp. 201 - 202。该作者称体力劳动者的月收入在
450 ~ 2500 卢布，但达到其中高端收入的极为罕见。她说在五个
大企业中生产工人的月收入差异幅度在 750 ~ 1000 卢布。Marga-
ret Dewar 说，1962 年改革后，苏联产业部门中两个极端之间，
即在顶层管理者和底层工人之间的收入差距可能会是 15∶1。见
"Labour and Wage Reforms in the USSR," in Harry G. Shaffer
(ed.), The Soviet Economy：A Collection of Western and Soviet
Views (New York：Apple-ton-Century-Crofts, 1963), p. 222。

33. Klaus Mehnert, *Soviet Man and His World*, translated by Maurice
    Rosenbaum (New York：Frederick A. Praeger, 1961), p. 24.

34. 见 *The World Almanac*, 1961, p. 744。

35. 例如, Mabel Newcomer, *The Big Business Executive* (New York：
    Columbia University A. Praeger, 1961), p. 24。

36. 关于 1960 年 2800 万美元的收入, 见 Sen. Paul Douglas, 载于 *The
    Washington Post*, Dec. 14, 1963, p. 48; 关于盖提的财富, 可见
    Phillip Stern, p. 21, 或者 1963 年 7 月 15 日的 *Newsweek* 第 48
    页。Stern 指出, 如果资本收益是在有生之年里获得的, 那么只
    有大约一半的这种收益被划入到 "收入"（income）的类别。而
    如果其资产一直保持到去世的话, 就不会有什么会被划入到
    "收入" 的类别中 (pp. 91 - 92)。

37. 关于这一说法的一个证据是在每个工业化国家中语言词汇的快
    速扩大。

38. 最近在苏联发现的一些情况对这一说法提供了很好的解释。在
    努力提高效率和生产力的要求下, 经济决策日趋依靠市场机制,
    同时不断减少集中化权威的作用。之所以如此, 是因为苏联当
    权者没有实际能力对其苏联国民经济实施恰当的、可行的和综
    合性计划。一位苏联经济学家说, 除非进行根本性的改革, 否
    则到 1980 年苏联编制经济计划的工作量要翻 36 倍, 这要耗费
    全苏联所有成年人的劳动, 并且还无法提高计划工作的效率。
    另外一位苏联经济学家说, 一个有意义的计划必须要在计划中
    考虑到所有产品之间的关联, 而这些关联的数目将会是产品数
    量的平方数。苏联机械制造业每年制造 12.5 万件不同的产品,
    因此在计划中要考虑的各种产品之间的关联数目就会达到 150
    亿个。见 Joseph Alsop, "Matter of Fact," The *Washington Post*,
    Jan. 13, 1964。尽管应用当代计算机肯定可以大幅度缓解这一

问题，但在可预见的将来在生产力与权威之间相关的曲线仍是无法消除的，尤其是在产品和服务的多样性不断扩大的社会中更是如此。

39. 例如，Walter Millis, Arms and Men: *A Study of American Military History* (New York: Putnam, 1956)。

40. 如第一章中所论述的内容，以及从狩猎与采集社会，以及园耕社会人们的情况看，从某种意义上可说这种意识形态并非全新的。但从另一角度看，当代民主理念发源于 17 世纪政治理论家们，如约翰·洛克，他将这种古老的观念转化为现代的形式，进而使其首先在学术界流行，并随后在政治领域被广为接受。

40a. 见 Harold Laski, The State in Theory and Practice (New York: Viking, 1935), p. 94。

41. 在其他一些这里没有列出的国家中也明显有着相同的或相似的模式，如印度和菲律宾。这些国家不能被称为先进工业化国家，但也不能归入农业国家。如在前面所讲到的，对这些国家需要进行专门的分析，因为它们事实上包括了多种多样的社会。再有，很重要的一点是，它们不得不生存于工业化社会主导下的世界，这与早先的农业社会是很不相同的。

42. 特别是见 Dankwart A. Rustow, *The Politics of Compromise: A Study of Parties and Cabinet Government in Sweden* (Princeton, N. J.: Princeton University Press, holm: Almqvist & Wiksell, 1961), especially pp. 219 – 225。

43. 例如，Gunnar Heckscher, "Interest Groups in Sweden: Their Political Role," in Henry W. Ehrmann (ed.), *Interest Groups on Four Continents* (Pittsburgh, Pa.: University of Pittsburgh Press, 1958), pp. 162 – 163; 也可见 chaps. 2 – 5, Andrén, pp. 24 – 25, 或 Wilfrid Fleisher, Sweden: *The Welfare State* (New York: John Day, 1956), especially chap. 1。

44. 关于"集体加入工会"的情况，见 Rustow, pp, 48 – 49 and 155, 或者 Andrén, p. 25。关于瑞典国会中工会代表的情况，见 Andrén, p. 57。该作者称，1949 年一份关于瑞典国会的研究指出，在所有国会议席中，有 37% 的人是或曾经是工会成员。由于他们当中几乎所有人都是社会党成员，并且由于当时社会党人在国会中占据接近一半的议席，因此社会党中约有三分之二到四分之三的人是或曾经是工会成员。

45. Rustow, pp. 140 – 141. 这些数据来源于盖洛普调查。

46. 见 Fleisher, *op. cit.*.; Nelson, *op. cit*; J. A Lauwcrys, *Scandinavian Democracy* (Copenhagen：Danish Institute et al., 1958), especially chaps. 1 and 5; or Göran Tegner, *Social Security in Sweden* (Tiden：Swedish Institute, 1956)。

47. 见 Andrén, p. 30, 或 Rustow, pp. 232f, 还有其他一些文献。

48. 关于国会中的政党纪律问题, 见 Donald Matthews, U. S. *Senators and Their World* (Chapel Hill, N. C.：University of North Carolina Press, 1960), especially chap. 6。

49. 最高法院最近的一项决定可能会改变这一情况, 尽管围绕着选区名额分配的斗争还远未结束。

50. 见伊利诺伊州的 Sen. Paul H. Douglas 1963 年 12 月 14 日在《华盛顿邮报》中的观点 (*The Washington Post*, Dec. 14, 1963, p. A – 4), 或他在 1963 年 11 月 1 日在参议院关于百万富翁纳税义务的发言。关于收入不足 1000 美元者的纳税问题, 见 *The World Almanac*, 1961, p. 744。关于对这一问题的精彩讨论, 见 Stern, especially chap. 16。

51. Duverger, *op. cit.* See especially the Introduction.

52. 例如, Matthews, chap. 8; Raymond Bauer, Ithiel de Sola Pool, and Lewis Dexter, *American Business and Public Policy*：*The Politics of Foreign Trade* (New York：Atherton, 1963), especially chaps. 23 and 24; 或者 V. Key, Jr., Politics, *Parties, and Pressure Groups, 3rd ed.* (New York：Crowell, 1952), especially chap 18。这些作者们一般都同意, 院外游说者和金钱对美国政治的影响被夸大了, 但也都同意这种情况是不能忽略的。国会的脆弱不仅是由于党派组织的复杂性, 而且也是由于不愿意为其成员提供助手的费用。在此问题上有一个相反的, 并且我认为是过于乐观的观点, 见 Alexander Heard, *The Costs of Democracy*：*Financing American Political Campaigns* (Garden City, N. Y.：Double day Anchor, 1962), especially chap. 4。

53. Matthews, p. 21.

54. 同上书, p. 27。在剩下的参议员中, 有 3% 是职员和销售人员的儿子。全国数据来于 Dewhurst, *America's Needs*, p. 380。

55. Heard 引用, p. 109。威廉姆斯认为应该以这种方式公开这些事实, 原因是即使是持较为自由化观点的民主党领袖也从特权阶级成员那里寻求支持。密歇根州中出自工商人士或专业技术人员的民主党人大多数毫无疑问地都属于自由派，很少是社会主义者。在瑞典，基于其特定的政治立场，这些人中大多数想要成为自由党成员，而不是社会主义者。

56. Duverger, p. 311; Lauwerys, chap. 3; Rustow, "Scandinavia: Working Multiparty System," in Sigmund Neumann (ed.), *Modern Political Parties: Approaches to Comparative Politics* (Chicago: University of Chicago Press, 1956), pp. 169 – 193.

57. 例如, Robert Alford, *Party and Society: The Angloi-American Democracies* (Chicago: Rand McNally, 1963), p. 15, chap. 5, etc。

58. 关于瑞典国会, 见 Andrén, p. 57, 关于英国下院和美国众议院, 见 Alford, p. 98。

59. 例如 D. E. Butler and Richard Rose, *The British General Elction of 1959* (London: Maxcmillan, 1960); Cole, chap, 29; Alford, chap. 5; Samuel H. Beer, "Great Britain: From Governing Elite to Mass Parties," in Neumann, pp. 9 – 57; Anthony Richmond, "The United Kingdom," in Arnold Rose (ed.), *The Institutions of Advanced Societies* (Minneapolis: University of Minnesota Press, 1958), pp. 43 – 130; etc, etc。

60. 见 L. F. Crisp, *The Australian Federal Labour Party*, 1901 – 1951 (London; Longmans, 1995); Louise Overacker, *The Australian Party System* (New Haven, Conn.; Yale University Press, 1952); Alford, p. 15 and chap. 7; and Gwendolen Carter, "The Commonwealth Overseas: Variations on a British Theme," in Neumann, pp. 85 – 89 and 92 – 105。

61. Felix Oppenheim, "Belgium: Party Cleravage and Compromise," in Neumann, pp. 155 – 168.

62. 关于这一问题有精彩的讨论, 见 Henry W. Ehrmann, *Organized Business in France* (Princeton, N. J.: Princeton University Press, 1957), chap. 5。也可见于 Philip Williams, *Politics in Post-War France* (London: Longmans, 1954), especially part 4。

63. 例如, 见 R. M. Chapman, W. K. Jackson, and A. V. Mitchell, *New Zealand Politics in Action* (London: Oxford University Press, 1962); Sigmund Neumann, "Germany: Changing Patterns and Lasting Problems," and Carter, *op. cit.*, in Neumann, pp. 354 –

394，305－353，and 61－74 respectively；and Duverger，*op. cit*。

64. George Gallup 最近的一个研究报告中收集了关于共和党最近几十年来地位下降的资料。他发现，在 1940 年有 38% 的人声称自己是共和党人，42% 的人说自己是民主党人（剩下的人说自己是自由派）。但到 1950 年，这两个百分比分别变了 33% 和 45%；到了 1960 年进一步变了为了 30% 和 47%；而到 1964 年变为了 25% 和 53%。见 *The Washington Post*，Nov. 8，1964。

65. 关于瑞典模式和英国模式所遭遇困境的证据，见 Rustow，*Compromise*，chap. 8；Fleisher，chaps. 12 and 13；or Cole，chap. 29。

66. 在最近研究这一问题的美国学者中，Floyd Hunter 和 C. Wright Mills 是两位精英主义观点的杰出代表，而 Robert Dahl，Suzanne Keller，David Riesman 和 Kenneth Galbraith 是持相反观点的影响最大的学者。见 especially Floyd Hunter，*Community Power Structure*（Chapel Hill，N. C.：University of North Carolina Press，1953）；C. Wright Mills，*The Power Elite*（Fair Lawn，N. J.：Oxford，1956）；Robert Dahl，*Who Governs？：Democracy and Power in an American City*（New Haven，Conn.：Yale University Press，1961）；Suzanne Kellen，*Beyond the Ruling Class：Strategic Elites in Modern Society*（New York：Random House，1963）；David Riesman et al.，*The Lonely Crowd Society*（New York：Random House，1963）；David Riesman et al.，*The Lonely Crowd*（New Haven，Conn.：Yale University Press，1950）；and *Kenneth Gallbraith，American Capitalism：The Concept of Countervailing Power*（Boston：Houghton Mifflin，1952）。

67. 这种说法不过是学者的猜测，但是基于对事实的观察：斯堪的纳维亚国家社会主义政党并不是真的在追求一个完全的经济平等，尽管这是他们一直所持的意识形态理想。这可能是由于部分党的领导人认为，一味地追求这一单一的目标可能会损害到党实现其他目标的机会，如党保持执政的目标，以及最大程度上提高生产力和生产效率的目标。要精确地检测这二者之间的关系，需要测量这些社会主义政党追求更大经济平等的行动及其努力所带来的实际后果。

68. 关于苏联的情况，见 Mehnert，chaps. 6－8 or Alex Inkeles，"Social Stratification and Moility in the Soviet Union：1940－1950，" *A-*

merican Sociological Review, 15（1950）, pp. 465 - 479；关于瑞典的情况，见 Fleisher, chaps. 12 and 13。

69. 关于斯堪的纳维亚社会主义者目标的性质的论述，见前面注释 66。

70. 见 *The New Class An Analysis of the Communist System*（New York：Frederick A. Praeger, 1959）, especially pp. 37 - 69。

71. 见 Melnert, especially pp. 112 - 115, or Hugh Melean and Walter Vickery, *The Year of Protest*, 1956：*An Anthology of Soviet Literary Materials*（New York：Vintage Books, 1961）。

72. Merle Fainsod, *How Russia Is Ruled*, rev, ed.（Cambridge, Mass.：Harvard University Press, 1963）, p. 249.

73. 例如，见 Fainsod, pp. 215 and 234；Granick, p. 173；Inkeles and Bauer, pp. 324 - 329；Djilas, pp. 72 - 73；or DeWitt, p. 537 and 463 - 466。

74. T. H. Rigsby, "Social Characteristics of the Party Membership," in Alex Inkeles and Kent Geiger（eds.）, Soviet Society（Boston：Houghton Mifflin, 1961）, p. 140.

75. 见 DeWitt, pp. 533 and 534 and 表 6 - 79, Fainsod 的研究认为党员的数量要低些，但其中党员与普通人之间的差异仍然是很大的（见 p. 281）。

76. DeWitt, pp. 533 and 535.

77. *Ibid.*, pp. 536 - 537.

78. 根据最近一份关于南斯拉夫第八次党代会的报告，全体党员中至少有一半是办公室工作人员和"其他人员"（可能是知识分子），见 *The Washington Post*, December 9, 1964, p. A - 22.

79. Fainsod, table 3, p. 250.

80. *Ibid.*, p. 276.

81. *Ibid.*, p. 282. 经允许引用。

82. 低端的估计数来自 Fainsod, pp. 206 - 207, 高端的数字来自 Melhnert, p. 21.

83. Fainsod, pp. 195 - 196.

84. *Ibid.*, p. 207. Quoted by permission.

85. 例如，David J. Dallin, *The New Soviet Empire*（New Haven, Conn.：Yale University Press, 1951）, chap. 9。

86. 见 Mehnert, especially chaps 5 and 8, or Djilas。

87. Mehnert, p. 106, or David Burg, "Observations of Soviet University Students," in Rachard Pipes (ed.), *The Russian Intelligentsia* (New York: Columbia University Press, 1961), pp. 80 – 81.

88. Fainsod, pp. 240 – 242. 也可见于苏联最近的一些小说，例如，Dudintsev 的 *Not by Bread Alone*。

89. 例如，关于这方面的情况，见 James Reichley, *The Art of Government: Reform and Organization Politics in Philadelphia* (New York: Fund for the Republic, 1959); Robert Lynd and Helen Lynd, *Middletown in Transition* (New York: Harcourt, Brace &World, 1937), especially chaps. 3 and 9; or Key, pp. 537 – 547; 还有其他一些文献。

90. 这方面一个例外的情况可能是当前最南方的黑人党派，以及早先大多数南方地区黑人党派的情况。但这种情况主要存在于没有多党制的地区。

91. Harold Zink, City Bosses in the United States: *A Study of Twenty Municipal Bosses* (Durham, N. C. Duke University Press, 1930), pp. 37 – 38. 后面的一些数据是基于该书第二版中个人简介中介绍的数据。

92. *Ibid*, p. 9.

93. 例如，可参考堪萨斯市前市长 Tom Pendergast 的情况。他在一年内赌马花了两百万美元，输掉了 60 万美元，并且在一次"交易"中就花掉了 30 万美元。见 William Reddig, *Tom's Town; Kansas City and the Pendergast Legend* (Philadelphia: Lippincott, 1947), pp. 278 – 279, 以及 Maurice Milligan, *The Missouri Waltz* (New York: Scribner, 1948), p. 191。

94. *New York Times*, June 10, 1964, p. 25. 后来的研究报告将约翰逊家庭财产的估计提高到了 1400 万美元。

95. 例如，见 Duverger, pp. 109 – 116, 或 Robert Dahl, *Who government?: Democracy and Power in an American City* (New Haven, Conn.; Yale University Press, 1961), pp. 97 – 100。

96. 例如，Anus Campbell, Philip Converse, Warren Miller, and Donald Stokes, *The American Voter* (New York: Wiley, 1960), pp. 90 – 93。

97. Duverger, book 1, chap. 2, especially p. 95. 在有些国家中，例如瑞典和英国，一些工会会员被其工会组织自动地加入社会党。在这种情况下，这一比例会上升到三分之一或更高，但只是党员的责任不在这些个人的手上。

98. *Ibid.*, p. 114.

99. 关于改革运动，一个很好的讨论见 Edward Banfield and James Wilson, *City Politics* (Cambridge, Mass.: Harvard University and M. I. T. Presses, 1963), 特别是第 3 部分和总结章节。

100. Theodore J. Lowi, At the Pleasure of the Mayor: *Patronage and Power in New York*, 1898 – 1958 (New York: Free Press, 1964), table 4. 1. Lowi 还认为，在市长的班子里对非本党党员的任命从经济萧条前的 10% 上升到了二战后的 30% (p. 92)。

101. 见 Charles Adrian, *Governing Urban America*, 2d ed. (New York: MeGraw-Hill, 1961), p. 220。

102. *Ibid.*, p. 250.

103. 见 Banfield and Wilson, p. 184。

104. 例如，Fainsod, pp. 503 – 505。

105. 在 1964 年关于这一发展的各个方面在媒体中有广泛的报道。见前面注释 38。

106. 对这个观点更深入的讨论，见本章第 403 ~ 404 页，或第十一章内容。

107. 关于美国的情况，见 Dahl，第四章中关于 "the new men" 兴起的研究，或者 Banfield and Wilson 总结一章中的相关内容。关于苏联的情况，见先前引述的关于党的成分变化的统计数据 (第 329 ~ 330 页)。

108. 例如，在苏联，6 个月及以上的存款可获得 5% 的利息，而活期存款的利息是 3%。见 F. D. Holzman, "Financing Soviet Economic Development," in Bornstein and Fusfeld, p. 148。

109. 这些估计基于 Robert Lampman 在其 *The Share of Top Wealth-holders in National Wealth*: 1922 – 1956 一书中展示的洛伦兹曲线 (Princeton, N. J.: Princeton University Press, 1962), P. 212。大多数明显的结果见于 John C. Bowen 独立进行的与 Lampman 同样的工作。见: *Some Aspects of Transfer Taxation in the United States* (未发表的博士论文，University of Michigan, 1958), chart 11. 6 and table 6. 13。

110. Lampman, pp. 212 and 216.

111. 这些估计是以下面的方式做出的：根据政府的官方统计，当年家庭和单身个人收入的中位数是 3789 美元（见 *Statistical Abstract*, 1962, p. 332）。因此，总收入大概相当于 4000 美元，能够获得其两倍的收入就可以跻身于财产精英之列。剩下的其他计算是依据 Lampman 书中表 34 和表 99 中的数据做出的。

112. 这些数据来自 David Marsh, *The Changing Social Structure of England and Wales*, 1871 – 1951（London：Routledge, 1958）, p. 219，以及在 Lampman 书中有关私有财产分布的数据（第 214 页），表明私人投资平均有 6% 的回报。

113. 有人可能会说，私有财产制度能够使社会的所有人都受益，因为它激励人们努力工作并积累财富，因此能够更快地提高国民生产总值。这种说法很难判定对错。为了避免陷于其中，我只讨论财产权利给拥有财产的人带来的直接的和当下的好处。

114. 关于这一过程的一个经典案例的精彩描述，见 Edward Higbee, *Farms and Farmers in an Urban Age*（New York：Twentieth Century Fund, 1963）。

115. 见 Chilton Williamson, *American Suffrage：From Property to Democracy, 1760 – 1860*（Princeton, N. J.：Princeton University Press, 1960）。

116. 见 Rustow, *Compromise*, pp. 84 – 85, or Fleisher, pp. 18 – 19。

117. 例如，关于财产精英在法国支持竞选的情况，见 Ehrmann, *France*, pp. 224f。

118. 例如，见 Stern 关于国会民主党议员的报道，该议员说："方法和手段对所有委员会来说都是最奇怪的，并且是最难懂的。按照众议员们选举得票的记录，民主党人应该有有效超过半数的席位。但关起门来以后，在委员会那里公众投票记录和他们的'运作记录'却是两个不同的东西。"Op. cit., p. 284；也可以见 Ehrmann, *France*, chap. 5。

119. 这些数据来自 Bureau of Internal Revenue's *Statistics of Income*, and is reported by Stern, p. 6。

120. *Ibid*, p. 254.

121. Cole, pp. 121 – 122. 一个更详细的讨论，见 J. W. Grove, *Government and Industry in Britain*（London：Longmans, 1962）。

122. 见 Mehnert, especially chap. 6, or Kazimierz Grzybowski, *Soviet Leal Institution：Doctrines and Social Functions*（Ann Arbor, Mich.：University of Michigan Press, 1962）, P. 148。

123. 例如 Kurt Shell, *The Transformation of Austrian Socialism* (New York: University Publishers, 1962), especially chaps. 6 and 7; 也可见 Fleisher, chaps. 12 and 13, 或者 Rostow, *Compromise*, chap. 8 中关于瑞典社会主义的研究或 Cole, chap. 29 中关于英国社会主义的研究。

第十一章　工业社会（二）

你若一寻思便会觉得是件怪事：

一个人从他的工作中挣的钱越少，

他就越必须继续去工作。

——杜利先生

本章的主题是，在大多数工业社会中，职业的阶级系统是 346
权力、特权与声望的主要决定因素。虽然说不清楚全部报酬中
有多大比例是依据职业活动而分配的，但在全部现金收入中几
乎有 3/4 或更多是以此为基础分配的。[1] 对于大量的非财产精
英成员来说，这一数字还要高得多。

还有，由其他阶级系统分配的主要报偿之一就是给人提供 347
一个通向满意职业的机会，这进一步说明了职业阶级系统的巨
大重要性。很显然，教育的阶级系统就是这样一种情况。以年
龄、性别、同一社会群体成员、政治地位，甚至以财产为基础
的阶级系统都是这种情况，尽管程度要低一些。

业主阶级

在工业化的早期阶段，业主阶级似乎注定要成为新社会中
的主导阶级。今天，情况不再是这样了。这一阶级在一些工业
社会中已经消失了，而在大多数其他的工业社会中，它在规模
和权力两方面也是缓慢而明确地走着下坡路。

由于这一阶级同有产阶级有着紧密的联系，也因为两者容

易混淆，所以有必要对它们做出清楚的界定。业主阶级是指积极地从事管理他们自己所拥有的企业的那些人。这一定义表明，业主阶级是职业分层系统中的群体，而不是财产系统中的群体。但是它在前者中的地位是建立在它在后者中的资源的基础上。不过，并非所有业主阶级的成员都是有产阶级的成员，也并非所有有产阶级的成员都是业主阶级的成员。许多小业主没有足够的资本以取得有产阶级成员的资格；而许多有产阶级的成员又不对企业实行主动的控制。简言之，尽管二者有很多交叉的成分，但还是能够容易地在分析的和经验的两个层次上都做出区分。

业主阶级走下坡路可以从许多方面表现出来，特别是在美国，其走下坡路的情况表现得比其他非共产党国家更为显著。在美国，业主人数从1870年占劳动力的11.4%降到1954年的6.0%。[2] 1960年的普查揭示它仍在继续下降：在前一个10年间，在建筑、制造、交通、通信、公用事业、批发和零售商业、银行和财政、保险和不动产以及一些更小的行业中，自我雇佣的业主数量从220万降到了170万，或者说从占男性劳动力的5.2%降到了2.9%。[3] 而在同期，同样在这些行业中，拿348 工资的经理则从160万人上升到了230万人。

更重要的是，业主阶级在权力方面地位下降了。伯利（Berle）和米恩斯（Means）两位教授是最早提醒人们注意这种倾向的人。他们在一代人之前就整理了大量的证据来支持这样一个论点，即在美国，财产的所有权正日趋同对财产的控制分离开来。[4] 从对200家最大的、几乎控制全国公司一半财产的公司的分析中可以看出，它们44%是由经理而不是其所有者控制的，而这44%的公司控制所有这些公司总资产的58%。

这表明，这种类型在较大的公司中更为普遍。[5]伯利和米恩斯指出，这种控制类型是巨型公司的所有权极度分裂所产生的后果。所有权的分裂使得除经理之外的任何人在组织大量股东方面越来越困难。经理之所以能做到这一点，是因为他们对公司的代理人机器和其他资源的控制，他们可以用这种控制为自己带来好处。正如伯利和米恩斯指出的那样，"在股票分散的地方，管理控制虽然没有合法的基础，但仍是相对保险的"。[6]

后来的研究不仅为他们的结论提供了支持，还有助于弄清楚管理精英的权力不断扩大的基础。[7]例如，在40年代中期，罗伯特·戈登（Robert Gordon）进行了一项有关美国一些大公司中领导和决策的重要研究，并得出这样的结论：

> 在大多数地方，作为正式团体的大公司董事会（它代表着所有者），放弃了他们进行积极决策的作用。这些"局外的"董事们如果不全部是，至少也主要起到财政和经营顾问的作用。那些有能力和有兴趣的董事们所提的建议不应当被小看，但是真正决策的工作主要由总经理们自己承担，而这正是领导功能的实质。那些试图将董事会还原为真正决策主体的人错误地理解了大规模组织管理的问题。董事会积极领导功能的弱化是不可避免的。这仅仅是反映了这样一个事实，即大规模企业的领导只能由一群专门的、愿意并且能够在企业经营中投入必要时间的工作官员才能有效地担当。[8]

349

正如戈登指出的那样，管理精英权力的上升不仅因为其控制选举的能力，还由于大公司日益增长的复杂性和由此而产生的一切。管理一个大公司已变得要求很高，需要全天工作。那些不愿意或不能把全部注意力投入其中的人——大多数所有者和董事们实际上正是这样的——很快发现控制权转到了那些能够做到这一点的人手中。

关于收入的普查资料使我们能进一步看到业主和经理权力的相对大小。在上面提到的（所有者数量减少而经理数量增多的）行业中，1959 年经理们收入的中间值为 7479 美元，相比之下，同样在这些行业中，所有者或业主收入的中间值只有 5932 美元。[9] 后面这个数字甚至低于有专业技术的、技工类和类似的工人收入的全国平均水平（6778 美元），也低于领班们的平均水平。实际上，它并不比普查中手艺人、领班和类似的工人这一类人的平均水平（5318 美元）高出多少。

对其他国家私营企业的研究也呈现出相同的情形，尽管通常都没有达到这种程度。例如，在英国，从 1921 年到 1951 年这一代人中，雇主数量在男劳动力中从 5% 下降到 3%。[10] 更重要的是，大公司的控制权似乎转到了经理们的手中。现在他们在一些大公司的控制机构中占据了几乎一半的席位。而重要的股东却占不到 20% 的席位。[11] 这些数字在下述意义上尤其值得350 重视：那些或身兼总经理和董事，或兼任大股东和董事的人，在政策制定上能起到主导作用，而其他的董事就不那么重要了。[12] 美国的股票所有权不断分裂的趋势在英国也发生了。1936 年，在英格兰最大的一批公司里，每个公司中 20 个最大的股东加起来平均拥有 30% 的股票，而到了 1950 年，其中 20 个最大的股东拥有的股票平均值跌到了 19%。[13] 这毫无疑问是业主阶级在英国走下坡路的因素。

最近，大卫·格拉尼克（David Granick）发表了对英国、法国、西德和比利时这四个国家的工商企业进行比较研究的结果。他发现，虽然在一些行业和一些国家（尤其以西德为代表），家族拥有和管理的公司仍很兴旺，但它们继续由家族控制的前景是黯淡的。[14]他引证的主要理由之一是家族公司在应对后继问题上的无能为力。有能力和精力的父亲并不总是拥有有能力和精力的儿子。即使他们有这样的儿子，多个后继者在公司政策上的意见矛盾也常是一个严重的不利因素。格拉尼克认为，几乎没有一个家庭能连续产生三代有能力的业主，与拥有现代管理控制手段的对手成功地进行竞争。他认为，在欧洲大陆上，家族公司当前之所以还能如此强大，是因为第一次世界大战期间和 20 年代早期的通货膨胀破坏了当时的许多公司。结果，大多数家族公司仍然很年轻，依然由创建者或他们的儿子管理着。按照格拉尼克的说法，"真正考验代际稳定性（第三代的出现）的时期才刚刚出现"。[15]

尽管业主阶级走着下坡路，但他们及其精英仍然具有很大的权力。这在地方范围内比在全国范围内更明显，在小社区中比在大社区中更明显，在美国式政治控制类型主导的国家中比在瑞典式或英国式主导的国家中更为明显。[16]由于他们愿意并且能够给公共职务的候选人提供性命攸关的财政支持，这些精英常常能在政治舞台上产生极大的影响。

展望未来，这一阶级的前景似乎并不一定是光明的，那种导致它跌落到这种地步的力量并没有任何减弱的迹象。总有一天，在先进的国家中，业主阶级在经济领域中将在很大程度上下降到边缘和空隙地带。其结果是，他们的很多成员将既没有特别大的权力，也没有特权。实际上，他们可以变得很难同职员阶级或工人阶级的上层区分开来。这一阶级的成员现有的权力和影响大概会转移到取代他们的管理者阶级的手中。

当然，企业家阶级地位的下跌并不必然暗含着有产阶级的同时下跌。然而，这两个阶级是相互依存的，如果企业家阶级的下跌丝毫不会让有产阶级也衰弱的话，那真是令人相当吃惊的。在预测这一点时，除了一些更明显的原因外，还有一个意识形态因素是不能被忽略的。从历史上看，有产阶级总是以下列理由去保护其财产权：拥有财产的人在积极地管理和指导社会经济事务，并且拥有财产只是对他们努力贡献的适当报酬。现在，随着所有权和管理权变得越来越分离，在大规模工业企业中，维护财产权的正当理由之一正在被显著地摧毁。这就使有产阶级的成员在意识形态上不得不比过去更为虚弱。

党的官员阶级

党的官员或职业政治家阶级在前一章中已详细讨论过了。这一阶级有着独特的性质，它作为一个群体单位而同时在两个阶级系统中起着作用。它不仅与社会中占统治地位的政治组织或组织群有着特殊关系，还充当了一个独特的职业角色。

对我们已谈及的关于这一阶级的情况不需要再多讲什么了。只是应该注意到，在狭义上的共产党国家和广义上的集权国家中，这一阶级承担了在历史上由业主阶级行使的许多基本功能。换言之，它在管理和指导社会政治制度的同时，也管理和指导着社会经济制度。然而近年来，这一阶级已倾向于将这些权力下放给管理阶级，并且原因也同业主阶级一样。尤其是，经济组织规模的增大和复杂性的提高促进了这种转换。因352为这种规模和复杂程度的增大使外行来控制管理者变得更加困难。虽然管理者阶级的杰出成员一般都是党员，但他们的利益同党的官员并不完全一致，下一节将要清楚说明这一点。所以，二者之间的权力转换远不是同类人之间的转换。

管理者阶级

在现代工业社会为权力和特权而进行的无休止斗争中，还没有哪个集团比管理者阶级的成员更迅速地上升。正如我们的分析已表明的那样，这一阶级在牺牲有产阶级、业主阶级和政治阶级的基础上，获得了极大的提升。并且，有充分理由认为，在将来它还会进一步超越这些阶级，继续上升。

正如前面已指出的那样，理解这一重要发展的关键是管理者阶级在现代大规模组织结构中的战略地位。这一阶级的成员处在各种事务真正的中心位置，各条通信线路汇聚于此。这使他们最接近各种关键信息，因此他们能够为了自身的目的而用这些信息去对付所有者、党的官员或那些对制定组织政策负有合法责任的民选官员。一旦试图将决策与行政分离开来，这种情况就会发生。因为行政管理者总是介于政策制定者和组织自身之间，能够对来来回回的信息进行筛选。一个组织变得越大、越复杂，这种情况发生的可能性也就越大，高层管理职位在争夺权力和特权的斗争中的资源价值也就越大。

美国私有经济部门管理者阶级的地位上升程度是最大的。在许多公司中，经理们都获得了决定性的自主权，把董事会当成了管理的附属物，而不是像当初设计的那样是股东们的武器。这就使得经理们能够自己设置自己的报酬条款，在很大程度上是以企业主的姿态进行的。并且，他们给自己以很优厚的报酬。唯一限制他们的因素似乎只有：（1）公司内部各种资源的可用性；（2）如果做得太过分，就有引起大量股东抵抗

的危险；（3）在重要的资本市场中损害公司声誉的危险（大

353 多数公司如想继续扩张并保持竞争力的话，都必须周期性地求
助于资本市场）。

这些限制似乎并不是太严厉。1950 年对美国 428 家最大
的非财政性公司的高层官员所做的一项调查揭示出，这些公司
高层中有 40％ 的人年工资和其他现金收益超过了 10 万美元，
84％ 的人超过 5 万美元。[17] 这一研究的作者梅布尔·纽科默
（Mabel Newcomer）指出，这些数字低估了这些经理的真正收
入。因为有大量的酬劳形式没有包括在内，如俱乐部会员资
格、娱乐应酬的开销、夫人们旅游之类的花费，这些夫人们
"被认为是一项确定的企业资产"。另外还有股票买卖权带来
的价值，以及有些公司为其缴纳的养老基金。因此，这些人中
有 70 人的收入高于美国总统（其应纳税的费用账目也包括在
内）。[18]

在同一年的另一项研究中，大卫·罗伯茨（David Roberts）
对公司进行了更大范围的考察。这项调查包括了 3000 家公共
所有（非家族所有）的公司中的 939 家，它们向证券交易委
员会提供了总经理的收入和其他数据。因此这里面包括了许多
纽科默没有研究到的较小一些的公司。然而这些公司的总经理
的收入中间值是每年 6.8 万美元，其中 50％ 的样本是每年收
入 4.6 万～10 万美元。[19] 后来，一系列对经理收入的年度调查
也得出相似的结果。例如，1960 年的调查包括了 605 家美国
居前列的公司。调查显示，净销售额为 3000 万美元的公司中，
总经理们的平均现金收入是 6.1 万美元；在净销售额为 1 亿美
元的公司中，其平均收入为 8.8 万美元；在净销售额为 4 亿美
元的公司中，平均收入是 13.3 万美元。[20] 第二年的调查表明，

净销售额为 10 亿美元的公司总经理们的平均收入为 25 万美元；在净销售额为 100 亿美元的公司中，其平均收入超过了 40 万美元。[21] 和纽科默的研究一样，这些数字还不包括股票买卖权和其他附带好处。而这些好处往往是相当多的。

同样这些调查也提供了其他高层管理者们的收入情况，在 1962 年，第二层级官员的收入平均为总经理的 71%，而第三和第四层级官员们则相应地为其 59% 和 54%。[22]

1962 年的调查还首次提供了其他一些国家（英国、西德、法国、阿根廷和澳大利亚）中总经理补贴的情况。在所有这些国家中，私营公司总经理的收入相当接近。在净销售额为 100 万美元的公司中，总经理的收入平均约为 1.3 万美元，这几乎是美国数字的 60%，在销售额为 1 亿美元的公司中，其收入平均为 3.5 万美元，约为美国数字的 40%。[23] 然而，我们有理由相信，在这些国家中，附加优惠和其他津贴要比美国更多。这些附加优惠作为一种收入来源是极为重要的，因为在多数情况下个人是不为此上税的。因此，由于税率相当高，如果一个英国总经理的基本工资是 22500 美元一年，不用付税的附加优惠值 14000 美元，他就相当于每年有 36500 美元的收入。[24]

管理者们的收入数额很自然地招致了许许多多的评论，不少是带有批评性质的。也有人试图把它看作公司自身的等级特性所需要的功能性必要条件，从而认为它是正当的。例如，一位社会学家最近指出，在一个分为 15 个层次、最低工资为 4000 美元，并且每一层次按 15% 递增（以促进人们上进）的组织中，最高工资可能超过 2.8 万美元。并且，由于累进税制度要减少层次之间的差别，工资差别就需要更大一些。[25] 他还

354

认为，累进税制度使得等级系列的最高值和最低值之间必须要有成百倍的差别。这种推论混淆了在各个不同收入层次上官方的和实际的税率。在美国，联邦所得税是高度累进的主要税收，但在这种税收中，每年收入 5000 美元以下的人实际上要付 9% 的税，而每收入在 2 万~5 万美元的人只付 22%。[26] 如果考虑到诸如营业税之类的累退税和诸如财产税之类的非累进税的影响的话，那么在一个分为 15 个层次的组织中，总经理和一个拿基本工资的工人之间的实际付税差别大概就不会超过 10 个百分点太多，也许还会更少。[27] 这意味着，8∶1 而不是 100∶1 的收入差别就可能足够大了。并且，从结果上看，3.2 万美元的年收入就足够发挥调动积极性的作用了。

苏联的经验也表明，像美国工业中存在的那种 100∶1 或更大比率的差距并不是功能上必需的。据一个专家看来，近些年来其最大差别只有 25∶1，在 1962 年开始生效的工资级别表中，要求最大差距只有 15∶1。[28] 虽然这些数字低估了真正的差别，因为苏联的管理者们也获得了大量的附加优惠，但是这些数字说明，大规模的工业组织没有 100∶1 的差别也能很好地发挥其功能（它们还表明，苏联管理者们现在所得报酬的水平可能是高于功能必需的水平的）。

美国工业部门经理们高得惊人的收入只有靠其在组织中的权力地位才能加以解释。正如前面已指出的那样，他们的工资和其他优惠之所以如此之高，是因为在组织内部没有其他群体能够阻止这种情况。[29] 在这些情况下，其工资一般是由其生意经营情况所能负担的实际支出能力而决定的。

这也许就是对各个行业之间总经理报酬的多样性的解释。对这个问题，经济学家们长期没有得出答案。例如，在公用事业和铁路公司中，总经理的工资大大低于工业公司中类似总经理们的工资。[30] 前两者所受的政府监督要比后者大得多，这一点也许不是巧合。

这种情况为私营企业的管理界精英与国有企业的管理界精英（如在英国或苏联），或政府中的管理界精英（如美国城市中的管理者、中小学校主管人或较高级的公务员）之间在收入上的巨大差别也提供了解释。虽然与普通公民的收入相比国有企业和政府中的管理者的已算很高了，但他们的工资和其他额外补贴是无法与私营企业总经理们的收入相比的。例如，近些年来，工业部门最高收入已超过了 80 万美元，而中小学校校长和城市管理者收入最高才分别达到 4.8 万和 3 万美元。[31] 还有，对这种差别的解释似乎与确定工资的方式也有联系。在私营企业，管理者们越来越多地拥有为自己定工资的权力；而在政府部门，这种权力通常是掌握在其他人手中的。[32] 这一假说也可能解释苏联管理界精英收入相对较低的情况。

管理界精英所享有的另一个优惠是职业保障，这是一个常被人忽视的收益。罗伯特·戈登在广泛研究的基础上得出结论，认为美国实业界的总经理们"很容易拥有很高程度的职业任期保障，在总经理的等级上几乎不可能有大规模的清洗，最高管理者们由于通常控制着投票机器，他们基本上不必为保住其位置而担忧"。[33] 罗伯特·达尔（Robert Dahl）在论及中小学校长职位时也得出同样的观点，他写道："一个校长一旦被任命后，就很难再变动。这不仅是因为他在公立学校界中培植起了自己的追随者，还因为如果他的职位变动不是经过专业上的充分考虑的话，他就能得到国内专家群体的支持。"[34] 因此，虽然各类管理者的职位是不同的，但对他们来说，职业保障的

356

357

事实在本质上是一样的。

毫不奇怪，共产党国家和民主国家的管理者们之间在职业保障上有着一些差别。前者的职位安全感要小得多，面临着更多的降级和开除危险，或更严重的监禁和处死。有人研究了苏联公开的被免职厂长们下台后的工作安排。这一研究指出，有40％的人被撤销了职务或委以明显降职的职务。[35]与西方的管理者们相比，苏联的管理者们处于一个更为不利的地位，因为他们不可能在其走运的时期积累起大量的私有财产，以便作为被降职或撤职后的缓解安慰。[36]虽然，在最近10年中，苏联管理者们的职业保障有了一定程度的改善，但仍然无法与美国和西欧同行们所享有的职业保障相比较。[37]这似乎是集权或半集权政体的一个不可避免的副产品。

这种职业保障的相对不足，并不能阻止苏联管理者阶级变成为半世袭制。从可利用的证据来判断，那些仍得到党的精英恩宠的管理者们，似乎能确保他们的子女获得特殊教育的优先权。和其他地方一样，这也为其通向管理阶级或苏联社会中其他特权阶层铺平道路。赫鲁晓夫自己说过，在50年代，大学生中只有1/3的学生是农民或工人的孩子。一个最近被驱逐出国的苏联学生称："在声誉高的学院中，只有很小一部分学生是来自知识分子以外的家庭。"并且，"一个大学或学院的声誉越高，进入其中的人就越是'精英分子'"。[38]因为管理者阶级是由知识分子组成的领导干部，那么可以认为，他们的子女们在最好的大学和学院中占据了很大比例。[39]

358　　在20世纪40年代早期，一个感到幻想破灭了的前马克思主义者詹姆斯·伯纳姆（James Burnham）出版了一本名为《管理革命》（*Managerial Revolution*）的书。在书中，他提出管理者阶级注定要成为工业社会未来的统治阶级。[40]他认为，在资本主义国家中，管理者阶级正迅速地取代有产阶级而成为主导阶级，而在苏联则以同样的方式取代着党的精英。他相信，管理者们，特别是那些掌管着生产的管理者们成为新的统治阶级只是一个时间的问题。

虽然伯纳姆的分析中有许多值得怀疑的地方，也有一些明显的错误，但是他提出了一个重要的问题，即管理者阶级及其精英与其他强有力的阶级及其精英的关系是怎样的？它们是对立的集团吗？是像伯纳姆所说的那样，是以争夺主导地位的斗争而联结在一起的吗？抑或属于另外一种不同的关系？

近年来，越来越多的观察者发表见解，认为伯纳姆关于日趋增多的权力被分配给了管理者这一点是对的，但是他认为他们正在取代旧的精英们这一点却不正确。例如 C. W. 米尔斯认为，管理精英不是取代有产阶级，而是同它一道"进入多多少少是统一的共同富有的阶层"。[41]

虽然米尔斯的这种断言还缺少经验材料的证明，但是，有大量详尽的和直接的证据表明，私营企业中的管理精英肯定也是财产精英，或要成为财产精英。按照逻辑分析，很显然，一个年收入超过 5 万美元的人要在相对短的几年中积累起净价值为 13.3 万美元的财产是不会有多大困难的。[42]事实上，拥有这样数量的收入，再加上股票买卖权和其他附加优惠，以及现有财产的利息和资本利润，要做到这一点是相当容易的。直接证据清楚地支持了这条推理线索。当管理界精英们的成员被迫公布了他们的净资产之后，他们通常也是财产精英的事实就很明显了。以前是通用汽车公司总裁后来是国防部长的查尔斯·威尔逊（Charles Wilson）和以前是福特汽车公司总裁后来也成

359 为国防部长的罗伯特·麦克纳马拉正是这种观点的两个例证。当这些人进入政府机构而被迫公布其财产时，暴露出来的是威尔逊拥有价值250万美元的通用汽车股票，而麦克纳马拉拥有价值160万美元的福特汽车公司股票，并且有权以低于市场价值18美元的价格买进另外的股份，其额外价值为27万美元。[43]他们的其他财产没有报道。即使是这样，看一下第十章表2就可清楚地知道，这些人并不是财产精英的外围成员，而是居于其更有实质性的成员之列。

新近关于管理界精英社会来源的资料进一步证明了它与财产精英有密切关系。纽科默的研究是这方面做得最好的研究课题之一，因为她的研究只包括了那些被明确是管理精英的人。在她的样本中，有超过1/3的总经理们是出身"富有"家庭的。[44]按照我对"财产精英"的定义，他们的父亲当中几乎有一半从事的职业带有这一群体成员通常具有的特性。[45]这些数字表明，不仅管理阶级的成员资格可以导致在有产阶级中取得成员资格，并且反过来也是可能的。事实上，两种类型都很普遍。

这两个阶级之间的一个决定性联结值得一提，即他们都关心保留私有财产制度。前面的讨论中应该已经讲清楚，管理精英或至少是受雇于私人企业的那部分管理精英，对这一制度的评价并不低于财产精英的评价。而在所有国有企业中，管理的自主性和权力都遭到削弱，工资也低一些（至少相对于那些仍是私人操纵的企业来说是如此）。[46]

然而，有产阶级和管理阶级之间的联盟绝非十全十美，首先，如我们所见，并非所有的管理者都是被私人企业雇用的。他们除了担任高级公务员、城市管理者和中小学校管理人以

外，许多还受雇于国有企业和如斯堪的纳维亚的合作组织那样
的非营利性组织。[47]这些管理者们的平均收入要比那些受雇于
私人企业的低得多，因此他们积累财产的机会也不会有那么
大。进一步讲，他们的权力和特权地位并不是建立在企业私人 360
所有的基础上的。最后，在大多数情况下，他们是经过公共服
务训练的专业技术工作者，所以他们或多或少倾向于批评私营
企业的营利动机超过了维护公共利益的动机。简言之，由于他
们所受的教育和他们的个人背景，这些人并不强烈倾向于拥护
私营企业或坚决支持有产阶级。相反，他们的经历和利益使他
们陷入一种对此既爱又恨的矛盾之中，甚至是采取敌对的态度。

即使是在私营企业中，管理者和有产阶级之间也还没达到
完全的利益统一。每当经理们运用其职位权力从股东们的手中
夺过对公司的控制权时，他们也是在攻击着私有财产原则和财
产权利的概念。同样，当他们利用对董事会的控制而提高自己
的工资和满足其他要求时，他们也是在触动着有产阶级的基础
要害。

结果，我们就不得不将有产阶级和管理者阶级看成两个在
分析层次上相互区分的、独特的单位，尽管他们在经验层次上
或多或少地能够团结在一起。从经验的角度看，问题是要弄清
楚在多大程度上那些属于财产精英的个人同时也属于管理精
英，以及相反的情况。但是从分析上看，我们认识到，一个精
英群体的成员不会自动获得另一个精英团体的成员资格。进
而，在那些没有获得双重成员资格的人身上，我们就可看到冲
突的基础。在美国和大概大多数非共产党国家中，私营企业中
存在着大量的交叉情况（尽管米尔斯甚至宣称，管理精英和
财产精英正在融合为一个"或多或少统一的阶层"），对政府

和其他非营利组织中的管理者来说，这种交叉要少得多，并且这两个阶级的联结脆弱得多。[48]

在苏联，管理者阶级与党的官员们之间也产生了类似的关系。大卫·格拉尼克在其对苏联管理者们的分析中宣称，企业经理和党的官员"在很大程度上……是同一类型的人。这两个群体的成员一般都必须是可靠的党员和政治上的积极分子，他们的收入差不多，甚至他们的教育状况也都没有多大差别"。[49]

361　　虽然苏联管理者们同党的官员有许多共同点，并且格拉尼克称，他们甚至是一生中处于不同位置的同一个人，但是他们的利益远非完全同一。在许多点上他们的利益是有分歧的。党的精英清楚地看到了这个事实，他们在苏联的每一个工厂和企业中都使工厂经理和党的书记的职位分开。正如一个作者最近指出的那样：

> 尽管工厂的高级管理人员也都是党员，但党的机构仍采取了把党组织的角色同管理的角色分开的做法。党在工厂和企业中建立了独立的书记等级系列，努力以此树立起自身作为国家利益监护者的独特形象，而不是局限于一些企业经理那种更狭窄的视野。党的机构的这种特殊使命，使其陷入了与工厂行政管理既合作又对抗的关系之中。[50]

就格拉尼克的第二个论点而言，他没有说企业经理和党的官员"通常都是"一生中不同阶段的同一个人，而只是说了"出现了很多"是同一个人的情况。即使这样，似乎也是说过头了。格拉尼克在分散的样本以外，几乎提不出其他的东西来加以证明。他的两个有关这一题目的表格表明，从企业中的经理职位向全日制的党的工作的转移，或相反地转移，最多是一种不太常见的职业生涯类型。[51] 按照另一位权威人士的说法，经理和党务工作者的分离早在他们还是学生时就开始了。[52]

综上所述，苏联和其他地方一样，管理阶级及其精英似乎在社会中构成了一个比较独特的阶级。然而，有很多纽带将它同政治上的统治阶级联结在一起，它甚至在某种程度上同后者有着交叉的成员资格。因此，它似乎注定要在苏联社会内部许多争夺权力和特权的斗争中扮演一种矛盾的角色。

军人阶级

在《权力精英》（*The Power Elite*）一书中，C. W. 米尔斯把当代美国社会勾画为受到三个紧密联系的群体的统治，他们是公司富翁、政治领袖和军人集团。[53] 把军人精英包括进去是一个在最近 10 年中已为人们接受的观点。这种观点认为，现时代的军事危机把巨大的权力送到了军人手中，这种观点最极端的支持者认为军人很有可能成为社会中的主导阶级。

没有人会怀疑军人在现代世界具有很大的权力。但人们可能真的怀疑它在社会内部的权力是否比以往大得多，并且怀疑它是否像它常常表现出来的那么无所不在。

就第一点而言，军人在美国社会中的地位是变化了，这一点毫无疑问是真的。但这并不等于说它在世界上普遍地发生了变化，或者说它是从农业社会到工业社会转变的结果。如我们所见，军人在农业社会中通常是一股很强大的力量，并且在许多情形中是占统治地位的力量。[54] 一个评论把这一点讲清楚了，即历史上的美国军事控制类型是非典型的。美国历史中一些特殊事件使这个民族能够在没有强大军事力量的情况下生存下来，并繁荣起来。

就第二点考虑而言，现代军人的权力被夸大了，至少在较先进的工业国家是被夸大了。虽然，在美国、苏联和大多数其他先进工业国家中，军事编制规模确实很大，并占用巨大的预算，但同样真实的是，军人的权力明显地受到约束，并受到文职官员的控制。不仅在所有当今强国中是如此，而且更明显的是，它在扩张主义的纳粹德国也是如此。

有些时候，苏联军人或其中某些部分曾企图获得更大的权力，但每一次都受到了挫折。近年来这方面最著名的例子是朱可夫元帅在 1957 年被迅速地解除了国防部长的职务。[55]

在美国，甚至像朱可夫那么有节制地向文职权威发起挑战的例子也很难发现。[56]虽然谁也不能怀疑军事预算已经大幅度增加，但这在很大程度上是由文官们决定的。虽然军人在纯粹的军事事务中也许取得了某些更大的自主性，但这主要是由于军事技术和组织的复杂性日益增加所引起的。在其他事务方面，军人的地位并没有得到很大的改善，并且在严格的军事事务领域以外，甚至是在某种程度上降低了，在权力和特权的分配上更是如此。例如，最近一个研究称，从 1929 年到 1949 年，军官所挣的钱相对于所有全日制文职劳动力的工资比率，从 2.98 倍降到了 2.53 倍。[57]这个研究还指出，附加的优待也被削弱了，特别是住房。据说在内战年代中尉所拥有的住房可以与 1959 年分配给上校的住房媲美。退休年龄降低也苦了很多军官。最近有一条规定更加重了这个问题，因为这个规定禁止他们从军事承包商那里接受就业，这种就业可能会把他们卷入与原军事单位的商业交易中。最后但重要的一点是，直到

1958 年，在军事机构中只有一小部分上层军官获得 2 万美元或更多的收入——这还不到学校校长最高收入的一半。

回想起军人们近年来不断努力以改善其经济地位，这些事实就具有了很大的重要性。这一群体相对的失势只有用这样一个证据来解释：它缺乏相应类型的权力，以便在现今分配制度的构架中获得经济地位。很明显，用原子弹抹掉所有民族的力量是一码事，而提高某部分人在国民收入中的份额的权力又是另外一码事。前者并不容易转化成后者。军人的矛盾境地可以提醒人们，权力的大小和权力的领域是两个不同的东西，在一个领域中巨大的权力并不必然地转化为另一个领域中大小相当的权力，至少不能用合法的手段来必然达到这一点。

这里就提出了这样一个问题：为什么军人在不能以合法手段改善其地位时，没有转向使用武力。这正是现代社会相当明显的特性之一：在较先进的工业国家中，实际上还没有过真正的军事政变。当然，在过去的农业社会中和在现代世界中不发达的或正在工业化进程中的国家里，政变是很普遍的。而在较先进的工业国家中，这种实例只有过一次。它发生在第二次世界大战爆发前的日本。并且记录表明，这次政变甚至也不是一次真正的军事政变，因为它受到了强有力的文官们的强烈支持，这些文官们直到 1945 年日本投降时都在国家事务中拥有主要的发言权。

对于实质上不存在军事政变这种情况的解释绝不是一目了然的，对这一问题应该做出更多的研究。然而，这种现象似乎是同现时代中重要的意识形态变迁相联系的。只要国家被认为是靠暴力获得其特权的单个家族的私有财产，那么就没有严重的意识形态障碍去阻止军人夺权。随着国家民主理论的传播，

364

这种情况极大地改变了，因为这种新的意识形态往往加强了军人内部对军事政变的抵抗。在某种程度上，军事领袖来自平民家庭和成长于民主传统中，他们很容易反对军事政变。

一个次要因素大概是战争性质的变化，在现代战争中不再有真正意义上的平民，事实上全民都会投入到战争的努力之中。即使是在和平年代中，平民与军人之间的界限也不像过去那样分明。军官们越来越多地生活于甚至工作于"他们的岗位之外"，因此就变得深受平民的影响。[58]这些发展最后的效果只能是减弱军人传统的自我形象。即作为一个独立的集团具有特殊的和功勋的性质，可以合法地将其强力用作国内事务中政治行动的工具。如果这种分析是对的，军人就可能变得难以与文职人员区分开来，至少在以分配过程的眼光来看待他们时是如此。

专业技术职业者阶级

在所有与工业化相联系的变迁中，没有哪一项能比知识上的革命更为重要，自两个世纪以前工业革命开始以来，人类有用知识的积累已增加了许多倍。

从职业的阶级系统角度看，这一发展是相当重要的。首先，它带来了专业技术职业者阶级在数量、重要性和富裕程度上的提高。第二，它使教育成为更有价值的资源，使教育机构在权力和特权的分配中比历史上任何时候都更为重要。最后，它大大减少了对无技能和半技能劳动力的旧式需求，这就威胁到千百万人的生计。因为有这些重要性，所以对所有这些发展都值得进行仔细地考虑。

关于专业技术职业者阶级最麻烦的问题之一就是如何定义

这一阶段的问题，许多专业的研究者们早就看到，讨论各个专业中的问题比对这些专业做出定义要容易得多。[59]但是也有一些清晰突出的标准。首先，这一术语总是指那些要求掌握复杂的专业化知识和知识型技能的职业。其次，这些知识和技能即使是有能力的人也无法迅速获得：从较高的教育机构中毕业正在快速地成为进入所有专业技术工作领域的先决条件。最后，虽然专业技术职业者经常对其他人产生很大的影响，但他们极少拥有正式的权威。在这一方面，他们同管理者阶级有着极大的不同。按照当前分析的目的，我们将依照其达到这些标准的程度来将一种职业看作专业技术职业，而专业技术职业者阶级将被看作人口中从事这些专业技术工作的那一部分人。

这一阶级是从农业社会的教士阶级和侍从阶级的某些部分中发展出来的，如医生、数学家、占星术士、教师，等等。除了教士以外，他们的成员很少，并且影响也很小。大体而言，这是因为他们的"知识"常常很不可靠。虽然这种类型的人当中个别成员有时也从强有力的统治者或执政阶级那里得到一些恩宠，从而获得名誉和财产，但大多数人对这两者的占有都是极少的。

在过去200年特别是最近的50年里，专业技术职业者阶级作为社会中的一股强大力量而崭露头角。由于技术知识可靠性的提高，对掌握它的人的需求也提高了。这种知识纯价值的提高也使技术专家们的数量和种类不断增加。最后，由于经济平等性和生活标准不断提高，能够支付专业技术服务费用的人的数量也极大地增加了。在这三种因素的同时作用下，对经过训练的专业技术职业者的需求大幅度地增加了。

传统农业社会中的专业技术职业者人数的精确数据很难得

到，但我们可通过比较一代人以前还在很大程度上属于农业社会的那些国家与现在较先进的工业国家的专业技术职业者在劳动力比例上的差别，在一定程度上判断这个群体的人数。在前者，其百分比是从不到 1% （1940 年的墨西哥）到约 3%（1928 年的希腊）。[60]当时这些国家中的专业技术人员中已经有一些是在不完全的工业化部门工作的，如果把这些人从总数中扣除的话，那剩下的最多不超过 2%，也许还会更少。相比较起来，美国劳动力中 1960 年几乎有 10% 的男性工作者被划分为专业技术人员、技术工人的和类似的工作者，然而这一数字并不意味着达到了最高水平。[61]事实上，这一数字在未来不确定的时期中还将持续上升。在其他工业化国家中，这一数字还没这么高，但趋势是一样的。[62]

随着专业技术职业者阶级在规模上不断扩大，其影响和收入也相应增加。虽然前者很难测量，但后者却不难测量。来自每个先进工业国家的收入资料都表明，专业技术职业者阶级和管理者阶级成员之间有很大的交叉重叠，并且其中间值差别不是很大。例如，在美国，1959 年被划分为专业技术职业者、技术工人和类似工作者的人群收入中位数，比所有拿工资的经理和官员们只低 10% （6778 美元比 7479 美元）。[63]最近一个有关苏联收入情况的报告指出，那里的专业技术职业者和管理者阶级之间的收入差别要稍大些，但也表现出很大的交叉重叠，例如，一些知名教授和学术权威的基本工资可以与大工业企业的最高行政官和经理相比较，并且也至少可以同国家政府中的一个副部长相比较。这个研究还说，专业技术职业者阶级的成员是处于最容易因其卓越成就而获得极为丰厚奖励的人员之列。[64]

专业技术职业者阶级的成员所获得的高收入在很大程度上反映了供求规律的作用。[65] 我们已看到，与农业社会相比，现在对有知识人士的需求要大得多。另外，随着可靠知识的积累越来越多，所以工作表现也有越来越高的衡量标准。如果专业技术职业工作要求具备平均水平以上的能力，并且如果社会中脑力劳动者的供应是按照近似正态曲线分布的，那么，只要稍微提高标准，具备这种资格的人的供应就会急剧地减少。这些因素可通过大大改进教育系统而得到部分补偿，但是在大多数领域中，训练有素的专家供应量的增加都没有赶上更急剧增加的需求量。其结果是，那些想要得到更好的专业技能服务的人被迫为此付价更高。

然而，情况还不止于此，除了自然能力以外，专业技术工作者的成长在金钱和时间上都花费很大，因此相对来说就很少有从一个专业向另一个专业的转化。某个领域人才的缺乏通常不能通过从另一个过剩的领域中招兵买马而得到满足。这些供应上"天然的"刚性又常因"人为的"或"人造的"刚性而得到加强。大多数专业都具有某种组织方式，并且都以其组织化的结构去控制新成员的流入。从原则上讲，这是为了控制其领域内人员的质量；而在实践上，这种情况也造成了更大的人力短缺。专业的领导们设置了比实际必需水平更高的专业入门标准，因而让这种情况在不知不觉中就发生了。在有些情况下，各专业精心地采取了一些步骤以提高其服务的价格。在那些自我雇佣但又组织起来的，并且为广泛散布而无组织的顾客服务的专业技术职业领域中，这种情况更为常见。美国的医生就是这样的情况。

需求方面也有一定的刚性，它可以限制市场机制的自由作

368 用。有时，在独家买主或少数买主控制的情况盛行时，某一领域的专业技术职业工作者会发现只有一个或很少几个买主。前一种情况往往在苏联和其他集权国家盛行（虽然至今仍未证明能够完全控制工资规模；一些地方自主的办法被证明是较为有效的）。在美国，中小学教师和护士的情况接近少数买主控制市场的情况。他们常发现在有些社区中他们的服务只有很少几个潜在的买主。在单个买主控制或少数买主控制的条件下，前者的地位都会削弱，其价格往往会看跌。这或许也能很好地解释为什么苏联的专业技术职业者的相对收入总体上比美国差很多。

要更加全面地分析专业技术职业者阶级的情况，还需要考虑在所有先进的工业国家中将专业技术职业者阶级同有产阶级、管理者阶级和政治阶级联系起来的许多纽带。对社会互动类型的研究表明，专业技术职业者阶级的大多数成员同其他权力和特权阶级的成员居住在同一个街区，属于同一个俱乐部，进入同一座教堂，并且与之交往和通婚。[66]许多专业技术职业者的高收入使他们可以积累大量的财产，所以很多人既是专业技术职业者阶级的成员，又是有产阶级的成员。[67]他们的工作性质也使他们容易进入政治阶级。例如，最近一个对美国参议院的研究披露，其成员中有 64% 的人是专业技术职业人员（主要是律师）。[68]在英国议会中，这一数字自第二次世界大战以来一直是 52% ~ 54%，这在两次世界大战之间 45% 的平均水平上又进一步提高了。[69]在法国和大多数其他民主国家中也存在类似的情况，尽管这种不平衡并非总是如此极端。[70]在苏

369 联的情况中，专业技术职业者阶级中约有 30% 的人也是党员。专业技术人员（包括半专业技术人员）在全体党员中占了

25%。[71]简言之，虽然专业技术职业者阶级是一个独特的实体，具有其自身的特殊利益，但在工业社会中它与占统治地位的阶级联系紧密，并给他们提供重要的支持。在后面关于阶级冲突的部分我们将再次讨论这一问题。

职员阶级

到现在为止，我们所考察过的阶级在权力和特权两方面都占据了社会中有利的位置。现在我们转到那些其成员处于不那么有利地位的阶级。然而，应该指出，在第一组和第二组之间没有明显的断裂。相反，在权力和特权两方面都明显存在着交叉重叠。在这些不那么有利的阶级中，一些最走运的成员获得的有价值报酬要高于有产阶级、管理者阶级和专业技术职业者阶级中许多最不成功成员的报酬。[72]

从历史上看，工业社会里的次等阶级中，境况最好的要数职员阶级。虽然其起源能够追溯到农业社会，但直到19世纪近代工业的理性化和科层化，以及组织的规模增大才让它在数量规模上大幅提高。

英国的经验是比较典型的。在1851年，职员在总劳动力中占不到1%，一个世纪以后，它总共占到了10.5%。[73]在美国，这一百分比从1870年的0.6%上升到1962年的15.2%。[74]第二个重要的趋势在于这一阶级的性别结构。在较早时期，几乎所有的职员都是男性。在英格兰，1851年，99.9%都是男性。而到了1951年这个数字降到了40.4%，而且从那以后大概仍在进一步下降。[75]在美国和其他先进的工业国家中也发生了这样的趋势。

在较早时期，职员的地位明显介于特权阶级和体力劳动大

370

众之间。他们在职业等级中的地位大致相当于小资产阶级在财产阶级序列中的地位。与体力劳动者不同,他们的工作条件比较好,相对来说不受身体危险、噪音、臭味和尘垢的威胁。他们的假期更多些,每天的工作时间也更短。此外,他们的工作使他们更频繁地与特权阶级成员发生个人接触,并且过着上流社会的体面生活。最后,与工人大众相比,他们的收入更高,工作职位更稳定。[76]

在后来一些时间里,这种情况发生了改变。职员阶级和工人阶级之间的鸿沟急剧缩小。洛克伍德(Lockwood)认为,第一次世界大战以前的英国,在收入方面,一个普通的成年职员同一个技术工人基本上差不多。但到了1956年,职员的地位降到了不比体力劳动工人的平均水平更好的处境中。[77]在从1905年到1955年的半个世纪中,英国体力劳动工人的收入增加了674%,而各类职员收入的增加只介于265%到463%之间。[78]在苏联没有可利用的趋势资料,但当前的数据表明,工业企业中办公室职员的典型收入稍高于制造业中的半技术工人,并稍低于技术工人。[79]在美国,在1939年到1959年的20年间,手艺人、领班和类似工人收入的中间值超过了职员和类似的工作人员。同时,操作工或半技术工人的收入也开始同职员的收入并驾齐驱,这些趋势可以借助下列数据清楚地看出。这里只是男性的数据:[80]

单位: 美元

371	1939 年	1959 年
职员和类似的工作人员	1421	4785
手艺人和类似的工作人员	1309	5240
操作工	1007	4299

如果换成百分比，将职员收入作为基础，这种趋势就更清楚些。

	1939 年	1959 年
职员和类似的工作人员	100	100
手艺人和类似的工作人员	92	110
操作工	71	90

职员阶级与工人阶级之间的差距在工作时间、假日、职业和退休金等方面也都缩小了。[81]

职员阶级地位的衰落有着一些显而易见的原因。首先，中间阶级妇女的解放使她们能走出家门寻求就业，这就释放出了一大批潜在的职员工作者。很多就业领域在很大程度上妇女是进入不了的，家庭的牵累使她们不能连续多年地工作，因此她们往往集中于那些并不需要连续就业的领域，而职员工作就是一个明显的选择。尽管对职员的需求极大地增长了，但还是没有跟上其供给增长的步伐，结果，这一领域的工资增长也就没有跟上大多数其他领域工资增长的步伐。

第二个大概对职员阶级地位下降起到作用的因素是工作组织规模的扩大。50 年前大多数办公室都很小，因此职员们能够同其雇主发展个人关系。而在现代公司或政府机关里雇用上千名职员的情况下，他们仅仅变成了组织表格中的统计数目和经营利润的负担。在这种情况下，现代的管理者可以毫不在乎地解雇那些不再需要其服务的人。这对职员阶级成员来说是一个严重的损失，因为在 20 年代以前，"一般都假定，只要办公室工作人员在工作上卓有成效并且性格良好，就可以指望被长期雇佣"。[82]

最后，办公机器能完成许多职员的工作，这也极大减慢了
372 职员劳动力需求的增长。加法器、计算器和最新的计算机，更
不必说打字机、录音电话、复印机，以及其他多种多样的机
器，所有这些都挤掉了成千上万名办公室职员。

与他们长期瞧不起的工人不同，大多数职员不愿意组织起
来抵制新的工作人员进入或将机器引入其工作领域中。他们仍
面临着市场力量的自由作用，而且在最近几十年中这种作用对
他们是相当不利的。这些发展使有些社会学家得出结论，体力
工人和非体力工人之间的历史性分离消失了。他们认为，我们
不应该认为职业阶级系统分为体力劳动和脑力劳动这两个基本
单位，现在应该采用一种三级划分法，将下面这些职业看成
"中间层大众"，它们包括"职员、商人，手工业者、领班、
小财主、半边缘的或自称的专业技术职业者和技术人员，没有
多少下属的管理人员和官员，以及收入较高的操作工"。[83]

虽然我们不否认体力劳动者与非体力劳动者之间在收入，
也许还有生活方式方面日益趋近，但一个基本差别仍是存在
的，仅此就足以对忽略体力和非体力职业界限的说法提出严肃
的质疑。这就是，职员阶级的成员有更多的机会向上流动到管
理者、业主和专业技术职业者阶级。1962年的普查资料表明，
在25岁到64岁之间，那些离开学校后第一个全日制职业是职
员的人中有37%升入了专业技术职业者、业主或管理者阶级
中。而那些最初是手艺人的人却只有26%升入了这些阶级。[84]
职员的儿子也比手艺人儿子具有更大的优越性。前者中有
42%成为专业技术职业者、企业家或管理者阶级的成员。比较
起来，后者中只有27%实现了向上流动。[85]几乎在每一个能找到
关于流动性资料的先进工业化国家中都能发现类似的结果。[86]鉴

于这些证据，体力和非体力职业之间的差别仍是几乎所有先进工业国家的分配系统中存在的一个重要事实，要忽略这种差别是不明智的。

销售者阶级

随着经济组织规模的扩大，原来混合在某一职业角色中的许多功能分离了，并成为更加专业化角色的基础。销售的功能就是这方面一个很好的例子。在代表着农业社会典型特征的小作坊中，手艺师傅同其徒弟和雇工一起将从购买原材料到出售成品——所有的活都干了。除了少量大商号以外，没有人专门从事销售商品的工作。

在现代工业社会中，这种情况完全变了。企业规模的扩大带来了专业化浪潮，这使得单纯以销售为生计的人数大为增加。例如在美国，作为销售者而被雇用的人在劳动力中的百分比从1870年的2.5%上升到1962年的6.5%。[87]虽然妇女在这个领域中占了很大比例，但绝不是像在职员领域中那样占了大多数；在1960年，美国销售人员中只有32%是妇女。

官方数据表明，这一阶级男性成员的中间收入同职员职业和技能行业中的男性成员差不多。然而，通过下表的数字可看出，销售人员中间收入的上升超过了职员，而同手艺人相比又进一步落后了：[88]

单位：美元

	1939 年	1959 年
职员和类似的工作人员	1421	4785
手艺人和类似的工作人员	1309	5240
销售人员	1277	4987

　　事实上，销售人员笼统的数字是很不可靠的，因为对各职业的进一步细分表现出了一种分化的情况。一方面，有许多亚职业群体的中间收入大大低于这一领域总体的中间值。在1959年，这些亚职业群体的情况涉及：报童收入为567美元，小贩和货郎收入为2826美元，零售商店里的销售人员收入为4027美元（或者说，比半技术工人的中间值少272美元）。单是这三个职业群体就几乎占了销售人员的一半。另一方面，另一组几乎拥有同等规模的销售职业的收入中间值大大高于这一领域总体的中间值，涉及：仓库和货栈商人的收入是7730美

374 元，制造业公司雇用的销售人员收入是6835美元，不动产代理人收入是6508美元，保险代理人收入为6331美元，批发商雇用的销售人员收入是6146美元，总括起来看，第二组人在收入上可以很有利地与专业技术人员相比，后者的收入中间值在1959年只比销售人员中的这一优越群体高出5％。

　　销售者阶级内部的这些差别，可以帮助我们理解是哪些因素在决定着他们报酬的高低。所有高收入职业领域中，每个销售人员所销售货物的货币价值都相当高，而在所有低收入职业领域中其货币价值都很低。这意味着，在前一领域中，工资和佣金虽然在绝对数量上较高，但在其总开支中所占的百分比却低得多。反过来说，这意味着，工资和佣金可以更自由地提高，而不会很大地影响产品价格，又不会很大地影响公司利益。进一步看，既然在资本主义经济中，销售价值对每个公司都是至关重要的，那么聪明的总经理们将竭尽全力去提高销售额，如果给销售人员提供更大的刺激就能达到此目的的话，那么他们将会这么做。

　　表1揭示了其中一些基本关系的特性。该表表明，在每一

位销售者平均销售的美元价值很低的企业中，如要维持原来的利润水平，在工资或佣金上即使有轻微的提高也必然要求销售额上的大幅增长。在这种情况下，管理当局就会很自然地将工资降到刚好能够雇用到具有其角色所需技能的人员的最低水平上，并且大概会以广告和类似技术去维持销售额。相比之下，在一个每一位销售者的平均销售额都具有很高美元价值的企业中，销售者收入的较大上升只要求在销售额上有较小的增加。在这些企业中，管理当局一般会发现，高收入的刺激会激励销售者努力工作，并且能招募更好的人员，结果就是利润大增。简言之，在一些企业中，给销售者提供机会获得高于全国收入水平的报酬是有好处的，而在另外一些企业中却不是这样。

375

表 1　销售成本、销售价值和利润之间的关系（假设的）

每个销售者平均每天的销售成本	其他成本 *	利润	总销售价值	必须销售的商品数量	要求的销售额增长
每个销售者销售额（美元）低的行业					
15 美元	75 美元	10 美元	100 美元	100	20%
20 美元	90 美元	10 美元	120 美元	120	
每个销售者销售额（美元）中等的行业					
15 美元	885 美元	100 美元	1000 美元	100	20%
20 美元	929 美元	100 美元	1049 美元	105	
每个销售者销售额（美元）高的行业					
15 美元	8985 美元	1000 美元	10000 美元	100	1%
20 美元	9075 美元	1000 美元	10095 美元	101	

* 假设这些是随销售成正比变化的。

就流动机会而言，销售人员的境况甚至比职员更好些。人口普查机构 1962 年做的抽样调查表明，在 25 岁到 64 岁的人中，第一份全日工作是销售的人有 41% 上升到了专业技术职

业者、业主或管理者阶级中。而相比之下，以职员起家的只有
37%，以手艺人起家的只有 26%。类似的是，销售人员的儿
子中同样有 47% 上升到了专业技术职业者、业主和管理者阶
级中。相比之下，职员的儿子中只有 42%，手艺人的儿子中
只有 27% 向上流动到了其他阶级。[89]

在共产党国家中，销售人员的重要性是很小的。虽然我们
没有关于他们收入的资料，但有把握说，这是低于全国平均水
平的。[90]除南斯拉夫以外的所有共产党国家直到最近都在商品
的生产和分配两方面设置了定额，并且除了在消费者层次上，
选择的余地都是很小的。[91]然而，即使在这些国家——长期以
来牺牲消费品的生产而强调生产资料的生产——也保证了几乎
所有生产出来的东西都能被售出，而不需要特殊的努力去刺激
销售。

工人阶级

在传统的农业社会中，人口中绝大部分集中在农民阶级
中，虽然残存的农民或农场主阶级在每一个工业化国家中还以
多多少少变化了的形式存在着，但其作为最大职业阶级的地位
早就被工人阶级这个原来工匠阶级的继承者取代了。事实上，
这一新阶级的成员大多数并不真的是早期工匠们的后代，他们
中的大多数是那些由于过度生育和农业机械化而被迫离开土
地、离家出走的农民和农场主的后代。

虽然工人阶级在先进的工业社会中是最大的职业阶级，但
它还很少达到过去的农民阶级曾经达到的那种数量上的压倒性
优势。英国是唯一的例外，其他国家中的工人阶级大概还从来
没有超过整个男性劳动力的 60%，并且通常总是少于 50%。

迄今为止，工人阶级的相对规模变化很大，并且明显与社会的工业化程度成曲线关系。在工业化早期阶段，工人在劳动力中的比例随着农场主和农场劳动者比例的下降而急剧上升。后来，当农业人口降为了一小部分，并且来自乡村区域的迁移人口减少为只是"一股细流"时，转折点就来到了，工人阶级也开始减少了，至少是在相对意义上减少了。

人口普查资料表明，在城市人口中，体力工人的比重在许多工业社会中都在下降。例如，在美国的城市男性劳动力中，体力劳动职业所占的百分比从 1870 年的 70% 降到 1960 年的 60%。[92]最近瑞典针对流动人口所进行的一项全国调查显示，在城市劳动力中，只有 61% 的男性是从事体力劳动职业，相比较而言，前一代中却有 73%。[93]匈牙利 1949 年的人口普查资料也表明了前一代人和这一代人之间类似的下跌。在现在这一代人中，城市男性劳动力中只有 72% 从事体力劳动，而在前一代人中却有 82%。[94]类似的趋势还可从其他国家的资料中看到，包括法国、日本、挪威和西德。[95]

现代工人阶级同在它之前的农民大众一样，包括了处在各种不同情况中的人。在一端有一小部分人所挣的工资高于管理者阶级和专业技术阶级的中间值；而在另一端却又有一些人所挣的工资不够养家糊口，要依赖福利作为其所挣工资的补充。然而，尽管有这些差别，他们还是与农民大众的情况一样，有着一个共同的属性，由此可以将其看作职业阶级系统中一个单一阶级的成员。也就是说，他们每一个人所依赖的资源只是一个有限范围的体力技能，只需经过较短时间的训练，社会中大多数其他成员都可获得这种技能。

结果，工人阶级的成员与我们考察过的其他阶级相比，其竞争地位总是很可怜的。当他们在一种近似自由市场的条件下，试图以个人为基础而竞争时，情况就更是如此，因为体力劳动力一直是供给过剩。由于找这些工作的人数通常超过可提供的工作岗位数量（或已有的工作岗位数量），所以劳动力的买主通常能够以一种仅能维持生存或近似的标准去雇用他们——至少在真正自由市场的条件下是如此。

历史事实是，工人阶级大多数成员的境遇并不至于如此可怕。特别是在较为先进的工业社会中不是这么可怕，因为其他因素也会介入进来，因此可以改善大多数人的境况。首先，在工业化的早期阶段，高技能的工匠常常花许多年去掌握他们的行业手艺（尽管有理由认为，如果以训练速度为主要目的，那么学徒期可以大大地缩短），这就在市场条件下给供给因素带进了某种程度的刚性。那些想要雇用高技能劳动力的人知道，他们是不能轻而易举地就找到很多劳动力。因此，虽然在一个特定领域中，手艺人供给的潜在能力几乎是没有止境的，但在任何特定时间中它又是很有限的。这就给了这些手艺人一种讨价还价的力量，使他们能够要求并且获得高于维持生计水平的工资。这种情况发生的可能性依其替换人员被训练的容易程度和速度的不同而不同。

自工业革命以来，大量的机器被创造了出来，其中许多能完成过去靠人工要历时数月或数年才能完成的复杂任务，而且它们完成得更快、更有效率。虽然，很难精确地衡量这一趋势，但劳动市场中仅由技术水平而产生的刚性需求明显地下降了。在越来越多的体力行业中，一般工人对技术的掌握只需要
378 较短的时间。因此，虽然技能因素在过去起到了保护大量工人的作用，但其影响力在下降，并且最终可能消失。[96]

　　影响了工人境况的第二个因素是工会组织。虽然工会运动从18世纪就有了，但其主要是在过去的两代人中取得了成功。[97]由于在同雇主就工资、劳动时间和工作条件谈判时采取了集体行动，工人们在很大程度上获得了对劳动力供应的控制。在组织得很好时，他们能造成一种使所有劳动力都不低于某一价格的局面。要做到这一点，他们通常要防止在失业大军中招募到破坏罢工的人。在较早时期，这是依靠工会自身直接的（通常是暴力的）行动来完成的；而后来，这是靠政治行动来完成的。

　　当然，工会所能做的努力也是有限度的。首先，它们不能将劳动力的价格提高得足以使其雇主或企业失去竞争地位的程度，这样做无异于杀鸡取卵。在某种程度上矿工联合会在第二次世界大战后就针对煤矿企业这么干过：把矿业企业中的劳动力成本提得很高，他们这么做至少是加速了石油取代煤。在先进的工业国家中，新材料代替旧材料的机会始终是在增加的。煤矿企业的例子说明了集体讨价还价和工会活动受到的另一个限制。随着一个企业中工资的增高，雇主就有更大的动机要用机器取代人，这样就减少了能够受益于工会活动的人的数量。

　　工会活动的主要后果也许是在工人阶级内部造成了一种大分裂，把有组织地参加工会的工人同其他人分开了。对前者而言，工会的会员资格是一个有用的资源，可使他们的工资提高到大大超出维持生计的水平，改善他们的工作条件，并给他们提供一些工作保障。而对剩下的人来说，工会的会员资格除了间接意义以外，几乎没有什么价值。[98]

　　第三个因素长期以来都被证明比技能水平或工会组织更重要，这就是政治组织。只要政府机构仍被牢固地掌握在有产阶

379

级及其同盟者手中，劳动工会的真实存在就会受到威胁。例如，1799 年和 1800 年的联合法案（Combination Acts）使工会组织处于极端危险之中。并且，直到 20 世纪 30 年代，"中镇"（以及在美国其他许多社区中）的财产精英还运用地方政府机器去反对工会。[99]

在大多数较为先进的工业国家中，工人们现在组织成了社会党、劳动党或共产党，这些政党或者参与政务流程，或者显著地施加影响。在美国，没有这类以阶级为基础的政党，但民主党是与劳动工会和工人阶级合作的。在加拿大，甚至连这一种政党也没有：在那里，工人阶级分散投给各个政党的票数比例与其他阶级票数分布的比例相当一致。[100]在共产党国家，共产党以工人阶级的名义统治国家，但是如前所述，它也和民主国家中的社会党、工党和共产党一样，不再仅仅代表工人。

通常情况下，工人们组织起来的政党试图限制自由放任的市场力量，并降低市场在决定工资中的重要性。这是通过各种手段完成的。首先是以合法的手段缩小劳动力的供应，特别是限制儿童做工。之后是努力确立工人们集体组织起来、讨价还价的合法权利，这是一个将买方独家垄断或寡头买主垄断因素引入市场情景中的原则。最后，党通常试图建立一个高于维持生活水平的法定最低工资线，因此减少了雇主在劳动力方面的竞争范围。工人党团纲领中的另一个主要特点是，要建立一个380 仅以公民权为基础而获得商品和服务的权利，其他的政策也具有同样的内容：尽量减小市场供求因素对个人收入的影响。如以稍微不同的话来表达这一点则是：工人政党努力的方向很大程度上是想以政治因素而不是经济因素来控制商品和服务的分配。

最后一点，那些降低政治和经济不平等的因素，大多数也使工人阶级的地位得以改善和提高。换言之，工人阶级从新的民主平等意识形态的出现和蔓延、生产力水平的提高、出生率的降低和更多的人口享有社会福利之中得到了好处。所有这些都有助于将大多数工人的工资提高到大大高于维持生活的水平。

很难准确地说在大多数工业社会中，今天维持生活的工资水平到底是多少，所以就很难确定工人的平均水平到底从这个基础上提高了多少。现在有一些对实际工资变化趋势的研究，即研究不同国家生活费用的逐年变化，以此为基础解答工资水平的变化趋势。例如，最近一个研究指出，在从 1871 年到 1958 年这段时期中，德国的实际周工资翻了一倍多。[101]这个研究还指出，在 1871 年到 1944 年，英国的实际工资率接近于翻一番，而美国的工资上升了 4 倍多。在后两个国家中，从那以后又有进一步增长的记录。[102]尽管每周工作时间大大缩短了（1871 年德国是每周 72 小时，美国和英国是每周 60 小时），但是实际工资还是极大地提高了。[103]挪威的资料表明，仅在 1920 年到 1955 年的短时间内，其实际工资就有两倍的增长。[104]而意大利的数字表明，仅 1948 年到 1959 年的 10 年里就增加了 13.6%。[105]如果我们假定，在上述每一个时间段的开头时期工人们的平均工资就已经在维持生活的水平以上了，那么我们就可以说，在所有较为先进的工业社会中，工人阶级成员的平均收入现在已大大地高于这一水平了。

在现代，产业工人的工资不仅在绝对意义上提高了，并且相对于更有特权的一些阶级来说也提高了。例如，这可以从美

381

国1939年到1959年的资料看出，它指出了男性工人的货币工资（非实际工资）增长率：[106]

非体力工人：

专业技术的和类似的工作人员	366%
有产者、经理和官员	312%
职员和类似的工作人员	337%
销售人员	391%

体力工人：

手工业者、领班和类似的工人	400%
操作工	427%
雇工（非农场）	438%
服务性工人	397%

法国1910年到1954年的资料呈现了同样的模式，只是更明显地指出，各种管理和专业技术职业的货币收入在此期间增加了100～170倍，而工人阶级的各种职业货币收入却增加了200～350倍。[107]在共产党国家中，工人阶级与非体力劳动的各阶级的收入差别与前共产党时期相比较也是缩小了。然而，工人阶级的胜利不仅来自工资的提高，还在很大程度上来自公民权资源性质的变化及其重要性的提高上。

伴随着这些政治和经济进步，还有某些其他的发展，工人阶级的社会境况发生了重大变化。在工业化早期阶段，体力工人与中间阶级之间有很大的文化差异。而现在这种差异消失了，至少是极大地减小了。这种变化部分源于工人们经济地位的改变和消费品的大量生产，收入有限的人可以购买的物品与贵重商品的差别不像半个世纪以前那样明显，此外，工人阶级在政治上的进步也极大减少了他们与现存政治制度的对抗，使一般工人的想法更多地融于中间阶级的思路中。也许更重要的是，免费公立学校和大众传媒的兴起刺激了各阶级文化融合的趋势。所有这些发展的净效应就是许多中间阶级的文化成分为工人阶级所吸收，因此有可能导致工人阶级对现存社会秩序传统敌意的降低。

382

农业者阶级

随着工人阶级规模的增长，人口中从事农业的部分急剧减少了。例如在美国，农场主和农业劳动力在 1870 年占整个劳动力的 40%，而在 1962 年只占 7%。[108]并且所有情况都表明，在下一代人中，这一数字还会继续下降。到那时，在劳动力中所占的比例可能不超过 2% 或 3%。[109]欧洲的情况也十分相似。根据最近的一个研究，在非共产党国家中，农民在劳动力中所占的比例从 1910 年的 42% 降到了 1950 年的 27%，并且在 50年代的后几年中继续下降。[110]例如，西德的数字从 1950 年的23% 下降到 1957 年的 17%；在荷兰，从 1950 年的 16% 下降到 1958 年的 11%；在英国，这一数字是世界上最低的，其农民在 1955 年只占劳动力的 4.5%。在较为先进的工业化国家中农业人口似乎很快将占总人口的 10% 不到，只有苏联可能例外。[111]

乡村生活特点的转化同农民数量的减少有着同样的重要性。与都市经济相联系的模式不断渗入，并改变着乡村领域。例如，自给自足的农业在所有较为先进的工业国家中都正迅速地成为过去。农民们基本上不再是为自己的直接需要而生产，

383

而是为市场生产。这一过程已达到这样一种程度：现在许多农民都出售初级的、未经加工的产品，然后在零售市场中买回制成品（例如，奶牛场的农民越来越多地购买牛奶和其他奶制品以供家庭消费）。

但是，即使这样也不能从根本上表达出美国农业正进行着的转变的激烈本质。正如爱德华·希格比（Edward Higbee）在《都市时代的农场和农民》（*Farms and Farmers in an Urban Age*）一书中鲜明指出的那样，农业正急剧地丧失掉其特点，并越来越表现出类似于其他产业活动的形式。[112] 机械化已达到这样一种程度，一台莴苣加工机就价值 2 万美元，一台柴油拖拉机值 3.2 万美元之多。[113] 事实上，为农业工人的平均投资比为所有其他产业工人的平均投资多出 1/3。[114] 此外，那些在越来越激烈的竞争中存活下来和繁荣起来的农场主们发现他们自己陷入了一张由商业关系、政府控制和财政事务编织的网络之中，其复杂程度并不亚于他们在都市商界中的同行。缺乏这些传统上属于非农业活动技巧的人很快会被迫出售资本以抵债。

所有这些过程的重要后果是，曾是美国生活中一个重要成分的小自耕农现在正像众所周知的印第安人那样迅速而不可避免地消失。他们绝大多数已经被迫加入了都市工人阶级的行列，虽然人口普查机构仍慷慨地把他们中的许多人算作农民。在从 1940 年到 1960 年的短时期内，美国的农业人口减少了一半，从 3050 万减到了 1560 万。[115] 在 1960 年，这些人中又有 44％ 是很小的农场主，他们在 1959 年从农业中获得的年度净收入平均只有 217 美元。他们之所以能够生存下来只是因为他们从其他来源中获得了 2884 美元的收入。[116] 在他们之上的一些人来自农场的净收入为平均每年 1740 美元，而从其他来源平均挣得 1816 美元，按照希格比的说法，这一在美国农民中占 34% 的群体，几乎肯定会很快地被排挤掉或相继死去（他们中几乎有 2/3 的人已经 45 岁或更老一些）。[117]

简言之，1960 年农业人口的 1560 万人中，似乎只有约 22% 的人在农业上有着真正的前途。其余的人只指望将其农场作为一种补充收入，转而将以都市为中心的体力行业作为其收入的主要来源。

有些农场主试图通过近似于工会那样的有组织行动来抵抗这一趋势，但这被证明并不是很有效。部分原因是他们的问题很多。不仅农业人口多，而且分布广泛，通信和协作极为困难；在意识形态上也有问题，绝大多数美国农场主是在极端的个人主义传统中成长起来的，这使他们对集体行动抱有偏见。[118]

近些年来，随着他们的形势变得更加严峻和农民数量的下降，有组织的努力稍微成功了一些，这种成功在合作社中更为明显。这些合作社的权力和影响力日益增大。希格比在解释它们的出现时谈道：

农场组织应当随着农民人数的降低而变得更强，这一点看起来虽然是矛盾的，但其原因很简单。正如其他垂直组织起来的业主企业的有效性一样，随着弱者的退出和强者的存留，合作社可以着手建立更有效的组织，从而提高其有效性。这使有着很强经济实力和精通经济学的农场主能自愿地限制生产，以便建立一个有利于集体讨价还价的市场地位。这种技术同企业、有组织的劳力和如美国医学

384

联合会之类的专业技术职业者社团所采取的技术是一样的。[119]

那些在当前斗争中生存下来的农民同以前的小自耕农是完全不同的种类。他们实质上是属于有产阶级的成员，并掌握了日趋复杂的农场管理技能。22% 看起来能够生存下来的农场主们仅在土地和建筑上的投资平均已近 9 万美元，并且还在急剧上升。[120]事实上，这些农场主中，有 1/3 多在这类投资上已达平均 13.5 万美元，这足以把他们划入财产精英一类了。如果这些数字就能使那些习惯于以传统的家庭农场模式思考问题的人吃惊的话，那么下面这些数字就更令人吃惊了：1959 年，在美国有 408 家农场拥有 100 万美元或以上的销售量，另有 800 家的销售量在 50 万到 100 万美元之间。[121]这些农场中，许多都是像高度自动化的企业那样操作的，并且，他们所雇用的经理和全日制生产工人使得新的农业系统同现代工业越来越接近了。

欧洲农业似乎也出现了同样的趋势，虽然那里农业人口的相对规模说明农业的发展落后了约一代人，但趋势是明显的。正如一个作者最近评论当前的发展时指出的那样，"所有这些变化都朝着把（西欧的）农场变为某种类似工厂的东西。这个工厂购买原材料，将它们投入机器（土地和牲畜）中，并把产品投入市场"。[122]然而，这个作者又声称，家庭农场仍是欧洲人的理想。并且，对这种农场的保护差不多是所有西欧政府的目标。[123]既然直到最近几年美国人和他们的政府才说过同样的话，那么人们以某种怀疑的眼光来看待这种断言也应该是可以原谅的。

比起其他工业国家的农业人口，苏联农业人口的地位更难以描述。在某些方面，这一国家是高度进步的，同过去的农业社会彻底决裂。而在其他一些方面，它又是相当落后的。后一个特点可以通过占很大百分比的人口仍被迫从事农业以及在低水平的生产力中生产这两点得到证明。直到1955年，总劳动力中略微超过半数的人仍在从事农业活动。[124] 只看男性的话，这一数字稍低一些，但也仍有45％。尽管这个国家劳动力的劳动很繁重，并且它有着较大的地域面积，但是根据苏联官方的数字，苏联的农业产品仍比美国低20％。[125] 此外，大多数乡间村舍的生活条件仍是相当原始的。

然而，苏联政府彻底摧毁了旧的农业组织形式。自20世纪30年代以来，绝大多数的农民被迫几百或几千人一起在大型的集体农庄中工作，由农场负责人分配任务，并加以控制。虽然其报酬形式和集体农庄生活中的其他一些特点是独特的，但一个专家得出结论说，苏联农民"在大多数方面正变得同苏联工厂的工人不可区分了"。[126]简言之，在苏联，同在其他先进的工业国家一样，历史上将农场主和农民同都市工人区分开来的差别似乎正在消失。其结果是，农业者阶级或农民阶级正处在被其他阶级吸收的过程之中。

386

失业者阶级和奴隶劳动者阶级

先进的工业社会职业等级的最底层通常是由失业者组成的阶级，或者是由奴隶劳动者组成的阶级。前者更容易在民主国家中找到，而后者则在集权国家中被发现。[127]这两个阶级的出现都是由于社会的领导者无法或不愿在劳动力市场的供求力量间达成平衡。

我们关于农业社会中被遗弃者们的分析已清楚表明，失业者阶级的历史既久远又悲惨，但这并不妨碍它去执行一种对领导阶级具有很大价值的社会功能。由于有大量的失业者，农民们和工人们在提出要求时要更为小心。因此，失业者的存在总是会起到抑制工资增长的作用。

很难预料这一阶级将来会是什么样子。在最近几年里，西方世界大多数高度工业化的民主国家的失业水平已相当低了。例如，1955 年，英国、芬兰、法国、冰岛、卢森堡、荷兰、挪威、瑞士和瑞典等国的失业人数只占劳动力的 1%。在整个非共产党的欧洲，这一数字只有 4.2%。[128]

387　　　很有意思的是，欧洲最高的失业率记录存在于四个工业化程度最低的国家：希腊、意大利、葡萄牙、西班牙。这说明失业往往随着越来越高的工业化而呈下降趋势。然而，如果认为这是其中唯一的影响因素，或认为失业率会随着工业化的不断进步而自动下降，那可能就大错特错了。对任何一个单独国家的历史进程所做的研究都可证明，工业化的不断进步可以伴随着失业率的上升。例如，在美国，尽管从 1953 年到 1961 年工业化方面有明显的进步，但男性工人的失业率仍从 2.8% 上升到了 7.9%，这说明失业率也是诸如战争、经济周期和技术革新（在这里指自动化）等事物作用的结果，它们之中的每一个因素都影响着对劳动力的需求，因此也就影响着失业率。

许多当代局势的观察者都因自动化对现代经济的影响感到不安。这种担心并非毫无根据，自动化很明显能引发大规模失业。但这也不是不可避免的。掌握了自动化的人可以用其自身内部的力量去创造各种可以避免这种情况发生的制度化安排，而真正的问题在于他们是否会这样做。[129]

虽然在这样一个领域中进行预测总是有风险的，但出现可与 20 世纪 30 年代相比的大规模失业的可能性看起来并不大。在大多数较为先进的社会中，工人阶级作为原先受失业率大幅提高威胁的群体，现在有了保卫自己的政治工具和经验。很显然，在那些瑞典模式或英国政治模式占主导地位的国家里，情况确实如此。在美国模式的国家中，情况则不那么确定，尽管这些国家的政治领袖对哪怕是较平缓的失业增长也会做出反应。进一步讲，考虑到高生产率和丰裕日益成为所有工业化社会的典型特征，特权阶级肯定会做出各种让步，以保护他们的许多好处。

最后一个因素表明，失业者数量将不会明显上升。新的、简便的、廉价的避孕方法使那些失业的或受失业威胁的人不可能有过去那样的大家庭（除非无意之间受到了不合理的福利体制的鼓励，他们才会这么做）。简言之，虽然失业率也许还会出现波动，甚至还会有适当比例的持续增长，但大概不会出现具有实质性意义的持续增长。

如果失业者居于民主化工业国家职业阶级的最低地位，那么奴隶劳动者在集权国家中就处在同样的地位上。一个奴隶劳动者的阶级并不是集权国家不可避免的特征，正如斯大林之后的苏联所表现的那样。此外，纳粹政权也利用了它，这说明它在这样的国家中不是意外或偶然出现的。

有时人们以为奴隶劳动在德国和苏联的出现仅仅是为了对付不同政见者。然而，虽然这两个国家的劳动营似乎是为此目的而建立的，但由于需要廉价劳力，它们被大大地扩展了。[130] 因为有大量的政治囚犯和其他人可供使用，这些国家的统治者们能够以一种刚够或还不够维持生计的工资去雇用大量的人，尽管他们公开声称的是要追求社会主义或半社会主义意识形态。

仍不可能说出纳粹德国和苏联当时的奴隶劳动人口有多少。然而，在这两个例子中，很明显他们在最多时有上百万人。大多数估计认为，在斯大林去世时苏联约有上千万人。[131] 苏联小说家亚历山大·索尔仁尼琴在其虚构小说《伊万·杰尼索维奇的一天》（*One Day in the Life of Ivan Denisovich*）中，清楚地表明，对这一阶级的大多数成员来说，就如农业社会中的被遗弃者一样，生命是"贫穷的、险恶的、畜生似的和短暂的"。[132]

现在在任何先进的工业社会中再也没有大规模的、被用作完成经济目标的奴隶劳动阶级了，并且将来再出现这样一个阶级的可能性似乎也不是很大。共产党人和其他奴隶劳动的雇主们发现，这种类型的劳动力比较适合非技能和半技能的工作，而不太适合要求劳动技能或专业训练的任务。在要求较高的职业角色中，生活在仅能维持生计的水平和仅靠害怕来刺激动机的人们通常是不会表现得很好的。技术的快速进步不断减少对非技术劳动的需求，从这个角度看，较为先进的工业国将不会再将奴隶劳动用于经济目的。如果在不远的将来还会有奴隶劳动阶级的话，它将更可能是在亚洲、非洲或拉丁美洲，或在那些现在才开始向工业化痛苦转化的国家之中。在一个正处于工业化之中，并且受集权主义者控制的国家中，奴隶劳动阶级也许在一定时期中仍会被认为是有其利用价值的，至少从政治精英的立场来看是这样。

注释

1. 这里是基于非共产党国家国民收入的报告。它表明有四分之三或更多的收入来源于就业收入或财产收入。例如，见 *Statistical Abstract of the United States*, 1962（Washington：GPO, 1962），table 426，或者 Allan M. Cartter, *The Redistribution of Income in Postwar Britain*（New Haven, Conn：Yale University Press, 1955），table 2。

2. Kurt Mayer, "Recent Changes in the Class Structure of the United States," in *Transactions of the Third World Congress of Sociology*（London：International Sociological Association, 1956），vol. Ⅲ, p. 70.

3. *U. S. Census of Population*, *1960*：*Occupational Characteristics*, table 25.

4. Adolf A. Berle and Gardiner C. Means, *The Modern Corporation and Private Property*（New York：Macmillan, 1932），especially book 1.

5. *Ibid*, p. 94.

6. *Ibid*, p. 88.

7. 关于这一趋势的重要资料，见 Mabel Newcomer, *The Big Business Executive*（New York：Columbia University Press. 1955），table 4, p. 27。这一表格显示，在 1900 年美国一组被调查的公司样本中只有 7.3% 的董事会中有一半以上的人是公司自身的管理人员，而到了 1952 年，这一数据上升到 33.5%。还可以见 E. S Mason（ed.），*The Corporation in Modern Society*（Cambridge, Mass.：Harvard University Press, 1959），其中写道："目前几乎所有的人都同意，总体上看，控制权在管理人员手上，并且通常是由管理人员在选择自己的继任者。"（第 4 页）

8. Robert A. Gordon, *Business Leadership in the Large Corporation*（Berkeley, Calif.：University of California Press, 1961, originally published by the Brookings Institution, 1945），pp. 145－146. Quoted by permission of the Brookings Institution（emphasis added）.

9. *U. S. Census of Population*, *1960*：*Occupational Characteristics*, table 25.

10. David Marsh, *The Changing Social Structure of England and Wales*, *1987－1951*（London：Routledge, 1958），table 42. 关于从 1950 年到 1962 年业主阶级在比利时、法国、西德、意大利和荷兰走下坡路的统计数据，可见 Margaret Gordon, *Retraining and Labor Market Adjustment in Western Europe*（Washington：GPO, 1965），table 7, p. 23。

11. P. Sargant Florence, *Ownership*, *Control*, *and Success of Large Companies : An Analysis of English Industrial Structure and Policy*, *1936 – 1951* (London : Street & Maxwell, 1961), pp. 191 – 193.

12. *Ibid.*, p. 79 – 80.

13. *Ibid.*, table IIIC, pp. 68 – 69, or p. 186.

14. David Granick, *The European Executive* (Garden City, N. Y. : Doubleday Anchor 1964), chap. 24 and especially pp. 312 – 313.

15. *Ibid.*, p. 312.

16. 例如, 见 A. B. Hollingshead, *Elmtown's Youth* (New York : Wiley, 1949), especially chap. 6; Robert Lynd and Helen Lynd, *Middletown in Transition* (New York : Harcourt, Brace & World, 1937), chaps. 3 and 9; 或见 Arthur Vidich and Joseph Bensman, *Small Town in Mass Society : Class, Power and Religion in a Rural Community* (Princeton, N. J. ; Princeton University Press, 1958), chap. 5。这些研究中都揭示了美国小城市中业主阶级的情况。可将这些与任何一个关于斯堪的纳维亚地区国家层面政治状况的研究进行比较。

17. Newcomer, p. 124.

18. *Ibid.*, pp. 123 and 127.

19. David R. Roberts, *Executive Compensation* (New York : Free Press, 1959), p. 15.

20. 这些数据和下面的数据来自 Arch Patton, "Trends in Executive Compensation," *Harvard Business Review*, 38 (September – October, 1960), p. 146.

21. Arch Patton, "Executive Compensation in 1960," *ibid.*, 39 (September – October, 1961), p. 152.

22. Arch Patton, "Executive Compensation Here and Abroad," *ibid.*, 40 (September – October, 1962), p. 152.

23. *Ibid.*, p. 145.

24. Roy Lewis and Rosemary Stewart, *The Managers : A New Examination of the English, German, and American Executive* (New York : Mentor Books, 1961), p. 224.

25. Wilbert E. Moore, *The conduct of the Corporation* (New York : Random House, 1962), p. 14.

26. Philip Stern, *The Great Treasury Raid* (New York : Random House,

1964），p. 6.

27. See, for example, Gabriel Kolko, Wealth and Power in America: An Analysis of Social Class and Income Distribution (New York: Frederick A. Praeger, 1962), PP. 36 – 38.

28. 见 David Granick, *The Red Executive* (Garden City, N. Y.: Doubleday Anchor, 1964), p. 92, and Margaret Dewar, "Labour and Wage Reforms in the USSR," in Harry B. Shaffer (ed.), *The Soviet Economy: A collection of Western and Soviet Views* (New York: Appleton – Century – Crofts, 1963), p. 222；同时还可从美国军事体系中看到这一点，该体系的复杂程度高于任何一个美国公司，但迄今为止其工资水平不超过每年 3 万美元（见第 363 页）。

29. 见 Robert Gordon, pp. 109 – 110 and 130。Moore 也认识到这一点。他说："总经理们的收入是由董事会决定的，但总经理本身也是董事会成员。最好的办法是不让他们为自己的工资投票。但我认为，由于董事会和总经理不受外部控制，因此他们能够编造理由去抢夺和合法占有大量的财富。"（第 15 页）

30. See Newcomer, p. 12, or Robert Gordon, p. 275.

31. 据时代杂志 1964 年 6 月 5 日第 86n 页报道，通用机器公司的 Frederick Donner 在 1963 年获得了 80.6 万美元的收入，还不包括股票和其他类似收入，是当年美国工业部门工资最高的总经理。学校校长和城市管理者的数据来自 *Municipal Year Book, 1963* (Chicago International City Managers' Association, 1963), p. 222。同样，这些数据也低估了真实的差距，因为总经理们获得的额外补贴远高于政府部门的管理者。城市管理者们与学校校长们之间存在差距大概是因为这些学校校长是由国内最大的城市雇用的，而城市管理者却不是（这些城市仍然保留了传统的市长－市议会的政府形式）。

32. 然而，我们不能认为这些权力完全在其他人手上。一个熟练的城市管理者或学校校长经常可以通过各种方式为自己涨工资。例如，他可以先给自己的下属涨工资，使下属与他自己之间的工资差距缩小，然后再要求为他自己涨工资，以使自己与下属之间的工资差距恢复到"合理的"水平。这只是他可采用的多种方式中的一种。

33. Robert Gordon, p. 311.

34. Robert Dahl, *Who Governs? Democracy and Power in an American City* (New Haven, Conn.：Yale University Press, 1961), p. 151.

35. Granick, *Red Executive*, p. 112. 关于斯大林统治下管理人员缺乏保障的情况，还可见 Merle Fainsod, *How Russia Is Ruled*, rev. ed. (Cambridge, Mass.：Harvard University Press, 1963), p. 106。

36. 他们可以积累储蓄和其他个人财产，但其可能性相比西方国家来说是很有限的，因为西方国家的管理者们的收入要高得多。

37. Granick, *Red Executive*, pp. 112 – 114.

38. David Burg, "Observations of Soviet University Student," in Richard Pipes (ed.), *The Russian Intelligentsia* (New York：Columbia University Press, 1953), pp. 80 – 81. 关于更早时期的情况，见 Alex Inkeles, "Social Stratification and Mobility in the Soviet Union：1940 – 1950," *American Sociological Review*, 15 (1950), pp. 472 – 476。

39. 关于管理者在知识分子中的情况，见 Leopold Labedz, "The Structure of the Soviet Intelligentsia," in Pipes, pp. 70 – 71. 还可见 Inkeles, p. 466。

40. (Bloomington, Ind.：Indiana University Press, 1960, first published 1941).

41. Mills, The Power Elite (Fair Lawn, N. J.：Oxford University Press, 1956), p. 147.

42. 关于 13.3 万美元是财产精英起点的数据解释，见 fn. 112m, page 340。

43. *The New York Times*, Jan. 16, 1953, p. 8, and Dec. 26, 1960, pp. 12, 30 and 31.

44. Newcomer, p. 63.

45. *Ibid.*, pp. 53 – 54. 被列为"通常具有的特性"包括：与其儿子在同一个公司中的负责人（11.6%），金融界的业主（5.5%），在制造业、采矿业和交通运输业中的业主（8.9%），商贸业中的业主（15.8%），高层官员（7.3%），律师（5.1%），以及医生（2.7%）。这些类别总共占了56.9%。

46. 例如，见 Lewis and Stewart, p. 126。

47. 关于斯堪的纳维亚合作组织，可见 Marquis Childs, *Sweden：The Middle Way*, rev. ed. (New Haven, Conn.：Yale University Press, 1947)。

48. 在农业社会的官员和有产者之间也有类似的区分。然而，即使在分析的层次上，农业社会的官员与有产者之间的关系也要比在工业社会中的更紧密一些。很遗憾因篇幅所限不能在此详细讨论。

49. *Red Executive*, p. 273.

50. Fainsod, p. 516. Quoted by permission（emphasis added）. 还可见 Granick, *Red Executive*, chap. 10, 以及 Klaus Mehnert, *Soviet Man and His World*, translated by Maurice Rosenbaum（New York：Frederick A. Praeger, 1961）, chap. 7. 这些作者，还有 Fainsod 都清楚谈及这种关系的对抗面经常会表现出来。

51. Granick, pp. 274 and 276.

52. Burg, pp. 83 – 85.

53. *Op. cit.*

54. 可参见 Andrzejewski 对古代军人的论述：*Military Organization and Society*（London：Routledge, 1954）, pp. 104 – 107, 或者 John J. Johnson 的重要的研究：*The Military and Society in Latin America*（Stanford, Calif. ：Stanford University Press, 1964）。

55. 可参见 Wolfgang Leonhard, *The Kremlin Since Stalin*, translated by Elizabeth Wiskemann and Marian Jcckson（New York：Frederick A. Praeger, 1962）, pp. 255 – 259, or Fainsod, pp. 482 – 487。

56. 大概最接近的事件是在杜鲁门总统时期麦克阿瑟被解职。但这只是其个人的事情，他并没有得到其他军官们的支持。

57. 这一数据和本段的其他信息来源于 Morris Janowitz, *The professional Soldier*（New York：Free Press, 1960）, pp. 181 – 187。

58. Janowitz 有关于这种情况的精彩讨论。

59. 可见 A. M. Carr – Saunders and P. A. Wilson, *The Professional*（Oxford：Clarendon Press, 1933）, Introduction；或者 Roy Lewis and Angus Maude, *Professional People*（London：Phoenix House, 1952）, chap. 4。

60. W. S. Woytinsky and E. S. Woytinsky, *World Population and Production：Trends and Outlook*（New York：Twentieth Century Fund, 1953）, pp. 356 – 357.

61. 在 1870 年，专业技术人员大约占美国劳动力中的 2.5%。见 Burton Clark, *Educating the Expert Society*（San Francisco, Calif. ：Chandler；1962）, chart 2. 2, p. 47。

62. 近期一项研究表明在苏联，专业技术人员和半专业技术人员从 20 世纪 20 年代的 52 万人增加到了 1957 年的 682 万人，大约占劳动力的 6%。见 Nicholas DeWitt, *Education and Professional Employment in the USSR* (Washington, D. C. : National Science Foundation, 1961), p. 456; 在英格兰和威尔士, 专业技术人员和技术工人的数量从 1881 年的 42 万人增加到了 1951 年的 124 万人, 也是占到劳动力的 6%。见 David Marsh, pp. 126 and 145。

63. *U. S. Census of Population*, 1960: *Occupational Characteristics*, table 25.

64. DeWitt, pp. 537 – 545, and especially table VI – 81.

65. 多年前有一个对专业案例的研究, 分析了在各州牙科医生的平均工资与其分布的密度成负相关。这一研究是一个个地分析了各州的情况, 并且控制了各州平均收入的影响。见 Milton Friedman and Simon Kuznets, *Income from Independent Professional Practice* (New York: National Bureau of Economic Research, 1945), charts 11c and 12C, pp. 165 – 166。

66. 可见 W. Lloyd Warner and Paul Lunt, *The Social Life of a Modern Community* (New Haven, Conn. : Yale University Press, 1941), or Hollingshead, *op. cit*。

67. 一个为联邦储备委员会做的调查发现, 专业技术人员所拥有的财富相当于管理者阶级的三分之二。见 "1953 Survey of Consumer Finances: part 4, Net Worth of Consumers, Early 1953," *Federal Reserve Bulletin* (September, 1953), p. 12; 同期 (1950 年) 的另一项研究发现稍微低一些的比例, 在 60% 左右。见 Horst Menderhausen, "The Patterns of Estates Tax Wealth," in Raymond Goldsmith, *A Study of Saving in the United States* (Princeton, N. J. : Princeton University Press, 1956), vol. III, table W – 60。

68. Donald Matthews, *U. S. Senators and Their World* (Chapel Hill, N. C. : University of North Carolina Press, 1960), p. 32.

69. J. F. S. Ross, *Elections and Electors: Studies in Democratic Representation* (London: Eyre &Spottiswoodem1955), p. 440.

70. 关于法国的情况, 见 Philip Williams, *Politics in Post-war France* (London: Longmans, 1954), p. 206。该作者称, 在世纪之交, 并且直到本世纪中叶国民议会成员中仍大约有一半的人是专业技术人员。另外有一个不那么极端的个案, 见 R. M. Chapman et

al. 关于新西兰的研究：*New Zealand Politics in Action*（London：Oxford University Press，1962），p. 145。他们的数据揭示，大约有四分之一的国民议会候选人是专业技术人员。

71. DeWitt，pp. 534 – 536.

72. 在分配系统中所有上层阶级中向下偏移分布的累加，导致这种交叉中包括的上层阶级人数更多些。

73. David Lockwood，*The Blackcoated Worker：A Study in Class Consciousness*（London：G. Allen，1958），p. 36.

74. 关于 1870 年的数据，见 Mayer，p. 70；1962 年的数据见 *Statistical Abstract*，*1962*，table 297，p. 226。

75. Lockwood，*op. cit.*

76. 在这里和在本节其他地方，我的分析主要基于 David Lockwood 关于这一阶级精彩的分析。

77. Lockwood，p. 67

78. *Ibid.*，p. 217.

79. DeWitt，table VI – 81，p. 543.

80. 1939 年的数据来自 *Historical Statistics of the United States：Colonial Times to 1957*（Washington：GGPO，1960），p. 168；1959 年的数据来自 *The U. S. Census of Population*，1960，vol. I，part 1，table 208。

81. Lockwood，pp. 53ff.

82. *Ibid.*，p. 56.

83. 见 Harold Wilensky，"Orderly Careers and Social Participation：The Impact of Work History on Social Integration in the Middle Mass，" *American Sociological Review*，26（1961），pp. 529 – 530。

84. "Lifetime Occupational Mobility of Adult Males，March，1962，" U. S. Bureau of the Census，*Current Population Reports*（*1964*）. Series P – 23，N0. 11，table 2.

85. *Ibid.*，表 1。

86. 见 S. M. Miller，"Comparative Social Mobility，" *Current Sociology*，9（1960），No. 1，pp. 66 – 80。

87. Mayer，p. 70，and *Statistical Abstract*，*1962*，table 297，p. 226.

88. *Historical Statistical*，p. 168，and *U. S. Census of Population*，*1960*，vol. I，part 1，table 208.

89. "Lifetime Occupational Mobility of Adult Males，March，1962，"

op. cit, tables 1 and 2.

90. 他们的收入不可能高于工业企业中的办公室雇员，而后者的工资只是全国平均数的 88% （DeWitt, p. 543）。

91. 如前所述，在苏联和大多数东欧国家中这些方面都有明显的变化迹象，因为党的精英明显愿意增大供需的市场调节空间，而减少计划和配额的空间。

92. 根据下列资料计算：*Historical Statistics*, p. 74，以及 *1960 Census of population*, vol. I, part 1。

93. 这些数据是根据 Costa Carlsson, *Social Mobility and Class Structure* （Lund: Gleerup, 1958）, table 6. 1。这些数据的变化也许包含了生育率因素的影响，但生育率的影响只会减少（而不是增加）两代人之间的体力劳动者比例的差别，因为工人阶级家庭生育率传统上会高于中产阶级。同样的解释也适用于后面引述的匈牙利数据。

94. 这些数据根据 S. M. Miller, p. 72 中报告的数据计算。

95. 根据 Miller, *ibid.* 收集的资料。

96. 可见 Gerhard Bry, *Wage in Germany, 1871 - 1945* （Princeton, N. J. : Princeton University Press, 1960） pp. 283 - 286。该作者称，在德国、英国和美国的体力劳动者工资在不同程度上的下降，并将其部分归因于"大众生产技术的发展以及伴随而来的从精致的手工操作到简单生产工作的转变"。但他也清楚地说明还有其他因素在其中产生着影响。还可见 J. Frederic Dewhurst and Assoiates, *Europe's Needs and Resources* （New York: Twentieth Century Fund, 1961）, appendix 3 - 5，这里说明了欧洲 11 国中技术工人与非技术工人之间工资差异的下降。

97. 关于早期工会的情况，可见 G. D. H. Cole, *The Common People, 1746 - 1946* （London: Methuen, 1956, first published 1938）, chap. 14，或者 Carroll Daugherty. *Labor Problems in American Industry, 5th ed.* （Boston: Houghton Mifflin, 1941）, pp. 318 - 324。

98. 有证据表明，在较多的工人们组织起来了的产业或社区中，没有参加工会的雇主也会尽力使其雇员的工资与工会成员处于差不多的水平，以降低其雇员加入工会的危险。同样，工会积极参加政治进程，推动最低工资保护和其他类似法案的努力，也会使非工会会员们受益。另外，工会把持的工厂及封闭性的工厂会阻挠非工会成员去竞争就业岗位，即使后者具有更好的资格。

99. 关于《联合法案》，见 G. D. H. Cole and R. W. Postgate, *The British Common People, 1946 - 1938*（New York：Knopf, 1939），chap. 14；关于"中镇"，见 Lynd and Lynd, chap. 2.

100. Robert Alford, *Party and Society：The Anglo-American Democracies*（Chicago：Rand McNally, 1963），chap. 9.

101. Bry, calculated from tables A－50 and A－54.

102. 在美国，从 1944 年到 1959 年实际工资上升了 10%，这意味着从 1871 年到 1959 年上升了 4.4 倍。1944～1959 年的数据，见 Harold Vatter, *The U. S. Economy in the 1950's：An Economic History*（New York：Norton, 1963），table 8－2。

103. *Ibid.*, pp. 274－275.

104. 1920～1938 年的数据出自 Welter Galenson, *Labor in Norway*（Cambridge, Mass.：Harvard University Press, 1949），table 3. 1938～1955 年的数据出自 Mark Leiserson, *Wages And Economic Control in Norway, 1945 - 1957*（Cambridge, Mass.：Harvard University Press, 1959），table 4。

105. Daniel Horowitz, *The Italian Labor Movement*（Cambridge, Mass.：Harvard University Press, 1963），PP. 275－276.

106. 这些百分数的来源是：1939 的数据基于 *Historical Statistics*, p. 168；1959 的数据来源于 *The U. S. Census of Population, 1960*, vol. I, part 1, table 208。

107. Jean Fourastie, *The Causes of Wealth*, translated by Theodore Caplow（New York：Free Press, 1960, first published 1951），table 3.

108. 1870 年的数据来自 Mayer, p. 70；1962 年的数据来自 *Statistical Abstract*, 1962。

109. 在 1955～1962 年的短短 7 年间，这一比例下降了 4 个百分点。此外，人口普查数据表明，农业人口中老年人的比例很高，而他们去世后不大可能有人去替换他们。

110. 这些及下面的数据来自 Dewhurst, *Europe's Needs*, appendix 3－2, table A。

111. Dewhurst, *Europe's Needs*, p. 74. 众所周知，苏联在农业方面很困难。到 1955 年，农业劳动力仍占其男性劳动力的 45%（DeWitt, table VI－42－44）。即便如此，其农业人口也相对下降了，并且在未来一代中有可能接近于美国和西欧的情况。

112. *Farms and Farmers in an Urban Age*（New York：Twentieth Century Fund，1963）.

113. *Ibid.*，pp. 10 and 54.

114. *Ibid.*，p. 11. 1960 年数据分别是 21300 美元和 15900 美元。

115. *Statistical Abstract*，*1962*，table 839. 这一下降的部分原因是 1960 年对农业人口的定义做了修订，但在很大程度上仍然是由于在过去 20 年时间里农业人口经济状况的快速变化。

116. Higbee，pp. 45 – 46.

117. *Ibid.*，p. 52.

118. 很有理由认为，这些因素，包括意识形态的因素，都不只限于美国农民，斯大林对俄国农民的政策遇到的困难也是由于其采用了个人主义的观点。

119. *Ibid.*，p. 37. 经允许引用。

120. 根据 Higbee，tables 1 and 13 中的数据计算。

121. *U. S. Census of Agriculture*，*1959*：*Large-Scale Farming in the U. S.*（Washington：U. S. Bureau of the Census，1963），p. 8.

122. P. Lamartine Yates，Food，*Land and Manpower in Western Europe*（London：Macmilan，1960），p. 201. 从 Margaret Gordon，table 6，p. 21 中的统计数据可以看出，二战之后在比利时、法国、西德、意大利、荷兰、英国，农业人口数量明显减少。

123. *Ibid.*，pp. 186 – 188.

124. 这里和下面的估计都建立在 DeWitt，tables VI – 42 – 44 的基础上。这些数据可能有些被高估了，因为可能包括了在集体农庄中工作的负责人、职员和手工业者。见 Lazar Volin，"The Collective Farm," in Alex Inkeles and Kent Geiger，*Soviet Society*：*A Book of Readings*（Boston，Mass.：Houghton Mifflin，1961），p. 337。

125. 可见 B. I. Braginskii and D. Dumov，"Labor Productivity in Agriculture in the USSR and the USA," in Shaffer，p. 181。

126. Volin，p. 343. 关于苏联农民更详细的研究，见 Naum Jasny，*The Socialized Agriculture for the USSR*（Stanford，Calif.：Stanford University Press，1949）。

127. 苏联经济学家 Yefim Manevich 最近的一份报告中指出：在苏联各个不同的领域中都有很多的失业者。见 Edward Crankshaw in *The Washington Post*，July 18，1965，p. A – 22。

128. Dewhurst, *Europe's Needs*, table 3 - 9. 也可参见 Margaret Gordon, table 1, p. 9. 其中表明，欧洲七个领先的工业化国家中的失业率中位数在 1961 年是 1.1%，而同样是这些国家，在 1955 年是 2.5%。

129. 见 Kenneth Galbraith, *The Affluent Society* (Boston: Houghton Mifflin, 1958)。

130. 可参见 Fainsod, pp. 432 - 433 and 459 - 460。

131. *Ibid.*, pp. 458 - 460, or Inkeles and Geiger, p. 253.

132. 由 Max Hayward and Ronald Hingley 翻译 (New York: Bantam, 1963)。

第十二章　工业社会（三）

> 问：什么是理想的收入？
>
> 答：比你现有的再多 10%。
>
> ——美国谚语

教育的阶级系统

389　　在传统的农业社会中，教育机构的数量很少，并且对社会分配没有多大影响。它们基本上只有两种重要的功能。第一，对统治阶级的孩子来说，它们是作为"精修学校"，教给他们与其生活中的身份相适应的特殊的社会技能；第二，对大量来自侍从阶级的孩子来说，它们是作为一种训练机构，给他们提供一些以后为其上司服务时所需的技能和知识。[1]然而，这两种

390　功能都不会很大地打乱权力和特权沿着传统的、世袭的线路从父亲转移到儿子的情况。[2]由于绝大部分孩子从来没有进学校的机会，因此也就注定了他们不识字，这样就大大限制了竞争。农民和工匠的儿子通过观察父亲而学到他们必须掌握的知识，或者最多是通过给一些手艺人师傅当徒弟而学到这些东西。

　　现代知识革命的主要后果之一就是这种古老的、贵族式教育体制的消亡。在先进的工业社会中，文盲和无知不仅对文盲者和无知者不利，而且对社会的其他人都是一种不利因素。在工业社会中，高水平的生产力要求劳动力至少要有文化。并且，我们完全有理由认为，经济的生产力水平与劳动力的受教

育水平是紧密关联的。因此，特权阶级在给所有人提供教育机会这一点上有着既得利益——这是一种与农业社会大不相同的情况。进而，作为大多数工业社会中政府民主化的结果，人民大众也拥有了一种可以用来要求自己受教育的资源。

从当代有关入学的统计资料中也能看出这种变化。在美国7岁到13岁的孩子中，入学率超过了99%，在14岁到17岁的孩子中，超过了90%。[3]在18岁到19岁的年龄段中，近40%的人仍在学校就读。到1960年，美国年轻人中有18%的人从大学毕业。在男性青年中，大学毕业的占24%。[4]虽然美国的这一数字是世界上最高的，但其他工业国家也在朝着同样的方向发展。[5]

虽然教育体系的发展表明针对这种有用资源的竞争增强了，但我们不应该夸大教育机会平等的程度。20世纪50年代的沃尔弗研究（the Wolfle study）清楚地表明，智力和学术成就之间的联系并不是必然的。该项研究发现，在5%能力最低的人当中，有一些也从大学毕业了；而在占人口10%的能力最高的人当中，有1%的人却连高中都没毕业。[6]更具体地讲，在按0.1%的比例划分出的智力最佳者中，有69%从大学毕业了；而按5%和20%的比例划分出的智力最佳者中，分别有49%和34%的人是大学毕业生。[7]其他研究也得出了同样的结论：在智力和教育成就之间有比较强的正相关，但也仅此而已。[8]

虽然导致这种不完全相关的原因不少，既有社会因素，也有心理学上的因素，但是其中家庭背景差异属于重要因素之列。身为专业技术职业者、管理者、有产者或政治阶级成员的父母们能够给其子女提供许多优惠，不仅是在财力上，而且还

391

有语言技能、动机和私人学习条件之类的好处。可以毫不夸张地说，家庭是抵抗现代教育体系的内在平等倾向的一个最强有力的因素。如前面已指出的，这个因素在当今的苏联明显与在美国同等重要。[9]

在较为先进的工业社会中，接受正规教育正成为越来越重要的资源，这主要是由于现代人事制度不断科层化的结果，而这种科层化本身又是由组织规模扩大引起的。在早期的、较小的组织中，雇用、解雇和提拔都是不定期的事情，一般都以非正式的方式来处理，无须任何辩解地使用特殊化的标准：如果老板的儿子被越级提拔而超过了更有经验的人，这会被认为是理所当然的。相比之下，现在人们都指望人事决定应建立在一视同仁的标准上，这意味着人事管理者不得不寻求一种能用来证明其决定合理性的客观标准。因为教育机构行使一种选择的功能，并且教育程度的信息容易获得，所以人事管理者不无公正地认为，在决定雇用和提拔时，受教育程度可作为一个基本的标准。因此，有些特定的职位只有高中毕业的人才有资格被考虑任命，还有一些职位只有大学毕业的人才能去担任。因此，教育地位作为争夺权力和特权斗争中的一种资源就变得越来越重要。在先进的工业社会中，它正在成为进入大多数报酬较高的职业的先决条件。那种通过在已成名的专业者手下当学徒，如旧式"读法则"（"reading the law"）的做法，或通过等级阶梯逐步向上爬而升迁到上层的方式，在科层化的工业社会里正在迅速地成为明日黄花。[10]

就业实践中的这些倾向正在演变为一种十分类似于军队系统的等级组织格局。其中，长官和士兵有着显著的区分。管理者处于长官一般的地位，他们是从组织外面招来的，一来就高居于那些资格更老和更有经验的生产工人及其他人之上。典型的情况是，招募的管理人员都是当今的学院和大学的毕业生。其他雇员不要求具有这种教育水平，但不允许进入管理层。也许领班的职位是个例外，这是个类似于军队中准尉职务的边缘角色。工厂工人就像军队士兵一样，其提拔的范围仅限于他们自己的等级之内。这就大大限制了那些没有受过大学训练的人向上流动。

沃纳（Warner）和阿贝格伦（Abegglen）关于美国实业领袖的研究揭示了这方面的一个奇特现象。他们发现在一个企业或公司中，首席执行官的教育水平与这个行业或公司的发展速度有着反比的关系。[11]这使他们得出结论：在招募管理者时对教育水平的要求也许被夸大了。功能主义者认为，社会要运用报酬手段将社会中最有能力的人吸引到要求最高的岗位上，并保证他们履行职责。沃纳和阿贝格伦的结论虽然很明显只是一个推测，却对功能主义这一论点提出了挑战。另外，它说明教育水平不仅是能力和动机的象征，也是一个优势阶级成员资格的象征，这些阶级成员们比起关心国家和公司的兴旺，更关心他们个人和阶级利益的提升。

近年来的统计资料清楚表明了（在控制了年龄的干扰因素后）收入和教育之间的关系。例如1960年的普查统计结果说明了从45岁到54岁的美国白人男子在年收入方面的差别：[12]

0～7年教育	3872美元
8年教育	4722美元
1～3年高中	5335美元
4年高中	5829美元

1~3 年大学	6765 美元
4 年或 4 年以上大学	9233 美元

与早些年相比，无论是在绝对数还是在相对数上差异都表现出在扩大。例如，在 1946 年高中毕业生比初中毕业生多挣26%，而到了 1958 年，这个数字达到了 48%。[13]同样，高中毕业生和大学毕业生之间的差别从 1939 年的 57% 升到了 1958 年的 65%。[14]虽然这些时期所包含的时间太短，还不能做出什么结论，但它们说明了一个重要的趋势。

394　　人们也许要问，教育自身是否真正具有很大的重要性，或者它是否仅仅是一些诸如智力或家庭背景等更基本因素的外部表现。最近的一个研究表明，教育并不仅仅是其他因素的外部表现，还是一种自身具有极大重要性的影响因素。这个研究包括了在 1962 年所做的、针对几百名 1952 年秋季进入伊利诺伊大学却没有毕业就离开了的学生的调查。所得到的资料包括他们当前的工作、家庭背景、智力（依据大学时的测验数据）和后来的教育记录。研究发现，决定这些人在 1962 年获得的工作地位的主要因素是他们后来的教育经历。那些重新回到大学并毕了业的人获得了几乎所有的高级工作。而那些没能重新回到大学，或者虽然回去但没有毕业的人都集中在中级和低级的工作上。与正规教育程度（按是否从大学毕业判定）相比，家庭背景（按学生们父亲的职业判定）和智力的作用都是微不足道的。[15]

一个有趣的但至今尚未得到应有注意的问题是，受过教育的人们在多大程度上为了提高教育的回报而进行积极的努力。学者们甚至很难认识到这一点：在那些受过教育的人看来，鼓励教育和给受过教育的人以报偿完全是天经地义的。"因为这最终必然会带来普遍的好处。"不幸的是，一旦仔细思考这个问题，就会发现，受过教育的阶级的这个论点同那些长期声称"对实业有好处的就必定对国家有好处"的企业家们的论点十分相似。当别人说出这种观点时，人们总能一下子就发现其利己的方面；但当自己所属群体说出时，往往就看不到这种利己的方面了。对这个问题只有很少的人严肃对待，其中之一是英国社会学家迈克尔·杨（Michael Young），他认为，现代朝社会主义和福利国家发展的趋势还有可能被一种新的朝"能人统治"（meritocracy）发展的运动所逆转，即一个由最能干和受教育程度最高的人统治的精英社会。[16]虽然这只是一个难以把握的说法，很难做结论性的试验，但仍应该对这一假说施以小心谨慎的注意。

在对分配过程中教育的作用所做的考察下结论之前，还必须注意到教育机构在通过传播适当的政治意识形态来巩固现存政治体制和分配体制的过程中所扮演的独特角色。在集权国家中这是公开的和不容置疑的，其后果也最令人难忘。例如，在苏联，自革命以来，绝大多数受过教育的人似乎都毫无疑问地接受了共产党垄断政治权力的合法性。[17]

在民主国家中，教育机构的这种意识形态功能没有那么公开，也没有那么片面。教育界的领导们更倾向于认为他们的机构只是关注灌输客观真理和传授必要的技术。他们通常回避党派政治冲突。然而，只要考察一下课程的内容就可以看出，其设计目标是要培养学生尊重国家的政治传统和政治遗产，而这必然包含着接受基本的政治格局和相应的分配体制。在较低的年级和用来教育低阶级人士的机构中，这种模式是最明显的。相比之下，在那些较好的、偏重于为上层和中上层的孩子们服务的大学中，往往还能听到更多的批评意见。虽然在这一点上还缺乏系统的证据，但是这种情况的首要效果似乎是在下一代少数重要的领导人群体中培养了一种"改革的精神"。这些人承认政治和分配现状中所有的基本要素，但也接受了在次要要素上改革的必要性。已故总统肯尼迪和纽约州州长尼尔逊·洛克菲勒（Nelson Rockefeller）就是这类人的适当代表。他们既不是革命者，也不是"顽固的保守分子"。他们在民主国家中占据政治领袖的地位对国家的生存大为有利，因为这样可以减少发生革命的可能性。由于所有这些都对分配系统的运行起着作用，所以教育领域中的这些发展强化着立宪政体。

种族、民族和宗教的阶级系统

在现代世界先进的工业国家中，虽然不是所有的，但很多国家中都有着种族、民族和宗教的巨大鸿沟。在加拿大，法国天主教徒和"英国"新教徒之间有着日趋严重的分化。西德也被分成了天主教徒和新教徒，荷兰也是如此。在荷兰，新教徒中又进一步分成了自由的和保守的群体。比利时分成了说荷兰语的佛兰芒人和说法语的瓦龙人，前者倾向于坚定的天主教徒，而后者却信奉反教权主义。捷克斯洛伐克分成了捷克人和斯洛伐克人。在苏联，俄罗斯人和乌克兰人之间长期以来一直存在着界限，另外还有数不清的其他少数民族，如拉脱维亚人、立陶宛人、爱沙尼亚人、犹太人、亚美尼亚人、格鲁吉亚人、哈萨克人和乌兹别克人。这里只能列出少数的名称来。此外，在信教者和不信教者之间也有鸿沟。在美国，在黑人与白人、犹太人与非犹太人、新教徒和天主教徒以及北方人和南方人之间都存在着鸿沟。最后，即使在英国这样的同质性相对较高的国家中，在英格兰人、苏格兰人和威尔士人之间，在当地人和最近的爱尔兰天主教移民之间，以及更近一些的来自西印度和巴基斯坦的有色移民者之间都存在着明确的界限。

要是这些群体与分配过程不相干，他们就不能被认为是阶级或地位群体。然而，一旦他们的成员资格对获得供应短缺的重要报酬开始产生明显的影响，那就不可能不把他们看成阶级或地位群体了。把这些群体称为阶级并不意味着他们只是阶级，更不意味着他们同其他类型的阶级是完全一样的。然而，这意味着，他们是由在某些属性方面立场一致的人们所组成的群体，并且这些属性会作为一种资源在分配过程中发挥作用。在这里主要指种族、民族、宗教或地域。

上述这些群体以及类似其他群体是如何影响分配过程的？对这个问题的研究少得可怜。绝大多数这样的研究是在美国进行的。在美国，很显然，这四种类型群体——种族的、民族的、宗教的和地域的——在分配过程中起到了很重要的作用。所以应称之为阶级或地位群体，尽管程度各有不同。

这种情况在两个主要的种族群体上表现得尤为明显。这两个种族群体由于其公认的、在社会分层体系中的特殊作用而被许多美国社会学家称为"等级"。通过人口普查资料中关于白人和黑人收入的记录可以清楚地发现其重要性。例如，在1959年，白人收入的中间值几乎是黑人的两倍（4377美元比2254美元）。[18]这种类型的不平等几乎在分配体系中的每一个方面都存在。就教育方面而言，白人平均获得10.9年的教育，而黑人只有8.2年。绝大多数黑人接受的教育质量显然是很低下的。[19]在住房方面，黑人居住区的条件是众所周知的，无须再讨论。[20]在正式的社会关系上，也充满了同样的隔离，许多俱乐部、教堂、小团体都不让黑人进入。当然，绝大多数白人家庭也不让黑人通过婚姻介入。最后，虽然黑人在人口总数中超过了 10%，但他们在美国国会中只占了 1%，并且在大多数其他公职上的代表也很少。

当然，一个世纪以来不平等的程度确实一直在降低，但直到最近这种降低的速率都很慢。再者，这种情况经常是不稳定的。例如，白人时常将黑人挤出一度被白人垄断的一些技术行业。[21] 在 20 世纪 50 年代，尽管黑人在其他方面有所收获，但其收入的不平等实际上还增加了。例如，1951 年白人男性的收入中间值是非白人的 1.62 倍，而到了 1959 年，这一比率上升为 1.86 倍。[22]

虽然美国白人人口经常被看成一个同质性群体，但实际上它又分为四个主要的亚阶级或地位群体，它们为争夺稀有资源而进行着生存竞争。这些亚群体是由宗教和地域联合确定的，它们是：（1）北方白人新教徒；（2）南方白人新教徒；（3）天主教徒；（4）犹太人。虽然宗教是分类的主要基础，但这并不是说所有的，甚至并非大多数各类群体的成员都是他们所划归的那种信仰的忠实追随者。这里所用的术语是指社区群体，它能够被大多数个体自我认同，并为他人所认同，同时能作为首属关系的基础，而不是指教会或正式宗教的联盟。[23] 因此，要看人们的地位群体成员关系，重要的是他们自己的群体认同，以及其他人对他们群体归属的认同，而不是个人的神学信仰。

在这四个群体中，北方白人新教徒传统上占据最有特权的地位。换句话说就是，北方白人新教徒群体的成员总体上拥有最大的资源价值。这一群体的地位很明显是由美国的政治历史所造成的。最初殖民者的定居和美国的建立都是由大量新教徒推动的。直到 1820 年，白人中的天主教徒或犹太教徒还不到 1％。[24]虽然在早年，黑人群体的总人数占到了人口的 20％，但由于其绝大多数成员都是没有文化的、被剥夺了公民权的奴隶，所以在社会、政治或经济上都无法形成很大的挑战。[25]从 1790 年到 1860 年，北方和南方的新教徒之间为争夺权力进行了激烈的斗争，最后在内战中以南方的决定性失败而告终。从那以后，北方白人新教徒就成为这个国家中最有权力和特权的地位群体。

其他群体的相对地位基本上取决于它们与占统治地位的北方白人新教徒群体的关系。正是这一群体决定了天主教群体优于犹太群体，犹太群体又优于黑人群体。[26]这一等级排列并不是有意识的，而是正常社会互动自发的副产品。在本质上，它建立在每个少数群体与占统治地位的群体的文化相似程度的基础上，并且反映了占统治地位的群体成员与其他各个群体成员建立首属关系的相对愿望。天主教徒和基督教徒一样，大多来自西北欧，常常来自英语国家，他们就比来自东欧、生活方式更加迥异的非基督教犹太人更受尊重，而后者所受的评价又高于异族背景的非白种人的黑人。主要的决定因素似乎是这些价值评价，而不是经济地位。这就说明了为什么天主教集团的地位还排列在更为富裕的犹太人群体之上。

地位群体的地位和其他阶级的地位一样，并不是永远不变的。特别是在上一代人中，北方新教徒的地位受到了对手的严重挑战，这一群体的地位受到很大的削弱。很难精确地衡量"少数派"群体的所获，或历史上占统治地位的群体的所失，但能通过一些例子来说明。在上一代人中，曾被认为是专门保留给北方白人新教徒的大量高级政治官位向其他群体开放了。虽然肯尼迪在 1960 年当选总统是最激动人心的例子，但这绝不是一个孤立的事件。[27] 在国会中，作为北方白人新教徒政治工具的共和党地位大幅跌落，因而经常被迫同作为南方白人新教徒政治工具的民主党南方派结成非正式的联盟，以维持其影响。这意味着向特殊的南方利益做出很大的让步，例如取消出于政治考虑而制定的、长久阻碍着南方工业发展的运费率这类歧视政策。在实业领域中，在企业科层化的影响下，具有北方白人新教徒群体成员资格的人所享有的职业优势在很大程度上消失了，尽管在非人格的科层化标准较难应用的较高地位层次上仍保留了一些优势。[28] 曾有段时间（主要是在第一次世界大战和第二次世界大战之间），美国许多较好的教育机构对犹太学生采取人数定额限制，这是一个主要对北方白人新教徒学生有好处的政策，因为接受来自其他地位群体的申请相对减少了。[29] 最后，具有北方白人新教徒群体的成员资格有机会进入较专门的社交圈子，这是一种能产生很大经济和政治价值的资源。

并非只有北方白人新教徒们才寻求将群体内的成员资格当作一种竞争权力和特权时的资源。在力所能及之处，少数派群体也同样会这么做。因此，当天主教徒或犹太人控制了就业可能性时，他们频繁地给自己群体的成员以好处。这在市一级政治赞助的分配上表现得尤为明显。天主教的机构倾向于支持那些希望在市政厅或在警察力量上得到一席之地的天主教申请者。[30] 还有，少数派群体的成员们同北方白人新教徒一样，也喜欢结交自己群体内的人们，在较亲密的首属关系上更是如此。这样就构成了一种重要的资源，特别是对犹太人这样一个兴旺的群体。[31]最后，少数派群体通常给他们自己群体的成员以政治上的支持。这也常被证明是一种重要的资源。[32]虽然这些行动常受到谴责，至少在多数派这么干时常受谴责，但是它们都代表了人的一种最自然的反应：支持那些与自己最相像的人。

最近的趋势倾向于降低美国地位群体系统造成的不平等程度。虽然这是由许多因素造成的，但所有因素中最重要的大概是选民成分的变化，这种变化是 1880 年以后大量非新教群体移民的结果，同时也是较近以来黑人获得选举权的结果。各种因素结合在一起，就使北方白人新教徒在选民中降为统计意义上的少数者。根据人口普查机构在 1957 年所做的一次大样本调查，美国成年人口的分布情况为：[33]

401

北方白人新教徒	38%
罗马天主教徒	26%
南方白人新教徒	20%
黑人新教徒	9%
犹太人	3%
其他教徒和不信教者	4%

这些人口上的趋势同民主的政治制度相结合，就使得北方白人新教徒群体很难保持其传统的优越地位。由于如此之多的民主和平等意识形态成分被融进了宪法体系之中，甚至融进了处于优越地位的群体成员们的个人信仰体系之中，这就使上述困难变得更为复杂。

如果以一种广泛的、比较的眼光来看地位群体分层的话，那么大多数先进工业社会中的一般趋势似乎是朝各群体间不平等程度不断降低的方向发展。韦伯在半个世纪以前就看到了这一点，并把它解释为经济变迁率上升的结果。[34]虽然他没有直接这么说，但我们可以推论，他认为迅速的经济变迁对既存的社会关系模式而言是一种破坏因素，因此摧毁了地位群体间重要的隔离状态。

人们也许不会否认经济因素的重要性，但人们可能不相信这是唯一的影响因素。很明显，民主和平等意识形态的产生和传播也在发生作用，但这并不是经济变迁率上升而直接导致的。不管这两种变量最终会被证明为什么样的关系，意识形态变量都很明显是这一趋势的一个更直接、更强有力的决定因素。这种意识形态是少数派群体手中有力的武器，给其事业涂抹上一层合法性的光辉。这对动员和加强少数派群体成员的力量起到了很好的作用，而同时又给与其对立的群体带去了很强的不确定性和混乱的因素。

在这一方面应该再次指出，这种新的意识形态的特点经历了渐变过程。在 18 世纪、19 世纪和 20 世纪早期，对不平等的攻击经常以反对不平等本身为基础。然而，现在对不平等的攻击却越来越多地表现为反对权力和特权的先赋形式，而接受其获得形式。正如迈克尔·杨所看到的那样，一度主张在英国建立社会主义秩序的热情现在似乎都转向了拥护建立能人统治。[35]按照这个较新的逻辑，权力和特权的继承是错的，但其获得却并没有错，特别是以教育为基础而获得的话。杨主要关注的是在英国出现了这种修正的意识形态，不过，在包括苏联和美国在内的大多数其他先进工业国家中，这种现象也是很明显的。[36]

虽然地位群体分层方面的不平等程度已明显且普遍地降低了，但公民对这种分层形式的突出印象并不总是相应地降低。

相反，为减少这种不平等形式而做的那些斗争常常强化了人们对其的意识。这在美国的种族斗争中表现明显。虽然种族不平等降低了，但种族认同感却在增强。宗教和民族群体之间的冲突中也存在同样的情况，加拿大就是这样。它已经有好多年没有受到法裔天主教徒和"英裔"新教徒之间冲突的困扰了。尽管当前这两个群体之间的不平等减少了，但矛盾冲突依然存在。这种情绪很强烈，有 1/8 的法裔加拿大人和他们中 1/4 以上的大学毕业者愿意加拿大解体。[37]甚至出现了一个想要诉诸恐怖和暴力的小型少数派群体。这种情况清楚地表明，地位群体之间实际不平等程度的变化并不必然会改变人们头脑中根深蒂固的地位群体分层意识。

以性别为基础的阶级系统

现代社会的分配系统中另一个被大大忽略了的方面是以性别为基础的阶级系统。这种忽略很大程度上是由于社会学家们倾向于把家庭，而不是把个人作为分层系统的基本单位。

这种分析模式相当适用于农业社会。在农业社会中，几乎每一个妇女的权力、特权和声望都是由她们所依赖的男子的地位以及她们同该男子的关系决定的。但随着工业化的发展，妇女的境况变化很快，不能再把她们仅说成某个男人的附属了。妻子、女儿或依赖男人的女性亲戚们摆脱传统依附角色的机会极大地增加了。简言之，长期以来将分层系统中的女性系统与男性分离开来，并使前者依附后者的传统壁垒正在明显地消失。因此，在分析先进的工业社会时，不可能忽略在分配过程中性别的作用，但也不能认为它是很明显的因素。

这一变化最富戏剧性的一面发生在政治这一长期为男子所

独占的领域之中。直到 1900 年还只有新西兰和美国的四个州允许妇女有选举权。[38]现在，除瑞士以外，在所有的先进工业国中，妇女都有了这种权利。此外，妇女还寻求被选上或被提拔到公共职位上的机会，并且经常成功，甚至有时还会获得内阁职位和其他政府高层职位。妇女还赢得了进入几乎所有一流高等教育机构的权利，而且几乎所有的职业现在都对她们开放了。在财产方面，她们有着完全的平等。最后，在离婚立法领域中，她们所赢得的已经远超平等。

然而，尽管有这么多胜利，妇女仍然没有获得完全的平等。男性身份仍是一种相当有价值的资源，这在就业市场上表现得最为明显。虽然现在妇女被给予进入几乎所有领域的合法权利，[39]但仍有各种各样的障碍阻拦她们进入报酬较高的领域。例如，1960 年美国的医生中妇女只占 6.7%，律师中只占 3.5%，工程师中只占 0.9%。[40]在苏联，妇女在这方面的境况要稍好些，她们在工程师和律师、法官行业中占到了近 1/3，在医生中占到了 3/4。[41]然而，即使在那里，也有证据表明，妇女更多地集中在各专业的边缘和较低的层次上。在美国也存在相似的情形，进入上层的妇女相对来说是很少的。例如，在 1959 年，收入在 1 万美元及以上者中，妇女只占 3%；收入在 7000 美元及以上者中，妇女只占 6%。[42]要不是妇女在大宗财产所有者中占了约 1/3，这些数字甚至会更低。[43]还应该补充的一点是，显然，妇女并没有进入政治精英的核心圈子。

对近现代妇女地位的提高和她们没能获得完全的平等这两个问题存在着多种推测。就第一个原因看，威廉·古德（William Goode）认为，"起关键作用的、越来越明朗的变量"是民主和平等意识形态的出现。[44]他认为，这一意识形态的发展带来了民众对平等权利的要求。并且，这种对平等权利的要求之所以能够成功，是因为这一新观念先前的传播。古德严厉批评了那种认为机器技术的产生、专业化程度的提高和职业技能的降低与妇女地位的提高有某种关系的说法，[45]他坚持认为妇女完全有能力掌握男子所掌握的技能，并且认为上述说法是幼稚的。

人们不会否认意识形态因素的重要性，但可能会怀疑古德对技术因素的评论是否公正。现在，很少有严肃的学者会认为妇女不能掌握必要的技能，但他们可能会认为，农业社会有限的技术发展使相当多的妇女不能自由地去掌握这些技能。首先，这些社会的高死亡率使妇女必须哺养比现在更多的小孩以维持劳动力供应。再者，家里缺乏节省劳力的机器也使得她们要用大部分时间做必要的家务劳动（俗语"男人的工作从早到晚，女人的工作永远没完"正反映了这一特点）。她们剩下的一丁点儿时间还要被用在劳动力需求的高峰时期，充当男人们的帮手，如收获的季节。还有，农业社会中大多数专门的技能通常都要通过住在师傅家里学艺，度过很长的学徒期才能掌握，这种体制特别不适用于训练年轻女孩。简言之，问题并不在于妇女在生物学上或智力上无法获得工业化时代以前的复杂技能，而在于农业社会的社会条件使妇女达到这一点特别困难，并经常不可能达到。因此，现代妇女权利增加的趋势似乎是意识形态和技术因素共同作用的结果。

就现代妇女为什么没能获得完全的平等这一问题而言，似乎也有一些因素在起作用。首先，妇女仍然必须哺育孩子，虽然孩子数量已大为减少，但是怀孕期、更年期和月经期中的困难，仍然是她们为获得高工资岗位而激烈竞争的障碍。[46]再者，

405

传统的家庭制度远未死亡，它把首要的责任重担加在了妻子肩上。妻子必须准备一日三餐，料理屋子、衣物和其他物品，还要购买东西，更不用说抚养孩子、招待客人和参与市民活动了。虽然现代的家庭妇女有许多机器辅助，但她们的负担仍然很重。并且，很多人都注意到，每一次引入一种节省劳力的机器，人们对她们表现水平的期望似乎就随之提高。第三，由于妇女在工作领域平均来说不如男子那么成功，并且又有充分的理由认为这种情况将继续下去，所以那些控制着研究生奖学金分配等重要资源或操纵着行业准入培训活动的人，常常在业绩和其他资格同等的条件下，更多地排斥妇女候选者。[47]最后，由于上述这些因素，又由于妇女知道想要获得报酬，还有危险更少而希望更大的途径，所以她们大多数都停止了为获得经济和政治上的成功而奋斗，取而代之的是在婚姻市场上和家庭领域中的竞争。[48]

尽管现代女权主义者对这种选择经常持批评态度，但她们却无法嘲弄它。它所提供的获得报酬的机会几乎同在男子世界当中竞争一样多，并且成功的可能性要大得多。[49]靠着一个优越的婚姻，一个妇女可以占取一份可观收入的一半，可以进入专门的圈子，也可以有空闲去做大多数她想做的事情。即使一个妇女的婚姻从经济标准来看不是那么成功，但她通常也能获得一定的经济保障，并且在把孩子抚养成人以后，会有许多的闲暇时间。此外，婚姻当然也会带来许多丰富的精神报酬，而这是不结婚的人得不到的。必须以牺牲婚姻为代价去追求职业生涯相对来说利益很少。从这一点看来，在大多数妇女的评价中，婚姻的吸引力远超过职业生涯的吸引力。因此，期望工作领域的性别不平等进一步降低不是没有理由的，但是要想完全消除，或在现有水平上大幅度降低这种不平等是不大可能的。

以年龄为基础的阶级系统

在对分配过程的分析中，第三个通常被忽略的因素是年龄。也许，造成这种忽略的主要原因是，大多数人都要经历同样的岁月周期。换言之，从长远看，年龄并不是造成差别的源头。但是这忽略了这样一种事实，即大多数人很关注他们眼前的处境，他们的行动在很大程度上反映了他们当前的需要和问题，而不是他们将来的前景。因此，年龄对分配过程确实有着不可忽略的重要性，在现代工业社会中更是如此。

在所有先进的工业社会中，年龄分层方面关键的事实是人口中的老年人在经济、政治和其他组织中的支配地位。主要的权力工具很大程度上在他们的手中。例如，在 1953 年，财产精英成员年龄的中间值是接近 54 岁。对大富翁或那些有着 500 万美元或更多财产的人来说，其年龄中间值接近 69 岁。[50] 在政治领域中也完全是相似的情况：从 1947 年到 1957 年美国参议员的平均年龄是 56 岁。[51] 更有甚者，由于资历制度控制着委员会主席的选举和关键职位的任命，参议院中影响较大的成员的年龄中间值甚至更高。1952 年做的一个对实业界领袖的研究表明，他们的年龄中间值为 54 岁。另一个对管理精英的研究发现，1950 年时其年龄中间值在 61 岁。[52] 最后，一个对美国军界领导人的研究发现，他们的平均年龄在 1950 年接近 54.5 岁。[53]

许多相同的情况也在其他先进的工业国家中盛行。1959 年被选入英国下议院议员的年龄中间值是 51 岁，这意味着到 407

1964 年举行下一届选举时，这些成员的年龄中间值要达到 56 岁。[54]在瑞典，1953 年上院成员的平均年龄是 57 岁，下院成员是 52 岁。[55]米歇尔斯（Michels）在半个世纪以前就看到，即便是激进的革命组织，最终也处在老年人的支配之下，苏联也没有逃脱这一通例。10 年以前，苏联的政治精英已经能被说成"一个专门由中年人组成的群体"。[56]而今，由于在中间这些年里没有大规模的清洗，这一群体在年龄上同非共产党国家地位相同的人相比，基本上已是很接近了。

在收入方面也存在着明显类似的模式，虽然老一代人的统治地位并不总是那么显著。例如，1959 年，美国收入在 1.5 万美元或以上者的年龄中间值是 49.4 岁。[57]其他地方似乎也是相似的情况。

然而，年轻一代也享有超过老年人的好处。在当前教育机会急剧增加的时期中，在所有先进工业国家的成年人口中，年龄和教育程度都成负相关。在一个工作机会经常由正规教育程度所决定的社会中，这种情况就给年轻一代提供了一个独特的优势。然而，这种优势或早或晚是要消失的，因为这类模式不可能无限制地延续下去。

先进工业国家中的代际关系在很多方面都与农业社会中的代际关系相似，但它们在一个很重要的方面是不同的：在农业社会中，年轻人在很大程度上被整合进了成年人的世界，而且他们之间是相互分散的；而在先进的工业社会中，由于公共教育的发展，年轻人往往从更广泛的成年人世界中脱离出来，并投身几乎专门由他们同龄人所构成的一个狭小的世界中。这一发展所引起的后果将在下文进行具体考察。

阶级和地位一致性

在思考现代工业社会中影响报酬分配的因素的多样性时，　408
不可避免地要提到一个问题，即各种因素之间是如何相互关联
的。接着要问的问题是，个人在各种地位上的不一致如何影响
他的行动，以及他的行动又如何影响他居于其中的社会。

这些问题只是近期才逐渐被人们关注。如前面所指出的那
样，针对分层本身的多元化观点只是在一代人之前的韦伯和索
罗金的著作中才出现。所以，对这些问题的探索还只是一个
开头。

就第一个问题（各因素之间关联的程度）而言，人口普
查资料和其他资料都清楚表明，个人和家庭在某一方面的等级
从来不是在另一方面的等级的简单结果。财产所有、政治地
位、职业地位、教育地位、地位群体的等级、年龄地位和性别
地位之间的相关性从来都不是绝对的。

教育和职业之间的关联是最紧密的关联之一，但是美国的
研究得出的相关系数从来没有超过 . 77，并在有些例子中低到
了 . 30。[58]在另一个极端中，有些特定关系的相关系数几乎是 . 00。
很明显，年龄和性别之间的关系就是这种情况。下面几对关系
的关联系数也是很低的：性别地位和财产所有，年龄和职业地
位，以及作为一方的年龄与性别和作为另一方的地位群体等级
与教育地位。其他的关联则倾向于处于中间位置。

在少数情况下，各资源之间的相关实际上是负的。年龄和
性别之间就是这样的，因为现在妇女比男子活得长。更重要的
是，年龄和教育地位之间的关联也存在这种情况，年轻一代上
学的年头要比老的一代更长，因为教育标准也在提高。

　　各类资源之间的低相关表明，有大量的人发现他们自己正面临着各类地位的不一致。正如在第四章指出的那样，可以通过演绎推论而假设：各主要地位方面的不一致可能造成某种紧张。首先会给受影响的个人带来紧张，然后通过他们而给其所在的社会也带来矛盾。迄今为止，对这一课题的研究还相当有限，但即使如此，这些有限的研究还是倾向于支持这个假说。例如，20 世纪 50 年代早期从大底特律的两个抽样调查收集的资料表明，各方面地位不一致的人比起那些各方面地位一致的人更倾向于支持民主党，并且在各种问题上采取自由派的立场，[59]在种族－民族地位和职业地位不一致的情况下更是如此。并且在这种不一致很大时，这种表现最为显著。当职业和教育地位之间有不一致时，也表现出同样的情况，但程度较低些。一个以全国样本为基础的研究也得出了相似的结果。与各方面地位一致的人相比，那些在各方面地位（包括职业、教育和收入）不一致的人更喜欢对美国社会中的权力分配制度进行变革。[60]

　　以这种方式受到地位不一致影响的人似乎不是很多，至少在总人口中的比例不是很大。然而，也许比数量更为重要的情况是，不一致的地位给那些处于上层的，即拥有为社会所急需的技能和其他资源的人带来了不满。换言之，这些人受过独特、良好的训练，能够为那些没有受过教育的工人和无产阶级提供他们自己所不具备的领导以及其他资源。正如前面所指出的那样，马克思和恩格斯曾预言（但没解释为什么），革命的领袖将会来自特权阶级，而地位的不一致及其引起的反应很可能是产生这些革命领袖的主要源泉。

　　由于上面引述的研究还很有限，人们可能会犹豫地认为这

^{（左侧页码标注）409}

一假说基本上只是一个有趣的推测。然而，这里还有大量不系统的证据去支持它。人们长期以来注意到了少数民族和少数种族群体在各种激进运动中的作用，也观察到了这些少数民族和种族中事业很成功的成员也被吸引进了这些运动中，并且他们事实上经常起着领导作用。[61]

　　很明显，并非所有形式的地位不一致都会产生政治上的不满。例如，人们发现，在富有的妇女和管理阶级的年轻成员中就很少有不满。未来几年中，在理论和调查研究两方面的重要任务之一是确实搞清楚，在什么样的条件下更容易发生这种类型的反应，以及在什么样的条件下倾向于发生其他的反应，或根本没有反应。

垂直流动

　　工业社会同我们考察过的其他社会一样，其中总是存在着争夺权力和特权的斗争。有时它们是以个人斗争的形式进行，有时整个阶级都卷入进去。由于后者常常是前者受挫的结果，所以我们应首先考察个人斗争。

　　相比较而言，工业社会与农业社会之间的一个重要差别是先赋因素在分配过程中重要性的降低。贵族、自由民和奴隶之间古老的世袭界限已几乎全部消除。[62]由种族、民族和宗教等先赋的或主要是先赋的特质所带来的优越性和不利条件也已降低了重要性。此外，性别方面的先赋地位也变得不那么重要了。与此同时，获得教育的机会极大地增大了，并且教育作为工作竞争中的一种资源变得日趋重要。所有这些发展的结果是，在所有的报酬中，可以通过竞争而获得的那部分报酬的比率增大了。

另外一个大概增强了竞争或刺激了流动的因素是经济特性的变化。农业社会的职业结构没能产生一个高的垂直流动率。
411 社会成员中被迫在同样的维持生计水平上工作的人太多了。因此，职业结构自身限制了向上流动量。每一代人中都只有一小部分人能够向上流动。相比之下，在现代工业社会中，职业结构要分化得多。没有哪一个职业能够迫使大多数劳动者生活在或接近于维持生计的水平。相反，它在收入和权威上都有着很大的多样性。因此，流动的潜能要大得多。

虽然不可能对农业社会和工业社会的流动率做出精确的比较，但是一些工业社会的资料还是可以利用的。例如，这些资料表明，最近几年从事非农业职业的父亲中，有 30% 的儿子在体力和非体力职业方面向上或者向下流动了。下列数据表明，在各个国家，这些数字是相当接近的：[63]

美国	34%
瑞典	32%
英国	31%
丹麦	30%
挪威	30%
法国	29%
西德	25%
日本	25%
意大利	22%

412 如果对城市职业采用一种三层的分类方案，将低层次的白领职业与在收入上与其日趋近似的熟练工人联系起来的话，那垂直流动率会显得更高，但各国之间的一致性会更低，如下列数据所示：[64]

美国　　55%

瑞典　　48%

英国　　45%

丹麦　　40%

日本　　36%

虽然关于前工业化时代的农业社会，我们没有可比的数字，但这样的垂直流动水平在以前是不可能达到的，在一些特殊情况下也许会有短期的例外，常出现在破坏性的灾难或外国占领和征服之后。

在工业社会中，垂直流动率不仅更高，而且其运动的特性也不一样。我们指出过，农业社会中占主导地位的流动类型是向下的，在工业社会中，向上流动量很大，一般都可以达到平衡，并且在大多数情况下向上流动超过了向下流动，从上面引述的对流动的研究中可清楚地看到这一点。如果从向上流动中减去向下流动量，再除以城市职业的人们中其父亲也为城市职业的人数，就可以得到下列系数（运用一种简单的体力－非体力的职业分类）：[65]

瑞典　　+.16

美国　　+.15

日本　　+.09

挪威　　+.07

意大利　+.07

西德　　+.02

法国　　+.02

英国　　-.001

丹麦　　-.03

413   在这九个案例中，有七个沿着体力－非体力路线的向上流动量超过了向下流动量，并且在另外两个案例中，向下流动的量是很小的。如果采用三层次的分类模式，这种情况只会有很小的变化。[66]

         甚至这些数字也没有充分说明实际情况。瑞典、英格兰、日本和美国的证据表明，在人的职业生涯中有一种从体力职业到非体力职业的净向上转化。[67]由于所有这些对处于职业生涯中段的儿子们与其处于职业生涯晚期的父亲们进行比较的研究都揭示出这样的趋势，这种情况是很确切的。如果对这一有偏差的趋势适当地打些折扣，所有这些系数有可能会是正的。

         向下流动量大大超过向上流动量是农业社会的特征，这一特征的消除主要归因于两个因素，二者在前面都提到过。第一个因素导致了向上流动率的增加，第二个因素则导致了向下流动率的减少。第一个因素是现代工业化社会中技术和组织的进步所带来的社会职业结构的激烈转化。随着越来越多地采用机器，对拥有更高技能和受过训练的人员（包括专业技术的和其他非体力工作人员）的需求增加了，而对非技能和半技能的劳动力的需求降低了。组织的革命也有相似的效果。由于组织规模复杂性的增加，协调的问题也急剧增多。这就需要不断地增加文职和管理职员。简言之，工业化意味着收入高而又称心如意的工作占有更大的比率。

         第二个因素是有效的避孕方法的引入和传播。可接受的且有效的控制家庭规模的手段能够为绝大多数人所运用，这在历史上是第一次。在农业社会中，人们生育孩子的数量超过了其
414 经济能力所能承受的范围，因而导致农业社会的向下流动不可避免。而现在这种情况不复存在了，生育后代更紧密地同经济

提供的机会吻合。

第三个因素也对向上和向下流动之间平衡的重新调整起到作用，这就是大众传媒的兴起。如前面所指出的那样，电影、收音机、电视、杂志和报纸都让较低层的阶级变得更加了解较有特权的阶级的生活方式。虽然大众传媒经常将其描述的东西赋予浪漫色彩或将其歪曲，但它们还是相当准确地传达了许多基本要素。其后果是大大减少了历史上用于划分阶级和使向上流动变得困难的文化鸿沟。

工业社会在获得流动的手段上也与农业社会不同。如前面所讲，在农业社会中，人们可以通过一些途径靠自己的努力来向上运动。在筛选候选者的过程中，没有哪一种单一制度能起到主导作用。在工业社会中，如我们所见，每个人都面临着教育机构长期的考试和筛选过程。这也成为决定后来生活机会的一个主要因素。最近取自美国的资料表明，一个人在学校的表现比他在工作中的表现所带来的职业流动还稍微多一些。在一个全国性的大规模样本中，将25岁到64岁的人的第一个全日制工作同其父亲的第一个全日制工作进行比较时，有34%的人在体力－非体力方面发生了变动。而将这些人现在的工作与其第一个工作相比较时，却只有28%的人在这方面流动了。[68] 当职业等级被分为三个或四个层次时，也发现了类似的差别。[69]

越来越多的垂直流动研究使我们现在有可能对流动率做出比较。既可对各个国家内的各个时期进行比较，也可以在差不多同一时期中在各个国家之间进行比较。就这二者而言，前者受到的关注要少得多，大概是因为很难获得较早时期的可靠资料。迄今为止，大多数趋势资料都来自美国，那些以这些资料

415

为基础的研究在规模、方法和运用的材料类型上都有很大的不同。但是，所有这些研究都说明了流动率在总体上的高度稳定性，并且大多数研究都揭示出向上流动率是逐渐上升的。[70]

在国际比较中也明显有着一定的一致性。事实上，李普塞特（Lipset）和本迪克斯（Bendix）基于他们关于这一主题的开创性研究而得出结论："我们的主要发现是……这些国家的垂直流动量总体上都是比较高的。"[71]更近一些时候，S. M. 米勒（S. M. Miller）批评他们夸大了流动率和流动类型上的相似程度。但他也承认："流动率上的趋同性大概比大多数人所相信的程度更高些。"而后他又补充道，"这并不意味着实际的趋同性是主流趋势"。[72]米勒主要是想强调存在着一定的差别这样一个事实。在这一点上没有人能与他争论，在 1964 年人口普查机构对美国垂直流动率的研究成果发表后更是如此。同早416 先那些不那么可靠的研究相比，这一研究揭示出了更高的和差异更大的流动率。[73]

迄今为止很少有人试图找出这些差别的原因。有时，它们被说成是工业化程度的差别导致的，是让农业社会和工业社会产生差异的同一种力量作用的结果（这一观点同上面所引证的证据是相吻合的，即在工业化国家的样本中，美国的流动率最高，而日本的最低）。与这一点紧密联系的是，这些差异经常被归因于职业结构的变化和理想职业的比率上升。[74]由于这是工业化的一个直接后果，所以它同从农业组织模式到工业组织模式的转化也是连在一起的。

大概还有一些其他因素在起作用，但是很少有人去努力研究这些因素。例如，人们可以设想，流动率受到地位群体及其相对力量和重要性的影响。在地位群体存在的地方，特别是它们对教育和职业机会产生强有力影响的地方，流动率应该比较低。试举另外一例，私人财产似乎可能是一种稳定社会的力量，因为它倾向于减少代与代之间的职业流动。如果情况确实如此，那么人们可以预言，在其他因素等同的情况下，共产党国家的流动率可能比非共产党国家更大。另外，如果能力不能发生大规模遗传性传递，那么流动率似乎就可能随着社会给年轻人提供平等教育机会的程度变化而变化。然而不幸的是，一旦人们开始提出此类假说，如何进行检验这个实际问题就变得很棘手。由于个案数量，即各个社会的数量有限，加上相关变量太多，以及在不同国家的调查中所采用的测量技术各不相同，所以严密的检验似乎是不可能的——至少在目前是这样。

在结束这一讨论之前，应该对妇女中的垂直流动这一几乎被完全忽略了的主题做一些评论。大多数论及流动的作者明显都认为，这一问题是不重要的，或者它已充分地包含在他们对男性流动的讨论中了。很显然，二者都不符合事实。

对绝大多数妇女来说，在其成年岁月中，妻子和母亲的角　417
色是其报酬的主要来源。然而，这一角色与男性的职业角色不同，它是高度多样化的，所产生的报酬的多样性几乎同整个男性角色谱系一样大。这是很自然的，因为家庭妇女自然增长的报酬在很大程度上是由其丈夫的角色所决定的。因此，从社会分层的角度来分析，更为现实的是，将一个与银行家结婚的家庭妇女的角色和一个同非技术工人结婚的家庭妇女的角色做出明确区分。

从绝大多数选择了婚姻而不是职业生涯的妇女的角度看，最好的向上流动机会发生在求婚期间。在婚姻市场上，妇女最有利的资源与男性在市场中竞争时依靠的资源是相当不同的。

尽管教育上的成功和与之相关的各种因素在劳动力市场上起着关键性的作用，但它们在婚姻市场上对妇女来说并没有那么重要。虽然教育、家庭背景、人际关系技巧等诸如此类的因素也起到一定的作用，但生理外观具有很大的重要性。由于生理外观在很大程度上是由遗传决定的（虽然在有着化妆品、衬垫服甚至整容术的时代中，它不应被夸大），所以它的相对重要性似乎在社会流动的图景中引入了一定的随机成分，从而刺激了垂直流动。目前我们拥有的证据太有限，还不能确切地说给妇女提供的流动机会是大于还是小于给男子提供的机会。但已有的证据提供了一个有些惊人的结论：它们事实上要稍微大一些。[75]

阶级斗争

当个人流动的机会不充足时，人们就常常以集体行动为手段来获得他们所寻求的报酬，因此就产生了阶级斗争。这些斗争在工业社会要比在农业社会普遍得多，原因大概是如马克思在一个世纪以前所指出的那样，新的社会给社会中权力较小和特权地位较低的那部分人提供了前所未有的交流机会。

在经典的马克思主义理论中，阶级斗争总是指暴力的或者是会变成暴力的斗争。马克思以历史记载为基础，认为几乎没有其他形式的斗争。虽然在对前工业社会研究的基础上可以证明这是正确的，但如果将它应用于较为先进的工业社会时，其正确性就很小了。这时，暴力斗争就不是唯一的形式了。各职业社团之间的阶级冲突引入了运用合法政治手段进行非暴力和制度化斗争的可能性。

由于马克思执着地关注于单一的财产资源，所以对经典的马克思主义做出第二个发展就显得很有必要。虽然在大多数工业社会中，财产确实是阶级冲突的一个重要根源，但它并不是唯一的根源。阶级冲突涉及了职业阶级、政治阶级、种族、民族、宗教和性别甚至年龄阶级。我们还将看到，甚至在那些"无阶级"社会中，即那些生产资料的私人占有已被消除的社会，如苏联那样的社会中，阶级冲突也很活跃。同样重要的是，各种阶级冲突的形式常常是令人失望地纠缠在一起。[76]当发生这种情况时，通常很难确定是哪一个阶级系统对冲突起到了什么样的作用。

最后，由于在先进的工业社会中阶级斗争远不如马克思引导人们所指望的那样无所不在，所以有必要对马克思主义理论做出第三个发展。许多人对社会不平等的反应是冷淡的和漠不关心的。其他一些人的反应是靠个人奋斗或靠简单的合作而赶上前面的人。进一步考察这一问题就会发现，所有这些类型的反应都可以在同一个阶级的成员中找到，并且常常表现在同一个人身上。不光在马克思预言的从封建主义向资本主义转化的社会中是如此，而且在最发达的资本主义国家中也是如此。简言之，虽然马克思主义的阶级斗争概念在社会分层理论中仍是一种有用的工具，但如果去掉经典马克思主义理论中狭隘的和不现实的内容，其有用性将会大为增强。

在现代工业社会中，私人财产方面的阶级斗争处于最重要之列，这既是由于它包含的利害关系很大，又是由于它经常成为政治冲突的集聚点。财产权方面的斗争有着各种各样的形式。有时它们表现为非法的活动，主要是针对财产的犯罪活动。尽管这样的活动使有产阶级的成员很恼火，但它们的威胁远不如有一定合法性的行动那么大。在合法斗争中，有两类值得给予特别的关注，因为这二者的结果都使非有产阶级得到一定的收益。它们是（1）劳工和管理者之间的斗争；（2）左派和右派政党之间的斗争。

虽然这两种形式的阶级斗争有时被认为是同一事物的两个方面，但实际上并非如此。在前者的情况下，财产权受到劳工诉求的挑战，尤其受到组织起来的劳工这一特定部分的挑战。在后者的情况下，它们主要是受到公民权诉求的挑战。虽然这些为利益而战的群体常常涉及同一些人，但情况并非总是这样。例如，它不适用于失业者，也很少适用于没有组织起来的人，即那些不是工会成员的工人。当一个特定的工会从一个雇主那里赢得了提高工资或其他新的权利时，只有其成员才受益，至少直接受益的只是其成员。相比而言，自由党和社会党在政治领域中所赢得的收获通常会产生提高公民权价值的效果，而这是一种由有组织的和无组织的、就业的和失业的，以及事实上所有的成员都共同分享的资源。

这一特殊的资源及其对分配过程产生的影响将在下文中做更仔细的考察。这里只需说明一点：现代社会努力提高公民权的价值是民主和平等意识形态的产生与发展的一个重要结果。

由于自由党和社会党与这一意识形态是一致的，所以他们能够吸引相反情况下得不到的大量支持。有许多出于经济利益的考虑而支持保守党的人被意识形态的感染力所征服，知识分子尤其如此。出于职业天性，他们很容易受到这种感染力的影响。那些在学院和大学里受知识分子影响的人也是如此，虽然其程度会低一些。

从许多方面看，这都是一个非常重要的发展。首先，这些意识形态上的皈依者常常给自由党和社会党提供许多领导力量。他们掌握了许多应对现代民主政治复杂策略所必需的技能，这些技能在大多数工人阶级成员中是缺乏的，或是发展不完全的。如果没有这些皈依者，左派政党有可能根本无法获得选举的胜利，而如果没有这些胜利，大多数的工人和其他无财产阶级的成员就有可能从和平的、合法的行动渠道转向暴力的、革命的行动。

420

这一发展之所以重要，还因为这些意识形态的皈依者进入领导地位大概导致了自由党和社会党目标的一些改变。虽然对这些皈依者来说，意识形态方面的考虑被证明比经济的阶级利益方面的考虑更强一些，但并不能说他们在其中完全没有自我利益。相反，在大多数场合自我利益仍然是重要的，结果就是让左派政党有时候追寻并不特别有利于工人阶级和非有产阶级的目标。例如，这些政党有时很微妙地、尽管大概是无意识地改变其政策，以提升精英统治，而不是推进社会主义。虽然两种制度都支持机会平等的原则，但是相比于后者所赞同的其他大多数类型的平等来说，前者并不特别招人喜欢。

虽然新的民主和平等的意识形态赢得了许多人转向自由党和社会党，但老的资本主义意识形态仍然是强有力的，也吸引着很多人朝向保守党。在每一个举行自由选举的国家中，大量的工人群众都支持保守党或中立党派。例如在英国，民意调查表明，保守党获得工人阶级 1/4 到 1/3 的支持。[77]在美国，工人阶级中有 1/3 到 1/2 的人支持共和党，至少在总统选举时如此。[78]在 1955 年，西德的工人阶级分为几乎具有同等规模的三个群体：（1）支持社会党的人；（2）支持中立和右派政党的人；（3）没有任何党派偏向的人。[78a]在法国 1951 年的选举中，工人阶级中有 30% 的人将票投给了中立或者右派政党，另有

20%的人没有投票。[78b]

在关于工人阶级对管理、私人财产和类似事物的看法的研究中，我们也可进一步发现资本主义意识形态影响的证据。例如，在挪威，人们广泛接受社会党政府，研究者问了这样一个问题——"你认为工人同上层管理者的利益是一致的还是对立的"。至少有44%的人认为他们的利益是一致的，此外有29%的人表示相信这两个集团的利益有些是一致的，有些是对立的，而只有27%的人说其利益是对立的。[79]在美国的一些研究中也得到了类似的结果。例如，新泽西州的帕特森被认为是一个劳动与管理之间的关系比较糟糕的社区，在对这个社区的阶级关系研究中，一个取自产业工人的样本在调查中被问及："各阶级之间是如何相处的？一般说来他们是像敌人，像平等的伙伴，还是像领导与随从的关系？"几乎有一半的人认为他们是像伙伴式或合作式的关系，只有1/3的人说这种关系包含了敌意（另外1/5的人没有发表意见或只做了含糊的回答）。[80]最后，人们可以引证珀塞尔（Purcell）对三个城市的食品加工厂工人的研究。他指出，绝大多数的人既喜欢他们的工会又喜欢他们的公司。[81]甚至工会的领导人也是如此。虽然毫无疑问，在有些公司和社区中，不喜欢的态度是占主导地位的，但在全国水平上，大量的工人很明显地接受了许多传统的资本主义意识形态。

导致这一现象的原因不难找到。学校和大众传媒是由有产阶级、业主阶级和管理者阶级控制的，虽然他们允许存在一定程度的批评，但是从主流上看，这些机构是支持这套制度的。然而，除此之外，这些阶级也表示了进行协商和做出让步的愿望，以使绝大多数公民的生活条件有一定的改善。最后，有产阶级和管理者阶级经常设法通过对种族、民族和宗教的熟练操纵来分裂对立面，靠着普遍的地位群体纽带而将工人阶级的一部分同他们自己联系到一起。这方面的典型例子是美国的一些地区对种族问题的利用，尤其是在南方。管理者和所有者在雇用和提拔上偏爱白人工人，使他们免遭来自黑人工人的竞争。这样，就在工人阶级和无财产阶级中的种族之间制造了一个很大的鸿沟，使他们之间的合作实际上不可能形成。当然，公平地讲，还必须认识到，只有在白人工人的配合和合作下，这一鸿沟才有可能形成。

422

工人阶级的斗争与农业社会中农民的斗争不同，它们带来了许多实质性利益。一些权利是在谈判桌上赢得的，另外一些是在政治领域赢得的。其结果是工人的生活标准得到提高，绝大多数人的生活水平都远高于维持生计的水平。当人们看到现在由公民权所带来的许多好处时，这一点就尤为明显了。这一发展的净效果是使对暴力革命的支持降到了最低限度。这一点上一个很好的例子就是除法国和意大利外，共产党难以赢得追随者。即使在法国和意大利这样的国家中，在选举中支持共产党的人，大多数也明显对暴力革命没有什么热情。如果他们真有这种热情的话，那么，他们众多的成员是可以保证使任何较为有组织的努力获得成功的。

在苏联等国家中，财产私有制已在很大程度上被废除了。在那里，经济方面的阶级斗争远没有那么公开和活跃。然而，如果谁要认为共产制度已消除了经济上的阶级对抗，那他就错了。这种制度最多只能压抑这些对抗。哈佛大学俄国研究中心在二战结束时对俄国难民所做的采访中可以发现这方面的一个表征。虽然有很多理由相信，这些人与那些仍留在苏联的人在许多方面有差别，但是许多证据表明，这些差别并不是很大。[82]例如，几乎有 60% 的难民称他们离开苏联是不自愿的。并且，尽管承认共产党的身份有可能阻碍向美国的移居，但是其中共产党员的百分比仍高达其国内的两倍。[83]还有，这些避难者包括了来自人口中各阶级和群体的人们。

这一研究中一些最有趣的发现来自对下列问题的回答："下面是一份苏联的成对的阶级名单，我们想知道，这些阶级当中的每一对……它们的利益是一致的还是冲突的？对每一组都按你所认为是正确的情况去考虑。"当结果列出来后，可以清楚地看到，各阶级层次的许多回答都认为工人和农民的利益与知识分子，即专业技术职业的和管理的阶级是对立的，与其他白领雇员的利益也是对立的。例如，有 80% 的农民感到，他们的利益同工人们的利益是一致的，而只有 44% 的农民感到他们的利益同知识分子的利益一致，并且只有 47% 的人认为他们的利益与白领雇员的利益一致。在体力工人那里，相对应的数字是 88%、56% 和 67%。在知识分子那里，89% 的人认为他们的利益与白领雇员的利益一致，但只有 69% 的人认为他们的利益同农民的利益也是如此，只有 72% 的人认为他们同工人的利益一致。[84]在要求难民们指出不同阶级的相对有害性的一系列问题中，也得出类似的结果。在对所有的回答做出一般性衡量时，工人和农民认为，在苏联，知识分子是最有害的阶级。而在知识分子和白领雇员看来，工人阶级又是最有害的。[85]虽然样本的特殊性质使其难以比较，但是这些资料表明，尽管政府做出了很大的努力去压制对抗，尽管消除了私有财产制度，但在苏联，经济上的阶级对抗大概同在非共产党国家一样强烈。很明显，只要现存的职业阶级系统存在，这些对抗就注定存在。

在所有较为先进的工业国家中，财产、职业、教育和政治阶级中的成员资格等关键性资源往往是由同一些人拥有的。结果，要将一种形式的阶级斗争同其他形式区分开来，即使不是不可能，也常常是很困难的。例如在苏联，党员资格往往也是被那些有着大学教育水平和属于专业技术职业或管理者阶级成员的人所占有。在美国和其他非共产党国家，专业技术职业和管理者阶级的成员资格通常是同较高的教育程度，以及有产阶级和政治阶级的成员资格联系在一起的。毫无疑问，这些联系远非绝对，并且如其他地方所指出的那样，这种非绝对性导致了这些有特权的少数人之间的斗争，但从其重要程度上看，这些斗争与"拥有者"和"没有者"之间的更为基本的斗争相比较，则是次要的。

种族、民族和宗教的地位群体之间的斗争往往同经济阶级之间的斗争纠缠在一起。只要居于少数派地位的地位群体成员集中在工人阶级和非有产阶级之中，就很难确定在多大程度上这种斗争是经济阶级的斗争，在多大程度上它们又是地位群体的斗争。然而，一旦他们其中的某些人在职业的和财产的阶级系统中开始上升，他们所属的地位群体成员资格就可能会对他们产生更加明显的影响。

现在有越来越多的资料表明，在选举行为（这是阶级冲突的最好标志）上，地位群体所施加的影响比职业阶级对其的影响小不了多少。对这一问题最有价值的研究之一是阿尔弗德（Alford）最近对五个讲英语的民主国家中的四个的选举行为所做的研究。他展示了一系列对选民倾向进行的全国调查结果，并将之与职业阶级和宗教进行交互列表。表 1 概括了他的研究发现。为了方便分析，宗教和阶级都被分为了两个部分：宗教分为天主教徒和新教徒，阶级分为体力职业和非体力职业。

表 1　在四个讲英语的民主国家中，宗教因素不变时各职业阶级对各个党派倾向程度的平均差；职业阶级因素不变时各个宗教对各个党派倾向程度的平均差；以及天主教徒在总人口中所占的比例

国　　家	宗教因素不变情况下各个职业阶级的平均差	阶级因素不变情况下各个宗教的平均差	天主教在总人口中的百分比	调查序号
英　　国	37	6	10 以下	3
澳大利亚	33	16	20 ~ 25	7
美　　国	18	21	25	7
加 拿 大	4	20	40	9
平 均 数	23	16		

来源：从罗伯特·阿尔弗德的《政党与社会：盎格鲁－美利坚民主国家》[*Party and Society：The Anglo-American Democracies*（Chicago：Rand McNally，1963）] 的表 6 - 3、表 7 - 4、表 8 - 4 和表 9 - 5 中计算而来。

如表 1 所示，在这四个国家中，类型差别相当大。英国和加拿大代表了两个极端，在英国，职业阶级是选举行为的主要决定因素，而宗教的地位群体则是影响最小的因素。加拿大的类型刚好相反。然而，在这四个国家中，三个国家的宗教地位群体之间的斗争都很重要，足以成为选举行为中的主要决定因素。此表中的数据还表明，宗教地位群体之间冲突的重要性是直接随着主要少数派群体的人数变化而变化的。

425　　　人们也许会认为，新教徒和天主教徒之间在选举行为上的差异只是反映了某种政治哲学和理想上的基本差别，它们与分配过程是无关的。虽然哲学上的差异在某种程度上毫无疑问是

一个因素，但证据表明，这也是一个地位群体之间争夺权力、特权和声望的分配问题。再者，人们追求这些目标是因其世俗的价值，而并不仅仅因为它们在实现以神学为基础的理想中有用。

例如，在传统上天主教一直占主导地位的国家中，如意大利和法国，天主教徒们往往支持保守党；而在那些他们一直是少数派群体的国家中，如英国和美国，他们却支持自由党。这种情况似乎并不是巧合。只有考虑到占主导地位的群体在维持现状中保护既得利益，以及少数派群体拥有相反的利益诉求，要求改变现状，才能理解这一明显矛盾的情况。我们很有兴趣地注意到，最近一个对底特律的研究表明，天主教徒投民主党的票的概率同他们卷入天主教亚共同体的程度是高度相关的，即与他们的亲密朋友和亲戚也是天主教徒的程度高度相关，但是与他们参加弥撒的频率并不相关。[86] 相反，他们出席弥撒的频率与他们对民主党的支持还略微有些负相关。最后。在针对1960年总统选举进行的一个全国调查中，人们将那些在1956年拥护艾森豪威尔，而后来又转向拥护肯尼迪的天主教徒的态度同他们参加弥撒的情况进行比较分析。结果发现，这种态度的转变同这些人与天主教共同体交往频率的相关程度要比他们在天主教教堂中参加弥撒次数的相关程度大得多。[87]

在其他地位群体中也可发现大量相同的情况。占主导地位的群体往往支持保守党或保守的党派，而少数派群体则支持鼓吹政治变革的党派。[88] 因此，那些有时被认为仅仅是经济的阶级之间的斗争，如进一步考察，就会发现它同时也是地位群体之间的斗争。事实上，像加拿大和荷兰这样一些国家的经验表明，经济的阶级斗争相对于地位群体之间的斗争来说，有时甚

426

至是居于次要地位。

在结束对地位群体斗争的这一讨论之前，还应强调，这些斗争也有引起暴力革命的可能性，并且其程度并不亚于经济的阶级斗争。在美国种族骚乱一再发生的情况中，在最近一些法裔加拿大群体的恐怖活动中，以及在乌克兰人此起彼伏的斗争中，都可看到这一点。

不久以前，在大多数较为先进的工业社会中，性别地位是一类独特的阶级斗争的基础。妇女为争得与男子同样的权利而激烈地进行运动。这些努力的结果是使妇女现在在法律层面有了实质上同男子平等的权利。然而，她们在工作和政治领域还没有获得完全的平等，尽管如此，大多数妇女对此似乎并不十分关注。这一明显矛盾的现象的原因存在于家庭制度中。如前面所提到的那样，家庭制度可使大多数妇女通过婚姻来达到其目的，其难易程度与大多数男子通过工作和政治活动来达到其目的是一样的。很重要的一点是，富有战斗性的女权主义者严厉地指责家庭妇女的角色是对智力的浪费，但是大多数妇女似乎认识到，这一指责可以同样有效地针对大多数男子的职业。[89]这一点也许能解释为什么女权主义运动失去了其大半的活力：对绝大多数妇女来说，争得平等的战斗已经胜利了。

在现代社会的阶级斗争中，最为人轻视的可能是年龄阶级之间的斗争，尤其是在年轻人（指青少年和年轻的成年人）与成年人之间的斗争。这一斗争的重要性实际上被大大低估，甚至在对阶级的讨论中普遍地被忽略了，或与经济的阶级斗争混淆了。然而有大量的证据表明，年龄阶级之间的斗争本身就是一种特殊的阶级斗争。进一步讲，它还是一种较为严重的和最不易控制的斗争。

这一斗争基于这一事实：年轻一代面临着老一代的权威，而老一代又享有最大的分配份额。毫无疑问，在政治稳定的和高度制度化的社会中，这种情况是很普遍的。然而，这种情况在两个方面发生了变化，并且这些新的发展往往刺激了代际冲突。一方面，工业化意味着教育需求的急剧增长，同时也导致对青年人和年轻的成年人有利的就业机会的减少。[90]结果，年轻人在经济上依赖成年人并因此居于从属地位的时期大大加长了。12 岁或 14 岁的孩子不再能够挣得自己的生计，因此也不再能够保证他们能够按自己的意愿独立。另一方面，同样由于这些发展，尤其是大众教育的发展，青少年和年轻的成年人被抛进几乎完全由同龄竞争对手所组成的世界中，而很少有成年人进入这个世界；即使有，也只是触及其边缘。因此，在一个成员有着共同不满的阶级中，接触和交流的机会是最大的。简言之，马克思所认为的那种阶级冲突的理想条件被创造了出来。

要完整地描述这种情况，还应加上其他两个要素。第一，由于他们还年轻，这一怀有不满情绪的阶级在生理上处在活力和生命力的巅峰，并相对地没有多少社会责任的拖累。第二，由于他们年轻，所以（其地位、特权）很少有机会通过正常的政治渠道而得到调整。大多数人由于太年轻而不能参加选举，而那些能够参加选举的人又发现，牢牢地控制着各主要政党的那一代人对他们的各类问题并不特别感兴趣。其净效果就是产生了代际斗争，进而易于采取暴力的甚至是革命的形式。

年轻人在铁幕两边的激进革命运动中都扮演着重要的角色，这一点也并非出于偶然。在非共产党国家中，共产党领导人常常自夸他们的政党对年轻人有吸引力，认为这表明了他们的政党是属于未来的政党。[91]但他们没有意识到的是，在那些他们的政党统治的国家中，年轻的一代也是处在对立的前列。人们只需回忆 1956 年的匈牙利革命和波兰的暴动，或 1953 年东德骚乱中年轻人所起的作用，就可以看到敌对的程度。甚至在俄国也存在这一问题，并且似乎越来越严重。十年前，当斯大林时代的极端压制放松后，在涌现出来的自由运动中，年轻人，尤其是学生，起到了突出的作用。[92]

428   在代际斗争中，常常很难认识到刺激双方的自我利益要素，因为双方往往都是在抽象原则的名义下进行战斗。因此，年轻的一代是为了"自由"和反对"官僚主义"而战，而老的一代却是为了"法律和秩序"和为了"由有经验的人来领导"而战。年龄阶级之间的斗争在非共产党国家中经常同经济的阶级斗争不可避免地混在一起，在共产党国家中同政治的阶级斗争混在一起。在这些情况下，要判断是否是年龄阶级之间的斗争，只有一个容易辨认的标志，那就是两个斗争阵营里两代人人数的不平衡。然而这一斗争事实上是十分简单的，只是它常常被误导人的花言巧语和意识形态的云雾遮掩住罢了。

代际斗争与性别之间的斗争不同，它不容易在较短的时期内就解决。虽然，当今一些方面的发展可能缓和这种情况，但其他方面的一些发展又毫无疑问地将加剧它。从好的方面看，政府和其他机构倾向于把高等教育看成值得支持的就业方式。这在共产党国家尤为明显，在那里，学生助学金是一种规则；甚至在非共产党国家中，也出现了越来越多的政府和私人的助学金和生活补贴。这一点同较早结婚的倾向———一种众所周知的家庭归化手段———一道，可能加速年轻人进入成年人阶级。然而，教育的延长会使更多的人处在不那么成熟的状态下，同时会使更多的人集中在被隔离的教育机构中。最后，人们还必须注意到社会中一种恒定不变的情况，即规模化和科层化组织的持续存在及其重要性，它们与生俱来的一个特点是随资历而晋升，这一原则不可避免地要造成代际紧张。因此，展望未来，人们可以指望不同代人之间的阶级斗争在特性上有所变化，但这一斗争本身很有可能会继续下去。

公民权和再分配过程的复兴

在现时代阶级斗争的所有后果中，有一个后果由于其深远的重要性而比其他后果更为突出。这就是公民权资源特性的转化。

对许多人来说，把公民权划分到同财产、职业、教育等其他先前探讨过的资源类别中似乎很奇怪。然而情况确实如此。[93] 在较早的时代中，比较容易看到公民权具有资源的特点，因为当时它只是为少数人所拥有，并且具有明显的价值。按照这一术语的现代定义，在农业社会中，只有执政阶级才是公民；只有都市中心是例外，因为在城市中心有时会有更多的人能够广泛地享有公民权。然而今天，基本上每一个工业社会的成员都是一个公民，享有一系列广泛的、有价值的利益。

公民权所提供的权利在国与国之间有所不同。然而，在几乎所有较为先进的工业国家中，它给予个人多年的免费教育；让人们能够使用公共街道和公路、公共卫生设施和供水系统以及公园和其他娱乐场所；提供警察和消防设施；以及给老年人、残疾人或失业者提供一定的收入。还有，靠着在非共产党国家中政府对私人企业的规定，公民权保护个人免遭因垄断和少数卖方控制市场而导致的经济剥削，这不仅表现在工资率的确定上，也表现在商品定价上。此外，在越来越多的国家中，公民权还给予个人多种多样的医疗服务，以及借助国家补贴，以低于成本的价格让人们享用各类文化娱乐设施。

我们很难把公民权看成一种资源的主要理由，大概是它往往把人们放在平等的地位上，而其他所有的资源则往往产生出不平等。虽然这一事实使公民权成为一类独特的资源，但它还是使它成为一种资源。同被我们视为资源的其他事物一样，公民权也促进了报酬或利益的获得。

公民权在现代社会中扩及到人口中的每一部分，并且加上了许多新的权利。这种变化着的特征复兴了一种在农业社会中早已消失的古老的政府功能，即再分配的功能。工业社会中，"公民"是所有人都分享的角色。国家通过将更多的权利分配给公民，而让那些最有支付能力的人更多地负担这些权利的费用，从而使报酬从那些收入较多的人手中转移到收入较少的人的手中。目前，经济学家对这一转移的程度仍意见不一。有一些人甚至怀疑是否真正达到了有效的再分配。然而，绝大多数人相信，再分配功能正在运行之中，并且规模越来越大，尽管肯定不具有官方税率和许多关于这一主题的论战性作品中所认为的那么戏剧性的规模。大家一般也同意，这种功能在不同国家运行的程度各有不同，在采用瑞典政治控制模式的国家中最为明显。然而，鉴于瑞典模式的影响呈扩大趋势，因此很有理由相信，在未来几十年中，在大多数工业社会里公民权的重要性将会增强。

声望分层

本书很少努力去考察人们所寻求的第三大报酬，即荣誉或声望。这部分是因为对权力和特权的分析单独就需要一整本书，部分是因为我们设想，将声望理解为权力和特权的一个作用和结果比用另外一种方式去理解它更为容易。虽然并不否认有一定的反向成分，但我们认为主要的因果流向是从权力和特权到声望。

然而，既然在关于现代工业社会，特别是关于美国的社会分层的著述中有很多是有关声望分配的，所以有必要对这经典三要素中的第三个要素做些讨论，最起码我们应该为声望依赖于权力和特权的基本假设提供相关的证据。

声望可以附在任何类型的社会单位、个人、角色或群体上。我们现在的关注点在于对个人和角色声望的研究。在对后者的研究中，最重要的里程碑之一是诺斯（North）和哈特（Hatt）在第二次世界大战后不久进行的关于美国职业声望的调查。[94]这一研究在全国范围内对 90 种职业进行了声望评价及排序。最近，这些职业声望评价受到达德利·邓肯（Dudley Duncan）的进一步分析。他发现，这些职业声望评价与普查登记中的 45 种职业的教育程度和收入的数据调查之间，有着 .91 的相关。[95]换言之，从统计上讲，职业声望中有 5/6 的方差是由各职业中收入和教育水平指标的线性联系来解释的。如果坚持我们分析的理论框架，将教育看作一种资源，并因而是一种权力的形式；又如果将收入看作权力和特权二者的一种结果的话，那这就意味着在这一样本的美国职业声望中，大多数的方差能被视为职业的权力和特权的反映。

第三个研究指出，这种关系并不特别地存在于美国。英格尔斯（Inkeles）和罗西（Rossi）指出，美国类型的职业声望同英国、日本、新西兰、苏联和德国的职业声望是很类似的。[96]在每一例子中都可发现至少 .90 的相关，平均是 .94。虽

431

然比较的职业数量有限，并且必须排除那些无法比较的职业，如党的书记或企业业主在美国和苏联的情况下就是不可能比较的。还有，虽然其他国家中没有像邓肯的研究那样去证明其职业声望同收入与教育的相关有多么紧密，但我们零零散散获得的一些信息也表明是符合这种情况的。并且，不系统的证据强有力地说明，各国这方面的情况基本上是一样的。

就个人声望而言，证据证明了高度一致的结论：个人声望在很大程度上也是权力和特权作用的结果。例如，常被人引述的关于一个中西部市镇的研究发现，对于具有"老"美国背景的个人和家庭，当由社区的其他成员去评价时，其声望与其家庭户主的职业和收入之间有着.93的相关，并且与职业和教育之间有.92的相关。[97]更晚近一些，霍林斯黑德（Hollingshead）在一个对一东部城市的研究中发现，对阶级地位的评价和教育的与职业的地位之间的相关为.91。[98]还能够引证其他一些例子。简言之，就个人的或家庭的声望而言，同职业声望一样，主要的决定因素是那些通常被归入权力和特权范畴的变量。因此，我们接着要说，尽管在本书中我们很少注意声望现象，但我们考察了现代工业社会中在很大程度上决定了声望分配的因素。

未来的趋势

432　　我们对现代工业社会的分析焦点集中在当前的组织和分配模式上，并小心地避免了对较远的将来的猜测。然而，人们禁不住要对未来发展的问题感兴趣。很显然，工业社会还没有达到稳固的平衡。事实上，变化速度似乎还在提高。这意味着，我们完全有理由指望一两个世纪以后最先进的社会与今天最先进的社会之间的差别同后者与一个半世纪以前最初的工业社会的差别一样大。换言之，本书所描述的工业社会将被证明只是一个转化形式，而不是前几章所描述的那些稳固的社会类型。

从预测分配过程未来的趋势的角度看，六个前面都提到过的发展是特别重要的。第一，新的避孕方法，它现在正表明允许人类在一定程度上控制人口生育率，其影响远远超过了过去甚至现在人们所知道的任何事物。第二，人口的增长促使各国接受计划生育，这主要发生在欠发达国家中，但同时也出现在最先进的国家中。第三，技术进步可以使商品生产和服务大大增加，并且对劳动力的需求大大减少。第四，技术进步同时也可以使社会控制技术得到长足进步。第五，交通和通信方面的技术进步正在使建立统一的世界国家成为可能，而它可能取代现在的多元国家系统。最后，军事领域的技术进步已经使人类的完全毁灭成为可能。

今天没有一个人能有把握地说出这些可能性将会被怎样运用，或它们会怎样结合、怎样相互作用以产生出新的社会组织模式。然而，人们可以确定一些基本的可能性。第一，人类很明显地有可能在一场原子屠杀中，或在一场生物化学战中结束其存在。第二，这样一种战争有可能导致人类社会永久地回归到农业社会的水平，并且没有可能重新恢复到工业社会。[99]第三，新的社会控制技术将有可能被一小撮人垄断，他们将利用这些技术去努力获得他们自己的利益，也许是以乔治·奥威尔在他的书《1984》中所预想的那些方式。第四，新的生产技术如果同自愿的或非自愿的生育控制方案一起运用的话，将有可能在一个单一的世界国中建立起一个富足的和对所有人都相对平等的时代（或者也许在一系列军事上对峙的民族国家中

433

建立起来）。最后，尽管有这些技术革新，人们还是有可能选择将社会秩序保持在与现在多少一样的水平上。没人能够预料人类将采用哪种行动路线。并且，由于它们的差别是如此之显著，对其特点的细节推测似乎最好是留给科幻小说的作者去做——至少目前应该如此。

注释

1. 关于第一类功能的经典讨论，见 Thorstein Veblen, *The Theory of the Leisure Class*（New York：New Modern Library，1934，first published 1899），chap. 14。
2. Pitirim Sorokin 对学校在古代印度和中国社会中的角色持相反的观点。见 *Social Mobility*（New York：Harper & Row，1927），pp. 191～193，但后来的研究没有支持他的观点（见本书第八和第九章）。
3. *Statistical Abstract of the United States，1962*（Washington，D. C.：GPO，1962），p. 115.
4. 这些数据根据下列统计数据而估计：*Statistical Abstract，1962*，table 18 and 168。
5. 可见 J. Frederic Dewhurst and Associates, *Europe's Needs and Resources*（New York：Twentieth Century Fund，1961），table 10 – 9。其中指出，在西欧十六个国家中，从 1938 年到 1955 年，中学入学者的增长率的中位值是 81%。而同期西欧人口增长率只是 16%（appendix 2 – 1，table A）。
6. Dael Wolfle, *America's Resources of the Specialized Talent*（New York：Harper & Row，1954），table G. 2.
7. *Ibid.*，table VI. 1.
8. 可见 Burton Clark, *Educating the Expert Society*（San Francisco, Calif.：Chandler，1962），tables 2. 1 and 2. 2。
9. 见前面第 422 页，或者 David Burg，"Observation of Soviet University Students," in Richard Pipes（ed.），*The Russian*

Intelligentsia（New York：Columbia University Press，1961），pp. 80 - 81。

10. 可见 W. Lloyd Warner and James C. Abegglen，*Occupational Mobility in American Business and Industry，1928 - 1952*（Minneapolis：University of Minnesota Press，1955），p. 198，该作者指出，美国工商业领导人中具有学院毕业以下教育水平的人从 1928 年陶西格和乔斯林（Taussig and Joslyn）研究时的 55% 下降到了 1952 年该作者研究时的 24%。如果将年龄较大的首席执行官从总数中排除的话，这一数据可能会更低些。关于这一趋势的其他数据，见 Mabel Newcomer，*The Big Business Executive*（New York：Columbia University Press，1955），table 24，p. 68。沃纳（Warner）也说，接受过大学教育几乎是竞争当今联邦政府职位的必需条件。具有某种学院毕业资格者的比例在文职服务部门管理人员中较低，但也有 93%；而在军事部门官员和外事管理人员中则达高达 98%。可见 W. Lloyd Warner et al.，*The American Federal Executive*（New Haven，Conn.：Yale University Press，1963），table 33B，p. 354；在其他地方也可以发现类似的情况。例如，关于英国工商界招聘人员的新变化，可见 Roy Lewis and Rosemary Stewart，*The Managers：A New Examination of the English，German and American Executive*（New York：Mentor Books，1961），chap. 3；关于法国、比利时和英国的情况，可见 David Granick，*The European Executive*（Garden City，N. Y.：Doubleday Anchor，1964），especially pp. 19 - 43 and 354 - 355；以及关于苏联的情况，可见 David Granick，*The Red Executive*（Garden City，N. Y.：Doubleday Anchor，1961）. Chap 4，或者 Nicholas DeWitt，*Education and Professional Employment in the USSR*（Washington，D. C.：National Science Foundation，1961）。关于苏联的情况，Granick 说，"我从交谈中感觉到，大学毕业的资格几乎是获得企业管理职位绝对必需的条件"。（*Red Executive* p. 46）最近（1960 年）一项关于日本企业领导人的研究也揭示，有 91% 的人受过大学教育。见 James Abegglen and Hiroshi Mannari，"Japanese Business Leaders：1880 - 1960,"unpublished manuscript prepared for the Conference on State and Economic Enterprise in Modern Japan，Association for Asian Studies，1963，p. 47，or James Abegglen，The Japanese Factory：Aspects of

Its Social Organization（New York：Free Press，1958），table 1，p. 28。

11. Warner and Abegglen，pp. 140 – 141.

12. *U. S. Census of Population，1960：Occupation by Earnings and Education*（Washington：U. S. Bureau of the Census，n. d.），table 1，p. 3. 这里的数据都是中位值。

13. Herman P. Miller，"Annual and Lifetime Income in Relation to Education：1939 – 1959," *American Economic Review*，50（1960），p. 969.

14. *Ibid.* 这两个比较采用不同的初始年份是由于缺乏 1939 年初中毕业生的数据。

15. 见 Bruce Eckland，"Academic Ability，Higher Education，and Occupational Mobility," *American Sociological Review*，30（1965），pp. 735 – 746。上面的有些说法是基于该文中较早版本中的一些数据，这些数据后来被删掉了。

16. *The Rise of Meritocracy，1870 – 2033：The New Elite of Our Social Revolution*（New York：Random House，1959）.

17. 特别见 Alex Inkeles and Raymond Bauer，*The Soviet Citizen*（Cambridge，Mass. ：Harvard University Press，1959）。

18. *U. S. Census of Population，1960*，vol. I，part 1，table 218.

19. 从种族看受教育年限的情况，见 *Statistical Abstract，1962*，table 148。关于黑人教育质量低下的情况目前教育者们已经不再有争论。它使我们经常引用的关于收入、教育和种族之间相关的统计数据颇具误导性。排除本人原因之后，高中毕业黑人所受的教育质量要低于情况相同的白人，而这毫无疑问是他们以后低收入的原因之一。

20. 可见 St. Clair Drake and Horace Cayton，*Black Metropolis：A Study of Negro Life in a Northern City*（New York：Harcourt，Brace & World，1945），chap. 8。

21. 例如，黑人一度垄断了华盛顿特区和其他一些城市和乡镇的理发业，但后来白人理发师又挤进来，抢走了大多数白人顾客。

22. 1951 年的数据计算依据 Herman P. Miller，*Income of the American People*（New York：Wiley，1955），table 51；1959 年的数据计算依据出自 *U. S. Census of Population，1960*，vol. I，part 1，table 218。

23. 关于这一区分更详细的讨论，见 Gerhard Lenski, *The Religious Factor* (*Garden City*, N. Y. : Doubleday, 1961), especially pp. 18 – 20 and 35 – 42。还可见 Will Herberg, *Protestant-Catholic-Jew* (Garden City, N. Y. : Doubleday, 1956), and Milton Gordon, *Assimilation in American Life*: *The Role of Race*, *Religion*, *and National Origins* (Fair Lawn, N. J. : Oxford University Press, 1964)。

24. 关于更大的天主教群体，见 Gerald Shaughnessy, *Has the Immigrant Kept the Faith?* (New York: Macmillan, 1925)。关于犹太人群体，见 Bernard Weinryb, "Jewish Immigration, and Accommodation to America," in Marshall Sklare (ed.), *The Jews*: *Social Pattern of American Group* (New York: Free Press, 1958), p. 4。

25. *Statistical Abstract*, *1962*, table 15.

26. 最近的一些研究表明，少数派群体在评价他们自身以外的群体时，以及在一定程度上评价他们自身时都倾向于采用北方白人新教徒的价值标准。这种情况在一定程度上进一步强化了占统治地位群体的影响力。

27. 在新英格兰，由于大量早期爱尔兰人移民到此，这种情况发生得更早。关于康涅狄格州纽黑文的情况，可见 Robert Dahl, *Who Governs?*: *Democracy and Power in an American City* (New Haven, Conn. : Yale University Press, 1961), pp. 32 – 51；关于佛蒙特州伯灵顿的情况，见 Elin Anderson, *We Americans*: *A Study of Cleavage in an American City* (Cambridge, Mass. : Harvard University Press, 1938), chap. 10；关于马萨诸塞州霍利奥克的情况，见 Kenneth Underwood, *Protestant and Catholic*: *Religious and Social Interaction in an Industrial Community* (Boston: Beacon Press, 1957), chap. 17；以及关于波士顿的情况，见 Edward Banfield, *Big City Politics* (New York: Random House, 1965), chap. 2。

28. 很有意思的是，在一个研究中发现，从 1900 年到 1950 年，管理人员中自称是天主教徒的人只从 11% 上升到 14% ［见：Marble Newcomer, *The Big Business Executive* (New York: Cambridge University Press, 1955), table 13］。应该注意到，在这个时间区域中，大概有一半的男性没有表明他们的宗教倾向，或进一步说，没有表明其宗教倾向的人从 44% 上升到了 58%。其中可能还掩藏了男性中一些声望倾向较低的人。关于律师的研究也揭示出，主要的律师机构长期以来都不愿意雇用犹太人和其他少数民族群体的成员。可见 Jack Ladinsky，"Careers of Lawyers, Law Practice, and Legal Institutions," *American Sociology Review*, 28 (1963), pp. 47 – 54。

29. 可见 C. Bezalel Sherman, *The Jew within American Society* (Detroit: Wayne State Press, 1961), pp. 174 – 178。

30. 可见 Dahl, pp. 40 – 44, or Underwood, chap. 17 and especially in. 29, pp. 460 – 461。

31. 犹太人群体尤其倾向于在这种首属关系中保持排他性。可见 Milton Gordon, pp. 178 – 182。

32. 可见 Lucy Dawidowicz and Leon Goldstein, *Politics in a Pluralistic Democracy: Studies of voting in the 1960 Election* (New York: Institute of Human Relations Press, 1963); Samuel Lubell, *The Future of American Politics*, rev. ed. (Garden City: Doubleday Anchor, 1956); 或者 Angus Campbell et al. , *The American Voter*, (New York: Wiley, 1960), pp. 319 – 321。

33. "Religion Reported by the Civilian Population of the United States: March, 1957," *Current Population Reports*, Feb. 2, 1958, Series P – 20, No. 79, table 2。

34. Max Weber, *From Max Weber: Essays in Sociology*, translated by H. H. Gerth and C. Wrights Mills (Fair Lawn, N. J. : Oxford University Press, 1946), pp. 193 – 194.

35. *Op. cit.*

36. 在苏联，这表现为不太情愿推进其共产主义的历史使命。

37. *Macleans's*, 76 (Nov. 2, 1963), p. 14.

38. William J. Goode, *World Revolution and Family Patterns* (New York: Free Press, 1963), p. 55.

39. 根据苏联讽刺作者 Mikhail Zoshchenko 的说法，妇女现在已经担任了男澡堂的经理。这是最后一个由男性控制的岗位阵地。

40. *U . S. Census of Population, 1960: Occupational Characteristics*, table 1.

41. DeWitt, table VI – 45. 但应该注意到，在苏联从事医学不如在美国有那么高的收入和声望。

42. 根据 *The Statistical Abstract*，*1962*，table 451 计算。

43. Robert Lampman，*The Share of Top Wealth-Holders in National Wealth：1922 – 1956* （Princeton，N. J. ：Princeton University Press，1962），p. 96.

44. Goode，pp. 56ff.

45. *Ibid.* ，pp. 55 – 56.

46. 值得指出的是，真正想要在私人企业中竞争的男人经常不愿意接受额外的假期，因为这意味着将机会拱手让给竞争对手，并且在他们不在岗时可能会出现一些危险。

47. Wolfle，pp. 232 – 233.

48. 也许关于这一点最明确的表现是妇女表现出对工作的投入相对较少。相关的证据，请参见 Goode，pp. 63 – 66。

49. 正如前面所讲，在职业领域中很少有妇女能够进入高层：她们大都集中在报酬较低的层次。

50. 计算依据出自 Lampman，tables 48 – 49。

51. 计算依据出自：Donald Matthews，*U. S. Senators and Their World* （Chapel Hill，N. C. ：University of North Carolina Press，1960），fig. 1。

52. Warner and Abegglen，p. 30，and Newcomer，p. 112.

53. 计算依据出自：Morris Janowitz，*The Professional Soldier* （New York：Free Press，1960），p. 63。

54. 计算依据出自：D. E. Butler and Richard Rose，*The British General Election of 1959* （London：Macmillan，1960），p. 125。

55. Nils Andrén，*Modern Swedish Government* （Stockholm：Almqvist & Wiksell，1961），p. 57.

56. Raymond Bauer，Alex Inkeles，and Clyde Kluckhohn，*How the Soviet System Works* （Cambridge，Mass. ：Harvard University Press，1956），p. 158.

57. 计算依据出自 *U. S. Census of Population*，*1960*：*Occupational Characteristics*，table 31。

58. 最高的相关系数来自 Warner's study of "Jonesville." See W. L. Warner et al. ，*Social Class in America* （Chicago：Science Research，1949），table 13，p. 172；Godfrey Hochbaum et al. 认为的 .65 的相关系数是来自 Minneapolis，in "Socioeconomic Variables in a Large City，" *American Journal of Sociology，61*

(1955), p. 34; Robert Angell 认为底特律的相关系数是 . 39, 出
自 Samuel Stouffer's national survey on communism and civil liberties,
in "Preference for Moral Norms in Three Problems Areas," *ibid.*,
67 (1962), pp. 651 –652。

59. 早些年有一个研究对这些样本中的一个进行了考察，尽管采用
的方法不太完善。见 Gerhard Lenski, "Status Crystallization: A
Nov-vertical Dimension of Social Status," *American Sociological
Review*, 19 (1954)。关于采用更好的方法对这两个样本进行分
析 的 资 料，见 Gerhard Lenski, "Comment," *Public Opinion
Quarterly*, 28 (1964), especially tables 2 and 3. 也可见 Werner
S. Landecker, "Class Crystallization and Class Consciousness,"
American Sociological Review, 28 (1963), pp. 219 – 229, 这些资
料从各种不同的角度分析了这些样本中的第一个，并得到相似
的结果。

60. Irwin Goffman, "Status Consistency and Preference for Change in
Power Distribution," *American Sociological Review*, 22 (1957),
pp. 275 – 281.

61. Robert Michels 研究了犹太人在欧洲社会主义运动中的作用，见
*Political Parties: A Sociological Study of Oligarchical Tendencies in
Modern Democracy*, translated by Eden and Cedar Paul (New York:
Dover, 1959, first published 1915), pp. 258 – 262。S. M. Lipset
研究了少数民族在加拿大社会党中的角色，见 *Agrarian Socialism*
(Berkeley, Calif.: University of California Press, 1950), p. 191。
Stanislaw Ossowski 研究了波兰贵族中的穷人在该国早期革命运
动 中 的 作 用，见 *Class Structure in the Social Consciousness*,
translated by Sheila Patterson (New York: Free Press,
1963), p. 53。

62. 尽管英国是少有的几个还保留了贵族阶级等级的国家之一，但
近年来，随着贵族权利的大大降低和平民权利的大大提升，历
史上首次有一些贵族发现，放弃其贵族头衔会更加有利。他们
这么做的首要理由是，这可以使他们获得进入议会下院的权利，
而下院比上院具有更大的政治权力。

63. 英 国、丹 麦、挪 威、法 国 和 日 本 数 据 的 计 算 依 据 来 自
S. M. Miller, pp. 69 –75; 美国的数据来自 "Lifetime Occupational
Mobility of Adult Males, March, 1962," U. S. Bureau of the

Census，*Current Population Report*（1964），Series P‑23，No. 11，table 1；瑞典的数据来自 Gosta Carlsson，*Social Mobility and Class Structure*（Lund：Gleerup，1958），p. 93；意大利的数据来自 Joseph Lepreato "Social Mobility in Italy，" *American Journal of Sociology*，71（1965），p. 313；西德的数据来自两个调查的平均数：一个是来自 S. M. Miller，p. 80，另一个是 Karl Martin Bolte，*Sozialer Aufstieg und Abstieg*（Stuttgart：Enke，1959），p. 223（两个调查的原始数据分别是 26% 和 24%）。法国的数据也是两项调查的平均数，它们分别是 31% 和 27%。我在正文中省略了国家以下的数据、调查程序有问题的数据以及不能归为先进工业化国家之列的调查数据。但在这里可以展示一些数据：波多黎各 34%；比利时（两个地方调查的平均数）33%；澳大利亚（一个地方的调查）31%；印度（一个地方的调查）27%；苏联（对其移民的调查）26%；巴西（一个地方的调查）25%；匈牙利 25%；芬兰（调查程序有些问题）20%；意大利（调查程序有问题）18%。所有这些数据的计算都是依据 S. M. Miller，pp. 66‑79。工业化水平较低的国家，即上述除比利时、澳大利亚和苏联之外所有国家的中位值是 25%，相比之下，上述正文中所列先进工业化国家的数据是 30%。

64. 美国、瑞典、丹麦和日本的数据来自上面注释 63 中所列举的来源。挪威的数据被省略了，因为所提供的数据中无法区分非体力职业，法国是因为无法区分体力职业。西德被省略了是因为其非体力职业群体的上端层级太小，只有两个层级，而不是三个层级。

65. 这里所用数据的来源与注释 63 中的一样。

66. 对于五个有可能这么做的国家，其系数是：美国，+.16；瑞典，+.15；日本，+.11；丹麦，-.02；英国，-.05。

67. 关于瑞典的情况，见 C. Arnold Anderson，"Lifetime Inter‑occupation Mobility Patterns in Sweden，" *Acta Sociological*，1（1960），tables 1‑A and 2‑A，其中表明从 "工业劳动力" 和 "一般劳动力" 向 "城市企业" 和 "官员" 的转化率要大于相反方向的转化。关于英格兰、日本和美国的情况，见 S. M. Lipset and Reinhard Bendix，*Social Mobility in Industrial Society*（Berkeley，Calif.：University of California Press，1959），table A. I。由于这一表中的数据是依据人们当前职业和第一个职

业之间的比较，并且因为人们第一个职业常常是临时性的，因此这一数据有可能夸大了这一趋势的程度。关于对这一趋势的程度更加合理的估计，见 A. J. Jaffe and R. O. Carleton, *Occupation Mobility in the United States 1930 – 1960* (New York: King's Crown, 1954), table 1。

68. 这些数据基于 "Lifetime Occupation Mobility of Adult Males, March, 1962", *Current Population Report*, Series P – 23, No 11, table 2 and table 3。

69. 当分为三个层级时，这两个数据分别是 55% 和 51%；当分为四个层级时分别是 60% 和 55%。三个层级包括：(1) 专业技术人员、管理者和业主；(2) 职员、销售人员、手艺人和领班；(3) 操作工、服务工人和农场及矿山以外的工人。四个层级的分法是在三层级的基础上，将第二层级中的职员和销售人员分为一个层级，而将手艺人和领班分为另一个层级。

70. 我们不可能对这一说法后面的所有的证据都加以分析，而只需要提出一些例子就可以了。Warner 和 Abegglen 跟随着 Taussig 和 Joslyn 所做的关于美国工商界领导人社会出身的早期研究，发现在 1928 年农民和工人的儿子成为工商界领导人的概率是普通美国男性的 28%，在 1952 年是 32%（这些数据的计算来源于：Warner and Abegglen, table 7, p. 46）。一个在印第安纳波利斯做的社会流动研究表明，农民和工人的儿子们进入专业技术、管理者和业主职业领域的比例从 1910 年的 8% 上升到 1940 年的 10%。见：Natalie Rogoff, *Recent Trends in in Occupational Mobility* (New York: Free Press, 1953)。这里的数据依据表 54 ~ 表 59 中的数据。一个 1952 年对全国性样本的访谈调查表明，出生于 1873 ~ 1892 年的农民和工人的儿子们进入到非体力劳动职业的比例为 17.4%，而在 1923 ~ 1932 年出生的同类人则达到了 22.9%，见 Gerhard Lenski, "Trends in Intergeneration Mobility in the United States," *American Sociology Review*, *23* (1958), table 7。后来，Jackson and Grockett 对 1947 ~ 1957 年在多个国家所做的调查结果加以比较，得出结论为，"二战以后在流动类型和流动率方面都没有显著的变化"。仔细分析该文中表 4 的数据可以发现，如果在 1947 年和 1957 年的调查中非体力劳动者的比例保持不变的话，那么农民和工人的儿子们进入非体力职业的比例只有很少量的增加。见 Elton Jackson and Harry Crockett,

"Occupational Mobility in the United States: A point Estimate and Trend Comparison," *ibid.*, 29（1964）, pp. 5 – 15。最后，在最近一个关于 1880～1960 年日本工商界领导人社会来源的研究中，作者得出结论，"尽管在本国职业结构、国民经济及政治方面都发生了很大的社会变迁，但总体上看这些领导人各种来源的比例似乎还是没有什么变化。"（Abegglen and Mannari, p. 38）。这一研究还揭示，出身背景卑微的工商界领导人的比例有少量增长。

71. *Op. cit.*, p. 27.

72. *Op. cit.*, p. 58.

73. 见前面注释 63。

74. 可见 Jackson and Crockett, pp. 13 – 15，或者 Lenski, "Trends," p. 522。

75. 关于对大量相关文献的总结，见 Lipset and Bendix, pp. 42 – 46。1958 年在底特律地区的一项研究表明，有 30% 的男性和 34% 的已婚女性在非体力职业与体力及农业职业上有代际流动（已婚妇女的流动以其父亲和丈夫的职业地位为基础）。如果排除了农民的孩子，那么这两个数据相应变为 31% 和 37%。在这两种情况下，向上流动中的差异都高于向下流动。关于这一样本的情况，见 Lenski, *Factor*, pp. 12 – 16。

76. 按照达伦多夫的说法，这种情况应该说成"叠加"（"superimposition"）。见 Ralf Dahrendorf, *Class and Class Conflict in Industrial Society*（Stanford, Calif.: Stanford University Press, 1959）, pp. 213 – 218。

77. Robert Alford, *Party and Society: The Anglo-American Democracies*（Chicago: Rand McNally, 1963）, table B – 1.

78. *Ibid.*, table B – 3.

78a. 数据计算依据 Morris Janowitz, "Social Stratification and Mobility in West Germany," in *American Journal of Sociology*, 64（1958）, table 16p. 22。

78b. *Sondages*, Etude des électeurs des different partis d'aprés l'enquéte sur les attitudes politiques des Francais. Institut francais d'opinion publique, 1952, No. 3.

79. J. A. Lauwerys, *Scandinavian Democracy*（Copenhagen: Danish Institute et al., 1958）, p. 239. 这些数据是基于奥斯陆社会研究

所的一项对 34 个工厂的研究，它们代表了该市联合咨询委员会的工厂中产业工人总数的六分之一。

80. Jerome Manis and Bernard Meltzer, "Attitudes of Textile Workers to Class Structure," *American Journal of Sociology*, *60* (1954), p. 33.

81. Theodore Purcell, *Blue Collar Man*: *Patterns of Dual Allegiance in Industry* (Cambridge, Mass.: Harvard University Press, 1960), especially table 38. 还可见他对其他具有相似结论的研究的评论，pp. 248 – 252。

82. 关于这一特性和这一样本详细的讨论，见 Inkeles and Bauer, pp. 7 – 10 and 25 – 40。

83. *Ibid.*, pp. 31 – 32.

84. *Ibid.*, table 85.

85. *Ibid.*, table 89.

86. Lenski, *Factor*, pp. 174 – 175 and 181 – 184.

87. Philip Converse, "Religion and Politics: The 1960 Elections," unpublished paper of the Survey Research Center of the University of Michigan, 1961, pp. 32 – 33, especially table 4a.

88. 这意味着，在非共产党的民主国家中，少数民族倾向于支持自由派的、社会主义的，甚至是共产主义的政党。而在共产党国家中，由于共产党在许多方面都变成了一个倾向于维持现状的保守党派，像乌克兰人这样的少数民族就可能比占支配地位的大俄罗斯族更倾向于反对共产主义。

89. 关于现代社会中富有战斗性的女权主义，见 Betty Friedan, *The Feminine Mystique* (New York: Norton, 1963)。

90. 在 1962 年，14～19 岁的失业率是 12.5%，而 25～44 岁的失业率只有 5.1%。数据计算来自 *Statistical Abstract*，*1962*，table 281 and 283。

91. 关于法国共产党的情况，可见 Philip Williams, *Politics in Post-war France* (London: Longmans, 1954), pp. 52 – 53。

92. 最近有一名俄国难民学者对这一运动做了很好的讨论，见 Burg, pp. 89 – 99。

93. 见 T. H Marshall, *Citizenship and Social Class* (London: Cambridge University Press, 1950), pp. 1 – 85。

94. National Opinion Research Center, "Jobs and Occupations: A Popular Evaluation," *Opinion News*, *9* (Sept. 1, 1947), pp. 3 –

13，reprinted in Bendix and Lipset，pp. 411 – 426.

95. 见 O. D. Duncan，"A Socioeconomic Index for All Occupations," in Albert J. Reiss，*Occupation and Social Status* (New York: Free Press，1961)，p. 124。

96. Alex Inkeles and Peter Rossi，"National Comparisons of Occupation Prestige," *American Journal of Sociology*，*61* (1956)，pp. 329 – 339.

97. Warner et al. ，*Social Class*，table 14.

98. A. B. Hollingshead and Frederick Redlich，*Social Class and Mental Illness: A Community Study* (New York: Wiley，1958)，p. 394.

99. 关于这种可能性的一个精彩讨论，见 Harrison Brown，*The Challenge of Man's Future* (New York: Compass Books，1956)，pp. 222 – 225。

第十三章 回顾与展望

现在这并没有结束

它甚至不是结束的开始

但它也许是开始的结束

——温斯顿·丘吉尔

434   在完成对一系列高度多样化的社会类型中分配过程的考察和分析后，现在要对在第二章到第四章中提出的，并在第四章表 2 中加以概括的基本理论是否恰当做出评价。人种学、历史学和社会学的证据是支持这一理论，还是与其相矛盾？如果是支持的，那是否还应有所改变或补充？最后，还需要进一步做哪些工作？这些是本章所关注的首要问题。

在这一点上吸引我们注意力的另外一个问题是这一理论与较老的理论传统之间的关系。我们的研究在多大程度上使我们接受功能主义者的立场，又在多大程度上接受冲突派理论家的立场？并且还必须追问，我们的研究在多大程度上使我们站在与二者都不同的立场上？

对一般理论的再考察

435   依据第五章到第十二章中提出的证据，可以对在开始几章中提出的一般理论的可信度这样一个基本问题给出一个肯定的回答。分配制度最基本的特征是由我们前面提到的人类情境中的那些恒定要素和技术的变量要素相互作用而形成的。按照我们的假说，这些因素的影响似乎是以社会中一系列组织性因素为中介的，而这些组织性因素的变化又在很大程度上受技术中优先的变化影响。当然，正是这种系统性的共变使社会类型的发展成为可能，而这种发展被证明是相当有价值的。

我们理论构建的方法使我们能够预测到这一理论能获得高度的经验支持。尽管采用了演绎推论，但在最早几章中提出的理论并不是演绎逻辑的简单运用。相反，它是同时采用归纳和演绎两种方法产生的结果。在某种意义上，这一理论是为了符合事实而设计的，至少符合我开始写作此书时熟悉的那些事实。然而，我在十年前被教授的理论同后来我开始写作时的理论并不完全一致。相反，在那十年的过程中，我不断地转变和修正我的理论立场，试图使理论和数据更好地契合。在这一过程中，我发现自己从基本上是一个功能主义者的立场转到了综合的或综合中的立场上。换言之，我发现越来越多地需要将那些功能主义传统中很少有或根本没有的假设和基本条件合并进来，而无须完全放弃功能主义者的立场。

按照第五章到第十二章中提出的证据，这个一般性理论与证据之间似乎是较为吻合的。但是这种吻合并不完美，有必要做出一定的修正和改变。首先，我们对园耕社会和农业社会的考察表明，技术与政治组织之间的关系并非像我们预料的那样简单。人们清楚地发现在这些社会中技术上的差异是有限的，而政治发展水平上的差异却很大。这说明，我们必须把技术进步的水平看成一个导致政治进步的必要条件，而不是充分条件；或者说它具有一种"门槛效应"（threshold effect），即技术中一个有限的进步会引起（或可能引起）政治组织中的一个大的进步。也许，这两种情况都是适用的。总之，很显然，

436

在同等技术发展水平上，政治发展方面能够产生很大程度的差异。这对分配过程具有重要作用，因为政治发展水平很明显是分配制度特性的一个主要决定因素。

要指出的第二个修正是"技术"和"经济"这两个概念在分析层次上的区分。我们回顾一下，在前面的章节中，这两个概念似乎常常互相替换着使用。在大多数场合，这并没有引起多大的困难，因为经济的含义是一个社会组织经济活动的方式，而技术则是社会与其环境发生关系的文化手段。各个社会在这两个方面的差异通常是平行的。因此，狩猎和采集的技术是伴随着狩猎和采集的经济的。然而，当在差不多的技术水平上发展出不同类型的社会时，如农业社会和航海社会，困难就来了。在这里，同样的技术成分似乎适用于两者，但某些技术成分在一个社会得到了强调，但在另外一个社会中又被忽略了。这一矛盾的产生至少部分是由于环境因素的影响，虽然其他因素大概也在起作用。单独由技术差异引起的经济变化与由政治差异所带来的经济变化一样，都对分配制度产生着影响。因此，我们可以更为精确地画出下列因果链中的联系：[1]

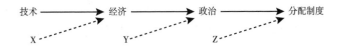

当然，还有一些反馈因素在起作用，它们使各种关系进一步复杂化。

除了证明技术和社会的组织方式在决定分配制度方面的重要性之外，我们的发现还证明了其他一些因素的影响，包括一些我们在第二章到第四章中都没有指出的因素。有两个因素由于其广泛的重要性而显得尤为突出：（1）意识形态的差异；

（2）政治领导人个人素质的不同。

意识形态似乎在较为先进的社会中影响最大。意识形态变量的重要性和它对分配制度的重要作用，是以有人专门从事意识形态工作，并且有适当的宗教和政治机构提供支持为前提的。这些发展似乎在先进的园耕社会中就开始了，但在工业社会中才全面展开。[2]

在社会不平等的程度不断增强的趋势偶尔停顿时，以及在可能发生的逆转中，可以最清楚地看到意识形态的重要性，尤其以从狩猎和采集社会向农业社会进化为代表。在第四章中，我们预测分配制度不平等的程度将直接随着社会中剩余产品规模的变化而变化。我们以一种犹豫的态度考虑这样一种可能性，即那些缺少个人权力的人有可能通过组织而发展起某种补偿的权力；并且"预测"（并非没有看到一些事实）民主国家最有可能带有平等的或社会主义的意识形态。虽然不可能对不平等的总体水平进行定量测量，但我们考察过的证据有力地表明，在最先进的工业社会中，不平等的平均水平并不大于一般的先进农业社会的平均水平，并且可能比它们更低些。用图表示，其进化模式表现出类似于图 1 的模式（应该指出，此图只作为一个近似的图像概括）。

政治领导人个人素质的差异似乎也是在较为先进的社会中影响力最大，宪制处于低谷时更是如此。如前面所讲，当只有少数一些成员时，个性方面的差异是无法被忽视的，在只有一个人的情况下（如一个国家的统治者或领导者）更是如此。在现代工业社会中，政治领导人拥有巨大的权力，特别是在危机和革命的时期。在危机时期，如 20 世纪 30 年代的大萧条时，领导人的权力通过其他人自愿的权力委托而得以增强；在

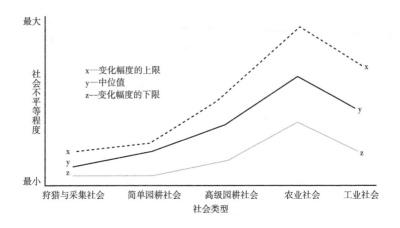

图 1　各社会类型中社会不平等的程度

革命时期，如 1917 年的俄国革命中，领导人的权力通过强夺而增加。在这两种情况下，统治者或领导者（常常也包括他的直接助手）拥有任其动用的巨大权力。如果统治者是疯狂的或古怪的，像希特勒和斯大林那样，那整个社会都要受到影响。同样，如果他多病（如威尔逊最后几年的情况）、优柔寡断、蒙昧无知，这些特点就很容易对国家产生严重的后果。虽然国家中其他人是健康的、有决断力的或聪明博学的，但这些事实通常都无法抵消统治者或领导人素质和特点的影响。虽然，个人因素所起的作用明显有一些限制，但这些限制不会细到烦琐小事。虽然这些变量的特性实质上不是社会学的，但社会学理论中也必须有它们的一席之地。[3]

　　我们再一次以图解的形式来勾画我们一般理论中各种基本要素的总体轮廓，但考虑到我们从对人类社会广泛的比较研究中所学到的东西，还应做出一些修正。通过比较第四章的图 2和本章的图 2，以及我们前面的讨论可以看出，虽然我们做出了一些改变，但没有必要改变我们理论的基本结构。相反，我们的理论与经验资料之间的吻合程度在总体上是不错的。

439

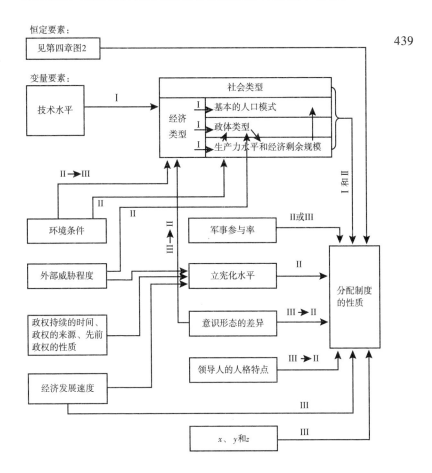

图2　一般分层理论的图表概括

Ⅰ—首要影响

Ⅱ—次要影响

Ⅲ—较小的影响

Ⅱ→Ⅲ—技术原始的社会中的次要影响在先进社会中变成较小的影响

440 　　两个表之间的主要不同点已讨论过了，但一些较小的差别仍需指出。首先，我们的研究已清楚地证明需要有小箭头来表示从政体类型到剩余产品规模的反馈作用。如我们对农业社会的分析所示，经济剩余产品的规模既依赖于技术水平，有时也依赖于社会组织系统。在农业社会中，如果没有一个有权威的、不民主的和剥削性的政治制度的话，那经济剩余产品的形成和保存大概是不可能的。如果没有这样一种政体，没有现代的生育控制方法，任何可能生产出来的剩余产品都会被急剧膨胀的人口消费掉。[4]

　　另外两个改变将一些变量从表2（第四章）中用来预测立宪程度变化的一系列变量中分离了出来。第一个是外部威胁的程度，我们发现它同政体类型的差异是相关联的，至少在先进的园耕社会中是如此（见第七章）。第二个是经济发展速度，它在很多方面似乎与分配制度的差异相关联。具体讲就是，只有部分统治阶级愿意相对地做些牺牲，他们在其占国民生产总值的份额上做出牺牲，才能换来经济较快的发展，才能保证他们在绝对意义上的收入增加（见第十章）。

　　这些改变可以使人注意到我们分析方法中的一个特点：不断地交替采用归纳和演绎，这种方法被证明是非常有效的。导论一章指出，这种方法在当代社会学中常常是做得不够，其结果是理论和数据之间常常不太吻合，或者说不清楚是否吻合。我们将理论与数据进行反复比较，并在有必要时修正理论使之与数据相符，从而获得了知识的积累和发展。再有，我们是在与一个开放的理论系统打交道，从而进一步提高了知识积累和发展的可能性，因为它允许在理论中加上一些新的变量，并去掉或修正一些旧的变量。结果，大量的重要观点在刚开始分析时绝非明显，但后来逐渐展现了出来。除了我们已看到的政治制度对经济剩余产品规模大小的影响之外，我们还发现了政治制度对农业社会中向下流动的影响，澄清了园耕社会中"赠礼节"做法的经济逻辑，以及澄清了政治制度的重要性和它 441 们在决定分配制度的因果链中的位置。还可以引述其他一些同样精彩的例子。简言之，这里所用的开放性理论吸收了封闭理论和折中主义最大的优点，又避免了它们的危险和困难。正如现在这样，它提供了继续延伸和发展的基础。

再看保守主义和激进主义

在转向未来的问题之前，最好再简单地看看在社会分层领域中两个老的理论传统，即保守主义和激进主义。第一章提出的假说认为，这两个传统正逐渐被一个本质上综合了二者的新传统所取代。然而，只有在这最后一章中，我们才可以考察我们的理论，以确定它是否是这两个老传统的综合。

也许，做这个工作的最好方法是再看一下第一章结尾列出的历史上划分激进主义者和保守主义者的8个基本问题。通过对它们的再审查，我们就可以看到第二章到第十二章提出的理论在多大程度上与这两个老的传统相一致或相背离。

第一个造成分歧的问题是关于人性。保守主义者不相信人的本性，并强调需要约束性的社会制度，而激进主义者却采取了一种较为乐观的观点。就人性而言，本书的理论立场肯定是倾向保守方向的，强调人性中强烈追求私利的要素。

这两个老传统的第二点矛盾是关于社会的性质。保守主义者通常强调社会的系统特性，而激进主义者则更多地将社会看成进行斗争的场所。在这一方面，我们的理论更多地偏向激进方向，将人类社会看成很不完善的系统。

第三，关于不平等制度在多大程度上靠强制维持这个问题，激进主义者同保守主义者也有不同的看法。激进主义者强调强制的重要性，而保守主义者则为共识的重要性争辩。我们的理论在分析那些少有或没有经济剩余产品的社会时，倾向于保守的方向；而在分析剩余产品较为丰富的社会时，则强调激进派的强制要素。

442　　第四，这两个传统的支持者在不平等多大的程度上会带来冲突这个问题上意见也不一致。激进主义者把冲突看成不平等的主要后果，而保守主义者则小看其作用。虽然我们的分析没有极大地关注不平等的后果，但在这一方面，也是明显倾向于激进派方向的。

第五，保守主义者和激进主义者在权力和特权是如何获得的这个问题上也有意见分歧。激进主义者强调强力、欺骗和继承权，而保守主义者强调努力工作、他人托付等。我们的分析表明，两类因素都在起作用，后者决定生活必需品的分配，前者在剩余产品的分配上有重要的影响。然而，即使在剩余产品的分配中，努力工作的要素也是不能缺少的。因为那些为精英服务的人被迫为他们所获得的东西而工作，并且甚至必须为他们在剩余产品中占有的份额而竞争。因此，这一图景是高度混合的。另外，我们的分析指出，强力的重要性在不同类型的社会之间是不同的。在最落后的社会中和先进的立宪社会中，强力都只起很有限的作用。因此，这一综合理论与两个老传统中的任何一个都不是十分类似的，这两个老传统提出的观点都过于简单。

第六，在不平等是否不可避免的问题上，保守主义者同激进主义者也争论不休。保守主义者坚持认为不平等是不可避免的，而激进主义者，至少是其中的平等主义者对此提出了质疑。在这里，我们的综合观点大大偏向保守的方向，尽管必须加上一个限定：不平等明显是不可避免的（基于人的本性情况下），但在各种社会类型之间，以及各种社会类型内部的各个国家之间，不平等的程度都是不一样的。

第七，就国家和法律的本质而言，综合派所取的立场混合了两个老传统中的要素。与激进传统一致的方面是，综合派认识到，国家和法律常常发挥压迫和剥削的功能，尤其是在农业社会和最先进的园耕社会中。然而，即使在这些社会中，这些制度对公众的利益也做出某些贡献。即使不说其他的，它们也至少避免了无政府主义。在一些其他类型的社会中，尤其是在狩猎和采集社会以及简单园耕社会中，政治制度对公众利益所做的贡献要多得多，而对少数特权者的贡献要少得多。这一平衡也受到诸如立宪的程度、军事参与率和精英的意识形态信仰等因素的影响。简言之，这种综合实际上不能与传统立场的任何一方相一致。

最后，也是第八点，保守主义者和激进主义者往往在阶级的概念上意见不一致。保守主义者喜欢一种唯名论的定义，而激进主义者喜欢唯实论的定义。相比之下，我们的综合派观点要人们在本质上把此问题看成一个实证的问题。然而也假定，只要证据没有指出相反的情况，那么保守或唯名论的观点就是正确的。一般说来，这一领域的证据对保守主义立场的支持比对激进主义立场的支持更为常见。

这一简短的小结清楚地表明，这种综合可以说是与这两个老传统都相似，又同它们都不一样。在这八个问题中，有三个强烈倾向于保守方向，有两个倾向于激进方向。剩下的三个包含两种传统成分的复杂混合：经济和技术上落后的国家强烈地倾向于保守的方向，而较为先进的社会则倾向于激进的方向。概而论之，它是一个这两大老传统中各种要素极为复杂的混合体，因此，它既是独特的，又是有差异的。

还应该注意的一点是，这种综合派观点不是通过某种错误努力，试图在两个老传统之间找出一种折中妥协的解决方案。它也不是通过从两大传统中不加区别地选出一些要素。这样做只会导致折中，而不是综合。相反，我们的策略是返回到任何严肃的理论都不可避免的根源上，即有关人性和社会性质的问题上。并且从这一点出发系统地架构起我们的理论。对两大传统所积累的观点，只要它们被证明是恰当的，就都吸收过来。这样就必须对老的传统提出新的问题，并对之进行重新阐述。同时也有必要频繁地从范畴概念转化到变量概念。虽然，本书中的大多数问题都无法以系统的、定量的形式来解决，但我们也做出了一种努力来建立假设，以使它们经得起定量检验，并且用可被称为准定量的术语（Protoquantitative term）描述一些数据资料。换句话说，努力指出所考察的关系的集中趋势和差异范围。因而，我们的探索不仅在内容上而且在方法上都与老传统不一样。

未来的议程

展望未来，还有许多事情要做。很明显，我们最多开了一个头，人们可能希望将现在的分析作为一个基础，在此之上做444 进一步的工作。并且在分层领域中，分散的和常常是非积累的研究时代可能正在接近结束。

如果确实如此，那么人们很可能要问，最近的任务是什么？我们现在正是要讨论这一点。

首要任务是检查和再检查本书所提出的数据和以之为基础的结论。在前面十二章中几百个大大小小的概括中，如果所有都能经受住批评性检验的话，那就简直是奇迹了。有一些肯定是会被证伪的。如果这些被证伪的只是一些细节，与基本理论没有任何实质性联系的话，那就不会引起多大问题。但如果基本理论本身被证明是不可靠的，那么本书所做的努力就都白费了。然而，鉴于已经考察过的大量证据，后一种可能似乎是不会出现的。

如果本书的理论能够经受住批评性检验而得以确立下来的话，那么下一步的任务将是提高阐述的精确度。在本书中，它是太不精确了。对各种关系的定量阐述一般都没有可能做到，非定量的阐述也不如所期望的那么精确。本章的图2区分了首要的、次要的和较小的影响。但是这些术语意味着什么？很明显，它们意味着在单因层次上后者不如前者的效力大，但是在多因共同作用的层次上是否也是如此呢？换言之，单独由社会类型的差异来解释分配制度的方差，是否比所有其他因素加在一起的解释力更强一些呢？现在的分析认为情况正是如此，因为各种社会类型之间的差别一般表现出比某种类型内部各社会之间的差别更大。这可能是人们在实践中强调各种类型内部集中趋势，因而在无意之中带来的一个后果，但也可能确实反映了我们试图理解的现实问题。不应该让这个问题以及其他许多类似的问题无止境地悬在那里。

分层理论中特别需要改进的一个方面是，各个社会内部在分配模式上的类型差异程度及其原因。我们的分析经常被迫对集中趋势和差异幅度以及产生这些差异的原因等采取一种基本上是印象主义的判断，这就掩盖了这一问题。从理论的立场上看，同一类社会内部的差异是很重要的，值得做出比本书更为仔细的分析。一些人可能会认为，在这一问题上不可能更加精确，但是我们有理由抱有乐观的态度。正如想要系统地、定量地弄清楚是什么引起了福特斯的 A 组与 B 组先进园耕社会之间的差异，这样一种开创性努力表明，即使是在资料较为有限的情况下也能获得进展。没有理由认为这种分析手法不能够被运用到大多数其他种类的内部类型差异上。

445

在一些领域中我们需要以更高的精确度去分析问题。在这些领域中，下面一些问题尤其值得注意。首先，意识形态能在多大程度上影响分配制度，以及这种影响在什么条件下会扩大或缩小，这些是相当重要的问题。第二，利他主义行为能够发挥何种作用也同样是重要的问题。第三，在权力、特权和声望的互相联系上也存在一些问题，即在多大程度上声望是权力和特权作用的结果，并且在多大程度上它能够独立地变化。本书假设，声望"在很大程度上"是权力和特权作用的结果，但那太不精确了。研究这样一些问题，将不仅使这个理论深化，还会进行一些改变和修正。正如前面所讲，如果本书中的许多概括都被证明是正确的，那简直是不可思议的。

最后，本书中的理论还需要扩展。必须考虑新的变量、新的社会类型和新的关系模式。如前所述，我小心地避开了某些社会类型。渔猎社会、放牧社会和航海社会这些纯净的类型都没有触及；[5] 混杂的社会也没有触及，如处在工业化中的农业社会（如当代的印度），以及处在工业化中的园耕社会（如一些非洲社会）。这些类型中有一些是特别重要的，尤其是工业化中的农业社会和园耕社会。现代世界中的不发达国家大都是这种社会类型，它们正在工业化的道路上经历着磨难。

本书的理论还需要扩展到对变量之间新的关系模式的研究。如图2提出，目前的理论在其最主要方面都只考虑到了单方向的影响。虽然我们可以找理由说这只是刚开始做的近似估计，但很显然，分配制度对其他基本的变量有着一些反馈的因素，而这些因素也是值得注意的。V. 戈登·柴尔德在关于5000年前文明在中东发源的著作中让我们注意到一个例子。在他精彩的《人类造了自身》（*Man Makes Himself*）一书当中，柴尔德认为，在公元前2600年以前，发明和技术进步呈一定的加速发展态势。一段时期以后，上升变得不稳定了，并且最 446 终转向了下降，直到工业革命以前都没有任何明显的再次上升。[6]在寻求对这个奇特的逆转进行解释时，柴尔德认为，其主要原因之一是，新的分配模式使一小撮执政阶级几乎垄断了经济剩余产品。由于所有收获都被政治精英吞光了，生产者不再有改进生产技术的动力，而精英又太远离生产过程，以至于无法进行发明。更有甚者，他们现在有了几乎无限的劳动力储备可供其调遣，因而也就没有动机去寻求节省劳力的方法创新。因此，农业社会带来的新的分配制度严重减弱了促进技术进步的力量。

如果谁要仔细地探索这一问题，他还将发现一些对我们理论体系中其他自变量进行反馈的证据，而这些值得我们关注的程度并不亚于首要的因果模式。这方面的最好例子是分配制度对政治制度的影响，尤其是在民主国家中，尽管并不只是在那里。另外一个例子是声望系统对权力系统的影响。最近的研究表明，声望系统能限制对权力位置的获取。

简言之，我们仍然有许多工作要做。

注释

1. 这里之所以将符号 X、Y 和 Z 包含在内，为的是要提醒，我们的理论是假设在因果链的每个环节中都有其他一些因素会产生影响。

2. 这里还可补充：它们在形形色色处于工业化过程之中的社会里也是很活跃的。

3. 关于这一变量在当代社会中的重要性的一个例子是第二十三世教皇约翰对罗马天主教会的影响。当他当选为教皇时，没有哪个社会学家预见到他教皇任期中的革命气质。所有的报告都指出，他是一个妥协的候选人，其选举人看重的是他的年龄和不引人注目的记录。选举他的人之所以选他主要是期望他做一个无害的看守人。但恰恰相反，他成了现时代最具革命性的教皇。虽然他之所以可以发挥革命性的影响，是因为这一倾向在其教会中早已普遍传播了，但在其前任的时期中，这些革命的力量却毫无大的建树。此外，在约翰的继任者那里，这些革命的力量也经常受到限制。简言之，如果约翰不是教皇的话，天主教的进程将会非常不同。也许同样可以说，如果没有希特勒的话，德国也会很不一样。

4. 持续的战争又可能对人口的增长起到限制的作用。有证据表明，这种情况在园耕社会中曾发挥重要作用，在农业社会的早期也有影响。但在成熟的农业社会中，帝国规模的扩大防止了战争。罗马帝国和其他类似国家建立的和平社会阻止了战争对人口的约束。

5. 一位读了这部手稿的读者 Peter Carstens 提出建议，认为如果能够将渔猎社会包括进去的话，有可能在现有的理论中引入一个重要的补充性证据来源。但由于时间和篇幅所限，这一任务也只有在将来完成了。

6. *Man makes Himself* (London：Watts，1936，chap. 9.

参考文献

Abegglen, James: *The Japanese Factory: Aspects of Its Social Organization* (New York: Free Press, 1958).

Abegglen, James, and Hiroshi Mannari: "Japanese Business Leaders: 1880–1960," unpublished manuscript prepared for the Conference on State and Economic Enterprise in Modern Japan, Association for Asian Studies, 1963.

Adrian, Charles: *Governing Urban America*, 2d ed. (New York: McGraw-Hill, 1961).

Albright, William F.: *From the Stone Age to Christianity*, 2d ed. (Garden City, N.Y.: Doubleday Anchor, 1957).

———: *The Archaeology of Palestine* (London: Penguin, 1956).

Alderson, A. D.: *The Structure of the Ottoman Dynasty* (Oxford: Clarendon Press, 1956).

Alford, Robert: *Party and Society: The Anglo-American Democracies* (Chicago: Rand McNally, 1963).

Allen, W. E. D.: *The History of the Georgian People* (London: Routledge, 1932).

Anderson, C. Arnold: "Lifetime Inter-occupation Mobility Patterns in Sweden," *Acta Sociologica*, 1 (1960), pp. 168–202.

Anderson, Elin: *We Americans: A Study of Cleavage in an American City* (Cambridge, Mass.: Harvard University Press, 1938).

Andrén, Nils: *Modern Swedish Government* (Stockholm: Almqvist & Wiksell, 1961).

Andrewes, A.: *The Greek Tyrants* (New York: Harper Torchbooks, 1963).

Andrzejewski, Stanislaw: *Military Organization and Society* (London: Routledge, 1954).

Angell, Robert C.: "Preferences for Moral Norms in Three Problem Areas," *American Journal of Sociology*, 67 (1962), pp. 650–660.

Aristotle: *Politics*, translated by Benjamin Jowett (New York: Modern Library, 1943).

Armstrong, C. A. J.: "France of the Hundred Years War and the Renaissance," in J. M. Wallace-Hadrill and John McManners (eds.), *France: Government and Society* (London: Methuen, 1957), pp. 83–104.

Aydelotte, Frank: *Elizabethan Rogues and Vagabonds* (Oxford: Clarendon Press, 1913).

Aylmer, G. E.: *The King's Servants: The Civil Service of Charles I* (London: Routledge, 1961).

Baegert, Jacob, S. J.: *Account of the Aboriginal Inhabitants of the California Peninsula*, translated and arranged by Charles Rau, *Smithsonian Institution: Annual Reports for 1863 and 1864*, reprinted in Carleton S. Coon (ed.), *A Reader in General Anthropology* (New York: Holt, 1948), pp. 61–83.

Bailey, F. G.: *Tribe, Caste, and Nation* (Manchester: Manchester University Press, 1960).

Banfield, Edward: *The Moral Basis of a Backward Society* (New York: Free Press, 1958).

———: *Big City Politics* (New York: Random House, 1965).

——— and James Wilson: *City Politics* (Cambridge, Mass.: Harvard University and M. I. T. Presses, 1963).

Barber, Bernard: *Social Stratification: A Comparative Analysis of Structure and Process* (New York: Harcourt, Brace & World, 1957).

Barber, Elinor: *The Bourgeoisie in 18th Century France* (Princeton, N.J.: Princeton University Press, 1955).

Bauer, Raymond, Alex Inkeles, and Clyde Kluckhohn: *How the Soviet System Works* (Cambridge, Mass.: Harvard University Press, 1956).

———, Ithiel de Sola Pool, and Lewis Dexter: *American Business and Public Policy: The Politics of Foreign Trade* (New York: Atherton, 1963).

Baxter, P. T. W., and Audrey Butt: *The Azande and Related Peoples* (London: International African Institute, 1953).

Beer, Samuel H.: "Great Britain: From Governing Elite to Mass Parties," in Sigmund Neumann (ed.), *Modern Political Parties: Approaches to Comparative Politics* (Chicago: University of Chicago Press, 1956), pp. 9–57.

Bellah, Robert: *Tokugawa Religion: The Values of Pre-industrial Japan* (New York: Free Press, 1957).

Bendix, Reinhard, and S. M. Lipset (eds.): *Class, Status, and Power: A Reader in Social Stratification* (New York: Free Press, 1953).

Bennett, H. S.: *Life on the English Manor: A Study of Peasant Conditions, 1150–1400* (London: Cambridge University Press, 1960).

Bergel, Egon: *Social Stratification* (New York: McGraw-Hill, 1962).

Berger, Peter: *Invitation to Sociology* (Garden City, N.Y.: Doubleday Anchor, 1963).

Berle, Adolf A., and Gardiner C. Means: *The Modern Corporation and Private Property* (New York: Macmillan, 1932).

Bierstedt, Robert: "An Analysis of Social Power," *American Sociological Review*, 15 (1950), pp. 730–738.

Bill, Valentine: *The Forgotten Class: The Russian Bourgeoisie from the Earliest Beginnings to 1900* (New York: Frederick A. Praeger, 1959).

Blau, Peter: *Exchange and Power in Society* (New York: Wiley, 1964).

Bloch, Marc: *Feudal Society*, translated by L. A. Manyon (Chicago: University of Chicago Press, 1962).

Blum, Jerome: *Lord and Peasant in Russia from the Ninth to the Nineteenth Century* (Princeton, N.J.: Princeton University Press, 1961).

Boak, A. E. R.: *A History of Rome to 565 A.D.*, 3d ed. (New York: Macmillan, 1943).

Bolte, Karl Martin: *Sozialer Aufstieg und Abstieg* (Stuttgart: Enke, 1959).

Bose, Ashish: "The First Census of Free India," *Modern Review*, 95 (1954), pp. 111–119.

Bowen, John C.: *Some Aspects of Transfer Taxation in the United States* (unpublished doctoral dissertation, University of Michigan, 1958).

Braginskii, B. I., and D. Dumov: "Labor Productivity in Agriculture in the USSR and the USA," in Harry G. Shaffer (ed.), *The Soviet Economy: A Collection of Western and Soviet Views* (New York: Appleton-Century-Crofts, 1963), pp. 176–184.

Braidwood, Robert: "The Agricultural Revolution," *Scientific American*, 203 (1960), pp. 130–148.

Bram, Joseph: *An Analysis of Incan Militarism*, Monographs of the American Ethnological Society, 4 (1941).

Bridges, Rev. Thomas: "The Canoe Indians of Tierra del Feugo," in Carleton S. Coon (ed.), *A Reader in General Anthropology* (New York: Holt, 1948), pp. 84–116.

Brown, Emily Clark: "The Soviet Labor Market," in Morris Bornstein and Daniel Fusfeld (eds.), *The Soviet Economy* (Homewood, Ill.: Irwin, 1962), pp. 195–220.

Brown, Harrison: *The Challenge of Man's Future* (New York: Viking Compass Books, 1956).

Bry, Gerhard: *Wages in Germany, 1871–1945* (Princeton, N.J.: Princeton University Press, 1960).

Buchanan, K. M. and J. C. Pugh: *Land and People in Nigeria* (London: University of London Press, 1955).

Buck, John Lossing: *Secretariat Paper No. 1: Tenth Conference of the Institute of Pacific Relations*, Stratford on Avon, 1947, reprinted in Irwin T. Sanders et al. (eds.), *Societies around the World* (New York: Dryden Press, 1953).

Burg, David: "Observations of Soviet University Students," in Richard Pipes (ed.), *The Russian Intelligentsia* (New York: Columbia University Press, 1961).

Burnham, James: *The Managerial Revolution* (Bloomington, Ind.: Indiana University Press, 1960).

Butler, D. E., and Richard Rose: *The British General Election of 1959* (London: Macmillan, 1960).

Cambridge Ancient History (London: Cambridge University Press, 1939), especially vol. 12.

Cambridge History of India (London: Cambridge University Press, 1937), especially volume 4, *The Mughal Period*.

Campbell, Angus, Philip Converse, Warren Miller, and Donald Stokes: *The American Voter* (New York: Wiley, 1960).

Carcopino, Jerome: *Daily Life in Ancient Rome: The People and the City at the Height of Empire*, translated by E. O. Lorimer (London: Routledge, 1941).

Carlsson, Gosta: *Social Mobility and Class Structure* (Lund: Gleerup, 1958).

Caron, Pierre: "The Army," in Arthur Tilley (ed.), *Medieval France* (London: Cambridge University Press), pp. 154–165.

Carr, Raymond: "Spain," in A. Goodwin (ed.), *The European Nobility in the Eighteenth Century* (London: Black, 1953), pp. 43–58.

Carr-Saunders, A. M.: *World Population* (Oxford: Clarendon Press, 1936).

—— and P. A. Wilson: *The Professions* (Oxford: Clarendon Press, 1933).

Carstairs, G. M.: "A Village in Rajasthan," in M. N. Srinivas (ed.), *India's Villages* (Calcutta: West Bengal Government Press, 1955), pp. 33–38.

Carter, Gwendolen: "The Commonwealth Overseas: Variation on a British Theme," in Sigmund Neumann (ed.), *Modern Political Parties: Approaches to Comparative Politics* (Chicago: University of Chicago Press, 1956), pp. 58–107.

Cartter, Allan M.: *The Redistribution of Income in Postwar Britain* (New Haven, Conn.: Yale University Press, 1955).

Chang, Chung-li: *The Chinese Gentry: Studies in Their Role in Nineteenth-Century Chinese Society* (Seattle, Wash.: University of Washington Press, 1955).

——: *The Income of the Chinese Gentry* (Seattle, Wash.: University of Washington Press, 1962).

Chapman, R. M., W. K. Jackson, and A. V. Mitchell: *New Zealand Politics in Action* (London: Oxford University Press, 1962).

Chi, Tsui: *A Short History of Chinese Civilization* (New York: Putnam, 1943).

Childe, V. Gordon: *Man Makes Himself* (London: Watts, 1936).

——: *New Light on the Most Ancient East*, rev. ed. (London: Routledge, 1952).

——: *Social Evolution* (London: Watts, 1951).

——: "The New Stone Age," in Harry Shapiro (ed.), *Man, Culture, and Society* (Fair Lawn, N.J.: Oxford Galaxy, 1960), pp. 94–110.

Childs, Marquis: *Sweden: The Middle Way*, rev. ed. (New Haven, Conn.: Yale University Press, 1947).

Chorley, Katharine: *Armies and the Art of Revolution* (London: Faber, 1943).

Clark, Burton: *Educating the Expert Society* (San Francisco, Calif.: Chandler, 1962).

Clough, S. B.: *The Economic Development of Western Civilization* (New York: McGraw-Hill, 1959).

—— and C. W. Cole: *Economic History of Europe* (Boston: Heath, 1941).

Cole, G. D. H.: *The Post-war Condition of Britain* (London: Routledge, 1956).

—— and R. W. Postgate: *The British Common People, 1746–1938* (New York: Knopf, 1939).

Colson, Elizabeth: "The Plateau Tonga of Northern Rhodesia," in Elizabeth Colson and Max Gluckman (eds.), *Seven Tribes of British Central Africa* (Manchester: Manchester University Press, 1951), pp. 94–163.

—— and Max Gluckman (eds.): *Seven Tribes of British Central Africa* (Manchester: Manchester University Press, 1951).

Converse, Philip: "Religion and Politics: The 1960 Elections," unpublished paper of the Survey Research Center of the University of Michigan, 1961.

Cooley, Charles Horton: *Social Organization* (New York: Scribner, 1909).

Coser, Lewis: *The Functions of Social Conflict* (New York: Free Press, 1956).

Coulton, G. G.: *Medieval Panorama* (New York: Meridian Books, 1955).

Cowell, F. R.: *Cicero and the Roman Republic* (London: Penguin, 1956).

Crisp, L. F.: *The Australian Federal Labour Party, 1901–1951* (London: Longmans, 1955).

Crowder, Michael: *The Story of Nigeria* (London: Faber, 1962).

Current Population Reports: "Lifetime Occupational Mobility of Adult Males, March, 1962," U.S. Bureau of the Census (1964), Series P-23, No. 11.

——: "Religion Reported by the Civilian Population of the United States: March, 1957," U.S. Bureau of the Census (1958), Series P-20, No. 79.

Dahl, Robert: *Who Governs?: Democracy and Power in an American City* (New Haven, Conn.: Yale University Press, 1961).

—— and Charles Lindblom: *Politics, Economics, and Welfare* (New York: Harper & Row, 1953).

Dahrendorf, Ralf: *Class and Class Conflict in Industrial Society* (Stanford, Calif.: Stanford University Press, 1959).

Dallin, David J.: *The New Soviet Empire* (New Haven, Conn.: Yale University Press, 1951).

Daugherty, Carroll: *Labor Problems in American Industry*, 5th ed. (Boston: Houghton Mifflin, 1941).

Davis, Kingsley: *Human Society* (New York: Macmillan, 1949).

——: "The Origin and Growth of Urbanization in the World," *American Journal of Sociology*, 60 (1955), pp. 429–437.

—— and Wilbert Moore: "Some Principles of Stratification," *American Sociological Review*, 10 (1945), pp. 242–249.

Dawidowicz, Lucy, and Leon Goldstein: *Politics in a Pluralist Democracy: Studies of Voting in the 1960 Election* (New York: Institute of Human Relations Press, 1963).

de Jouvenal, Bertrand: *On Power: Its Nature and the History of Its Growth*, translated by J. F. Huntington (New York: Viking, 1949).

Demographic Yearbook, 1953 (New York: United Nations, 1953).

Denig, Edwin Thompson: *Five Indian Tribes of the Upper Missouri* (Norman, Okla.: University of Oklahoma Press, 1961).

Dewar, Margaret: "Labour and Wage Reforms in the USSR," in Harry B. Shaffer (ed.), *The Soviet Economy: A Collection of Western and Soviet Views* (New York: Appleton-Century-Crofts, 1963), pp 216–225.

Dewhurst, J. Frederic, and Associates: *America's Needs and Resources* (New York: Twentieth Century Fund, 1955).

——: *Europe's Needs and Resources* (New York: Twentieth Century Fund, 1961).

DeWitt, Nicholas: *Education and Professional Employment in the USSR* (Washington, D.C.: National Science Foundation, 1961).

de Young, John E.: *Village Life in Modern Thailand* (Berkeley, Calif.: University of California Press, 1958).

Dicey, A. V.: *The Law of the Constitution* (London: Macmillan, 1885).

Dictionary of Occupational Titles, 2d ed. (Washington: GPO, 1949).

Dixon, Roland: "The Northern Maidu," in Carleton S. Coon (ed.), *A Reader in General Anthropology* (New York: Holt, 1948), pp. 263–292.

Djilas, Milovan: *The New Class: An Analysis of the Communist System* (New York: Frederick A. Praeger, 1959).

Douglas, Robert K.: *Society in China* (London: Innes, 1894).

Downey, Glanville: *Constantinople: In the Age of Justinian* (Norman, Okla.: University of Oklahoma Press, 1960).

Drake, St. Clair, and Horace Cayton: *Black Metropolis: A Study of Negro Life in a Northern City* (New York: Harcourt, Brace & World, 1945).

Drucker, Philip: *Indians of the Northwest Coast* (New York: McGraw-Hill, 1955).

Dudintsev, Vladimir: *Not by Bread Alone* (New York: Dutton, 1957).

Duncan, O. D.: "A Socioeconomic Index for All Occupations," in Albert J. Reiss, *Occupations and Social Status* (New York: Free Press, 1961), pp. 109–138.

————: "Social Organization and the Ecosystem," in Robert E. Faris (ed.), *Handbook of Modern Sociology* (Chicago: Rand McNally, 1964), pp. 36–82.

Duverger, Maurice: *Political Parties: Their Organization and Activity in the Modern State*, translated by Barbara North and Robert North (London: Methuen, 1959).

Eberhard, Wolfram: *A History of China*, 2d ed. (Berkeley, Calif.: University of California Press, 1960).

————: *Conquerors and Rulers: Social Forces in Medieval China* (Leiden, Netherlands: Brill, 1952).

————: *Social Mobility in Traditional China* (Leiden, Netherlands: Brill, 1962).

Eckland, Bruce: "Academic Ability, Higher Education, and Occupational Mobility," *American Sociological Review*, 30 (1965), pp. 735–746.

Eggan, Fred: *Social Organization of the Western Pueblos* (Chicago: University of Chicago Press, 1950).

Ehrmann, Henry W.: *Organized Business in France* (Princeton, N.J.: Princeton University Press, 1957).

Eisenstadt, S. N.: "Religious Organizations and Political Process in Centralized Empires," *The Journal of Asian Studies*, 21 (1962), pp. 271–294.

————: *The Political Systems of Empires: The Rise and Fall of the Historical Bureaucratic Societies* (New York: Free Press, 1963).

Erman, Adolf: *Life in Ancient Egypt*, translated by H. M. Tirard (London: Macmillan, 1894).

Evans, Joan: *Life in Medieval France* (London: Oxford University Press, 1925).

Ewers, John C.: "The Horse in Blackfoot Indian Culture, with Comparative Material from Other Western Tribes," Smithsonian Institution, Bureau of American Ethnology, Bulletin 159 (1955).

Fainsod, Merle: *How Russia Is Ruled*, rev. ed. (Cambridge, Mass.: Harvard University Press, 1963).

Fallers, Margaret Chave: *The Eastern Lacustrine Bantu* (London: International African Institute, 1960).

Fei, Hsiao-Tung: *China's Gentry* (Chicago: University of Chicago Press, 1953).

——: "Peasantry and Gentry: An Interpretation of Chinese Social Structure and Its Changes," *American Journal of Sociology*, 52 (1946), pp. 1–17.

Feuer, Lewis (ed.): *Karl Marx and Friedrich Engels: Basic Writings on Politics and Philosophy* (Garden City, N.Y.: Doubleday Anchor, 1959).

Fleisher, Wilfrid: *Sweden: The Welfare State* (New York: John Day, 1956).

Florence, P. Sargant: *Ownership, Control, and Success of Large Companies: An Analysis of English Industrial Structure and Policy, 1936–1951* (London: Street & Maxwell, 1961).

Forde, C. Daryll: *Habitat, Economy and Society* (London: Methuen, 1934).

——: "Primitive Economics," in Harry Shapiro (ed)., *Man, Culture, and Society* (Fair Lawn, N.J.: Oxford Galaxy, 1960), pp. 330–344.

Fortes, Meyer and E. E. Evans-Pritchard (eds.): *African Political Systems* (London: Oxford University Press, 1940).

Fourastié, Jean: *The Causes of Wealth*, translated by Theodore Caplow (New York: Free Press, 1960, first published 1951).

Fried, Morton: *The Fabric of Chinese Society: A Study of the Social Life of a Chinese County Seat* (New York: Frederick A. Praeger, 1953).

Friedan, Betty: *The Feminine Mystique* (New York: Norton, 1963).

Friedman, Milton, and Simon Kuznets: *Income from Independent Professional Practice* (New York: National Bureau of Economic Research, 1945).

Galbraith, Kenneth: *American Capitalism: The Concept of Countervailing Power* (Boston: Houghton Mifflin, 1952).

——: *The Affluent Society* (Boston: Houghton Mifflin, 1958).

Galenson, Walter: *Labor in Norway* (Cambridge, Mass.: Harvard University Press, 1949).

Gamble, Sidney D.: *Peking: A Social Survey* (Garden City, N.Y.: Doubleday, 1921).

Ganshof, Francois: "Medieval Agrarian Society in Its Prime: France, the Low Countries, and Western Germany," in *The Cambridge Economic History*, vol. I, pp. 278–322.

Gibb, H. A. R.: *Mohammedanism: An Historical Survey* (New York: Mentor Books, 1955).

Gibbs, James L. (ed.): *Peoples of Africa* (New York: Holt, 1965).

Gleason, S. E.: *An Ecclesiastical Barony in the Middle Ages: The Bishopric of Bayeux, 1066–1204* (Cambridge, Mass.: Harvard University Press, 1936).

Gluckman, Max: "The Lozi of Barotseland in Northwestern Rhodesia," in Elizabeth Colson and Max Gluckman (eds.), *Seven Tribes of British Central Africa* (Manchester: Manchester University Press, 1951), pp. 1–93.

Goffman, Irving: "Status Consistency and Preference for Change in Power Distribution," *American Sociological Review*, 22 (1957), pp. 275–281.

Goldhamer, Herbert, and Edward Shils: "Types of Power and Status," *American Journal of Sociology*, 45 (1939), pp. 171–182

Goldman, Irving: "The Zuni Indians of New Mexico," in Margaret Mead (ed.), *Cooperation and Competition among Primitive Peoples*, rev. ed. (Boston: Beacon Press, 1961), pp. 313–353.

Goldschmidt, Walter: *Man's Way: A Preface to the Understanding of Human Society* (New York: Holt, 1959).

Goode, William J.: *World Revolution and Family Patterns* (New York: Free Press, 1963).

Goodwin, A.: "Prussia," in A. Goodwin (ed.), *The European Nobility in the Eighteenth Century* (London: Black, 1953), pp. 83–101.

Gordon, Margaret: *Retraining and Labor Market Adjustment in Western Europe* (Washington: GPO, 1965).

Gordon, Milton: *Assimilation in American Life: The Role of Race, Religion, and National Origins* (Fair Lawn, N.J.: Oxford University Press, 1964).

Gordon, Robert A.: *Business Leadership in the Large Corporation* (Berkeley, Calif.: University of California Press, 1961, originally published by the Brookings Institution, 1954).

Gottschalk, Louis: *The Era of the French Revolution* (Boston: Houghton Mifflin, 1929).

Gouldner, Alvin, and R. A. Petersen: *Notes on Technology and the Moral Order* (Indianapolis, Ind.: Bobbs-Merrill, 1962).

Granick, David: *The European Executive* (Garden City, N.Y.: Doubleday Anchor, 1964).

————: *The Red Executive* (Garden City, N.Y.: Doubleday Anchor, 1961).

Gray, H. L.: "Incomes from Land in England in 1436," *English Historical Review*, 49 (1934), pp. 607–639.

Grove, J. W.: *Government and Industry in Britain* (London: Longmans, 1962).

Grzybowski, Kazimierz: *Soviet Legal Institution: Doctrines and Social Functions* (Ann Arbor, Mich.: University of Michigan Press, 1962).

Habakkuk, H. J.: "England," in A. Goodwin (ed.), *The European Nobility in the Eighteenth Century* (London: Black, 1953), pp. 1–21.

Halphen, L.: "Industry and Commerce," in Arthur Tilley (ed.), *Medieval France* (London: Cambridge University Press, 1922), pp. 179–211.

Hatcher, Mattie Austin: "Descriptions of the Tejas or Asinai Indians: 1691–1722," *Southwestern Historical Quarterly*, 30 (1927), pp. 283–304.

Heard, Alexander: *The Costs of Democracy: Financing American Political Campaigns* (Garden City, N.Y.: Doubleday Anchor, 1962).

Heckscher, Eli F.: *An Economic History of Sweden*, translated by Goram Ohlin (Cambridge, Mass.: Harvard University Press, 1954).

Heckscher, Gunnar: "Interest Groups in Sweden: Their Political Role," in Henry W. Ehrmann (ed.), *Interest Groups on Four Continents* (Pittsburgh, Pa.: University of Pittsburgh Press, 1958), pp. 154–172.

Heilbroner, Robert: *The Making of Economic Society* (Englewood Cliffs, N.J.: Prentice-Hall, 1962).

Herberg, Will: *Protestant-Catholic-Jew* (Garden City, N.Y.: Doubleday, 1956).

Herskovits, Melville: *Dahomey: An Ancient West African Kingdom* (Locust Valley, N.Y.: Augustin, 1938).

Hewes, Gordon: "The Rubric 'Fishing and Fisheries,'" *American Anthropologist*, 50 (1948), pp. 238–246.

Higbee, Edward: *Farms and Farmers in an Urban Age* (New York: Twentieth Century Fund, 1963).

Historical Statistics of the United States: Colonial Times to 1957 (Washington: GPO, 1960).

Hitti, Philip K.: *History of the Arabs* (London: Macmillan, 1960).

Hobbes, Thomas, *Leviathan* (New York: Liberal Arts, 1958).

Hobhouse, L. T., G. C. Wheeler, and M. Ginsberg: *The Material Culture and Social Institutions of the Simpler Peoples* (London: Chapman & Hall, 1930).

Hobsbawn, E. J.: *Primitive Rebels*, 2d ed. (New York: Frederick A. Praeger, 1963).

Hochbaum, Godfrey et al.: "Socioeconomic Variables in a Large City," *American Journal of Sociology*, 61 (1955), pp. 31–38.

Hodgkin, Thomas: *Nigerian Perspectives: An Historical Anthology* (London: Oxford University Press, 1960).

Hogbin, H. Ian: *Transformation Scene: The Changing Culture of a New Guinea Village* (London: Routledge, 1951).

Hollingshead A. B.: *Elmtown's Youth* (New York: Wiley, 1949).

—— and Frederick Redlich: *Social Class and Mental Illness: A Community Study* (New York: Wiley, 1958).

Holmberg, Allan: *Nomads of the Long Bow: The Siriono of Eastern Bolivia*, Smithsonian Institution, Institute of Social Anthropology, Publication No. 10 (1950).

Holzman, F. D.: "Financing Soviet Economic Development," in Morris Bernstein and Daniel Fusfeld (eds.), *The Soviet Economy* (Homewood, Ill.: Irwin, 1962), pp. 145–160.

Homans, George C. *English Villagers of the Thirteenth Century* (Cambridge, Mass.: Harvard University Press, 1942).

——: "Status among Clerical Workers," *Human Organization*, 12 (1953), pp. 5–10.

——: *Social Behavior* (New York: Harcourt, Brace & World, 1961).

Homo, Léon: *Roman Political Institutions* (London: Routledge, 1929).

Honigmann, John: *The World of Man* (New York: Harper & Row, 1959).

Hook, Sidney: *The Hero in History: A Study in Limitation and Possibility* (Boston: Beacon Press, 1955, original edition 1943).

Horowitz, Daniel: *The Italian Labor Movement* (Cambridge, Mass.: Harvard University Press, 1963).

Hoskins, W. G.: *The Midland Peasant: The Economic and Social History of a Leicestershire Village* (London: Macmillan, 1957).

Howitt, A. W.: *Native Tribes of South-east Australia* (London: Macmillan, 1904).

Hughes, A. J. B., and J. van Velsen: *The Ndebele* (London: International African Institute, 1954).

Hughes, Philip: *A Popular History of the Catholic Church* (New York: Macmillan, 1950).

Hunter, Floyd: *Community Power Structure* (Chapel Hill, N.C.: University of North Carolina Press, 1953).

Inkeles, Alex: "Social Stratification and Mobility in the Soviet Union: 1940–1950," *American Sociological Review*, 15 (1950), pp. 465–479.

—— and Raymond Bauer: *The Soviet Citizen* (Cambridge, Mass.: Harvard University Press, 1959).

—— and Kent Geiger (eds.): *Soviet Society: A Book of Readings* (Boston: Houghton Mifflin, 1961).

—— and Peter Rossi: "National Comparisons of Occupational Prestige," *American Journal of Sociology*, 61 (1956), pp. 329–339.

Jackson, Elton: "Status Consistency and Symptoms of Stress," *American Sociological Review*, 27 (1962), pp. 469–480.

—— and Peter Burke: "Status and Symptoms of Stress: Additive and Interaction Effects," *American Sociological Review*, 30 (1965), pp. 556–564.

—— and Harry Crockett: "Occupational Mobility in the United States: A Point Estimate and Trend Comparison," *American Sociological Review*, 29 (1964), pp. 5–15.

Jaffe, A. J., and R. O. Carleton: *Occupational Mobility in the United States 1930–1960* (New York: King's Crown, 1954).

Janowitz, Morris: "Social Stratification and Mobility in West Germany," *American Journal of Sociology*, 64 (1958), pp. 6–24.

——: *The Professional Soldier* (New York: Free Press, 1960).

Jasny, Naum: *The Socialized Agriculture of the USSR* (Stanford, Calif.: Stanford University Press, 1949).

John of Salisbury: *The Statesman's Book*, translated by John Dickinson (New York: Knopf, 1927).

Johnson, John J.: *The Military and Society in Latin America* (Stanford, Calif.: Stanford University Press, 1964).

Jolliffe, J. E. A.: *The Constitutional History of Medieval England* (London: Black, 1937).

Jones, A. H. M.: *Studies in Roman Government and Law* (Oxford: Blackwell, 1960).

Jusserand, J. J.: *English Wayfaring Life in the Middle Ages*, 3d ed., translated by L. T. Smith (London: Benn, 1925).

Karin, A. K. N.: *Changing Society in India and Pakistan* (Dacca: Oxford University Press, 1956).

Keen, Maurice: *The Outlaws of Medieval Legend* (Routledge, 1961).

Keller, Suzanne: *Beyond the Ruling Class: Strategic Elites in Modern Society* (New York: Random House, 1963).

Key, V. O., Jr.: *Politics, Parties, and Pressure Groups*, 3d ed. (New York: Crowell, 1952).

Kolko, Gabriel: *Wealth and Power in America: An Analysis of Social Class and Income Distribution* (New York: Frederick A Praeger, 1962).

Kosambi, D. D.: *An Introduction to the History of India* (Bombay: Popular Book Depot, 1956).

Kroeber, A. L.: *Handbook of American Indians of California*, Smithsonian Institution, Bureau of American Ethnology, Bulletin 78 (1925).

——: "Native Culture of the Southwest," University of California Publications, *American Archaeology and Ethnology*, 23 (1928), pp. 375–398.

——: "The Chibcha," in Julian Steward (ed.), *Handbook of South American*

Indians, Smithsonian Institution, Bureau of American Ethnology, Bulletin 143 (1946), vol. II, pp. 887–909.

Kumar, D.: "Caste and Landlessness in South India," *Comparative Studies in Society and History*, 4 (1962), pp. 337–363.

Kuper, Hilda: *The Swazi* (London: International African Institute, 1952).

Ladinsky, Jack: "Careers of Lawyers, Law Practice, and Legal Institutions," *American Sociological Review*, 28 (1963), pp. 47–54.

Lampman, Robert: *The Share of Top Wealth-holders in National Wealth: 1922–1956* (Princeton, N.J.: Princeton University Press, 1962).

Landecker, Werner S.: "Class Crystallization and Class Consciousness," *American Sociological Review*, 28 (1963), pp. 219–229.

Landtman, Gunnar: *The Kiwai Papuans of British New Guinea* (London: Macmillan, 1927).

——: *The Origin of the Inequality of the Social Classes* (London: Routledge, 1938).

Lang, David M.: *The Last Years of the Georgian Monarchy, 1658–1832* (New York: Columbia University Press, 1957).

Langley, Kathleen M.: "The Distribution of Capital in Private Hands in 1936–38 and 1946–47 (part 2)," *Bulletin of the Oxford University Institute of Statistics* (February, 1951).

Langlois, Charles V.: "History," in Arthur Tilley (ed.), *Medieval France* (London: Cambridge University Press, 1922), pp. 30–153.

Laski, Harold: *The State in Theory and Practice* (New York: Viking, 1935).

Lasswell, Harold: *Politics: Who Gets What, When, How* (New York: McGraw-Hill, 1936).

—— and Abraham Kaplan: *Power and Society: A Framework for Political Inquiry* (New Haven, Conn.: Yale University Press, 1950).

Latourette, Kenneth S.: *A History of Christianity* (New York: Harper & Row, 1953).

Lauwerys, J. A.: *Scandinavian Democracy* (Copenhagen: Danish Institute et al., 1958).

Laws of Manu, translated by G. Bühler, in Max Müller (ed.), *Sacred Books of the East* (Oxford: Clarendon Press, 1886), vol. 25.

Leiserson, Mark: *Wages and Economic Control in Norway, 1945–1957* (Cambridge, Mass.: Harvard University Press, 1959).

Lemberg, K., and N. Ussing: "Redistribution of Income in Denmark," in Alan Peacock (ed.), *Income Redistribution and Social Policy* (London: Cape, 1954), pp. 55–89.

Lenski, Gerhard: "Comment," *Public Opinion Quarterly*, 28 (1964), pp. 326–330.

——: "Religious Pluralism in Theoretical Perspective," in *Internationales Jahrbuch für Religionssoziologie* (Köln: Westdeutscher Verlag, 1965), vol. I, pp. 25–42.

——: "Social Participation and Status Crystallization," *American Sociological Review*, 21 (1956), pp. 458–464.

——: "Status Crystallization: A Non-vertical Dimension of Social Status," *American Sociological Review*, 19 (1954), pp. 405–413.

——: *The Religious Factor* (Garden City, N.Y.: Doubleday, 1961).

————: "Trends in Inter-generational Mobility in the United States," *American Sociological Review,* 23 (1958), pp. 514–523.

Leonhard, Wolfgang: *The Kremlin since Stalin,* translated by Elizabeth Wiskemann and Marian Jackson (New York: Frederick A. Praeger, 1962).

Lewis, Oscar: *The Effects of White Contact upon Blackfoot Culture,* Monographs of the American Ethnological Society, 6 (1942).

Lewis, Roy, and Angus Maude: *Professional People* (London: Phoenix House, 1952).

———— and Rosemary Stewart: *The Managers: A New Examination of the English, German and American Executive* (New York: Mentor Books, 1961).

Leyburn, James G.: *Frontier Folkways* (New Haven, Conn.: Yale University Press, 1936).

Lindsay, Philip, and Reg Groves: *The Peasants' Revolt, 1381* (London: Hutchinson, n.d.).

Link, Edith M.: *The Emancipation of the Austrian Peasant, 1740–1798* (New York: Columbia University Press, 1949).

Linton, Ralph: *The Tanala: A Hill Tribe of Madagascar* (Chicago: Field Museum of Natural History, 1933).

————: *The Tree of Culture* (New York: Vintage Books, 1959).

Lipset, S. M.: *Agrarian Socialism* (Berkeley, Calif.: University of California Press, 1950).

———— and Reinhard Bendix: *Social Mobility in Industrial Society* (Berkeley, Calif.: University of California Press, 1959).

Lockwood, David: *The Blackcoated Worker: A Study in Class Consciousness* (London: G. Allen, 1958).

Lopreato, Joseph: "Social Mobility in Italy," *American Journal of Sociology,* 71 (1965), pp. 311–314.

Lowi, Theodore J.: *At the Pleasure of the Mayor: Patronage and Power in New York, 1898–1958* (New York: Free Press, 1964).

Lowie, Robert: "Social and Political Organization of the Tropical Forest and Marginal Tribes," in Julian Steward (ed.), *Handbook of South American Indians,* Smithsonian Institution, Bureau of American Ethnology, Bulletin 143 (1949), vol. V, pp. 313–367.

————: *Social Organization* (New York: Holt, 1948).

Lubell, Samuel: *The Future of American Politics,* rev. ed. (Garden City, N.Y.: Doubleday Anchor, 1956).

Lybyer, Albert H.: *The Government of the Ottoman Empire in the Time of Suleiman the Magnificent* (Cambridge, Mass.: Harvard University Press, 1913).

Lynd, Robert, and Helen Lynd: *Middletown in Transition* (New York: Harcourt, Brace & World, 1937).

Macdermott, Mercia: *A History of Bulgaria* (London: G. Allen, 1962).

Mair, Lucy: *Primitive Government* (Baltimore: Penguin, 1962).

Majumdar, R. C. (ed.): *The History and Culture of the Indian People* (Bombay: Bharatiya Vidya Bhavan, 1951, 1953).

Malinowski, Bronislaw: *A Scientific Theory of Culture* (Chapel Hill, N.C.: University of North Carolina Press, 1944).

———: *Crime and Custom in Savage Society* (New York: Harcourt, Brace & World, 1926).

Malo, David: *Hawaiian Antiquities,* translated by N. B. Emerson, Bernice P. Bishop Museum, Special Publication No. 2, 1951.

Manis, Jerome, and Bernard Meltzer: "Attitudes of Textile Workers to Class Structure," *American Journal of Sociology,* 60 (1954), pp. 30–35.

Manoukian, Madeline: *Akan and Ga-adangme Peoples of the Gold Coast* (London: International African Institute, 1950).

Mariéjol, Jean Hippolyte: *The Spain of Ferdinand and Isabella,* translated and edited by Benjamin Keen (New Brunswick, N.J.: Rutgers University Press, 1961).

Marriott, McKim: "Little Communities in an Indigenous Civilization," in McKim Marriott (ed.), *Village India: Studies in the Little Community* (Chicago: University of Chicago Press, 1955), pp. 171–222.

Marsh, David: *The Changing Social Structure of England and Wales, 1871–1951* (London: Routledge, 1958).

Marsh, Robert: *The Mandarins: The Circulation of Elites in China, 1600–1900* (New York: Free Press, 1961).

Marshall, Lorna: "The Kung Bushmen of the Kalahari Desert," in James L. Gibbs (ed.), *Peoples of Africa* (New York: Holt, 1965), pp. 241–278.

Marshall, T. H.: *Citizenship and Social Class* (London: Cambridge University Press, 1950).

Mason, E. S. (ed.): *The Corporation in Modern Society* (Cambridge, Mass.: Harvard University Press, 1959).

Matthews, Donald: *U.S. Senators and Their World* (Chapel Hill, N.C.: University of North Carolina Press, 1960).

Mattingly, Harold: *Roman Imperial Civilization* (Garden City, N.Y.: Doubleday Anchor, 1959).

Mayer, Kurt: "Recent Changes in the Class Structure of the United States," in *Transactions of the Third World Congress of Sociology* (London: International Sociological Association, 1956), vol. III, pp. 66–80.

McKisack, May: *The Fourteenth Century* (Oxford: Clarendon Press, 1959).

McLean, Hugh, and Walter Vickery: *The Year of Protest, 1956: An Anthology of Soviet Literary Materials* (New York: Vintage Books, 1961).

McManners, J.: "France," in A. Goodwin (ed.), *The European Nobility in the Eighteenth Century* (London: Black, 1953), pp. 22–42.

McNeill, W. H.: *The Rise of the West* (New York: Mentor, 1965).

Mehnert, Klaus: *Soviet Man and His World,* translated by Maurice Rosenbaum (New York: Frederick A. Praeger, 1961).

Menderhausen, Horst: "The Pattern of Estate Tax Wealth," in Raymond Goldsmith, *A Study of Saving in the United States* (Princeton, N.J.: Princeton University Press, 1956), vol. III, pp. 277–381.

Merriman, Roger B.: *The Rise of the Spanish Empire* (New York: Macmillan, 1934).

Métraux, Alfred: *Native Tribes of Eastern Bolivia and Western Matto Grosso,* Smithsonian Institution, Bureau of American Ethnology, Bulletin 134 (1942).

———: "The Guaraní," in Julian Steward (ed.), *Handbook of South American*

Indians, Smithsonian Institution, Bureau of American Ethnology, Bulletin 143 (1948), vol. III, pp. 69–94.

————: "Tribes of the Eastern Slopes of the Bolivian Andes," in Julian Steward (ed.), *Handbook of South American Indians*, Smithsonian Institution, Bureau of American Ethnology, Bulletin 143 (1948), vol. III, pp. 465–506.

Michael, Franz: *The Origin of Manchu Rule in China: Frontier and Bureaucracy as Interacting Forces in the Chinese Empire* (Baltimore: Johns Hopkins, 1942).

Michels, Robert: *Political Parties: A Sociological Study of Oligarchical Tendencies in Modern Democracy*, translated by Eden and Cedar Paul (New York: Dover, 1959, first published 1915).

Middleton, John, and David Tait (eds.): *Tribes without Rulers: Studies in African Segmentary Systems* (London: Routledge, 1958).

Miller, Herman P.: *Income of the American People* (New York: Wiley, 1955).

————: "Annual and Lifetime Income in Relation to Education: 1939–1959," *American Economic Review*, 50 (1960), pp. 962–986.

Miller, S. M.: "Comparative Social Mobility," *Current Sociology*, 9 (1960), No. 1.

Milligan, Maurice: *The Missouri Waltz* (New York: Scribner, 1948).

Millis, Walter: *Arms and Men: A Study of American Military History* (New reau of American Ethnology, Bulletin 143 (1946), vol. III, pp. 465–506.

Mills, C. Wright: *The Power Elite* (Fair Lawn, N.J.: Oxford University Press, 1956).

Mishkin, Bernard: *Rank and Warfare among the Plains Indians*, Monographs of the American Ethnological Society, 3 (1940).

Misra, B. B.: *The Indian Middle Classes* (London: Oxford University Press, 1961).

Moore, Wilbert E.: *Social Change* (Englewood Cliffs, N.J.: Prentice-Hall, 1963).

————: *The Conduct of the Corporation* (New York: Random House, 1962).

Moreland, W. H.: *The Agrarian System of Moslem India* (Allahabad: Central Book Depot, n.d.).

————: "The Revenue System of the Mughul Empire," in *The Cambridge History of India*, vol. 4, pp. 449–475.

Morgan, Lewis Henry: *Ancient Society* (New York: Holt, 1877).

Morley, Sylvanus G.: *The Ancient Maya* (Stanford, Calif.: Stanford University Press, 1946).

Mosca, Gaetano: *The Ruling Class*, translated by Hannah Kahn (New York: McGraw-Hill, 1939).

Mousnier, R.: *La Vénalité des offices sous Henri IV et Louis XIII* (Rouen: Éditions Maugard, 1945).

Municipal Year Book, 1963 (Chicago: International City Managers' Association, 1963).

Murdock, George Peter: *Our Primitive Contemporaries* (New York: Macmillan, 1934).

————: *Social Structure* (New York: Macmillan, 1949).

————: "World Ethnographic Sample," *American Anthropologist*, 59 (1957), pp. 664–687.

————: *Africa: Its Peoples and Their Culture History* (New York: McGraw-Hill, 1959).

Murphy, Robert, and Buell Quain: *The Trumai Indians of Central Brazil*, Monographs of the American Ethnographical Society, 24 (1955).

Nabholz, Hans: "Medieval Agrarian Society in Transition," in *The Cambridge Economic History*, vol. I, pp. 493–561.

National Opinion Research Center, "Jobs and Occupations: A Popular Evaluation," *Opinion News*, 9 (Sept. 1, 1947), pp. 3–13. Reprinted in Bendix and Lipset, *Class, Status, and Power*, pp. 411–426.

Nelson, George R. (ed.): *Freedom and Welfare: Social Patterns in the Northern Countries of Europe*. (Sponsored by the Ministries of Social Affairs of Denmark, Finland, Iceland, Norway, and Sweden, 1953.)

Neumann, Sigmund: "Germany: Changing Patterns and Lasting Problems," in Sigmund Neumann (ed.), *Modern Political Parties: Approaches to Comparative Politics* (Chicago: University of Chicago Press, 1956), pp. 354–394.

Newcomer, Mabel: *The Big Business Executive* (New York: Columbia University Press, 1955).

"1953 Survey of Consumer Finances: Part IV, Net Worth of Consumers, Early 1953," *U.S. Federal Reserve Bulletin* (September, 1953).

Oberg, K.: "The Kingdom of Ankole in Uganda," in M. Fortes and E. E. Evans-Pritchard (eds.), *African Political Systems* (London: Oxford University Press, 1948), pp. 121–162.

Olmstead, A. T.: *History of the Persian Empire* (Chicago: University of Chicago Press, 1948).

Oppenheim, Felix: "Belgium: Party Cleavage and Compromise," in Sigmund Neumann (ed.), *Modern Political Parties: Approaches to Comparative Politics* (Chicago: University of Chicago Press, 1956), pp. 155–168.

Oppenheimer, Franz: *The State*, translated by John Gitterman (Indianapolis: Bobbs-Merrill, 1914).

Orenstein, Henry: *Gaon: Conflict and Cohesion in an Indian Village* (Princeton, N.J.: Princeton University Press, 1965).

Ossowski, Stanislaw: *Class Structure in the Social Consciousness*, translated by Sheila Patterson (New York: Free Press, 1963).

————: "Old Notions and New Problems: Interpretations of Social Structure in Modern Society," *Transactions of the Third World Congress of Sociology*, 1956, vol. 3, pp. 18–25.

Overacker, Louise: *The Australian Party System* (New Haven, Conn.: Yale University Press, 1952).

Painter, Sidney: *Studies in the History of the English Feudal Barony* (Baltimore: Johns Hopkins, 1943).

————: *The Rise of the Feudal Monarchies* (Ithaca, N.Y.: Cornell University Press, 1951).

Pareto, Vilfredo: *The Mind and Society*, translated by A. Bongiorno and Arthur Livingston and edited by Livingston (New York: Harcourt, Brace & World, 1935).

Parsons, Talcott: "The Distribution of Power in American Society," *World Politics*, 10 (October, 1957).

———: *The Social System* (New York: Free Press, 1951).

Patton, Arch: "Executive Compensation Here and Abroad," *Harvard Business Review*, 40 (September–October, 1962), pp. 144–152.

———: "Executive Compensation in 1960," *Harvard Business Review*, 39 (September–October, 1961), pp. 144–152.

———: "Trends in Executive Compensation," *Harvard Business Review*, 38 September–October, 1960), pp. 144–154.

Perroy, Edouard: "Social Mobility among the French *Noblesse* in the Later Middle Ages," *Past and Present*, 21 (1962), pp. 25–38.

Petersen, William: "The Demographic Transition in the Netherlands," *American Sociological Review*, 25 (1960), pp. 334–347.

Pirenne, Henri: *Economic and Social History of Medieval Europe* (New York: Harvest Books, n.d., originally published in 1933).

Plato: *The Republic*, translated by Benjamin Jowett (New York: Modern Library, n.d.).

Pospisil, Leopold: "Kapauku Papuan Political Structure," in F. Ray (ed.), *Systems of Political Control and Bureaucracy in Human Societies*, Proceedings of the 1958 meetings of the American Ethnological Society, pp. 9–22.

Postan, Michael: "The Trade of Medieval Europe: The North," in *The Cambridge Economic History of Europe* (London: Cambridge University Press, 1952), vol. II (1952), pp. 119–256.

Power, Eileen: *Medieval People* (Garden City, N.Y.: Doubleday Anchor 1954, originally published 1924).

Purcell, Theodore: *Blue Collar Man: Patterns of Dual Allegiance in Industry* (Cambridge, Mass.: Harvard University Press, 1960).

Radcliffe-Brown, A. R.: *The Andaman Islanders* (New York: Free Press, 1948, originally published 1922).

Ramsey, Sir James H.: *A History of the Revenues of the Kings of England: 1066–1399* (Oxford: Clarendon Press, 1925).

Reay, Marie: *The Kuma* (Melbourne: Melbourne University Press, 1959).

Reddig, William: *Tom's Town: Kansas City and the Pendergast Legend* (Philadelphia: Lippincott, 1947).

Reichley, James: *The Art of Government: Reform and Organization Politics in Philadelphia* (New York: Fund for the Republic, 1959).

Reischauer, Robert K.: *Japan: Government-Politics* (New York: Nelson, 1939).

Revised Standard Version Bible (New York: Nelson, 1953).

Ribton-Turner, Charles J.: *A History of Vagrants and Vagrancy and Beggars and Begging* (London: Chapman & Hall, 1887).

Richards, Audrey I.: "The Bemba of Northeastern Rhodesia," in Elizabeth Colson and Max Gluckman (eds.), *Seven Tribes of British Central Africa* (Manchester: Manchester University Press, 1951), pp. 164–193.

———: "The Political System of the Bemba Tribe of North-eastern Rhodesia," in M. Fortes and E. E. Evans-Pritchard (eds.), *African Political Systems* (London: Oxford University Press, 1940), pp. 83–120.

Richmond, Anthony: "The United Kingdom," in Arnold Rose (ed.), *The Institutions of Advanced Societies* (Minneapolis: University of Minnesota Press, 1958), pp. 43–130.

Riesman, David, et al.: *The Lonely Crowd* (New Haven, Conn.: Yale University Press, 1950).

Rigsby, T. H.: "Social Characteristics of the Party Membership," in Alex Inkeles and Kent Geiger (eds.), *Soviet Society* (Boston: Houghton Mifflin, 1961).

Roberts, David R.: *Executive Compensation* (New York: Free Press, 1959).

Rogoff, Natalie: *Recent Trends in Occupational Mobility* (New York: Free Press, 1953).

Roscoe, John: *The Baganda* (London: Macmillan, 1911).

Rosenberg, Hans: *Bureaucracy, Aristocracy and Autocracy: The Prussian Experience 1660–1815* (Cambridge, Mass.: Harvard University Press, 1958).

Ross, J. F. S.: *Elections and Electors: Studies in Democratic Representation* (London: Eyre & Spottiswoode, 1955).

Rostovtzeff, Michael: *The Social and Economic History of the Roman Empire*, rev. ed. (Oxford: Clarendon Press, 1957).

Rowe, John H.: "Inca Culture at the Time of the Spanish Conquest," in Julian Steward (ed.), *Handbook of South American Indians*, Smithsonian Institution, Bureau of American Ethnology, Bulletin 143 (1946), vol. II, pp. 183–330.

Russell, J. C.: *British Medieval Population* (Albuquerque, N. Mex.: University of New Mexico Press, 1948).

———: "Late Ancient and Medieval Population," *Transactions of the American Philosophical Society*, 48 (1958), pp. 37–101.

Rustow, Dankwart A.: "Scandinavia: Working Multiparty System," in Sigmund Neumann (ed.), *Modern Political Parties: Approaches to Comparative Politics* (Chicago: University of Chicago Press, 1956), pp. 169–193.

———: *The Politics of Compromise: A Study of Parties and Cabinet Government in Sweden* (Princeton, N.J.: Princeton University Press, 1955).

Schapera, I.: *Government and Politics in Tribal Societies* (London: Watts, 1956).

———: "The Political Organization of the Ngwato of Bechuanaland Protectorate," in M. Fortes and E. E. Evans-Pritchard (eds.), *African Political Systems* (London: Oxford University Press, 1940), pp. 56–82.

———: *The Tswana* (London: International African Institute, 1953).

Seligmann, C. G.: *The Melanesians of British New Guinea* (London: Cambridge University Press, 1910).

Serrano, Antonio: "The Charrua," in Julian Steward (ed.), *Handbook of South American Indians*, Smithsonian Institution, Bureau of American Ethnology, Bulletin 143 (1946), vol. I, pp. 191–196.

Service, Elman: *Primitive Social Organization: An Evolutionary Perspective* (New York: Random House, 1962).

Shaughnessy, Gerald: *Has the Immigrant Kept the Faith?* (New York: Macmillan, 1925).

Sheddick, V. G. J.: *The Southern Sotho* (London: International African Institute, 1953).

Shell, Kurt: *The Transformation of Austrian Socialism* (New York: University Publishers, 1962).

Sherman, C. Bezalel: *The Jew within American Society* (Detroit: Wayne State Press, 1961).

Simmel, Georg: *The Sociology of Georg Simmel*, edited and translated by Kurt Wolff (New York: Free Press, 1950).

Simmons, Leo: *Sun Chief* (New Haven, Conn.: Yale University Press, 1942).

Simpson, Alan: *The Wealth of the Gentry 1540–1660* (London: Cambridge University Press, 1961).

Singh, Mohinder: *The Depressed Classes: Their Economic and Social Condition* (Bombay: Hind Kitabs, 1947).

Sjoberg, Gideon: *The Preindustrial City* (New York: Free Press, 1960).

Solzhenitsyn, Alexander: *One Day in the Life of Ivan Denisovich*, translated by Max Hayward and Ronald Hingley (New York: Bantam, 1963).

Sondages, Etude des électeurs des différents parties d'après l'enquête sur les attitudes politiques des Français. Institut français d'opinion publique, 1952, No. 3.

Sorokin, Pitirim: *Social and Cultural Dynamics* (New York: Bedminister Press, 1962).

——: *Social Mobility* (New York: Harper & Row, 1927).

——: *Society, Culture and Personality* (New York: Harper & Row, 1947).

Southall, Aiden: *Alur Society: A Study of Processes and Types of Domination* (Cambridge: Heffer, 1956).

Spencer, Baldwin, and F. J. Gillen: *The Arunta: A Study of Stone Age People* (London: Macmillan, 1927).

Spencer, Herbert: *Principles of Sociology* (New York: Appleton-Century-Crofts, 1897).

Stamp, L. Dudley: "Land Utilization and Soil Erosion in Nigeria," *Geographical Review,* 28 (1938), pp. 32–45.

Statistical Abstract of the United States, 1962 (Washington: GPO, 1962).

Steed, Gitel P.: "Notes on an Approach to a Study of Personality Formation in a Hindu Village in Gujarat," in McKim Marriott (ed.), *Village India: Studies in the Little Community* (Chicago: University of Chicago Press, 1955), pp. 102–144.

Stern, Philip: *The Great Treasury Raid* (New York: Random House, 1964).

Steward, Julian: *Basin-Plateau Aboriginal Socio-political Groups,* Smithsonian Institution, Bureau of American Ethnology, Bulletin 120 (1938).

——: "The Economic and Social Basis of Primitive Bands," in *Essays in Anthropology Presented to A. L. Kroeber* (Berkeley, Calif.: University of California Press, 1936), pp. 331–350.

——: "The Tribes of the Montaña and Bolivian East Andes," in Julian Steward (ed.), *Handbook of South American Indians,* Smithsonian Institution, Bureau of American Ethnology, Bulletin 143 (1948), vol. III, pp. 507–533.

——: *Theory of Culture Change* (Urbana, Ill.: University of Illinois Press, 1955).

——: *Handbook of South American Indians,* Smithsonian Institution, Bureau of American Ethnology, Bulletin 143 (1946–1950).

—— and Louis Faron: *Native Peoples of South America* (New York: McGraw-Hill, 1959).

Stirling, M. W.: *Historical and Ethnographical Material on the Jivaro Indians,* Smithsonian Institution, Bureau of American Ethnology, Bulletin 117 (1938).

Stubbs, William: *The Constitutional History of England,* 5th ed. (Oxford: Clarendon Press, 1891).

Sumner, William Graham: *What Social Classes Owe to Each Other* (New York: Harper & Row, 1903).

———: *Folkways* (Boston: Ginn, 1906).

——— and Albert Keller: *The Science of Society* (New Haven, Conn.: Yale University Press, 1927).

Sutherland, Edwin: *White Collar Crime* (New York: Holt, 1949).

Svalastoga, Kaare: *Prestige, Class, and Mobility* (London: Heinemann, 1959).

Swanton, John: *Source Material on the History and Ethnology of the Caddo Indians,* Smithsonian Institution, Bureau of American Ethnology, Bulletin 132 (1942).

Takekoshi, Yosoburo: *The Economic Aspects of the History of the Civilization of Japan* (New York: Macmillan, 1930).

Tawney, R. H.: *The Acquisitive Society* (New York: Harcourt, Brace and World, 1920).

Tegner, Gören: *Social Security in Sweden* (Tiden: Swedish Institute, 1956).

Thompson, James Westfall: *Economic and Social History of the Middle Ages* (New York: Appleton-Century-Crofts, 1928).

Thrupp, Sylvia: "The Guilds," in *The Cambridge Economic History of Europe* (London: Cambridge University Press, 1963), vol. III, pp. 230–280.

———: *The Merchant Class of Medieval London* (Ann Arbor, Mich.: Ann Arbor Paperbacks, 1962).

Thurnwald, Richard: *Economics in Primitive Communities* (Oxford: International Institute of African Languages and Cultures, 1932).

Titmuss, Richard M.: *Income Distribution and Social Change* (Toronto, Canada: University of Toronto Press, 1962).

Trevor-Roper, H. R.: "The Gentry 1540–1640," *The Economic History Review Supplements,* No. 1. (n.d.).

Tumin, Melvin: *Caste in a Peasant Society* (Princeton, N.J.: Princeton University Press, 1952).

Turnbull, Colin: *The Forest People* (New York: Simon and Schuster, 1961).

———: "The Lesson of the Pygmies," *Scientific American,* 208 (January, 1963), pp. 28–37.

———: "The Mbuti Pygmies of the Congo," in James L. Gibbs (ed.), *Peoples of Africa* (New York: Holt, 1965), pp. 279–318.

Turner, Ralph: *The Great Cultural Traditions* (New York: McGraw-Hill, 1941).

Underwood, Kenneth: *Protestant and Catholic: Religious and Social Interaction in an Industrial Community* (Boston: Beacon Press, 1957).

U.S. Census of Agriculture, 1959: Large-Scale Farming in the U.S. (Washington: U.S. Bureau of the Census, 1963).

U.S. Census of Population, 1960: Occupation by Earnings and Education (Washington: U.S. Bureau of the Census, n.d.).

U.S. Census of Population, 1960: Occupational Characteristics. (Washington: U.S. Bureau of the Census, 1962).

van den Berghe, Pierre: "Dialectic and Functionalism: Toward a Theoretical Synthesis," *American Sociological Review*, 28 (1963), pp. 695–705.

van Werveke, H.: "The Rise of Towns," in *The Cambridge Economic History of Europe* (London: Cambridge University Press, 1963), vol. 3, pp. 1–41.

Vatter, Harold: *The U.S. Economy in the 1950's: An Economic History* (New York: Norton, 1963).

Veblen, Thorstein: *The Theory of the Leisure Class* (New York: Modern Library, 1934, first published 1899).

Vernadsky, George: *History of Russia* (New Haven, Conn.: Yale University Press, 1958).

Vidich, Arthur, and Joseph Bensman: *Small Town in Mass Society: Class, Power, and Religion in a Rural Community* (Princeton, N.J.: Princeton University Press, 1958).

Volin, Lazar: "The Collective Farm," in Alex Inkeles and Kent Geiger (eds.), *Soviet Society* (Boston: Houghton Mifflin, 1961), pp. 329–349.

von Hagen, Victor: *The Ancient Sun Kingdoms of the Americas* (Cleveland: World Publishing, 1961).

Warner, W. Lloyd, et al.: *Social Class in America* (Chicago: Science Research, 1949).

————: *The American Federal Executive* (New Haven, Conn.: Yale University Press, 1963).

———— and James C. Abegglen: *Occupational Mobility in American Business and Industry, 1928–1952* (Minneapolis: University of Minnesota Press, 1955).

———— and Paul Lunt: *The Social Life of a Modern Community* (New Haven, Conn.: Yale University Press, 1941).

Weber, Max: *From Max Weber: Essays in Sociology*, translated by H. H. Gerth and C. Wright Mills (Fair Lawn, N.J.: Oxford University Press, 1946).

————: *The City*, translated by Dan Martindale and Gertrude Neuwirth (New York: Free Press, 1958).

————: *The Religion of China*, translated by Hans Gerth (New York: Free Press, 1951).

————: *The Religion of India*, translated by Hans Gerth and Don Martindale (New York: Free Press, 1958).

————: *The Theory of Social and Economic Organization*, translated by A. M. Henderson and Talcott Parsons (New York: Free Press, 1947).

————: *Wirtschaft und Gesellschaft*, 2d ed. (Tübingen: Mohr, 1925).

Weinryb, Bernard: "Jewish Immigration and Accommodation to America," in Marshall Sklare, *The Jews: Social Patterns of an American Group* (New York: Free Press, 1958).

White, Leslie: *The Science of Culture* (New York: Grove Press, 1949).

Wilensky, Harold: "Orderly Careers and Social Participation: The Impact of Work History on Social Integration in the Middle Mass," *American Sociological Review*, 26 (1961), pp. 521–539.

Williams, F. E.: *Papuans of the Trans-Fly* (Oxford: Clarendon Press, 1936).

Williams, Philip: *Politics in Post-war France* (London: Longmans, 1954).

Williams, Robin: *American Society* (New York: Knopf, 1951).

Williamson, Chilton: *American Suffrage: From Property to Democracy, 1760–1860* (Princeton, N.J.: Princeton University Press, 1960).

Winstanley, Gerrard: *Selections from His Works,* edited by Leonard Hamilton (London: Cresset Press, 1944).

Wissler, Clark: "The Influence of the Horse in the Development of Plains Culture," *American Anthropologist,* 16 (1914), pp. 1–25.

Wittfogel, Karl A.: *Oriental Despotism: A Comparative Study of Total Power* (New Haven, Conn.: Yale University Press, 1957).

Wolf, Eric: *Sons of the Shaking Earth* (Chicago: University of Chicago Press, 1959).

Wolfle, Dael: *America's Resources of Specialized Talent* (New York: Harper & Row, 1954).

Woodham-Smith, Cecil: *The Reason Why* (New York: McGraw-Hill, 1953).

World Almanac, 1961 (New York: World-Telegram, 1961).

Woytinsky, W. S., and E. S. Woytinsky: *World Population and Production: Trends and Outlook* (New York: Twentieth Century Fund, 1953).

Wrong, Dennis: "The Oversocialized View of Man," *American Sociological Review,* 26 (1961), pp. 183–193.

Yang, Martin C.: *A Chinese Village: Taitou, Shantung Province* (New York: Columbia University Press, 1945).

Yates, P. Lamartine: *Food, Land, and Manpower in Western Europe* (London: Macmillan, 1960).

Young, Michael: *The Rise of Meritocracy, 1870–2033: The New Elite of Our Social Revolution* (New York: Random House, 1959).

Zaleznik, A., et al.: *The Motivation, Productivity, and Satisfaction of Workers* (Cambridge, Mass.: Harvard University Press, 1958).

Zink, Harold: *City Bosses in the United States: A Study of Twenty Municipal Bosses* (Durham, N.C.: Duke University Press, 1930).

人名索引

(以下页码为英文版原书页码，即本书页边码)

主题索引

（以下页码为英文版原书页码，即本书页边码）